Franz Babinger
Mehmed der Eroberer

SERIE PIPER
Band 621

Zu diesem Buch

Der osmanische Sultan Mehmed II. (1432–1481) gehört zu den überragenden Figuren des orientalischen Mittelalters. Er führte das osmanische Reich in zahlreichen Feldzügen zu einer Großmachtstellung, die er gegen die Rivalen im Westen (Venedig) wie im Osten (Irak) behaupten konnte. Vor allem aber ist er »der Eroberer« – Konstantinopels nämlich, das er 1453 besetzte und damit dem über tausend Jahre alten oströmischen Kaiserreich ein Ende bereitete; ein Ereignis, das das ganze christliche Abendland in seinen Grundfesten erschütterte. Um diesen Zusammenprall zweier Kulturen – des Morgenlandes und des Abendlandes, des Christentums und des Islams – geht es Franz Babinger in diesem berühmten, auch in das Französische und Italienische übersetzten Buch. Er führt den Leser in die fremdartig-faszinierende Welt des mittelalterlichen Orients und zeigt dessen vielfältige Verbindungen zum Westen. Diese bisher einzige Biographie Mehmeds, die längst zu einem historischen Standardwerk geworden ist, macht eine Epoche lebendig, die nicht nur den Nahen Osten, sondern auch Europa nachhaltig verändert hat.

Franz Babinger, geboren 1891 in Weiden, gestorben 1967 in München, war einer der besten Kenner von Geschichte und Kultur des Nahen Ostens und gilt als Begründer der deutschen Orientalistik als historischer Wissenschaft. Nach Dozenturen und Professuren in Wien und Bukarest war er bis zu seiner Emeritierung 1958 Professor in Jassy (Rumänien). Er ist Autor von zahlreichen Büchern zur Geschichte des Nahen Orients.

Franz Babinger

MEHMED DER EROBERER

Weltenstürmer einer Zeitenwende

Mit 11 Abbildungen

Piper
München Zürich

ISBN 3-492-10621-8
Juni 1987
R. Piper GmbH & Co. KG, München
Linzenzausgabe mit Genehmigung des F. Bruckmann Verlages
© by F. Bruckmann KG, München 1953
Umschlag: Federico Luci,
unter Verwendung des Gemäldes
»Mehmed II.« (1530) von Gentile Bellini
Satz: C. Brügel & Sohn, Ansbach
Druck und Bindung: Clausen & Bosse, Leck
Printed in Germany

MATRI ET VXORI CARISSIMIS

INHALT

Erstes Buch

DER ZEITEN HINTERGRUND / LAGE IM SÜDOSTEN EUROPAS / DES PRINZEN MEHMED JUGENDZEIT / EIN KIND AUF DEM SULTANSTHRON / ABSETZUNG UND VERWEISUNG NACH ANATOLIEN / DES VATERS JÄHES ENDE:

Zweites Buch

MEHMEDS ENDGÜLTIGE THRONERHEBUNG / ERSTE STAATSHANDLUNGEN / DIE ZWINGBURG AM BOSPORUS / FALL VON KONSTANTINOPEL / MEHMED II. ALS ERBE VON OSTROM / VORMARSCH GEGEN WESTEN:

Drittes Buch

BESTÜRZUNG IM ABENDLAND / ÜBERFALL AUF HELLAS / ANATOLISCHE UNTERNEHMUNGEN / ATEMPAUSE IM WESTEN:

Siebentes Buch

MEHMEDS DES EROBERERS PERSÖNLICHKEIT UND REICH:

VORWORT

Es lag weder im Plane des Verlages noch des Verfassers, die Drucklegung des vorliegenden Buches mit dem 500. Jahrestag der Eroberung Konstantinopels durch Mehmed II. in zeitlichen Einklang zu bringen, vielmehr hätte die Niederschrift bereits vor vier Jahren zum Druck befördert werden sollen. Hemmnisse verschiedener Art haben dieses Vorhaben vereitelt, und es erschien nunmehr zweckmäßig, die Veröffentlichung nicht länger zu verzögern. Die Schwierigkeiten, den hier bearbeiteten Stoff einer breiteren Leserschicht vorzuführen, ohne die Darstellung durch trockene Gelehrsamkeit zu verdüstern, waren mannigfacher Art. Es geht um den wohl erstmals gewagten Versuch, eine, wie immer man über sie urteilen mag, überragende Gestalt der spätmittelalterlichen Geschichte des Nahen Ostens, sohin einer für die allermeisten Leser fremden und fremdartigen Welt, anschaulich zu machen, ohne dabei die Ergebnisse anderer Forschungen und eigener Ermittlungen zu verwässern. In welchem Umfang während der Schilderung der Gefahr zu begegnen war, zum Kleinmaler im Mosaik und zum Sammler bruchstückartiger Nachrichten zu werden, um sich schließlich im Wirrsal dynastischer und politischer Vorkommnisse zu verlieren, wird wohl erst der zweite Band erkennen lassen, der nach dem Muster von K. Brandis Meisterwerk ‚Kaiser Karl V.‘ (I, 3. Aufl., München 1941, II München 1941, Verlag F. Bruckmann) die ‚Quellen und Erörterungen‘ vor allem für die Fachwelt aufzeigen soll. Es war der begreifliche, aus buchhändlerischer Erfahrung gewonnene Wunsch des Verlages, das Buch nicht mit sprödem gelehrtem Beiwerk zu belasten und selbst auf die Beigabe von Anmerkungen zu verzichten. In Zunftkreisen mag dieses Verfahren Widerspruch erregen. Er muß in Kauf genommen werden. Die Ausgabe des zweiten, vornehmlich Wissenschaftlern vorbehaltenen, fast druckfertigen Bandes wird vom Absatz des ersten abhängen, zumal die Herstellung nicht unbeträchtliche Mittel erfordern dürfte. Dieser in Aussicht genommene zweite Teil wird für jede Seite die notwendigen Nachweise und zugleich Schriftmale im Wortlaut bringen, wo es sich um neu erschlossene Quellen handelt. Da die fremdsprachigen Ausgaben dieses Buches — eine französische und italienische sind in Vorbereitung, eine englische, spanische sowie eine türkische noch in Planung —

*vermutlich den Quellen-Band nicht einschließen werden, wird in den Hin-
weisen jeweils auf die Seitenzahlen dieser Ausgaben Bezug genommen.*

*Die byzantinischen und griechischen Staatsarchive sowie die fränkischen
Kanzleien, ‚Sakristei und Kontor' (J. Ph. Fallmerayer), sind untergegangen.
Was in türkischen Bibliotheken und Archiven auf die Gegenwart gerettet ward,
ist von einer beklemmenden Dürftigkeit. Fast allein die Büchereien und
Archive Italiens erbrachten wenigstens einen Bruchteil des notwendigen Stoffes,
ohne daß es, versteht sich, den Kräften eines einzelnen vergönnt gewesen sein
konnte, ihn zu erschöpfen. Es wird noch jahrelanger Bemühung einheimischer
Forschung vorbehalten bleiben, Urkunden und Aktenstücke des 15. Jahrhunderts
zur Ergänzung und Berichtigung der vorliegenden Arbeit in Einzelunter-
suchungen zu liefern. Der Schreiber wird in einem Bande die aus der Levante
an den Stadtherrn von Florenz, Lorenzo il Magnifico, von seinen Vertrauens-
leuten gesandten Berichte unter dem Titel ‚Lettere dal Levante a Lorenzo
dei Medici' demnächst bei Leo S. Olschki in Florenz erscheinen lassen
können.*

*Welche Schätze etwa die spanischen Archive, vorzüglich das nach der Ver-
nichtung des Neapeler Staatsarchives unschätzbar gewordene Archivo General
de la Corona de Aragón zu Barcelona herzugeben vermöchten, war dem Verfasser zu erfahren oder gar selbst festzustellen bis zur Stunde nicht vergönnt.
Aus politischen, kirchlichen sowie rechtlichen Aktenstücken und Urkunden zur
Aufhellung der Zeitumstände sowie der diplomatischen Verwicklungen Aufschluß zu gewinnen, wäre nach menschlichem Ermessen in französischen, aber
auch in den alten burgundischen Sammlungen und Bibliotheken zu betreiben.
Es bedarf somit keiner Begründung, daß in einem Werke dieser Art planvolle
Forschungsarbeit und Verwendung ursprünglicher Quellen nur unregelmäßig
eingesetzt werden konnten. Selbst die Nutzung von Angaben zweiter und dritter
Hand bedingte manchmal ein Verfahren oft ungleicher Auswahl.*

*Es war unvermeidlich, das Vorwalten politischer Handlungen vor den
Geistesleistungen bei der Raumverteilung zum Ausdruck zu bringen. Den
massenhaften Stoff, besonders der politischen Geschichte, in wirkungsvoller,
gedrängter Übersicht vorzulegen, erwies sich um so schwieriger, als viele, ja
die meisten der erörterten Fragen einer neueren Bearbeitung ermangeln oder
derzeit keine oder eine nur bestrittene Lösung gefunden haben. Wer Darstellungen aus der verwickelten Geschichte Südosteuropas in dessen einzelnen
Ländern zu beurteilen vermag, weiß, wie schwierig es ist, eine sachliche und
dabei nationalen Empfindlichkeiten Rechnung tragende Verwertung anzustreben. Der Pflicht, unparteiisch, sine ira et studio, vorzugehen, war der Verfasser nach besten Kräften zu entsprechen bemüht. Wurde der Ton nicht ganz
verfehlt, so wird den Lesern hoffentlich der Eindruck bleiben, daß sie das von*

Gunst und Abgunst unbestochene Bildnis einer der verwirrendsten Gestalten der mittelalterlichen Weltbühne vor sich sehen. Der starke Gegensatz, der seit Anbeginn der Geschichte unseres Erdteils bis in die jüngsten Tage hinein in immer wechselnden Weisen, in Anziehung und Abstoßung, in Angriff und Verteidigung, Europa und Asien miteinander in Berührung gebracht haben, hat in Mehmed dem Eroberer und dem von ihm eingeleiteten Zusammenstoß zwischen Islam und Christentum wieder einmal eine, und zwar besonders bedrohliche Auswirkung erfahren. Daß der asiatische Andrang zuschanden wurde, haben Umstände bewirkt, die außerhalb jeglicher menschlicher Berechnung lagen.

In geschichtlichen Versuchen über hervorragende Persönlichkeiten des Abendlandes erwartet man in der Regel auch eine Deutung seelischer Zustände und Entwicklungen. Wenn in diesem Buche derlei vergebens vermutet oder nur als bruchstückhaft empfunden wird, so wolle man sich vor Augen halten, daß psychologische Zergliederungen eine ganz andere Quellenlage zur Voraussetzung haben als sie einem Orientalisten zu Gebote steht. Eine Geschichtsschreibung wie die morgenländische, insonderheit die frühosmanische, gestattet dem westlichen Beurteiler keine seelenkundlichen Schürfungen, weil sie sich ihrem ganzen Wesen nach auf die Wiedergabe nackter Tatsachen beschränkt. Vorab zählen Selbstbiographien von Morgenländern älterer Zeiten zu den größten Seltenheiten und auch sie enttäuschen in der Regel zumal in psychologischer Hinsicht. Während dem Darsteller abendländischer Geschichtsvorgänge oft genug Schriftmale persönlichster Art wie Briefe, Tagebücher und dgl. vorliegen, sieht sich der Orientalist in solcher Beziehung einer gähnenden Leere gegenüber. Er bleibt angewiesen auf die nüchterne, fast anteillose Berichterstattung amtlicher Prägung, wie Chroniken, Jahrbücher, Staatsschreiben, Verordnungen usw., die überdies noch, je nach Stellung des Schreibers zum Helden, dessen Gestalt auf schmeichelnde oder mäkelnde Art verzerren und somit kein der Wirklichkeit auch nur angenähertes Bild ergeben können. Sich unter solchen Verhältnissen auf psychologisierende Ausführungen oder Auslegungen einzulassen, hieße ins Blaue hinein sich ergehen oder zum wenigsten unstatthaft subjektive Gesichtspunkte eines Menschen von heute in diese Betrachtung mengen. Nichts kann die hier vorgetragene Ansicht krasser beleuchten als der Umstand, daß von Mehmed dem Eroberer, der drei Jahrzehnte die Christenheit in Aufregung hielt, bislang keine einzige, von eigener Hand geschriebene Zeile ans Licht getreten ist.

Falls mit diesem Buch auch der Erkenntnis Bahn gebrochen würde, wie vordringlich eine eingehendere Beschäftigung gerade mit türkischen Studien ist, so entspräche ein solcher Erfolg einem langgehegten stillen Wunsche des Verfassers. Denn ein gediegeneres Wissen um die Geschicke und Verhältnisse

*einer Großmacht, mit der sich das Abendland und nicht zuletzt das alte Deutsche
Reich fast ein halbes Jahrtausend in schicksalhafter Verstrickung auseinander-
setzen mußten, sollte heutzutage als selbstverständliches Ziel einer Arbeit an
der Erweiterung und Vertiefung der Allgemeinbildung schlechthin angesehen
werden.*

*Was die im Text angewandte Umschrift morgenländischer Namen und
Bezeichnungen belangt, so darf der Laie auf die Vorbemerkungen zum Verzeichnis der Namen und Sachen auf Seite 562 verwiesen werden. Dem Fachmann
braucht ohnedies nicht bedeutet zu werden, daß Umschriften in Werken wie
diesem immer eine Notlösung darstellen, die niemals allen Erwartungen entsprechen und die deshalb vielleicht ein Anrecht auf billiges Verständnis und
Nachsicht haben dürfen.*

*Der angenehmen Pflicht, allen jenen schuldigen Dank abzustatten, die
durch liebenswürdige Bereitstellung von Vorlagen die Reichhaltigkeit und
Fülle der vom Verlage großzügig bewilligten Tafeln und Textabbildungen
ermöglichten, ist im Bildernachweis auf S. 558 ff. genügt worden. Nicht genug danken kann der Verfasser vor allem aber den italienischen Bibliotheken
und Archiven, die von den Alpen bis Apulien und Sizilien ein freisinniges
Entgegenkommen bekundet haben, das, ebenso wie der ermunternde Zuspruch
wohlwollender Freunde, den Schreiber gar manches Mal in der Arbeitsfreudig-
keit bestärkte, wenn ihn Zweifel befielen, ob der Versuch überhaupt ausführbar
sei und so große Mühen verlohne. Meine Frau hat unverdrossen die nicht
geringe Mühsal der Druckberichtigung bewältigt. Mein Kollege Hans Joa-
chim Kißling (München) hat gleichfalls mitgeholfen, mancherlei Anregung
gegeben und gemeinsam mit seinem Vater die entsagungsvolle Arbeit der Herstellung eines Großteils des Blattweisers auf seine Schultern geladen. Ihnen
gilt daher füglich besonderer Dank.*

Palermo, am 16. März 1953.   *F. B.*

MEHMED DER EROBERER
UND SEINE ZEIT

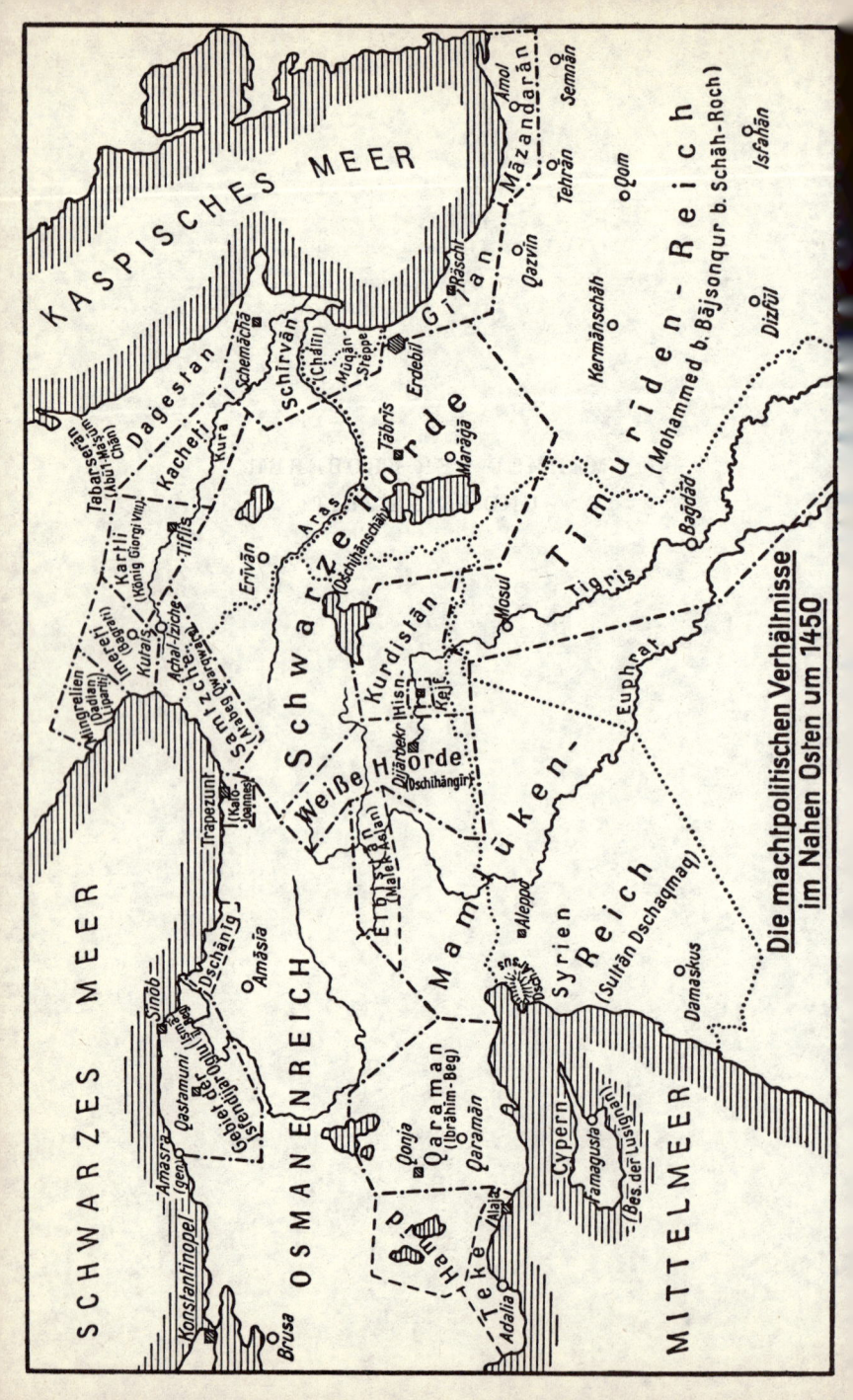

Die machtpolitischen Verhältnisse im Nahen Osten um 1450

Erstes Buch

DER ZEITEN HINTERGRUND / DIE LAGE IM SÜDOSTEN EUROPAS / DES PRINZEN MEHMED JUGENDZEIT / EIN KIND AUF DEM SULTANSTHRON / ABSETZUNG UND VERWEISUNG NACH ANATOLIEN / DES VATERS JÄHES ENDE

Geburt und erste Knabenjahre — Abseits vom Hofsitz in Amasia — Des Widerspenstigen Zähmung — Geheimnisvoller Tod des Kronprinzen — Prinz Mehmed als Thronerbe — Der Christen Ansturm aufs Osmanenreich — Das Unheil von Varna (1444) — Murâds II. Abdankung — Ein Kind als Sultan — Gärungen und Janitscharenmeuterei — Herrscher und Großwesir — Entthronung und Rückkehr des Vaters — Verweisung nach Maghnisa — Albanienfeldzug — Schlacht auf dem Amselfeld — Erzwungene Heirat — Murâds Ende

Als in den letzten Maitagen des Jahres 1421 Sultan Murâd II., kaum 18jährig, an seinem Hofsitz Adrianopel die Herrschaft über das von seinem schöpferischen Vater Mehmed I. wiederaufgerichtete Reich der Osmanen antrat, da hatte es den Anschein, als ob der seegewaltige Freistaat Venedig allein die Erbschaft der zerbröckelnden griechischen und fränkischen Staatenwelt im europäischen Südosten übernehmen wolle, schien es, daß Ungarn die slavischen Gebiete bis nach Konstantinopel hin mit Einschluß der heute rumänischen Länder unter seine Oberhoheit, wenn nicht gar unter sein Zepter zu bringen trachte. Der aus dem Balkaninnern unaufhaltsam gegen Westen vordringenden Osmanenmacht mit nachhaltigerem Erfolge standzuhalten, setzte freilich die Kriegs- und Staatskunst der Lagunenstadt in grimmige Verlegenheit. An fast allen Brennpunkten der schier endlosen Verteidigungslinie vom dalmatischen Zara bis zum Ägäischen Meere regten sich Geister der Zwietracht und der Auflehnung, denen die damals noch unbestrittene Überlegenheit Venedigs zur See allein keinen Einhalt mehr zu gebieten vermochte. Die Kraftentwicklung der Inselrepublik in der Levante schmälerte überdies die verhängnisvolle Staatsführung des genialen Dogen Francesco Foscari (1423—1457), der zu den alten Nebenbuhlern Genua und Ungarn das Mailand der Visconti fügte und damit der venedischen Politik zu deren Unheil die Richtung auf das italienische Festland gab. Genua, dessen gewiegte Kaufherren und Bankleute im Nahen Osten, in den Handelsniederlassungen auf rumelischem und anatolischem Boden, an den Küsten des Schwarzen Meeres und in Konstantinopel den alten Besitz und Reichtum durch weitgehende Zugeständnisse an Byzanz und die Osmanen zu wahren versuchten, hatte in einer schon damals errechenbaren Zeit seine

glanzvolle Rolle im Wirtschaftsleben des Morgenlandes ausgespielt. Die
Inseldynasten der Ägäis, meist genuesischen Ursprungs, übertrumpften sich
gegenseitig im Ränkespiel, in politischen Machenschaften, Familienzwisten
und Quertreibereien der schlimmsten Art. Ihr Ende war solange nicht in
greifbare Nähe gerückt, als die Osmanen nicht über eine schlagfertige Flotte
verfügten und mit dieser eine Insel nach der andern in ihren Besitz bringen
konnten. Das byzantinische Wrack fiel damals so gut wie ganz mit der alten
Hauptstadt Konstantinopel und deren Hinterland zusammen, eingekeilt
in die fürchterliche Enge osmanischer Bedrohung. Das alte Reich war jetzt
auf die Halbinsel vom Bosporus bis nach Selymbria (Siliwri) und Derkos,
auf Mesembria (Misiwri) und Anchialos am Schwarzen Meer, auf das Gebiet des Heiligen Berges Athos und der Stadt Thessalonike (Saloniki), auf
ein paar Inseln des Ägäischen Meeres und auf das sogenannte Despotat
Misithra (Mistrá) zusammengeschrumpft — Trümmer einer einstigen Weltmacht, von denen damals Thessalonike im Begriffe stand, dem Haus der
Paläologenkaiser für immer zu entgleiten. Wie lange deren Schattenherrschaft dauern werde, hing ausschließlich von dem Willen der Osmanen ab.

Das Bewußtsein, daß man über der Kirchenspaltung jener Zeit und über
ungezählten Sonderfehden, Bruderkriegen und selbstsüchtigen politischen
Zielen die Schlagkraft des Abendlandes in selbstmörderischem Ausmaß
minderte, um das in der Schlacht von Angora (1402) fast hoffnungslos
zerschlagene Osmanenreich wieder zur alten Rolle und Bedeutung kommen
zu lassen, brach sich im Westen nur allzu langsam Bahn.

Der junge Sultan, dem die Vorgänge in den Nachbarländern, ja selbst in
der weiteren Christenheit besonders dank der Nachrichten, die ihm von
nah und fern durch westliche Berater und wohl auch Kundschafter zuströmten,
keineswegs verborgen bleiben konnten, sah sich vor gewaltige lok-
kende Aufgaben gestellt, denen sich nur eine Herrschermacht wie die seinige
gewachsen zeigen mochte. Er war ein Politiker großen Stils mit einer klaren Auffassung von der Gesamtlage seiner Zeit, dabei aber ganz und gar
kein Mann, der sich im Kriege wohlfühlte. Treue, Redlichkeit und Zuverlässigkeit sind Eigenschaften, die ihm nicht nur seine Stammes- und Glaubensgenossen, seine Hofannalisten, sondern auch die byzantinischen Geschichtsschreiber uneingeschränkt nachrühmen. Daß er sich mit Vorliebe
und Tatkraft auf die endliche Sicherung der da und dort noch durch reli-
giös-soziale Erschütterungen bedräuten inneren Ordnung verlegte, daß
er allerorten die Wunden und Schäden zu heilen sich mühte, die seinem
jungen Reiche die gräßlichen Wirren des Zusammenbruches (1402) mit
ihren Folgen zu schlagen drohten, das alles entsprach gewiß seinem innersten Wesen. Seine wohl tiefreligiöse, zur Mystik neigende Natur förderte

seinen ausgesprochenen Hang zur Wohltätigkeit und zur patriarchalisch anmutenden Sorge um sein Volk. Schlicht und ohne besondere Abzeichen mischte er sich unter seine Untertanen. Bei den Trauerfeierlichkeiten für seine Mutter, so berichtet ein abendländischer Augenzeuge, fiel er so wenig auf, daß man ihn erst zu erkennen imstande war, als jemand auf ihn aufmerksam machte. Seine Leutseligkeit wird ebenso gerühmt wie seine Duldsamkeit und sein gereiftes Urteil. Seine Baugesinnung war bewundernswert. Selbst in den Glanzzeiten osmanischer Geschichte wird sie nur selten überboten. Brussa, die alte, und Adrianopel, die Hauptstadt des neugefestigten Reiches, erfuhren vor allem die reichen Segnungen seiner Prachtliebe und seines Gemeinsinnes. Überall erstanden Straßen, Moscheen, Spitäler, Speise- und Einkehrhäuser, Brücken und Klöster für Derwische. Aber auch die Großen des Staates suchten auf ihre Weise durch ähnliche Stiftungen mit dem Sultan zu wetteifern und hiedurch dessen Gunst zu erringen.

Nicht geringe Sorge brachte Murâd II. seinem Heer entgegen. War er es doch, der etwa von 1438 ab in den europäischen Landesteilen die gewaltsame Aushebung von Christenkindern für den Ersatz der Janitscharentruppe und den Dienst in den großherrlichen Palästen, die sogenannte ‚Knabenlese' *(dewschirme)*, ins Leben rief und damit noch zu seinen Lebzeiten die höchsten Staatsstellen christlichen Renegaten erschloß, die dann fast 1½ Jahrhunderte hindurch der osmanischen Kriegführung und Reichspolitik ihr deutliches Gepräge zu geben verstanden. Was die Janitscharen, die sogenannte Neue Truppe *(Jeni Tscheri)* selbst betrifft, so verdankte dieses Fußvolk, selbst wenn sich seine Anfänge in der altväterischen Vergangenheit verlieren sollten, als die Ghâsî's und Achi's der osmanischen Gesellschaft ihr fast männerbündisches Gepräge verliehen, erst Murâd II. seine straffe Durchbildung, seine Kriegszucht und innere Festigung, Eigenschaften, die es erst zum Schutz des Reiches und im Notfall zur Führung von Angriffen tauglich machten. Der zeitgenössische byzantinische Chronist Chalkokandyles hat über die osmanischen Heereseinrichtungen und deren Ordnung und Zweckmäßigkeit einen ausführlichen und anschaulichen Bericht erstattet, worin die Manneszucht und die Zuverlässigkeit des Heeres ins denkbar beste Licht gerückt werden und eine Vorstellung ermöglichen, mit welchem Gegner sich die Staaten der Christenheit im Ernstfalle zu messen hatten. Das unter Murâd II. bereits vervollkommnete Lehenswesen, auf dem neben der Stellung des Oberhauptes und der Einrichtung der sogenannten Knabenlese die wesentliche Kraft, 'die Energie dieses Reiches, mithin zugleich der Erfolg seiner Anstrengungen beruhte' (L. v. Ranke), ermunterte dessen Nutznießer, im Krieg erprobte

Kämpen, sich zu stets neuen Eroberungen fertigzuhalten. Seit alters wurden die Länder alsbald nach der Einnahme in eine Menge Lehen aufgeteilt, deren Inhaber je nach dem Umfang des Leibgedinges — man unterschied kleinere und größere Lehen, Si'âmet und Tîmâr — die Verpflichtung eingehen mußten, zu Pferd in den Krieg zu ziehen und im Verhältnis zu den Lehenseinkünften Soldaten oder Matrosen für den Kampf zu stellen. Daß die Osmanen mit ihren Militärlehen byzantinische Einrichtungen nachgeahmt oder vielleicht sogar beibehalten haben, steht zwar ziemlich fest, aber ihre Geschichte wird erst mit der Erschließung der frühosmanischen Grundbücher und mit der Erforschung der Feudallehen auf rumelischem Boden in klareres Licht gerückt werden können. Soviel dürfte sicher sein, daß sich seit dem Ende des 14. Jahrhunderts in den eroberten Balkanländern erbliche Großlehen gebildet haben, die an bewährte ,Markgrafen' (Grenzbege) vergeben und in deren Familien vererbbar wurden. Damals und in der Folge setzten sich an der Donau, im heutigen Südserbien, in Mazedonien und Thessalien Feudalgeschlechter fest, die sich noch nach Jahrhunderten im Besitze riesiger Liegenschaften erweisen lassen.

Jedem Diener des Großherrn war der Aufstieg in die höchsten Ehrenstellen des Reiches ermöglicht und mehr als einmal im Verlauf gerade des 15. Jahrhunderts gelangten ehemalige Sklaven und Pfortendiener in den Genuß der obersten Staatsstellen. Mit nur wenigen Ausnahmen zeigt die Geschichte der Inhaber des Reichssiegels, der Großwesire, den Verlauf solcher Beförderungen. Mehr als einmal haben sich noch im 16. Jahrhundert deutsche und venedische Botschafter in ihren Berichten darüber verwundert, wie Reichtum, Verwaltung, Kraft, kurz der ganze Staat des Osmanenreiches auf Leuten beruhte und Leuten anvertraut war, die, im christlichen Glauben geboren, zu Sklaven gemacht und muslimisch aufgezogen sind. Natur und Regierungsform der Osmanen hingen schon unter Murâd II. an dieser Einrichtung. Sie allein hat in entscheidenden Schlachten das Reich beschützt und gerettet. Ihrer ersten Jugend, ihrer Eltern und ihrer Heimat vergessend, kannten die im Knabenalter ins Seraj Verschleppten kein anderes Vaterland als dieses, 'keinen Herrn und Vater als den Großherrn, keinen Willen als den seinen, keine Hoffnung als auf seine Gunst', sie kannten ,kein Leben als in strenger Zucht und in unbedingtem Gehorsam, keine Beschäftigung als den Krieg zu seinem Dienst, für sich keinen Zweck als etwa im Leben die Beute, im Tode das Paradies, das der Kampf für den Islam eröffnet' (L. v. Ranke). Schon unter Murâd II. waren nur ganz wenige führende Staatsposten an Söhne einheimischer altanatolischer Geschlechter vergeben, zu denen vor allem die Tschandarly-oghlu's gehören, in deren Familie das oberste Staatsamt, das Großwesirat, zeitweise erblich war. In alle übrigen Stellen des Staates und vorzüglich des Heeres teilten sich ehemalige Christen aus Serbien, Albanien und Griechenland, von denen die meisten, als sie zu Amt und Würden aufgerückt waren, nicht einmal mehr ihre alte Heimat kannten oder gar sich mit ihr verbunden wußten. Manche Anzeichen sprechen dafür, daß sich schon frühzeitig in Kreisen der Alteingesessenen Haß und Mißgunst gegen diese Eindringlinge regten, ja, es scheint sogar noch zu Zeiten Murâds II. hin und wieder zu ernsten Zerwürfnissen und gefährlichen Widerständen gekommen zu sein. Wie jedoch die Entwicklung des osmanischen Staatswesens bis herein ins 17. Jahrhundert erkennen läßt, haben immer wieder die Nichttürken sich die führenden Stellungen zu sichern verstanden. Murâd I., der am Veitstag 1389 nach siegreicher Schlacht auf dem Amselfeld einem Anschlag zum Opfer fiel, hat als erster Sultan diesen Fremdlingen den Aufstieg in seinem Reiche erlaubt.

Es war ein Glück für den jungen Sultan, daß bei Übernahme der Herrschaft die inneren Wirren, die seine Lande in Asien wie in Europa während der entsetzlichen Bruderkämpfe und noch unter seinem Vater Mehmed I. bedenklich erschütterten, zu Ende gegangen waren. Noch kurz vorher, im Sommer und Herbst 1416, hatte der frühere Heeresrichter Schejch Bedr ed-Dîn, ein tiefgründiger Gelehrter und Freund der Massen, durch seine Anhängerschaft in Anatolien und in Rumelien einen gefährlichen Aufstand entfacht, der auf die Beseitigung alter Einrichtungen und vielleicht sogar des Osmanenthrones abzielte, aber schließlich mit der Gefangennahme und Erhängung des Aufrührers auf dem Marktplatze zu Serres (18. Dez. 1416) noch im Keim erstickt werden konnte. Wenige Wochen später büßte ein gewisser Sejjid ᶜAlî al-ᶜülâ, Sendling der Hurûfîja, einer schîᶜitischen Sekte, die sich aus Persien nach Anatolien ausgebreitet hatte und mit den Bektaschi-Derwischen in engster Bindung stand, wegen seiner Umtriebe im osmanischen Reiche, vielleicht wegen seines Gewichtes, das er auf die Truppe genommen hatte, sein Leben ein. Wenn Kunde von solcherlei staatsgefährlichen, der rechtgläubigen Geistlichkeit besonders verhaßten Ketzereien und Wühlereien in jedem Falle nur durch Zufall und gewiß vereinzelt auf die Gegenwart gelangt ist, so fehlt sie doch bisher so gut wie völlig für die Regierungszeit Murâds II. Macht und Geltung der Derwische, deren Orden meistens schîᶜitisch durchsetzt waren und daher oft genug schon ihrem Wesen nach zur Auflehnung gegen die bestehende Staatsordnung aufreizten, scheinen sich unter Murâd II. nur selten über Anatoliens Ostgebiete hinaus fühlbar gemacht zu haben. Die anatolischen Kleinfürstentümer, in deren Bereichen sich Derwischeinfluß desto drohender äußern durfte, je tiefer deren eigene Ursprünge in solchen Bünden wurzelten, waren bis auf wenige zerschlagen und im Osmanenstaat aufgegangen. Nur Qaramanien, die weitaus wichtigste jener türkmenischen Herrschaften in Kleinasien, hielt sich noch seit dem Zusammenbruch des Seldschûqenreiches, dank der Staatskunst und Wendigkeit des Fürsten Ibrâhîm-Beg (1423—1464). Er war mit einer Schwester Murâds II. vermählt und diese Verschwägerung mag ihn, der mit den Osmanen zeitlebens abwechselnd in Krieg und Frieden lebte, mehr als einmal vor der Vernichtung bewahrt haben. Der Groß-Qaraman (*Gran Caraman*), wie er im Gegensatz zum Großtürken (*Gran Turco*) in den italienischen Quellen des 15. Jahrhunderts geheißen wird, war und blieb der weitaus gefährlichste Nebenbuhler der Osmanen, zumal er es schon bald nach Antritt seiner Regierung verstanden hatte, mit den Staaten des Abendlandes diplomatische Fühlung aufzunehmen und sich zu einem gemeinsamen Schlag gegen den verhaßten Widersacher, gleichsam zu einer Zangenbewegung von Westen und Osten her, anzutragen und für dieses Vorhaben regsten Anklang zu finden. Hievon wird noch mehr als einmal die Rede gehen müssen.

Überall da, wo die innere Ruhe des Reiches weniger durch soziale Unruhen als durch Thronansprüche wirklicher und angeblicher Anmaßer bedroht wurde, griff Murâd II. mit starker Hand und zur rechten Zeit ein, beseitigte rücksichtslos aufständische Brüder und Statthalter im Reich und schützte dieses vor jener innerlichen Zersetzung und Zerrissenheit, denen einst die arabischen Chalifate zum Opfer fallen mußten. Was die äußere Bedrängung der beiden Reichshälften belangt, so haben die Umsicht und die Tatkraft des jungen Sultans während seiner ganzen Regierung kaum einmal wirklich versagt. Auf drei Seiten, an der Donaugrenze, im dalmatisch-albanischen Grenzland und in der fränkisch-griechischen Welt, wo die Verhältnisse der aufstrebenden sultanischen Macht mit denen seiner Nachbarn verschlungen blieben, war die Gefahr eines Zusammenstoßes dauernd gegeben.

Das erste Regierungsjahrzehnt Murâds II., gekennzeichnet vor allem durch die dramatische, aber ergebnislose Belagerung Konstantinopels (10. Juni bis 6. Sept. 1422), durch die Beseitigung seiner Nebenbuhler und schließlich durch die Eroberung Thessalonikes (29. März 1430), ließ einsichtigen Beurteilern der Lage in Südosteuropa, wie etwa Michael Dukas, keinen Zweifel über die Zwangsläufigkeit der kommenden Ereignisse. Für diesen scharfsichtigen Chronisten war der Fall dieser Stadt, dem Hauptstapelplatz des venedischen Levantehandels und Bollwerk der Seemacht von San Marco, ein schlimmes Wahrzeichen für das Verhängnis, das noch vor Ablauf eines Vierteljahrhunderts über die kaiserliche Hauptstadt Konstantinopel hereinbrach, der Vorläufer ihres unvermeidlichen Endes und des gänzlichen Unterganges des byzantinischen Reiches. Der Ausgleich, den Murâd II. Venedig im Friedensvertrag vom 4. Sept. 1430 zubilligte, daß allen Untertanen und Kaufleuten des Freistaates des Hl. Markus im gesamten Reiche des Großherrn freier und ungehinderter Verkehr und Handel gestattet wurde, konnte keinen befriedigenden Ersatz für den Verlust Thessalonikes schaffen, so sehr auch diese hoffnungsreiche Erwerbung von allem Anfang an zu einem kostspieligen Abenteuer zerrinnen mußte. Das im letzten Menschenalter eilig zusammengebrachte venedische Moreareich konnte durch die Vereinbarung von Gallipoli nur scheinbar sichergestellt werden. Die Besorgnis, Negroponte zu verlieren, hatte die Abmachung, daß der Sultan fortan die Signoria zu Land und zu Wasser, auf allen ihren Inseln und in allen ihren Schlössern, genug überall, wo das Banner von San Marco wehe, in Ruhe lasse, wenigstens im Augenblick zu zerstreuen vermocht. Der Einfall nach dem Epirus, den der Großherr gleich nach der Einnahme Thessalonikes durch einen seiner Feldherrn, angeblich Sinân-Beg, vornehmen ließ und der zur vertragsmäßigen freiwilligen Übergabe der Stadt Joannina und ihrer Umgebung an die Osmanen führte, sich hernach aber zu Streifzügen in das weiter nördliche Albanien ausweitete, mußte den Venedigern die Augen über die ferneren großherrlichen Absichten gegen Westen öffnen.

Das Jahr, das der Eroberung Thessalonikes folgte, war, wenn die Chroniken zuverlässig berichten, der Ruhe und dem Frieden gewidmet. Gemäß osmanischer Herrscherübung, alle zehn Jahre neue Münzen zu schlagen, wurden 1431 (= 834 der Hidschra) Silber- und Kupferstücke zu Adrianopel geprägt. Den Sommer verbrachte Murâd II. im Nordwesten seines Hofsitzes in seinem in Trümmern noch heut erhaltenen, recht bescheidenen Sommerhaus auf der Tschöke genannten Berghalde, wo er der drückenden Hitze seiner Residenz entging. Die Händel der Welt scheinen ihn damals und den Rest des Jahres wenig bekümmert zu haben. Sein Schatzmeister ᶜAlî-Beg begab sich zwar mit einem sultanischen Schreiben nach Ragusa, das sich im vorigen Herbst durch erstmalige Entsendung von Botschaftern an die Pforte um die Anerkennung seines Besitzes im Hinterlande bemüht hatte (Sept. 1430), um nach freundlicher Aufnahme der Abgesandten zu Philippopel am 6. Dez. 1430 ein serbisch ausgefertigtes Handelsprivileg in Adrianopel zu empfangen.

Aber auch das nächste Jahr nahm einen friedlichen Verlauf. Murâd verlebte es, wie es scheint, ohne Unterbrechung an seinem Hofsitz zu Adrianopel; der großherrliche Palast, der um 1417 von Mehmed I. angelegt worden sein dürfte, lag damals unweit der späteren Selîmîje-Moschee (1568/74) auf dem ‚Platanenplatz' (Qawaq Mejdâny) inmitten der Stadt.

Dort nun wurde dem Sultan beim Morgengrauen des Sonntags Laetare, also am 30. März 1432, sein dritter Sohn Mehmed-Tschelebi geboren. Der Vater konnte damals gewiß nicht ahnen, daß dieser dereinst zweimal seine Nachfolge antreten und sich zu einer der gewaltigsten Gestalten des scheidenden Mittelalters entwickeln sollte. Wer des Kindes Mutter war, ist bis zur Stunde in Dunkel gehüllt. Nirgendwo wird ihr Stamm, ihr alter Name überliefert. Keine bislang bekannte Inschrift bewahrt ihren Namen. Später wurde sie Hümâ-Chatun geheißen, nach dem Paradiesvogel Hümâ der persischen Sage. Auch des Xerxes Mutter wurde so genannt. Eine freilich bisher nicht ausreichend beglaubigte Überlieferung will nun wissen, daß Mehmeds Mutter eine Italienerin namens Stella (Estella) gewesen sei. Da aber dieser Vorname in Italien wenigstens in jenen Tagen ausschließlich in jüdischen Familien üblich war und weiter nichts als die Wiedergabe des persischen Namens Esther, d. i. Stern, Stella, darstellt, so könnte sich der Schluß aufdrängen, daß es sich auch hier um eine Jüdin gehandelt haben kann. Seltsam fügt es sich, daß Esther nach alttestamentlicher Vorstellung („Buch Esther') als Jüdin die zweite Frau des Perserkönigs Ahasverus, also Xerxes' wurde.

Fest steht jedenfalls, daß des Prinzen Mutter eine ‚Sklavin' war. So berichten Dukas und andere gleichzeitige Quellen, aber leider nicht mehr. Warum über die Herkunft dieser Frau des Sultans, die ihm den Thronerben gebar, so tiefes Geheimnis gebreitet liegt, kann nur erahnt werden. Die spätere, bereits von Mehmed selbst genährte Legende hat aus Hümâ-Chatun eine französische Prinzessin gemacht und fast alle osmanischen Geschichtsschreiber des 16. Jahrhunderts trugen zur Verbreitung dieser Sage bei. An ihr ist kein wahres Wort, so wenig, wie etwa Bajesids II. Mutter, wie gleichfalls der Volksmund wollte, eine Tochter des Königs von Frankreich war. Daß Mehmeds Mutter aber weder eine fränkische noch eine morgenländische Fürstin war, kann keinerlei Zweifel unterliegen. Nur soviel darf als sicher gelten, daß, wenn sie wirklich eine ‚Sklavin' von Geblüt war, sie unmöglich einen türkischen Vater hatte, da es keine Sklavinnen türkischen Ursprungs gegeben hat. Dann aber mußte sie, wie üblich, auch ihre Abkunft geheimhalten. Deren Ungewißheit schließt demnach jegliche Möglichkeit aus, Betrachtungen oder Vermutungen über die mütterliche Erbmasse Mehmeds anzustellen. Diese Tatsache fällt um so mißlicher ins Gewicht, als mit Sicherheit angenommen werden kann, daß seine Naturanlagen zu einem beträchtlichen Teil auf die Mutter und deren Ahnen zurückgehen müssen. Denn sowohl sein Vater als auch sein Großvater Mehmed I. waren Naturen, die mit seiner eigenen nur wenig gemeinsam hatten. Die nicht nur von osmanischen, sondern auch von byzantinischen

Gewährsmännern und Zeitgenossen an beiden gerühmten menschlichen Eigenschaften wird man am Sohn und Enkel vergeblich suchen. Aber auch ohne Kenntnis der mütterlichen Stammtafel Mehmeds II. ist soviel gewiß, daß türkische, slavische, byzantinische, fränkische, persische und wohl auch arabische Blutmassen ihn zu einem bunten und seltsamen Gemisch von Anlagen schufen, deren Anteile im einzelnen aufzuzeigen keiner Forschung jemals möglich sein wird.

Die ersten Lebensjahre dürfte Mehmed-Tschelebi, morgenländischem Brauch gemäß, im Frauengemach des Adrianopeler Palastes verlebt haben. Als seine übrigens türkische Ziehmutter wird Hundi-Chatun, meist Daje-Chatun genannt, erwähnt, die es im Leben hernach zu großem Wohlstand brachte, Gotteshäuser errichten ließ und schließlich, als sie hochbetagt am 14. Februar 1486 zu Stambul das Zeitliche segnete, ihren einstigen Pflegling um Jahre überlebte. Sie nahm das Geheimnis um die früheste Kindheit des Prinzen Mehmed mit ins Grab. Dieser wurde bereits im Sommer 1434, wohl von Mutter und Amme begleitet, nach dem abgelegenen Amasia im Osten Anatoliens verbracht, wo sein Vater Murâd im Frühjahr 1404 selbst zur Welt gekommen war und wo sein gleichfalls dort geborner (1420) Stiefbruder Ahmed-Tschelebi als Statthalter waltete. Aber auch der zweite Sohn Murâds, ᶜAlâ ed-DînᶜAlî-Tschelebi, befand sich in Mehmeds Begleitung. Schon damals und manchmal auch in der Folge pflegten die Großherrn, um sich bei Volkserhebungen und vor allem bei Truppenaufständen weitgehend vor unliebsamen Überraschungen zu schützen, ihre für die Thronfolge in Betracht kommenden Söhne ins Innere der asiatischen Reichshälfte, also fernab von ihrem Herrschersitz, zu verschicken, wo sie als Landpfleger unter Schutz und Aufsicht zuverlässiger Würdenträger schalten und walten durften. Erst Mehmed II. war es vorbehalten, diese friedliche Vermeidung von Thronstreitigkeiten durch die Einführung des Gesetzes vom Brudermord für Jahrhunderte zu ändern.

Amasia war seit Bajesid I. des Wetterstrahls Zeiten Lieblingsaufenthalt verbannter Prinzen. Wenige Städte des osmanischen Reiches freilich mochten für diesen Zweck verlockender gewesen sein. Helmuth v. Moltke beschreibt den Anblick der ‚uralten Stadt Amasia' 1838 als den eigentümlichsten und schönsten, der sich ihm jemals bot. Der Zusammenfluß zweier beträchtlicher Gebirgswasser aus ganz entgegengesetzten Richtungen, die dann vereint nordostwärts ihren Abfluß suchen, bildet dort einen tiefen Bergkessel, in den zahlreiche Moscheekuppeln, schlanke Minarette und die Behausungen der Menschen zusammengedrängt waren. Ein schreckliches Erdbeben (27. Dez. 1939) der jüngsten Vergangenheit erst vernichtete einen Teil der romantischen Stätten. Aber noch heute sind herrliche und frucht-

bare Gärten und Maulbeerpflanzungen, die der rauschende Gebirgsstrom
bewässert, ringsum von hohen Felswänden umschlossen, in die vor grauen
Zeiten Felskammern als letzte Ruhestätten von Königen gehauen wurden.
Oben links, auf einer hervorragenden Klippe, thront ein uraltes, seltsam
gestaltetes Kastell, dessen Ursprünge ins höchste Altertum zurückreichen,
das aber noch im Mittelalter als Zwingburg türkmenischer Landesherren,
wie etwa der Eretna und vor allem des Dichterfürsten Kadi Burhân ed-Dîn
(st. 1398), eine gewichtige Rolle spielte. Die Erinnerung an diese Herrscher
lebt noch in zahlreichen Stiftungsgebäuden, wie Moscheen, Armenhäusern,
Kollegien, Grabkapellen (Türben) mit eindrucksvoller Bauart fort, sofern
nicht eine der zahlreichen Erderschütterungen, die diesen herrlichen Erden-
fleck heimsuchten, sie in Trümmer legte. In Ruinen fiel auch seit langem
das Seraj der osmanischen Statthalter, die hier seit der Besitznahme der
Stadt durch Bajesid I. ihre Wohnstatt aufschlugen. Der Palast liegt auf dem
linken Ufer des Jeschil Yrmaq-Flusses unterhalb des Burgberges und von
den einst stattlichen Gebäuden, einem Herrengemach (Selâmlyq), einem
Frauengemach (Harem), einem Bedienenraum, zwei Bädern und Küchen
inmitten zweier prachtvoller Gärten sind heutzutage nur noch kümmerliche
Reste verblieben. Auch das sogenannte Mädchen-Seraj (Qyslar Serajy), so
benannt, weil die Einkünfte der Stadt Amasia und ihres Gebietes der
Schatulle der Sultanin zufielen, steht nicht mehr.

In einen dieser beiden Paläste also hielt der kleine Mehmed-Tschelebi seinen Einzug, als Prinz Ahmed-Tschelebi in seiner Geburtsstadt die Landpflege übernehmen mußte. Die gesellschaftlichen Verhältnisse im Amasia
jener Tage wurden auch in der Osmanenzeit noch lange durch das Treiben
der einflußreichen und begüterten alten Stadtgeschlechter maßgeblich bestimmt. Daneben mögen aus Persien eingeströmte Derwische, die sich mit
Vorliebe in Ostanatolien niederließen und von hier aus bekehrend die Lande
durchstreiften, mag vor allem die gelahrte Geistlichkeit Amasia eine besondere Note verliehen haben. Die osmanischen Prinzen, die in dieser Stadt
als höchste Beamte über Rûmîje-i sughrâ, über Klein-Rûm, herrschten,
standen in geselligem Verkehr mit dieser Oberschicht und mehr als einmal
kamen eheliche Verbindungen mit deren Töchtern zuwege. Zu den einfluß-
reichsten Sippen zählte damals die des Schâd-geldi Ahmed-Pascha, dessen
Enkelin Schehsâde-Chatun mit dem Prinzen Mehmed-Tschelebi, dem
späteren Prinzen und Vater Murâds II., eine Ehe eingehen konnte und
deren Nachkommen als maßgebliche Berater der jungen osmanischen
Prinzen in Erscheinung traten.

Im Sommer 1437, wahrscheinlich im Mai, starb Prinz Ahmed-Tschelebi
zu Amasia eines plötzlichen Todes, dessen Ursachen nicht hinreichend ge-

klärt wurden. Seine sterblichen Überreste wurden nach der einen Lesart in Amasia in der sogenannten Prinzentürbe, nach der andern aber zu Brussa an der Seite seiner Ahnen beigesetzt. So wurde bereits im Juni die Statthalterschaft dem sechsjährigen Mehmed-Tschelebi übertragen, während sein Bruder ᶜAlâ ed-Dîn ᶜAlî in gleicher Eigenschaft nach Maghnisa, dem alten Magnesia am Sipylos (nö. Smyrna), versetzt wurde. Als Ratgeber für den neuen Statthalter bestimmte dessen Vater seinen einstigen Freigelassenen Chidr-Pascha und als Lehrer ward dem Prinzen ein Sohn des ausgezeichneten Gottesgelehrten Iljâs-Faqîh, nämlich Chidr-Tschelebi, beigegeben. Als militärischer Befehlshaber (*serasker*) betreute ihn Buraq-Beg, ein Nachkomme des Schâdî-Beg. Murâd II. war geraume Zeit selbst Landpfleger zu Amasia gewesen und eine seiner Frauen namens Jeni-Chatun war gleichfalls eine Enkelin des mächtigen Schâd-geldi Ahmed-Pascha, während deren beide Schwestern hintereinander mit dem fast allgewaltigen Jürgüdsch-Pascha vermählt waren, der sogar eigene Münzen auf seinen Namen schlagen ließ. Der Sultan war also durch seine eigene Versippung mit dem Stadtadel von Amasia aufs genaueste über die dortigen Verhältnisse unterrichtet und traf gewiß nach diesen Gesichtspunkten die Auswahl der Berater seines unerfahrenen Sohnes. Daß diese selbst und nicht der Knabe Mehmed dort die Entscheidungen trafen, läßt sich mit gutem Grund vermuten.

Ein Jahr hernach, im Juni 1439, vollzogen sich auch in Adrianopel bedeutsame Personenwechsel. Der erste Wesir Ishâq-Pascha, ein Renegat vermutlich griechischer Herkunft, der fast zeitlebens das besondere Vertrauen des Großherrn genoß, wurde mit einemmal seines Amtes entsetzt. An seine Stelle trat Tschandarly-oghlu Chalîl-Pascha, der Sohn des Großwesirs Ibrâhîm-Pascha und Enkel des Großwesirs Qara Chalîl-Pascha, Sproß also einer hochberühmten, echt osmanischen Familie, die dem Reiche seit Geschlechtern die höchsten Würdenträger geliefert hatte. Ishâq-Pascha rückte an die zweite, Saghanos-Pascha, ebenfalls ein griechischer Renegat, an die dritte Wesirstelle. Beide waren als Nichttürken den alteingesessenen, im Glauben ihrer Väter erwachsenen vornehmen Geschlechtern mißliebig und verdächtig. Man geht sogar kaum in der Annahme fehl, daß die Umgruppierung dem Drängen dieser Kreise entsprang. In diesem Zusammenhang muß der tiefen Nebenbuhlerschaft und Scheelsucht Erwähnung geschehen, die sich zwischen den Neulingen und den altosmanischen Edelsippen seit dem Eindringen der Renegaten in hohe Staatsämter und vor allem in die Heerführung in immer steigendem Maße kundgaben und Auseinandersetzungen auslösten, deren Ernst und Gefährlichkeit für die Sicherheit des Reiches eine dauernde Sorge der Sultane wurden. Zumal unter

Murâd II., der gerade ums Jahr 1438 die Einrichtung der ‚Knabenlese‘ wenn nicht überhaupt schuf, so doch mit Nachdruck förderte, hatten sich die Rangstreitigkeiten und der Wettlauf zwischen beiden Gruppen in bedenklichem Ausmaß verschärft. Während der ganzen dreißigjährigen Herrschaft dieses Großherrn spielten sie eine oft ausschlaggebende, die Reichsgeschicke bestimmende Rolle.

Unmittelbar nach dem Regierungswechsel, vielleicht auch unmittelbar vorher, jedenfalls aber im Frühjahr 1439, fand zu Adrianopel das Fest der Beschneidung der beiden Prinzen ᶜAlâ ed-Dîn ᶜAlî und Mehmed statt, die beide aus ihren anatolischen Statthaltersitzen ins väterliche Schloß gerufen worden waren. Die damit seit alters verbundenen Festlichkeiten und Volksbelustigungen, zu denen später befreundete Herrscher des Morgen- und auch des Abendlandes eingeladen zu werden pflegten, währten zumeist viele Tage. Kurzweil und Ergötzlichkeiten aller Art sorgten für Vergnügen und Stimmung der Massen, während sich Gesetzesgelehrte, Richter und Dichter, jeder auf seine Art, in der Verherrlichung des Hoffestes gefallen durften. Damals hielt sich der Aufwand noch in bescheidenem Rahmen, der gegenüber Ausgaben bei späteren ähnlichen Gelegenheiten völlig zurücktritt. Wie schlicht und altväterisch Murâd II. noch die Beschneidungsfeier seiner beiden Söhne begehen ließ, verdeutlicht vielleicht am anschaulichsten der von den einheimischen Chroniken überlieferte Umstand, daß bei dieser Veranstaltung Sejjid Nattâᶜ aus Baghdâd, der bereits unter Bajesid dem Wetterstrahl aus dem Zweistromland nach Anatolien gekommen war, zu Brussa in der Klosterzelle für sich und seine Nachfahren eine einträgliche Pfründe schuf, zum erstenmal im großherrlichen Palast unter die Eßteller Lederschoner breitete, ein bis dahin bei den Osmanen nicht gekannter Tafelprunk. Diese Einführung dürfte sogar den Beinamen des Schejchs (*nataᶜ*, *nituᶜ*, Ledertischtuch) verschuldet und dessen eigentlichen Namen Husejnî in Vergessenheit gebracht haben.

Außer der Beschneidung der Söhne wurde noch die Vermählung einer Tochter Murâds mit Ismâᶜîl-Beg, dem Sohne seines Schwagers Isfendijâroghlu Ibrâhîm-Beg, der als Kleinfürst von Qastamuni (NW-Kleinasien) ein Schattendasein führen durfte, festlich begangen. Vom jämmerlichen Schicksal, das Ismâᶜîl-Beg in der Folge von seinem eigenen Sultansschwager bereitet wurde, wird später zu berichten sein.

Noch ehe die Feiern verrauscht waren, entschloß sich der Sultan zu einem Wechsel der anatolischen Statthalterschaften, indem er ᶜAlâ ed-Dîn ᶜAlî nach Amasia, Mehmed hingegen nach Maghnisa gehen ließ. Die Hintergründe dieser Maßnahme sind nicht durchsichtig, scheinen aber wenigstens teilweise auf Beeinflussung des Großherrn durch seine politischen Berater zurückzugehen. So wenigstens läßt das tragische Ende des Prinzen ʿAlî, das später dieser Verfügung folgte, fast vermuten. Wie folgenschwer sie sich auch für die Geschicke des Reiches in aller Kürze auswirkte, so verblaßt die Bedeutung des Vorgangs gegenüber dem kriegerischen Unternehmen, in das sich Murâd II. gleich nach Beendigung der Adrianopeler Familienfeiern einzulassen begann.

Der serbische Despot Georg Branković hatte vergeblich gehofft, durch die am 4. September 1435 vollzogene Verehelichung seiner etwa 16jährigen Tochter Mara mit Murâd II. sich dessen Gunst zu erkaufen. Auf die sultanische Politik gegenüber seiner dauernd und aufs schwerste bedrohten Herrschaft mäßigend einzuwirken, war ihm, wie die folgenden Jahre immer schmerzlicher erkennen ließen, um keinen Preis mehr vergönnt. Den äußeren Anlaß zum Kriegszug gegen Serbien bildete der Tod Kaiser Sigismunds, der am 9. Dezember 1437 auf der Rückreise von Böhmen nach Ungarn, fast siebzig Jahre alt, zu Znaim seine Tage beschlossen hatte. Mit ihm hatte der Sultan zu verschiedenen Malen Waffenstillstand vereinbart und zu deren Erlangung im November 1433 sogar eine aus fünf Großen bestehende Gesandtschaft nach Basel entboten, wo damals das Konzil tagte. Sie brachte dem Kaiser, der, mit majestätischem Prunk angetan, die Gäste aus dem Morgenland im Münster empfing, zwölf goldene Becher mit Goldstücken angefüllt, ferner goldgestickte und seidene, mit Edelsteinen gezierte Gewänder dar und wurde mit kaiserlichen Gegengaben und Friedensbeteuerungen alsbald wieder in die ferne Heimat entlassen. Als aber Sigismunds Schwiegersohn Albrecht von Österreich am Neujahrstag 1438 mit seiner Gattin zu Stuhlweißenburg zum König von Ungarn gekrönt wurde, da benutzte Murâd II., angeblich von seiner Umgebung dazu angestachelt, den Thronwechsel zu einem überraschenden Angriff auf Ungarn und auf Serbien.

Wohl zur Ablenkung ward ein Streifzug gegen Siebenbürgen ins Werk gesetzt, den ʿAlî-Beg, der Sohn des Ewrenos aus altem Feudalgeschlecht, an der Spitze seiner ‚Renner und Brenner‘, der Aqyndschys, befehligte. Der serbische Despot sowie der Fürst der Walachei, Vlad Dracul, waren als Lehnsfürsten vom Sultan zur Heeresfolge aufgefordert worden und erschienen mit ihren Truppen. Das Osmanenheer brach im Herbst 1438 über das Eiserne Tor in Siebenbürgen ein, belagerte eine volle Woche lang, freilich vergeblich, das mauernbewehrte Hermannstadt, verwüstete Schäßburg und Mediasch und brannte die Vororte von Kronstadt nieder. Volle 45 Tage soll die Verwüstung des Landes gedauert haben. Mehr als 70000 Menschen wurden, so heißt es, in die Sklaverei verschleppt, darunter auch Bruder Georg aus Mühlenbach, der nach seiner Rückkehr aus 22 jähriger türkischer Gefangenschaft einen oft lateinisch und auch deutsch aufgelegten an-

schaulichen Bericht über seine Erlebnisse niederschrieb und damit eine
der wichtigsten und aufschlußreichsten Quellenschriften über das osmanische Reich jener Tage schuf. Sitten, Gebräuche, Glaube und Sekten der
Türken werden darin auf Grund einer langen, teuer erkauften Erfahrung mit
einer für diese Zeiten seltenen Treue und Sachkenntnis vor Augen geführt.

Während die türkischen Streifscharen Siebenbürgen verheerten und
brandschatzten, brachen andere Verbände in Serbien ein, wo Burgen und
Klöster überrumpelt und geplündert wurden.

Dies alles war aber nur ein Vorspiel zum Hauptangriff, der im nächsten
Jahre vonstatten ging. In eigener Person zog Murâd II. vor Semendria
(Smederovo), die kurz vorher instand gesetzte befestigte Hauptstadt des
Despotats. Georgs ältester Sohn und sein Schwager Thomas Kantakuzen
verteidigten sie mit Heldenmut, aber umsonst hielt er Ausschau nach
Beistand aus dem Abendlande. Dieses war indes von ganz anderen Sorgen ge-
peinigt. Im Dome zu Florenz tagte dazumal in Anwesenheit des Kaisers von
Byzanz, Johannes VIII. Palaiologos, ein langwieriges Konzil, das nach schier
endlosen Beratungen jenen Einigungsvertrag zwischen Griechen und La-
teinern zustande brachte, dessen erhoffte Wirkung Lärm und Drangsal der
nächsten Jahre gänzlich zunichte machten. König Albrecht lag mit dem
Adel Ungarns in Fehde, der ihm seine Befugnisse zu schmälern suchte.
Aber seinen guten Willen durch Entsendung eines bescheidenen Heerbanns
an den Despoten zu bekunden, fand er sich schließlich doch bereit. Drei
Monate währte die Berennung von Semendria. Am 18. August 1439 war ihr
Schicksal besiegelt. Und damit fiel fast das ganze serbische Land in die Gewalt der Osmanen. Nur die Landschaft von Novo Brdo in Südserbien mit
ihren unersetzlichen Silbergruben, deren Ausbeutung meist sächsische Berg-
leute als Minenarbeiter betrieben, während Ragusäer als Grubenbesitzer,
Goldschmiede und Münzmeister die leitenden Stellen einnahmen, entging
noch für kurze Frist dem nämlichen Lose. Daß im Lande der Serben
Gold und Silber förmlich dem Boden wie aus natürlichen Quellen ent-
sprängen, berichtet mit Begeisterung der Chronist Kritoboulos; überall,
wo immer man nachgrabe, fänden sich reiche und herrliche Lager von Gold
und Silber, die ergiebiger seien als die berühmten Gruben von Indien. Wenn
diese Bodenschätze damals ebenso wie die Landschaft Zeta noch dem Despoten verblieben, so war jedem klar, daß dieser Besitz auf die Dauer von
den Osmanen streitig gemacht werde. Fürs erste ward Ishâq-Beg, der
andere Sohn des Ewrenos, der vordem Skoplje (Üsküb) am Vardar ver-
waltet hatte, als Befehlshaber der neuen Herren eingesetzt.

Die Wege nach Bosnien standen nunmehr den Türken offen. Ihre ‚Renner
und Brenner‘, die allerorten gefürchteten Aqyndschys, prellten fast unge-

hindert aus Vrh Bosna, dem späteren Sarajevo, das mit seinem Umland schon geraume Zeit besetzt worden war, bis in die Gegend von Jajce, den bosnischen Königssitz, vor und plünderten die Lande. Aber auch Ungarn selbst war nur noch von Griechisch-Weißenburg (Belgrad) aus gegen Einfälle der Osmanen geschützt. Kläglich war das Schicksal, das nunmehr die beiden Despotensöhne und Sultansschwager ereilte. Gregor, der beim Sturm auf Semendria in türkische Hände gefallen war, wurde zusammen mit seinem jüngeren Bruder, der zu Adrianopel in Gewahrsam gehalten wurde, des Augenlichtes beraubt und nach Toqat ins Innere Anatoliens verschleppt. Dort nämlich befand sich seit alters das Staatsgefängnis (Bedewî Tschardaq), das lange Jahre vorher und hernach staatsgefährliche Häftlinge für kurze oder längere Zeit unschädlich machte. Der militärische Erfolg des Jahres 1439 verleitete Murâd II. gleich im folgenden Frühjahr zur Fortsetzung seiner serbischen Pläne. Ende Oktober 1439 war König Albrecht auf der Reise nach Wien ganz unerwartet an der Ruhr verschieden. Die Thronstreitigkeiten, die darauf die Gemüter in Ungarn bewegten und verwirrten, vermochte auch der päpstliche Legat Kardinal Giuliano Cesarini nicht zu schlichten. Der Sultan machte sich schnell diese Lage zunutze. Griechisch-Weißenburg, das gewaltige, durch Tausch mit Ungarn vereinigte schützende Bollwerk, war sein nächstes Kriegsziel. Seit April 1440 berannten türkische Streitkräfte zu Wasser und zu Lande diese wichtige Festung, die, am Zusammenfluß der Save mit der Donau gelegen, durch Natur und Kunst gleich gut bewehrt war. Zur gleichen Zeit fielen türkische Streifscharen in Siebenbürgen und in Ungarn bis zur Theiß ein und verheerten die Lande. Von der Landseite her umgaben die Belagerer, in deren Führung sich der Großherr in eigner Person mit seinem erprobten Feldherrn ᶜAlî-Beg, dem Sohn des Ewrenos, teilte, Griechisch-Weißenburg mit einem Wall, von dem aus sie Steine ins Stadtinnere schleuderten, während die Eingeschlossenen die Angriffe durch Geschützfeuer und Minensprengungen zu erwidern suchten. Mehr als hundert Kriegsfahrzeuge kreuzten auf dem Donaustrom. Tapferkeit und Umsicht der Verteidiger ließen schließlich den Ansturm der sultanischen Streitmacht zuschanden werden. Im September mußte sich Murâd II. zum Abzug entschließen. Die Grenzfestung der Christenheit war fürs erste gerettet und hatte ihre Aufgabe glänzend erfüllt.

Das Schicksal des Despoten Georg Branković freilich hielt diese kühne Waffentat der Belgrader Besatzung nicht mehr auf. Der Thronwechsel in Ungarn war keineswegs seinen Absichten und Wünschen entsprechend geregelt worden. War doch der erst 15jährige König Wladislaw (Ladislaus) III. von Polen aus der litauischen Dynastie der Jagellonen obsiegend aus der Wahl hervorgegangen, sein eigner jüngster Sohn aber als Thronwerber

unterlegen. Georgs Schwiegersohn, der mächtige und reichbegüterte Graf
Ulrich von Cilli (um 1406—1456), Gemahl seiner jüngsten Tochter Katharina (seit 20. April 1434) und sohin Schwager der Sultanin Mara, entzog
ihm den sehnlich erhofften Beistand. Der junge Wladislaw selbst nahm dem
Despoten außer seinem Ofener Palast noch zahlreiche Besitzungen ab und
verteilte diese an seine Getreuen. Fast planlos und verzweifelt irrte der
greise Serbenfürst aus dem Gebiet des Grafen Ulrich von Cilli nach Süden,
nur von seiner Gemahlin Irene und einigen hundert berittenen Anhängern
begleitet. Wie vorher Venedig, gewährte ihm nunmehr Ragusa freundliche,
jedoch nur kurzfristige Aufnahme. Immer schlimmer, immer hoffnungs-
loser lauteten die Nachrichten, die nun dorthin aus dem Innern der ihm
noch verbliebenen serbischen Lande drangen. Novo Brdo, die ‚Mutter der
Städte‘, ergab sich mit ihren unerschöpflichen Erzgruben dem rumelischen
Statthalter, dem Verschnittenen Schihâb ed-Dîn-Pascha, einem Renegaten
(27. Juni 1441). Lähmender noch traf ihn aber die Schreckenskunde, daß
seine beiden Söhne wegen eines geheimen Briefwechsels mit ihrem Vater auf
Geheiß ihres eigenen Schwagers Murâd II. am Ostertag (16. April 1441) in
Banden geschlagen und kurz darauf zu Toqat geblendet (8. Mai 1441) worden
seien. Die Fürbitte der Schwester Mara, die, obwohl sie ihrem christlichen
Glauben treu geblieben war, nicht ohne Einfluß auf ihren Gatten war, kam
zu spät zur Verhütung dieses Unheils. Welch anderer Ausweg blieb schließlich dem vom Schicksal Geschlagenen, als sich nach Ungarn zurückzubegeben, sich dem jungen König zu unterwerfen und mit ihm gemeinsam
auf Rache gegen die Räuber seiner Gebiete zu trachten? Vergessen allerdings hat Georg Branković diese Demütigung zeit seines Lebens nicht.

Als erste bekamen die stolzen, freiheitsliebenden Ragusäer die Folgen
der Besitznahme Serbiens durch die Osmanen zu spüren. Ihre Stadt war,
als 1358 Venedig im Frieden von Zara für ein halbes Jahrhundert alle
Städte und Inseln vom Quarnero bis Albanien eingebüßt hatte, auf Grund
eines zwischen Ludwig dem Großen von Ungarn und den Ragusäern abgeschlossenen Vertrages (27. Mai 1358) unter die Krone des Hl. Stephan gekommen. Aber der ungarische König hatte keinen ständigen Vertreter in
Ragusa, das nunmehr nach Art der italienischen Stadtstaaten tatsächlich
eine selbständige Adelsherrschaft wurde, deren Senat mit Umsicht und
Geschick ihre Unabhängigkeit zu verteidigen wußte. In der ersten Hälfte
des 15. Jahrhunderts erlebte der Freistaat seine Glanzzeit, die sich bis
heute an den damals entstandenen Prachtbauten und Kirchen erkennen
läßt. Die Wirren in den Nachbargebieten und die osmanischen Eroberungen in den westlichen Balkanländern schränkten zwar langsam den
ragusäischen Überlandhandel ein, aber Ragusas Schiffe, Gewerbefleiß und

vor allem Staatskunst sicherten der Stadt noch lange ihre alte Bedeutung als Austauschplatz zwischen den Naturerzeugnissen des Westbalkans und den aus Italien dahin gebrachten Geweben und Stoffen sowie als Brennpunkt westöstlicher diplomatischer Winkelzüge. Das venedische Handelsgroßreich hat, als es längst die Oberhoheit über Ragusa (1205—1358) eingebüßt hatte, dieses niemals aus dem politischen Spiel verloren. Die kaufmännischen Niederlassungen der Ragusäer, die es nicht nur in Bosnien, der Herzegowina, in Serbien und Albanien, sondern auch in Sofia, Trnovo, Provadija, Philippopel, Adrianopel und in Konstantinopel selbst gab, zwangen die Lenker der Republik des Hl. Blasius zu ständig wachsenden Rücksichten auf die politischen Launen der Sultane und zu immer empfindlicheren Abgaben an die Pforte.

Im September 1440 war ein Schatzmeister Muråds II. in den Mauern von Ragusa angelangt, um im Namen seines Gebieters die Entrichtung einer Jahresabgabe zu heischen. Die Ablehnung dieses Verlangens durch den Senat hatte die sofortige Gefangensetzung aller ragusäischen Kaufleute nicht nur auf türkischem Boden, sondern auch in Serbien und sogar beim osmanischen Vasallen in Bosnien, Stjepan Vukčić, einem willenlosen Werkzeug des Sultans, als unabwendbares Ergebnis. Die Rücksicht auf ihre gefüllten Stapelplätze in den Balkanländern zwangen die Bedrängten zu sofortigem Nachgeben. Nur mit der schließlichen Zusicherung, alljährlich durch einen eigenen Gesandten Silbergefäße im Werte von tausend Dukaten an den Säckel des Großherrn abzuführen, vermochten sich die Ragusäer ihre fernere Handelsfreiheit im Osmanenreich und seiner Lehensfürsten zu erkaufen, ohne durch ihr Zugeständnis völlige Sicherheit vor weiteren Erpressungen zu gewinnen.

Das Vordringen der Türken gegen Westen hatte die Herrscher der zunächst betroffenen Länder, vor allem Ungarn, wachgerüttelt. Hatten doch die Raubscharen der Osmanen ihre gefährlichen Raubzüge bis nach Slawonien und bis zur Theiß vorgetragen und unter den Bewohnern Furcht und Entsetzen verbreitet. Der junge König betraute zwei durch Kriegsruhm ausgezeichnete Feldherrn mit dem Schutze der bedrohten Landesgrenzen: Nikolaus Újlaky und Johannes Hunyadi, den Wojwoden von Siebenbürgen, dessen glänzende Waffentaten in den nächsten Jahren die gesamte Christenheit mit neuer Hoffnung auf endliche Zurückdrängung der Türken erfüllen sollten. Johannes Hunyadi, ein kleiner siebenbürgischer Adliger rumänischer Herkunft, hatte sich bereits glorreich in den Kämpfen gegen Türken und Hussiten bewährt und das Kriegshandwerk dabei bis zur Vollendung erlernen und erproben können.

Von Belgrad aus unternahm Johannes Hunyadi zunächst Einfälle ins serbische Land und versetzte Ishâq-Beg, dem Befehlshaber von Semendria, eine empfindliche Schlappe, die diesen um so peinlicher treffen mußte, als sein Einfluß auf die kriegerischen Unternehmungen des Sultans nicht unbeträchtlich gewesen war. Diese Niederlage veranlaßte den Landpfleger von Rumelien, Schihâb ed-Dîn-Pascha, auf einer Erhebung gegenüber Belgrad die Burg Avala (Žrnov) zu errichten, deren Trümmer noch heutigentags das Bild der Landschaft bestimmen. Aber auch ihn ereilte bald ein böses Geschick: im Jahre darauf schlug ihn Hunyadi am Flusse Ialomitza. Nicht besser erging es einem andern osmanischen Feldherrn, nämlich Mesîd-Beg, Oberststallmeister des Sultans und in dessen Diensten ergraut. Dieser war in Siebenbürgen eingebrochen und schickte sich an, Hermannstadt zu belagern. Dabei ereilte ihn das Schicksal. Zusammen mit seinem Sohn ward er auf der Flucht erschlagen. Zahllose Türken bedeckten die blutige Walstatt und gar bald verbreitete sich die Freudenbotschaft von Hunyadis glänzendem Sieg durch alle Lande. Ein mit Beute und Kampfgewinst schwer beladener Wagen, den zehn Pferde kaum zu ziehen vermochten, ging als Trophäe an Ungarns Bundesgenossen Georg Branković ab. Die Köpfe Mesîd-Begs und seines Sohnes wurden obenauf gesteckt und dazwischen saß ein alter Türke, dem die Übergabe des Siegerpreises an den Despoten in einer Rede zu vollziehen geheißen wurde. Wutschnaubend schwor Schihâb ed-Dîn grausige Rache. Er erschien an der Spitze einer stattlichen Heeresmacht und rühmte sich prahlerisch, daß seine Gegner, wenn sie nur seinen Turban sähen, ganze Tagereisen weit flöhen. Aber des Landpflegers Niederlage fiel schlimmer aus als die Mesîd-Begs, die er zu rächen hoffte. Tausende von Gefallenen, darunter Mitglieder berühmter Edelgeschlechter, zahlreiche Gefangene und an die 200 eroberte Fahnen machten die Verluste der Osmanen aus. Unermeßlich soll die Beute gewesen sein, die Hunyadi zum Lohn für ihre Tapferkeit unter seine Truppen verteilen ließ.

Als die Freudenkunde von diesem Sieg am Hofe des Ungarnkönigs in Ofen eintraf, befand sich dort gerade eine Gesandtschaft Murâds II., die in dessen Namen die Abtretung von Griechisch-Weißenburg oder doch wenigstens ein Jahrgeld als Unterpfand eines geplanten Bündnisses forderte. Ob dies der wirkliche Zweck der sultanischen Abordnung gewesen oder ob sie nur etwa ausgeschickt worden war, um die politischen Verhältnisse Ungarns zuverlässiger zu erkunden als die über ganz Südosteuropa verteilten Späher hierzu imstande waren, bleibt eine offene Frage. Daß Murâd sich über die Aussichten dieser Abordnung irgendwelchen Täuschungen hingab, als überall im Westen sich das Kriegsglück gegen ihn zu kehren begann, muß füglich bezweifelt werden. Im Vollgefühl der erwachenden Widerstandskräfte und der militärischen Überlegenheit wurden die osmanischen Sendboten kurz und barsch abgefertigt. Als sie in Adrianopel dem Großherrn Bericht erstattet hatten, blieb dieser nicht länger darüber im unklaren, daß sich der bisherige Verteidigungskampf der Ungarn über kurz oder lang in eine umfassende Angriffshandlung wandeln werde.

In Ungarn hatte der unerwartete Tod der Königinwitwe Elisabeth (24. Dez. 1442) die innerpolitischen Zwistigkeiten und Ränke fühlbar verringert. Die zersplitterten Kräfte der Nation begannen sich unter der befeuernden Wirkung des Waffenglückes zu sammeln. Die Bekämpfung der Ungläubigen und ihre Vertreibung aus Europa wurde zur Losung des Tages. Johannes Hunyadi ward überall als Held und Retter aus schwerer Bedrängnis gefeiert. Die erbeuteten Fahnen und Feldzeichen der Osmanen wurden auf die Kirchen des Landes verteilt. Bittgebete und Dankgottesdienste vereinten die Christen in den Gotteshäusern und stärkten sie für ihr gewaltiges Unternehmen.

Der Ruf von Hunyadis Siegen war weit über Ungarns Grenzen gedrungen. Es hatte den Anschein, als ob der Kampf gegen die Heiden mit jeder Stunde mehr die Herzenssache des gesamten Abendlandes werde. Insbesondere war es Papst Eugen IV., dem der Heilige Krieg seit langem zum Lieblingsgedanken geworden war. In rührenden Briefen schilderte er den Herrschern der Christenheit die jammervolle Lage der Glaubensgenossen im Morgenlande. Die heillose Spaltung im Schoße der Kirche, die endlosen Verhandlungen um die Vereinigung der Bekenntnisse des Ostens und des Westens, dann aber vorab auch die politischen Wirrsale auf der Apenninenhalbinsel selbst, in die der Heilige Stuhl gerissen worden war, hatten den Papst immer wieder gehindert, seinen Kreuzzugsplan ins Werk zu setzen. Zu Beginn des Jahres 1442 erließ Eugen IV. ein allgemeines Rundschreiben, worin er unter Hinweis auf die kümmerlichen eigenen Mittel alle Kirchenfürsten aufforderte, zur Fortführung des Türkenkrieges von allen ihren Kirchen, Klöstern und Pfründen einen Zehnten zu entrichten. Um mit gutem Beispiel voranzugehen, wolle er selbst von sämtlichen Einkünften der Apostolischen Kammer zur Ausrüstung von Heer und Flotte ein Fünftel bestimmen. Mit dem Freistaat Ragusa schloß Eugen IV. ein Verteidigungsbündnis ab; nach Ofen hatte er bereits vorher als seinen Legaten den Kardinal Giuliano Cesarini entsandt, nicht nur um die ungarischen Staatshändel beizulegen, sondern vor allem auch um den Kreuzzug gegen die Türken mit Nachdruck zu betreiben. Die verhängnisvolle Rolle, die dieser dank seines Einflusses und seiner Tatkraft nicht nur auf das Schicksal Südosteuropas zu nehmen erkoren wurde, gibt dieser unheilvollen Gestalt ein trauriges Gepräge. Zwar war es der feurigen Beredsamkeit des

Kardinallegaten gelungen, in Ungarn einen Landfrieden herbeizuführen und die große Heerfahrt gegen die Ungläubigen endgültig zu sichern, aber die Mehrzahl der Herrscher des Abendlandes zeigte gegenüber den päpstlichen Ermahnungen zum Heiligen Krieg eine fast beängstigende Gleichgültigkeit. Der Widerhall des Hilferufes in der Christenheit machte die Hoffnungen seines Verkünders fast völlig zunichte. Nur Polen und die Walachei bildeten eine rühmliche Ausnahme, indem sie Reiterei und Fußvolk mit dem notwendigen, allerdings nur auf ein halbes Jahr bemessenen Sold abordneten. Bloß beim niederen Volk regte sich lebendigere Teilnahme. Von überallher eilten Habenichtse, besitzlose Kreuzfahrer, die ihr ‚Sach' auf nichts gestellt' hatten, nach Ungarn, in der Hoffnung, Abenteuer zu bestehen und die leeren Beutel zu füllen.

Die alten Vorurteile gegen das byzantinische Kaiserhaus, das, so meinte man allerorten, aus dem Kreuzzugsunternehmen wohl den größten Vorteil ziehen werde, lähmten vor allem eine tatkräftige Anteilnahme. Nur da, wo eigene Gefahr sichtlich ins Spiel kam, erfuhr sie unmittelbare Förderung. Sonst aber fand man überall einen triftigen Grund oder Vorwand zur Ablehnung der Heeresfolge. König, späterer (1452) Kaiser Friedrich III., nur auf Mehrung und Festigung seiner habsburgischen Hausmacht bedacht und erbötig, die ‚Welt im Sitzen zu erobern' (Pius II.), versagte wie immer. Er schützte Böhmens unruhige Verhältnisse als Grund vor, daß er weder selbst teilnehmen noch Hilfstruppen aufbieten könne. In Wahrheit war es ihm darum zu tun, die wachsende Macht des Polenkönigs Wladislaw in Ungarn nicht über Gebühr zu stärken, da es diesem sonst in den Sinn kommen könnte, eines Tages seine siegreichen Waffen gegen Österreich selbst zu kehren.

Murâd II., dessen Kundschafter, wie schon angedeutet, in einem offenbar geschickt angelegten Spitzelnetz den gesamten Balkan, angeblich sogar Ungarn, ja selbst Deutschland umspannten, hatte von den umfassenden, gegen ihn und den Bestand seines Reiches gerichteten Kriegsabsichten alsbald Kenntnis erlangt. Nicht minder waren ihm die Vorbereitungen entgangen, die zur gleichen Stunde sein eigener Schwager und gefährlicher Widersacher auf anatolischem Boden, der Herrscher von Qaraman, Ibrâhîm-Beg, gegen die osmanischen Nachbarn richtete. Die Verbindung zwischen ihm und den Königen von Ungarn, auf die bereits in jenen Tagen osmanische Chronisten und abendländische Schriftsteller besonderes Gewicht legten, bestand in der Tat, wenngleich Einzelheiten darüber erst zu ermitteln wären. Daß sie ein planmäßiges gleichzeitiges Zusammenwirken zum Ziele hatten, so wie noch zu Karls V. Zeiten ähnliche Absichten gemeinsam mit den persischen Sefewiden verfolgt wurden, unterliegt keinem

Zweifel. Aber während die Osmanensultane in Europa Völker zu bekriegen hatten, die bei diesem Kampfe Freiheit und Selbständigkeit, Glauben und Besitz, Heimat und Leben, also alles in die Schanze schlagen mußten, was sie mit starken und stärksten Banden an die Gegenwart knüpfte oder ihnen durch Erinnerungen an die Vergangenheit teuer war, traten ihnen jenseits des Hellesponts nur noch Fürsten entgegen, die bedacht waren, aus den Trümmern des Seldschûqenreiches gerettete Herrschaften am Dasein zu erhalten, wobei im Falle des Unterliegens ihren Völkern alles verblieb, was die Bewohner des südöstlichen Europa aufs Spiel setzten, nämlich Religion und Eigentum sowie eine Art Freiheit und Verfassung.

Ibrâhîm-Beg von Qaraman, eine der merkwürdigsten und hervorstechendsten Gestalten in der islamischen Fürstenreihe des ausgehenden Mittelalters, hat nur in Usun Hasan, dem Herrscher des Weißen Hammels, unter den Widersachern der Osmanenherrschaft im asiatischen Weltteil einen ebenbürtigen Bundesgenossen. Die Verabredungen, die er damals mit den Ungarn, in der Folge auch mit dem Papste und Venedig durch seine Abgesandten pflegen ließ, gipfelten jeweils in einem auf einen gemeinsamen Feldzug ausgeklügelten Plan, dessen Verwirklichung allerdings in jedem Fall unglückliche Umstände zu vereiteln bestimmt waren.

Just zur gleichen Stunde, da man zu Ofen ein umfassendes Kreuzzugsunternehmen ins Werk zu setzen begann, schlug der ‚Groß-Qaraman' im Innern Kleinasiens los, erhob er Haupt und Schild. Murâd II. zog in eigner Person, vermutlich im Frühjahr 1443, gegen seinen Schwager zu Felde. Aber auch seinem Sohne ᶜAlî-Tschelebi in Amasia ward aufgetragen, mit einem Aufgebot zu Hilfe zu eilen und gar bald hatten die vereinten Kräfte den Aufrührer zur Botmäßigkeit gezwungen. ᶜAlî-Tschelebi, so heißt es, hat sich damals durch besonderen Mut und Bedacht ausgezeichnet. Überall soll sein kraftstrotzendes Äußere Erstaunen erweckt haben. Nachdem also Ibrâhîm-Beg um Frieden gebeten und ihn wahrscheinlich durch das Eingreifen seiner Gemahlin, Murâds Schwester, denn auch erreicht hatte, zog der Sultan, von seinem Sohn begleitet, nordwärts nach Brussa, der alten Hauptstadt, wo beide sich trennten.

Nun aber ereignete sich eine seltsame, in ihren Hintergründen keineswegs geklärte Tragödie. Hinter dem Prinzen her war Qara Chidr-Pascha nach Amasia geschickt worden, wo er sich bei Nacht in des Sultanssohnes Behausung einschlich und den Nichtsahnenden im Bett erwürgte. Dabei aber blieb es nicht. Seine beiden Söhnchen im Alter von sechs Monaten und über einem Jahr wurden gleichfalls umgebracht und vorerst gemeinsam in der Türbe des Turumtaj zu Amasia, später wohl zu Brussa, zur letzten Ruhe gebettet. An ᶜAlî-Tschelebis Stelle wurde der Sohn des Eroberers Lâlâ

Schâhin-Pascha namens Mehmed-Pascha zum Statthalter von Amasia
ernannt.

Dieses Vorkommnis, dessen Geheimnis jemals zu lüften schwerlich möglich sein dürfte, versetzte mit einemmal den damals elfjährigen Mehmed-
Tschelebi zu Maghnisa in die Rolle des Thronfolgers, des Kronprinzen.

Als Murâd II. die Nachricht vom plötzlichen Ableben seines angeblichen
Lieblingssohnes ᶜAlî-Tschelebi erreichte, soll er sie in tiefer Bestürzung und
Trauer aufgenommen haben. So wenigstens berichten die osmanischen und
auch abendländischen Quellen, die freilich allesamt die Familientragödie
im Hause Osman zeitlich irrig ansetzen.

Für Mehmed-Tschelebi hatte sie die schleunige Rückberufung in den
väterlichen Palast zur Folge. Er hatte dem Vater vorher wohl wenig Freude
bereitet. Sein ungestümer, stets aufbegehrender Sinn und seine Weigerung
zu gehorchen und irgendwelche Belehrungen entgegenzunehmen, hatten
seine Erziehung und Ausbildung überaus schwierig, ja fast unmöglich gestaltet. Der Großherr hatte seinem Sohn eine Anzahl von Prinzenlehrern
zur Seite gegeben, deren Namen zwar überliefert sind, deren Lehrerfolge
indessen mehr als in Frage stehen. Als schließlich alle Mühsal nicht
fruchten wollte, den jungen Mehmed zum Lernen, vor allem zur Unterrichtung in den Glaubensvorschriften und in der Koranlesung zu bewegen,
entschloß sich der Vater, ihm als Erzieher den gefeierten Molla Ahmed
Kurânî — so heißt er nach seinem Heimatdorf Kurân in der Kurdenland-
schaft Schehrisûr — zuzuteilen. Er hatte in Kairo Rechtswissenschaft und
Korankunde studiert, war hernach auf merkwürdige Weise nach Anatolien
geraten und auf Murâds II. Betreiben in Brussa an der Medrese Murâds I.
angestellt worden. Von dort ward er nach Maghnisa berufen, wo sich im
Statthalterpalast bisher vergeblich mehrere Lehrer, unter ihnen übrigens
der zusammen mit dem späteren Großwesir Mahmûd-Pascha als serbischer
Kriegsgefangener nach der Türkei verschlagene und ebenfalls in Brussa
tätige Molla Ijâs-Efendi, um den Knaben bemüht hatten. Ijâs allerdings schien nicht der geeignete Mann für die ihm anvertraute Aufgabe.
Er geriet von Zeit zu Zeit in ekstatische Zustände, zog sich in die Kloster-
einsamkeit zurück und wurde Sûfî, Mystiker. Mehmed-Tschelebi war also
ohne rechte Unterweisung geblieben und hatte nicht einmal den Koran
durchgearbeitet. Da verfiel der Sultan auf die Persönlichkeit, von der er
erhoffen durfte, daß sie hinreichende Tatkraft und genug Ansehen besitze,
um bei dem widerspenstigen Prinzen ihren Willen durchzusetzen, eben
jenen kurdischen Professor Ahmed Kurânî. Er soll diesem, so berichten
ältere Quellen, eine Gerte in die Hand gereicht und die ausdrückliche Erlaubnis erteilt haben, den Knaben mit ihr zu züchtigen, falls er sich wider-

setzlich zeigen solle. Der Molla begab sich, so melden diese Quellen wörtlich
weiter, nunmehr zum Prinzen, indem er die Rute in den Händen hielt.
‚Dein Vater‘, so wandte er sich an ihn, 'hat mich zu Dir zum Unterricht,
aber auch zur Züchtigung gesandt, falls Du mir nicht gehorchen solltest.‘
Mehmed-Tschelebi lachte nun über diese Worte, worauf ihn Molla Kurânî
dermaßen verprügelte, daß er daraufhin gewaltige Ehrfurcht vor ihm bekommen haben soll und in kurzer Frist den ganzen Koran bewältigte. Fürs
erste von Murâd II. reichlich für seine Lehrerfolge belohnt, stieg der hoch-
gewachsene, mit langem gefärbtem Bart gezierte Molla, als sein schwieriger
Zögling später zur Herrschaft gelangte, zu den höchsten Ehrenstellen empor,
obgleich seine Offenheit und Grobheit ihn mehr als einmal in Gegensatz
zum jungen Sultan brachten. Als weiterer Lehrer und Erzieher in jener Zeit
dürfte noch Molla Hamîd ed-Dîn, genannt Efdal-sâde, in Maghnisa tätig
gewesen sein, ebenso wie Molla Kuranî ein Schüler des gefeierten Gottesgelehrten Molla Jegân, der dann als Professor in Brussa und in Stambul
noch viel von sich reden machte.

Die schönen Tage von Maghnisa, wo Mehmed-Tschelebi von seiner Mutter
und seinen Lehrern umgeben heranwuchs, hatten ein unerwartetes rasches
Ende gefunden. Kümmerliche Überbleibsel erinnern noch heute an die
einstige Seraj-Anlage, von der aus man einen umfassenden Blick über diese
malerische, in Terrassen den Berg hinanziehende und in eine Schlucht tief
hineingezwängte Stadt mit ihren zahlreichen, aus dem Grün der Bäume
ragenden Moscheen genießen kann. In Adrianopel weilte nun der Kronprinz stets in der Nähe seines Vaters und gewann bald Einblick in die
Regierungsgeschäfte. Sein Eintreffen am Hofsitz fiel in eine gefahrvolle
stürmische Zeit. Kaum war Murâd II. aus Anatolien nach Europa zurückgekehrt, traf die Nachricht ein, daß christliche Streitkräfte von Ofen aus
ihren Marsch in südöstlicher Richtung angetreten hätten (Anfang Juli 1443).

An der Spitze eines stattlichen Kreuzerheeres standen der jugendliche
König Wladislaw, der kampferprobte Joh. Hunyadi als Anführer eines
Vortrabs von 12000 Reitern, begleitet vom Kardinal-Legaten Giuliano Cesarini und dem flüchtigen landlosen Serbenfürsten Georg Branković. Nicht
weit von Semendria, das noch in türkischen Händen war, setzte der Heerzug
über die Donau und rückte weiter gegen Süden vor. Nirgendwo zeigte sich
ernsthafter Widerstand. Die aus rund 25000 Reitern und Bogenschützen
bestehende Truppenmacht, zu der unterwegs über 8000 Serben — Reiter
und Fußgänger — gestoßen waren, wurde am 3. November 1443 erstmals
zwischen der Burg Bolvan (bei Aleksinac) und der Stadt Nisch mit osmanischen Streitkräften handgemein. Der damalige Landpfleger von Rumelien
Qâsim-Pascha wurde mit Ishâq-Beg und anderen Bannerherren aufs Haupt

geschlagen. Ohne ernsthafte Schwierigkeiten gelangte man über Nisch und Pirot ins maueromgürtete Sofia, das rasch erstürmt und geplündert wurde. Die Bulgaren, die in den Polen mit Freuden stammverwandte slavische Brüder begrüßten, gerieten in große Bewegung. Dem eigentlichen Vorstoß in die thrakische Ebene stand nun nichts mehr im Wege und der Kreuzfahrer feste Zuversicht, nach acht Tagen bereits vor Adrianopel anzulangen, erschien durchaus begründet. Der serbische Despot, der dortzulande aus seiner vieljährigen Vasallenschaft seit Bajesid I. und dessen Söhnen jeden Weg und Steg kannte, kam dem Christenheer als kundiger Führer durch die unwirtlichen Gegenden und die mit Eis und Schnee bedeckten Felspässe des Haemus trefflich zustatten. Je mehr sich aber der Heerhaufen, der zu seiner Verpflegung einen riesigen Troß mit sich schleppen mußte, seinem eigentlichen Ziele näherte, desto hartnäckiger versteifte sich der türkische Widerstand. Das alte Trajanstor wie überhaupt die uralte, von Belgrad nach Konstantinopel führende Heerstraße waren überall geschickt durch Verhaue verriegelt und die Übergänge umsichtig vom Gegner besetzt. So kam es, daß die christliche Streitmacht, als sie am 12. Dezember 1443 bei bitterster Winterkälte im Becken beim Markte Zlatica (dem ,Isladi' der osmanischen Chroniken) eintraf und von hier aus ihren Weg durch die entlaubten Buchenwälder der Sredna Gora beim Städtchen Panagjurischte nehmen wollte, nunmehr auf erbitterte Gegenwehr der dort gescharten osmanischen Heerhaufen stieß. Der grimmigen Kälte halber und aus bedenklichem Mangel jeglicher Zufuhr mußten die Kreuzer sich sodann zur Umkehr entschließen, zumal ihnen die Osmanen unter dem mittlerweile entkommenen Qâsim-Beg schwer zusetzten und sich sogar zu ihrer Verfolgung anschickten. Am Vorabend des Christfestes (24. Dez.) kam es bei Melŝtica unweit Sofia abermals zum Kampf, in dem die Türken zurückgeworfen wurden. Und als am 2. Januar 1444 am Berge Kunovica zwischen Pirot und Nisch die Osmanen durch einen aus dem Hinterhalt geführten Angriff erneut geschlagen und zahlreiche Anführer, unter ihnen der Sultansschwager Mahmûd-Tschelebi aus dem Hause der Tschandarly, in Gefangenschaft geraten waren, da konnte nicht von ungefähr der Vorschlag des Despoten zu ernster Erörterung stehen, daß man mit der gesamten Streitmacht verschanzt in Serbien überwintern und dann im Frühjahr den Vormarsch gegen Osten wieder aufnehmen solle. Die entsetzliche Winterkälte indessen, vor allem aber auch der empfindliche Ausfall an Lebensmitteln widerrieten diesem kühnen Plan und drängten zu unverzüglicher Heimkehr. Ende Januar bereits war Griechisch-Weißenburg nach mühseligem Marsch über die Eisfelder und Balkanpässe erreicht worden. Im Februar traf der Rest des erschöpften, ermatteten und zusammengeschmolzenen Kreuzerheeres in Ofen ein. Die durch Hunger und Frost zu Gerippen entstellten Kämpfer, die erbeuteten Fahnen der Ungläubigen mit den dürren Händen fassend, nahmen unter dem Jubel der Bevölkerung der ungarischen Hauptstadt, im Triumphe Hymnen singend, ihren Einzug in die Heimat. Um die Rückkehr zu beschleunigen, hatte man sich unterwegs allen unnötigen Gepäcks entledigt und es in Brand gesteckt, ganze Ladungen eroberter Waffen waren vergraben und alle überflüssigen Pferde und Lasttiere erschlagen worden. Der junge König hielt, einem Gelübde zufolge, zu Fuß seinen Eingang. Ehe er sein Schloß betrat, begab er sich mit seinen Feldherrn in die Kathedrale, um der Vorsehung für ihren Beistand aus gräßlicher Not zu danken.

Das war der Abschluß jenes merkwürdigen Kriegszuges, der etwa ein halbes Jahr währte, aber in die ungarische Geschichte als ‚der lange' eingegangen ist.

Solch verwegener Einfall des kleinen Christenheeres mitten ins Innere des osmanischen Reiches machte weit und breit einen tiefen Eindruck. In den Ländern Südosteuropas begannen sich allerorten die Christen zu rühren. Überall lehnten sich jetzt die Unterdrückten gegen die osmanischen Zwingherren und gegen die auf die Burgen und Festen des Landes verteilten Besatzungen auf, die denn auch bald manchen wichtigen Stützpunkt verloren. Ganz verkehrt wäre die Vorstellung, daß sich die unter osmanische Herrschaft geratenen Balkanvölker ausnahmslos gegen diese widersetzten. Durch den ihnen auferlegten Tribut, *charâdsch* genannt, erkauften sich die Christen in den eroberten Ländern das Recht, in ihrem Glauben, ihren Gebräuchen und in vielen ihrer Einrichtungen unbehelligt weiter zu leben. Aus diesen Abgaben wurde der Schatz des Großherrn in erster Linie gespeist. Auch die Juden zahlten ihren Anteil an dieser reichlich fließenden Kopfsteuer. Daneben mußte auch jeder für die Weide nach der Anzahl der Schafe, Ziegen und Ochsen eine gestaffelte Abgabe entrichten und von jeder Ernte wurde der Zehnte erhoben. Wenn der Burgunder Bertrandon de la Brocquière recht berichtet, erhielt Murâd II. um 1432 von den Tributpflichtigen 25 000 Dukaten jährliche Kopfsteuer. Wer seiner Steuerpflicht pünktlich und in vollem Umfang nachkam, führte ein Dasein, das von dem in vorosmanischer Zeit kaum wesentlich abwich. So wenigstens verhielt es sich in den patriarchalischen Zeiten des 15. Jahrhunderts. Erst Jahrhunderte später rissen Bestechlichkeit, Gewinnsucht, Erpressung und Wucher in den osmanischen Reichsprovinzen ein, als die dort wirkende Beamtenschaft in oft unersättlicher Geldgier das Volk bis aufs Blut aussaugte und Lug und Trug sich überall breitmachten. Diese Zustände gehören indessen der Verfallszeit des 17. und 18. Jahrhunderts an und

unterscheiden sich grundsätzlich von denen im Zeitalter Murâds II., der
wegen seines Rechtlichkeitssinnes, wie bereits erwähnt, auch im Lager
seiner Gegner Achtung genoß.

So war es weniger das Volk, das sich gegen die neuen Herren aufzulehnen
bereitfand, als die Scheinherrscher, die um den Bestand ihrer noch verbliebenen Vorrechte und Freiheiten, aber auch ihrer Länder bangen mußten
und sich deshalb zur Wehr setzten. Kläglich war die Rolle, die der byzantinische Kaiser Johannes VIII. im Drama übernahm, das nun abzurollen
begann. Wenn er den Fürsten des Abendlandes, die damals gegen die
Türken das Schwert gezogen hatten, noch seinen Beistand verhieß, so war
dies ein falsches Spiel, ein Deckmantel seiner eigenen Schwäche. Die Kreuz-
zugsbewegung hatte auch ihn mit neuen Hoffnungen für das Heil seines
Hauses und seines Schattenreiches erfüllt. Mit Recht wird behauptet, daß
die Vertreibung der Osmanen aus Europa, wie zu Rom so zu Byzanz, zu
einer der Lieblingsideen geworden war, mit denen man sich über die Ohnmacht der Gegenwart und über das Elend der Zukunft tröstete, das so
sichtlich vor aller Augen schwebte.

Kaiser Johannes VIII. sandte als einer der ersten nach Ofen Gesandte, um
dem König Glückwünsche zur Beendigung des Haemus-Feldzuges darzubringen. Die Rhomäer konnten ihre Freude über das, was bereits geschehen und
was noch zu hoffen sei, nicht besser bekunden, als daß sie, wie sich Filippo
Buonaccorsi (Kallimach) in seiner Geschichte des Königs Wladislaw vielleicht nicht ohne leisen Spott ausdrückt, Göttliches und Menschliches ver-
mischend aller Welt eidlich versicherten: zur gleichen Stunde, da König
Wladislaw im Balkan jenen glänzenden Sieg errungen, der Mahmûd-Tschelebi die Freiheit kostete, sei zu Konstantinopel am Tore, das nach Mazedonien führe, ein stattlicher Jüngling zu Pferd erschienen, eine Geister-
gestalt in weißem Gewande. Nachdem er dort sein Roß eine Zeitlang zum
Zeichen des Jubels getummelt, sei er plötzlich wieder verschwunden, unbekannt wohin. Zuerst habe dieses Spukgebilde, da man nicht wußte,
was man aus ihm machen solle, freilich Besorgnis erregt. Später aber habe
es sich offenbart, daß es der Siegesbote gewesen sei, der die Byzantiner
daran habe mahnen wollen, daß nun auch ihre Stunde gekommen sei, sich
einzumischen. Mit solchen Ammenmärchen suchte man sich und andere
über den Ernst der Lage des auf die Hauptstadt und deren Weichbild beschränkten byzantinischen Reiches hinwegzutäuschen. Denn daß nur die
vielfachen Unternehmungen in den übrigen Teilen des weiten Osmanenreiches Murâd II. nicht erlaubten, seinen 1422 verlassenen Plan der Eroberung Konstantinopels wieder aufzunehmen, konnte keinem Einsichtigen
verborgen bleiben. Und als zehn Jahre später (1432) die Genuesen den

tollkühnen, aber gescheiterten Plan eines Überfalls auf Konstantinopel ins
Werk setzten, ließ der hinreichend begründete Verdacht der Unterstützung
sultanischer Eroberungsabsichten durch die Genuesen den Schluß zu, daß
es mit der Sicherheit des byzantinischen Wracks nicht zum besten bestellt
sein könne.

Fürs erste schien es, als ob der Ablauf der griechischen Schicksalstragödie
sich verzögern könnte. Weit unten im Süden Griechenlands, in Morea,
erhoben die beiden Kaiserbrüder Thomas und Konstantin ihr Haupt. Die
Pinduswalachen standen gegen die Türken auf und in Mittelalbanien war
schon im Sommer 1443 ein heftiger Kampf entbrannt. Was Wunder also,
daß auf solche Kunde hin der ungarische Reichstag mit allen Mitteln die
Fortführung des Kampfes gegen die Feinde der Christenheit beschloß.
Papst Eugen IV., dem jungen venedischen Adel der Condulmer entstam-
mend, Venedig selbst und Herzog Philipp von Burgund, aber auch Ragusa
erboten sich, eine Flotte auszurüsten. Die Beute ward im voraus verteilt.
Murâd II., aller Widerpart, befand sich zweifellos in einer peinlichen,
gefährlichen Lage.

Drüben in Asien drohte als alter unversöhnlicher Gegner sein Schwager
Ibrâhîm-Beg von Qaraman mit einem neuen Angriff auf den anatolischen
Reichsteil des Großherrn, den er in offenbarem Einvernehmen mit dessen
abendländischen Widersachern einzuleiten sich anschickte. Der qaramanische Krieg, der unvermeidlich bevorstand, sowie die bedenklichen Bewegungen in Albanien, Serbien und Griechenland ließen Murâd II. einen
raschen Friedensschluß mit den Mächten des Abendlandes, vor allem mit
Ungarn, nur allzu geraten erscheinen. Die Sultanin Mara, des Georg Branković Tochter, vermittelte die heiklen Verhandlungen. Von tiefem Geheimnis umwittert, tauchte Anfang März 1444 ihr Abgesandter, ein griechischer
Mönch, in den Mauern von Ragusa auf, von wo er auf einer vom Senat bereitgestellten Barke adriaaufwärts nach Spalato und dann zu Pferd weiter
nach Ungarn zum Despoten Georg eilte. Das war aber keineswegs der
erste großherrliche Versuch, mit dem Westen zu einem gütlichen Einvernehmen zu gelangen. Denn bereits im Januar, als der Jagellonenkönig mit
seinem Heer noch auf serbischem Boden weilte, hatte sich bei ihm ein Bote
des Sultans eingefunden, um den Zeitpunkt einer osmanischen Abordnung
zu vereinbaren und die Hauptpunkte eines Friedensvertrages oder Waffenstillstandes abzusprechen. Danach sollte Serbien an Georg Branković
zurückfallen und dessen zwei geblendete Söhne sollten heimgesandt werden.
So hatte Georg Branković, zumal nach Empfang des griechischen Sendlings,
wirklich allen Grund, auf dem Ofener Reichstag im April 1444 die Annahme
der Friedensvorschläge wärmstens zu befürworten, denn nunmehr dünkte

selbst ihm der Weg zur Wiederherstellung seiner einstigen Hausmacht aus-
sichtsreich, ja gewährleistet.

Über die Ereignisse der nächsten Monate herrschte nach wie vor Un-
klarheit, ja völliges Dunkel, wenn nicht ein Mann mit seinen Briefen zu
Hilfe käme, die erst vor kurzem ans Licht traten und ausgewertet werden
konnten: Ciriaco de'Pizzicolli (geb. 1391) aus Ancona, meist nur Cyriacus
von Ancona, Ciriaco Anconitano geheißen. Mehr als einmal wird im nächsten
Jahrzehnt von dieser merkwürdigen Gestalt die Rede sein müssen, die es
sich zur Aufgabe gemacht, auf ungezählten Reisen durch die Länder Südosteuropas und der Levante ‚Tote aus dem Grabe zu erwecken', wie er
es einmal nannte. Dieser wilde und ungebändigte Reisedurst, dem das
Schweifen und Wagen an sich kein Genüge gibt, der nicht mehr festen
Zwecken, nur der persönlichen Begier folgen will, fand in Papst Eugen IV.
einen bewährten Gönner und Geldgeber. Bald durchquert er das griechische Festland, nach Altertümern suchend, gleichzeitig aber auch mit den
Landesfürsten Verbindungen aufnehmend, bald kommt er nach Konstantinopel, das er als Kaufmann 1418 erstmals betreten hatte, bald zeigt er
sich in Thrakien, Thessalien und Mazedonien, auf den Inseln der Ägäis,
auf Kreta und in Ägypten. Überall spürt er die Reste der Antike auf, führt
Tagebücher, schreibt Briefe an Freunde in Italien, unterläßt aber auch
nicht, mit dem Osmanenherrscher Murâd II. in persönliche Beziehung zu
treten. Dieser ließ ihm einen Geleitbrief ausstellen, mit dem er sicher und
ohne Zoll durch alle Städte, Flecken und Dörfer seines Reiches reisen
durfte. Leider sind uns von der Lebensarbeit dieses seltsamen Mannes, der
in unablässigem Streben die Trümmer des Altertums zu neuem Dasein erwecken wollte, wiederum nur Trümmer erhalten geblieben und gerade seine
letzten Erdentage — er muß um 1455 zu Cremona verstorben sein —
sind in bisher nicht erhelltes Geheimnis gehüllt. Aber der unauslöschliche
Wandertrieb, die ferne Welt zu bereisen und bis in die entlegensten Länder
der alten Kulturwelt vorzudringen, deren Überbleibsel aufzusuchen und zu
verzeichnen, ehe Zeit und barbarischer Stumpfsinn das Werk der Zerstörung
vollendeten, gab seiner irdischen Pilgerfahrt das Gepräge nicht nur der
neugierigen Wagelust, sondern auch des unsteten Verweilens, des Hastens
von Land zu Land, von Ort zu Ort. Daß Ciriaco de'Pizzicolli auch als Kundschafter und mit diplomatischen Aufträgen die Balkanländer und Kleinasien durchzog, kann heute als ausgemacht gelten. Aber bisher sind nur
Bruchstücke von Beweisen dieser seiner Tätigkeit zum Vorschein gekommen.

Zu Beginn des Jahres 1444 war Ciriaco auf einer Streife durch Morea
begriffen, als er dort von den Kriegsvorbereitungen der beiden Kaiserbrüder und Despoten gegen die Türkenherrschaft vernahm und sie freu-

digst begrüßte. Ende Februar bereits befand er sich in Begleitung des reichen genuesischen, besser gesagt galatischen Kaufherrn Francesco Draperio, Alaungrubenbesitzer von Neu-Fotscha (Kleinasien), der im Auftrage Genuas mit dem Sultan zu verhandeln hatte, am großherrlichen Hoflager zu Adrianopel. Am 22. Mai folgte er seinem Freund zum Thronhimmel Murâds II. und in einem noch am gleichen Tage an seinen Gönner Andreolo Giustiniani-Banca auf Chios gerichteten lateinischen Schreiben entwirft Ciriaco ein anschauliches Bild von der Audienz am Sultanshof. Er schildert darin, wie er mit Francesco Drapperio und Raffaele Castiglione vor den Sultan trat, der auf einem ausgebreiteten Teppich, umgeben von seinen Würdenträgern, neben sich den Kronprinzen Mehmed-Tschelebi, 'in königlichem Prunk auf barbarische Art' sitzend, die italischen Fremdlinge vorließ. Im weiteren Verlauf wird dann der Empfang zuerst des Sultansschwagers Isfendijâr-oghlu Ismâ°il-Beg aus Qastamuni und schließlich des Francesco Draperio, die allesamt mit üppigen Geschenken vor dem Großherrn und dessen Sohn Mehmed erschienen waren, kurz aber treffend geschildert. Aus diesem Brief erfahren wir erstmals, daß sich damals der junge Thronfolger in nächster Nähe seines Vaters aufhielt.

Aber ungleich wichtiger als diese Beschreibung eines Empfangs bei Murâd II., wie ihn elf Jahre vorher (1432) ja bereits der burgundische Ritter Bertrandon de la Brocquière lebendig gezeichnet hatte, ist die von Ciriaco de' Pizzicolli der Vergangenheit entrissene Begebenheit, die sich an den 12. Juni 1444 knüpft. An diesem Tage nämlich empfing Murâd II. in feierlicher Audienz eine aus vier Gesandten bestehende Abordnung aus dem Abendlande, die ihm ein am 25. April 1444 von König Wladislaw III. zu Ofen unterfertigtes Schriftstück zu überreichen hatte.

An ihrer Spitze stand ein Serbe, Stojko Gizdavić, als Abgesandter des Königs von Ungarn und Polen, dann folgten ‚Vitislaus' als Beauftragter Johannes Hunyadis sowie zwei Gesandte des serbischen Despoten Georg Branković, deren einer der Metropolit von Semendria, Atanasije Frašak, deren anderer des Despoten Kanzler namens Bogdan gewesen sein dürfte. Sechzig Berittene gaben dem merkwürdigen Zug ein eindrucksvolleres Gepräge. An dieser Zusammensetzung muß auffallen, daß ein unbekannter, wenn auch im Kurialstil mit schmückenden Beiwörtern ausgezeichneter *Serbe* an der Spitze einer *ungarischen* Gesandtschaft stand, nicht minder aber, daß Johannes Hunyadi, der als Vojvode von Siebenbürgen doch weiter nichts als ein Lehensherr des Ungarnkönigs war, durch einen besonderen Abgeordneten vertreten wurde, endlich aber, daß Georg Branković zwei seiner höchsten weltlichen und geistlichen Würdenträger zu seinen Wortführern bestimmen konnte.

Die Sendboten wurden wiederholt vom Sultan empfangen, und zwar in der Reihenfolge, daß zunächst Stojko Gizdavić, hernach die beiden Gesandten des Despoten und zuletzt der Beauftragte Joh. Hunyadis vorgelassen wurden. So verlangte es das Hofzeremoniell, das sich an uralte Vorbilder anlehnte. Am 12. Juni 1444 erließ Murâd II. jenes in der Abschiedsaudienz den westlichen Bevollmächtigten eingehändigte, an König Wladislaw gerichtete Schreiben, worin er für die Dauer von zehn Jahren einen Waffenstillstand zusicherte und mit allen üblichen Eidschwüren bekräftigte. Darin ist nun ausdrücklich von den Bedingungen die Rede, unter denen dem Walachenfürsten Vlad Dracul Befreiung von türkischer Botmäßigkeit zugebilligt werden sollte. Am Schluß wird angekündigt, daß als Pforten-Tschausch Sulejmân-Beg nach Ofen reisen und dort die von Wladislaw ebenso feierlich zu beschwörende — *recte et fideliter sine aliquo dolo*, ordnungsmäßig und ehrlich, ohne jegliche Arglist — Bestätigung dieser Abmachung entgegennehmen werde.

Mit solcher, wenigstens vermeintlicher Rückendeckung seiner Reichsgrenzen im Westen konnte Murâd II. nunmehr zuversichtlicher sein Hauptaugenmerk der anatolischen Bedrohung seiner Sicherheit durch seinen Schwager Ibrâhîm-Beg in Qonja zuwenden. Daß dieser damals mit Ungarn in geheimem Einverständnis stand, darf als ausgemacht gelten. In der Hauptstadt Adrianopel herrschte seinerzeit Angst und Schrecken vor den kommenden Ereignissen. Ciriaco de'Pizzicolli, der bald nach dem Abzug der westlichen Gesandten diese Stadt ebenfalls verließ und sich nach Konstantinopel begab, schrieb von dort aus Pera am 24. Juni 1444 einen bezeichnend eingeleiteten zweiten Brief an Johannes Hunyadi. Der erste ward am 12. Juni aus Adrianopel abgefertigt. ‚Ich schrieb dies aus Adrianopel, allerchristlicher Fürst, gegen die Barbaren, was möglich war, in gemäßigter Weise, damit ich nämlich dem sicheren Verderben durch die Barbaren entgehe‘, so läßt sich der Briefschreiber eingangs vernehmen. Er hatte also begründete Furcht, daß sein Schreiben in die Hände der Türken fallen und ihm zum Verhängnis werden könne. Im weiteren spricht er ausdrücklich ‚vom erzwungenen Frieden‘ und von den Befestigungsarbeiten, die in aller Hast an den Mauern und Türmen Adrianopels vorgenommen wurden. Diese offenbar überstürzt getroffenen Verteidigungsmaßnahmen lassen klar erkennen, daß man im Hoflager des Sultans einem Frieden mit den westlichen Mächten keineswegs traute. Auch aus anderen Quellen, vor allem aus dem inhaltsreichen Gedicht des schwäbischen Meistersingers Michel Behaim, wissen wir, daß zum mindesten auf die Kunde vom neuen Heerzug des Ungarnkönigs gegen Südosten viele Wohlhabende in Adrianopel, vornehmlich reiche Kaufleute, Reißaus nahmen und sich von dort, aber auch aus Gallipoli am Hellespont hinüber nach Brussa in Kleinasien retteten.

Die verworrenen Verhältnisse in Anatolien duldeten keinen Aufschub. Schon im vorhin erwähnten Schreiben vom 24. Juni konnte Ciriaco dem Vojvoden von Siebenbürgen melden, daß der Sultan seinen Sohn Mehmed-Tschelebi zusammen mit dem erprobten ersten Wesir Chalîl-Pascha in Thrakien, also in Adrianopel, zurückgelassen habe und mit beträchtlicher Streitmacht über die Dardanellen nach Asien übergesetzt sei.

Vor seiner Abreise aus der Residenz um die Junimitte stand sohin des Großherrn Feldzugsplan, insbesondere aber seine Absicht bereits fest, seinen zwölfjährigen Sohn Mehmed als Herrn über die europäischen Staatsgebiete, freilich unter der Obhut seines altbewährten treuen Wesirs Chalîl-Pascha aus dem Hause der Tschandarly, in der thrakischen Hauptstadt einzusetzen. Von einer Abdankung des Sultans Murâd, wie sie bisher die meisten, übrigens auch osmanische Chroniken melden, kann in diesem Falle gar keine Rede sein. Mehmed-Tschelebi hatte keine andere Aufgabe als die eines Reichsstatthalters über die rumelischen Gebiete. Bereits am 12. Juli 1444 ging Murâd mit seinen Truppen über die Meerengen. Fast genau drei Monate blieb er von Europa fern. Dort aber regierte in der Zwischenzeit der blutjunge Kronprinz Mehmed unter Führung und Leitung Chalîl-Paschas sowie seines gestrengen Lehrers Molla Chosrew. Dieser wirkte als Heeresrichter somit als oberster Würdenträger des Gesetzes, der dazumal allein die Rechtshändel der beiden Reichsteile zu schlichten hatte, bekleidete also ein Amt, das an Bedeutung gleich hinter dem des Großwesirs kam.

In den nun folgenden Sommermonaten des Jahres 1444 vollzogen sich im Abendlande gewichtige Ereignisse, deren Aufhellung bis in die letzten Einzelheiten immer noch unmöglich bleibt. Als Gesandter Murâds II. ging Sulejmân-Beg, begleitet von einem Griechen namens Vranás, nach Ofen ab. Noch im Laufe des Juli müssen beide ihr Ziel erreicht haben. Über ihre Aufnahme und vor allem über das Ergebnis ihres Auftrages gehen die Meinungen weit auseinander.

Während man bislang allgemein die Ansicht vertrat, daß Ende Juli, spätestens aber am 1. August 1444, König Wladislaw III. zu Szegedin auch seinerseits die in Adrianopel getroffenen Abmachungen beschwor, um wenige Tage hernach, am 4. August, in einem Aufruf aufs neue den Ungläubigen den Kampf anzusagen und damit seine Unterschrift für nichtig zu erklären, also eidbrüchig zu werden, hat der polnische Geschichtsforscher Oskar v. Halecki unlängst die übrigens schon vorher von anderen Gelehrten Polens vertretene Behauptung erneut bekräftigt, daß der Jagellonenkönig niemals einen Friedensvertrag unterfertigt habe, daß vielmehr

zwischen Murâd II. und Georg Branković eine Art Sonderfriede zustande
gekommen sei, dem beizutreten Wladislaw III. sich heftig widersetzte. Der
serbische Despot, so wird weiter gefolgert, habe erst auf Grund dieser
Sonderabmachungen die von den Osmanen besetzten serbischen Städte,
darunter seine einstige Hauptstadt Semendria (Smederovo) und selbst die
bis zuletzt verweigerte wichtige Festung Golubac, wiedererlangt. Tatsache
ist, daß die serbischen Jahrbücher unterm Jahr 1444 berichten, daß der
Despot am 15. August mit dem ‚Kaiser‘, nämlich dem Sultan, Frieden geschlossen, ferner daß er Semendria, Kupinovo, Novo Brdo sowie das ganze
serbische Land zurückerhalten und am 22. August Semendria betreten
habe. Hielte die polnische Aufstellung wirklich stand, so bewiese sie, daß
es dem Großherrn gelang, das in seiner Art wohl einzige serbisch-ungarische
Bündnis endgültig zu zerschlagen und die Teilnahme serbischer Hilfstruppen an einem etwaigen neuen Kriegszug des Abendlandes auszuschalten. Zum ‚Langen Feldzug‘ des Vorjahres hatte Georg Branković mindestens
ein Drittel des Christenheeres beigesteuert und die enge Zusammenarbeit
mit ihm erleichterte diesem ganz wesentlich den Marsch durch das teilweise unwegsame und von Türken besetzte serbische Staatsgebiet. Nunmehr also, da Georg Branković als Gegner in einem Kriege nicht mehr in
Betracht kam, konnte ihm ohne Schwächung der eignen Gewalten sein
Land, konnten ihm seine beiden, freilich ihres Augenlichts beraubten Söhne
und Sultansschwäger zurückgegeben werden. Tatsache jedenfalls ist, daß
noch vor dem 20. September 1444, um den herum die abendländischen
Heersäulen sich gegen Osten in Bewegung setzten, zwischen Georg Branković und der Pforte ein weitreichendes gütliches Übereinkommen erzielt und
seitens der Pforte sämtliche Friedensbedingungen erfüllt worden waren.

Gegen die mehrmals geäußerte polnische Behauptung, daß Wladislaw III.
sich keinen Eidbruch habe zuschulden kommen lassen, können gewichtige
Gründe ins Treffen geführt werden. So steht fest, daß der Jagellone auf
dem am 15. April 1444 einberufenen Reichstag zu Ofen in Gegenwart des
päpstlichen Kardinallegaten Giuliano Cesarini diesem feierlich die Wiederaufnahme des Türkenkrieges noch für den Sommer versprochen hat, ohne
sich wenige Tage später davon abhalten zu lassen, Stojko Gisdavić an den
Sultanshof zu entsenden, um dort Friedensverhandlungen einzuleiten.
Giovanni de Reguardati, dem venedischen Botschafter beim Ungarn-
König, beteuerte Wladislaw fast zur gleichen Zeit seine Entschlossenheit, den Großherrn aufs neue zu bekriegen. Am 24. Juli 1444 kündigte er dem König von Bosnien an, daß er im Begriffe stehe, gegen die
Ungläubigen zu Felde zu ziehen. Tags darauf aber, am Jacobitag, verließ
er Ofen, um sich in Szegedin mit Sulejmân-Beg und dem Griechen Vranás

zu treffen und aus deren Händen den vom Sultan bereits beschworenen Friedensvertrag zur förmlichen Unterzeichnung entgegenzunehmen. Wieweit der junge Fürst, dessen Doppelzüngigkeit nur zum Teil aus dem Geiste der Zeit erklärt werden kann, in seinen Entschlüssen eigener Herr oder aber der Spielball fremder Kräfte, besonders aber des Kardinals G. Cesarini gewesen ist, läßt sich kaum jemals mit voller Gewißheit entscheiden. Daß er das sultanische Angebot entweder außer acht ließ oder aber, falls er es annahm, gröblich verletzte, macht die am 4. August 1444 zu Szegedin unterzeichnete Urkunde unzweifelhaft, worin der König und die Großen seines Reiches sich feierlich verpflichteten, beim Heil ihrer Seelen, bei der Heiligen Dreifaltigkeit, der Jungfrau Maria und den beiden Schutzheiligen Ungarns, den Königen Stephan und Ladislaus, bis zum 1. September 1444 mit ihren Truppen bei Orsova über die Donau zu setzen und hernach alles aufzubieten, möglichst noch in diesem Jahre die Türken aus Europa zu vertreiben. Das merkwürdige Schriftstück, das außer der königlichen die Unterschriften aller beteiligten Standesherren trug, wurde hierauf unverzüglich an den Kaiser von Byzanz, an den Befehlshaber der päpstlichen Flotte und an die übrigen, mit Ungarn verbündeten Fürsten des Abendlandes versandt. Aber es blieb, was die Verjagung der Osmanen belangte, beim frommen Wunsche statt bei zu wirklicher politischer Klugheit gereiften Gedanken. Man hatte die Rechnung ohne den Großherrn gemacht.

Was indessen die einem Sonderfrieden gleichgeachteten Vereinbarungen der Pforte mit Georg Branković vom 15. August 1444 betrifft, über deren Verlauf außer den dürren Hinweisen in den serbischen Annalen keine zuverlässigen Angaben vorliegen, so läßt sich vielleicht viel, wenn nicht alles mit der Besorgnis des Despoten erklären, bei einer Beteiligung am Kreuzzug sein erst unlängst wieder erworbenes Land aufs neue schnell, und zwar für immer einzubüßen, und mit seiner sich daraus ergebenden Treue gegenüber den mit dem Sultan getroffenen Vereinbarungen. Erwähnung verdient daneben vielleicht auch der Umstand, daß sich der Serbenfürst von Szegedin aus sofort mit dem türkischen Gesandten in seine Heimat zurückverfügte. Falls jedoch wirklich zu Adrianopel eine gesonderte unabhängige Verabredung zwischen Georg Branković und der Pforte zustande gekommen sein sollte, so kann diese nur durch den Kronprinzen und Reichsstatthalter Mehmed-Tschelebi und dessen Ratgeber spätestens in der ersten Augusthälfte 1444 erfolgt sein, da ja Murâd II. fernab im Innern Anatoliens weilte.

Am 14. Juni, somit noch vor Abschluß der Waffenstillstandsverhandlungen zu Szegedin, war die vor allem durch Bemühungen des Papstes Eugen IV. zusammengebrachte Kreuzzugsflotte von Venedig nach der

Levante unter Segel gegangen. Die venedischen Galeeren befehligte Alvise
Loredano; an der Spitze des ganzen Geschwaders aber stand der apostolische
Legat und Kardinal Francesco Condulmer, also ein naher Verwandter des
Papstes. Als er in die Dardanellen einlief, kam er freilich zu spät, um
den Übergang des Sultans über den Sund nach Anatolien zu verhindern.
Dafür aber wollte die Flotte nunmehr Murâd II. die Rückkehr nach Thrakien verwehren, sobald er seinen qaramanischen Feldzug beendet hatte.
So wenigstens schrieb Kardinal Fr. Condulmer nach Szegedin, um den
schwankenden König zu rascherem Aufbruch nach Osten zu befeuern. Mit
geringen Streitkräften, so hieß es in diesem Sendbrief, werde man in diesem
günstigen Augenblicke Herr des Landes werden und endlich die Heiden
nach ihrem Ursprungsland zurückwerfen; der König wolle überlegen, was
er den Fürsten der Christenheit verheißen habe und wie diese ihre Zusagen
zu erfüllen bemüht gewesen seien. Bedenkt man jedoch, daß Thrakien so
gut wie völlig von Truppen entblößt war — Mehmed-Tschelebi soll, abgesehen von den über das ganze rumelische Land verteilten Besatzungen,
insgesamt höchstens über 7000—8000 Mann verfügt haben, wenn man
den Angaben des Burgunders Waleran de Wawrins trauen darf —, so
waren die Aussichten für das Gelingen des Kreuzzugunternehmens im
Sommer in der Tat günstiger denn jemals zuvor. Dazu kam, daß sich in
Adrianopel in jenen Tagen seltsame Begebenheiten zutrugen, die alle Gemüter ängstigten und verwirrten und in breiten Schichten des Volkes
Mißmut und Verzweiflung schufen.

Aus italienischen wie aus osmanischen Quellen verlautet, daß sich im
Spätsommer, wahrscheinlich im September, in Adrianopel ein religiöser,
aus Persien gekommener Schwärmer zu schaffen machte, der als Sendbote
der sogenannten Hurûfî-Sekte auftrat und unterm Volk viel Zulauf gewann.

Die Hurûfî sind eine schiʿitische Sekte, die gegen Ende des 14. Jahrhunderts von einem gewissen Fadlallâh aus Asterâbâd in Persien gestiftet und
gar bald ins osmanische Reich eingeführt wurde, wo sie rasch weite Ausbreitung fand. Besonders der Derwisch-Orden der Bektaschis machte sich
ihre religiösen Gedanken zunutze und mit ihnen dürften diese auch bei den
Janitscharen Eingang erlangt haben. Die religiösen Ansichten der Hurûfîs —
eigentlich Buchstabendeuter, weil sie den Zeichen des arabischen Alphabets
und deren Zahlenwerten gewisse Bedeutung einräumen —, vor allem aber
ihre Zusammenhänge mit anderen, in Anatolien und Rumelien verbreiteten Derwischbünden, sind keineswegs befriedigend aufgehellt. Dies
hängt teils mit der Geheimhaltung ihrer Vorschriften und Ideen, teils mit
der unzulänglichen Erforschung ihrer Glaubensbücher zusammen, die in
verzwackter und schwerverständlicher Sprache niedergeschrieben sind.

Rumelien war seit dem Auftreten des Schejchs Bedr ed-Din ein dankbarer Nährboden für solche religiösen Umtriebe, zumal wenn dabei die Sache des Christentums ins Spiel kam. Immer und immer wieder bis ins 17. Jahrhundert hinein ist gerade dort vom Auftauchen religiöser Prediger die Rede, die dem Volke von einer Aussöhnung des Islam mit dem Christentum vorgaukelten und eben dadurch gewaltigen Zuspruch erfuhren. Die Anhänger des Schejchs Bedr ed-Dîn, dessen Ideen gerade diese Versöhnung zu verheißen schien, waren noch lange nach seiner Hinrichtung auf dem Marktplatz in Serres über Bulgarien verstreut und es wäre nicht verwunderlich, wenn sich eines Tages Zusammenhänge seiner Gefolgsleute mit jenem Volk erweisen ließen, das dem persischen Sendling im Sommer 1444 zuströmte. Daß dieser sich unbehindert in der Hauptstadt des Reiches bewegen und seine allen Starrgläubigen verhaßten Ansichten unter die Menge bringen durfte, hat einen besonderen Grund. Kein Geringerer als der Kronprinz Mehmed-Tschelebi selbst hatte ihm sein Ohr geliehen und sich für seine Lehren interessiert gezeigt. Die Hinneigung des freilich frühreifen Knaben zu den Schwärmereien des wunderlichen Predigers aus Iran erregte Entsetzen und Unmut bei den geistlichen Würdenträgern Adrianopels, und besonders der selbst aus Persien stammende Mufti, wie man dazumal den späteren Schejch-ül-Islâm bezeichnete, Fachr ed-Dîn mit Namen, nahm erbitterten Anstoß am Auftreten seines Landsmannes und an der Gunst, die ihm der Kronprinz schenkte. Er beschloß, den Ketzer unschädlich zu machen, der im Sultanspalast mit mehreren seiner Anhänger den persönlichen Schutz Mehmed-Tschelebis genießen durfte. Aber auch Chalîl-Pascha, Sproß einer strenggläubigen, in altväterischem Sinne lebenden Familie, unternahm entscheidende Schritte, dem Eindringling, der bereits mehrere tausend Menschen für seine glaubensgefährliche Neuerung zu begeistern gewußt, eine weitere Wirksamkeit zu vereiteln. Er beschied den Perser im Einverständnis mit dem Mufti in sein Haus, wo er ihm seine besondere Teilnahme und Neigung für seine Ansichten beteuerte, während Fachr ed-Din aus einem Versteck allen Worten zu lauschen vermochte. Der Fremde legte nichtsahnend seine Glaubensansichten dar, und als er dabei eine besondere Ketzerei entwickelte, sprang der wütende Mufti aus dem Hintergrund hervor und wollte sich seiner bemächtigen. Der aber entkam und flüchtete eilends in den großherrlichen Palast, wohin ihm auch der Mufti folgte. Mehmed-Tschelebi, offenbar peinlich berührt durch den Vorgang, rückte von seinem Schützling ab und überantwortete ihn dem Molla Fachr ed-Dîn. Damit war sein Untergang besiegelt. Der Mufti begab sich in die Moschee und wandte sich von der Kanzel an die zusammengeströmten Gläubigen mit der Aufforderung, den gefährlichen Ketzer zur Richtstätte zu schleppen

und sich am Vollzug der wohlverdienten Todesstrafe zu beteiligen. Allen,
die dabei mithülfen, versprach er im Jenseits göttlichen Lohn. Man
zerrte nun den Perser zum öffentlichen Gebetplatz, wo die aufgebrachte
Menge Holz zusammentrug, um den wahrscheinlich vorher umgebrachten
Fremdling öffentlich zu verbrennen. Dabei, so geht die Legende, habe
sich der Mufti, der übereifrig selbst Brennscheite herbeischleppte, den
wallenden Bart versengt, als er der Feuerlohe zu nahe kam. Die Anhänger
des Neuerers ereilte das gleiche Schicksal. Sie wurden mit Stumpf und Stiel
ausgerottet.

Treffen die Angaben der osmanischen Quelle zu, daß der Großwesir
seinen Abscheu über die Ketzereien nicht auszusprechen wagte, weil er sich
vor dem Ingrimm des Kronprinzen fürchtete, und daß der Perser, gehetzt
vom Eiferer und Volksverächter Fachr ed-Dîn, im Palaste des Kronprinzen
Unterschlupf suchen konnte, so spräche alles das dafür, daß bereits im
Knaben Mehmed jene Vorliebe für Perser und gleichzeitig für Freigeiste-
reien steckte, die in späteren Jahren den Widerwillen der Einheimischen
sowie der rechtgläubigen Geistlichkeit erregt hat. Weiter wäre damit
bewiesen, daß das Einvernehmen des jugendlichen Reichsstatthalters mit
seinen ihm vom Vater bestellten Ratgebern schon damals nicht ohne ernste
Spannungen war, die sich gar bald entladen sollten.

Denn es blieb nicht bei diesem bedenklichen Vorfall allein. Wenige
Wochen später gärte es unter den Janitscharen, die eine Soldmehrung
verlangten und, als dieser nicht entsprochen wurde, sich unverhohlen gegen
Mehmed-Tschelebi aufzulehnen begannen. Dabei legten sie an mehreren
Stellen der Hauptstadt zugleich Feuer an, das bei der Sommerhitze mit
rasender Schnelligkeit um sich griff, die bis zum Bersten mit kostbaren
Waren und Stoffen gefüllten Kaufhallen erfaßte und gar bald das Viertel
unterhalb der Burg *(taht al-qalᶜa)* einzuäschern begann. Andere Basare gerieten noch in Brand und der Markthallenaufseher Chôdscha Qâsim kam mit
weiteren Marktwächtern dabei jämmerlich ums Leben. Ein großer Teil der
meist aus Holzhäusern bestehenden Stadt ward in wenigen Stunden von
den Flammen verzehrt. Zahlreiche Menschen fanden den Tod und die Verluste an beweglicher Habe, vor allem aber an den aus allen Teilen des
Reiches hier zusammengeführten Gütern, waren unermeßlich. Die Wut der
Truppen richtete sich nun dabei vorzüglich gegen den besonderen Ratgeber
des jungen Mehmed-Tschelebi, den bereits genannten Hämling Schihâb
ed-Dîn-Pascha, dem ihrer Nachstellung zu entgehen gleichfalls nur durch
die Flucht ins Palastinnere glückte. Die aufgebrachten Janitscharen gaben
die Verfolgung auf und rotteten sich auf dem Stadthügel Butschuq Tepe
zusammen, von wo sie durch ihre grimmigen Drohungen die ganze Be-

völkerung Adrianopels in lähmende Verwirrung brachten. Schließlich verstand sich der Kronprinz zu einer täglichen Solderhöhung um einen halben Aqtsche und setzte damit diesem merkwürdigen Aufstand ein Ziel. Erinnert man sich der oben angedeuteten Spannungen zwischen den altosmanischen Geschlechtern und den christlichen Renegatenfamilien, so hat die Vermutung manches für sich, daß Chalîl-Pascha die Hand im Spiele hatte, als es galt, die Janitscharen gegen den allen Alttürken verhaßten, aber einflußreichen und maßgebenden Renegaten Schihâb ed-Dîn-Pascha aufzuhetzen und gleichzeitig dem Kronprinzen einen Denkzettel zu verabreichen.

Es war klar, daß auf die Dauer zwischen Chalîl-Pascha und Mehmed-Tschelebi kein gedeihliches Einverständnis in der Führung der Staatsgeschäfte, erst recht aber nicht im persönlichen Verkehr möglich war und blieb.

Während sich also die rumelische Hauptstadt des Osmanenreiches in bedenklicher Wallung befand und ganze Stadtteile in Flammen aufgingen, rückte das Kreuzerheer in mühseligen Märschen, hin und wieder in erbitterte Kämpfe mit der türkischen Besatzung einzelner überrumpelter bulgarischer Festungen und Städte verwickelt und aufgehalten, langsam gegen das Schwarze Meer vor, in der Hoffnung, von dort mühelos der Küste entlang unter Flottenschutz bis nach Konstantinopel vordringen zu können. In Anatolien war der qaramanische Krieg dank der Feldherrnkunst Murâds II. rascher, als er selbst vielleicht gemeint haben mag, zu einem für ihn glücklichen Ende gegangen. Sein Schwager Ibrâhîm-Beg sah wiederum ein, daß längerer Widerstand zwecklos sei und verständigte sich durch Vermittlung des aus Qaraman gebürtigen gelehrten Mollas Sary Jaᶜqûb mit dem Großherrn zu schleunigem Friedensschluß.

Es war höchste Zeit. Allem Anschein nach haben vom Großwesir Chalîl-Pascha ins kleinasiatische Feldlager entsandte Boten den Großherrn nicht im Zweifel gelassen, daß sein allzu junger Sohn und Stellvertreter nicht länger den inneren und äußeren Schwierigkeiten in Europa gewachsen bleibe. Murâd eilte, nachdem Ibrâhîm-Beg sich ergeben und sogar zur Waffenhilfe bereit erklärt hatte, mit seinem Heerbann nach Norden. Als er an die Dardanellen kam, fand er die Überfahrt durch die dort ankernde christliche Flotte versperrt. Seine eigene Streitmacht bestand aus rund 40 000 Mann, die im Abendland indessen durch Furcht und falsches Gerücht mit der für jene Zeiten kennzeichnenden Übertreibung bis auf 100 000 Mann überschätzt wurde.

Der Übergang dieser Krieger, der schließlich nächtlicherweile oberhalb Konstantinopel bei Anadolu Hißâry am Bosporus vollzogen werden mußte,

hat sich unter eigenartigen Umständen abgespielt. Die Quellen gehen in
ihrer Darstellung weit auseinander, aber es darf dennoch soviel als sicher
gelten, daß die Ungläubigen und Feinde der Christen von diesen selbst,
schnöden Gewinnes willen, teils durch persönliche Dienste, namentlich
durch Stellung von Fahrzeugen, teils aber vornehmlich mit Kriegsbedürfnissen unterstützt wurden. Denn Papst Eugen IV. hat in einer noch im
Oktober erlassenen Bulle alle Vergehen dieser Art mit dem Bannfluch belegen zu müssen für richtig befunden. Daß ein heftiger Sturm die päpstliche Flotte am Eingang der Dardanellen abhielt, weiter ins Marmarameer
vorzudringen, wie Chalkokandyles zu berichten weiß, mag gleichfalls den
Tatsachen nicht zuwiderlaufen. Mehr als ein Umstand spricht für die
Richtigkeit der Annahme, daß die Genuesen, vielleicht aber auch venedische Kauffahrer, dem Großherrn bei seinem Unternehmen entscheidend zu
Hilfe kamen und das um so bereitwilliger, als er angeblich für jeden seiner
nach Europa übergeführten Soldaten ein Goldstück versprochen hatte.
Dies alles trug sich zweifellos in der zweiten Oktoberhälfte zu. Ohne Aufenthalt, aber verstärkt durch die unterwegs zu ihm stoßenden thrakischen
Heeresreste, eilte der Sultan nach Adrianopel. Der byzantinische Kaiser
hatte sich, durch Schnellboten zur Heeresfolge aufgefordert, dieser Verpflichtung zu entziehen vermocht. Er wollte es weder mit dem Sultan, noch
weniger aber mit den Ungarn verderben, deren Unterstützung, wenn das
Waffenglück sich etwa gegen Murâd entscheide, er erst recht nicht entraten konnte.

In der Hauptstadt traf der Großherr mit seinem Sohn zusammen, verweilte aber nur kurze Frist in ihren Mauern. In Eilmärschen ging es weiter
in nordöstlicher Richtung nach Varna am Schwarzen Meer, in dessen Nähe
er am siebenten Tage, nur wenige Meilen von den Christen entfernt, sein
Lager aufschlug. Eine mondhelle Nacht verstattete es diesen, von den
benachbarten Höhen aus das osmanische Heer zu übersehen und aus den
aus dem Türkenlager aufsteigenden Feuersäulen dessen Stärke zu ermessen. Die Lage der Christen war in hohem Grade schwierig, weil sie, von
ihrer natürlichen Rückzugslinie durch die Osmanen abgeschnitten, hinter
sich nur die Stadt Varna und das Schwarze Meer hatten, nirgends die Flotte
sich zeigte und zu Lande nur der Ausweg nach der unwirtlichen Dobrudscha
übrig blieb. Johann Hunyadi entschloß sich, die Schlacht, zu der Murâd
ihn drängte, in offenem Felde anzunehmen. Am Morgen des St. Martins-
tages (10. Nov. 1444) fand er noch Zeit, sein Heer in Schlachtordnung zu
stellen, soweit es das für ihn höchst ungünstige Gelände erlaubte. Westlich,
den Christen gegenüber, nur durch eine leichte Senkung von ihnen getrennt, hatten inzwischen die Osmanen, etwa 80 000 bis 100 000 Mann

stark, also den Christen an Zahl fast um das Vierfache überlegen, ihr Heer zum Kampfe geordnet. Drei Stunden standen die Heere einander ruhig gegenüber, als sich im Westen vom Gebirge her bei heiterem Wetter und völliger Meeresstille ein entsetzlicher Sturm erhob, über das Heer der Christen dahinbrauste und, ein schlimmes Vorzeichen für den Ausgang der Schlacht, binnen kurzem alle ihre Fahnen und Feldzeichen mit Ausnahme der des Hl. Georg in Fetzen zerriß. Obgleich durch Zahl und Stellung im Vorteil, wagten die Osmanen, vielleicht in Ungewißheit über die Stärke des Gegners, lange Zeit nicht den Vorstoß. Endlich eröffneten, gegen 9 Uhr morgens, die Aqyndschys sowie die Asaben, also die Aushilfstruppen zu Pferd und zu Fuß, ein Reitergefecht, schritten dann in die Tiefe, um zu ernstlichem Angriff vorzugehen. Die Ungarn leisteten tapfere und geschickte Gegenwehr. Die Aqyndschys wurden über den Haufen geworfen. Aber in der Hitze des Kampfes beachteten die Führer der Ungarn nicht, daß der Statthalter von Anatolien, Qaradscha-Beg, des Sultans eigener Schwager als Gatte von dessen Schwester Seldschûq-Chatun, sich mit seinen Spahis in Bewegung setzte und den fechtenden Christen des rechten Flügels in die linke Flanke fiel. So wurde dieser völlig gesprengt und nur einige hundert Reiter waren imstande, die Wagenburg zu halten. Durch das nun erfolgende wuchtige Eingreifen des Königs Wladislaw sowie Joh. Hunyadis wurden die anatolischen Spahis so entscheidend angegriffen, daß sie außer ihrem Führer Qaradscha-Beg binnen kurzem etwa 3000 Mann einbüßten. Inzwischen bedrängten die rumelischen Spahis schwer den linken christlichen Flügel, so daß nur durch die geschickte Einmischung Hunyadis, der den König bestimmte, die alte Stellung in der Mitte mit seinen Haustruppen wieder zu besetzen und den Platz fürs erste nicht aufzugeben, während er selbst dem linken Flügel der Christen zu Hilfe eilte, die Schlacht für die Kreuzfahrer günstig entschieden werden konnte. Auf seiten der Türken hielten nur noch die Janitscharen stand. Der Rest des Heeres schien sich in wilder Flucht aufzulösen und südwärts nach Adrianopel und weiter nach Gallipoli zu ergießen.

Da ließ sich König Wladislaw durch Kampflust und die Eifersucht seiner polnischen Reiter auf Hunyadis glänzende Waffentat verleiten, die mit diesem getroffene Verabredung zu mißachten. Mit nur 500 seiner besten Reiter versuchte er einen tollkühnen Ansturm auf das Fußvolk des Großherrn. Der erste Vorstoß glückte sogar. Der Sultan verzweifelte bereits an der Möglichkeit des Sieges und wollte die Flucht ergreifen. Nur mit Gewalt, — so wenigstens berichten die byzantinischen Chronisten Sphrantzes und Chalkokandyles — konnten ihn die Janitscharen in ihrer Mitte zurückhalten, indem man im entscheidenden Augenblick seinem Pferde Fesseln

anlegte. Die Notwendigkeit und das Bewußtsein dessen, was hier auf dem
Spiele stand, trieb alles zu einem Streit auf Leben und Tod. Aber noch
ehe Hunyadi die durch den wechselvollen Gang der vielstündigen Schlacht
und die letzte Verfolgung aufgelöste Heeresmacht wieder einigermaßen
zusammenziehen und wirksam in den Kampf mit den Janitscharen eingreifen konnte, kam die Meldung vom Tode des Königs. Der Janitschar
Chôdscha Chidr, ein moreotischer Renegat, hatte ihm beim Sturz vom
Pferde den Kopf abgehauen und zum Sultan gebracht, der ihn auf eine
Stange stecken und überall zur Schau stellen ließ. Dieser Anblick lähmte
auch Hunyadis Mut und erfüllte alle Truppen, die bis dahin noch standgehalten hatten, mit Schrecken und Verzweiflung. Die schon hereinbrechende Nacht ließ selbst jetzt noch Sieger wie Besiegte in Ungewißheit
über den Ausgang der Schlacht. Beide Teile kehrten zu gleicher Zeit der
Walstatt den Rücken. Die Osmanen zogen sich in Ordnung nach ihrem Lager
zurück, die Christen zerstreuten sich noch in der gleichen Nacht in aufgelöster
Flucht nach allen Seiten. Der Kardinal G. Cesarini aber, der bis zum letzten
tapfer ausgehalten hatte, verzagte gleichfalls. Er suchte nun sein Heil
in der Flucht und ward nicht mehr gesehen. Über seinem Tod schwebt
noch heute ein Dunkel, dessen Aufklärung niemals glückte. Die Angaben,
wann und wie er sein klägliches Ende fand, gehen völlig auseinander.

Die Trümmer des Christenheeres strömten tagelang nach der Donau
hin und nur wenige erlangten auf heimischem Boden die ersehnte Freistatt.
Nach allen Windrichtungen verschlagen, brachten sie überallhin nach
Westen die Kunde von dem jämmerlichen Ausgang dieses letzten Kreuzzuges. Hunyadi selbst erreichte mit einigen Getreuen die Walachei, um
von hier nach Ungarn weiterzueilen. Aber Vlad Dracul, der gegen ihn
einen alten Groll im Herzen trug, bemächtigte sich seiner und hielt ihn
einige Zeit in strengem Gewahrsam, bis er ihn endlich und sogar mit
reichen Geschenken ziehen ließ.

Im Lager der Osmanen herrschte noch am Tage nach der Schlacht Unsicherheit über die Absichten des Gegners. Man vermutete geraume Zeit,
daß er von neuem aus dem Hinterhalt hervorbrechen und den Kampf
erneuern werde. Murâd blieb drei Tage unschlüssig auf der Stelle. Schließlich wagte man den Sturm auf die verlassene Wagenburg und 150 reich-
beladene Wagen wurden ein leichter Gewinn der Sieger. Der rumelische
Statthalter Dâwûd-Beg durchschwärmte nun zwei Tage und zwei Nächte
lang das Land bis zur Donau, machte alle Nachzügler, die ihm in die Hände
fielen, unbarmherzig nieder und kehrte beutebeladen ins sultanische Lager
zurück. Die Verluste der Osmanen waren ungeheuer. Mehr als die Hälfte
aller Truppen, angeblich 30 000 Mann, bedeckten das Schlachtfeld. Die

besten Feldherren, darunter Qaradscha-Beg, befanden sich unter den Toten.
Sultan Murâd ging mit einem seiner Vertrauten, ᶜAsab-Beg, der später zu
Brussa eine Moschee errichtete, über die Walstatt, um die Erschlagenen
zu beschauen. ‚Ist's nicht zu wundern', soll er gesagt haben, ‚daß es lauter
junge Leute sind und unter so vielen kein einziger Graubart?' ‚Wäre ein
Graubart unter ihnen gewesen', so erwiderte ᶜAsab-Beg, ‚dann hätten sie
das tollkühne Unternehmen nicht begonnen.'

Der Großherr ließ über seine Heerführer, die beim ersten Anprall der
Ungarn die Flucht ergriffen hatten, ein strenges Strafgericht ergehen. Die
Schuldigsten wurden zum Tode verurteilt, die weniger Schuldigen sollten
in Weiberkleidern durchs Lager geführt und der Verhöhnung durch die
Soldaten preisgegeben werden. Nur der Einspruch der Wesire verhinderte
schließlich die Vollziehung dieses harten Urteilsspruches und den Anblick
eines kläglichen Schauspiels.

Murâd versandte nach allen Richtungen an die islamischen Herrscher
Siegesschreiben und gleichsam als Beilage zu diesen schickte er an den
Sultan von Ägypten, den Mamlûken Dschaqmaq, 25 gefangene Kürassiere,
um recht anschaulich zu machen, ‘welche Eisenmänner er besiegt'.

Das war der Ausgang der Schlacht bei Varna, die zu den entscheidendsten
Ereignissen sowohl der osmanischen Geschichte wie der des ganzen Abendlandes zu rechnen ist. Der Glaube an die Möglichkeit einer Vertreibung der
Osmanen aus Europa wurde bis ins tiefste erschüttert. Die Geistesstimmung
der europäischen Christenheit blieb für lange Zeit verdüstert. Man empfand die Niederlage der Kreuzfahrer bei Varna als eine Art Gottesgericht
und Strafe für die frevelhafte Verletzung des zu Szegedin auf das Evangelium geleisteten Eidschwures. Besonders die Randstaaten des osmanischen
Reiches in Europa erfaßte lähmendes Entsetzen. Johannes VIII. von
Byzanz beeilte sich auf die Kunde von der Varnaer Katastrophe, den Sultan
durch reiche Geschenke zu versöhnen und nach Möglichkeit das alte nach-
barliche Verhältnis wieder herzustellen. Der Einfluß des Papstes war
gänzlich im Schwinden. Georg Branković hatte die in ihn gesetzten Hoffnungen Murâds nicht enttäuscht, und Georg Kastriota, der mit seinen
albanischen Truppen den Kreuzern zu Hilfe eilen wollte, die Pässe verlegt.
Nur im Süden von Griechenland, wo sich der unermüdliche Paläolog Konstantin 1444 sofort den gegen Murâd II. verbündeten Ungarn und Venedig
angeschlossen hatte, um auf Kosten der Florentiner von Athen und der
Türken nördlich des Isthmos das Griechenreich in ähnlicher Weise wieder
aufzurichten wie es ihm vierzehn Jahre früher in Morea geglückt, war die
Hoffnung, den Türken erfolgreich zu begegnen, noch nicht geschwunden.

Murâd II. kehrte von Varna geradenwegs nach Adrianopel zurück. Er ließ dort zunächst seinen gefallenen Schwager Qaradscha-Beg zur Erde bestatten und ernannte an seiner Stelle den Albaner Üzghur zum Statthalter von Anatolien. Den Janitscharen Chôdscha Chidr, der in der Schlacht bei Varna König Wladislaw den Todesstoß versetzt und damit dem Kampf eine entscheidende Wendung gegeben hatte, belohnte er durch reiche Ländereien auf rumelischem Boden. Den Kopf des Ungarnkönigs sandte er in einem mit Honig gefüllten Gefäß an den Stadtvogt von Brussa, wo die frohlockenden Bewohner dieses grausige Ehrengeschenk in feierlichem Zuge vor den Stadttoren einholten. Man wusch den Schädel im Nîlûfer-Fluß sorgfältig ab, steckte ihn auf eine Lanze und trug ihn im Triumph durch die Straßen der alten Hauptstadt des Osmanenreiches. Dies alles spielte sich in den letzten Wochen des November ab.

Unmittelbar hernach, vielleicht noch im November, spätestens aber zu Dezemberbeginn, entschied sich Murâd II., der damals im vierzigsten Lebensjahre stand, zu einem Schritt, dessen tiefste Hintergründe wohl immer ein Rätsel bleiben werden; er dankte zu Gunsten seines Sohnes Mehmed-Tschelebi trotz der trüben Erfahrungen, die er mit dessen Reichsstatthalterschaft im Sommer hatte machen müssen, rasch entschlossen ab. Alle Vorhaltungen seiner Wesire, vorzüglich aber des Großwesirs Chalîl-Pascha, fruchteten nichts. Begleitet von einigen seiner vertrautesten Gesellschafter, darunter Ishâq-Pascha und dem Oberstmundschenk Hamsa-Beg, verließ er seinen alten Hofsitz und setzte nach Anatolien über. Dort hatte er sich die Gebiete von Mentesche, Saruchân und Ajdyn als Leibgedinge vorbehalten, dort schlug er seinen Ruhesitz im idyllischen Maghnisa auf, wo noch kurz vorher sein Sohn, der jetzige Sultan, als Statthalter geweilt hatte. Diesem aber gab er aufs neue Chalîl-Pascha als Großwesir zur Seite, während Molla Chosrew abermals das Amt eines Heeresrichters übernahm. Obwohl etwa die venedischen Quellen noch eine Zeitlang vom ‚Sultan von Europa' und vom ‚Sultan von Asien' zu sprechen pflegen und damit Mehmed II. und seinen Vater meinen, ist kein Zweifel, daß die alleinige Macht im Osmanenreich nunmehr an den kaum 13jährigen Kronprinzen übergegangen war und daß sich Murâd II. von allen Herrscherpflichten zurückgezogen hatte. Es ist müßig, seinen Beweggründen zum plötzlichen Thronverzicht nachzuspüren. Daß nicht Liebe zur Einsamkeit und Überdruß an den Händeln der Welt, wie die meisten Geschichtsschreiber vermuten, ihn veranlaßten, der Regierung zu entsagen, darf als sicher gelten. Im Innern des Reiches scheinen sich gegen Murâds Herrschaft Widerstände gezeigt zu haben, die wenigstens teilweise in den Rangstreitigkeiten und Machtkämpfen der Großen des Reiches, der Alttürken, wie man sie heißen kann, und der Renegaten begründet liegen dürften. Daß der Knabe Mehmed-

Tschelebi nicht imstande war, dieser Schwierigkeiten Herr zu werden, konnte dem Vater nicht zweifelhaft bleiben und nur das unerschütterliche Vertrauen in die Staatskunst seines alten getreuen Großwesirs Chalîl-Pascha mochte ihn bewogen haben, den Versuch des Thronwechsels zu wagen.

Bevor Murâd II. sich in die Abgelegenheit von Maghnisa begab, hielt er sich einige Tage in Brussa auf. Diese Stadt war ihm zeitlebens besonders ans Herz gewachsen. Dort lagen seine Ahnen in ihren herrlichen Grabbauten, dort schliefen seine Geschwister und seine Söhne den Todesschlaf, dort begann er sich selbst durch den Bau einer prächtigen Moschee ein prunkvolles Denkmal der Erinnerung zu setzen. Hier wünschte er selbst einmal bestattet zu werden. Aus jenen Tagen hat sich eine Silbermünze, Aqtsche oder Asper genannt, mit der Jahreszahl 848 der Hidschra (April 1444 bis April 1445) erhalten, die auf den Namen Murâds II. in Brussa geprägt wurde, ohne daß der Anlaß ersichtlich wäre, aus dem ihre Herstellung erfolgte. Die gleiche Jahreszahl aber tragen die ersten Silber- und Kupfermünzen, die der junge Großherr spätestens in den ersten Monaten des Jahres 1445 zu fertigen befahl. Münzstätten waren Adrianopel, Ajasoluq (Ephesos = Hagios Theologos), Amasia, Brussa sowie Serres. Das Freitagsgebet ward auf seinen Namen aufgerufen. Die Vorrechte des Gepräges *(sikke,* it. *zecca)* sowie des Kanzelgebetes stellen die Merkmale des islamischen Herrschers dar. An die muslimischen Fürsten im Osten und Süden des Reiches ergingen noch im Januar 1445 pomphafte Sendschreiben, deren Wortlaut zum Teil erhalten blieb. Darin wurden diese Staatsoberhäupter von seinem Regierungsantritt feierlich in Kenntnis gesetzt und wird ihnen gute Nachbarschaft beteuert.

Der Eindruck, den der unvermutete Thronwechsel im Osmanenreich draußen in der Christenheit hervorrief, läßt sich kaum an Hand der geretteten oder bisher bekanntgewordenen Aktenstücke und Urkunden näher bestimmen. Die vernichtende Niederlage, die dem Kreuzerheer bei Varna bereitet worden war, lähmte offenbar noch lange die Gemüter und die Entschlußkraft, zu den neuen Verhältnissen tätig Stellung zu nehmen. Weit ins Jahr 1445 hinein wollte man vielerorts noch nicht an das Unglück und vor allem nicht an den Tod des jungen Ungarnkönigs glauben, wie diesen ja auch die Legende noch lang am Leben ließ und als weltabgewandten Einsiedler nach Spanien versetzte. Venedig hatte kaum als erste, aber, wie es scheint, zielbewußteste westliche Macht den veränderten Umständen Rechnung getragen, indem es mit dem jugendlichen Großherrn zu raschem Einvernehmen zu gelangen strebte. Um die Märzmitte 1445 hatte sich die Signoria gegen den Vorwurf des Papstes zur Wehr setzen müssen, daß erst durch das Verschulden der venedischen Galeeren der Übergang

Muråds von Asien nach Europa ermöglicht worden sei. Venedig, so erwiderte man dem Heiligen Stuhle, treffe keine Schuld, da man alle nur erdenklichen Opfer gebracht habe, die Türken herauszufordern und in Schach zu halten, obgleich sie Überfälle auf das venedische Negroponte (Euboea), auf Albanien und andere Besitzungen der Lagunenstadt unternommen hätten und diese unbekümmert fortsetzten. Dabei habe, so beteuerte man, die Besatzung der venedischen Flotte empfindliche Einbußen erlitten. Wenige Wochen später, am 4. April 1445, rechtfertigte der Senat aufs neue seine Maßnahmen und sein Verhalten mit dem Hinweis, Genua und andere christliche Verbündete hätten bereits mit den Türken Frieden gemacht, die im Hinblick auf den noch bestehenden Kriegszustand mit der Signoria ihre Brandschatzungen fortführten, wie es vor allem auf Negroponte geschehen sei. So dürfe es nicht verwundern, wenn auch die Signoria sich nun gleichfalls gezwungen sähe, sich der Staatsnotwendigkeit eines baldigen und förmlichen Friedensschlusses mit dem Sultan zu fügen. Am 26. April beschloß der Senat, mit Hinweis auf die verweigerten päpstlichen Zuschüsse für die vereinigte Flotte in der Ägäis, dem Haupte der Christenheit vorzuhalten, daß bereits andere christliche Staaten mit den Osmanen Friedensabmachungen getroffen hätten, während diese, durch keine Rücksichten gehemmt, unbehindert ihre Angriffe auf Euböa, auf die anderen venedischen Siedlungen in Griechenland sowie in Albanien unternähmen, so daß Venedig nunmehr ebenso wie die anderen abendländischen Staaten handeln müsse. Das Ergebnis einer im Senat vorgenommenen Abstimmung war überwältigend: 91 stimmten dafür, nur 2 dagegen, während lediglich zwei sich der Stimme enthielten.

Die Friedensverhandlungen mit den Türken waren damit so gut wie gebilligt.

Am 11. Mai 1445 wurde der venedische Admiral Alvise Loredano angewiesen, in den Meerengen bis zum Friedensschluß mit dem Großherrn zu verbleiben. Man hoffte, ihn auf eine möglichst ehrenvolle Weise nunmehr zu erreichen. Es wurde beschlossen, dem Rate des venedischen Bailo am Hofe von Byzanz, Andrea Foscolo folgend, zum ,Sultan von Europa' einen geeigneten Mittelsmann zu entsenden, um mit ihm über den Freihandel Venedigs in dessen Staaten zu einem Übereinkommen zu gelangen und bei den anschließenden Friedensbesprechungen die am 4. September 1430 zu Adrianopel zwischen seinem Vater und Ser Silvestro Morosini getroffenen Vereinbarungen, jedoch möglichst ohne die entehrende Tributklausel, zu erneuern. Der ,Türke' aber sollte sich verpflichten, den Vertrag durch seinen in Asien weilenden Vater bestätigen zu lassen. Aus dieser Forderung darf wohl unbedenklich gefolgert werden, daß man, wenigstens im staatsklugen Venedig, noch immer mit dem politischen Ansehen des abgedankten Großherrn glaubte rechnen zu müssen, da man ihn eben als eine Art ‚Sultan von Asien' zu betrachten schien.

Im Verfolg dieses entscheidenden Senatsbeschlusses entbot Ser Andrea Foscolo als Vertrauensmann Aldovrandino de'Giusti (Zusti), vermutlich einen reichen und geschickten, in Pera seßhaften Kaufherrn, an den Hofsitz des jungen Sultans nach Adrianopel. Am Mittwoch, dem 23. Februar 1446, kam dort jener Friedensvertrag zustande, dessen griechische Urfassung sich im Staatsarchiv zu Venedig als wohl einzige Urkunde aus Mehmeds II. erster Regierung erhalten hat. Sein Wortlaut lehnt sich eng an die Verabredungen an, die bereits im Herbst 1430 mit Murâd II. festgesetzt worden waren.

Während Mehmed II., gewiß unter dem Einfluß seiner klugen und erfahrenen Berater, sich anschickte, mit den Mächten des Westens zu gedeihlichem Einvernehmen zu kommen, genoß sein Vater in der Stille und Abgeschiedenheit von Maghnisa den Frieden und angeblich auch die Freuden des Daseins. Was sich aber an seinem Ruhesitz in den ersten Monaten des Jahres 1446 zutrug, verraten abermals in willkommener Weise Briefe, die Ciriaco Pizzicolli aus nächster Nähe an seine Freunde versandte. Nach Wanderungen auf den Kykladen und Kreta hatte sich 1445 dieser Nimmermüde an die kleinasiatische Küste begeben, wo seine Anwesenheit im Januar 1446 mit Gewißheit bezeugt ist. Am 13. März weilte er auf der Insel Lesbos als Gast des Herzogs Dorino I. Gattilusi und berichtete von hier seinem chiotischen Freund Andreolo Giustiniani, daß ein dort befürchteter Angriff der Osmanen auf die Insel nicht zu erwarten sei. Seine anfängliche Absicht, nach Konstantinopel zurückzukehren, verwirklichte der Anconitaner nicht, sondern verfügte sich vielmehr Ende März nach Maghnisa. Am 7. April 1446 war er bereits wieder in Fotscha oberhalb Smyrna, dem Hauptumschlagplatz des genuesischen Alaunhandels, an dem sein alter Freund Francesco Draperio maßgebend beteiligt war. Mit dessen Beistand erlangte er nun von Murâd II. den obenerwähnten Geleitbrief (berât), der ihm eine unbehinderte und freizügige Bereisung der osmanischen Gebiete Kleinasiens zusicherte. Am 9. April begab sich C. Pizzicolli gemeinsam mit Fr. Draperio nach Maghnisa, um dort im Seraj den Schutzbrief entgegenzunehmen. Am Ostersonntag (17. April 1446) fand der Empfang beim früheren Großherrn statt. Drei Tage später beschreibt Ciriaco in einem neuen an A. Giustiniani gerichteten Brief diese Audienz, bei der beide Italiener, nicht wie herkömmlich im Empfangsraum der Gesandten, dem Thronsaal (ᶜars odasy), sondern in den Privatgemächern des Sultans gnädig aufgenommen wurden.

Kaum drei Wochen später, nämlich am 5. Mai 1446, verließ Murâd II.
seinen Ruhesitz, um sich, begleitet von viertausend Kriegern, erneut
nach Europa zu begeben. Dies berichtet wiederum C. Pizzicolli an A. Giustiniani in einem am 11. Mai zu Fotscha verfaßten Sendschreiben. Er
bemerkt dazu, daß der Sultan dringend von seinem Sohne, dem ‚Cialaby‘
(Mehmed-Tschelebi), nach Adrianopel gebeten worden sei.

Daß dieser Ruf in Wahrheit durch den besorgten Chalîl-Pascha ergangen
war, der aus bisher unbekannten Erwägungen, in jedem Fall aber aus Mißtrauen in die Staatsführung des jungen Großherrn, den alten Lenker der
osmanischen Reichsgeschicke zurückgerufen habe, ist, wie es scheint, der
Kenntnis Ciriaco Pizzicollis entgangen. Das ist um so verwunderlicher,
als er zusammen mit Fr. Draperio drei Tage hindurch den Sultan Murâd
auf seinem Rückweg nach Thrakien begleitete. Über Bergama hinaus, und
zwar bis Ajasmend an der Küste, Lesbos gegenüber, legten sie gemeinsam
diese Reise zurück. Dann bog der Großherr nordöstlich nach Brussa ab,
während die beiden Freunde sich erneut nach Fotscha verfügten. Später,
so heißt es im Briefe, wolle auch er sich der Straße des Sultans folgend
nach Europa aufmachen.

Ein anderer Italiener, der als Gefangener Mehmeds II. später lange Jahre
am Sultanshof lebte und mit den Vorgängen aufs beste vertraut wurde,
nämlich der Verfasser einer ‚Türkischen Geschichte‘ (*Historia turchesca*),
Gian-Maria degli Angiolelli aus Vicenza (1451—1525), berichtet in diesem
Zusammenhang, daß der junge Mehmed einen Angriff auf Konstantinopel
im Schilde geführt habe, mit dessen Ausführung seine Wesire offenbar
nicht einverstanden waren. Das plötzliche Erscheinen seines Vaters in
Adrianopel wird von den osmanischen Chronisten, die alle diese Begebenheiten verworren und mit zeitlichen Verzerrungen zeichnen, in romantischer Weise geschildert. Diese Darstellung hat auch byzantinische Berichterstatter wie etwa Chalkokandyles beeinflußt, nur daß bei ihm die Rollen
vertauscht werden. Danach habe Chalîl-Pascha an dem Tage, wo Murâd in
Adrianopel eintreffen sollte, den jungen Mehmed auf die Jagd geschickt,
und so habe der Vater während der Abwesenheit des Sohnes unter dem
Jubel der Janitscharen seinen Einzug in die Hauptstadt gehalten und abermals vom Thron Besitz ergriffen. Als Mehmed am Abend von der Jagd-
partie zurückkehrte, sei schon alles geschehen gewesen. In Wahrheit aber
war der Hergang weit weniger dramatisch, denn Murâd hatte es keineswegs sonderlich eilig mit seiner Rückkunft. Er hielt sich offenbar geraume
Zeit in Brussa auf und es darf wohl vermutet werden, daß er die von ihm
gestiftete und nach ihm benannte Moschee, die Murâdîje, jenen letzten
Widerschein der Glanzzeit osmanischer Baukunst des Mittelalters, die nach

der Bauinschrift damals vollendet worden sein muß (850 d. H., April 1446 bis
März 1447), besichtigte und einweihte.

Ein Vorkommnis aber beleuchtet greller als jedes andere die damalige
Lage, in die Murâd II. durch seine plötzliche Rückberufung nach Thrakien
geraten war. Am 1. August 1446 machte der Sultan zu Brussa unter Beizie-
hung des Heeresrichters Molla Chosrew sein Testament! Durch einen Zufall
hat sich diese wichtige arabische Urkunde, die 3,25 Meter lang und 22 cm
breit ist und aus 63 Zeilen besteht, bis auf die Gegenwart erhalten. Sie war
zusammen mit 68 Säcken Altpapier, angefüllt mit wichtigen alten Schriftstücken, im Frühjahr 1931 nach Bulgarien verkauft und dann in einem
der 53 nach der Türkei zurückgebrachten Säcke wiederum zum Vorschein
gekommen. Dieser klägliche Umstand verdient in diesem Zusammenhang
deswegen ausdrückliche Erwähnung, weil er ahnen läßt, welch unersetz-
liche Archivalien bis hinein ins 15. Jahrhundert durch Unverstand und
Barbarei der Forschung entzogen worden sind. In diesem bedeutsamen
Dokument, worin als sogenannte Tatzeugen die drei Wesire Chalîl-Pascha,
Sarudscha-Pascha sowie Ishâq-Pascha namentlich angeführt werden,
heißt es wörtlich unter anderm: ‚Wenn ich sterbe, so sollt Ihr meinen Leichnam in Brussa 3—4 Arschin (etwa 0,68 Meter) neben dem Grab meines
Sohnes ᶜAlâ ed-Dîn unweit meiner Moschee bestatten. Errichtet darüber
keine prunkvolle Türbe wie bei großen Herrschern. Bestattet meinen Leichnam geradezu in die Erde. Über mir soll als Gnade Gottes der Regen
träufeln, nur um mein Grab herum sollt Ihr vier Mauern ziehen und darüber
ein Dach errichten, so daß sich dort die Koran-Leser niederlassen können.
Neben mir setzt keines meiner Kinder, keine Verwandte bei. Zur Errichtung meines Grabes werfe ich 5000 Goldgulden aus. Falls ich nicht in
Brussa sterbe, so schafft meinen Leichnam dorthin. Er soll dort am Donnerstag ankommen und am Freitag in die Erde gesenkt werden!'

Diese Worte verstatten weit mehr als jedes andere Zeugnis aus jenen
Jahren einen Einblick in Murâds II. Innenleben. Er verlangt neben seinem
Lieblingssohn ᶜAlâ ed-Dîn ᶜAlî, der unter so seltsamen Umständen sein
Leben hat beschließen müssen, beigesetzt zu werden und verbittet sich
ausdrücklich, daß sonst noch ein Familienmitglied in seiner Nähe bestattet
werde. Die Nennung der drei Wesire als Zeugen beweist mit Sicherheit,
daß diese in Brussa zugegen waren, ebenso der Heeresrichter Molla Chosrew,
der dann den letzten Willen zu Papier brachte und in dieser Eigenschaft
ausdrücklich erwähnt wird. Bevor also Murâd II. mit seinem Gefolge über
die Meerengen ging, um den Thron seiner Väter wieder zu übernehmen,
fühlte er das Bedürfnis, letztwillige Verfügungen zu treffen. Dieser Umstand allein scheint darzutun, daß bei der Thronentsetzung seines Sohnes

Mehmed-Tschelebi mit erheblichen Schwierigkeiten, ja vielleicht sogar mit tödlichen Gefahren gerechnet werden mußte.

Das Testament wurde Anfang September ausgefertigt. Bald darauf muß der bisherige Großherr auf thrakischem Boden erschienen sein und von der Herrschaft erneut Besitz ergriffen haben. Er begab sich bei der Ankunft in Adrianopel nicht in den Palast, sondern in die dortige Behausung des Sarudscha-Pascha. Die unklaren und sich oft widersprechenden Angaben der osmanischen und byzantinischen Chroniken über den Regierungswechsel erlauben kein zuverlässiges Bild über die wirklichen Vorgänge in jenen Tagen. Soviel jedenfalls steht fest, daß Chalîl-Pascha, der Großwesir, es war, der diesen Staatsstreich ins Werk setzte und zu einem glücklichen Ende führte. Niemals hat ihm Mehmed diese Tat verzeihen können und Chalîl-Pascha mußte sie eines Tages denn auch mit dem Leben büßen. Der Groll wich nicht mehr aus dem Herzen des Entthronten und vereitelte zwischen ihm und dem ersten Wesir jegliches Vertrauensverhältnis.

In Begleitung einiger Getreuer zog sich Mehmed-Tschelebi in die Einsamkeit von Maghnisa zurück, wo sein Vater für sich einen Palast errichtet hatte, der unmittelbar vor seiner Rückkehr nach Adrianopel fertiggestellt worden sein muß. Die bisherigen Wesire Chalîl-Pascha, Sarudscha-Pascha sowie Ishâq-Pascha wurden in ihren Ämtern bestätigt. Lediglich Saghanos-Pascha, ein Renegat ,illyrischer' Herkunft, wurde nach dem anatolischen Balykesir verwiesen, wo er begütert gewesen sein dürfte.

Bei aller gebotenen Vorsicht in der Bewertung der übrigens dürftigen Quellen wird man wohl als gewiß annehmen müssen, daß schwere Unstimmigkeiten über die politischen Maßnahmen und Pläne des jungen Sultans diesen überraschenden Thronwechsel auslösten und daß hiebei der Großwesir Chalîl-Pascha die treibende Kraft gewesen ist. Daß er seinen alten erprobten Einfluß, den ihm Mehmed zur Unzeit zu entziehen schien, nur durch Murâds erneute Übernahme der Reichsgewalt erlangen konnte, mag ihn zu jenem entscheidenden Schritt, vielleicht sogar im Rücken des bisherigen Großherrn bestimmt haben.

Das einfache Volk hat die Rückkunft Murâds mit Begeisterung aufgenommen und besonders die Janitscharentruppe, die dem jungen Mehmed niemals ihre rechte Gunst und Anhänglichkeit bezeugt haben dürfte, begrüßte sie mit besonderem Jubel. Die Leutseligkeit und Umgänglichkeit Murâds stand in krassem Gegensatz zur hochfahrenden, wenig freundlichen Art seines Sohnes, die dem Heere niemals genehm war. Noch im September empfing Murâd II. als Abgesandten des venedischen Botschafters (Bailo) in Konstantinopel, A. Foscolo, ein anderes Mitglied der Familie Giusti (Zusti) aus Pera, Bartolomeo mit Namen, das ihm den von der Signoria bestätigten Friedensvertrag feierlich überreichte. Sultan Mehmed hatte bereits mit einem am 9. März 1446 zu Adrianopel ausgefertigten Schreiben als Sendboten an den Dogen Francesco Foscari seinen ‚Sklaven‘, den Söldnerführer *(ᶜulûfedschi baschy)* ᶜJûnus Qaradschaᵓ, sowie den Sekretär seiner griechischen Kanzlei Dimitri nach Venedig entsandt, um den griechisch verfaßten Vertrag zu überbringen. Die Sultane des 15. Jahrhunderts pflegten ihre Sendschreiben an die slavischen Völker ausschließlich in slavischer, an die Staaten des Westens aber in griechischer Sprache fertigen zu lassen und zu diesem Zweck eigene griechische und slavische Kanzleien zu unterhalten. Zu einer solchen gehörte auch Dimitri, zweifellos ein Grieche. Denselben im Amt beibehaltenen Dimitri ordnete am 25. Oktober des gleichen Jahres der neue Großherr in die Lagunenstadt ab, zusammen mit seinem ‚Sklaven‘ Jachschy-Beg, um mit einem Beglaubigungsschreiben die von ihm bekräftigte Friedensurkunde zu übermitteln. Und wohl zur gleichen Zeit bestätigte der aufs neue zur Macht gelangte Murâd II. der Markusrepublik den neun Monate vorher von seinem Sohne geschlossenen Frieden.

Im Westen des Reiches war also durch die Abmachung mit Venedig eine gewisse Sicherheit geschaffen worden. Von seiten seines Schwiegervaters Georg Branković, der ja wiederum Herr seines Landes geworden war, stand keinerlei ernste Bedrängung zu erwarten, während mit Kaiser Johannes VIII. von Byzanz, den damals bereits die Gicht plagte und der am Ende seiner Kräfte war, gleich nach der Schlacht von Varna der alte Freundschaftsbund erneuert und des Großherrn Zorn über sein zweideutiges Verhalten während des ungarischen Feldzuges durch reiche Geschenke wenigstens fürs erste besänftigt worden war. Von Ungarn aber drohten keine Gefahren und so richteten sich des Sultans Blicke gegen Griechenland und nach Albanien. Von dort allein erhoffte er ernsthafte Gefährdung der Reichssicherheit auf europäischem Boden. Dorthin mußte er sobald wie möglich seine Waffen kehren, bevor sich diese gegen ihn selbst zu richten begannen.

Im Norden von Hellas sorgte sein treuergebener Diener und Feldherr, der thessalische ‚Markgraf‘ oder Grenz-Beg ᶜÖmer-Beg, Sohn des Turachan aus dem alten osmanischen Edelgeschlecht des Pascha Jigit-Beg, für Ruhe und Sicherheit. Ihm konnte nicht entgehen, daß im Süden der Despot von Misthra, Konstantin, mit Umsicht und Klugheit daran ging, seinen Plan zur Wiederherstellung eines großbyzantinischen Reiches zu verwirklichen. Der Christen Niederlage bei Varna hatte den Verhältnissen im Norden der Balkanhalbinsel eine ganz andre und unverhoffte Wendung gegeben und die allseits gehegten Erwartungen auf eine Vertreibung der Osmanen aus

Europa mit einemmal zuschanden gemacht. Andernfalls hätten des Paläologen Konstantins Bestrebungen, falls sie mit den Kriegsmaßnahmen
zeitlich in Einklang gebracht werden können, die byzantinische Herrschaft nicht nur unten in der Peloponnes (Morea), sondern auch auf einem
Teil des griechischen Festlandes aufzurichten, doch wohl zum Gelingen
führen müssen.

Kaum hatte Konstantin das Hexamilion, die Befestigung der Landenge, durch die das nördliche Hellas mit der Peloponnes zusammenhängt und die wegen ihrer Sechsmeilen-Breite jenen Namen führt, durch
einen Wall von fünf Bollwerken und einen tiefen Graben gesichert, da
wandte er sich im Verein mit seinem Bruder Thomas gegen Nerio (Rai-
ner) II. Acciaiuoli, den Herzog von Athen und Lehensmann des Osmanenherrschers. Er war im Frühjahr 1444 in Böotien eingebrochen, hatte
Theben und Livadia besetzt, von dort aus selbst Athen bedroht und Nerio
genötigt, seine Oberhoheit anzuerkennen, sich zur jährlichen Tributleistung zu verpflichten und ihm Truppen zu stellen. Dann zog er weiter
nordwärts zum Pindus, ermunterte die Walachen und Albaner in Thessalien
das Joch der Ungläubigen abzuschütteln, und besetzte Zeitun, Lidorikion
und andere Orte. Diese Erfolge trugen wesentlich zur Schwächung der
sultanischen Macht bei und waren zweifellos beim Abschluß des Friedensschlusses im Sommer 1444 mitbestimmend. Von selbst versteht sich, daß
Herzog Nerio II., dessen Herrschaft sich auf kaum mehr als Athen beschränkte, nur notgedrungen Vasall und Verbündeter des Despoten von
Sparta wurde, zumal als ʿÖmer-Beg mit seiner Streitmacht auf des Großherrn Geheiß Böotien und Attika überfallen, diese Landschaften verwüstet
hatte und mit reicher Beute beladen nach Norden zurückgekehrt war.
Gleich nach der Varnaer Schlacht hatte er sich beeilt, durch Gesandte die
Verzeihung des Sultans zu erlangen und sich schleunigst erboten, in sein
altes Lehensverhältnis zurückzukehren. Konstantin bestrafte Nerios Abfall
von der Sache der Griechen durch einen Kriegszug nach Athen, das er
besetzte. Um die drohenden Bewegungen ʿÖmer-Begs in Thessalien nicht
gegen sich zu richten, zog er freilich alsbald wieder aus Attika ab. Murâd
forderte nunmehr die sofortige Herausgabe aller von ihm besetzten Städte
und Landschaften und da Konstantin sich dessen weigerte, war der Zusammenstoß mit dem Sultan unaufschiebbar.

Um den Sturm noch vor seinem Ausbruch zu beschwören, schickte
Konstantin den Geschichtsschreiber Chalkokandyles mit Friedensvor-
schlägen an die Pforte. Er heischte darin die Aufrechterhaltung der Festungswerke am Isthmos, seine vollständige staatliche Unabhängigkeit
und die Herrschaft über alle Provinzen Griechenlands bis zu den Ther-

mopylen. Murâd, von Unwillen ob solcher Forderungen entbrannt, ließ
den Gesandten in Fesseln legen und, obgleich der Winter bevorstand,
das Zeichen zum Aufbruch geben. Noch ehe der Herbst zur Neige ging,
verließ Murâd II. seinen Hofsitz, um bei Serres große Heeresmassen zu
einer entscheidenden Unternehmung gegen den Paläologen zu vereinigen.
Dann brach er nach Süden auf. An den Thermopylen stellte sich ihm kein
Feind entgegen. Die Griechen hatten sich bis zu den Schanzen des Hexamilion zurückgezogen. Unbehindert zog der Sultan in Theben ein, wo sich
sein Lehensmann Nerio II. mit seinen Mannen zu ihm gesellte.

Mit beträchtlichen Streitkräften und dem riesigen Troß seiner Wagen
und Kamele bewegte sich Murâd nach der Landenge, wo er bei Mingias
Halt machte. Die Wälle des Isthmos trennten Griechen und Osmanen.
Diese hatten sich bereits die furchtbarste Erfindung des Abendlandes, die
Artillerie, dienstbar gemacht und sie, ganz gewiß unter Verwendung abend-
ländischer Lehrmeister, bis 1446 dermaßen vervollkommnet, daß ihr auf die
Dauer die Mauern der griechischen Städte und Burgen keine Gegenwehr
zu leisten vermochten.

Murâd, der schon am 10. November vor der Sperrmauer erschienen war,
ließ drei Tage lang durch Geschütze und Minen in ihre Schanzen Breschen
schlagen. Am 10. Dezember begann erst der Sturm. Nach verzweifeltem
Kampf fiel das letzte Bollwerk der Freiheit Griechenlands in die Gewalt des
Türkenheeres. Umsonst mühte sich Konstantin, seine fliehenden Scharen
wieder zu sammeln. Ein Teil der Osmanen plünderte das erbeutete Griechen-
lager, der andere verfolgte unter schrecklichem Gemetzel die Flüchtlinge,
deren Reste sich nicht eher vom Schrecken erholten, bis sie das Innere von
Arkadien und Lakonien erreicht hatten. Das nahegelegene Schloß Akro-
Korinth konnte den Besiegten keine Zuflucht gewähren, weil man es ohne
Besatzung, ohne Lebensmittel und ohne Schießvorrat gelassen hatte.
Dreihundert Griechen hatten sich auf eine Bergspitze unweit Kenchrää
geflüchtet. Murâd zwang sie zur Übergabe, ließ sie aber bis auf den letzten
Mann niederhauen. Sechshundert andere Gefangene kaufte er, wie Chalkokandyles berichtet, von seinen Janitscharen, angeblich um sie den Manen
seines Vaters Mehmed I. als grausiges Schlachtopfer darzubringen. Angst
und Entsetzen lähmte ganz Morea. Die beiden Despoten, in den äußersten
Winkeln von Lakonien verborgen, wollten mit ihrer beweglichen Habe und
ihrem Anhang das Eiland räumen und jenseits der Meere Zuflucht suchen.
Der Sultan sandte ihnen ʿÖmer-Beg nach, während er selbst sich westwärts
gegen Achaja wandte.

Korinth wurde genommen und verwüstet. Sikyon (Basilika) und Vostitza,
von den Einwohnern verlassen, wurden niedergebrannt. Dann rückte

Murâd vor Patras. Die Bürger dieser Handelsstadt hatten sich bis auf etwa 4000 nach Lepanto und anderen venedischen Plätzen an der ätolischen Küste in Sicherheit gebracht. Die Verbliebenen, Männer und Frauen, wurden von den Türken zu Sklaven gemacht. Das Bergschloß widerstand heldenhaft dem feindlichen Ansturm, so daß der Sultan sich zur Aufgabe der Belagerung entschließen mußte.

Am ferneren Widerstand verzweifelnd, traten die Despoten der Peloponnes von ihren Schlupfwinkeln aus in Friedensverhandlungen. Der Großherr zog sich, mit ungeheurer Kriegsbeute beladen und angeblich 60 000 Gefangene mit sich schleppend, nordwärts nach Theben zurück. Dort fanden sich die Unterhändler der beiden Despoten ein und erkauften durch die Verpflichtung einer von ihren Ländern zu entrichtenden Kopfsteuer den zweifelhaften Fortbestand ihrer moreotischen Herrschaft als osmanische Vasallen. Seit diesem Augenblick, so urteilt Chalkokandyles, wurde Morea, ein Land, das vorher frei gewesen, dem Sultan untertänig.

Murâd eilte weiter nach Norden. Was von den Schanzen am Isthmos noch stand, wurde dem Erdboden gleichgemacht. Die Beute, die an Sklaven, kostbaren Stoffen und Silberzeug erzielt worden war, erwies sich als so beträchtlich, daß die Janitscharen nur die wertvollsten Dinge mit fortnehmen wollten und unterwegs die schönsten Sklavinnen um das Spottgeld von 300 Weißlingen (Aspern) verkauften. Osmanische Besatzungen blieben indessen weder in den Städten der Peloponnes noch in Attika und Böotien zurück.

Auf diese Weise ward um die Jahreswende 1446/47 der peloponnesische Bund gesprengt, wurden Attika, Theben, Lokris und die Walachenstämme am Pindus neuerdings den Türken steuerbar, waren die Tore Moreas mit Korinth, Sikyon und vielen kleineren Ortschaften in Schutt gelegt, die Bewohner mehrerer Gegenden im nördlichen Teile der Halbinsel ausgerottet und der Rest einer jährlichen Kopfsteuer unterworfen. Die Verrottung der höheren Volksklassen Griechenlands, die Konstantin durch milde Führung und kluge Verwaltung in völliger Verkennung des Grundcharakters jenes Zeitalters zu lindern oder gar zu beseitigen hoffte, indem er in Anlehnung an die Staatsreform des Weltweisen Gemistos Plethon Menschen und Zeiten umschaffen wollte, spottete aller dieser Bemühungen und endete wenige Jahre später im politischen Untergange seines ganzen Volkes. Ihn selbst hatte das Schicksal zu anderem aufgespart.

Noch vor Anbruch des Frühjahres hielt der Sultan seinen Einzug in Adrianopel. Das ganze Jahr über pflegte er der Ruhe und der Erholung, wenigstens berichtet keine Chronik von irgendwelchem Heereszug. Sein Sohn Mehmed-Tschelebi hatte an den Begebenheiten im Süden der Balkanhalbinsel selbst nicht tätigen Anteil genommen, sondern sich in Maghnisa aufgehalten. Nichts ist aus jenen Tagen über sein dortiges Leben und Treiben bekannt. Mit wem er Umgang pflegte, mit welchen Zukunftsplänen er sich befaßte, ist in Dunkel gehüllt. Unbeschadet der mit Venedig getroffenen Vereinbarung scheinen indessen schon damals türkische Freibeuter in seinem Auftrag oder mit seinem Einverständnis von der anatolischen Küste aus das ägäische Meer und seine Inseln beunruhigt oder diese gar gebrandschatzt zu haben.

Im Januar 1448 ward, und zwar im thrakischen Dimotika, von einer Gülbehâr genannten Sklavin Mehmed-Tschelebi ein Sohn geboren, der den Namen Bajesid erhielt und später (1481) als der zweite Sultan dieses Namens den osmanischen Thron bestieg. Daß es sich bei dieser Ehe um eine nicht standesgemäße Verbindung handelt — Gülbehâr bint ᶜAbdullâh war eine christliche albanische Sklavin, aus der die spätere türkische Legende eine ‚Tochter des Königs von Frankreich' machte —, ist nicht zweifelhaft. Gewiß ist auch, daß ihr zeitlebens eine besondere Zuneigung Mehmeds II. bewahrt geblieben ist, wie späterhin noch gezeigt werden soll. Aus dem Umstand, daß Gülbehâr-Chatun in Dimotika, in dessen Burg der osmanische Staatsschatz verwahrt wurde, niederkam, läßt sich vielleicht folgern, daß der Thronerbe spätestens zu Beginn des Jahres 1448 wieder in Europa weilte und vielleicht sogar dort seinen Wohnsitz nahm. Mehr als zwanzig Jahre später hauste im weitläufigen Schlosse zu Dimotika eine von Mehmeds Schwestern, eine grausige Sadistin, über deren pathologische Quälsucht wir durch einen Augenzeugen, nämlich Gian-Maria Angiolello, unterrichtet werden. Die Burg scheint also zeitweise von Mitgliedern der Familie Osman bewohnt gewesen zu sein. Mehmed-Tschelebi selbst dürfte sich aber in der Folge erneut nach Maghnisa zurückbegeben haben, wenn anders die Nachricht auf Wahrheit beruht, daß ihn sein Vater noch im Laufe des Sommers mit der Weisung nach Adrianopel berief, für den nunmehr beschlossenen neuen Albanienfeldzug Kupfer, Zinn, auch Stückmeister aufzubringen und nach Thrakien zu schaffen. So wenigstens berichtet der gleiche G.-M. Angiolello, der Mehmed allerdings aus Brussa kommen läßt.

Johannes Hunyadi, seit 1446 Reichsverweser von Ungarn für den unmündigen Ladislaus Posthumus, hatte die Schmach, die ihm vor Varna widerfuhr, nicht vergessen und der Plan einer Vergeltung für diese Niederlage beschäftigte ihn ohne Unterlaß. Überall hielt er Ausschau nach Verbündeten für den beabsichtigten Befreiungskampf. Der serbische Despot, dessen Enkelin Elisabeth, einzige Tochter des Grafen Ulrich von Cilli, gerade damals mit Ladislaus, Hunyadis Sohn, verlobt worden war, verweigerte freilich jegliche Unterstützung, und zwar mit dem Hinweis, daß

das christliche Heer viel zu schwach sein werde, um gegen Murâds Streit-
macht irgend etwas auszurichten. Der wahre Grund seiner Ablehnung der
Waffenhilfe lag, versteht sich, in der begreiflichen Furcht, aufs neue des
Sultans Gunst zu verscherzen, dessen Schutz er höher einschätzte als die
Feindschaft der Ungarn und ihrer Verbündeten. Chalkokandyles behauptet
sogar, Georg Branković habe seinen Schwiegersohn Murâd von Hunyadis
Kriegsabsichten in Kenntnis gesetzt. Venedig, froh darüber, mit dem
Großherrn endlich zu einem gedeihlichen Einvernehmen gelangt zu sein,
das ihm die ungestörte Verwirklichung des Levantehandels sicherte, zeigte
sich gleichfalls verschlossen. Auch König Alfons von Aragonien, Herrscher
von Neapel und Sizilien, war durchaus abgeneigt, sich in ein Kriegsaben-
teuer ungewissen Ausgangs zu stürzen. Umsonst wandte sich Johs. Hunyadi
auch an den Papst Nikolaus V., der im Februar 1447 als Nachfolger Eugens
IV. den Stuhl Petri bestiegen hatte. Während sein Vorgänger die ganze
Lebenskraft für die Wiederherstellung der päpstlichen Macht eingesetzt
hatte, ohne freilich dieses weitgesteckte Ziel jemals zu erreichen, war Nikolaus V. seiner ganzen Wesensart nach mehr der Wissenschaft und den
Künsten als dem Kriege zugetan. Mit ihm war ein christlicher Humanist
auf den päpstlichen Thron gekommen, mild, friedfertig und selbst gegen die
Ungläubigen und Feinde der Christenheit zu keinem Wagestück gewillt.
Zweimal, jedoch umsonst, hatte Hunyadi durch seinen Abgesandten die
Kurie für seine Sache zu gewinnen versucht. Es blieb bei einigen wenig ver-
heißenden Zusagen zur Türkenhilfe, einem allgemeinen Ablaßschreiben für
jene, die sich am Kreuzzug zu beteiligen erboten, und dem — Fürstentitel
für Johs. Hunyadi, an dem ihm damals weniger denn je gelegen war. Nicht
ohne bittere Anspielung gab der ungarische Reichsverweser Nikolaus V.
zu verstehen, daß er, falls er sich der ihm bereiteten Ehrung wert erweisen
solle, nunmehr vor allem die erbetene Hilfe gegen die Türken benötige.

Aber es blieb bei den unbestimmten Vertröstungen und Zusicherungen
des Papstes. Es hat den Anschein, daß der Heilige Stuhl eine Verschiebung
des Feldzuges auf das nächste Jahr durchzusetzen trachtete. Hunyadi
wollte davon nichts wissen. Seine Rüstungen waren bereits so weit gediehen
und die Gefahr eines Vorstoßes der Osmanen dünkte ihm so brennend, daß
sie in seinen Augen keinen weiteren Aufschub zuließ. Noch am 8. September
1448 wandte er sich in einem Schreiben aus Kovin, Belgrad gegenüber an
der Donau gelegen, an Nikolaus V., worin er die Gründe auseinandersetzte,
die ihm ein rasches Handeln geraten erscheinen ließen. Der Christen Erbfeind, so heißt es darin, nähere sich zu Wasser und zu Land mit bedeutender
Heeresmacht seinen Grenzen und habe schon an mehreren Stellen gestrebt, in sein Gebiet einzubrechen. Daher halte auch er es für angemessen,

schnell zu den Waffen zu greifen, um dieser gewaltigen Streitmacht zu widerstehen und nicht etwa ungerüstet von den Gerüsteten erdrückt zu werden. Ein späteres Sendschreiben, das Hunyadi bereits von Serbien aus nach Rom ergehen ließ, setzte aufs neue die Notwendigkeit dieses Feldzuges und eines sofortigen Angriffskrieges auseinander. Es blieb gleichfalls ohne Erfolg. Selbst wenn aber der Papst den Willen und die Mittel besessen hätte, Hunyadi Hilfe zu leisten, wäre es zu dieser Stunde schon viel zu spät gewesen. Unaufhaltsam mußte der Reichsverweser mit seinen Truppen ins Innere Serbiens vordringen. Der Kern des Heeres bestand aus Ungarn, daneben befanden sich deutsche und böhmische Hilfsvölker. Auch Dan, der neueingesetzte Vojvode der Walachei, hatte etwa 8000 Mann beigesteuert. Die Gesamtstärke wird verschieden angegeben. Die Zahl schwankt zwischen 24 000 bis 40 000 Mann Fußvolk und rund 7000 Reitern. Wie bei Varna folgte dem Heereszug eine riesige Wagenburg von mehr als tausend Fahrzeugen für Gepäck, Waffen und Rüstzeug. Serbien ward als Feindesland behandelt. Alle Städte und Dörfer am Wege wurden überfallen, ausgeplündert und verheert. Die drohende Nähe des Feindes zwang schließlich Hunyadi zu Eilmärschen, die ihn in zwanzig Tagen bis in die denkwürdige Ebene von Kosovo, ins Amselfeld, führten, wo er am 17. Oktober 1448 im Angesicht der Osmanen ein befestigtes Lager bezog.

Murâd II. hatte den Sommer zu einem Überfall auf Ostalbanien verwendet, wohin er in eigener Person aufgebrochen war. Über Umfang und Verlauf dieses Feldzugs fehlen zuverlässige Angaben. Ende Juli 1448 jedenfalls war das starkbefestigte Svetigrad (Qodschadschyq), dessen stattliche Trümmer im Tale der Weißen Drin, Trebenischte gegenüber, noch heute Staunen erregen, durch den Sultan seinen tapferen albanischen Verteidigern unter Führung des Peter Perlatai entrissen worden. Aber der empfindliche Mangel an Lebensmitteln in diesem unwegsamen Gelände veranlaßte Murâd, den vermutlich geplanten Vormarsch ins Innere aufzugeben und mit seinem Heer fast überstürzt nach Adrianopel zurückzukehren. Nur eine kleine Garnison blieb in der überwältigten Feste zurück. Die an der albanischen Ostgrenze hergestellte Ruhe konnte den Großherrn nicht über die zunehmenden Gefahren hinwegtäuschen, die sich in den Bergen Albaniens gegen die Westmarken seines Reiches richteten. Dort hatte sich seit etwa fünf Jahren ein ebenso starker wie tollkühner Widersacher zu einem entscheidenden Schlag gegen die ihm verhaßten wohlvertrauten Osmanen gerüstet: Georg Kastriota, genannt Skender-Beg. Er war wohl schon in jungen Jahren als Geisel nach Adrianopel verschleppt worden. Damals hatte er seinen christlichen Glauben mit dem Islam vertauscht, wobei die Frage, ob er sich hiezu gezwungen oder aus Überzeugung bereit fand, außer Betracht bleibt. Gleich nach der ersten osmanischen Niederlage der Türken im ‚Langen Feldzug' jedenfalls suchte er das Weite und floh in seine Heimat. Hier nahm er die Religion seiner Väter wieder an, setzte sich Ende November 1443 in der Bergfestung Kruja fest und verkündete von dort den Heiligen Krieg gegen die türkischen Unterdrücker. Allerorten riß er seine Landsleute mit sich fort, verband sich mit dem einheimischen Adelsgeschlecht des Arianit, dessen Tochter Andronike er heiratete, sowie mit den Montenegrinern. Noch ehe der Winter 1444 zu Ende ging, hatte er den Osmanen mit etwa 12 000 Mann alles Land von der Vijosa bis zum Golf von Arta entrissen. Rasch wurden mit dem Ungarnkönig Wladislaw Verbindungen angeknüpft und im Sommer 1444 im venedischen Alessio (Oberalbanien) ein festes Kriegsbündnis aller albanischen und serbischen Häuptlinge an der Adriaküste vom südlichen Epirus bis zur bosnischen Grenze geschlossen. Venedig, das Skutari und Umgebung in Händen hielt, aber auch längs der albanischen Küste, vor allem in Durazzo seine Handelsinteressen wahrzunehmen hatte, unterstützte die Bestrebungen Skender-Begs durch Waffenlieferungen und reichliche Geldmittel. Von seinen Verbündeten zum ‚Kapitän von Albanien' bestellt, eröffnete dieser einen Angriffskrieg gegen die Osmanen, indem er gegen die Gebirgslandschaft von Dibra (Debar) vorging und sich dort einnistete. Um ihn scharte sich ein Bund albanischer Edelgeschlechter, oft mit großem Landbesitz und beträchtlichem Gefolge, mitunter recht verarmt, aber kampflustig in Kriegen und Stammesfehden aufgewachsen.

Unter den Mauern von Alessio war Venedig am 4. Oktober 1448 mit Georg Kastriota ein Friedensbündnis eingegangen, worauf dieser beschloß, mit seinen Truppen zum Heere Johs. Hunyadis zu stoßen. Im Vertrauen auf diese Unterstützung hatte der Reichsverweser seine Streitmacht in die Nähe der albanischen Grenzberge nach dem Amselfelde geführt.

Die Kunde vom Anmarsch des Ungarnheeres blieb dem Großherrn nicht verborgen, der nunmehr rascheste Vorbereitungen traf, im Weg eines allgemeinen Aufgebots alle verfügbaren Truppen Asiens wie Europas an sich zu ziehen. Von Adrianopel aus, in dessen Ebene sich sonst das Heer zu sammeln pflegte, eilte Murâd in eigener Person nach Bulgarien, um dem Gegner noch jenseits des Gebirges die Spitze zu bieten. Diesmal war in Sofia der Hauptsammelplatz der großherrlichen Streitmacht. So wenigstens berichten die osmanischen Quellen. Bei einer Truppenschau, die der Sultan dort abhielt, sollen, den türkischen Berichten zufolge, 50 000—60 000 Bewaffnete in Reih und Glied gestanden haben. Die abendländischen Chronisten beziffern deren Zahl, wie immer übertreibend, gar auf 150 000 Mann, also auf das Dreifache. Bei Nikopolis, wo der Walachenfürst oder wenigstens

Teile seiner Hilfstruppen versuchten über die Donau nach Bulgarien zu setzen, war es kurz vorher zu einem scharfen Gefecht gekommen, in dem jedoch die dort eingeteilten Grenzbege die Oberhand behielten. Die Walachenschar wurde von der osmanischen Reiterei geschlagen und fast gänzlich aufgerieben.

Auf die Nachricht von der Annäherung des Feindes aus dem Norden brach Murâd von Sofia nach dem Amselfeld auf, wo beide Heere fast zu gleicher Zeit anlangten und ihre Reihen zur Schlacht ordneten. Der Sultan war, wenn die osmanischen Angaben zutreffen, sogar bereits am Freitag, dem 4. Oktober 1448 (4. Scha'bân 852 h = eigentlich 3. X. 48), eingetroffen. Die Walstatt war die gleiche, auf der am St. Veitstag 1389 Sultan Murâd I. und König Lazar von Serbien den Tod fanden und die Osmanen einen entscheidenden Sieg über Serben und Ungarn davontrugen. Johann Hunyadi hatte die traurige Warnung vergessen.

In des Großherrn Begleitung befand sich auch Mehmed-Tschelebi, der hier seine Feuertaufe empfing. Aber während der Vater hinter einem Wall mit den Janitscharen und der von den Osmanen damals schon wiederholt verwendeten Artillerie blieb, stand der Sohn auf dem rechten Flügel bei den anatolischen Truppen des Reiches. Die rumelischen hatten auf dem linken Aufstellung genommen. Beide Flügel deckten ihre Flanken durch leichte Reiterei, ebenso hütete ein Reiterhaufen das Lager. Freischärlertruppen, sogenannte Asaben, schwärmten vor der Front. Solcher Übermacht gegenüber hatte Johann Hunyadi sein in 38 Regimenter gegliedertes Heer in möglichst langer Frontlinie gedehnt. Mit siebenbürgischen und ungarischen Abteilungen hielt er selbst die Mitte. Den rechten Flügel nahm Fürst Dan mit seinen Walachen ein, den linken der Rest der Truppen.

Murâd eröffnete mit seinem linken Flügel tags darauf den Angriff, nachdem bereits am 17. Oktober einige heftige Vorpostengefechte stattgefunden hatten. Die mit besseren Schußwaffen gerüsteten Christen, die, wie die osmanischen Chronisten meinen, in dunkelblauem Eisen starrten, brachten auch diesmal den Türken schwere Verluste bei. Die beiden Flügel des Osmanenheeres, der anatolische und der rumelische Heerbann, wurden weggefegt. Nur die beträchtliche Überzahl seiner Streitmacht rettete diesen Tag für Murâd. Beiderseitiger Geschützkampf belebte die folgende Nacht. Am 19. Oktober führte der Sultan frische asiatische Kräfte ins Treffen und ließ, als auch diese nichts auszurichten vermochten, schließlich Hunyadi im Rücken angreifen. Als mitten unter den schwierigsten Umständen die Walachen, die Unterhändler an Murâd gesandt und durch den Großwesir ihre Bedingungen gestellt hatten, zu den Türken überliefen, mußte Hunyadi in seiner Bedrängnis die Schlacht verloren geben. Er befehligte

Deutsche und Böhmen, die seine Feldschlangen bedient hatten, mit diesen
an die Stelle, wo Murâd und die Janitscharen sich befanden. Er selbst suchte
unter Preisgabe eines Teiles seiner Krieger, der bei der Wagenburg verblieben war, mit dem Reste des Heeres das Weite. Als die Türken am folgenden Tag sich über die Wagen und das Geschütz hermachten, das die Deutschen und Böhmen mit Heldenmut zu verteidigen suchten, war der Reichsverweser bereits nach Norden abgerückt. Er schlug sich durch das feindselige Serbien durch und erreichte fast glücklich die rettende Donau, als er
in die Hände des Despoten Georg Branković fiel und erst nach Abschluß
eines höchst nachteiligen, vom Papst freilich für nichtig erklärten Vertrages
gegen Jahresende nach Szegedin zurückkehren durfte. 17 000 Mann seines
Heeres waren gefallen, darunter die Blüte des ungarischen Adels. Die türkischen Verluste sollen sogar das Doppelte betragen haben. Die Niederlagen von Varna und auf dem Amselfeld verdunkeln den Feldherrnruhm
Johann Hunyadis, den er sich wenigstens 1448 hätte sichern können,
wenn er die aus Albanien versprochene Hilfe abgewartet und gemeinsam
mit Skender-Beg seine militärischen Maßnahmen getroffen hätte.

Den Walachen allerdings hatte ihr Verrat an Hunyadis Sache nichts
genutzt. In der Hoffnung, bei einer Niederlage des Christenheeres selbst
der sultanischen Rache zu entgehen, die sie natürlich am schwersten hätte
treffen müssen, boten sie Murâd ihre Dienste an. Dieser ließ ihnen seine
Reihen öffnen und zum Zeichen der Unterwürfigkeit ihre Waffen entgegennehmen. Durch trübe Erfahrungen gewitzigt, vermutete der Großherr indessen in der Abtrünnigkeit der Walachen eine Kriegslist Hunyadis. Er
ließ sie durch den Befehlshaber der anatolischen Truppen von allen Seiten
umstellen und in einem entsetzlichen Blutbad auf der Stelle bis auf den
letzten Mann niedermetzeln. Zuvor hatte er ihnen zum Spott ihre Waffen
zurückgeben lassen, da er, wie er sagte, nicht wünsche, daß Osmanen wehrlose Menschen hinmorden. So wenigstens schildert Chalkokandyles den
Hergang, den die übrigen Quellen, vor allem der altosmanische Chronist
ʿĀschyqpaschasâde, der selbst an der Schlacht teilgenommen hatte und sie
ausführlich beschreibt, allerdings verschweigen.

Das ungeheure Ausmaß der türkischen Verluste hielt offenbar den Sultan
ab, seinen Sieg weiter auszunutzen und dem fliehenden Gegner nach-
zueilen. Er ließ nur die Vornehmeren unter den Gefallenen bestatten, die
Leichen der Gemeineren aber haufenweise in die Schitnitza werfen, die dadurch so verpestet worden sein soll, daß man lange Zeit hernach daraus
keine Fische zu essen vermochte. Was sich von den Truppenbeständen
Hunyadis noch nach Norden absetzen konnte, wurde unterwegs durch die
Heerhaufen des Despoten aufgegriffen, ausgeplündert und niedergemacht.

Mehmed-Tschelebi, der heil der Schlacht entronnen war, eilte seinem Vater nach Adrianopel voraus. Dieser kehrte kurz darauf gleichfalls im Triumphe zurück. Wenige Tage später, am 31. Oktober 1448, starb unverhofft Johannes VIII., Kaiser von Byzanz. Er hatte keine Kinder hinterlassen und so war der älteste seiner überlebenden Brüder, der Despot Konstantin von Sparta, der natürliche Erbe der Kaiserkrone. Als aber sein Bruder Demetrios mit Waffengewalt in die alte Hauptstadt einzudringen versuchte, entschloß man sich, wie schon früher mehrmals, die Entscheidung des Großherrn über den griechischen Thronstreit anzurufen. Vor ihn nämlich brachte noch im Dezember Konstantins Partei, vertreten durch den Geschichtsschreiber Sphrantzes, die heikle Streitfrage. Dieser wußte den Sultan für seinen fürstlichen Gönner und Freund so gnädig zu stimmen, daß bereits am 6. Januar 1449 in der Burg von Misthra Konstantin das ihm durch eine aus Konstantinopel eingetroffene Abordnung überbrachte Perlendiadem entgegennehmen konnte. Die Krönungszeremonie wurde vollzogen und der neue letzte Kaiser von Byzanz, auf katalanischen Schiffen nach dem Goldenen Horn gebracht, hielt unter dem Jubel der Bevölkerung seinen Einzug in Konstantinopel. In einem mit feierlichen Eiden beschworenen Teilungsvertrag setzte er sich mit seinen beiden Brüdern in Griechenland auseinander. Diese Abmachung konnte nicht verhindern, daß alsbald darauf zwischen den beiden Brüdern ein jämmerlicher Streit ausbrach, der teils durch Konstantins Vermittlung, teils durch das Einschreiten des thessalischen Markgrafen ʿÖmer-Beg geschlichtet wurde. Dieser ließ sich die Gelegenheit nicht entgehen, bei solchem Anlaß die Reste der Isthmos-Schanzen vollends dem Erdboden gleichzumachen.

So also stand es um die byzantinischen Angelegenheiten, als Murâd II. sich entschied, auch in seinem eigenen Hause nach dem Rechten zu sehen. Die unebenbürtige Ehe seines Sohnes Mehmed-Tschelebi sollte nunmehr durch eine ihm genehme standesgemäße Verbindung, bei der er zugleich politische Zwecke zu verfolgen trachtete, ersetzt werden. Der Kronprinz zählte damals 17 Jahre, war also somit in ein Alter gekommen, in dem im Hause Osman derartige Pläne verwirklicht zu werden pflegten. Des Großherrn Wahl fiel auf eine ebenso reiche wie schöne Prinzessin weit unten im Südosten Kleinasins. Dort herrschte zu Malatia und Elbistân Sulejmân-Beg aus dem türkmenischen Fürstengeschlechte der Su'l-Qadr-oghlu's, Vater von fünf Töchtern, von denen eine bereits an den greisen Mamelûkensultan Dschaqmaq in Kairo vergeben worden war. Die Su'l-Qadr-oghlu's genossen wiederholt den Vorzug, ihre Töchter an Osmanenherrscher zu verheiraten. Murâds II. Vater, Mehmed I., war mit einer Schwester Sulejmân-Begs vermählt und späterhin wurde ʿÂʾische-Chatun, seine Enkelin, als

Bajesids II. Frau die Mutter Selîm's I., des Grausamen. Sulejmân-Beg, der
als Mann von unförmiger Dicke und krankhafter Sinnenlust, dabei aber als
gewandter Reiter und Besitzer eines prächtigen Marstalls geschildert wird,
verfügte über eine ansehnliche Streitmacht tapferer, ihm ergebener Türkmenen und außerdem über einen fabelhaften Reichtum, zwei Umstände also,
die allein es der Umsicht Murâds als wünschenswert erscheinen ließen, eine
Einheirat seines Sohnes und Thronerben in dieses angesehene Fürsten-
geschlecht, das noch in späteren Jahrhunderten als entherrschaftet betrachtet, aber zu den Familien königlichen Blutes gerechnet wurde, mit
Nachdruck zu betreiben. Nicht ohne Grund behauptet der byzantinische
Chronist Michael Dukas, daß der Sultan diesen Ehebund schon deshalb
wolle, um in diesem Fürsten einen Bundesgenossen gegen die übermütigen Qaramanen und gegen den Herrn des Türkmenenstammes vom
Schwarzen Hammel, Qara Jûsuf, zu erlangen.

Im Winter 1448 auf 1449 also muß sich jener Vorfall zugetragen haben,
den die frühosmanischen Quellen so anschaulich schildern, wie nämlich
Murâd II. seinen vertrauten ersten Wesir Chalîl-Pascha zu sich beschied
und ihm den Heiratsplan eröffnete. Er wünsche, so sagte der Sultan, daß
sich der Kronprinz nunmehr, und zwar nach seinem Gutdünken, vermähle.
Chalîl-Pascha, dem erfahrenen Staatsmann, leuchtete das Vorhaben seines
Herrn durchaus ein und man beschloß, eine der Töchter Sulejmân-Begs zur
Schwiegertochter zu erküren. Die Frau des Statthalters von Amasia,
Chidr-Pascha, wurde nach Elbistân entsandt, um altem Brauche gemäß
die Gattenwahl zu treffen. Die Brautschau endete mit der Erwählung der
schönsten unter den Töchtern, Sitt-Chatun mit Namen, der die Frei-
werberin die Augen küßte und den Verlobungsring an den Finger steckte.
Zum zweitenmal begab sich dann die gleiche Matrone, diesmal begleitet
von Sarudscha-Pascha, dem besonderen Günstling des Großherrn in Fa-
miliensachen, an den Fürstenhof von Elbistân, um die Erkorene nach Rumelien heimzuholen. Die Vornehmsten des Landes begleiteten die junge
Prinzessin übers Gebirge nach der alten Hauptstadt Brussa, wo die Richter,
die ᶜUlemâ und die Ordens-Schejche ihr in feierlichem Aufzug entgegen-
kamen, und weiter an die Dardanellen. Auf die Kunde vom Nahen des
Brautzuges sandte Murâd aus Adrianopel die Großen des Reiches der
Schwiegertochter entgegen, die nun in festlichem Aufzug mit ihrem stattlichen Hofstaat in die großherrliche Residenz eingeholt wurde.

Bald darauf fand die Hochzeit statt, die drei Monate hindurch mit großem Gepränge gefeiert wurde. Volksbelustigungen aller Art und Preis-
gedichte trugen zur Erhöhung der Festfreuden bei. Der Bräutigam, der bei
der Wahl seiner Gemahlin nicht befragt worden war, kehrte mit ihr alsbald

nach Maghnisa zurück. Dieser Ehe, aus der offenbar keine Kinder hervorgingen, war wohl kein rechtes Glück beschieden. Es hat den Anschein, daß sie nicht nach Mehmeds Geschmack getroffen worden war und daß keiner seiner Wünsche, die er selbst in eine solche Verbindung gesetzt haben mag, Erfüllung fand. Als er längst seinen Hofsitz nach Stambul verlegt hatte, ließ er Sitt-Chatun in Adrianopel zurück. Einsam und verlassen ist sie dort erst im September 1486 gestorben. Ihre Nichte ᶜÂᵓische mag sich dann um ihr Andenken bemüht und jene Moschee vollendet haben, die ihren Namen trägt und neben der sie in einem heute völlig verwilderten Grab unter freiem Himmel ihren letzten Schlummer hält. Die beiden zerbrochenen Grabsteine hat man aus dem Gestrüpp ins städtische Museum übertragen. Die Moschee dient jetzt als Heuschober . . .

Nur kurz währte auch dieses Mal Mehmed-Tschelebis anatolischer Aufenthalt. Sein Vater, der sich das ganze Jahr 1449 über zu keiner neuen kriegerischen Unternehmung entschloß, verbrachte, müde der Welthändel, seine Tage fernab vom Lärm der Welt im Verkehr mit Gelehrten, Dichtern und Schejchen auf der Tundscha-Insel am nordwestlichen Stadtrand von Adrianopel. Mehmed-Tschelebi beunruhigte von Maghnisa aus weiterhin die venedischen Besitzungen in der Ägäis durch seine Flibustier, die mit ihren Brandschatzungen nicht nur die Inseln, wie Tine, Mykonos, sondern auch das Festland und vor allem die randständige Insel Euböa (Negroponte) in Mittelhellas heimzusuchen pflegten. ‚Ununterbrochen seit drei Jahren bis heute‘, so wird dem Senate der Lagunenstadt im März 1449 aus Negroponte berichtet, fügten die Türken dieser Insel schwersten Schaden zu, indem sie Tier und Mensch verschleppten. Die Piraten gaben an, im Einverständnis mit ‚dem Sohn des Großherrn‘ zu handeln, der in der ‚Türkei‘, also in Anatolien lebe und der sich mit Venedig — im Krieg befinde. So wenigstens geht aus den Eintragungen in den Ratsbüchern des seegewaltigen Freistaates hervor. Die Richtigkeit und Zuverlässigkeit dieser und ähnlicher Meldungen vorausgesetzt, bedeuten sie, daß Mehmed-Tschelebi-Sultan in Maghnisa ein eigenes Regiment aufrichtete und zu Wasser wie zu Lande nach seinem Gutdünken schaltete und waltete.

Diese Annahme stützt auch jene merkwürdige Kupfermünze, die der Thronfolger im Jahre 852 der Hidschra, also 1448/49, zu Ajasoluq, 70 Kilometer südlich von Maghnisa, auf seinen Namen schlagen ließ. Danach kann kaum ein Zweifel bestehen, daß er sich ein Münzrecht anmaßte und in der nächstgelegenen Münzstätte von Ephesos (Ajasoluq) jene seltsame Prägung herstellen ließ, die auf der Vorderseite ein aufrechtes, geringeltes, lindwurmartiges Ungetüm zeigt, das als Drache, manchmal auch als Schlange gedeutet wird. In Wahrheit scheint es einen Königsdrachen,

Basilisk, bezeichnen, dessen symbolischer Sinn hier jedoch unklar ist. Eine
westliche, etwa durch italienische Münzmeister bewirkte Beeinflussung
liegt durchaus im Bereiche der Möglichkeit, wenn man die Nähe genuesischer Niederlassungen, deren vermutliche Bindungen zum Hofsitz in
Maghnisa und schließlich die augenfällige Ungelenkheit und Anordnung
der arabischen Münzlegende ins Auge faßt. Die Darstellung lebender Wesen
auf muslimischen Münzen war in jener Zeit durchaus ungewöhnlich, ja
vielleicht sogar einzig in ihrer Art. Das Geheimnis der Kupfermünze zu
lüften wäre erleichtert, wenn eine weitere, etwa gleichzeitige Kupfermünze
Mehmed-Tschelebis sich datieren ließe, die zu Amasia, aber auch zu Tire
(Aidin-Eli) geprägt wurde und die einen schreitenden, mit dem Kopf nach
vorn gewendeten Löwen zeigt. Daß sie keinesfalls jünger als die Drachen-
münze, sondern vielleicht sogar einige Jahre älter als diese ist, legen mancherlei Überlegungen anzunehmen nahe.

Im Spätsommer (August/September) verlor Mehmed-Tschelebi seine
Mutter, die ihre letzten Jahre im Palast ihres Sohnes verbracht zu haben
scheint. Sie wurde zu Brussa in der sogenannten ‚Chatunîje‘-Türbe in
einem Garten, etwa 100 Meter abseits vom Grabgewölbe ihres Gemahls,
vom Sohn zur letzten Ruhe beigesetzt. Eine dreizeilige arabische Grabinschrift gibt nicht einmal den Namen und den Sterbetag der Toten an.
Sie lautet wie folgt:

> ‚Preis sei Gott! Errichtet wurde dieser erleuchtete Grabdom in den
> Tagen unseres Herrn, des mächtigen Sultans, des erhabenen Chaqans,
> des Sultans, des Sohnes des Sultans, Murâd, Sohnes des Mehmed,
> Sohnes des Bajasid Chân — Gott lasse währen sein Königtum! — auf
> Geheiß seines Sohnes und Augentrostes, des Namensvetters des Gott-
> gesandten — Gott segne und grüße ihn! —, des edlen Gebieters, des
> Sultans Mehmed-Tschelebi-Sultân — Gott festige die Riemen seiner
> Herrschaft an den Pflöcken der Ewigkeit und kräftige die Stützen
> seiner Macht bis zum vorausbestimmten Tage! — für seine verstorbene
> Mutter, die Herrin der Frauen — wohl dufte ihres Grabes Erde! —
> Und die Beendigung (des Baus) fiel auf den Monat Redscheb, den
> alleinstehenden, im Jahre 853.‘ (= Mitte September 1449.)

Die Inschrift gibt sich allein durch die verschiedene Länge der Wunsch-
formel als ein Auftrag des Sohnes, nicht des Gatten der Hümâ-Chatun
kund. Während beim Namen Murâds II. lediglich die kurze erstarrte Formel ‚Gott lasse währen sein Königtum‘ steht, ist sie bei Mehmed-Tsch-
elebi-Sultân weit länger und hochtrabender ausgefallen und läßt nicht einmal erkennen, daß dieser gar nicht an der Spitze des Staates steht. Das
Geheimnis ihrer Abkunft hat Mehmeds Mutter mit ins Grab genommen.

Im nächsten Jahre 1450 dürften sich Vater und Sohn nähergekommen sein. Mehmed-Tschelebi dürfte überhaupt seinen Wohnsitz Maghnisa hin und wieder mit Adrianopel vertauscht haben. Wenigstens steht dies für das Frühjahr 1450 ziemlich fest. Für diese Zeit war ein Kriegszug gegen Albanien in Aussicht genommen, an dem sich der Thronfolger an der Seite des Sultans beteiligen mußte. In Albanien stand es schlecht um die Sache der Osmanen. Aus dem Wust der Nachrichten, die Marino Barlezio in seinem berühmten Werk über Skender-Beg zusammengetragen hat, worin eine Übertreibung, eine Erfindung nach der andern die wirklichen geschichtlichen Begebenheiten zu erkennen fast unmöglich macht, läßt sich wohl so viel als gesichert feststellen, daß einige türkische Feldherrn, von denen einer ᶜAlî, der andere Mustafâ genannt wird, gefährliche Schlappen auf albanischem Boden erlitten, so daß der Großherr sich zu persönlichem Eingreifen entschließen mußte. Im April 1450 sollen Vater und Sohn aus Adrianopel mit gewaltiger Streitmacht nach Westen aufgebrochen sein. Diesmal richtete sich der Vorstoß der Türken gegen Kruja selbst, in dessen Nähe sich Skender-Beg mit seinen etwa 8000 Getreuen, unter denen sich viele Fremde, Slaven, Italiener, Franzosen und Deutsche befanden, auf dem Berge ‚Tumenist' (etwa Thumana?) verschanzt hatte. Die Belagerung der Bergfeste Kruja, die von nur 1500—2000 Mann verteidigt wurde, brachte kein Ergebnis. Murâd ließ gewaltige Mörser gießen, von denen, glaubwürdigen Berichten zufolge, zwei fertiggestellt wurden und imstande waren, Steinkugeln im Gewichte von 400 Pfund gegen die Mauern zu schleudern. Die Venediger von Durazzo gewährten Skender-Beg zwar Hilfe, die aber dadurch in ihrer Bedeutung gemindert wurde, daß deren Landsleute in Skutari gleichzeitig das Lager des Sultans mit Lebensmitteln versahen. Murâd machte den vergeblichen Versuch, den Verteidiger von Kruja ‚Vranaconte' mit Geld zu bestechen und zur Übergabe der Feste zu verleiten. Dann bot er Skender-Beg selbst den Frieden an, versteht sich gegen ein ansehnliches Jahrgeld. Aber auch hier hatte der Sultan kein Glück, so daß er sich, um seine Soldaten vor einem Winterfeldzug zu bewahren, schließlich nach fünfmonatiger Belagerung bequemen mußte, sie aufzugeben und nach Osten abzuziehen. Die durch Hunyadis Niederlage auf dem Amselfeld schwer betroffene Welt der Christenheit brach in allgemeinen Jubel aus. Gesandte mit Glückwünschen, mit Nahrungsmitteln und Getreide erschienen aus Rom und Burgund, aus Ungarn und Neapel. Papst Nikolaus V., König Ladislaus von Ungarn, der Herzog von Burgund sowie König Alfons von Neapel ließen Skender-Beg auch beträchtliche Summen an Bargeld überreichen und Kruja wurde unverzüglich mit Hilfe abendländischer Werkleute instandgesetzt und neu befestigt. Denn allen war

klar, daß der ergrimmte Murâd II. sich niemals mit der erlittenen Niederlage abfinden werde. Die Christenheit hatte aber in Skender-Beg einen
neuen Helden, der die Rolle Johann Hunyadis übernahm und noch 18 Jahre
glänzend auszufüllen verstand.

Das Schicksal wollte es anders. Der Großherr zog sich im nächsten Winter abermals auf die kleine Insel vor Adrianopel zurück, wo er, so scheint
es, schon vorher eine Anzahl Landhäuser und Bäder hatte errichten lassen,
bevor sein Sohn in der Folge ebenda seine Palastbauten aufführen ließ. Dort
suchte er sich von den Enttäuschungen des Vorjahres und von der Last
und den Sorgen einer vielbewegten Regierung gründlich zu erholen. Aber
kaum hatte er einen Monat hier verweilt, als er, ein gewaltiger Zecher, im
Taumel eines Trinkgelages vom Schlage getroffen und, nach einigen Quellen auf der Stelle, nach anderen, ohne wieder die Besinnung zu erlangen,
erst am vierten Tag, nämlich am Morgen des Mittwoch, 3. Februar 1451,
dem Neujahrstag des Jahres 855 der Hidschra, seinen Geist aufgab. Kaum
47 Jahre hatte sein Leben gewährt, drei Jahrzehnte seine ruhmreiche und
gerechte Herrschaft gedauert. Als er starb, hielt sich Mehmed-Tschelebi
nicht am Hofsitz, sondern in Maghnisa auf. Der Weg zur endgültigen
Staatsleitung stand ihm nunmehr offen.

Schon eingangs ward erwähnt, daß nicht nur die osmanischen, sondern
auch die byzantinischen Chronisten der Gerechtigkeit und Milde, der Aufrichtigkeit und Redlichkeit der Gesinnung Murâds II., um nur die Grund-
züge seines Charakters zu nennen, das höchste Lob zollen. Man hat das
Herausheben der Lichtseiten in des Sultans Wesensart manchmal mit
dem Bestreben erklärt, das Bild seines Nachfolgers, des Zerstörers des byzantinischen Rumpfreiches, soviel wie möglich ins Schwarze zu malen.
Bei genauerer Betrachtung der Worte jener Geschichtsschreiber läßt sich
indessen unschwer deren Ehrlichkeit erkennen. ‚Sultan Murâd‘, bemerkt
zum Beispiel Chalkokandyles, ‘war ein Mann, der Recht und Billig-
keit liebte und das Glück auf seiner Seite hatte. Nur um sich zu verteidigen, führte er Krieg. Niemand griff er ungerechterweise an. Wenn er
aber von anderen angegriffen wurde, dann stand er gerüstet im Felde.
Reizte ihn niemand, so fand er an Feldzügen kein Wohlgefallen und dies
nicht etwa aus Trägheit. Denn wenn es galt, sein Reich zu schützen, so
scheute er sich nicht, selbst mitten im Winter auszurücken und weder Beschwerden noch Gefahren berechnete er im voraus.‘ Dukas, wohl der red-
lichste und genaueste der byzantinischen Annalisten, dessen Wahrheits-
liebe untrüglich genannt wurde, legt bei der Würdigung Murâds II. besonderes Gewicht auf die Treue, mit der er den christlichen Mächten in der
Einhaltung beschworener Verträge begegnete, nicht ohne dabei die Treu-

losigkeit zu brandmarken, der sich die Christen etwa beim Bruch des Szegediner Friedens schuldig gemacht hätten. ‚Nicht nur den Genossen seines Stammes und seines Glaubens', so äußert sich Dukas, 'hielt Muråd das gegebene Wort, sondern auch die mit den Christen abgeschlossenen und beschworenen Verträge wurden von ihm nicht verletzt; brachen dagegen bisweilen die Christen, den Verträgen zuwider, das gegebene Wort, so entging dies dem die Wahrheit ergründenden Auge Gottes nicht und seine gerechte Strafe traf sie. Doch war sein Zorn nie von Dauer, denn der Barbar verfolgte seine Siege nicht. Er wollte keines Volkes gänzlichen Untergang. Und wenn ihn die Besiegten durch ihre Gesandten um Frieden baten, so nahm er sie freundlich auf, gewährte ihre Bitte, ließ den Krieg beiseite und war ein Freund des Friedens. Deshalb hat ihm der Vater des Friedens auch sein Ende im Frieden und nicht durch die Gewalt des Schwertes gegeben.'

Bei seinem Volke erfreute sich Muråd II., wie europäische Berichterstatter immer wieder betonen, größter Beliebtheit. Obgleich er auf die Verfassung und die Verwaltung des osmanischen Reiches keinen sonderlichen Einfluß nahm, sondern sich darauf beschränkte, das Erbe seines Vaters zu wahren, hat seine Regierung durch diese erhaltenden Bestrebungen 'das Gepräge des Stetigen, Gefestigten niemals verleugnet. Zahlreiche öffentliche Bauten zu frommen wohltätigen und gemeinnützigen Zwecken kündeten allerorten seine väterliche Fürsorge für das Wohl seines Volkes. Das Heer, dem er bessere Lagerordnung, Bildung, Manneszucht und vor allem Verpflegung verschaffte, war ihm zeitlebens besonders zugetan. In einer gleichzeitigen osmanischen Chronik wird ein Wort von ihm überliefert, das er nach Aufhebung der Belagerung von Kruja (1450) getan haben soll, als man ihm einen Winterfeldzug nahelegte. ‚Wenn ich einen Angriff mache', soll er erwidert haben, 'so gehen viele Menschen dabei zugrunde. Ich gebe auch nicht für fünfzig derartige Festungen einen meiner Soldaten hin.' Wenn man diese Bemerkung auch nicht mit Otto v. Bismarcks Äußerung über ‚die gesunden Knochen eines einzigen pommerschen Musketiers' vergleichen darf, so hat die aus ihr sprechende Fürsorge eines unumschränkten, über Leben und Tod seiner Untertanen gebietenden Großherrn des 15. Jahrhunderts am Ende ein noch größeres Gewicht. Unleugbar ist seine tiefe und echte Frömmigkeit, die ihn neben seiner Wohltätigkeit und Freigebigkeit, Erbtugenden osmanischer Sultane, besonders auszeichnete. Mehrere Moscheen, Spitäler, Schulen, Speisehäuser für Arme und Karawanserajs legen noch heute Zeugnis für diese Eigenschaften ab. So wie sein Vater Mehmed I. zuerst einen bestimmten Betrag zur Verteilung unter die Armen im fernen Mekka gestiftet hatte, wies Muråd zum gleichen Zweck die Einkünfte einer Anzahl von Dörfern unweit Angora an

5 Babinger, Mehmed der Eroberer

und fügte zu dieser Summe noch jährlich 1000 Goldstücke für die dort ansässigen Sejjide, die Nachkommen des Propheten Muhammed. Den Derwisch-Orden, die damals bereits in seinem Reiche bestanden, zumal den
tanzenden Derwischen (Mewlewis), schenkte er besondere Liebe und Zutrauen. So wird von den einheimischen Chronisten sein Tod überhaupt nicht
mit dem Wein- und Sinnengenuß in Beziehung gesetzt, sondern auf einen
verzückten Derwisch zurückgeführt, der ihm kurz vor seinem Ableben begegnet sein soll, als er in Begleitung seiner Vertrauten Sarudscha-Pascha
und Ishâq-Pascha von der Tundscha-Insel über die Brücke nach Adrianopel zu Fuß wanderte. Jener Derwisch soll ihn angesprochen und sein
nahes Ende verkündet haben. Darüber geriet er in großen Schrecken, zumal man hinterher in Erfahrung brachte, daß der Derwisch dem gleichen
Orden der Mewlewîje angehörte und ein Schüler des gleichen Schejchs
Buchârî sei, der ihm 30 Jahre vorher seinen Sieg über den Thronanmaßer
Dösme Mustafâ vorhergesagt hatte. Er betrachtete entsetzt die Prophezeiung als einen Ausspruch des unerbittlichen Kismet, des Geschickes, verfiel in eine tödliche Krankheit und starb, mitten in der Kraft der Jahre.

Siegel des Prinzen Mehmed-Tschelebi

MEHMEDS ENDGÜLTIGE THRONERHEBUNG / ERSTE STAATS-HANDLUNGEN / DIE ZWINGBURG AM BOSPORUS / FALL VON KONSTANTINOPEL / MEHMED II. ALS ERBE VON OSTROM / VORMARSCH GEGEN WESTEN

Mehmeds Rückkehr auf den Sultansthron — Meuchelmord im Hause Osman — Erste Staatshandlungen — Palastbau in Adrianopel — Vertragsschlüsse mit Partnern im Westen — Die Zwingburg am Bosporus — Pläne gegen Byzanz — Sturm auf Konstantinopel — Untergang des Paläologenreiches — Mehmed II. als Erbe Ostroms — Wiederbesiedlung der neuen Hauptstadt — Vormarsch gegen Serbien — Semendrias Widerstand — Die Silbergruben von Novo Brdo — Bedrängung von Chios — Aufmarsch gegen Enos — Neuerlicher Vorstoß nach Serbien — Mißerfolg vor Belgrad — Jubel im Abendland — Tod Giov. Capistranos und Johs. Hunyadis — Familienfeiern in Adrianopel — Hader im Westen

Schon am dritten Tag nach dem Tode seines Vaters zu Adrianopel erhielt sein kaum 19jähriger Sohn in Maghnisa die Nachricht davon. Ein Eilbote Chalîl-Paschas überbrachte die versiegelte Trauerbotschaft. Der Bevölkerung wurde, wie üblich, das Hinscheiden des Sultans verheimlicht, um etwaige Unruhen oder Aufstände zu unterbinden. Die Gefahr, daß, ehe Mehmed-Tschelebi, der neue Herrscher, in Thrakien eintraf, das Volk, besonders aber die Janitscharen, bei denen er sich geringer Zuneigung erfreute, sich zu Äußerungen ihres Unmutes mit dem Thronwechsel verleiten ließ, war damals größer denn zuvor. Chalkokandyles berichtet in diesem Zusammenhang von einer gegenseitigen Verschwörung der ‚Ankömmlinge‘ (*neilydes, νεήλυδες*), sich der Stadt zu bemächtigen. Sie hätten sich an einem Ort außerhalb Adrianopels zusammengefunden, um von dort aus den verabredeten Plan des Angriffs zu verwirklichen, Chalîl-Pascha aber habe diesen durch Aufbietung von Truppen zu verhindern verstanden.

Auch ohne genauere Kenntnis dessen, was unter den ‚Ankömmlingen‘ (etwa Janitscharen?) zu verstehen ist, läßt sich aus der Nachricht in der byzantinischen Chronik schließen, daß eine gefährliche Stimmung und Gärung im Volke jene Tage erfüllte. Der junge Großherr soll sich mit den Worten ‚Wer mich liebt, folgt mir nach‘ auf sein arabisches Pferd geschwungen und ungesäumt nach Norden entfernt haben. Was sich in den nächsten Tagen zutrug, wird von den einzelnen Quellen verschieden dargestellt. Osmanische Berichterstatter melden keinerlei Schwierigkeiten bei der Regierungsübernahme, außer etwa, daß sich Mehmed nach seinem Eintreffen in Adrianopel drei Tage im Palast verborgen hielt. Dukas zu-

folge blieb er zwei Tage in Gallipoli, also an den Dardanellen zurück, bis
in der Hauptstadt alles zu seinem Empfang vorbereitet war. Dort erwartete er seine Begleitung. Auf dem Wege von Gallipoli nach Adrianopel
strömte das Volk von allen Seiten zusammen, um den neuen Herrn zu sehen
und zu begrüßen. Aus Adrianopel ritten ihm die Wesire, Statthalter, Vornehmen, die Schejche und Gesetzesgelehrten entgegen, stiegen indessen
eine Meile vor der Stadt von ihren Pferden ab und gingen zu Fuß vor
dem Sultan her. Nach einer halben Meile hielten sie stille und erhoben
gemeinsam ein Weh- und Klagegeschrei über des Vaters Tod. Der neue
Großherr saß gleichfalls ab und nahm den Handkuß seines Gefolges entgegen. Dann bestiegen wieder alle ihre Reittiere und folgten ihm bis ins
Seraj. Daß die Thronbesteigung Mehmeds erst am 16. Muharrem 855 der
Hidschra stattfand, der dem Donnerstag, 18. Februar 1451, entspricht,
behaupten die osmanischen Chroniken fast übereinstimmend, ebenso, daß das
Ableben Murâds II. der Öffentlichkeit volle 13 Tage verschwiegen wurde.
Das alles setzt voraus, daß sich vorher in Adrianopel irgendwelche Aus-
einandersetzungen abspielten, deren Hintergründe noch im Dunkeln liegen.

Dukas schildert fast dramatisch den Hergang der Regierungsübernahme durch den jungen Sultan. Wesire und Große des Reiches waren um
ihn versammelt. Zunächst stand ihm der frühere Oberste der Verschnittenen, der Hämling Schihâb ed-Dîn-Pascha, in mäßigem Abstand folgten
Ishâq-Pascha sowie der bisherige Großwesir Chalîl-Pascha. Dieser fürchtete wohl am meisten den Zorn seines neuen Herrn, denn ihm hatte es
dieser vor allem zu verdanken, daß er bereits einmal vom Thron in die anatolische Einsamkeit hatte weichen müssen. ‚Warum‘, so sprach der Sultan,
‚stehen meine Wesire entfernt? Rufe sie‘, wandte er sich an Schihâb ed-
Dîn-Pascha, ‘und sage dem Chalîl, daß er seinen gewöhnlichen Platz einnehme! Ishâq aber soll meines Vaters Leichnam als Statthalter Anatoliens
nach Brussa geleiten!‘ Mehmed, der sich als geborener Herrscher vor jeglicher
Übereilung hütete, ließ Chalîl-Pascha zum Handkuß zu und bestätigte
ihn, gleich den übrigen Stützen seines Vaters Murâd, in seiner alten Würde.

Ishâq machte sich mit den sterblichen Überresten seines früheren Herrn
auf den Weg nach Kleinasien. Großer Pomp ward entfaltet und unterwegs
reichlich Geld unter die Armen verteilt. Gleichzeitig mit Murâds Sarg ging
ein zweiter nach dem alten Hofsitz Brussa ab: während, so wenigstens berichtet wiederum Dukas, Mehmeds Stiefmutter, die Tochter des Isfendijâr-
oghlu, im Thronsaal erschien, um dem neuen Großherrn ihre Trauer um den
Verlust ihres Gatten zu bezeigen, ließ dieser den Sohn des Ewrenos, ᶜAlî-
Beg, ins Frauengemach eindringen und dort den jüngsten ‚purpurgebor-
nen‘ Sohn Murâds, Kütschük (das ist: den kleinen) Ahmed-Tschelebi im

Bad ersticken. Das Gesetz des Brudermordes, das in der Folgezeit Jahrhunderte hindurch bei jedem Sultanswechsel Anwendung fand, wurde hier erstmals und auf schauerliche Weise durch Mehmed II. verwirklicht. Später hat der gleiche Sultan den Brudermord durch ein Gesetz bekräftigt, das er in folgende Sätze kleiden ließ: ‚Wem immer von meinen Söhnen die Sultansherrschaft zufällt, dem geziemt es, im Interesse der Ordnung der Welt seine Brüder zu töten. Auch haben die meisten der Gesetzesgelehrten das gebilligt. Danach also sollen sie handeln!‘ Stimmt die wiederholt bezeugte Altersangabe, daß der kleine Prinz nur acht Monate zählte, so ist, da doch seine Eltern bereits 26 Jahre verheiratet waren, zu verwundern, daß er erst so spät zur Welt kam. Mit der Mutter des Knäbleins wurde glimpflicher verfahren. Ishâq-Pascha, der neue Landpfleger von Anatolien, mußte sie zum Weibe nehmen. Besser erging es der anderen ebenbürtigen Frau Murâds II., der ‚Sultanin‘ Mara, Tochter des Serbendespoten Georg Branković. Ob die Furcht vor dessen Rache oder aber die Gesandtschaft aus Semendria, die mit Beileidsbezeigungen und mit dem Ersuchen nach Adrianopel gekommen war, die Sultanswitwe in ihre Heimat reisen zu lassen, den Stiefsohn bewogen haben, Mara freizugeben und sie sogar mit reichen Geschenken und glänzendem Gefolge nach Serbien zurückzuschicken, ist nicht ausgemacht. Mara jedenfalls, eine gewiegte Diplomatin, verstand es zeit ihres Lebens ausgezeichnet, sich Mehmed II. für ihre jeweiligen Unternehmungen gefügig zu machen. Es hat sogar den Anschein, daß sie aus dem großherrlichen Schatz ausreichende Mittel zu ihrem Unterhalt empfing. Auf das gute Einvernehmen zwischen Mara und Stiefsohn läßt allein die Tatsache schließen, daß sie bis ins höchste Alter auf türkischem Boden verblieb und auf ihrem Witwensitze Ježevo (südöstlich von Saloniki) ihr reichbewegtes Leben beschließen konnte.

Mehmed II. ließ Mara nicht zu ihrem Vater ziehen, ohne mit ihm bei diesem Anlaß das Friedens- und Freundschaftsbündnis zu erneuern, das bisher zwischen Serbien und der Pforte bestanden hatte. Es war überhaupt Mehmeds wohldurchdachte und kluge Politik, einstweilen mit den Nachbarländern, aber auch mit den entfernteren Staaten, die ihm sein Vater zum Teil als Feinde hinterlassen hatte, Eintracht und gutes Vernehmen walten zu lassen. Gleich nach der Thronbesteigung kamen von allen Seiten her Abgesandte, vor allem von den Inseln des Ägäischen Meeres und aus den Grenzländern, die, soweit diese Gebiete bereits zinspflichtig waren, sich beeilten, dem jungen Osmanenfürsten ihre Huldigung und gebührende Geschenke darzubringen. So erschienen vor dem Thron zu Adrianopel Botschafter der Walachei, der Herren von Chios und Mytilini (Lesbos), der Genueser von Galata sowie des Großmeisters Giovanni de Lastic von

Rhodos. Auch die Mönche der Athosklöster erhielten bereitwillig eine Bestätigung ihrer Freiheiten (25. September), nachdem zwei Wochen vorher
(10. September) mit Venedig der Friede bedenkenlos erneuert worden war.
Die Gesandten von Ragusa überbrachten die Kunde, daß der kleine Freistaat freiwillig den unlängst erhöhten Tribut von jährlich tausend Goldstücken um 500 erhöhte, in der Hoffnung, durch diese Zubuße den Sultan
bei guter Laune zu erhalten. Später kam selbst mit Johannes Hunyadi,
dem die Händel der Großen des Reiches und vor allem die feindselige Gesinnung König, später (1452) Kaiser Friedrichs III. schwer zu schaffen
machten, ein Waffenstillstand auf drei Jahre zustande (20. September
1452), den seine Gesandten Mitte April in Adrianopel erwirkt hatten. Solange sich Ungarn ruhig verhielt, mußte sich Mehmed beim Abschluß
dieses Vertrages wohl denken, war von dem Rest der abendländischen
Staaten erst recht nichts für die Sicherheit seiner westlichen Reichsgrenzen
zu befürchten. Wie so oft im Verlaufe der osmanischen Geschichte im
15. Jahrhundert, suchte um diese Zeit ein türkischer Abenteurer, vorgeblich
ein Sohn des falschen Mustafâ namens Dâwûd (David), in Ungarn und Polen, wo er sich große Mühe gab, namentlich König Kasimir IV. zu einem
Türkenzug zu bewegen, vergeblich die Gelegenheit auszunutzen, seinen
Übertritt zum Christentum und seine angeblichen Thronansprüche für
seine persönlichen Zwecke auszuschlachten.

Im Abendland war Mehmed II. in den Ruf eines unfähigen Knaben geraten, von dem man niemals erwarten wollte, daß er auf der von seinem
Vater vorgezeichneten Bahn der Siege und der Eroberung werde fort-
schreiten können. Die bereitwilligen Abmachungen mit Fürsten und Herren
in der Nähe und Weite schienen die Hoffnung der Christenheit zu bestärken,
daß das Reich der Osmanen wenigstens auf europäischem Boden durch die
Ohnmacht seines jugendlichen Beherrschers in Trümmer fallen werde.
Diese Zuversicht erhöhte die Gleichgültigkeit gegenüber der bisher im
Abendland befürchteten Türkengefahr und lähmte in bedenklichem Ausmaß die Kräfte der ohnedies zersplitterten christlichen Welt. Keine ihrer
Mächte empfand das Bedürfnis, irgendwelche Schritte gegen die Osmanen
und deren Sultan zu unternehmen, denn fast jede war mit sich selbst und
ihren Nachbarn beschäftigt.

Nur Francesco Filelfo (1398—1481) aus Tolentino, der sieben Jahre bei
Kaiser Johannes von Byzanz geweilt hatte, durch seine Heirat mit einer
Tochter seines Lehrers Johannes Chrysoloras zum halben Griechen ge-
worden war und der sich rühmte, während seines Aufenthalts im by-
zantinischen Reich (1420—1427) zu Gesandtschaften zu Sultan Murâd, zu
König Wladislaw von Polen und zum Kaiser Siegmund verwendet worden

zu sein, sah wieder einmal die Zeit gekommen, um von sich reden zu machen. Diesmal war der junge Sultan Mehmed das Ziel seiner heftigsten Angriffe, die er am 20. März 1451 in jenem bekannten, an König Karl VII. von Frankreich gerichteten Sendschreiben niederlegte. Der Brief muß unmittelbar nach Eintreffen der Nachricht vom Tode Murâds II. in Italien entstanden sein und verfolgte den Zweck, den König von Frankreich zur persönlichen Teilnahme am Krieg gegen die Türken zu bewegen. Es ist mehr als fraglich, ob der Schreiber verhoffte, damit irgendwelchen Eindruck zu machen oder gar sein Ziel zu erreichen. Schon die schmeichlerische Fassung läßt vermuten, daß Francesco Filelfo persönliche Erwartungen mit dem Schreiben verknüpfte, das in diesem Zusammenhang denn auch nur als Ausdruck der Zeitstimmung, vor allem aber der Vorurteile und irrigen Ansichten über die Stärke der Sultane Erwähnung finden soll. Frankreich sei, so heißt es darin, angesichts der heillosen Zerrissenheit Italiens, des Versagens der übrigen Staaten des Abendlandes, die Macht, die sich in einem Kreuzzug gegen die Türken an die Spitze der übrigen christlichen Völker stellen müsse. Nutzen und vor allem Leichtigkeit eines solchen Heerzuges glaubhaft zu machen, fiel der Redseligkeit und Wortgewandtheit Filelfos nicht schwer. Nicht mehr als 60 000 Mann seien die Osmanen imstande ins Feld zu führen. Zur Schwäche ihres Heeres trete das Unvermögen ihres nunmehrigen Herrschers, eines schwachen und einfältigen Knaben, der noch nie die Waffen geführt habe, weder Erfahrungen noch Kenntnisse besitze und sein Leben nur in Ausschweifungen, bei Wein und Weibern hinbringe. Niemals seien Zeit und Umstände günstiger gewesen, zu einem entscheidenden Schlag gegen die Türken auszuholen und Frankreich sei hiefür der geeignetste Ausgangspunkt. Dann entwirft der wendige Humanist einen Feldzugsplan, dessen Verwirklichung um so gewisser sei, als man an Widerstand der Osmanen gar nicht zu denken brauche. Ohne Aufenthalt werde man bis Konstantinopel vordringen, sich dort mit dem Kaiser von Byzanz vereinigen und so die Türken nicht nur endgültig aus Europa vertreiben, sondern man werde auch nach Asien übersetzen und dort die Macht der Sarazenen für immer brechen. ‚Wohlan denn, König Karl‘, so schließt der Brief, ‘nimm Christus selbst zum Führer und Vorkämpfer und richte, gemäß Deiner Frömmigkeit, Deiner Wohltätigkeit, Deinen ganzen Sinn auf diesen so notwendigen, so ehrenvollen, so rühmlichen Krieg. Du hast nur rohes und ungebildetes Volk zu bekämpfen, eine Rotte Räuber, einen Haufen zusammengelaufener, feiler, verworfener Sklaven, die, bei aller Verachtung und Geringschätzung, die man gegen sie hegt, dennoch, wie feiges und schleichendes Vieh, nur durch unsere Schuld das Licht des Christentums so sehr verdunkelt haben.‘

Die Unsinnigkeit dieses Kriegsplanes wie überhaupt die politischen
Phantasien des eitlen geltungssüchtigen Schulgelehrten konnten sich
schwerlich an einen Ungeeigneteren als König Karl von Frankreich richten,
der damals weniger denn je hätte wagen dürfen, sein zerrissenes, in dauernder Gärung befindliches Land zu verlassen, um die Fürsten des Abendlandes zu einem Feldzug gegen die Ungläubigen anzuführen. Papst
Nikolaus V., ohne dessen Beistand und Einverständnis ein solches Unternehmen niemals hätte ins Werk gesetzt werden können, machte dieses von
der Verbrüderung beider Kirchen abhängig, die der Kaiser von Byzanz noch
weniger als sein Vorgänger mit dem gewünschten Eifer betrieb. Aber die
Frage eines gemeinsamen Kampfes der Lateiner und Griechen gegen die
Osmanen war damals alles andere als spruchreif. Mächtige Gruppen in
Konstantinopel bekämpften die Union mit Rom nicht nur wegen der be-
fürchteten Gefährdung der griechischen Orthodoxie, sondern auch deshalb,
weil sie den Preis, den die Unionspartei vom Westen erhoffte, nämlich die
Hilfe des Abendlandes gegen die Türken, als die in ihren Augen größte Gefahr
für das Griechentum verschmähte. Daß einst auf einem, eigentlich gegen
die Ungläubigen gerichteten Kreuzzug des Abendlandes Byzanz eine
Beute der Lateiner geworden war (1204—1261), diese Schmach hatten die
Griechen nicht vergessen können. Eine Vereinigung mit der römischen
Kirche brachte nach Ansicht dieser einflußreichen Kreise selbst im gün-
stigsten Falle nicht die Erhaltung der staatlichen Unabhängigkeit des
Griechentums, sondern nur den Tausch der lateinischen Herrschaft gegen die osmanische. Mit anderen Worten, eine Befreiung Konstantinopels
durch den Westen wurde einer erneuten Latinisierung des byzantinischen
Reiches gleichbedeutend betrachtet. Das war wirklich in der Absicht des
Aragoniers Alfons von Neapel gelegen, der, wie er ehedem erstmals seit der
sizilianischen Vesper (1282) Neapel und Sizilien unter seinem Zepter wieder
vereinigte, auch in der Orientpolitik als der wahre Nachfolger Karls von
Anjou erscheint. In der Verfügung über die Kaiserkrone von Byzanz sah er,
wie alle Herren Süditaliens vor ihm, das Ziel seines Machtstrebens. In der
Tat war Alfons V. der einzige westliche Herrscher, der sich 1451 entschloß,
als Filelfo den französischen König für einen Kreuzzugsplan zu gewinnen
trachtete, seine orientalischen Absichten in großartigerem Stil als bisher
aufzunehmen. Er wollte den Vorkampf gegen die Türken übernehmen
und schloß zu diesem Behuf ein Bündnis mit Demetrios, der an Stelle seines
kaiserlichen Bruders Konstantin Despot von Misthra geworden war. Das
Ziel dieses Bundes war aber keineswegs etwa die Befreiung des europäischen
Griechenland von den Türken, sondern die Besetzung aller dieser Gebiete einschließlich Konstantinopels durch seine Truppen. Der Umfang

seiner politischen Pläne wird durch die ihm angetragene Oberherrschaft deutlich gemacht, die Alfons noch im gleichen Jahr über die Albaner antrat. Nur die tiefe Verstrickung in die italienische Politik, der Mangel einer Flotte sowie die politische Unsicherheit im eigenen Königreich hielten ihn von der Ausführung seiner Absichten im Südosten Europas ab. Unter solchen Gesichtspunkten werden die Unionsgegner im griechischen Reiche mit ihrer Ablehnung einer Hilfe aus dem Abendland verständlich. Sie fürchteten sie als ein wirkliches Danaergeschenk.

Während es dem Abendland in seiner Gesamtheit durchaus nicht ernst war, mit Einheit, Entschiedenheit und Schnelligkeit zu handeln und, den Thronwechsel in Adrianopel nutzend, den Feind des christlichen Namens mit Gewalt der Waffen aus Europa zu verdrängen, blieb es gewissenhaften byzantinischen Beobachtern, wie dem Geschichtsschreiber Sphrantzes, keineswegs verborgen, welche Gefahren sich unmittelbar aus dem Ableben Sultan Murâds II. für Byzanz, aber auch für das christliche Abendland ergeben mußten. Murâds Nachfolger, so meinte Sphrantzes, sei ein Jüngling, der von Kindheit auf alles haßte, was den christlichen Namen trage, und schon oft gedroht habe, daß er, einmal zur Herrschaft gelangt, das Reich der Rhomäer, ja die gesamte christliche Welt von Grund aus zerstören und vernichten werde. Wenn es jenem tollkühnen Jüngling etwa in den Sinn komme, Konstantinopel sogleich anzugreifen, was solle dann wohl werden?

Kaiser Konstantin scheint, fürs erste wenigstens, nicht mit einer solchen Möglichkeit gerechnet zu haben. Auch er sandte eilends Gesandte nach Adrianopel, ließ dem neuen Sultan sein Beileid zum Tode des Vaters und seine Glückwünsche zur Thronbesteigung aussprechen, nicht ohne dabei um Bestätigung der bestehenden Verträge ausdrücklich zu bitten. Bei Allah und seinem Propheten, beim Koran, bei Engeln und Erzengeln, so versichert Dukas, beschwor hierauf Mehmed II. den alten Frieden und gab das heilige Versprechen, daß er sich zeit seines Lebens nicht an der Hauptstadt und an den sonstigen Besitzungen des Kaisers vergreifen werde, daß er vielmehr fest entschlossen sei, mit dem Kaiser von Byzanz die alten freundschaftlichen Beziehungen aufrechtzuerhalten, in denen sein Vater mit ihm und seinem Vorgänger gelebt habe. Gleichsam zum Beweis seiner redlichen Absichten bewilligte er dem Kaiser noch ein Jahrgeld von 300 000 Aspern aus den Einkünften der Städte an der Struma (Strymon), die einem damals am Hof von Byzanz lebenden osmanischen Prinzen namens Orchan zustanden, der als Enkel des Emîr Sulejmân bezeichnet wurde. Welche Bewandtnis es mit diesem Prinzen hatte, ist keineswegs geklärt und man könnte ihn unerwähnt lassen, wenn nicht ihm, wie sich bald zeigen wird, im Ablauf der nächsten Jahre eine verhängnisvolle Rolle zugefallen wäre.

Mehmed II. hatte allen Grund, die Verhältnisse in Europa vorerst als
gesichert zu betrachten und aus dem Westen kein Unheil für den Bestand
seines Reiches zu befürchten. Desto tatkräftiger konnte er sich der Regelung der anatolischen Zustände widmen, wo unmittelbar nach seiner
Thronbesteigung der Herr von Qaramanien, Ibrâhîm-Beg, aufs neue sein
Haupt erhob. Aber diesmal führte er nichts Geringeres im Schilde, als das
ganze westliche Kleinasien den Osmanen zu entreißen und mit Hilfe wirklicher oder angeblicher Nachkommen ausgerotteter Fürstengeschlechter
wenigstens einen Teil der alten Kleinstaaten wieder ins Leben zu rufen.
Um dieses Vorhaben auszuführen, entsandte er in die Landschaften von
Mentesche, Ajdyn und Germian drei junge Leute, die sich als Abkömmlinge
der früheren Dynasten auswiesen oder ausgaben, ließ eine Anzahl von
Festungen und Städtchen besetzen, während er selbst in osmanisches Gebiet einfiel und Unheil stiftete. Mehmed II. beauftragte den Landpfleger
von Anatolien, Ishâq-Pascha, mit der Niederwerfung der Unruhen, nachdem sein Feldherr Üsghur-oghlu ʿÎsa-Beg, dem diese Aufgabe vorher ob-
gelegen war, mit seiner Tatenlosigkeit versagte, des Sultans heftigsten
Grimm erregte und schleunigst seinen Posten verlor. Der Großherr zeigte
sich schließlich selbst auf dem Plan. Er hatte sich zuvor nach Brussa begeben, dort den Grabdom seines Vaters besichtigt und auch sonst nach dem
Rechten gesehen. Sein Erscheinen reichte hin, den Fürsten von Qaraman
zum Einlenken zu veranlassen. Alle von ihm besetzten Orte auf osmanischem
Boden wurden schnellstens geräumt, Ishâq-Pascha drang ohne Widerstand
zu finden über Aqschehir nach Bejschehir vor. Ibrâhîm-Beg, der ihm in die
unwegsamen Gebirge ausgewichen war, erbat von dort auf schriftlichem
Weg Verzeihung und Frieden. Schließlich wiederholten Gesandte, die Mehmed in Aqschehir erreichten, das Ansuchen und trugen dem Sultan die
Hand einer Tochter Ibrâhîm-Begs an. Der Großherr gewährte die Bitten
und der Herr von Qaramanien verpflichtete sich zu dauernder Heeresfolge
sowie zur Anerkenntnis seines Landes als ein Geschenk seines Schwagers,
des Sultans Murâd. Ishâq-Pascha, der als Statthalter von Anatolien bisher
in Angora gewaltet hatte, verlegte seinen Amtssitz befehlsgemäß von dort
nach Kutahja, das fortan den anatolischen Bejlerbeji beherbergte. Vorher
hatte er noch Iljâs-Beg, den längst zinspflichtigen Herrn von Mentesche,
der sich voreilig auf die Seite des Fürsten von Qaramanien geschlagen
hatte, aus dessen Lande gejagt und überall die Ordnung wiederhergestellt.

Sultan Mehmed kehrte aus dem Innern Anatoliens nach Brussa zurück,
wo sich etwas Unerwartetes zutrug. Die Janitscharen, die, wie es den Anschein hat, dort in Reserve gehalten wurden, zogen dem Großherrn lär-
mend entgegen und heischten ein Geldgeschenk, ein *donativum*, von

ihrem Befehlshaber, der aber von dem Verlangen der Truppe durch Schihâb ed-Dîn-Pascha sowie durch den greisen kampferprobten Turachan-
Beg vorher in Kenntnis gesetzt worden war. Auf deren erneute Vorstellung
verbiß Mehmed seinen Grimm und Ärger und entschloß sich, unter die
Meuternden zehn Beutel Aspern verteilen zu lassen. Dies war das erste
Thronbesteigungsgeschenk, das ein osmanischer Herrscher den Janitscharen
zu bewilligen gleichsam gezwungen wurde. Diese Sitte hat sich unter den
späteren Regierungen immer wiederholt, nur daß der ausgeworfene Geldbetrag mit der zunehmenden Münzverschlechterung immer ansehnlicher
wurde. Wenige Tage hernach beschied Mehmed den Janitscharen-Agha,
also den General der ‚Neuen Truppe' namens Qasandschy (oder Qurtschi?)
Doghan zu sich, machte ihm die heftigsten Vorwürfe, mißhandelte ihn mit
Ohrfeigen, nach anderen Quellen mit Geißelhieben, und setzte ihn von seinem Amte ab, das er dem Mustafâ-Beg übertrug. Außerdem ließ er die Anführer der Fußmiliz, die *yaja-baschy*'s, zur Rede stellen und züchtigen. Anlaß zu diesen Strafmaßnahmen war nicht nur die aufbegehrende Janitscharentruppe, sondern die nachlässige Führung der Musterrollen. Mehmed
nahm die Gelegenheit wahr, eine Umgruppierung des Janitscharenkorps
vorzunehmen, um fernere Gärungen schon im Keim zu ersticken. Er
teilte diesem 7000 Falkner und Hundewärter zu, die bisher dem Oberst-
jägermeister unterstellt waren. Er selbst gab sich mit 100 Hundewärtern
und 500 Falknern zufrieden, der Rest wurde unter dem Namen *segbân*,
sejmen den Janitscharen einverleibt.

Unterwegs in Anatolien hatte sich aber noch etwas ereignet, was weit
schlimmere Folgen als der rasch gebändigte Ungehorsam der Janitscharen
zeitigte. Aus Konstantinopel waren Gesandte des Kaisers Konstantin im
Lager des Sultans erschienen und beklagten sich in dessen Auftrag, daß
das versprochene Unterhaltsgeld für den Prinzen Orchan noch nicht angewiesen worden sei. Sie verstiegen sich sogar zur Drohung, daß, falls nunmehr nicht das doppelte Kostgeld bezahlt werde, man den Prinzen als
Thronwerber auf den Plan treten lassen werde. Der anwesende Großwesir
Chalîl-Pascha, sonst kein Feind der Griechen, fuhr die kaiserliche Abordnung
mit schärfsten Worten an. Murâd, der verstorbene Sultan, sei den Byzantinern in seiner freundlichen Gemütsart und seinem Rechtlichkeitssinn entge-
gengekommen, vom jetzigen Herrscher aber hätten sie die gleiche Rücksicht-
nahme nicht zu erwarten. Dessen Kühnheit und wilde Heftigkeit werde vor
einem Überfall auf Konstantinopel nicht Halt machen. Kaum sei die Schrift
des unterzeichneten Vertrages trocken, so kämen Abgesandte nach Asien
herüber, um die Osmanen mit dem ‚gewöhnlichen Popanz' *(mormolykia)*
zu schrecken. Dukas, der die Rede fast im Wortlaut wiedergibt, hat mit

deren Ausdrucksform zweifellos die Sprechart des Chalîl-Pascha ausgezeichnet getroffen, so daß sie den Eindruck völliger Echtheit erweckt.

Mehmed, den der erste Wesir von dem verblendeten Begehren der Byzantiner in Kenntnis setzte, wußte sich diesen gegenüber trefflich zu ver-
stellen. Er entließ sie mit freundlichen Worten und der Zusicherung, daß
er bald von Adrianopel aus alles Weitere mit ihnen besprechen und veranlassen werde. Der byzantinischen Tragödie letzter Teil war damit eröffnet worden.

Als Mehmed mit seinem Gefolge an den Meerengen anlangte, ward ihm
gemeldet, daß diese von christlichen Schiffen belagert seien. Eine Überfahrt nach Gallipoli aufs thrakische Ufer erwies sich als unmöglich. Man
beschloß daher, entlang der Küste des Marmarameeres durch die Landschaft Qodscha-eli an den Bosporus zu ziehen und beim Schlosse Aqtsche
Hißâr oder Güsel Hißâr, dem heutigen Anadolu Hißâry, das im letzten Jahrzehnt des 14. Jahrhunderts von Bajesîd I., dem Wetterstrahl, angelegt
worden war, hinüber nach Europa zu gelangen. An dieser Stelle hatte
Murâd II. vor der Schlacht von Varna mit genuesischer Hilfe seine
Truppen übergesetzt. Bei dieser Gelegenheit soll in Sultan Mehmed der
Plan entstanden sein, gegenüber diesem ‚Weißen Schlosse' eine Burg zu
errichten, in deren Schutz sich die Verschiffung von Truppen nach Thrakien ermöglichen lasse.

Kaum hatte Mehmed auf solchen Umwegen im Mai 1451 seine Hauptstadt erreicht, als er auf die aus den Struma-Städten zum Unterhalt Or-
chans angewiesenen Einkünfte Beschlag legen und die griechischen Einwohner dieser Städte vertreiben ließ. Zur Mehrung des Staatsschatzes hatte
er wohl schon vorher in verschiedenen Prägstätten des Reiches, nämlich
zu Adrianopel, Ajasoluq, Amasia, Brussa, Serres und schließlich in der
Silberstadt Novo Brdo, Aqtsches mit der Jahreszahl 855 (3. Februar
1451 bis 22. Januar 1452) münzen lassen, wobei erneut eine trügliche Ver-
kürzung des inneren Münzwertes vorgenommen worden sein dürfte. Die
Soldmehrung der Janitscharen um einen halben Asper täglich gab, obwohl
diese Truppe damals kaum mehr als 5000—6000 Mann betragen haben
mag, zusammen mit der jährlich zweimaligen Einkleidung, wobei Samt und
Seide nicht fehlen durften, wohl auch einen Anlaß, eine jener zahlreichen
Münzverschlechterungen anzuordnen. Das Mißtrauen des Volkes in diese
neuen Währungen äußerte sich jedesmal darin, daß es die alten Münzen
hortete, obwohl im Verkehr die alten Aspern mit vermindertem Werte — im
Verhältnis von 12 alten zu 10 neuen trotz des geringeren Silbergehaltes der
letzten — angenommen wurden. Solchen Wechselgeschäften setzte sich
freilich später kaum jemand mehr offen aus, da eigene Beamte eingesetzt

wurden, die jene zur Anzeige und Bestrafung brachten, die das bessere
Geld bei sich zurückhielten, statt den Gewinst dem Staatsschatz zu überlassen. Die Ausgaben für die Janitscharen, die zudem auf Kosten des Großherrn auch noch mit Bogen und Pfeilen versehen werden mußten, beliefen
sich auf einen stattlichen Betrag, nämlich rund 28 000 Dukaten, wodurch
natürlich nur ein Bruchteil der Ausgaben für das Heer gedeckt wurde. Da
aber im Kriegsfall viele Soldaten für Gerste oder Mehl selbst Sorge trugen,
die durchzogenen, ja selbst die benachbarten Landstriche allen Mundvorrat
für die Armee zu liefern hatten und sich jeder Bannerherr (Sandschaqbeji),
der sich ins kaiserliche Heerlager begab, mit kostbaren Geschenken zur
Stelle meldete, so war das, wie sich einmal ein zeitgenössischer Berichterstatter ausdrückt, für die großherrlichen Finanzen fast immer ein gewinn-
bringendes Geschäft.

Über die Münzpolitik Mehmeds II. fehlen bisher fachmännische Untersuchungen. Daß unter ihm die Münze ihrer doppelten Aufgabe als Wert-
maßstab und allgemeines Zahlungsmittel nicht immer voll entsprach, ist
unbestreitbar. Weniger Mangel an bergmännisch gewonnenen Edelmetallen
als zu geringe Bargeldeinnahmen der Staatswirtschaft, also Finanznöte,
sowie eine bedenkliche Habsucht des Münzherrn scheinen bereits in der
kurzen ersten Herrschaft, dann aber besonders nach der endgültigen
Machtübernahme, zu dauernder Münzverschlechterung verleitet zu haben.
Während unter Murâd II. die überkommene Vorliebe für gutes Silbergeld bewirkte, daß das Münzwesen geordnet war und blieb, daß sich
namentlich die Kupferprägung in mäßigen Grenzen hielt, muß unter seinem
Sohn ein erheblicher Münzgewinn für den Staatssäckel abgefallen sein.
Das Verhältnis der Kupfermünze, *manghyr* geheißen, zum Silberstück,
Aqtsche oder Asper, das ist Weißling, schwankte unaufhörlich. Obgleich
Mehmed II. alle zehn Jahre neue Münzen, ausschließlich in Silber und
Kupfer, prägen ließ, hatten die von ihm eingesetzten 'Silberwechsler'
(*gümüsch sarrâfy*), wenn sie Einheimische und Fremde nach alten Silber-
münzen durchsuchten, stets reiche Ausbeute zu verzeichnen. Die abscheulichen Geldschneidereien und Übergriffe dieser überall verhaßten Staats-
büttel haben die Regierung Mehmeds II. nicht überdauert, denn sein Sohn
und Nachfolger Bajesid II. scheute sich zwar bei seiner Thronbesteigung
nicht vor einer neuen Münzverschlechterung, ließ es aber damit für die
Dauer seiner Herrschaft, angeblich auf Drängen der Janitscharen, bewenden.

Die Staatsausgaben müssen sich schon in den ersten Monaten der Staatsführung Mehmeds II. beträchtlich gesteigert haben, um so mehr, als der
neue Herr die schlichten altväterischen Sitten seiner Altvordern und vor

allem seines haushälterischen Vaters gar bald preisgab und sich anschickte, einen Aufwand besonderer Art zu entfalten. Kurz vor seinem Ableben hatte Murâd II. begonnen, im Norden der Hauptstadt, auf jener von der Tundscha gebildeten Insel, einen neuen Palast zu errichten, angeblich an der gleichen Stelle, wo sich einst der Jagdpark der byzantinischen Kaiser befand. Dort war sein Lieblingsaufenthalt und dort hatte er sein Leben plötzlich beschließen müssen. Schon im Sommer 1451 gab Mehmed II. die Weisung, diesen Palast nach seinen Wünschen auszubauen, wobei zweifellos fremde Baumeister, vermutlich Italiener oder Ragusäer, tätig waren. Die neue Anlage bestand aus einer Anzahl von Baulichkeiten, deren ansehnlichste der sogenannte Empfangssaal (ʿars odasy), das für Gäste bestimmte Qum Qaßri sowie das noch heute teilweise erhaltene Dschihân-numâ-Schloß waren. Außer den Frauengemächern waren noch rund zehn für den Hofstaat bestimmte burgartige Gebäude vorhanden. Nicht weniger als dreizehn große Tore führten ins Innere des Serajs, von dessen Umfang man sich danach eine Vorstellung machen kann. Drinnen befanden sich sogar Moscheen, deren Zahl sich schließlich auf dreizehn belief, ferner dreizehn ebenerdige Säle (qowusch) und nicht weniger als zwanzig Bäder. Aber nicht alle Teile des Palastes, den spätere Sultane, vor allem Mehmed IV. sowie der dort zur Welt gekommene Mustafâ III., immer weitläufiger gestalten ließen, gehen bereits auf Mehmed II. zurück. Ihm verdanken vor allem der prunkhafte Empfangssaal sowie der aus gewaltigen Steinquadern gefügte Weltenschau- (Dschihân-numâ) Palast und endlich das sogenannte Qum Qaßri seine Entstehung. Der Dschihân-numâ-Palast, der sich aus zehn Gemächern, drei Diwansälen sowie aus den für das Gefolge bestimmten Gelassen zusammensetzte, diente dem Großherrn als eigentlicher Wohnsitz. Dort wurden eine Bücherei, im 16 Jhdt. Gemache für den Prophetenmantel (chyrqa-i scherif), die Heilige Fahne und andere Kostbarkeiten eingerichtet. Das etwa 20 Meter östlich dieses Palastes gelegene Qum Qaßri war der Aufenthaltsraum für die Prinzen. Dort ist Prinz Dschem zur Welt gekommen und ein Erkerzimmer trug lange Zeit hernach noch seinen Namen. Von der damaligen Herrlichkeit dieser Schloßanlagen auf der Tundscha-Insel gibt Helmuth v. Moltke, der sie im Sommer 1837, also noch vor deren Zerstörung, besichtigen konnte, eine anschauliche Schilderung: ,In der Mitte des Ganzen erhebt sich ein massives steinernes Gebäude, von einem seltsam geformten Turm überragt, dessen Wände zum großen Teil noch heute mit dem schönsten Marmor und Jaspis bekleidet sind; die Decken aber sind eingestürzt und die schönen Porzellantafeln mit vergoldeten Arabesken, welche die Wände schmückten, fast ganz heruntergerissen. Das Gebäude ist so solide und so massiv gebaut, daß es wohl noch

Jahrtausende widerstehen kann; es ist aber nicht sehr groß, und es geht hier wie im Seraj zu Konstantinopel, wo man unter lauter Kiosken vergeblich nach einem eigentlichen Hauptgebäude sucht. Das Seraj von Adrianopel hat dagegen nicht jenes gefängnisähnliche Aussehen, die Sultane, welche es bewohnten, waren dem Moslem noch nicht unsichtbar geworden. Von den Gebäuden des Harems sind die Mauern aus Fachwerk eingestürzt und die bleiernen Dächer und Kuppeln scheinen schier in der Luft zu schweben. Dieser Teil des Serajs wird gegenwärtig durch niemand anders als einen Hirsch bewohnt, der die Besuchenden sehr unfreundlich empfängt!'

Jetzt ist von der einstigen Pracht und dem Glanz fast nichts mehr erhalten. Die Paläste liegen nun in Trümmern, ein Werk der vor den Russen abziehenden türkischen Soldaten (17. Januar 1878). Nur die mächtigen Ulmen und uralten Platanen spenden noch heute ihren Schatten und Schafe und Rinder laben sich an den saftigen ‚Wiesen der Komnenen‘, ein traurig stimmendes Mahnmal irdischer Vergänglichkeit. Und auch die Stadt im Süden der Insel, Adrianopel mit seinen Kuppeln und Minaretts, seinen verfallenen Mauern und Türmen im Gewirr von flachen roten Dächern, zwischen denen lichtgrüne Sträucher und schwarze Zypressen hervorleuchten, ist heutzutage nur noch ein Schattenbild einstiger Größe und Bedeutung . . .

Dort unten also auf der Insel empfing Mehmed II. im Thronsaal die fremden Gesandten, dort im Palaste Dschihân-numâ pflegte er Rats mit seinen Vertrauten und Umgang mit Gelehrten, Dichtern und Theologen. Dort schmiedete er seine kühnen Pläne, die stets neben jugendlicher Raschheit und Tapferkeit ein für sein Alter ganz ungewöhnlich scharfes, durchdringendes Urteil verrieten und gar bald erkennen ließen, daß er die meisten seiner Vorgänger und Zeitgenossen an militärischen Talenten sowie an staatsmännischer Einsicht und Gewandtheit weit in den Schatten stellte. Dort müssen sich bald nach der Regierungsübernahme in seiner Gesellschaft bereits Abendländer, vor allem Italiener, befunden haben, mit denen er sich vorzugsweise über die Helden des Altertums, denen er nachzueifern beschlossen hatte, aber mit Vorliebe auch über die Verhältnisse in der Christenheit unterhalten haben muß. Für jene Jahre ist leider nur der Name eines Mannes im sultanischen Umgang bezeugt, nämlich der Leibarzt seines Vaters, Maestro Iacopo aus Gaeta, der bis zu Mehmeds Ende nicht von seiner Seite wich und mehr als einmal auf die Beschlüsse seines Gebieters, wie sich zeigen wird, gewichtigen Einfluß genommen hat. Ob Ciriaco de'Pizzicolli gleichfalls schon zu Mehmeds Unterweisern gehörte, ist eine zwar triftige Frage, läßt sich aber bis heute nicht mit Sicherheit beantworten. In Adrianopel, dem Stapelplatze abendländischer Handelswaren und dem Sitze italienischer Kaufherren oder ihrer Vertreter, ergab sich ständig die Möglichkeit einer Fühlungnahme mit diesem Personenkreis, und nichts spricht für die Annahme, daß ihn Mehmed II. gemieden habe.

Der thrakische Winter war schon im Anzug, als Mehmed II. in alle Provinzen des Osmanenreichs die Anordnung erließ, ihm tausend Bauhandwerker und die entsprechende Anzahl von Kalklöschern und Arbeitern zu senden. Man solle, so befahl er weiter, die erforderlichen Baustoffe bereithalten, damit er zu Beginn des Frühjahrs am Bosporus unterhalb Konstantinopel eine Festung errichte.

Die Schreckenskunde hatte sich alsbald in Konstantinopel verbreitet. Bis nach der griechischen Inselwelt war die Bevölkerung darüber in helle Bestürzung geraten. ‚Jetzt ist das Ende der Stadt da‘, so rief man, Dukas zufolge, aus. ‚Das sind die Vorboten des Untergangs unseres Geschlechts. Das sind die Tage des Antichrist!‘ Die Befürchtung täuschte sie nicht.

Kaiser Konstantin sandte Boten zum Sultan nach Adrianopel, die dort Vorstellungen machen sollten. Als Mehmeds Urgroßvater, so sollten sie sagen, auf der Ostseite des Bosporus ein Schloß errichten wollte, eben jenes Aqtsche oder Güsel Hißâr, da habe er das Gesuch dem Kaiser Manuel II. (1391—1423) wie ein Sohn dem Vater vorgebracht. Müßig zu überlegen, welcher Bescheid den Gesandten zuteil wurde. Von der in Anatolien zugesagten Zusammenkunft mit byzantinischen Unterhändlern war längst nicht mehr die Rede. Er wünschte weder mit diesen noch mit dem Kaiser selbst irgendwelchen Verkehr, ja, er erschien sogar glücklich über diesen höchst bequemen Anlaß zum endgültigen Bruche mit Konstantinopel zu sein. Unweit der Örtlichkeit, die man Asomata hieß, an der schmalsten Stelle des Sundes also, wo die Gewässer in einer Breite von nur 660 Metern mit reißender Schnelligkeit strömen, ward unbekümmert um die Besorgnisse der Byzantiner zur befohlenen Stunde mit der Errichtung der Küstenburg begonnen. Dort war die Ein- und Ausfuhr vom Schwarzen Meer nach der griechischen Hauptstadt am leichtesten zu beherrschen. Unter der Oberaufsicht des Großwesirs Chalîl-Pascha und der Wesire Sarudscha, Saghanos und Schibâb ed-Dîn vollendeten etwa 5000 Arbeiter vom Samstag, dem 15. April, bis zum Donnerstag, dem 31. August 1452, das gewaltige Küstenschloß. Aus allen Himmelsrichtungen war in aller Hast der Baustoff zusammengetragen und herangeschafft worden: Kalk und Öfen zum Löschen, Balken aus Ismid und Eregli am Schwarzen Meer, Steine aus Anatolien. Zum Teil rührte das Material von den Trümmern alter Kirchen und antiker Tempel am Bosporus her. Namentlich die Kirche des

Heiligen Michael, die sich an der Stelle des Schlosses erhoben hatte, lieferte Steine und Säulen. Auch die Großen des Reiches, denen die Leitung anvertraut war, legten persönlich Hand an und jeder der Wesire führte den ihm und seinem Geldbeutel übertragenen Turm so rasch wie möglich in die Höhe. Die Mauern zwischen den Türmen übernahm der Großherr selbst. Er war bereits Mitte März von Adrianopel aufgebrochen, passierte mit sechs vollständig ausgerüsteten Galeeren, achtzehn Gallioten und sechszehn Lastschiffen Gallipoli und erschien, am Goldenen Horn vorbeifahrend, am 26. März im Bosporus. Den Plan zum neuen Kastell und die Wahl des Ortes — auch der Perserkönig Darius hatte dort seine Brücke schlagen lassen — hatte er selber getroffen. Während des Baus suchten einzelne Bewohner Konstantinopels diesen zu behindern, indem sie mit den Arbeitern Händel begannen. Es kam zu Messerstechereien auf beiden Seiten und wiederholt gab es Tote. Kaiser Konstantin sandte Bevollmächtigte zum Sultan mit dem Ansuchen, die griechischen Bauern in den umliegenden Dörfern durch Schildwachen in ihren Erntearbeiten zu schützen. Zugleich schickte er Geschenke sowie Speisen und Trank. Dukas erzählt ausführlich und in Redeform die Unterhaltungen zwischen beiden Teilen. Auf die Kunde von den Begebnissen im Vorfelde der Burg ließ Konstantin die Tore der Hauptstadt schließen und Türken, die sich dort herumtrieben, gefangensetzen, allerdings nach wenigen Tagen wieder entlassen. Unter den Eingebrachten befanden sich auch einige Verschnittene aus dem Palaste des Großherrn, die, als sie vor den Kaiser geführt wurden, diesem bedeuteten: ‚Wenn Du uns vor Sonnenuntergang freiläßt, werden wir Dir es zu Dank wissen. Wisse aber, daß, wenn wir nach Sonnenuntergang nicht zurückgekehrt sind, uns unsere Freilassung nichts mehr nützt, weil wir dann des Todes sind. Daher erbarme Dich unser und gib uns sogleich frei, wenn nicht, dann laß uns die Köpfe abschlagen, denn es ist uns lieber, von Dir den Tod zu erleiden, als von dem Weltverwüster!‘ So wenigstens schildert Dukas den Vorfall. Ihm verdanken wir auch die Nachricht, daß der Kaiser eine letzte Mahnung und Aufforderung zu friedlichem Einvernehmen an Mehmed II. richtete, die dieser indessen ohne ein Wort der Entschuldigung für sein Vorgehen mit einer Kriegserklärung an Byzanz beantwortete (Juni 1451). Die beiden kaiserlichen Abgesandten wurden enthauptet.

Das riesige Küstenschloß, von seinen Erbauern Boghas-kesen, das ist Abschneider der Meerengen, gleichzeitig aber auch Halsabschneider, von den Griechen Laemokopia geheißen, das heutige Rumeli Hißary, ‚Schloß von Rumelien‘, hat eine bizarre Form, im ganzen aber die Gestalt eines Dreiecks, in dessen Winkel die erwähnten drei Wesir-Türme gestellt sind. Seine mehrere Meter dicken zinnengekrönten Mauern waren fünfzehn

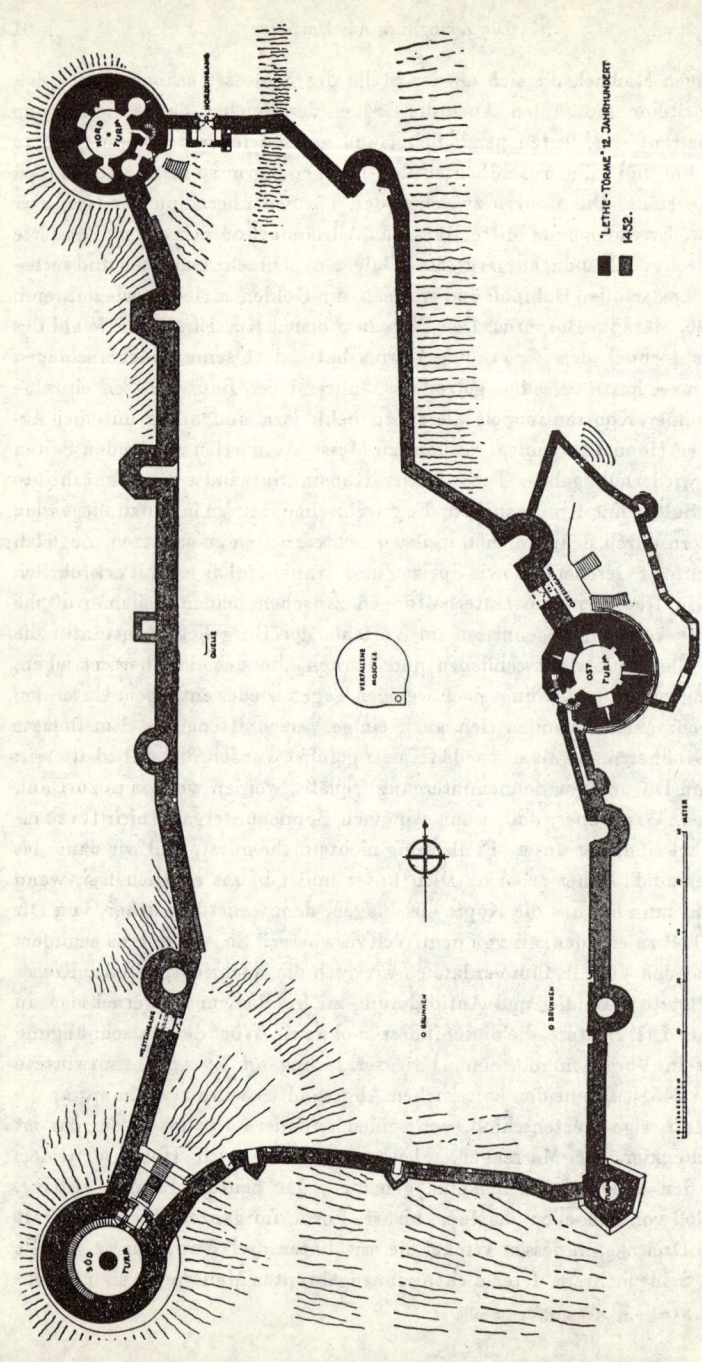

Grundriß von Rumeli Hisari. Nach Sidney Toy, *The Castles of the Bosporus* (Oxford 1930).

Meter hoch, die Dächer waren stark mit Blei gedeckt. Als Architekt wird ein gewisser Mußli hed-Dîn, sicherlich ein Renegat, erwähnt, aber auch ein zum Islam bekehrter christlicher Mönch genannt. Die Plananlage von Boghas-kesen ist sinnvoll aus der Geländegestalt entwickelt. Die hin und wieder anzutreffende Behauptung, daß der Umfang seiner Mauern den arabischen Schriftzug des Wortes Muhammad (also des Propheten und des Sultans Namen) nachgeahmt habe, verdient keine ernsthafte Beachtung. Das Schloß lehnt sich an einen steilen, teilweise in schroffen Felswänden ansteigenden Hang. Seine Längsausdehnung beträgt rund 250 Meter. Bei einer ungefähren Breite von 50—100 Metern steigt es vom Meeresspiegel mit seinem höchsten Turm zu einer Geländehöhe von über 70 Meter an.

Mehmed legte ins Schloß von Boghas-kesen eine Besatzung von 400 Mann und bestellte den Fîrûs-Beg zum Burghauptmann. Alle Schiffe, so wies er ihn an, die hier vorbeikämen, sei es aufwärts oder abwärts, seien zum Beidrehen zu verhalten und erst nach Entrichtung einer Maut zu entlassen. Weigere sich dessen ein Schiff, so solle es vom Kastell aus in Grund geschossen werden. Um dieser Weisung den gehörigen Nachdruck zu verleihen, wurden in dem unter Chalîl-Paschas Leitung erbauten Kanonenturm am Strand eherne Geschütze von ungeheurer Größe aufgestellt. Sie vermochten Steinkugeln bis zum Gewicht von 600 Pfund zu schleudern. Noch heutigentags liegen zur Bestätigung dieser Angaben des Chronisten Dukas am Fuße dieses Turmes Marmorkugeln im Gewicht von etwa 450 Pfund umher.

Am 28. August 1452 brach der Großherr vom Schlosse auf, nahte sich den Gräben der Hauptstadt, um sie, angeblich drei Tage lang, genau zu besichtigen und kehrte schließlich am 1. September mit seinem Hofstaat und der Truppe nach Adrianopel zurück. Auch die osmanische Flotte verließ den Bosporus und kam am 6. September vor Gallipoli an. Dort befand sich der Amtssitz des Admirals, des späteren Qapudan-Pascha.

Mit der Drohung, daß, wenn ein Fahrzeug nicht mit eingezogenen Segeln den festgesetzten Zoll beim Küstenschloß entrichte, es versenkt werde, wurde grausamer Ernst gemacht. Als einmal gegen Jahresende 1452 drei venedische Schiffe vom Pontus her das Schloß passierten, mochte sich keiner der Kapitäne den türkischen Forderungen fügen. Nur zwei der Fahrzeuge entkamen der Vernichtung. Schlimm aber erging es dem Kapitän des dritten, Antonio Erizzo. Sein Kauffahrer wurde zusammengeschossen, er selbst mit seinen Seeleuten gefangengesetzt. Man schleppte alle nach Dimotika zum Sultan, der damals dort verweilte. Das Schiffsvolk ließ er auf der Stelle enthaupten, der Kapitän wurde gespießt und aller Leichname blieben unbegraben am Wege liegen, wo sie kurz darauf der Geschichtsschreiber Dukas mit eigenen Augen sah.

Die Kunde vom Bau des Küstenschlosses, in dem alle Welt den Auftakt zu militärischen Maßnahmen gegen die Hauptstadt erkennen mußte, erregte in Venedig und Genua lähmendes Entsetzen. Hier stand das Los des Levantehandels auf dem Spiel, das Dasein des blühenden Pera war bedräut. Erst im November, als ein letzter verzweifelter Hilferuf nach Genua gelangte, entschlossen sich die dortigen Behörden, ein bewaffnetes Schiff nach dem Goldenen Horn zu entsenden und gleichzeitig den König von Frankreich und das verbündete Florenz um Hilfe in der Stunde der Entscheidung anzugehen. Solange sich Genua und Venedig in Italien befehdeten, war ein Zusammenwirken der beiden großen Handelsmächte völlig undenkbar. Als schließlich am 26. Januar 1453 zwei genuesische Galeeren mit 700 Soldaten in Konstantinopel an Land gingen, ernannte Kaiser Konstantin deren Befehlshaber Giovanni Giustiniani-Longo zum Oberbefehlshaber der Landstreitkräfte, gab ihm den Ehrentitel eines Protostrators (etwa Erzmarschall) und verlieh ihm gleichzeitig die Insel Lemnos als Eigentum.

Alles in allem: die alte Tatkraft zu beleben, die einst Enrico Dandolo und Simone Vignosi ruhmreich in der Levante entfaltet hatten, waren weder Venedig noch Genua sich aufzuraffen in der Lage. Nur der Kaiser von Byzanz mühte sich redlich, aber vergeblich ab, um Mittel zur Abwehr des drohenden Sturmes zu gewinnen. Während des ganzen Jahres 1452 war so viel als möglich Getreide aus den Umlanden zur Versorgung Konstantinopels in die Stadt gebracht worden, wo auch viele Landleute Zuflucht suchten. Während des Winters wurden die Verteidigungswerke nach Kräften instand gesetzt, Geldmittel aber und Kriegsvolk, wie sie nur das Ausland gewähren konnte, waren trotz aller Bemühungen nicht zu erlangen. Gleißende Versprechungen, die der Kaiser manchem Fürsten des Abendlandes machte, blieben ohne jegliche Wirkung. Jeder von ihnen hatte nur tröstende hinhaltende Beteuerungen und Zusicherungen für die schwerbedrängte Stadt bereit.

Während sich Venedig darauf beschränkte, die wiederholten Hilferufe aus Byzanz mit Mahnungen zu erwidern, die es immer wieder an den Papst und Kaiser Friedrich III., der am 19. März 1452 zu Rom gekrönt worden war, an Ungarn und Aragonien und zuletzt an Frankreich richtete, führten die Unterhandlungen des Paläologen mit der römischen Kurie lediglich zum Ergebnis, daß Papst Nikolaus V. die Unionsfrage von neuem in den Vordergrund schob.

So blieb Kaiser Konstantin nichts anderes übrig, als im November 1452 der Kardinal Isidor, Bischof von S. Sabina, auf einer venedischen Galeere in Konstantinopel eingetroffen war, am 12. Dezember in Gegenwart des

Hofes, des Senates und der höheren Geistlichkeit in der Sophienkirche den Gottesdienst nach den Vorschriften der Union halten zu lassen. Der Vereinigungsvertrag wurde unter dem Beding beeidet, daß er nach Aufhören der Türkengefahr einer Nachprüfung unterzogen werden solle. Dadurch wurde der Unfriede unter den Griechen nur noch gesteigert, denn die breiten Massen, die im Banne und unter dem Einfluß der zahlreichen unionsfeindlichen Ordensgeistlichkeit standen, besonders aber der tatkräftige Führer der schroffsten Unionsgegner, der gelehrte Gennadios im Pantokratorkloster, erhoben ebenso leidenschaftlichen wie lärmenden Widerstand. Scharen von Mönchen durchzogen unter Geschrei und Schmährufen gegen die Lateiner die Straßen, strömten nach dem Kloster zu Gennadios, forderten ihn mit Ungestüm heraus und verlangten von ihm Verhaltungsmaßregeln. Gennadios erteilte schriftliche Antwort, worin er den Schimpf beschwor, in den der väterliche Glaube gerate und das göttliche Strafgericht für diesen Abfall in glühenden Worten ausmalte. Die aufgestachelte Menge zog mit solchem Bescheid durch die Stadt und sprach über die Beschlüsse der Synode und deren Bekenner den Bannfluch aus. Wie immer war der Pöbel auf seiten der eifernden Mönche, zog ihnen nach, brach unter entsetzlichen Verwünschungen gegen die Union und deren Anhänger in die Weinkneipen ein und leerte dort volle Gläser zu Ehren der Heiligen Jungfrau, die allein noch stark genug sei, die gefährdete Stadt zu erretten. Der Volksauflauf währte noch längere Zeit und selbst diejenigen, die sich für die Kirchenvereinigung entschieden hatten, wurden eingeschüchtert. Die sittliche Haltung und die Kraft, die in diesen Stunden der ärgsten Bedrängnis vor allem erforderlich war, gingen der Bevölkerung unter dieser unseligen Spaltung verloren. *Tantum religio potuit suadere malorum.*

Um die beiden Kaiserbrüder Demetrios und Thomas, die sich auf Morea in die Herrschaft teilten, zu hindern, Kaiser Konstantin zu Hilfe zu eilen, verfiel Mehmed II. auf einen fein berechneten abgefeimten Ausweg. Er gab am 1. Oktober 1452 dem greisen Feldherrn Turachan-Beg den Befehl, mit seinen beiden Söhnen Ahmed-Beg und ᶜÖmer-Beg aus Thessalien und Mazedonien, wo er als Markgraf gebot, nach der Peloponnes aufzubrechen und die beiden Despoten mit Krieg zu überziehen. Dieser Ablenkungsversuch gelang vortrefflich. Korinth und der wieder instand gesetzte Isthmos wurden im Sturm genommen. Sengend und brennend ergossen sich die türkischen Scharen über Arkadien und die Hochebene von Tripolitza zum Berg Ithome, die natürliche Akropole des messenischen Landes, drangen bis an den karäischen Meerbusen vor und nahmen Neopolichne, das heutige Neokastron; Sideropolichne, das jetzige Siderokastron, berannten sie ver-

geblich. Von hier marschierte eine von Ahmed-Beg geführte Abteilung
nach Leondari, ward aber unterwegs von Griechen unter Führung des
Schwagers von Demetrios, Matthäus Asan, überfallen und Ahmed-Beg als
Gefangener nach Sparta zum Despoten abgeführt. Während Turachan-
Beg und die Seinen auf Morea die griechischen Streitkräfte band, war
Mehmed II. in Adrianopel unablässig mit den Kriegsvorbereitungen in
Anspruch genommen.

Im Verlauf der Errichtung der Küstenburg am Bosporus war ein vermutlich siebenbürgischer Stückgießer namens Urban aus byzantinischen
Diensten zum Großherrn übergelaufen und mit offenen Armen aufgenommen worden. Der Sultan versprach ihm reichsten Sold und überhäufte ihn
mit Geldgeschenken. Er befragte Urban, ob er etwa imstande sei, ein Geschütz herzustellen, dessen Wirkung die Stadtmauern von Konstantinopel
zu erschüttern vermöge. Ohne Umschweife erklärte er sich hiezu bereit und
vermaß sich, eine Kanone zu gießen, der keine Mauer, weder zu Byzanz
noch zu ‚Babylon‘, zu widerstehen vermöge. Die Schußweite zu bestimmen, räumte er ein, sei er allerdings nicht in der Lage. Mehmed befahl
den Guß, über die Schußweite werde man später entscheiden. Urban goß in
drei Monaten für den Uferturm des neuen Schlosses eine riesige Kanone
und die Schußweite ward an dem ersten vorbeisegelnden Schiff, angeblich
dem des Kapitäns Antonio Erizzo, erprobt, das mit einer Getreideladung
für Konstantinopel an Bord die Segel einzuziehen und beizudrehen unterließ. Dieses Fahrzeug gab die erwünschte Zielscheibe des gelungenen Gusses
und der Schußweite ab (25. November 1452). Mit der Kunst des Stück-
gießers und der Schußprobe aufs höchste zufrieden und einverstanden, ordnete der Sultan in Adrianopel nunmehr die Fertigung einer ungeheuren
Belagerungskanone an, doppelt so groß wie die vorige. Sie sollte Kugeln im
Gewichte von zwölf Zentnern zu schleudern vermögen. Fünfzig Paar Ochsen konnten sie kaum von der Stelle bewegen, 700 Mann waren zur Fort-
schaffung und zur Bedienung bestimmt. Als der Guß vollendet war, wurde
sie vor das Tor des eben vollendeten Neuen Palastes Dschihân-numâ geschleppt und mit vieler Mühe geladen. Die Bewohner der Hauptstadt wurden vorsorglich verständigt, damit sie, wenn am folgenden Morgen die Kanone abgeschossen werde, nicht ob des gewaltigen Knalles in Angst und
Schrecken versetzt würden. Der Morgen brach an, das Feuer wurde gegeben, Pulverdampf erfüllte die Hauptstadt. Der Donner wurde mehrere
Stunden weit vernommen und in der Entfernung von einer Meile bohrte sich
die Kugel einen Klafter (1,9 m) tief in die Erde.

Tag und Nacht sann Mehmed über seine Kriegspläne nach. Abends
machte er gewöhnlich, nur von zwei Vertrauten begleitet, die Runde in der

Residenz, um unerkannt die Stimmung des Volkes und der Soldaten zu erkunden. Wagte einer, ihn zu erkennen und ihm als Sultan den üblichen Glückwunsch ‚Lebe lang' zuzurufen, so durchdolchte er den ungebetenen Zurufer mit der eigenen Hand. Dukas, der diese Geschichte berichtet, sagt, Mehmed habe mit demselben Vergnügen Menschen getötet wie ein anderer — Flöhe. Eines Nachts, so schreibt der gleiche Gewährsmann, ließ er durch Verschnittene den Großwesir Chalîl-Pascha zu sich entbieten. Dieser, der mit gutem Grund wegen seiner früheren Haltung den Zorn des launischen Gebieters fürchtete, nahm vorsorglich eine Schüssel Goldes mit und setzte sie beim Eintritt ins Schlafgemach vor die Füße des Großherrn, den er angekleidet und aufrecht im Bette sitzend antraf. ‚Was soll das, Lâlâ?', fragte Mehmed den Wesir. ‚Es ist die Gewohnheit der Großen', erwiderte dieser, ‘daß, wenn sie zu ungewöhnlicher Stunde vor ihren Herrn gerufen werden, sie niemals diesem sich mit leeren Händen zeigen. Es ist ja nicht mein Gut, was ich Dir darbringe, sondern das Deinige.' ‚Ich bedarf dessen nicht', antwortete der Sultan, ‘ich begehre von Dir nur eines, nämlich daß Du mir zum Besitze Konstantinopels verhilfst.' Der Großwesir, der als heimlicher Freund der Griechen galt und den zweifelhaften Beinamen ‚gjaur ortaghy', das ist ‚Ungläubigen-Gesell', genoß, war über des Großherrn Zumutung nicht wenig bestürzt. Gott der Herr, so entgegnete er seinem Herrscher, der ihm schon den größten Teil der griechischen Länder unterworfen habe, werde ihm auch den Besitz der Hauptstadt nicht versagen. Alle Diener des Sultans, so fügte er hinzu, bemühten sich um die Wette, ihm Gut und Blut zu diesem Zwecke zu opfern. ‚Sieh da', antwortete der Sultan, ‘mein Bett, in dem ich mich die ganze Nacht von einer Seite zur andern gewälzt habe! Ich ermahne Dich, Dich nicht durch Gold und Silber erweichen zu lassen. Wir wollen tapfer mit den Griechen kämpfen und, im Vertrauen auf Allah und seinen Propheten, die Stadt in Besitz nehmen.' Sprach's und entließ den aus Schlaf und Sorglosigkeit aufgeschreckten Großwesir. Er selbst aber brachte auch diese Nacht und weitere ruhelos mit Entwürfen von Belagerungsplänen zu. Er zeichnete die Lage und die Mauern der Stadt, die Linien des Angriffs und die Posten des Heeres, die Stellen der Belagerungsmaschinen, die Batterien und Minen auf; er unterhielt sich darüber mit Männern, die Konstantinopels Lage und den Zustand seiner Befestigungswerke genau kannten. Mehmed muß sich damals und vielleicht schon vorher in das emsige Studium von abendländischen illustrierten Werken über Festungsbau und Belagerungswerkzeug vertieft haben. Wenn sich Ciriaco von Ancona, wie gemeinhin angenommen wird, schon damals in Mehmeds Umgebung aufhielt, so dürfte wohl er ihm bei diesen Entwürfen geholfen haben.

Es wäre eine ebenso lohnende wie ergebnisreiche Untersuchung, den Anteil der ‚Franken‘, der Abendländer, an der Vorbereitung und Durchführung der Einnahme Konstantinopels wissenschaftlich einwandfrei zu erforschen. Ohne die erstaunliche Gabe Mehmeds II., die ‚Lehren der Zeit‘ (N. Iorga) in sich aufzunehmen und Einfälle sowie Geschicklichkeit der Fremden, die er an seinen Hof oder doch wenigstens in seine Nähe gezogen hatte, für seine Erobererzwecke dienstbar zu machen, wäre die byzantinische Hauptstadt zweifellos nicht in so kurzer Frist in seine Hände gefallen. Wenn behauptet wird, daß dieses Ziel nur dank den Fähigkeiten Urbans erreicht wurde, so mag bei N. Iorga, der den Siebenbürger Sachsen oder vielleicht Ungarn Urban für einen ‚Daker‘, einen Rumänen, hält, nationale Eitelkeit diesen in solchem Umfang kaum haltbaren Schluß bewirkt haben. Wie sich im Verlaufe der Darstellung jedoch zeigen wird, haben die ‚Lateiner‘ einen wesentlichen Beitrag zum raschen Falle Konstantinopels geleistet, und die Frage nach den abendländischen Beratern damals und späterhin gewinnt nicht nur durch die Betonung dieser Hilfestellung einen für die Geschichte des Abendlandes tragischen Beigeschmack. Mit romantischen Deutungen dieser im Grunde sehr schlichten Vorgänge aus des Sultans angeblicher Vorliebe für Humanismus und Renaissance wird der Erforschung geschichtlicher Wahrheit ein erbärmlicher Dienst erwiesen.

Daß sich der jüdische Arzt Iacopo aus Gaeta bereits 1452 am Hofe Mehmeds II. befand, ist die bisher einzige beglaubigte Tatsache. Es hat sich ein Diplom vom Monat Rebîᶜ II 856 h, also April/Mai 1452, erhalten, das seine Teilnahme am Bau von Boghas-kesen zu bezeugen scheint. In welchem Ausmaß er aber schon damals auf den jungen Sultan Einfluß gewann, bleibt eine schwebende Frage, ebenso, welche Rolle er schon im Palaste Murâds II. spielen konnte, als dessen früherer jüdischer Arzt Ishâq-Pascha nicht mehr in seinen Diensten stand.

Erfährt man die Stärke der Truppenmacht, die Kaiser Konstantin zur Verteidigung seiner Hauptstadt laut einer auf seine Weisung veranstalteten Zählung zu Gebote stand — sie belief sich insgesamt auf 4973 Einheimische und etwa 2000 Fremdlinge —, so mag die Bewertung abendländischer Unterstützung des Sultans angesichts der in jedem Falle vorhandenen türkischen Übermacht nicht sonderlich ins Gewicht fallen. Da die eben genannte Zahl auf den Geschichtsschreiber Sphrantzes selbst zurückgeht, der von Konstantin beauftragt worden war, die Schätzung vorzunehmen, so dürfte sie vollen Glauben verdienen. Der Kaiser hatte mit diesem Ergebnis so wenig gerechnet, daß er, bestürzt darüber, es geheimzuhalten befahl, um die ohnedies herrschende Verzweiflung und Mutlosigkeit nicht noch zu

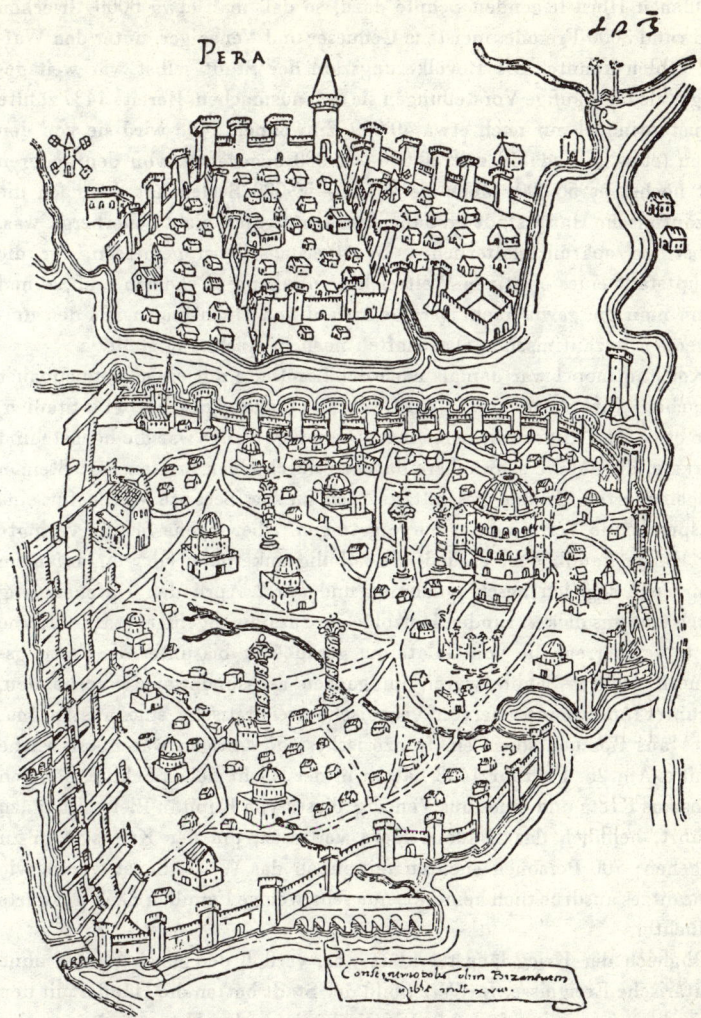

Konstantinopel ums Jahr 1422. Nach C. Buondelmonte, *Liber Insularum Archipelagi*, Handschrift der Bibl. Naz. Marciana in Venedig.

steigern. An eine Verstärkung der Besatzung war kaum mehr zu denken, denn es fehlte an Menschen und vor allem auch an Geld. Auf kaiserliches Geheiß wurden die Silbergefäße aus den Kirchen entfernt und zu Münzen umgeprägt. Zu guter Letzt kam als Verteidiger noch die Mannschaft der im

Goldenen Horn liegenden Schiffe dazu, so daß man etwa 6000 Griechen und rund 3000 Fremde, meistens Genueser und Venediger, unter den Waffen zählen konnte. Die Bevölkerungszahl der Stadt selbst war weit geringer als landläufige Vorstellungen sie sich ausmachen. Bereits 1437 zählte Konstantinopel nur noch etwa 40 000 Einwohner. 1453 wird sie von den einen (etwa J. Tedaldi) mit 30 000—36 000 angegeben, von den anderen mit höchstens 50 000. Mehr als 45 000—50 000 Seelen hat demnach die byzantinische Hauptstadt im Jahr ihres Untergangs nicht beherbergt, was, selbst an spätmittelalterlichen Bevölkerungsziffern gemessen, für die Hauptstadt eines einstigen Weltreiches auffallend erscheinen muß, zumal wenn man die gewiß nicht geringe Anzahl von Flüchtlingen aus den umliegenden byzantinischen Ortschaften noch in Rechnung stellt.

Konstantinopel war damals nach der Landseite mit einer Doppelmauer umgeben. Ihre Ausdehnung wird von Chalkokandyles auf 111 Stadien, also etwa 20,5 Kilometer, berechnet. Die innere Mauer war die höchste und stärkste, die äußere schwächere dagegen durch einen breiten, mit Steinen ausgemauerten Graben geschützt. Auch an der Seeseite wurde für eine entsprechende Verteidigung Sorge getragen. Über eigene Schiffe verfügte der Kaiser kaum, aber er ließ alle zufällig ankernden oder einlaufenden Fahrzeuge sogleich beschlagnahmen und am 2. April den Hafeneingang durch eine aus dicken runden Holzblöcken zusammengefügte starke eiserne Kette versperren, die von Galata aus geradeüber bis unter die Festungsmauern verlief. Schiffe waren im ganzen sechsundzwanzig vorhanden, darunter fünf genuesische, fünf venedische, drei kretische, eines aus Ancona, eines aus Spanien sowie ein französisches; die übrigen waren kaiserliche Schiffe. Am 26. Februar 1453 hatten in der Nacht sieben Schiffe, nämlich sechs aus Kreta und eines aus Venedig, dieses von Kapitän Pietro Davanzo geführt, heimlich das Goldene Horn verlassen, um der Kriegsgefahr zu entgehen; 700 Personen suchten mit ihnen das Weite. Sonst waren, wie Sphrantzes ausdrücklich bemerkt, nur sehr wenige Familien nach auswärts geflüchtet.

Obgleich der Krieg längst erklärt war, verfloß der ganze Winter ohne militärische Ereignisse. Im Weichbild der Stadt hatten die Händel mit den Osmanen nie ganz aufgehört. Die Verbindung der Hauptstadt von der Landseite her war längst so gut wie völlig unterbunden. Sie glich einer bereits belagerten Festung. Nur an der offenen Seeseite hatten die Griechen noch bis in den Februar 1453 herein Gelegenheit, den Zugang zur Außenwelt aufrechtzuerhalten. Der Großherr war Mitte Januar aus Dimotika nach Adrianopel zurückgekehrt. Der Landpfleger von Rumelien, Dajy Qaradscha-Beg, bereitete das Anmarschgelände vor, indem er auch die

Weingärten abholzen ließ, damit die Belagerer ungehindert von weitem in die Stadt blicken könnten. Abteilungen des Vortrabs machten sich daran, die noch von Griechen besetzten Burgen Studion und Therapia zu erstürmen. Weil die byzantinischen Besatzungen die Übergabe abgeschlagen hatten, wurden die Gefangenen gehängt, damit die Bewohner Konstantinopels die Leichen ihrer Stammesgenossen sehen konnten. Boote über Boote brachten aus Asien Asaben, Sipahis und allerlei Gesindel herüber. Unter dem Schutze des neuen Küstenschlosses konnten alle unbehindert die Landung vollziehen. Schließlich kam auch Ishâq-Pascha, der Statthalter von Anatolien und Gemahl der Sultanswitwe, herüber nach Thrakien. Auf allen Landwegen des Westens und Nordens strömten die aufgebotenen rumelischen Truppen heran. Auch das gut berittene serbische Aufgebot, etwa 1500 Mann stark, war inzwischen eingetroffen, kam aber wenig zur Geltung. Neben Werkmeistern und Kaufleuten aller Art hatte sich ein unbeschreibliches beutelüsternes Gelichter zusammengefunden.

Aus Gallipoli erschien unter Führung des dortigen Befehlshabers und Admirals Balta-oghlu Sulejmân-Beg, Sohn eines bulgarischen Bojaren, der sich 1444 als Teilnehmer an der Ofener Gesandtschaft und durch seinen Überfall auf Lesbos (1449) die Gunst des jungen Sultans erworben hatte, ein bisher niemals beobachtetes osmanisches Geschwader von mehr als 300 (Sphrantzes) größeren und kleineren Schiffen, das dem gegnerischen unvergleichlich überlegen war.

Eine Schätzung der gesamten osmanischen Heeresmacht ist unmöglich. Die darüber von den verschiedenen Berichterstattern angegebenen Zahlen weichen stark voneinander ab. Sie schwanken zwischen 400 000 (Chalkokandyles), 265 000 (Dukas, darunter 15 000 Janitscharen), 258 000 (Sphrantzes), 165 000 (Niccolò Barbaro) Mann. Aber auch die zuletzt genannte Ziffer dürfte bedenklich übertrieben sein. Beim damaligen Umfang des Osmanenreiches ist eine Zahl von 250 000 Mann ausgebildeter Soldaten eine Unmöglichkeit. Wenn deren Anzahl über 80 000 Mann bezeichnet wird, so sind darin ohne Zweifel jene Massen von Mitläufern einbegriffen, die sich jedesmal einzustellen pflegten, wenn ein Krieg gegen die Ungläubigen verkündet wurde. Seit Jahrhunderten war die Eroberung Konstantinopels, mit Hilfe gefälschter Prophetenäußerungen in der Überlieferung *(Hadis)*, als das leuchtendste Ziel des Islam verkündet worden. Ungezählte Mollas und Derwische der verschiedensten Orden strömten in jenem Frühjahr zusammen, um den Mut und die Glaubenswut der Soldaten durch alle erdenklichen Mittel zu entzünden und selbst am verdienstlichen Werke, versteht sich auch an der erhofften Beute, teilzunehmen. Ein solches Aufgebot, das in diesem Falle jedoch höchstwahrscheinlich nicht beträchtlicher war als bei jeder sonstigen Unternehmung eines Sultans, erforderte einen gewaltigen Troß, dessen Mannschaft gleichfalls in viele Tausende ging.

Die osmanischen Geschichtsschreiber werden nicht müde, in ihrer Darstellung des Sturmes auf Konstantinopel jene Überlieferungsworte zusammenzustellen, die die Araber nicht weniger als zweimal zu einem Kriegsunternehmen gegen die byzantinische Kaiserstadt begeisterten. Der Prophet sprach zu seinen Jüngern: ,Habt ihr gehört von einer Stadt, deren eine Seite Land und die beiden anderen See?' Sie sprachen: ,Ja, o Gesandter Gottes.' Er sprach: ,Die letzte Stunde (des Gerichts) wird nicht anbrechen, ohne daß sie eingenommen wird von 70 000 Söhnen Isaaks. Wenn sie zu ihr gelangen, so werden sie nicht mit Waffen und Wurfmaschinen kämpfen, sondern mit den Worten: ,Es gibt keinen Gott außer Allah und Allah ist groß.' Da wird die eine Seite der Seemauern zusammenstürzen, und auf das andere Mal stürzt die zweite und auf das dritte Mal die der Landseite zusammen. Und fröhlich werden sie in sie einziehen.' Noch berühmter als dieses willkürlich auf Konstantinopel bezogene unechte Hadîs ist die folgende gleichfalls unbeglaubigte Überlieferungsstelle: ,Sie werden Qostantinîja erobern. Heil dem Fürsten und dem Heere, denen dies beschieden!'

Am Morgen des 2. April 1453, dem Ostermontag, traf der oberste Befehlshaber der osmanischen Streitkräfte, der am 23. März Adrianopel verlassen hatte, mit seinem Gefolge vor Konstantinopel ein. Kurz vorher waren die Belagerungsmaschinen und vor allem das schwere Geschütz zur Stelle geschafft worden. Zwei volle Monate, Februar und März, waren vergangen, bis die Riesenkanone die zwei Tagesmärsche von Adrianopel nach Konstantinopel zurückgelegt hatte. Fünfzig Paar Ochsen waren vorgespannt und 200 Leute gingen nebenher, um sie im Gleichgewicht zu halten. Straßenarbeiter und Schanzer zogen vor ihr her, um den Weg zu bahnen, den sie fahren mußte. Mit ihr zugleich trafen zwei andere von kleinerem Kaliber ein, die zu beiden Seiten der größten aufgestellt wurden. Unterwegs benutzte Qaradscha-Beg, dem auch die Obhut des großen Geschützes anvertraut war, die Gelegenheit, mit seinen Truppen mehrere Ortschaften am Marmara- sowie am Schwarzen Meer zu überrumpeln und einzunehmen. So ergaben sich damals Mesembria (Misiwri), Anchialos (Achiolu) sowie Byzon (Viza). Nur Selymbria (Siliwri) leistete heftigen Widerstand und mußte unbehelligt bleiben.

Mehmed II. schlug sein Lager in gemessener Entfernung von den Stadtmauern auf dem Hügel Maltepe auf, der der Romanos-Pforte und somit dem eigentlichen Schwerpunkt der Kampfhandlungen gegenüberlag. Etwa 12 000 Janitscharen umringten sein Zelt. Hier wurde die große Kanone mit den beiden kleineren in Stellung gebracht.

Zur Rechten des Großherrn, nämlich von Maltepe bis ans Marmara-Meer, stand der anatolische Heerbann. Den linken Flügel bildete das rumelische Heer hinab bis ans Goldene Horn. Als Nachschub war die Hälfte der Streitmacht im Rücken des Hauptquartiers aufgestellt. Der Renegat Saghanos-Pascha, ein Schwager des Sultans von freilich nur kurzer Dauer, sowie Qaradscha-Beg besetzten mit einigen tausend Mann die Anhöhe jenseits des Goldenen Horns im Rücken von Galata und Qâsim-Pascha, also den Platz, den ein Teil des heutigen, damals noch unbebauten Pera einnimmt. Die Aufstellung der Armee erfolgte am frühen Vormittag in einer Entfernung von etwa vier Kilometern. Tags darauf, am Freitag, dem 6. April, rückte die ganze Heersäule bis auf etwa 1,5 Kilometer an Konstantinopel heran. Nach beendigtem Freitagsgebet wurde der Beginn der Belagerung ausgerufen. Die einzelnen Truppenteile nahmen die bezeichneten Standorte ein.

Am gleichen Tag verließ Kaiser Konstantin seinen Palast, um am Tor des Hl. Romanos, auf das die große Kanone gerichtet war, dem Hauptquartier des Sultans gegenüber, seinen Platz einzunehmen. Er hat ihn bis zum Ende mannhaft behauptet. Ihm zur Seite stand Giovanni Giustiniani-Longo mit seinen Genuesen. 3000 Mann, davon 500 Genuesen, übernahmen diese gefährliche und bedrohteste Stelle. Der Rest des Häufleins war über den fast endlosen Umfang der Mauern verteilt. Gemessen am Ausmaß der osmanischen Kanonen, verfügten die Griechen nur über schwaches Geschütz. Trotzdem erwies es sich für die Mauern als viel zu beträchtlich, weil diese beim jedesmaligen Abfeuern in ihren Grundfesten erschüttert wurden. Als ihre größte Kanone gar zersprang, richtete sich der Grimm gegen den Feuerwerker, den man vom Sultan bestochen vermutete. Nur mit Mühe entging er schließlich mangels ausreichender Beweise der Hinrichtung. Den Gebrauch und die Richtung des sogenannten griechischen Feuers leitete ein Deutscher, angeblich Johann Grant geheißen. Mittels dieses Feuers war es den Belagerten gelungen, eine gewaltige, dreifach von innen und außen mit Ochsenhäuten bekleidete Trutzmaschine, die in der Nacht den Turm des Hl. Romanos zum Einsturz gebracht hatte, zu verbrennen. Er ward in einer einzigen Nacht wieder aufgerichtet, zum Erstaunen des Großherrn, der, nach Sphrantzes, bei allen Propheten beteuert haben soll, er habe Ähnliches nie gesehen oder vernommen. Überhaupt zeigte sich nach den ersten Sturmversuchen, daß mit einer Belagerung von der Landseite her allein nichts auszurichten sei und daß zur gleichen Zeit die türkische Flotte vom Meer her zum Angriff schreiten müsse. Aber auch zur See ging alles nicht nach Wunsch. Drei Lastschiffe aus Chios hatten sich zusammen mit einem kaiserlichen Fahrzeug, das auf dem Weg aus Morea zu ihnen gestoßen war, in ein mehrstündiges Gefecht mit der osmanischen Flotte eingelassen, sich durch diese durchgeschlagen und waren während der Nacht glücklich in den Hafen von Konstantinopel eingelaufen. Diese erste Niederlage muß den Türken teuer zu stehen gekommen sein. Sie sollen dabei an 12 000 Mann und mehrere Schiffe verloren haben. Sultan Mehmed, der vom Ufer aus die Seinigen weichen sah, soll dermaßen in Wut geraten sein, daß er voll Ungestüm ins Meer ritt, bis an den Leib im Wasser, und den Seeleuten unter Verwünschungen und Schmähungen zurief, auszuharren und sich zu sammeln. Der Geschwaderführer mußte büßen, daß er mit seinen Ermunterungen nichts ausrichtete; in der ersten Zorneswallung wollte der Großherr ihn spießen lassen und nur der Einspruch der Janitscharen rettete ihm das Leben. Er ward abgesetzt, gegeißelt und seiner Güter beraubt, die der Sultan an die Janitscharen verteilte.

Die Einzelheiten des Endkampfes von Byzanz, die in einer kaum übersehbaren Anzahl von Sonderdarstellungen zusammengetragen wurden, müssen in dieser Verbindung wohl außer Betracht bleiben. Nur die wichtigsten Vorkommnisse während der Belagerung können Erwähnung finden. Fast möchte es scheinen, daß, wie N. Iorga sich ausdrückt, die letzte Verteidigung Konstantinopels eher einen ritterlich-lateinischen als schwärmerisch-griechischen Charakter zeigte, wenn man sich den Anteil abendländischer Kämpfer auf den Mauern der Hauptstadt vergegenwärtigt. Den Oberbefehl führte, wie erwähnt, G. Giustiniani-Longo als Protostrator. Der venedische Bailo Girolamo Minotto, Angehörige berühmter Familien wie Dolfin, Gritti, Loredano, Cornaro, Mocenigo, Trevisano, Venier und viele andere hatten ihren angewiesenen Platz. Auch Genuesen hatten sich in stattlicher Zahl eingefunden und ihren Mann gestellt: Girolamo und Lionardo di Langasco, Maurizio Cattaneo, Paolo Bocchiardo, um nur ein paar zu nennen. Daneben waren Katalanen unter ihrem Hauptmann Pere Julià und als ,neuer Achilles' der Spanier Don Francisco de Toledo, angeblich ein Verwandter der Paläologen, angetreten. Befehlshaber aller Seekräfte im Hafen war der venedische Kapitän der Handelsflotte von Tana am Schwarzen Meer, Alvise Diedo, dessen Söhne Marco und Vettore sich gleichfalls rühmlich hervortaten. Prinz Orchan hatte sich an der Seeseite eingefunden.

Sultan Mehmed setzte, wie es scheint, seine ganze Hoffnung auf die Mörser und Kanonen und weniger auf romantische Heldentaten. Die bereitgestellten Wurfmaschinen, von denen schon am 11. April ein ganzes Dutzend an die Mauern herangeführt wurde, sollten ihre Zerstörungsarbeit schneller bewirken als der Einsatz von Mannschaften. Aber der Gang der Ereignisse ließ sich langsam und schwerlich der großherrlichen Erwartung entsprechend an. In einer dunklen Nacht (17./18. April) wollten sich die Türken durch Überrumpelung in den Besitz der Stadt setzen. Vier volle Stunden dauerte der Kampf mit der spärlich verteilten Verteidigung. Er mußte ergebnislos abgebrochen werden und die Angreifer mußten sich zurückziehen. Die Niederlage der Flotte unter den Augen Mehmeds am 20. April, von der schon die Rede ging, trug nicht zur Hebung der Kampfeslust bei. Nachdem aber am 21. April ein Teil der Mauern an der Romanos-Pforte eingeworfen worden war, mehrte sich im weiteren Verlauf der Geschützeinschläge die Zahl der Breschen, die die Belagerten nicht mehr rasch genug, wie sie es bisher vermocht, zu schließen wußten. Nachts nämlich waren immer wieder diese Mauerlücken durch Tonnen von Schutt und Steinen ausgefüllt worden.

Da verfiel der Sultan, zweifellos durch einen Christen beraten, auf ein Kriegsmittel, dessen Anwendung die Lage der Verteidiger mit einem Male bedenklich verschlimmerte. In einem Kriegsrat, der beim heutigen Beschiktasch am Bosporus stattfand, machte der Großwesir Chalîl-Pascha, der, so scheint es, mit den Griechen im Einvernehmen stand und ihnen wiederholt hatte Nachrichten zukommen lassen, angeblich aber dafür auch reichlich mit Gold belohnt worden war, den Versuch, seinen Gebieter für einen Frieden mit Kaiser Konstantin zu gewinnen. Er soll vorgeschlagen haben, daß der Sultan in Konstantinopel Polizeibeamte ernenne und der Kaiser eine Jahresabgabe von 70 000 Goldstücken zahle. Aber Saghanos-Pascha und einige weitere Wesire, vor allem aber der Schejch Aq Schems ed-Dîn, der sich mit einem Haufen von Derwischen bei den Belagerern eingefunden hatte und deren Mut befeuerte, erklärten sich nachdrücklich für eine Fortsetzung des Kampfes, so daß diese gegen Chalîl-Pascha beschlossen wurde. Als Hauptschwierigkeit wurde bei den Beratungen festgestellt, daß der Angriff allein auf der Landseite unzureichend sei, daß aber die Kette jeden Versuch, in den Hafen einzudringen, vereitele. Die Ratgeber des Sultans waren, so heißt es, völlig hilflos, bis jemand, angeblich der Sultan selbst, auf den Einfall kam, einen Teil der Flotte auf dem Landweg ins Hafeninnere schaffen zu lassen. Angeblich wurden noch in der gleichen Nacht die Anstalten hiezu getroffen und der Plan ohne Säumen ausgeführt.

Die Strecke zwischen dem Taleinschnitt vom jetzigen Dolma Bâghtsche über die mit Weingärten bedeckten Höhen nördlich von Pera und dann wieder hinab in die jetzige Vorstadt Qâsim-Pascha wurde von Dorngesträpp gereinigt, mit Brettern belegt, hin und wieder an abschüssigen Stellen mit Geländern versehen und die ganze, einer Fahrtrinne gleichende Bahn mit Hammelfett und Ochsentalg eingeschmiert. Auf dieser Gleitbahn wurden mittels Walzen und Rollen die Schiffe aus der Bucht von Dolma Baghtsche ins Goldene Horn gezogen, anfangs zur Probe nur einige kleinere,

hernach mehrere und schließlich insgesamt 72 Fahrzeuge. Die Mannschaften der Schiffe waren so verteilt, daß einige diese zogen, die anderen
aber in ihnen selbst teils am Bug, teils am Steuerruder, teils mit der Hand-
habung der Segel befaßt waren, während wieder andere durch Pauken und
Trompeten zur Arbeit ermunterten. Mit geblähten Segeln, unter dem
Jubelgeschrei der Mannschaft und dem ohrenbetäubenden Lärm der Kessel-
pauken, aber auch zum verwunderten Entsetzen der Christen, glitten die
Schiffe blitzschnell ins schäumende Wasser des Goldenen Horns. So wurden
alle ungehindert in den Schlupfwinkel der christlichen Flottille gleichsam
eingeschleust. Es kam zu keinem Kampf und alle Versuche der Belagerten,
die Eindringlinge durch Feuer zu vernichten, mißlangen. Schon vorher,
als das osmanische Geschwader noch jenseits der Sperrkette lag, hatte ein
venedischer Schiffskapitän, Iacopo Cocco, in einer stockfinstern Nacht das
kühne Wagnis unternommen, die türkischen Schiffe zu überfallen und
mittels griechischen Feuers zu vernichten. Als man dabei war, den Brand
anzulegen, schlugen die Wachen Lärm und das gesamte Türkengeschwader,
angeblich durch Genuesen in Galata schon im voraus vom Plan unterrichtet, fiel über die Venediger her. Die 33köpfige Mannschaft eines ver-
senkten Schiffes, die sich hatte schwimmend retten können, wurde gefangen vor den Sultan geführt, der sie gleich am folgenden Morgen im Angesicht der Stadt hinrichten ließ. Darauf stieg der Ingrimm über dieses
Blutgericht bei den Eingeschlossenen dermaßen, daß man alle in den Ge-
fängnissen befindlichen Osmanen nach den Mauern schleppte und nieder-
machte.

Während die Beschießung der Stadtmauern unaufhörlich andauerte und
ein beträchtlicher Teil der Wehren bereits dem Einsturz nahe war, ließ
Mehmed am 5. Mai auch bei Galata einige Geschütze aufstellen und von
hier aus alle Schiffe, die sich im Hafen befanden, unterschiedslos unter
Feuer nehmen. Als dabei ein genuesischer Kauffahrer, der ruhig vor Anker
lag, versenkt ward und die Genuesen beim Großherrn darüber Klage führten, wurden sie mit leeren Worten abgewiesen. Nicht genug damit, befahl der
Sultan, angeblich am 19. Mai, von Galata aus mittels Fässern, die ihm von
den Genuesen zur Verfügung gestellt worden sein dürften, eine Brücke über
das Goldene Horn zu schlagen. Die Fässer, rund tausend an der Zahl, wurden durch eiserne Haken zusammengehalten und vertraten die Stelle von
Pontons. Darüber wurden Bretter gelegt, auf denen fünf Mann bequem
nebeneinander marschieren konnten. Wiederholte Anstrengungen der
Griechen, diese Brücke in Brand zu stecken, schlugen fehl. In der Stadt
wuchs ständig die Not und die Stimmung, vor allem unter der Besatzung,
nahm höchst bedenkliche Formen an. Kaum hatte das Feuer der Osmanen

etwas nachgelassen, so räumten Truppen scharenweise die Mauern und
kehrten in ihre Behausungen zurück. Man ließ an verschiedenen Stellen Brotverteilungen vornehmen, aber das Murren, das von Aufwieglern
genährt wurde, hörte nicht auf und artete nicht selten in offene Schmähungen gegen den Kaiser aus, wie Sphrantzes berichtet.

Das Heer des Sultans stand bereits in und vor den Gräben der Landseite und seine Flotte lag unmittelbar unter den Mauern der schwerbe-
drängten Stadt im Goldenen Horn. Da beschloß Mehmed II., nochmals
eine Botschaft an den Kaiser zu entsenden, aber nicht etwa um den Vorschriften des Glaubenskrieges *(dschihâd)* gegen die Ungläubigen Genüge zu
tun. Danach mußte zunächst an den zu bekriegenden Gegner die Aufforderung zur Annahme des Islam gerichtet werden, worauf ihm im Falle der
Weigerung freistand, sich entweder muslimischer Herrschaft zu unterwerfen
und Tribut zu entrichten oder aber zu kämpfen. Nirgendwo wird berichtet,
daß Mehmed II. während seiner langen Regierung einmal diesen Grundsatz hätte befolgen lassen. Im vorliegenden Falle war es ihm wohl mehr
darum zu tun, durch einen geschickten Beobachter die Zustände innerhalb
der Stadtmauern erkunden zu lassen, als den Griechen gnädige Bedingungen
zu stellen. Ismâ῾il Isfendijâr-oghlu, also sein Schwager, der sich schon an
den Vorbereitungen zur Belagerung mit einem eigenen Aufgebot beteiligte, sollte in Konstantinopel denn auch nicht als sultanischer Gesandter, sondern als persönlicher Schützer und Gönner der Byzantiner
auftreten, der ihnen rate, den Zorn des Sultans zu versöhnen und sich
durch Ergebung vor den Folgen der Sklaverei zu bewahren. Konstantin
erwiderte, er wolle Gott danken, wenn der Großherr, wie seine Vorfahren,
sich zum Frieden entschlösse. Keiner dieser Ahnen, der die Stadt belagerte,
habe ein langes Leben genossen. Mehmed möge Tribut, aber nicht die Stadt
selber fordern, bei deren Verteidigung zu sterben jeder ohne Ausnahme
bereit sei.

Auf diesen Bescheid ließ der Sultan am 24. Mai im Lager den 29. des Monats als den Tag des allgemeinen Sturmes von der Land- und Seeseite aus
verkünden. Die Heerführer wurden versammelt, die Plünderung der Hauptstadt zugeschworen. Nur die Mauern und die Gebäude behielt Mehmed
sich vor.

Vom 26. Mai an sah man bis tief in die Nacht hinein zahlreiche Feuer im
riesigen türkischen Lager leuchten, besonders am Romanos-Tor, wo der
Sultan sich aufhielt. Das ganze Heer wogte im Freudentaumel der nah-
verheißenen Eroberung. Ausrufer verkündeten Lehen und hohe Verwaltungsstellen als Lohn und Preis für die ersten Ersteiger der Mauern und
für die Fliehenden unausbleibliche Strafe durch des Henkers Beil. Schejche

und Derwische durchrannten das Lager im Namen des Propheten und seines Fahnenträgers Ejjûb, der vor den Mauern Konstantinopels einstmals gefallen, das Heer ermunternd, die Banner des Islam auf die Zinnen der Hauptstadt der Ungläubigen aufzupflanzen. Nachts ward eine allgemeine Beleuchtung befohlen. Auf allen Schiffen und Zelten schimmerten weithin Fackeln und Lampen. Das Geschrei und der Jubel des Feindes war so mächtig, daß die Belagerten vermeinten, 'der Himmel werde sich öffnen'. Aus der von innen finstern Stadt aber, so schildert Dukas, drangen Wehruf und Klagegeschrei: *Kyrie eleison! Kyrie eleison!* Wende, o Herr, Deine gerechten Drohungen von uns ab und erlöse uns aus den Händen unseres Feindes!'

In jener schrecklichen Nacht war Giov. Giustiniani-Longo unablässig bemüht, die Mauerbreschen schließen zu lassen. In der Nähe der Romanos-Pforte, wo das Gemäuer völlig zertrümmert war, führte er mittels Strauchbündeln einen neuen Wall auf, hinter dem er sich in einem Graben verschanzte. Er ließ durch Boten den Großadmiral und Befehlshaber der griechischen Truppen, Lukas Notaras, um Geschütze bitten. Dieser bestritt deren Notwendigkeit am angegebenen, von Giustiniani verteidigten Orte. Reden und Gegenreden führten zu Schimpf und Beleidigung. Giustiniani nannte Notaras einen Verräter und Feind des Vaterlandes und endlich mußte sich der Kaiser selbst ins Zeug legen, um zwischen beiden zu vermitteln. Giustiniani war ein echter Turm in der Schlacht und deshalb ein dauerndes Ziel der Scheelsucht seiner Widersacher. Der Ruf seiner Tapferkeit soll bis zum Sultan gedrungen sein, der ihn vergeblich mit Gold zu bestechen trachtete. Aber angesichts des kläglichen Zustandes der Mauern, die überall zusammenbrachen, war alle Umsicht und Entschlossenheit des Genuesen und seiner Helfer vergeblich. Zwei griechische Mönche, denen schon vor der Belagerung die Wiederherstellung der Stadtwehren aufgetragen worden war, so berichtet Leonardo Giustiniani aus Chios, Bischof von Mytilini, hatten das Geld, statt es zum Bau zu verwenden, vergraben. Bei der Plünderung der Stadt seien später 70 000 Goldgulden gefunden worden, die der Kaiser zur Ausbesserung der Mauern hergegeben hatte.

In den frühen Morgenstunden des 29. Mai, des Tages der Heiligen Theodosia, begann der Sturm auf die Hauptstadt. Bereits drei Stunden vor Tagesanbruch kam Bewegung in die Heeresmassen im Lager. In der ersten Dämmerung schickte Mehmed, um die Griechen zu ermatten, die schwächsten Truppen, die mit Ochsensehnen und Eisenruten angetrieben wurden, zum Angriff vor. Scharenweise stürzten diese Türken von den teilweise schon erstiegenen Mauern in die Tiefe. Ihre Belagerungsmaschinen wurden zertrümmert und die Verluste waren beträchtlich. Als der Morgen anbrach, er-

scholl ein ungeheurer Lärm von Trompeten, Hörnern und Pauken. Alle
verfügbaren Geschütze wurden zugleich losgebrannt. Von allen Seiten, zu
Wasser und zu Lande, begann nun der Kampf. Die ganze Nacht hindurch
war auch an der Seeseite gearbeitet worden, um überall die Schiffe näher
ans Ufer heranzubringen. Achtzig Zweiruderer standen in einer Linie vom
Hölzernen bis ans Schöne Tor. Von hier an zogen sich die restlichen
Schiffe, soweit sie ausreichten, in einer Doppelreihe um die ganze Stadt
herum. Die Belagerten waren sich über die Stelle, wo der Hauptangriff
einsetzte, durchaus im klaren. Mit etwa 3000 Mann war Giovanni Giustiniani-Longo in der Gegend des Romanos-Tores bis an die äußere Mauer vor-
gerückt. Der Großherzog Lukas Notaras deckte das Quartier der Bla-
chernen und an der Hafenseite, vom Hölzernen bis zum Schönen Tor, standen nicht mehr als 500 Bogenschützen und Schleuderer. Der Rest der Mauern war schwach besetzt. In jedem Wachtturm und bei jedem Bollwerk
stand nur ein einziger Mann.

Der Sultan in Person trieb die Stürmenden an und gebrauchte, wie
Sphrantzes sagt, bald Schmeichelworte, bald Drohungen, seinen Eisenstab
in den Händen. Schwarzer Pulverdampf verdeckte die Stadt und die Sonne
eines herrlichen Maientags. Unter den Angreifern ragte ein Hüne, Hasan
aus Ulubad in Anatolien, hervor. Er erklomm mit dreißig andern die Mauern, die Belagerten erwehrten sich ihrer mit Pfeilen und Steinen. Mehr als
die Hälfte stürzten in die Tiefe und schließlich ereilte auch den Riesen
Hasan, mit dem Schild über dem Haupt, das nämliche Schicksal.

Jenseits der Stadtmauern wurde mit Löwenmut gekämpft. Der Kaiser,
umgeben von seinem Hofstaat, ermunterte vom Pferd aus die Seinigen
durch Wort und Tat. Da geschah etwas Unerwartetes. Der Held des Tages
und die Hoffnung aller, Giovanni Giustiniani, ward im Schlachtgetümmel
am Arm oder Schenkel schwer verletzt, verlor den Mut und verließ auf der
Stelle seinen Posten. Keine Vorstellungen, auch nicht des Kaisers dringende Bitten, waren imstande, ihn zurückzuhalten. ‚Mein Bruder‘, rief ihm
Konstantin zu, 'halte tapfer aus, verlaß uns nicht in dieser Not! Auf Dir
beruht das Heil dieser Stadt. Kehre auf Deinen Posten zurück! Wohin
willst Du denn?‘ ‚Dahin‘, soll Giustiniani kalt erwidert haben, 'dahin,
wo Gott selbst diese Türken führen wird!' Mit diesen Worten eilte er zum
Goldenen Horn, warf sich in ein Schiff und setzte nach Galata über, um
seine Wunden verbinden zu lassen. Allgemeine Bestürzung und entsetzliche
Verwirrung setzte bei den Truppen ein, was von den Osmanen schnell bemerkt und ausgenutzt wurde. Saghanos-Pascha übernahm eine Jani-
tscharen-Abteilung und stürmte beim Romanos-Tor auf die Mauer los. In
diesem Augenblick der Überraschung wich alles nach dem inneren Tor zu-

rück. Eine Menge Menschen ward erdrückt und zu Boden getreten. Niemand leistete mehr ernstlichen Widerstand. Die feindliche Hauptmacht brach, da das Tor durch einen riesigen Haufen von Leichen versperrt war, durch eine von der großen Kanone gebildete Mauerbresche nebenan in die Stadt ein. Kaiser Konstantin stürzte sich, als er vernahm, daß das Panier der Türken auf den Mauern wehe, mit seinen Getreuen ins dichteste Schlachtgetümmel, machte alles, was er erreichen konnte, mit seinem Schwerte nieder und hielt, verwundet, fast allein noch eine Weile den aussichtslosen Kampf aus. Niemand hörte mehr auf seine Worte. Alles war schon rettungslos verloren. Die Türken waren bereits an einem andern Ende der Stadt ins Innere eingedrungen. Eine Prophezeiung besagte, daß der Feind einst durch das Xylokerkos-Tor (heute Belgrad Qapu) einfallen werde, weshalb man es sorgfältig verrammelte, es aber tags zuvor zum Zweck eines Ausfalles wieder öffnete. Durch diese Pforte drangen fünfzig Türken ein und griffen die Verteidiger im Rücken an. Neuer Schrecken griff um sich, als wirre Gerüchte über die schon erfolgte Einnahme vom Hafen her drangen, in den gelichteten Reihen um Kaiser Konstantin. Als er erkannte, daß gegen die Übermacht des Gegners weiterer Widerstand unmöglich sei, warf er sich den andringenden Osmanen entgegen. Von den Seinigen verlassen, brach er in die Worte aus: ,Ist denn kein Christ da, der mir den Kopf nehme?' Rief's und fiel unter den Schwertstreichen zweier Türken, deren einer ihm ins Gesicht, deren andrer vom Rücken auf ihn einhieb.

So endete der Letzte der Kaiser von Byzanz, kämpfend und wie ein einfacher Krieger fechtend. Nun würgten die Osmanen noch längere Zeit die Besatzungstruppen nieder, bis sie endlich deren zahlenmäßige Unterlegenheit erkannten und das fürchterliche Gemetzel einstellten, um sich zur Plünderung zu wenden. Alles flüchtete gegen die Hafenseite und manchem Fliehenden gelang es, sich auf ein christliches Schiff zu retten. Als aber die Torwachen den Andrang der Menge gewahrten, sperrten sie die Pforten und warfen die Schlüssel über die Mauern aus Aberglauben an eine uralte Vorhersage, daß die Türken bis in die Mitte der Stadt vordringen, von dort aber erst von den Bewohnern zurückgeschlagen werden würden. Trotzdem waren manche tapferen Verteidiger glücklich entkommen. Giovanni Giustiniani, der noch auf seinem Schiff die unheilvolle Kunde erhielt, erreichte zwar Chios, starb dort aber bald hernach an gebrochenem Herzen. Kardinal Isidor entwischte als Sklave verkleidet nach Galata, auch Antonio Diedo erreichte mit einer Anzahl seiner Schiffe das Ägäische Meer. Dagegen war Prinz Orchan auf der Flucht verraten und niedergemacht worden.

Die Volksmenge war von der Hafenseite inzwischen zur Kirche Hagia Sophia hingeströmt. In wüstem Durcheinander suchten Männer, Weiber,

Greise, Kinder, Nonnen und Mönche dort Zuflucht, abermals aus Aberglauben, daß, wenn die Türken bis zur Konstantinssäule vorgedrungen seien, ein Engel vom Himmel steige und einem an der Säule sitzenden armen Mann ein gezogenes Schwert mit den Worten übergebe: ‚Nimm dieses Schwert und räche das Volk Gottes!' Darauf würden die Osmanen sofort den Rücken kehren und, von den Griechen verfolgt, nicht nur aus Konstantinopel, sondern aus ganz Kleinasien vertrieben werden bis an die Grenzen Persiens, zum Baume Monodendron. In kurzer Zeit war die weite Kirche samt ihren Vorhallen, Galerien und Gängen mit Menschen angefüllt. ‚Wäre', sagt Dukas in seiner Beschreibung dieses Vorgangs, 'wäre in diesem Augenblick wirklich ein Engel vom Himmel gestiegen und hätte die Worte verkündet: Nehmt die Kirchenvereinigung an und ich will die Feinde aus der Stadt jagen, so würden sie sich dennoch nicht dazu bekannt und sich lieber den Türken als der römischen Kirche ausgeliefert haben.'

So groß war die Zwietracht, die durch das Henotikon geschaffen worden war. Die Türken brachen mit Beilen die verschlossenen Türen auf und schleppten das geflüchtete Volk in die Sklaverei weg. Zwei und zwei wurden die Männer mit Stricken, die Frauen mit Gürteln zusammengebunden, ohne Rücksicht auf Stand und Alter. In der Kirche boten sich unbeschreibliche Greuelszenen. Die edelsteingeschmückten Heiligenbilder wurden ihres Schmucks beraubt und zerbrochen. Die goldenen und silbernen Kirchengeräte wurden errafft, die Meßgeschirre zu Schabracken verwendet, das Kruzifix mit einer Janitscharenhaube im Spott einhergetragen. Die Altäre dienten den Eroberern zu Tafeln, Krippen und Betten, auf denen sie selbst aßen, die Pferde darauf fressen ließen oder Lottereien an Knaben und Mädchen verübten. Dukas erinnert bei der Schilderung dieser Untaten an die Worte des Propheten Amos (III: 14): ‚Denn zur Zeit, wann ich die Sünden Israels heimsuchen werde, will ich die Altäre zu Bethel heimsuchen und die Hörner des Altars abbrechen, daß sie zu Boden fallen sollen.' Auch Sphrantzes schildert anschaulich und offenbar getreu die Scheußlichkeiten, die sich in der Kathedrale abspielten. Wie Wilde, von lauter Gier angefacht, brachen die Türken in diese Hürden menschlicher Beute ein. An Händen, Bärten und Kleidern wurden die Gefangenen gepackt und weggezerrt. Kirchen und Privathäuser, Paläste und Klöster wurden durchsucht und ausgeraubt. Stoffe, Teppiche, Edelmetalle, Perlen, Edelsteine, alles was den Plünderern in die Hände fiel, wechselte den Besitzer. Viele wählten sich schon die Häuser, in denen sie fortab an Stelle der getöteten oder geflohenen Griechen zu hausen gedachten.

Der Großherr war nicht mit den Stürmern in die Stadt eingezogen, sondern weilte immer noch außerhalb der Mauern, bis ihm um die Mittags-

stunde die Nachricht zukam, daß Konstantinopel in der Gewalt der Sieger
sei. An der weit geöffneten Romanos-Pforte, vor der er fast zwei Monate
gezeltet hatte, empfing er die Meldung, daß Kaiser Konstantin nicht mehr
am Leben sei. Mehmed ließ nach der Leiche suchen, bis sich ein später reichlich belohnter Türke mit der Angabe einfand, er habe auf einem Leichen-
haufen beim Romanos-Tor einen Mann gesehen, der dem Kaiser ähnele.
Man begab sich dorthin und erkannte ihn an den purpurnen Schuhen. Der
Kopf ward abgeschnitten und noch am gleichen Tag bis zum Abend auf der
Säule des Augusteums aufgepflanzt, um allen Griechen kundzutun, daß sie
keinen Herrscher mehr besäßen. Bald darauf wanderte das Haupt Konstantins in einer kostbaren Büchse von einem muslimischen Herrscher zum
andern, um auf diese bündige Weise allen den Sieg des Islams über das byzantinische Schattenreich kundzutun. Der Platz, wo man den Körper be-
stattete, blieb unbekannt. Noch nach Jahrhunderten verehrten die Griechen
auf dem Wefâ-Platz im Hinterhofe einiger Holzbaracken, im Winkel eines
Handwerkerhauses, das angebliche Kaisergrab. Wenn der Abend hereinbrach, ehrten sie es durch angezündete Kerzen, bis die Türken die Spuren
verwischten und nur noch ein alter einsamer Weidenstrunk in der Hofecke
den Ort der verwahrlosten letzten Ruhestätte bezeichnete, einen regen-
zerwaschenen Stein.

In Begleitung seiner Wesire und Hofleute hielt also Mehmed II., der
Eroberer *(Fâtih)* von nun ab geheißen, seinen Einzug zu Pferd. Er nahm
zunächst seinen Weg zur Hagia Sophia. Dann stieg er ab und trat hinein. Sein erster Blick fiel auf einen Türken, der in roher Zerstörungs-
sucht mit einer Axt den marmornen Fußboden zerstörte. Der Sultan
befragte ihn, weshalb er das Pflaster verderbe. ‚Des Glaubens halber‘, erwiderte der Türke. Über diese Roheit empört, hieb Mehmed mit seinem Säbel
nach ihm und rief: ‚Ihr habt genug an der Beute und an den Gefangenen;
die Gebäude der Stadt gehören mir!‘, worauf der halbtote Rohling an den
Füßen ins Freie gezerrt und auf die Straße geworfen wurde.

Dann befahl der Großherr einem der Anwesenden auf die Kanzel zu
steigen und das muslimische Glaubensbekenntnis auszusprechen: *Lâ ilâha
illallâh Muhammadun rasûlullâh!* Es gibt keinen Gott außer dem Gott.
Muhammed ist der Bote Gottes. Die Gläubigen wurden zum Nachmittagsgebet aufgefordert. Mehmed selbst sprang, so heißt es, auf den Altar und
verrichtete dort seine Andacht. Damit war die byzantinische Hagia Sophia
dem christlichen Kult entzogen und als Aja Sofia zum islamischen Gotteshaus bestimmt worden.

Draußen wurde inzwischen weitergeplündert. Von den öffentlichen Gebäuden wurden die kaiserlichen Wappen mit dem Doppeladler abgerissen

und überall das türkische Banner gehißt. Die Flottenmannschaft, die die Halbmondfahnen auf einzelnen Bauten wehen sah, ging an Land. Nachdem sie die Waffen am Strande gelassen hatten, um desto mehr Beute fortführen zu können, drangen sie ins Stadtinnere ein. Wenn ein Haufe in ein Haus eingefallen war, ward eine Flagge aufgesteckt, ein Zeichen, das von den übrigen Plünderern berücksichtigt wurde. Besonders die Klöster waren Ziele der Heimsuchung. Eine Horde drang ins Kloster Chora ein, wo das Bildnis der wegweisenden Gottesmutter aufbewahrt wurde. Es wurde von den Janitscharen in vier Stücke zerrissen und diese ausgelost.

Am späten Nachmittag ließ sich der Sultan den Großadmiral und Großherzog Lukas Notaras vorführen. Er war, als er sich zu seiner kranken Frau und seinen Kindern begeben wollte, beim Versuche, sich der Türken zu erwehren, gefangengenommen und in seinem eigenen Hause bewacht worden. Auf die Vorhaltungen des Großherrn, daß man in dem Haufen der Erschlagenen und in der Zahl der Gefangenen sein schönes Werk der verweigerten Übergabe sehen könne, erwiderte Notaras, nicht er, ja nicht einmal der Kaiser hätten so viel Ansehen besessen, die Preisgabe der Hauptstadt zu erwirken, zumal nachdem der Kaiser Briefe erhalten habe, die ihn zum Widerstand aufmunterten. Der Sultan verstand sogleich, daß der Großwesir Chalîl-Pascha mit dieser Andeutung gemeint sei, den er seit langem im Verdacht verräterischen Spieles gehabt hatte. Mehmed hieß Notaras guten Mutes sein, ließ jedem Familienmitglied 1000 Aspern verabreichen und versprach, ihm die ganze Stadtverwaltung anzuvertrauen. Dann entließ er ihn gnädig nach seinem Palast. Die Namen der im Laufe des Gesprächs erwähnten Staats- und Hofbeamten schrieb er sich auf, ließ jeden einzelnen im Lager oder auf der Flotte aufsuchen und kaufte jeden mit 1000 Aspern los.

Tags darauf, am 30. Mai 1453, ritt der Sultan, der die Nacht angeblich im Franziskanerkloster zugebracht hatte, aufs neue in die Stadt, diesmal nach dem Hause des Lukas Notaras. Dieser ging ihm entgegen, begrüßte ihn und führte ihn ans Krankenbett seiner Frau. ,Sei gegrüßt, Mutter', soll er sie angesprochen haben, 'trauere nicht über das, was vorgefallen ist. Der Wille des Herrn geschehe! Ich vermag Dir mehr zu geben, als Du verloren hast. Werde nur erst wieder gesund!' Dann wurden ihm die beiden Söhne des Großherzogs vorgestellt, worauf er sich entfernte und die Stadt besichtigte. Totenstille herrschte in den veröden Straßen. In den Häusern trieb weiterhin die Raubgier und Beutelust ihr ekles Spiel. Beim Rundgang soll, wie sein osmanischer Chronist Tursun-Beg, der sich zumeist in seiner nächsten Umgebung befand, berichtet, Mehmed II. auch die Kuppel der Hagia Sophia bestiegen haben. ,Der Herrscher der Welt', so drückt sich

Tursun-Beg wortreich aus, 'betrachtete diese Wunderwerke in der Kuppel-
höhlung und die Figuren und geruhte dann, auf das Äußere der Kuppel
hinaufzusteigen. Er stieg hinauf, so wie der Geist Gottes (das ist Jesus)
zum Stockwerk des vierten Himmels aufgestiegen ist. Von den Galerien
der Zwischenstockwerke betrachtete er die Meereswogen des Fußbodens
und stieg (hernach) auf die Kuppel. Als er sah, daß die Neben- und An-
bauten dieses starken Baues verfallen waren und in Trümmern lagen,
dachte er daran, daß die Welt unbeständig und unfest ist und am Ende
zugrunde gehen wird; und von den zuckerstreuenden Worten, die er (diesen
Zustand) bedauernd aussprach, gelangte folgender Vers an das Ohr dieses
Armen und schrieb sich ein auf die Tafel des Herzens:

Die Spinne verrichtet Türsteherdienste in Chosraus Kuppelhallen,
Die Eule spielt die Wachtmusik im Palaste Afrâsijâbs.'

Nach anderen soll der Großherr diese Worte im Angesicht der wüsten
Hallen des Blachernen-Palastes ausgerufen haben. Auf welchen persischen
Dichter sie zurückgehen oder ob sie von ihm selbst unter dem Eindruck des
Geschauten gebildet wurden, ist bisher nicht ermittelt worden. Auf jeden
Fall ließ der Sultan, wenn die byzantinischen Chronisten recht berichten,
in der Nähe des Kaiserpalastes ein festliches Mahl bereiten. Vom Wein be-
rauscht, soll er dem Obersten der Weißen Verschnittenen (Qyslar aghasy)
aufgetragen haben, ihm aus der Wohnung des Großherzogs dessen jüngsten
Sohn zu holen. Es war ein schöner Knabe von 14 Jahren. Als dem Vater
der Befehl überbracht wurde, weigerte er sich, ihn auszuführen. Er ziehe
vor, sich vom Henker den Kopf abschlagen zu lassen, statt sein Kind der
Schändung preiszugeben. Mit dieser Antwort kam der Verschnittene zum
Sultan zurück, der sogleich anordnete, daß der Scharfrichter den Herzog
samt seinen Kindern herbeiführe. Notaras nahm von seiner Frau und den
Kindern Abschied. In Begleitung seines ältesten Sohnes und seines Schwie-
gersohnes Kantakuzenos folgte er dem Henkersknecht. Der Sultan befahl,
sie alle zu enthaupten. Die drei Köpfe wurden dem Großherrn vorgezeigt,
die Körper blieben unbestattet liegen. Notaras, die ‚Säule der Rhomäer'
des Volksmunds, hatte nun am eigenen Leibe verspüren müssen, was er
einst ausgesprochen hatte: ‚Lieber den türkischen Turban in der Stadt als
die römische Mitra.' Sein Wunsch war in Erfüllung gegangen. Die drei
byzantinischen Chronisten Dukas, Chalkokandyles und Sphrantzes, die
sämtlich diesen Vorfall mit allen Einzelheiten darstellen, knüpfen an das
Schicksal des Lukas Notaras betrübliche Überlegungen und Lehren. Kritoboulos freilich schildert das tragische Ende des Großherzogs auf andere
Art. Danach wurde Lukas Notaras das Opfer des ‚Neides und Hasses'
seiner Gegner, die ihn beim Sultan verunglimpften und diesen so gegen

ihn aufbrachten, daß er ihn zusammen mit seinen beiden Söhnen hinrichten ließ. Hinterher, als Mehmed die Arglist und Bösartigkeit der Verleumder erkannte, verwies er alle aus seiner Nähe und ließ die einen umbringen, die andern aus ihren Stellungen und Vorrechten entfernen. Es hat den Anschein, daß das ungeheure Vermögen, das Notaras besessen haben soll, in diesem Zusammenhang keine geringe Rolle gespielt hat und die völlige Ausrottung der Familie mitverschuldet haben mag. Das gleiche Geschick traf noch eine Anzahl namhafter Männer aus dem Abendlande, die an der Verteidigung teilgenommen hatten, vor allem als ‚Friedensbrecher' den Bailo Venedigs, Girolamo Minotto, mit seinem Sohn, den Konsul der Katalanen, Pere Julià, mit zwei Söhnen. Siebenundvierzig andere venedische Edelleute, die ebenfalls in Gefangenschaft geraten waren, erhielten durch Vermittlung des Saghanos-Pascha die Erlaubnis, mit einem stattlichen Lösegeld Leben und Freiheit zu erkaufen. Die meisten zahlten, je nach Rang und Namen, 1000—2000 Dukaten. Iacopo Contarini wurden 7000 abverlangt.

Unermeßlich war die Beute an Gefangenen, deren Zahl auf 60 000 veranschlagt wird, an Gold, Silber, kostbaren Gewändern, reichen Stoffen und besonders an Edelsteinen, deren Wert die Janitscharen nicht ermaßen, so daß sie sie für nichts verschleuderten. Selbst das Gold, so berichtet wenigstens Chalkokandyles, wurde häufig für Kupfer verkauft. Die herrlichsten und seltensten Bücher wurden haufenweise ins Feuer geworfen, weil sich niemand fand, der sie um den Spottpreis, für den man sie feilbot, hätte erstehen wollen. Riesig war auch der Schaden, den die fremden Niederlassungen, namentlich die italienischen Seestaaten Ancona, Amalfi, Genua, Venedig erlitten. Allein der Verlust Venedigs wird auf etwa 200 000 Goldstücke veranschlagt. Noch lange hernach sagten die Türken von einem reichen Mann fast sprichwörtlich, er habe an der Plünderung Konstantinopels teilgenommen.

Der gräßlichen Räuberei seiner Horden setzte Mehmed II. am dritten Tag ein endliches Ziel. Das Heer wurde nach dem Lager zurückbeordert. Die Flotte bekam Befehl, mit dem besten Teil der Beute, unter deren Last die Schiffe beinahe versanken, nach ihren Standorten zurückzusegeln. Der Zutritt ins Stadtinnere wurde nunmehr bei harten Strafen untersagt.

Die früheste Kunde vom Sturze Ost-Roms und dem traurigen Ende des tapfersten der Paläologen erhielt von allen abendländischen Mächten der Freistaat Venedig. Als gerade der Rat versammelt war, am 29. Juni 1453, wurde die Schreckenskunde durch Briefe des Kastellans von Modoni und des Bailo von Negroponte vermittelt. Der Sekretär des Zehnerrates, Alvise Bevazan, las die Schreiben mit der entsetzlichen Botschaft vor. Nie-

mand wagte, sich eine Abschrift der Unglücksnachricht zu erbitten, so
groß war die Trauer und Bestürzung. Von der Lagunenstadt wurde die
Meldung nach allen Seiten hin verbreitet. Die Signoria teilte sie am 30. Juni
dem Papst Nikolaus V. mit. Erst am 8. Juli wurde die Katastrophe in Rom
bekannt. Der Eindruck, den der Fall Konstantinopels auf den Papst und
die Kardinäle machte, war nach allen Berichten der Zeitgenossen nieder-
schmetternd. Allgemein empfand man, daß der Verlust dieses Bollwerkes
der Christenheit im Morgenland ein Weltereignis von weittragenden Folgen
war. Nikolaus V. ordnete Legaten an die sich untereinander zer-
fleischenden italienischen Mächte ab, um sie für den Frieden und die Abwehr der Ungläubigen zu gewinnen. Daß ein Wendepunkt der Welt-
geschichte eingetreten war, das fühlte man überall in diesen Stunden und
der ungeheure Widerhall des Ereignisses im Abendland bewies, daß Konstantinopel ganze Länder aufwiege. An der Grenze der beiden Erdteile, wo
bis dahin die Nachfolger Konstantins des Großen als Herrscher über die
morgenländische Christenheit gethront hatten, schlug nunmehr der Erbfeind christlichen Glaubens seinen Sitz auf, einer furchtbaren Gewitter-
wolke gleich, die sich jederzeit verderbenbringend über das Abendland entladen konnte. Mit Recht wurde darauf hingewiesen, daß diese stete Gefahr,
die alle Gemüter in Unruhe hielt und den Unternehmungsgeist der westlichen Völker lähmte, einen verhängnisvollen Einfluß auf deren inneres
Leben ausüben mußte und daß hiedurch eine friedliche Heilung der kirchlichen und gesellschaftlichen Schäden verhindert wurde. Mit gutem Grund
hat man das Jahr 1453 als die Grenzscheide des Mittelalters und der Neuzeit bezeichnet.

Ungarn mochte am meisten bedauern, mitten während der Belagerung
Konstantinopels, wohl schon in den ersten Apriltagen 1453, den anderthalb
Jahre vorher mit dem Sultan geschlossenen dreijährigen Waffenstillstand
gekündigt zu haben. Die Abgesandten Johannes Hunyadis erklärten dem
Großherrn, ihr Herr habe die Reichsverweserschaft niedergelegt und König
Ladislaus die Macht überantwortet. Was er versprochen habe, vermöge er
nicht mehr einzuhalten. Er reiche daher die sultanische Urkunde zurück
und verlange die seinige. Mit dem Ungarnkönig möge es Mehmed nach Belieben halten. Als einer der Sendboten sah, wie ungeschickt der Feuerwerker der Riesenkanone zielte und schoß, soll er darüber gelächelt und
ihn belehrt haben, wie er das Geschütz zu besserer Wirkung richten solle.
Er gab ihm genaue Weisungen, die Dukas im einzelnen anführt, und verhalf auf diese Art, daß die Mauern unter dem Beschuß mit Sicherheit zu-
sammenstürzten, eine fast an Zynismus grenzende Schamlosigkeit, die aber
reiche Früchte trug, ohne dadurch den Nutznießer dieses verderblichen

Ratschlages Ungarn gegenüber gefügiger zu machen. Wie sich nach der Einnahme Konstantinopels die unmittelbaren Nachbarn des neuen Herrn von Byzanz verhielten, wird noch zu schildern sein.

Am 2. Juni beschäftigte sich der junge Großherr mit den Genuesen zu Galata. Einwohnerlisten wurden angefertigt, die Häuser der zu Schiff Entflohenen erbrochen, aber nicht geplündert. Der Hausrat wurde verzeichnet und den Besitzern eine Dreimonatsfrist zur Rückkehr anberaumt. Wer sie verstreichen ließ, dessen Haus verfiel samt Einrichtung dem Staatssäckel. Die Mauern Galatas befahl Mehmed zu schleifen, doch durften die an der Hafenseite stehenbleiben. Schon während der Belagerung hatten die Genuesen ins Zelt des Sultans Abgesandte geschickt, um die seit langem bestehenden Verträge zu erneuern. Mehmed verhieß ihnen Frieden und Freundschaft, verlangte aber, daß sie den Griechen in Konstantinopel auf keine Weise behilflich sein dürften. Das wurde gegenseitig beschworen und wenigstens äußerlich von den Genuesen befolgt. Am 29. Mai 1453 hatte der Podestà der Genuesen von Galata, Angelo Lomellino, die Stadtschlüssel an den Großherrn gesandt und am 2. Juni wurden den Bewohnern von Galata in einem förmlichen, griechisch abgefaßten Vertrag, dessen Urschrift sich in London erhalten hat, ihre Rechte und Freiheiten bestätigt. Der durch Saghanos-Pascha entworfene und unterfertigte Fermân gewährte den Galatern die Sicherheit des Lebens und Eigentums; ihre Söhne sollten nicht zu Janitscharen ausgehoben werden, ihre Kirchen und ihr Kultus ungestört bleiben. Neue Kirchen dürften nicht gebaut, Glocken und Schlagbretter nicht mehr verwendet werden. Türkische Einwohner und Truppen dürften die Stadt Galata nicht betreten. Ihren Handelsverkehr sollten die Genuesen von Galata ohne Hinderung und abgabenfrei betreiben dürfen, dagegen sollten die Kaufleute aus Genua selbst den gesetzlichen Zoll entrichten. Die Bürger von Galata wurden der Kopfsteuerpflicht unterworfen und durften sich einen Ältesten wählen, der über Erhaltung von Brauch, Gesetz und Recht im kaufmännischen Verkehr zu wachen habe. Die Genuesen wurden gehalten, ihre Waffen, Geschütze und Schießvorrat auszuliefern und dafür zu sorgen, daß die Wälle die oben angedeutete Schleifung erfuhren.

Mehmed II. verblieb nach der Eroberung noch 24 Tage in Konstantinopel oder, wie es nunmehr hieß, Istanbul (aus griechisch *is tin polin*, das ist ,in die Stadt'), Stambul. Erst in der Nacht des 21. Juni 1453 kehrte er nach Adrianopel zurück, einen langen Zug von Beute und edlen griechischen Mädchen und Frauen mit sich führend. Unter den Gefangenen befand sich auch die Gattin des Lukas Notaras, die aber auf dem Weg beim Dorfe Misinli (Messene) verschied und begraben wurde. Nunmehr ereilte auch den Großwesir Chalîl-Pascha sein Schicksal. Er wurde schon am dritten Tag nach der Eroberung in den Kerker geworfen und am 40. Tag seiner Gefangenschaft, also am 10. Juli 1453, zu Adrianopel, wohin er verschleppt worden war, hingerichtet. 120 000 Dukaten wurden in seinem Nachlaß an Bargeld gefunden und dem Staatsschatz zugeführt. Seine beiden Amtsgehilfen Jaᶜqûb und Mehmed-Pascha wurden ebenfalls um ihr Vermögen gebracht und Chalîls Freunden ward untersagt, für den Toten zu trauern. Längst hatte der Sultan des Großwesirs Bestechlichkeit durch griechisches Gold geahnt, wie ja der oben geschilderte Vorfall im Palast zu Adrianopel hat erkennen lassen. Als Mehmed II. eines Tages einen Fuchs am Tor angebunden sah, rief er aus: ‚Armer Narr, warum hast du dich nicht an Chalîl gewendet, deine Freiheit zu erkaufen?' Diese Worte erschreckten den Wesir, der sich damals durch die Pilgerfahrt nach Mekka dem sultanischen Zorn entziehen wollte. Eine großherrliche Botschaft hieß ihn guter Dinge sein, so daß er beruhigt seine Mekkareise verschob. Aber der geheime Groll und das Mißtrauen Mehmeds schwanden nicht, bis Chalîl-Pascha, dessen Familie der Tschandarly in ununterbrochener Folge bereits den vierten Großwesir gestellt hatte, seine Schuld mit dem Leben bezahlen mußte.

Von Adrianopel ergingen Siegesschreiben an die befreundeten muslimischen Staatsoberhäupter. Den Gesandten der benachbarten christlichen Staaten und Inseln, die sich zum Glückwunsch am Hofsitz des Eroberers eingefunden hatten, wurde die Auflage erhöhter Jahresgelder eröffnet. Vom serbischen Despoten ward eine jährliche Gesandtschaft mit einem Tribut von 12 000, von den beiden Despoten auf Morea von 10 000 Dukaten gefordert. Die genuesischen Machthaber auf Chios und Mytilini (Lesbos) sollten jährlich 6000 und 3000 Goldstücke abführen. Vom Komnenenkaiser in Trapezunt und anderen Küstenstädten am Schwarzen Meer wurde gleichfalls jährlich 2000 Dukaten zu überbringen durch eine Gesandtschaft verlangt. Ragusa sandte keine Abordnung und noch immer kein Jahrgeld, obwohl die Stadt zum Verdruß der Pforte den griechischen Flüchtlingen Gastfreundschaft gewährt, Komnenen, Laskariden, Kantakuzene und Paläologen bewirtet, vortreffliche Gelehrte aus Byzanz, wie Konstantin Laskaris, Demetrios Chalkokandyles, Theodoros Spandugino und Paulos Tarchaniotis wohl aufgenommen und weiter nach Florenz an den Hof Cosimo's dei Medici geleitet hatte. Vom Großmeister auf Rhodos sowie von Venedig wurden Gesandte zur Unterhandlung des Friedens erwartet. Sendlinge des Despoten Georg Branković erschienen schon im August 1453 am Hofsitz zu Adrianopel, wo sie den Gefangenen reiche Almosen spendeten und auf Weisung des Despoten 100 junge und alte Non-

nen aus der Sklaverei loskauften. Der Menschenhandel, aus dem manche
ein glänzendes Geschäft zu machen wußten, muß nach der Einnahme Konstantinopels besonders zu Adrianopel in großer Blüte gestanden haben.
Durch die Verschleppungen aus Konstantinopel war die alte Hauptstadt öde
und menschenleer geworden und Mehmeds Bemühungen richteten sich nunmehr mit allem Nachdruck auf eine baldige Regelung des Problems der
Wiederbevölkerung. Bei seinem Abzug hatte er einen gewissen Sulejmân-
Beg aus Qaryschdyran (Thrakien) zum Vogt *(subasch y)* der Stadt ernannt und eine Besatzung von 1500 Janitscharen dort zurückgelassen.
Sulejmân-Beg hatte den Auftrag, die Stadt zu säubern, die verfallenen
Mauern auszubessern, deren Ämter den türkischen Zuständen anzugleichen
und sie türkischen Beamten anzuvertrauen, zumal aber die Bevölke-
rungsverhältnisse durch Zurückführung der früheren entwichenen Bürger
und durch Einweisung neuer zu ordnen. Man traf schleunigst die notwendigen Anstalten zur Wiederbesiedlung, indem vor allem Bewohner eroberter
Städte nach Stambul überführt wurden. Diese verpflanzten Bevölkerungen
wies man jeweils in Stadtviertel ein, die nach ihnen benannt wurden
und diese Namen zum Teil sogar heute noch tragen. So fanden die aus Morea verschleppten Griechen unweit des neuen Patriarchats im Phanar-
Viertel (Fener) Unterkunft. Aus Saloniki wurden zahlreiche jüdische
Familien herangebracht, von deren Handelsfleiß man sich besonders viel
für den raschen Wiederaufstieg der verödeten Stadt versprach. An dieser
Übung wurde noch Jahrzehnte hindurch festgehalten und bei jeder neuen
Eroberung wurden Umsiedlungen nach Stambul vorgenommen, so daß
die nunmehrige neue Hauptstadt des osmanischen Reiches etwa 25 Jahre
nach der Einnahme rund 60 000—70 000 Seelen beherbergte. 1477 weist
die von einem Richter Muhjî ed-Dîn gefertigte Statistik in Stambul 9000
von Türken, 3000 von Griechen, 1500 von Juden, 267 von Krim-Christen,
750 von Menschen aus Qaraman, 31 von Zigeunern bewohnte Häuser auf.
Daneben waren 3667 Läden vorhanden.

Vielleicht die wichtigste Maßnahme, die Mehmed II. noch vor Ablauf des
Jahres 1453 einleitete und in den ersten Monaten des folgenden zu Ende
führte, war die Wahl und Weihe eines neuen Patriarchen, die nach her-
gebrachter Sitte und Ordnung vorgenommen werden sollte. Die wenigen in
der Stadt verbliebenen Erzpriester und Laien einigten sich rasch auf Georgios Scholarios, als Mönch und Patriarch Gennadios geheißen, der während der Belagerung aus seiner Mönchszelle entflohen, außerhalb der Mauern von den Türken aufgegriffen und zu Adrianopel als Sklave verkauft
worden war. Von dort ließ ihn Mehmed II. nach Konstantinopel zurückbringen und zu Beginn des neuen Jahres, nämlich am 6. Januar 1454, kei-

neswegs also, wie bisher meist zu lesen war, bereits im Sommer 1453, in sein neues Amt einsetzen. Vorher ließ er ihn ins großherrliche Quartier berufen und zum Mahle laden. Dort empfing er ihn mit ausgesuchten Ehren und Freundlichkeiten. Als er schied, verehrte er ihm ein kostbares Zepter, ja er begleitete ihn sogar bis in den Hof, obwohl Gennadios diese Ehrung ausschlagen wollte, und befahl, daß alle Würdenträger ihn bis zum Patriarchat begleiten sollten. So ritt er auf dem ihm vorgeführten Zelter bis zur Kirche der Heiligen Apostel, die ihm an Stelle der in eine Moschee verwandelten Hagia Sophia als Amtssitz angewiesen worden war. Von dieser Stätte, die hernach die Eroberer-Moschee einnahm, verlegte Gennadios übrigens bald das Patriarchat nach der Kirche der Pammakaristi, die später in eine Moschee (Fethîje-M.) verwandelt wurde. Mehmed II. ließ Gennadios eine Urkunde ausfertigen, aus der hervorging, 'daß ihn keiner belästigen und stören dürfe; daß er ungekränkt, unbesteuert und unerschüttert von allen Gegnern, mit allen ihm unterstellten Erzpriestern für alle Zeiten von Steuern und Abgaben ledig bleibe'. Den Griechen wurden durch einen Erlaß drei Freiheiten zugesichert: erstens, daß ihre Kirchen nicht in Moscheen verwandelt werden; zweitens, daß ihre Eheschließungen, Begräbnisse und andere Kirchengebräuche ungestört vor sich gehen; drittens, daß das Osterfest mit allen Zeremonien gefeiert und während der drei Festnächte die Tore des Fanars, also des Griechenviertels, geöffnet bleiben sollten. Abgesehen davon, daß die Sultane in den eroberten Städten bislang stets den Bischöfen und Metropoliten alle gerichtlichen Gerechtsame, mancherlei Einkünfte und zum Teil auch ihre Ehrenstellungen belassen hatten, verfolgte Mehmed II. im vorliegenden Fall deutlich die Absicht, das hierarchische Gefüge der christlich-orthodoxen Kirche nicht zu lockern und so eine seinen Absichten dienliche Vorkehrung zu erhalten, die in manchem Betracht die in der Staatseinrichtung noch vorhandenen Unvollkommenheiten auszugleichen vermochte. Durch die Inthronisierung des orthodoxen Patriarchen wurde überdies erreicht, daß die oberste geistliche Macht für die Griechen und überhaupt für die morgenländische Christenheit den neuen Zustand der Dinge vorbehaltlos anerkannte, so daß bereits im Anfange der türkischen Herrschaft über Byzanz jeder Ansatz einer Gegenwehr seitens der neuen Untertanen und Kopfsteuerpflichtigen unterbunden wurde.

Alle diese Zugeständnisse hinderten Mehmed II. nicht, eine Kirche nach der andern ihrem ursprünglichen Zweck zu entziehen und in Moscheen verwandeln zu lassen. Die meisten Wandmalereien und Mosaiken, die sie einstmals zierten, wurden schonungslos mit Kalk übertüncht. ‚Aus dunklem Anlaß' *(per occulta causa)* gab der Eroberer jedoch Befehl, das Mosaik der Gottesmutter in der Halbkugel der Chor-Apsis der Hagia Sophia zu verschonen. Hundert Jahre später noch war das Bild nur mit einem Schleier bedeckt, bis er in der Folge gleichfalls übermalt wurde. Erst in unseren Tagen, wo man die Mosaiken behutsam vom Belag zu reinigen beginnt, kommen ihre ursprüngliche Pracht und Leuchtkraft wieder zum Vorschein und erregen Staunen und Bewunderung der Beschauer.

Die kleineren Gotteshäuser wurden ihrer bleiernen Dächer entkleidet, um für die neue Wohnung des Großherrn erwünschten Baustoff zu liefern. Dukas führt darüber besonders bewegliche Klage.

Der Sultan, so scheint es, ließ sich die Gelegenheit nicht entgehen, aus der in Konstantinopel gemachten Menschenbeute für seinen Hof geeignete Personen auszusuchen und nach Adrianopel mitzunehmen. Leider fehlen über diese Maßnahme zuverlässige Angaben. Wenn der Podestà von Pera, Angelo Giovanni Zaccaria, in seinem ,Sendschreiben über den Untergang Konstantinopels' *(Epistola de excidio Constantinopolitano)* darüber jammert, daß ihm Mehmed II. seinen Neffen genommen habe, weil er ,in seiner Hofhaltung einige Lateiner haben wolle', so steht dieses Beispiel gewiß nicht allein da, sondern ist als Einzelfall nur zufällig urkundlich bezeugt. Vornehmlich aber sind zahlreiche Griechen nach dem Sitz der Pforte überführt worden, besonders solche, die in Konstantinopel maßgebliche Verwaltungsstellen bekleidet hatten. Der Umfang übernommener Einrichtungen und Gepflogenheiten im Zusammenhang mit der Eroberung Ost-Roms wird außerordentlich überschätzt, wie es denn überhaupt nicht angeht, byzantinische Entlehnungen großenteils in die Zeit nach der Einnahme Konstantinopels zu verlegen. Sie sind überwiegend altes überkommenes Gut, das sich die Osmanen bereits auf anatolischem Boden im Laufe der Auseinandersetzungen mit den Byzantinern noch im 13. und 14. Jahrhundert angeeignet haben. Daß mit dem Besitze der byzantinischen Hauptstadt das Osmanentum Erbe der oströmischen Politik und damit der auf das Mittelmeer gerichteten römischen Machtansprüche überhaupt geworden ist, was man unter anderm daraus glaubte schließen zu müssen, daß die äußere Abrundung des Reiches in auffallender Weise dem Länderumfang des byzantinischen Reiches folgte und dann auch die Zeit des Rückganges ein ganz ähnliches Abbröckeln der Randgebiete zeigte, hat wenig mit der von den Sultanen eingeschlagenen Politik zu schaffen, sondern war mit fast zwingender Notwendigkeit die Folge natürlicher Gegebenheiten und politischer Ereignisse.

Als möglich, wenn auch nicht ausgemacht, mag gelten, daß Mehmed II. nach der Eroberung Mondsichel u n d S t e r n aus einer byzantinischen Überlieferung als eine Art Hoheitszeichen übernommen hat. Daß der Halbmond auf der blutroten, von Emir Orchan angeblich der Janitscharentruppe verliehenen Fahne weit älter ist, bekunden zahlreiche Darstellungen aus der Zeit vor 1453. Da auf den Fahnen jedesmal jedoch der Stern fehlt, der sich zusammen mit einem Halbmond unter anderem auf sassanidischen und byzantinischen Stadtmünzen findet, mag er als Zutat Mehmeds II. in Frage kommen. Es erscheint unzweifelhaft, daß türkische Nomadenstämme schon in Innerasien den Halbmond allein als Feldzeichen verwendeten, ebenso sicher freilich, daß Mondsichel u n d Stern erst weit später nachzuweisen sind. Daß sich in dem äußeren Wahrzeichen osmanischer und nunmehr türkischer Staatshoheit alttürkische Gebräuche mit byzantinischen Überlieferungen verbunden haben, hat vieles für sich. Auch die arabische Bezeichnung *Ebu'l-Feth*, das ist ‚Vater der Eroberung‘, mit der man neben *Fâtih*, das ist ‚Eroberer‘, Mehmed II. nach der Erstürmung Konstantinopels zu bezeichnen pflegte und noch heutigentags benennt, geht in alte Zeiten zurück und ist als Titulatur für seldschûqische Sultane seit dem Beginn des 13. Jahrhunderts festzustellen.

Während des Sommers 1453 begab sich Mehmed, wie auch sein Lobredner Kritoboulos aus Imbros überliefert, 35 Tage nach Anatolien, wo er sich, wie die osmanischen Chronisten bemerken, in den Bergen von den Mühen der letzten Monate zu erholen suchte, doch scheint er schon im Laufe des August wieder nach Adrianopel zurückgekehrt zu sein, da in diese Wochen, Dukas zufolge, der Empfang der serbischen Abordnung fiel.

Herbst und Winter verbrachte der Sultan an seinem Hofsitz, vermutlich mit dem Bau des Palastes auf der Tundscha-Insel beschäftigt. Die Fortführung dieser weitläufigen Baulichkeiten gleich nach der Einnahme Konstantinopels spricht nicht für die Wahrscheinlichkeit, daß sich Mehmed II. schon damals ernsthaft mit dem Gedanken einer sofortigen Übersiedlung nach der byzantinischen Hauptstadt getragen hat. Für die rasche Änderung dieser Pläne läßt sich allerdings die Tatsache anführen, daß bereits im nächsten Jahre mit der Anlage des sogenannten Alten Palastes in Stambul begonnen wurde.

Siliwri (Selymbria) sowie Bivados (Epibatos), die beiden Städtchen im Vorland von Konstantinopel, die seinerzeit allein Widerstand geleistet hatten, ergaben sich nach dem Falle der Stadt auf friedliche Weise den türkischen Truppen, denen sie sich im Vertrauen auf die Festigkeit ihrer Mauern und die byzantinische Hilfe mit Erfolg widersetzt hatten. Damit war ganz Thrakien in osmanischen Händen.

Gleich zu Frühlingsbeginn 1454 schickte Mehmed II., im Vollgefühl der Sicherheit in seinem Rücken, Gesandte an den hochbetagten, fast 80 jährigen Despoten Georg Branković mit einer Botschaft, die nach Dukas diesen Wortlaut hatte: ‚Das Land, das Du beherrschest, gehört nicht Dir,

sondern dem Sohne Lazars, Stjepan, und folglich mir. Deines Vaters Vuk
Anteil sowie Sofia kann ich Dir abtreten. Wenn Du Dich weigerst, so komme
ich über Dich!' Weit wahrscheinlicher diente indessen als Vorwand zum
Einschreiten die unregelmäßige Zahlung der Jahressteuer sowie die uner-
wünschte neuerliche Verbindung mit Ungarn. Es hat den Anschein, daß
Mehmed II. vom Despoten gewisse Landabtretungen, darunter die Burg
Golubac an der Donau, das ,Taubersburg' der deutschen Chroniken, sowie die Hauptstadt Semendria (Smederevo) forderte. Mit wilden Drohungen soll der Gesandtschaft eine Frist von fünfundzwanzig Tagen für
die Erlangung dieser Zusagen gestellt worden sein. Georg Branković war
über die Donau nach Ungarn geflüchtet und die osmanische Gesandtschaft
ward unter allerhand Vorwänden solange hingehalten, bis man Zeit zur
Befestigung und zur Verproviantierung der bedrohten Städte gewonnen
hatte. Als diese nach dreißig Tagen noch nicht heimgekehrt war, brach der
Sultan mit dem Heer von Adrianopel nach Philippopel auf, wo er auf den
aus Serbien kommenden Gesandten stieß. Die Flucht des Despoten nach
Ungarn und die hiedurch bedingte Verzögerung des Auftrages retteten
ihm, so meint Dukas, das Leben. Die Ungarn hatten sich mittlerweile
selbst in Marsch gesetzt und waren über die Donau gegangen, um die jenseitigen Lande zu plündern. Mehmed ließ in Sofia die Hauptmasse des
Heeres zurück, ebenso seinen Hofstaat, und begab sich an der Spitze von
angeblich 20 000 Sipâhîs weiter nach Westen. Während der Despot seinem
Volk geraten hatte, sich hinter die Mauern der Festungen zu begeben und
dort die ungarische Hilfe abzuwarten, teilte sein Gegner seine Streitmacht
in zwei Säulen, deren eine vor Semendria, deren andere vor Ostrovica Aufstellung nahm. Ostrovica, auf einem steilen, von weitem sichtbaren Fels-
spitz (765 Meter) nordwestlich der Bergwerkstadt Rudnik gelegen, war mit
Semendria an der Donau einer der Hauptschlüssel des Serbenlandes, das
zur gleichen Zeit von der osmanischen Reiterei fast unbehindert durch-
streift und ausgeraubt wurde. 50 000 Menschen wurden als Sklaven nach
Stambul verschleppt und in den umliegenden Dörfern angesiedelt. Semendria leistete heftigen Widerstand, selbst als der äußere Wall der gewaltigen Festung bereits bezwungen war, während Ostrovica, dessen Besatzung einen vergeblichen Ausfall unternommen hatte, durch die osmanischen Geschütze in Trümmer fiel. Gegen Zusage freien Abzugs öffneten die Belagerer die Tore der Burg, wurden aber ungeachtet der Schwüre
in die Sklaverei abgeführt. Der Ort hieß von nun an Sirfidsche Hißâr.
Mehmed ließ die Belagerung Semendrias aufheben und kehrte mit reicher
Menschenbeute, von der er das ihm zustehende Fünftel für sein Seraj behielt, über Sofia nach Adrianopel zurück. Am 18. April, also in der Oster-

woche, traf er bereits in Stambul ein. In Serbien, und zwar an der Morava
zu Kruševac, das den Namen Aladscha Hißâr bei den Türken führte, hatte
Mehmed den Fîrûs-Beg mit rund 32 000 Mann zurückgelassen, um Georg
Branković und notfalls Johann Hunyadi entgegenzutreten. Der Überfall
der beiden ließ nicht lang auf sich warten. Fîrûs-Beg wurde mit seinem
Heer geschlagen, selbst in die Gefangenschaft abgeführt und nach Semendria zum Despoten gebracht (2. Okt. 1454). Hunyadi brandschatzte
die Umgegend von Nisch und Pirot, brannte Vidin nieder und eilte nach
diesem glänzenden Reiterzug ungehindert nach Belgrad zurück, in dessen
Nähe ihm der Despot sowie sein Schwiegersohn Ulrich Graf von Cilli ent-
gegenkamen. Nun wurden zwei Serbenheere aufgestellt, eines auf dem blut-
getränkten Amselfeld, das andere bei Leskovac in der Landschaft Glubo-
čica. Der Führer des zweiten, Nikola Akobalić, schlug die aus Mazedonien
vordringenden Türken bei Vranja (24. September 1454), ward aber in einer
zweiten Schlacht südlich davon besiegt (16. November), gefangen und
lebendig gespießt. Die entsetzliche Verheerung des Landes als Folge dieser
Kämpfe bewirkte eine Massenflucht von Hungernden bis zur Adria.

Mehmed II., der im fernen Serbien seine Grenzbege schalten ließ, ohne
selbst in den Gang der Kriegshandlungen eingreifen zu können, hatte sich am
18. April 1454 mit der Signoria von Venedig, die zwei Monate vorher
(12. Februar) mit dem ‚Groß-Qaraman' *(Gran Caraman)* Ibrâhîm-Beg,
dem ewigen Meuterer und Erbfeind der Osmanen, einen Vertrag abgeschlossen sowie eine Abmachung getroffen hatte, geeinigt. Auf der
Grundlage der bisherigen Übereinkommen wurde den beiderseitigen Kaufleuten Handelsfreiheit in den Staaten der Partner zugesichert, der Herzog
von Naxos als Lehensträger der Markusrepublik in den Frieden einbezogen,
die Abgaben für die Besitzungen Venedigs in Albanien im gleichen Ausmaß wie unter Murâd II. geregelt und schließlich Venedig das Recht eingeräumt, zum Schutze seiner Untertanen in Stambul einen Botschafter
(Bailo) zu unterhalten. Das war ein glimpflicher Ausgang, der sich fast wie
ein diplomatischer Sieg ausnahm, wenn man bedenkt, daß sich der Großherr auch den Nebenbuhlern, den Genuesen, nur als karger Geber und
rasch genug als rücksichtsloser Zerstörer so vieler ihrer Stellungen in der
Levante erwies, wobei Venedig sich jedesmal klug einzumengen verstand.
Bartolomeo Marcello, der die Unterhandlungen führte und den peinlichen
Auftrag ausführte, sich beim Sultan im Namen der Signoria für die Teilnahme seiner Landsleute bei Konstantinopels Verteidigung zu entschuldigen und über den Mord ihrer Bürger, vor allem des Bailo Girolamo Minotto, sowie über den Raub ihrer Habe möglichst stillzuschweigen, ging
als erster venedischer Bailo nach Stambul und verblieb dort bis zur Ab-

lösung durch Lorenzo Vitturi (1456). In seiner Begleitung befanden sich
zwei Persönlichkeiten, von denen die eine Giovanni Dario, dem wir noch
mehrfach begegnen werden, die andere jener Iacopo de' Languschi gewesen sein dürfte, dessen ungewöhnlich anschauliche und bündige Schilderung des jungen 22jährigen Großherrn Zorzo Dolfin in seiner ,Cronaca' gerettet hat: ,Der Herrscher, der Großtürke Mehmed-Beg, ist ein Jüngling von
26 Jahren, wohlgebaut, von einem eher starken Körperbau als von mittlerer
Gestalt, ausgezeichnet in den Waffen, von einem mehr fürchterlichen als
ehrwürdigen Anblick, mit spärlichem Lachen, rastlos aus Klugheit, begabt
mit großherziger Freizügigkeit, verbissen in sein Vorhaben, überaus kühn
in jeglicher Sache, ruhmsüchtig wie Alexander von Mazedonien. Täglich
läßt er sich römische und andere Geschichtswerke vorlesen von einem Begleiter namens Ciriaco von Ancona und von einem anderen Italiener. Von
diesen läßt er sich Laertius, Herodot, Livius, Quintus Curtius vortragen,
die Chroniken der Päpste, der Kaiser, der Könige von Frankreich, der
Langobarden. Er drückt sich in drei Sprachen aus, dem Türkischen, dem
Griechischen und dem Slavischen. Geschickt unterrichtet er sich über die
Lage Italiens und der Orte, wohin Anchises und Aeneas und Antenor gelangten, wo der Sitz des Papstes ist, der des Kaisers, wie viele Königreiche
es in Europa gibt. Davon besitzt er eine Karte mit den Reichen und Provinzen. Nichts erfährt er mit größerem Beifall und Verlangen als die Lage
der Welt und die Kenntnis militärischer Dinge, er brennt von Begierde zu
herrschen, ein schlauer Erkunder der Verhältnisse. Mit solchem und also
beschaffnem Menschen haben wir Christen es zu tun.' Und weiter: ,Heute',
sagt er, 'hätten sich die Zeiten geändert. Er werde vom Osten in den Westen
gehen wie einstmals die Abendländer in den Orient vordrangen. Nur ein
Reich', sagt er, 'dürfe auf der Welt sein, ein Glaube und eine Herrschaft.'
Diese Bemerkungen, die Mehmed II. bald nach dem Untergang von Byzanz
getan haben muß, zeigen bereits klar die Grundgedanken seiner welt-
politischen Absichten, die Welt des Abendlandes seinem Zepter zu unterwerfen.

Die spätere Hauptstadt des Reiches in altem Glanz erstehen zu lassen,
gleichzeitig aber die innere Verwaltung zu festigen und auszubauen, war
das Ziel seiner nächsten Bemühungen. Auf der Stelle, wo während der Belagerung die Grabstätte des Fahnenträgers des Propheten Ebû Ejjûb
(672) durch den Schejch Aq Schems ed-Dîn aufgefunden worden sein soll,
legte Mehmed II. angeblich schon im Sommer 1454 den Grundstein einer
Moschee aus weißem Marmor, in einfachstem Stil, ganz ohne Säulen; vier
große gemauerte Pfeiler halten die Kuppel. Die Moschee von Ejjûb, bis
vor nicht langer Zeit ebenso wie der sie umgebende riesige Friedhof eine

den Franken, Nichtmuslimen unzugängliche Kultstätte, ward in der Folge
eine Art Krönungsmoschee der osmanischen Sultane. Dort wurde der neue
Herrscher jeweils vom Ordensoberen der Mewlewî-Derwische mit dem
Schwerte des Emîrs ᶜOsmân umgürtet, dort wurden geheiligte Reliquien
des Islam, wie die in Silber gefaßte Fußtapfe Muhammeds, in der Folgezeit manchmal aufbewahrt und den Blicken der Ungläubigen entzogen.
Einsichtige Forscher haben längst die wunderbare Auffindung des Grabes
in einem Gehölz unweit des sogenannten Egri Qapu ins Reich der Fabel
verwiesen. Es handelt sich um eine spätere Erfindung und die Sage
schmückte sie so aus, als ob Mehmed II., als sein Heer schon mutlos zu
werden begann, den Derwisch-Schejch Aq Schems ed-Dîn veranlaßt habe,
die Ruhestatt des Ebû Ejjûb aufzusuchen. Das geschah und sowohl Mut
als auch Kampfbegeisterung der Truppen steigerten sich, als die Kunde
verbreitet wurde, dermaßen, daß die Einnahme hiedurch beschleunigt
wurde. Tatsache ist, daß keine gleichzeitige Quelle auch nur mit einer Silbe
diese pia fraus erwähnt, daß sie vielmehr lange hernach ausgetüftelt wurde.
In keinem der nach der Eroberung in die muslimische Welt versandten
Sendschreiben Mehmeds II., nicht einmal in dem nach Mekka selbst gerichteten, ist auch nur mit einem Worte vom Grabe des Waffengefährten
Muhammeds die Rede. Die Errichtung der Moschee bereits im Jahre 1454
oder, wie es anderwärts heißt, 1458 durch Mehmed II. ist aus Gründen der
Bautechnik und des Stiles zweifelhaft und nach diesen Gesichtspunkten
erst in spätere Zeiten zu verlegen. Lediglich das Grabmal des Ebû Ejjûb
und ein bescheidener Teil des ihm voraufgehenden Vorhofes könnten bereits im 15. Jahrhundert entstanden sein. Nicht minder fraglich ist, ob
wirklich Mehmed II. als erster, und zwar von Aq Schems ed-Dîn, mit dem
Schwerte seines Ahnherrn umgürtet worden ist, eine Zeremonie, der westlichen Weihe und Krönung vergleichbar, die ebenfalls lange nach der
Eroberung aufgekommen sein dürfte.

Zur gleichen Zeit etwa soll der Großherr sich zum Bau eines Palastes in
Stambul entschlossen haben, und zwar am Platze, der einstmals das
Theodosianische Forum in sich begriff, wo Leo der Große das eigentliche
Kapitol der Stadt, das Palatium in Tauro, erstehen ließ. Ob Mehmed II.,
wie man vermutet hat, sich durch diesen Umstand verleiten ließ, den Mittelpunkt seiner Herrschaft hier aufzuschlagen, steht dahin. Maßgeblicher
wird für ihn die beherrschende Lage, die nur von wenigen Plätzen Stambuls an Reiz und Herrlichkeit übertroffen werden kann, gewesen sein. Der
Bau des Alten Serajs, der vier Jahre in Anspruch nahm, umschloß in seinem weitläufigen Umfang, den eine hohe Mauer bezeichnete, Gebäude
aller Art, die schon nach wenigen Jahren ihrer Bestimmung entzogen wur-

den. Später blieb das Alte Seraj der Aufenthaltsort des kaiserlichen Harems, wo der Sultan nur ein paar Nächte der Woche zu verbringen pflegte. Mehmeds II. Urenkel, Sulejmân der Prächtige (1520—1566), beschränkte den Umfang des Palastes wesentlich, indem er einen Teil zum Grunde für seine Moscheen, die Sulejmânîje- und die Prinzen-Moschee, verwendete und dort die Paläste seiner ersten Wesire zu errichten erlaubte. 1714 ging der Palast in Flammen auf und heute steht an seiner Stelle die Universität, deren Gebäude vorher dem Kriegsministerium (Seraskerat) gedient hatte. Keine Spur erinnert mehr an die Stätte, wo einstmals der erste Palast des Eroberers von Konstantinopel gestanden hat. Schon in dessen späteren Regierungsjahren hatte er seine ehemalige Bedeutung eingebüßt und beherbergte ausschließlich die Sultansfrauen und den großherrlichen Harem. Bis zu Mahmûd II. wurden die nach dem Brand neuerstandenen Baulichkeiten ähnlichen Zwecken nutzbar gemacht: die Frauengemächer von entthronten oder verstorbenen Sultanen wurden dort untergebracht und im Volksmunde verblieb ihnen lange, nachdem sie um 1870 niedergerissen worden waren, der Name Eski Seraj, Alter Palast.

Nach der Hinrichtung des Großwesirs Tschandarly-oghlu Chalîl-Pascha blieb das Amt des höchsten Staatswürdenträgers über ein Jahr unbesetzt. Alle wesentlichen Entscheidungen, die dem Großwesir oblagen, traf nunmehr der Sultan selbst. Als er sich entschloß, einen neuen Großwesir zu bestellen, behielt Mehmed II. den Vorsitz im *Dîwân*, dem Kronrat, selbst, während lediglich der Oberbefehl über das Heer dem ersten Wesir übertragen wurde. Dieser Zustand dauerte wohl bis in die letzten Regierungsjahre des Eroberers. An vier aufeinanderfolgenden Tagen, vom Samstag bis Dienstag, pflegte unter Mehmed II. der Diwan zu tagen und jedermann hatte das Recht, vor ihm zu erscheinen und sein Begehr vorzutragen. Dann erst wieder verblieb die Verhandlung der Angelegenheiten des Diwans wiederum wie früher in den Händen der Wesire, deren Zahl erst unter Mehmed II. von vorher drei auf vier vermehrt wurde. Der erste, der Großwesir, führte den Vorsitz als Stellvertreter des Großherrn als oberster Leiter aller Zweige der Staatsverwaltung. Der Großwesir genoß besondere Vorrechte, deren wichtigste unter Mehmed II. folgende waren: Verwahrung des Reichssiegels, mit dem an Diwantagen die Türen des Schatzes und der Kammer versiegelt wurden; das Recht, in seinem eigenen Palast an Nachmittagen besonderen Diwan (Reichsrat) abzuhalten; die Begleitung durch den Hofmarschall, den sogenannten Diwan-Beg, und alle Staatsboten, Tschausche, von der Pforte in den kaiserlichen Palast und zurück, an Freitagen auf dem Zug zur Moschee; die Aufwartung der Heeresrichter und Defterdâre (Schatzmeister) jeden Mittwoch im gleichen Staatsturban, den sie am Hof benutzen; Erscheinen der sogenannten Herren des kaiserlichen Steigbügels im montäglichen Diwan; die weiteren Gerechtsamen beziehen sich auf zeremonielle Rangbefugnisse, deren Aufzählung hier außer Betracht bleiben kann.

Den verwaisten Posten eines Großwesirs, den lediglich, Kritoboulos zufolge, kurze Zeit Ishâq-Pascha übernommen haben soll, übertrug Mehmed II. im Sommer 1453 einer der bemerkenswertesten Gestalten der osmanischen Reichsgeschichte, deren Andenken noch heute im Volke lebendig und deren tragisches Schicksal in der Erinnerung wach geblieben ist: Mahmûd-Pascha Angelović. Neben den Kantakuzenen war im serbischen Despotat die vornehmste Familie die Angeli von Thessalien aus dem Geschlechte des Kaisers Alexios Angelos Philanthropenos und dessen Bruders oder Sohnes, des Kaisers Manuel Angelos Philanthropenos, des letzten christlichen Fürsten von Thessalien. Der Sohn Michael eines dieser beiden Angeli lebte zu Novo Brdo und ehelichte eine Serbin, die, vermutlich um 1427, auf der Flucht von ihrem Wohnsitz zur Donau von türkischen Reitern gefangen und zusammen mit anderen nach Adrianopel verschleppt wurde. Einer ihrer Söhne gelangte in den osmanischen Hofdienst, wo er wegen seiner reichen Begabung frühzeitig die Aufmerksamkeit auf sich lenkte, Muslim wurde und alsbald in freundschaftliche Beziehungen zum Kronprinzen Mehmed-Tschelebi trat. Er rückte, als dieser zum zweitenmal Sultan wurde, schnell zum Landpfleger von Rumelien auf. Diesem also übertrug Mehmed II. nunmehr das Reichssiegel. Ein Bruder des Mahmûd-Pascha, Michael Angelović mit Namen, blieb in Serbien zurück, stieg gleichfalls rasch zu hohen Staatsämtern auf und spielte als Handlanger seines Bruders in der Folge eine entscheidende Rolle, von der noch mehrmals die Rede gehen wird. Beider Mutter blieb Christin, siedelte nach Stambul über, wo sie sich, wenigstens zeitweise, der großherrlichen Gunst erfreute und mit Grundbesitz belehnt wurde.

Auch sonst scheinen um die gleiche Zeit die Wesirwürden vertauscht worden zu sein. So dürfte zur selben Frist der vertraute Günstling Murâds II., Sarudscha-Pascha, abgesetzt und nach Gallipoli verwiesen worden sein. Ebenso fiel Saghanos-Pascha, obwohl seine Tochter Gefallen vor Mehmeds Augen und Aufnahme im großherrlichen Harem gefunden hatte, in Ungnade und wurde zusammen mit der Tochter nach Balykesir in Anatolien verbannt. Dort besaß er wohl größere Ländereien. Eine von ihm gestiftete Moschee hat sich samt den Grabmälern seiner Familie bis heute erhalten. Saghanos-Paschas zweite Tochter war mit dem neuernannten Großwesir Mahmûd-Pascha vermählt, von der dieser einen Sohn ᶜAlî-Beg hatte, der sich jedoch nur durch fromme Stiftungen in und bei Adrianopel einen Namen machen konnte. Mit ihm scheint dann ein ruhmreiches, sogar mit den Komnenen verschwägertes Geschlecht erloschen zu sein.

Erstaunlich groß war die Zahl der byzantinischen Gebildeten, die sich nach dem Fall ihrer Hauptstadt nach dem Westen, besonders nach Italien wenden konnten. Die dortigen Höfe füllten sich mit diesen gelehrten Flüchtlingen, die anfänglich begeistert aufgenommen wurden, im Laufe der Zeit aber, von wenigen Ausnahmen abgesehen, beträchtlich an Ansehen und Achtung verloren, so daß sie in ihr Stammland zurückkehrten und lieber das Joch der türkischen Herrschaft dulden lernten als das Leben mißachteter Schulmeister unter den Lateinern. Denn als sie in immer größeren Scharen und meistens als armselige Bettler kamen, schlug die Ehrfurcht, mit der man anfangs diese vermeintlichen ‚Sprößlinge der homerischen Heldengeschlechter und der alten Athener‘ angestaunt hatte, völlig um. Sie konnten den byzantinischen Dünkel nicht lassen, auch wenn sie von Wohltaten lebten, sie waren mürrisch und launisch, weil sie nun die gewohnte Behaglichkeit des Lebens entbehren, umherziehen, lehren und den Großen schmeicheln mußten; man meinte aber, sie hätten eher Ursache, sich freundlich den Sitten ihrer neuen Heimat zu fügen, ihre albernen Bärte zu scheren und ihr stupides Vornehmtun zu lassen (G. Voigt). Zu allem kam, daß sie eine merkwürdige Unbeholfenheit im Erlernen der lateinischen oder der italienischen Vulgärsprache bekundeten. Nur wenige brachten es hierin zu einiger Fertigkeit, so daß die meisten dem Lateiner, der doch ihre Sprache mit Eifer erlernte und zu den Schätzen griechischen Schrifttums vordringen wollte, in der Regel als beschränkte und träge Menschen erschienen. ‚Das stockige byzantinische Blut paßte einmal nicht zu dem leichtrollenden der Italiener‘ (G. Voigt). Es gab freilich rühmliche Ausnahmen und Gestalten wie den Kardinal Bessarion, Joannes Argyropoulos, Theodoros Gaza, Konstantin Laskaris, um nur wenige namentlich anzuführen. Sie trugen zusammen mit den byzantinischen Gelehrten, die an den Hochschulen Oberitaliens als Lehrer des Griechischen ein Auskommen und vor allem Schüler gefunden hatten, wesentlich zur Rettung griechischer Bildung und klassischer Schriftwerke bei. Viele der Geflüchteten, zumal die armen griechischen Priester, unter ihnen Männer, die zu den Wissenschaftlern gerechnet werden mußten, verdienten fern der verlorenen Heimat kärglich ihren Unterhalt durch Abschreiben der ‚exemplaria graeca‘. Mancher unter ihnen, wie etwa der gelehrte Aristoteliker Joannes Argyropoulos, der Kreter Joannes Rhosos, Demetrios Sgunopoulos, deren Namen wir am Ende ihrer Abschriften, verbunden mit Klagelauten über die Verbannung, antreffen können, waren gewiß zu mehr geboren als zu Abschreibern von Büchern. Papst Nikolaus V., aber auch die oberitalienischen Höfe, besonders die Medici, schließlich

Neapel, erwarben sich unvergängliche Verdienste durch die Beschäftigung
der ‚von den Erinnyen Getriebenen‘, wie einer der Abschreiber sich am
Ende eines Bandes bezeichnete. Viele Handschriften wurden nach Italien
gerettet und allein Kardinal Bessarion gibt die Zahl seiner Bücher, die er
dem Freistaat Venedig vermachte, auf 900 Bände und ihren Wert auf
15 000 Dukaten an. Wie es aber selbst an dieser Stätte, wo die Griechen
zuerst zu landen pflegten, und in Venedig, die natürliche Vermittlerin zwischen dem griechischen Osten und dem Abendlande, ein ‚zweites Byzanz‘
erblickt wurde, mit dem Eifer und der Fürsorge für das kostbare Vermächtnis bestellt war, läßt sich den noch 1490 geführten Klagen darüber
entnehmen, daß die Handschriften noch in Kisten verschlossen blieben und
zugrunde gingen. Erst viel später hat die weltberühmte Bibliothek von
San Marco, deren Grundstock die Handschriften Bessarions bildeten, diesen
Nachlaß zu dankbaren Ehren gebracht. Weit erheblicher als die Zahl der
Wissenschaftler war die der Abenteurer und Glücksritter, die durch die
Konstantinopeler Katastrophe nach dem Westen, vornehmlich nach Italien
verschlagen wurden.

Nichts gibt über diesen Menschenschlag bessere Auskunft als die Eintragungen der Hofschatzmeister. In den Kassenbüchern allein des Könige-
reiches Neapel erscheinen als Almosenempfänger und Empfänger von
Unterstützungen die seltsamsten Gestalten: angefangen mit David, jenem
vorgeblichen osmanischen Prinzen und ‚Verwandten des Groß-Türken‘, mit
dem im Hafen von Syrakus auf Sizilien aufgebrachten tunisischen Gesandten an Mehmed II., mit den angeblichen oder wirklichen Kämmerlingen
des Kaisers von Byzanz, wie etwa ‘misser Dimitri Caleba’, mit Paläologen-
sprößlingen, wie Manuel oder dem ‘Paleolo, Grech, gentilhomen de Con-
tastinoble(!)’ bis zu jenem verdächtigen Höfling und Edelmann Giovanni
Torcello und seinem Bruder Manuel, von denen wir noch hören werden,
fehlt fast kein Menschenschlag, der sich nicht die anfängliche Mildtätig-
keit und Freigebigkeit der italienischen Dynasten für die Flüchtlinge kräftig
und schnellstens zunutze gemacht hätte.

Während griechische Gelehrte aus Byzanz trachteten, auf italienischem
Boden die geretteten Reste hellenischer Bildung und Sprache den lern-
begierigen Humanisten zu vermitteln, suchte sich Mehmed II. im eroberten
Konstantinopel mit Hilfe italienischer Kräfte über das Abendland, seine
Lage, seine politischen Verhältnisse, seine Herrschaften, seinen Glauben
und seinen Hader, seine Kriegskunst und seine Streitkräfte zu unterrichten.
Gleich nach der Eroberung, ja vielleicht vorher, zog er, wie bereits ange-
deutet wurde, in seine Nähe eine Anzahl von ‚Lateinern‘, die ihm für diese
Auskünfte bereitwillig ihre Dienste antrugen. Er lasse sich, berichtet Gia-

como Languschi, der schon einmal angeführte Gewährsmann, über die geographischen Verhältnisse Italiens unterweisen, besitze eine Karte Europas, in der die Reiche und Provinzen des Westens eingezeichnet sind. Mit Hilfe seiner italienischen humanistischen Berater hat sich Mehmed II. eine Sammlung von klassischen Werken anlegen lassen, aus denen er seine Belehrungen schöpfte. Diese Handschriften machen zusammen mit solchen, die in Konstantinopel selbst etwa vorgefunden und sich auf seine Interessengebiete bezogen, in der Hauptsache jene geheimnisvolle, Jahrhunderte hindurch die Gemüter abendländischer Gelehrter und Forscher bewegende Bibliothek des Serajs aus, in der man, sehr zu Unrecht und zur Enttäuschung, die kostbarsten Schätze des klassischen Altertums wähnte und immer wieder suchte. Die manchmal rührend anmutende weltfremde Romantik europäischer Forscher, die oft unter den größten Schwierigkeiten und Gefahren in die Geheimnisse dieser Palastbücherei einzudringen versuchten, hat bis in unsere Tage herein kühne Erwartungen und Meinungen über den Umfang klassischer Bücherschätze, unter denen man natürlich alle verschollenen Handschriften wie gewisse Bücher des Livius witterte, zuschanden werden lassen. Eine kritische Prüfung der als Bestandteil der Bibliothek des Eroberers vermutbaren Handschriften im Seraj ergibt eindeutig deren Zweckbestimmung. Sieht man von den klassischen Quellenwerken ab, so bleibt nur eine Anzahl von religiösen, meist auf das Christentum bezüglichen Unterweisungsschriften, Bibeln usw., die Mehmeds zweifellos nur durch praktische Überlegungen bestimmte Anteilnahme für das Christentum als Religion des Abendlandes deutlich kennzeichnen. Als seine Unterweiser auf diesem Gebiet dürften Griechen maßgeblich gewesen sein, wie wir ja eine Bekenntnisschrift des Patriarchen Gennadios, die unverkennbar der Belehrung des Großherrn diente, in einer türkischen Übersetzung aus dem Jahre 1455/56 in zahlreichen Abschriften und Ausgaben besitzen. Im Mittelpunkt der italienischen Lehrkräfte des Sultans scheint Ciriaco de'Pizzicolli im Jahre vor und nach der Einnahme Ostroms gestanden zu haben. Auf ihn als den großherrlichen ‚Sekretär‘ beruft sich Francesco Filelfo in jenem widerlichen Sendschreiben, das er am 11. März 1454 aus Mailand an Mehmed II. richtete und worin er um Freilassung seiner Schwiegermutter Manfredonia Chrysolaras und deren beiden Töchtern bittet. Der Brief strotzt von übertriebenen Schmeicheleien für den Großherrn und den heftigsten Anklagen gegen die Sklavenhalter seiner Verwandten, die Juden, die er mit Ausdrücken belegt, deren Unflätigkeit kaum zu überbieten ist.

Tatsache ist jedoch, daß Mehmed II. keineswegs die Ansichten des charakterlosen Humanisten am Hofe der Sforza teilte, als deren Botschafter

zum ‚Groß-Türken‘ er sich einmal mit den Worten erboten hatte, er sei
für diesen Fall der ‚allerbeste‘ *(ottissimo)*. Zu den wenigen, die in Konstantinopel selbst die Schrecken der Erstürmung überstanden hatten, gehörten Juden im Balat-Viertel. Sie waren in der veröffneten Stadt nach
deren Einnahme fast die einzigen Überlebenden. Bald oder vielleicht schon
zur gleichen Zeit, da Mehmed II. einen neuen Patriarchen als Oberhaupt
sämtlicher Griechen seines Reiches erküren ließ, erwählte er auch einen
jüdischen Großrabbiner für sämtliche türkischen Gemeinden in der Person
eines ebenso frommen wie gelehrten Mannes namens Mosche Kapsali. Der
Sultan berief ihn, so wird behauptet, sogar in den Kronrat und soll ihn dadurch besonders ausgezeichnet haben, daß er ihm einen Sitz neben dem
Muftî anwies und den Vortritt vor dem griechischen Patriarchen ließ.
Mosche Kapsali, der Gründer einer berühmten Gelehrtenfamilie, aus der
etwa Elija Kapsali hervorging, der im 16. Jahrhundert eine hebräische Geschichte des osmanischen Reiches niederschrieb, die noch der Herausgabe
harrt, erhielt vom Sultan eine Art politischer Machtvollkommenheit über
die jüdischen Gemeinden der Türkei. Er verteilte die Steuern, die die Juden
einzeln oder gemeindeweise zu entrichten hatten, ließ sie durch Beauftragte
einziehen und übermachte den Erlös an die Staatskasse des Großherrn.
Er hatte auch Strafbefugnisse über alle Gemeindemitglieder sowie das Be-
stätigungsrecht über die Rabbinen, mit einem Worte: er war das Oberhaupt und der amtlich bestellte Vertreter des jüdischen Gemeinwesens im
osmanischen Reiche.

Darf man den Schilderungen jüdischer Zeitgenossen Glauben schenken,
so war für die Juden, die sich im Westen in kläglicher Lage befanden, die
Türkei des Eroberers das reinste Paradies. Jüdische Auswanderer aus
Deutschland gerieten in förmliches Entzücken über die günstige Stellung
der Juden in der Türkei. Dort war ihnen Handel und Wandel unverwehrt,
sie hatten nicht den ‚güldenen Pfennig‘ und nicht Kronengelder, nicht
ein Drittel des Vermögens zu zahlen. Sie durften auf türkischem Boden
frei über ihr Eigentum verfügen, sich nach Belieben kleiden und in Samt
und Seide einhergehen. In der Tat eröffneten sich der Betriebsamkeit der
bald in Handel und Zinsgeschäft gedrängten Juden dort überall reiche
Nahrungsquellen. Isaak Sarfati, ein aus Frankreich stammender, in Deutschland geborner Jude, erließ ums Jahr 1454 ein Rundschreiben an die Juden der Rheingegend, von Schwaben, Steiermark, Mähren und Ungarn,
worin er in begeisterten Worten die glücklichen Verhältnisse der Juden unterm Halbmonde im Gegensatz zum Joch unterm Kreuze darstellte und
seine Glaubensgenossen zu bestimmen suchte, die ‚große Folterkammer‘
zu verlassen und nach der Türkei auszuwandern. Licht und Schatten konn-

ten nicht greller als im Sendschreiben des Isaak Sarfati gezeichnet werden und in Scharen zogen vor allem deutsche Juden hinunter ins türkische Paradies, soweit die Auswanderung nicht etwa vereitelt wurde. Das geschah vorzugsweise in Italien.

Über die beispiellose Bestürzung und Entmutigung, die vor allem in Italien als dem zunächst bedrohten Lande durch den Fall Konstantinopels entstand, wurden bereits einige Andeutungen gemacht. Als erste christliche Macht hatte die Signoria von Venedig, mit Hintansetzung aller abendländischen Rücksichten und nur um ihres eigenen Vorteils willen, mit dem jungen Osmanenherrscher durch einen förmlichen Vertrag ein friedliches Verhältnis geschaffen und sogar die Erlaubnis erwirkt, durch einen Bailo in Stambul die Handelsbelange der Lagunenstadt vertreten zu lassen. Daß die Signoria aus schnödem Eigennutz mit dem Erbfeind der Christenheit Frieden und Freundschaft geschlossen und damit die gemeinsame Sache des Westens rücksichtslos preisgegeben hatte, erregte allenthalben Unwillen und Empörung, so daß sie in einem gewundenen Entschuldigungsschreiben an den Papst (15. Dezember 1453) glaubte ihren Schritt rechtfertigen zu müssen. Genua, die nach Venedig am meisten in Mitleidenschaft gezogene Seemacht Italiens, wollte anfänglich gar nicht an die Schreckensbotschaft glauben. Als sie sich rasch bewahrheitete, suchte die durch ewigen Hader im Innern und durch den Krieg mit Neapel geschwächte Republik, die den Verlust der ganzen Levante und der ägäischen Inselwelt befürchtete, einen einheitlichen Schritt der Christenheit zur Herstellung des Friedens zu veranlassen, verfiel aber in ihrer Ratlosigkeit und Verzweiflung schließlich auf keinen anderen Ausweg, als ihre Besitzungen am Schwarzen Meer in einem Vertrag (15. November 1453) an die berühmte Banco di San Giorgio abzutreten, deren damalige Bedeutung man mit Recht und treffend mit jener der Ostindischen Kompagnie verglichen hat. Diese gewaltige Gläubigergesellschaft, die sich zu einem Staat im Staate erhoben hatte, erschien dem erschöpften Genua damals der letzte Ausweg und die letzte Hoffnung. Aber noch ehe das Jahr 1454 zur Neige ging, wurde Kaffa, sein Hauptstapelplatz am Schwarzen Meere, der Pforte tributpflichtig, nachdem Genua nicht einmal imstande war, die für eine Beschwichtigungsgesandtschaft an Mehmed II. erforderlichen 8000 Pfund aus eigenen Mitteln vorzuschießen. Im Sommer 1454 war eine aus angeblich 56 Schiffen bestehende osmanische Flotteneinheit ins Schwarze Meer eingedrungen, hatte Moncastro, das spätere Aq-Kerman, angegriffen und war schließlich am 11. Juli vor Kaffa aufgetaucht, wo sich wenige Tage später der Chan der Krim an der Spitze von 6000 Reitern zeigte. Der Ankunft der osmanischen Flotte war die eines Gesandten vorangegangen, der von den dortigen Behörden eine Abgabe an den Sultan verlangte, aber von diesen mit dem Hinweis abgefertigt worden war, daß nicht der Freistaat Genua, sondern die Bank des Heiligen Georg hiefür zuständig sei.

Mailand, an dessen Spitze der Condottiere Francesco Sforza stand, war von blindem Haß gegen Venedig erfüllt und benutzte die Gelegenheit der Zwangslage der Inselrepublik, ins Gebiet von Brescia einzurücken. Von der Förderung eines Kreuzzugsgedankens war keine Rede. Von ähnlichen Gesinnungen war der mit Francesco Sforza gegen Venedig und Neapel verbündete Freistaat Florenz beseelt. Man freute sich geradezu des schweren Schlages, den Venedig in der Levante erlitten hatte. Als im Juli 1453 der Gesandte des Mailänder Herzogs, Nicodemo Tranchedini, in Florenz vorstellig wurde, sagte er dort geradezu: ‚Auch ich wünsche, daß es Venedig schlecht ergehe, aber nicht auf diese Weise, mit Verlust für den christlichen Glauben, und ich zweifle nicht, daß Ihr der gleichen Ansicht seid.‘ Was aber Neapel belangt, so hatte König Alfonso im Frühjahr 1454 zwar großsprecherisch erklärt, daß er sich zum Rächer der Christenheit aufwerfen und selbst an die Spitze eines Kreuzzugs stellen werde. Er mußte auch überall als der geeignete Mann für ein solches Unternehmen erscheinen. Seine Herrschaft erstreckte sich über Neapel, Sizilien, Sardinien, Aragonien, Katalonien, Valencia und die Balearen. Nur Korsika, das den Genuesen gehörte, fehlte ihm noch, um Gebieter im ganzen westlichen Teile des Mittelmeers zu sein. Er hoffe, sagte Alfonso anderwärts, durch sein eignes Beispiel die Fürsten des Abendlandes zum Türkenkrieg zu bewegen und so die Austreibung der Ungläubigen aus Europa zu bewirken. Es blieb aber bei diesen schönen Worten des schlauen Politikers. Als er nämlich durch die Ruhe der nächsten Monate sattsam belehrt wurde, daß die Gefahr aus dem Osten doch nicht so nahe, so bedrängend sei, als er in der ersten Bestürzung befürchtet hatte, ward er immer karger mit Worten und Zusagen. Denn der Aragonier war ausschließlich auf Erhaltung seiner Dynastie bedacht und nicht gewillt, deren Zukunft durch Unternehmungen ungewissen Ausgangs aufs Spiel zu setzen.

Nicht viel anders lagen die Dinge jenseits der Alpen. Je weiter ein Land von den Grenzen des Osmanenreichs entfernt lag, desto geringer war seine und seines Fürsten Anteilnahme für die bedrohte Sache der Christenheit. So waren es nichts als hohle Töne, wenn etwa Christian I., König von Dänemark und Norwegen, den Türken mit dem vom Meer aufsteigenden Tier der Apokalypse verglich und Gott zum Zeugen anrief, wie gern er selbst am Kampfe gegen dieses Untier teilnehmen würde. Keiner der abendländischen Herrscher versäumte seine Bereitwilligkeit anzukündigen, an einem Kreuzzug gegen die Osmanen mitzuhelfen. Zu wirklichen Taten aber schritt keiner von ihnen. Von den nordischen Reichen war ohnedies nichts zu erwarten und das mit inneren Wirren vollauf beschäftigte England hatte kein anderes Ziel, als Eintracht im eigenen Lande zu schaffen. Dem König von Frankreich, Karl VII., der den Humanisten Francesco Filelfo auf seinen Kreuzzugsplan nicht einmal einer Antwort würdigte, dünkte der Krieg gegen England weit wichtiger als der Kampf gegen den gemeinsamen Widersacher im Osten. Der Päpstliche Stuhl, der sich an alle Staaten der Christenheit mit Aufrufen zur Verteidigung des gemeinsamen Heils gewandt hatte, predigte überall tauben Ohren. Nikolaus V., obendrein kränklich und bitter enttäuscht über die Vorgänge, konnte kaum mehr bieten als die Ohnmacht seines päpstlichen Wortes. Seine Kassen waren erschöpft und die Herstellung des Friedens in Italien, die einem Kreuzzug vorangehen mußte, war in endlose Fernen gerückt. Vergeblich suchten die päpstlichen Legaten die Mächte der Christenheit zur Eintracht zu ermahnen und für einen allgemeinen Kreuzzug gegen die Osmanen zu gewinnen.

Da schien es, als ob sich Kaiser Friedrich III., dem nach mittelalterlicher Anschauung vor allem die Pflicht oblag, die Sache der ganzen Christenheit wahrzunehmen, unter dem Einfluß seines berühmten Ratgebers, des Bischofs von Siena, Enea Silvio Piccolomini, der Angelegenheit mit Ernst annehmen werde. Er war durch den Untergang des byzantinischen Reiches und das jämmerliche Schicksal der Paläologen bis ins tiefste erschüttert worden. Seine ängstliche, zu keiner entschlossenen Tat fähige Natur war seit langem erstmals zum Handeln bereit. Als er durch den Dogen Francesco Foscari aus Venedig die Nachricht vom Falle Konstantinopels erhielt, zog er sich in seine Gemächer zurück, brach in bittere Tränen aus und brachte mehrere Tage in Trauer unter Gebet und Betrachtungen über die Hinfälligkeit der menschlichen Dinge zu. Enea Silvio Piccolomini, der ihm damals wohl am nächsten stand, hat später diesen Vorfall den Reichsständen beweglich dargestellt. Der Bischof und kaiserliche Sekretär, mit scharfem Verstand und regsamem Geiste begabt, suchte seinem kaiserlichen Herrn die Notwendigkeit einzureden, sich zum Vorkämpfer der christlichen Welt im Streite gegen die Türken zu machen. Darin sah er die Aufgabe seines eigenen Lebens und an ihre Erfüllung knüpfte er die lebendigsten Hoffnungen für die Wiederherstellung der christlichen Einheit unter dem Panier ihres geistlichen Oberhauptes, des Papstes. ‚Schon herrscht nun Mehmed unter uns‘, so schrieb der Bischof am 12. Juli 1453 an Papst Nikolaus V., ’schon schwebt das Schwert der Türken über unserem Haupte, schon ist für uns das Schwarze Meer geschlossen, schon ist die Walachei in der Gewalt der Türken. Von dort werden sie nach Ungarn

und dann in Deutschland eindringen. Unterdessen leben wir unter uns in
Zwietracht und Feindschaft. Die Könige von England und Frankreich
haben gegeneinander die Waffen erhoben. Nur selten genießt ganz Spanien
der Ruhe und Italien kann im Kampf um fremde Herrschaft niemals den
Frieden finden. Wieviel besser wäre es, wenn wir unsere Truppen, unsere
Waffen gegen die Feinde unseres Glaubens kehren wollten! Ich wüßte
nicht, wem dies mehr am Herzen liegen müßte als Eurer Heiligkeit, Heiliger Vater!'

Diesem Aufruf, aus dem hier nur wenige Sätze wiedergegeben werden, fügte Kaiser Friedrich III. in einem fast gleichlautenden Schreiben
das Versprechen hinzu, die Fürsten des Reiches zum Zwecke der Sammlung
aller Kräfte wider die Gegner des ‚heilbringenden Kreuzes‘ einzuberufen.
Nikolaus V., tief beeindruckt durch diese Erklärungen, erließ dann etwa
zwei Monate später an die gesamte Christenheit jene merkwürdige Bulle,
worin er Sultan Mehmed als Vorläufer des Antichristen hinstellt und ihn
mit dem roten Drachen in der Offenbarung Johannis vergleicht, der auf
sieben Köpfen sieben Diademe und zehn Hörner trage. Im Stile früherer
päpstlicher Rundschreiben zugunsten eines allgemeinen Kreuzzugs werden
alle Fürsten der Christenheit zur Verteidigung des Glaubens mit Gut und
Blut aufgerufen und jedem, der, vom 1. Februar 1454 an gerechnet, sechs
Monate lang persönlich am Heiligen Krieg teilnimmt oder einen Mann stellt,
ein vollkommener Ablaß zugesichert. Jeder Kämpfer, so heißt es weiter,
zeige wie vor Zeiten das Kreuz auf der Schulter. Die Kirche verpflichtete
sich durch Geldspenden zur Beteiligung am heiligen Werke. Die apostolische
Kammer bestimmte hiefür alle Einnahmen aus großen und kleinen Pfründen, Erzbistümern und Bistümern, Abteien und Klöstern. Die Kardinäle
hatten den Zehnten ihrer Gesamteinkünfte zu erlegen. Alle Kurienbeamten
bis in die niedersten Rangstufen mußten sich mit derselben Steuer abfinden. In der gesamten Christenheit ward ein allgemeiner Zehent ausgeschrieben. Wer sich widersetzte, wurde mit dem Kirchenbann belegt.
Schwere Strafe traf den, der verräterischerweise die Ungläubigen mit Waffen, Kriegsbedürfnissen oder Mundvorrat unterstütze. In der ganzen Christenwelt sollte Friede herrschen und wenigstens der Waffenstillstand streng-
stens beachtet werden. Widerspenstigen wurde Kirchenausschluß und,
wenn es ganze Gemeinden betraf, die Kirchenacht angedroht.

Das Ermahnungsschreiben an die christlichen Fürsten verfehlte durchaus die erhoffte Wirkung. Mit Recht hat man als seine schwächste Seite
bezeichnet, daß man den Türkenkrieg zu einer Geldsache machte und hiedurch zuerst die Beutel und dann immer mehr die Herzen der Gläubigen
dieser Sache des Heiles entfremdete. Eine lähmende Gleichgültigkeit

war die Folge des päpstlichen Aufrufes und selbst Enea Silvio wollte, seines Feuereifers für den Heiligen Krieg ungeachtet, nicht allzuviel vom ausgeschriebenen Zehnten wissen.

Die verhältnismäßige Ruhe der Monate, die dem Sturze Konstantinopels folgten, lullten viele Fürsten und Völker in der Annahme ein, daß die Gefahr aus dem Osten doch nicht so brennend und so nahe sei, als man in der ersten Bestürzung erwartet hatte. Nur Kaiser Friedrich III. und Ungarn waren und blieben als einzige auf der Hut. Der Kaiser konnte, nachdem er auf Betreiben seines Ratgebers Enea Silvio dem Heiligen Stuhl gegenüber Verpflichtungen übernommen hatte, unmöglich in die gewohnte Untätigkeit und Stumpfheit verfallen, die den darüber entsetzten Bischof von Siena einmal zur Äußerung bewegte, Friedrich III. wolle die Welt im Sitzen erobern. So wurde fürs Frühjahr 1454 ein Reichstag nach Regensburg einberufen, zu dem auch die italienischen Stände und der Herzog von Burgund, Philipp der Gute, förmlich eingeladen wurden. Dieser hätte am liebsten alles aufgeboten, die seinem Haus bei Nikopolis widerfahrene Schmach zu rächen, wenn ihn nicht die Furcht vor Karl VII. abgehalten hätte, sein entblößtes Land zu dessen leichter Beute werden zu lassen. Die schlimmen Verhältnisse seiner Erbstaaten, die Glaubensgärung in Böhmen und die ungarischen Händel nahm Friedrich III. zum Vorwand, nicht persönlich nach Regensburg aufzubrechen und dort den versammelten Fürsten seine Ansichten klarzumachen. So blieb Enea Silvio, den er an der Spitze einer kaiserlichen Gesandtschaft an den Tagungsort schickte, die Seele des ganzen Reichstages. Nur langsam fanden sich dort die einberufenen Stände ein. Venedig, das damals in Verhandlungen mit Mehmed II. stand, wußte es so einzurichten, daß seine Vertreter nicht einmal Bayerns Grenzen erreicht hatten, als der Reichstag bereits wieder auseinanderging. Nur Philipp der Gute von Burgund war als einziger Fürst, dessen Glaubenseifer Enea Silvio nicht genug preisen konnte, in Regensburg erschienen und erbot sich zur Teilnahme am Türkenzuge, falls der Kaiser, der König von Ungarn oder ein anderer maßgeblicher Herrscher sich an die Spitze der Kreuzfahrer stelle; andernfalls sei er willig, so viele Truppen zu senden, als er nur irgend imstande sei. Ihm war es, wie Enea Silvio ausführte, zu verdanken, daß der im April 1454 zusammengetretene Reichstag, der etwa vier Wochen verhandelte, nicht ganz fruchtlos verlief. Gegen die Erfordernis eines allgemeinen Kreuzzuges wandte niemand etwas ein. Auch dessen Dringlichkeit wurde nicht bestritten. Nur über die Beschaffung der Mittel ergab sich keine Einigung. Der fünfjährige Landfrieden, den man erforderlich erachtete, hielt die Beratungen auf. Die Unerläßlichkeit der italienischen Mitwirkung, die Entsendung einer Flotte, um die Dardanellen und den Bosporus zu blockieren, wurden allgemein als vordringliche Maßnahmen gefordert. Was man sonst noch etwa zu tun habe, das wollte man, nach alter Weise, auf einem zweiten Reichstag besprechen, den der Kaiser für die Michaeliszeit des gleichen Jahres, also für Septemberende, nach Frankfurt am Main beschied.

Enea Silvio, durch den mißlichen Ausgang des ersten Reichstages verzagt, erwartete sich auch vom zweiten keinen besseren Verlauf. Wie wenig hoffnungsvoll er die Zukunft betrachtete, zeigt deutlich sein Schreiben vom 5. Juli 1454: ‚Es ist ein neuer Reichstag angekündigt. Der König von Aragonien, die Venediger, die Genuesen, die Florentiner, der Graf Francesco (Sforza), obgleich er noch nicht die Belehnung des Mailänder Herzogtums erhalten hat, der Herzog von Modena, sogar die Markgrafen von Mantua, Montferrat und Saluzzo sind abermals hieher geladen. Wir werden sehen, wie es um den Eifer unserer Italiener bestellt ist. Auch die Könige von Frankreich, England, Böhmen, Ungarn, Polen, Dänemark, Schweden, Norwegen und Schottland sind schriftlich aufgefordert worden, ihre Gesandtschaften zu schicken. Die Fürsten und Grafen Deutschlands sollen persönlich erscheinen oder sich vertreten lassen. Ihr fragt, was ich davon halte, was ich erwarte? Darüber möchte ich am liebsten ganz schweigen. Ich wünschte, meine Ansicht von den Dingen wäre grundfalsch, und ich könnte eher den Namen eines falschen als eines wahren Propheten verdienen.‘ Und weiter heißt es im Briefe: ‚Ich hoffe nicht, was ich wünsche. Ich kann mir nichts Gutes versprechen.‘

Trotzdem begab sich der kaiserliche Sekretär zur festgesetzten Frist nach Frankfurt, zumal auch diesmal der Kaiser wieder nicht persönlich erschien, sondern seine Vollmachten dem Bischof von Siena übertrug. Ein päpstlicher Legat hatte sich beizeiten eingefunden, aber fast tatenlos verhalten. Die übrigen Reichsstände und die besonders eingeladenen Fürsten des Auslandes blieben größtenteils aus. Ein guter Teil von ihnen hatte es nicht einmal der Mühe wert geachtet, Gesandte zu entbieten. So herrschte eine gedrückte Stimmung, die sich sogar im Antrag Luft machte, die Beschlüsse des Regensburger Reichstages, die dürftig genug ausgefallen waren, ganz aufzuheben und die ganze Angelegenheit auf sich beruhen zu lassen. Als schließlich Enea Silvio in zweistündiger Rede den beabsichtigten Türkenzug als dringlich und nützlich hinstellte und im Namen seines Kaisers erklärte, daß dieser fest entschlossen sei, seine Zusagen einzuhalten, als er schließlich die hochbejahrten Helden Alfonso von Aragonien und Philipp von Burgund den jungen Reichsfürsten als Muster und Vorbilder pries, wurde der Augenblick einer mehr geheuchelten Begeisterung von den ungarischen Bevollmächtigten ergriffen, um im Namen ihres Königs von den Ständen wenigstens ein Hilfsheer gegen die Osmanen zu verlangen. Diese, so erklärten sie, seien darauf bereits wieder bis an die Grenzen Ungarns vorgedrungen und, falls man ihren Bitten kein Gehör schenke, dann sei Ungarns König Ladislaus Posthumus gezwungen, mit dem Sultan um jeden Preis einen Frieden einzugehen. Die kaiserlichen Vertreter unterstützten den Antrag ohne Bedenken, aber die Kurfürsten versuchten alles, eine Entscheidung darüber wenn nicht zu vereiteln, so doch wenigstens zu verschieben. Schließlich behielt die Partei des Kaisers, dank Enea Silvios Überredungskunst, die Oberhand. Man beschloß, ein Hilfsheer von 30 000 Mann zu Fuß und 10 000 Reitern nach Ungarn zu entsenden, vorausgesetzt, daß Ungarn eine Streitmacht von gleicher Stärke ins Feld stellen werde. Würden dann, also schloß man voreilig, die Staaten Italiens eine Flotte von 25 Galeeren nach der Levante schicken, so müsse es ein leichtes sein, die Osmanen aus Europa zu vertreiben. Da aber weder über die Art der Ausrüstung der Hilfstruppen noch über den Zeitpunkt, zu dem sie in Marsch gesetzt werden sollten, irgendwelche Beschlüsse getroffen wurden, so verstrich abermals ein Winter, ohne daß man dem Ziele näher gekommen wäre. Niemand glaubte mehr ernsthaft an die Redlichkeit der Absichten eines wirklichen Kreuzzuges. Papst und Kaiser, so hieß es, legten es nur darauf an, Geld zu gewinnen. Je mehr solche Meinungen sich im Volke verbreiteten, desto rascher schwanden Begeisterung und Vertrauen in die heilige Sache.

Im Februar 1455 berief der Kaiser einen dritten Reichstag, diesmal nach Wiener Neustadt, und wie übel es mit dem Geist bestellt war, der auch diese Versammlung beseelte, lassen die lächerlichen Rangstreitigkeiten erkennen, die unter den Ständevertretern um den Vorsitz geführt wurden. Darüber wurde beste Zeit verstritten und als man schließlich zur Hauptsache der Tagesordnung kam, traf vor dem noch versammelten Reichstag aus Rom die bestürzende Nachricht ein, daß Papst Nikolaus am 24. März 1455 verstorben sei. Alle sonstigen Beratungen über den Kreuzzug oder über das Hilfsheer für Ungarn fielen ins Wasser. Unschlüssig ging man auseinander, kam aber überein, im nächsten Jahre über alles Weitere endlichen Beschluß zu fassen. Man hatte indessen die Rechnung ohne den Wirt, nämlich den Großherrn, gemacht.

Bevor das Jahr 1454 sich seinem Ende zuneigte, nahmen die Verhältnisse auf der Halbinsel Morea, wo sich die beiden Kaiserbrüder Demetrius und Thomas nach dem tragischen Tode Konstantins in die letzten Überbleibsel des Rhomäerreiches teilten, einen bedenklichen Verlauf. Beide Despoten waren sich im klaren darüber, daß die Tage ihrer Herrschaft gezählt seien und beschlossen, sich auf italienischem Boden in Sicherheit

zu bringen und schleunigst dorthin einzuschiffen. Ihre albanischen Hilfstruppen verweigerten ihnen indessen dabei den Gehorsam und es kam zu
einer regelrechten Meuterei. Die Brüder mußten ihren Fluchtplan aufgeben
und sich beeilen, Sultan Mehmed II. die geforderten jährlichen 12 000
Goldstücke zuzusagen. Nun kam es unter den Griechen selbst zu Un-
einigkeiten, in deren Verlauf Emanuel Kantakuzenos sich an die Spitze
der Partei stellte, die von den beiden Paläologen abgefallen war. Er warf
sich selbst zum Despoten auf und erhielt Unterstützung durch zwei einflußreiche Griechen, die Thomas Paläologos im Castel Tornese gefangengesetzt hatte. Sie waren aus Chloumoutzion entkommen und drohten nun
als Anführer der empörten Albaner und Griechen den Kaiserbrüdern die
diesen vom Sultan gegen einen Jahrestribut überlassene Herrschaft der
Peloponnes zu entreißen. Vermutlich wäre es um diese geschehen gewesen,
wenn nicht der Befehlshaber von Korinth, Hasan, sich an die Pforte mit
dem Ersuchen um rasche Hilfe gewandt hätte. Der alte Turachan-Beg
begab sich im Oktober 1454 persönlich ins Aufstandsgebiet, und zwar
gemeinsam mit seinen beiden Söhnen und einer entsprechenden Streitmacht. Er beschied die Paläologen zu sich, die sich beide sogleich bereit
fanden, mit den Türken gemeinsame Sache zu machen. Die Albaner
wurden niedergekämpft und Turachan-Beg zog wieder nach Norden ab,
nicht ohne vorher die Despoten zu Einigkeit und Frieden anzuspornen.
Gleich darauf kam es zu neuen Auflehnungen und sogar zu einer Verschwörung mit dem Zwecke, die moreotischen Städte von den beiden Despoten unabhängig zu machen. Sie wandten sich hilfeheischend an Hasan,
der sich aber jeglicher Einmischung enthielt, da die Aufrührer nicht imstande waren, den verlangten Jahreszins zu erlegen. Hiezu erklärten sich
sogleich die zwei Despoten erbötig und der Sultan stellte hierauf in einer
griechischen, am 26. Dezember 1454 zu Stambul erlassenen Urkunde den
vornehmsten Geschlechtern Moreas einen Freiheitsbrief aus, worin er ihnen
,beim Geiste seines Vaters, beim Säbel, mit dem er umgürtet sei, bei den
124 000 Propheten der Muslime und beim Koran' feierlichst schwor, daß
ihnen und ihren Besitzungen keinerlei Nachteil erwachsen werde und daß
es ihnen unter seiner Herrschaft besser ergehen werde als je zuvor. Alle
darin namentlich aufgeführten Großgrundbesitzer hatten an den Sultan
die Bitte gerichtet, nicht länger von den Despoten, sondern unmittelbar
von der Pforte abhängig sein zu wollen. Dieser Schritt der angesehensten Familien hatte zur unausbleiblichen Folge, daß die wirtschaftliche
Lage der beiden Kaiserbrüder auf Morea immer unerträglicher ward und
schließlich die Herrschaft der Paläologen auf der Peloponnes noch vor
deren endgültiger Ausrottung zu einer Schattenregierung werden ließ. Ein

glaubwürdiger großherrlicher Befehl' Mehmeds II. hatte ausgereicht, fast
ohne Schwertstreich diesen Zustand der Auflösung herbeizuführen.

Während in Deutschland die Reichstage keine Einigung erzielten, Papst
Nikolaus V. aufs tiefste enttäuscht durch die Lauheit und Gleichgültigkeit
der Christenheit gegenüber dem Kreuzzugsgedanken seine Seele aufgab
und die Frage der Papstwahl durch die Erhebung (8. April 1455) des greisen
Spaniers Alfonso de Borja als Calixtus III. erledigt wurde, rüstete Mehmed II., unbekümmert um die Nöte des Abendlandes, zu einem neuen
Schlag gegen den Westen. Der unbefriedigende Ausgang des serbischen
Feldzuges im Vorjahr war für ihn Anlaß genug, sein Kriegsglück aufs neue
zu erproben. ᶜÎsâ-Beg, der Sohn des Ishâq-Beg, der als Grenzbefehlshaber
in Südserbien das Regiment führte, scheint den Großherrn zu einem
nochmaligen Unternehmen angespornt zu haben. Mehmed II. zog in aller
Eile, wie gewöhnlich, auf der Ebene von Adrianopel sein Heer zusammen
und rückte an dessen Spitze gemeinsam mit Qaradscha-Beg und dem
anatolischen Landpfleger bei beginnendem Frühjahr, diesmal nicht wie
üblich über Sofia, sondern südwestlich über Küstendil gegen Westen vor.
In Kratovo, westlich Üsküb (Skoplje) im Gebirge gelegen, traf er mit
ᶜÎsâ-Beg zusammen, der seinem Herrn zur sofortigen Eroberung der Bergstadt Novo Brdo riet.

Diese damals berühmteste städtische Siedlung im Innern der Balkanhalbinsel liegt in einer Gebirgslandschaft zwischen dem Amselfelde und der
Morava, etwa 20 km südöstlich von Prischtina. Dort gewahrt man noch heute
auf dem Gipfel eines hohen Berges (1104 m), etwa 300 Meter über der Sohle
der benachbarten Täler, die Trümmer der Burg von Novo Brdo, von den
sächsischen Bergleuten Nyeuberge, von den Italienern Novomonte geheißen.
Unterm Schloßberg lag die stattliche Ortschaft. Aber auch um die Bergwerke
herum und in deren Nachbarschaft lag ein großer Teil der Häuser. Dort befand sich die Hauptfaktorei der Ragusäer, aber auch Italiener, besonders
Venediger, waren als Kaufleute ansässig. Zahlreiche serbische Edelleute
hatten sich hier niedergelassen. Die Handelsverbindungen von Novo Brdo
reichten damals bis Sofia, Adrianopel und Stambul, nach Serres, Saloniki
und im Westen bis nach Italien. Infolge des regen Verkehrs war man hier am
besten und schnellsten über alle Vorkommnisse in Südosteuropa unterrichtet.
Als Novo Brdo am 21. Juni 1441 kapitulierte, verblieben die Ragusäer zwar
auch unter den Türken (1441—1444) in der Stadt, aber deren Verfall ließ
sich nicht mehr aufhalten, auch als Georg Branković sie nochmals zu
beleben versuchte (1444—1455). ᶜÎsâ-Beg war vor seinem Gebieter mit
einer Heeresabteilung vor den Mauern der Stadt angelangt und forderte
deren Befehlshaber zur freiwilligen Übergabe auf. Als er eine abschlägige

Antwort erhielt, zog der Großherr mit dem Rest der ganzen Streitmacht persönlich vor Novo Brdo. Die Belagerung wurde sogleich ins Werk gesetzt. Sie dauerte vierzig Tage, dann waren die Wälle, die von großen Stücken getroffen worden waren, in den Grund geschossen. Am 1. Juni 1455 mußte sich die ‚Mutter der Städte' mit allen ihren Gold- und Silberminen den Osmanen ergeben. Der alte Glanz von Novo Brdo war für alle Zeiten dahin. Im Übergabevertrag war den Einwohnern ausdrücklich der Verbleib in der Heimat zugesichert worden; aber schließlich wurde die Erlaubnis nur auf die Bergarbeiter beschränkt, deren man zum weiteren Abbau der Bodenschätze nicht entraten konnte. Die Vornehmen der Stadt wurden hingerichtet, 320 Jünglinge in die Janitscharentruppe übernommen. Unter diesen befand sich mit seinen Brüdern Konstantin, Sohn des Michael Konstantinović aus Ostrovica, der sich später durch seine in Polen niedergeschriebenen *Denkwürdigkeiten des Janitscharen'* als zuverlässiger Gewährsmann für jene Zeitereignisse einen Namen machte. 700 Frauen von Novo Brdo wurden ans Heer verschenkt. Die Kirche des Heiligen Nikolaus, meist nur ‚Sachsenkirche' genannt, blieb ohne Dach und Glocken, ward aber erst 1466 den Sachsen entzogen und in eine Moschee verwandelt. 1467 wurde der Rest der Bewohnerschaft nach Stambul überführt. Die in der eroberten Bergstadt angelegte osmanische Siedlung konnte den Niedergang von Novo Brdo nicht mehr aufhalten. Als osmanische Münzstätte behielt der Ort bis zur Regierung Murâds IV., der dort noch prägen ließ, eine gewisse Bedeutung. Die Gold- und Silbergruben, die bis ins Jahr der Eroberung einen Jahresertrag von 120 000 Dukaten ergaben, versackten und von der einstigen Bedeutung und dem fast sagenhaften Reichtum ist keine Spur mehr vorhanden.

Nach der Einnahme von Novo Brdo wurde in wenigen Tagen, vor allem durch den auf Raub und Verwüstung ausgeschickten Qaradscha-Beg, der ganze Südwesten des serbischen Despotats besetzt. Die in osmanischen Quellen neben Novo Brdo genannte Örtlichkeit Tasch-hißâr (also ‚Steinschloß') dürfte entweder Kamenica nordöstlich Novo Brdo oder eine der zwei kleinen Burgen Prizrenac und Priljepac sein, die zum Schutze der weit verstreuten Hüttenwerke und Ansiedlungen der Bergstadt dienten. An manchen Stellen, wie etwa in Prischtina und Trepča, hatten die Türken ohnedies bereits Besatzungen. Prizren am Amselfeld fiel am 21. Juni in türkische Hände. Die in der näheren und weiteren Umgebung von Novo Brdo gelegenen Bergwerke wurden durch ꜥÎsâ-Beg in Besitz genommen, während der Sultan vermutlich im September über das Schlachtfeld von Kosovo, wo er zum Andenken an seinen Ahn Murâd I. Halt machte und ein Totenopfer veranstaltete, nach Saloniki marschierte, dort erstmals einige Tage verweilte und dann durch das südliche Thrakien nach Stambul zog. Hier dürfte er schon im Laufe des Frühherbstes wieder angekommen sein. Dort verbrachte er diesmal den Rest des Jahres.

Der Fall von Novo Brdo, das als Bollwerk der Christenheit angesehen wurde, machte in Ungarn und Italien einen niederschmetternden Eindruck. Der Despot Georg Branković vernahm die Schreckenskunde am 21. Juni in Ungarn auf dem Reichstag zu Raab, wo man große Pläne für einen Zug der christlichen Mächte gegen die Türken schmiedete, zu dem auch der Serbenfürst 10 000 Reiter beizusteuern versprach. Auf dieser Tagung trat erstmals im Kampf gegen die Türken jener sprachgewaltige Franziskaner Giovanni di Capistrano (1386—1456) in Erscheinung, eine der merkwürdigsten Gestalten des ausgehenden Mittelalters. Von kleinem Wuchs, dürr und abgezehrt, lauter Haut und Knochen, durchzog der Unermüdliche, vom Volk als Verkünder der Heilswahrheit, als Prophet, ja als Himmelsbote angestaunt und verehrt, in päpstlichem Auftrag die deutschen Lande, um einmal gegen die Hussiten, dann wieder gegen die Juden zu wettern und zu eifern. Zu seinen Predigten kamen tagaus, tagein an 20 000—30 000 Menschen zusammen und lauschten ihm, obwohl fast keiner ihn verstand, denn er sprach lateinisch. Er hauste bei den Minoriten, den Brüdern seines Ordens, besuchte Kranke, legte ihnen die Hände auf und verbrachte die Nächte mit Andachtsübungen und Bußgebeten. Überall, wo er mit der Macht seines Wortes auftrat, verstand er es, die Massen an sich zu ziehen und mit seinen Ermahnungen zu fesseln. Männer und Frauen haben oft genug unter dem Eindruck seiner Predigten Spielkarten und Würfel, Schminke, Haarputz und Luxusgegenstände auf offenem Markte verbrannt und sich mit dieser Vernichtung der Eitelkeiten zu den Bußforderungen dieses Weltverbesserers bekannt. Niemand war geeigneter als er, seine Sprachgewalt und Überredungskunst in den Dienst der Türkenbekämpfung zu stellen. In Raab warb der fast Siebzigjährige für die gemeinsame Sache der Christenheit. Daneben suchte er Georg Branković für die katholische Kirche zu gewinnen, freilich ohne Erfolg. Bis ins hohe Alter habe er, so erwiderte ihm der Despot, stets den Glauben seiner Väter bewahrt und sein Volk habe ihn bisher für einen zwar unglücklichen, aber vernünftigen Fürsten gehalten. Er könne nur als verrückter Greis betrachtet werden, wenn er sich jetzt zu einer Änderung entschlösse. Enttäuscht zog der Serbenfürst weiter nach Wien in der Hoffnung, dort Hilfe zu erlangen. Aber er kehrte mit leeren Zusicherungen wieder nach seinem Hofsitz in Semendria zurück. Er stand am Ende seiner Tage.

Mehmed II. kann nur wenige Tage nach seiner Rückkehr aus Serbien in Stambul verbracht haben, als er sich mit einem neuen Unternehmen,

diesmal zur See, zu befassen begann. Über die osmanische Flottenmacht
vor der Eroberung Konstantinopels verlautet nur wenig, was als zuverlässig gelten darf. Erst die Belagerung und Einnahme der byzantinischen
Hauptstadt scheinen Mehmed II. von der Notwendigkeit überzeugt zu
haben, daß er neben seiner Landmacht eine schlagkräftige und vor allem
ansehnliche Flotte bereithalten müsse, um den westlichen Seemächten, besonders aber Venedig und Genua, entgegentreten und seine Machterweite-
rungen sichern zu können. Sowohl sein Lobredner Kritoboulos wie der gleichzeitige Laonikos Chalkokandyles beschreiben die Eile, mit der der Sultan
die Ausrüstung und den Ausbau einer wehrhaften Seemacht betrieb, um
wenn möglich, auch die Herrschaft auf dem Meer in seine Hand zu bringen. Ob
dem Großherrn bei der Schaffung der osmanischen Flotte das byzantinische
Seewesen als Vorbild diente, ob ihm Abendländer bei der Herstellung von
Kriegsschiffen und deren Ausrüstung behilflich waren, alles das ist bisher
nicht erforscht worden, so daß eine Klärung der Zusammenhänge der
Zukunft überlassen bleiben muß. Daß die türkmenischen Kleinfürstentümer,
soweit sie ans Ägäische oder Schwarze Meer grenzten, über Geschwader
verfügten, mit denen sie wie die Ajdyn-oghlu's als gefürchtete Seeräuber die
Inselwelt der Ägäis, ja selbst das griechische Festland heimsuchten und
brandschatzten, ist aus vielfachen Schreckensnachrichten über solche
Beutezüge aus italienischen Quellen ersichtlich. An Vorbildern fehlte es
also auch in Anatolien nicht.

Die kleinlichen und zerrissenen Verhältnisse der Inseln in den ägäischen
Gewässern, deren Beherrscher sich gegenseitig rieben und befehdeten und
so die Einmischung des Osmanensultans geradezu herausforderten, müssen
kurz geschildert werden, um den Anlaß, aus dem sich Mehmed noch im
Jahre 1455 einmengte, klarzumachen. Diese Inseln standen meistens unter
der Oberhoheit der venedischen Signoria. Auf ihnen hatte sich eine stattliche Zahl von kleinen, selbständigen und voneinander unabhängigen Gemeinwesen gebildet, die zwar fast zweihundert Jahre hindurch als Tummel-
plätze fränkischer Herren und Edelleute wechselnde Geschicke erfuhren,
aber ein von der Umwelt fast unbeachtetes und daher unbestrittenes Eigen-
leben führen konnten. Das Herzogtum von Naxos und die Johanniter-
gemeinschaft auf Rhodos mit ihrem Großmeister waren weitaus die
ansehnlichsten dieser kleineren Inselstaaten. Der alte Herzog auf Naxos,
Guglielmo II., war an die Macht gelangt, als Konstantinopel in die Gewalt der Osmanen geriet. Als Schutzbefohlener Venedigs ließ er sich mit
in den Friedensvertrag aufnehmen, den die Signoria gleich nach dem Falle
von Byzanz mit dessen Eroberer abschloß. Es glückte ihm, ein Sonderab-
kommen mit Mehmed II. zu treffen, worin er als Herzog des Archipels

DIE INSELN DER ÄGÄIS UM 1450

Ⓘ Die Gattilusi auf Mytilini (Lesbos)
Ⓘ Die Maona auf Chios
Ⓘ Patmos
Ⓘ Die Johanniter auf Rhodos
Ⓥ Venedische Inselherrn
Ⓥ Das Herzogtum Naxos
Ⓥ Venedig (Herrschaften auf Kreta u. Negroponte)

SCHWARZES MEER

THRAKIEN

KONSTANTINOPEL
INSEL PRINKIPO
MARMARA - MEER
MARMARA

SALONIKI
THASOS
SAMOTHRAKI
ENOS
GALLIPOLI
HEILBERG
IMBROS
TENEDOS
LEMNOS
H. EVSTRATIOS (BOS BABA)
SKIATHOS
SKOPELOS
SKYROS
MYTILINI (LESBOS)
PSARA
NEGROPONTE
CHIOS
NEU-PHOKÄA
SMYRNA
GOLF VON LEPANTO
ATHEN
SALAMIS
AEGINA
ANDROS
SAMOS
ZEA
TINOS
IKARIA
THERMIA
SYRA
MYKONOS
PATMOS
SERIPHOS
PAROS
NAXOS
LEROS
KALYMNOS
SIPHNOS
AMORGOS
KOS
MILOS
NIOS (IOS)
ASTROPALIA
NISYROS
SYMI
SANTORINI (THIRA)
ANAPHI
TILOS (PISKOPI)
RHODOS
KYTHERA (CERIGO)
ANTIKYTHERA
KARPATHOS (SCARPANTO)
DIA
KASOS
KRETA (CANDIA)

KLEINASIEN

Km 0   50   100   150

Nach E. Armao (Florenz 1951, Leo S. Olschki).

anerkannt ward und mit der Pforte in Frieden und Eintracht leben sollte. Er bekam das Recht, in seinem Herzogtum das Löwenbanner des Heiligen Markus zu hissen. Wie vorauszusehen, dauerte dieser friedvolle Zustand nur kurze Zeit und lediglich durch Entrichtung eines Tributs gelang es Guglielmo II. etwas später, bis zu seinem Tod (1463) den Untergang seiner Herrschaft nicht mehr zu erleben.

Weit weniger staatsklug, wenn auch ritterlich handelten die Rhodiser. Sie wollten sich mit dem neuen Gebieter von Konstantinopel auf nichts einlassen, weil sie vermeinten ihre Unabhängigkeit gegen ihn wahren zu können. Erst 1455 erschienen Abgeordnete des Großmeisters am Hofsitz zu Adrianopel mit reichen Geschenken, um mit Mehmed II. einen Handelsvertrag auf Grund der Gleichberechtigung und gewisser Zugeständnisse abzuschließen. Darin sollten den Johannitern Handel und Wandel an der karischen und lykischen Küste Anatoliens, den Türken aber auf Rhodos eingeräumt werden. Als die osmanischen Unterhändler auf sultanische Weisung nach dem Beispiel der anderen ägäischen Inseln wie Chios, Lesbos, Lemnos und Imbros von den Rhodisern gleichfalls einen Jahreszins forderten, erklärten sich die Gesandten am Ende ihrer Vollmachten. Die dieser Ablehnung folgenden Drohungen, sich zur Abgabe bereit zu erklären oder den Groll des Sultans mit allen Folgen herauszufordern, blieben ohne Wirkung. Man kam schließlich überein, daß ein türkischer Bevollmächtigter die Gesandten nach Rhodos begleitete, wo er mit dem Großmeister selbst verhandeln könne. Dieser, Jacques de Milly, verschmähte dem türkischen Begehren zu entsprechen, indem er sich und Rhodos als dem Papst untertänig bezeichnete, der nicht nur fremden Glaubensgenossen, sondern sogar christlichen Herrschern und Staaten die Tributzahlung verwehre. Die Rhodiser seien aber erbötig, alljährlich Gesandte mit Geschenken zum Beweis ihrer Verehrung an die Pforte zu schicken. Sei der Sultan damit nicht einverstanden, so möge er tun, was er für gut befinde.

Mehmed II. betrachtete die Weigerung des Großmeisters als willkommenen Vorwand, den Johannitern den Krieg zu erklären. Zunächst veranlaßte er die Küstenbewohner von Ajdyn-Eli, die seit alters als Freibeuter gefürchtet waren, mit etwa dreißig Schiffen nach den gegenüberliegenden Inseln auszulaufen. Diese Küstenfahrer gingen sogleich in See und überfielen Kos (Istanköy) und Rhodos, verheerten die beiden Inseln und zogen sich mit reicher Beute an Menschen und Vieh in ihre Schlupfwinkel zurück. Mittlerweile ward auf des Großherrn Befehl in Gallipoli eine ansehnliche Flotte aus 25 Dreiruderern und 50 Zweiruderern sowie mehr als 100 Kleinschiffen, also insgesamt aus rund 180 Fahrzeugen bestehend, ausgerüstet. Sie stach unter dem Oberbefehl des Admirals Hamsa-Beg in See, wandte

sich aber nicht nach Rhodos, sondern nach Mytilini (Lesbos), wo sie Ende
Juli oder in der ersten Augusthälfte auf der Reede vor Anker ging. Der
Historiker Dukas, des Fürsten Domenico Gattilusio Sekretär, ward an
Bord gesandt, um durch Überbringung reicher Geschenke dem Großherrn
seine treue Gesinnung kundzutun. Die Sendung bestand in kostbaren
seidenen und wollenen Gewändern, in einer geschickt getroffenen Auswahl
der vorzüglichsten Inselerzeugnisse an Pferden, Hornvieh, nämlich 20
Ochsen und 50 Hammeln, 800 Maß Wein, zwei Metzen gesäuerten, eine
ungesäuerten Brots, über zehn Zentner Käse, einer großen Menge Zugemüse
zur Erfrischung für die Schiffsmannschaft und schließlich 6000 Silbertalern
in barer Münze. Hamsa, erfreut über die in diesen Gaben ausgedrückte
Gesinnung, ließ bereits nach zwei Tagen die Anker lichten und segelte
nach Chios weiter. Aber bald kam es anders.

Die Chioten hatten sich durch Zahlung von jährlich 6000 Goldstücken
ein leidliches Verhältnis zur Pforte erkauft. Hamsa wurde nicht mit Ehren-
bezeigungen und erst recht nicht mit Geschenken empfangen, was der
Insel teuer zu stehen kam. An Bord des Admiralsschiffes befand sich der zu
Galata seßhafte schwerreiche Alaungroßhändler Francesco Draperio, der
seit langem mit dem Hause Osman auf freundlichem Fuße und also auch
mit Mehmed II. in bestem Einvernehmen stand. Er hatte sich an ihn
wegen einer an die Chioten zu erhebenden Schuldforderung von 40 000
Dukaten für Alaunlieferungen gewandt, die zu begleichen sich diese ge-
weigert hatten. Der Sultan, dem die Forderung übertragen worden zu sein
scheint, ließ durch Hamsa die Weisung kundtun, worauf die Inselbevoll-
mächtigten jeglichen Schuldanspruch bestritten. Der Admiral, dessen
Geschwader nicht hinreichend oder überhaupt nicht mit Sturmzeug oder
Belagerungsgeschütz versehen gewesen sein dürfte, war vorsichtshalber
nicht in den Hafen von Chios eingelaufen, sondern hatte gegenüber am
anatolischen Ufer angelegt. Von dort begann er die Verhandlungen, die
wegen der Ablehnung der Chioten, irgendeine Zahlung an den Sultan
oder den genuesischen Großkaufmann zu leisten, alsbald abgebrochen
wurden. Hamsa setzte einen Teil seiner Truppen an Land und ließ die in
der Nähe gelegenen Siedlungen mit Feuer und Schwert verwüsten. Gegen
die Stadt Chios (Kastro) vermochte er nichts auszurichten, da ihre Befestigungen von einer starken, teilweise aus Italienern bestehenden Besatzung beschirmt wurden. Schließlich wußte Hamsa die Chioten zu bewegen,
zwei ihrer angesehensten Bürger aus dem Geschlechte der Giustiniani zur
Flotte zu entsenden, um dort einen gütlichen Vergleich in der Draperio-
Angelegenheit zu erwirken. Beide schöpften unterwegs Verdacht und befürchteten, daß man sie auf die Schiffe locken wolle, um sie dort als Geiseln

zu verwenden. Sie machten kehrt, fielen aber unterwegs umherstreifenden Türken in die Hände und mußten nunmehr für Draperio's Forderung mit ihrer Freiheit einstehen. Hamsa aber lichtete die Anker und steuerte auf Rhodos los. Dort mußte er sogleich einsehen, daß er ohne bedeutende Truppenmacht und Sturmzeug gegen die wohlbefestigte Stadt nichts unternehmen könne. Um nicht vergeblich erschienen zu sein, machte er sich nun über die kleine Insel Kos her, die den Johannitern gehörte. Nach 22tägiger Belagerung der Festung ‚Rachia' — wohl die Burg Antimachia im Inneren der Insel, schwerlich das Nisyros westlich vorgelagerte wüste Eiland Rachia —, in die sich die Bewohner der verlassenen Stadt geflüchtet hatten, mußte er unverrichteter Dinge und mit beträchtlichen Verlusten das Weite suchen. Auf der Rückfahrt nach Gallipoli lief der Admiral nochmals Chios an, um der ‚Maona', der seit 1346 mit dem Monopol des Mastixhandels ausgestatteten Handelsgesellschaft der Giustiniani, zur endgültigen Entscheidung des Falles Draperio die Entsendung einer Gesandtschaft nach Adrianopel vorzuschlagen. Zwischen den an Land gegangenen Türken und den Bewohnern von Chios kam es indessen zu einer gefährlichen Balgerei, die kläglich endete. Die in die Flucht geschlagenen türkischen Matrosen drängten nach der nächsten am Ufer liegenden Galeere, auf der Hamsa meist zu fahren pflegte. Sie war in wenigen Augenblicken übervoll, neigte sich zur Seite, zog Wasser und ehe Rettung kam, war sie mit Mann und Maus in den Wellen versunken. Die bestürzten Chioten erlegten zwar sogleich das Doppelte des Wertes des untergegangenen Schiffes, aber dem großherrlichen Zorn mit seinen Folgen vermochten sie dadurch nicht zu entgehen. Der als sanft und friedlich geschilderte Hamsa segelte nordwärts, nicht ohne abermals Mytilini zu berühren, wo ihm Dukas ein herrliches Festmahl bereitete. Nach zweimonatiger Abwesenheit mit seiner ums beste Schiff geschmälerten Flotte lief er wieder im Hafen von Gallipoli ein.

Mehmed II. war außer sich über den jämmerlichen Ausgang des Hamsaschen See-Unternehmens. Er ließ den Admiral vor sich laden, herrschte ihn mit gröbsten Worten an und erklärte, daß, wenn er nicht bei seinem Vater Murâd in so hoher Gunst gestanden hätte, er ihn sogleich schinden ließe. Nach ein paar Tagen ward er erneut vorgefordert. ‚Wo hast du', fuhr der Sultan ihn an, 'die Galeere, die die Chioten vernichteten?' Hamsa, der vorher über diesen Vorfall geschwiegen hatte, schilderte nunmehr die näheren Umstände des Schiffsunterganges und suchte sich mit dem Hinweis zu entschuldigen, daß es sich ja um seine, nicht des Großherrn Galeere handele, der Schaden sohin nur ihn allein treffe. Diese Ausrede schien Mehmed gelten zu lassen, aber Hamsa ward als Admiral abgesetzt und als Statthalter nach Adalia (Antalya) verwiesen. Francesco Draperio, der dieser Szene beiwohnte, kam nunmehr an die Reihe. ‚Du bist mir', redete ihn Mehmed an, '40 000 Dukaten schuldig. Ich erlasse dir diese Schuld und übernehme dafür deine Ansprüche an die Chioten, die mir das Doppelte zahlen sollen und überdies eine Sühne für das von ihnen vergossene Türkenblut.' Draperio küßte dem Sultan dankbar die Hand und zur selben Stunde wurde der Krieg gegen Chios beschlossen.

Inzwischen hatte sich aber die Lage auf Mytilini dramatisch zugespitzt und verlangte die Aufmerksamkeit der Pforte. Eben, als die osmanische Flotte unter Hamsa in See ging, starb am 30. Juni 1455 Dorino I. Gattilusio, Herr von Mytilini (Lesbos), Alt-Fotscha nördlich Smyrna mit seinen ergiebigen Alaungruben, Thasos und Lemnos. Er überließ diese fragwürdig gewordenen Besitzungen seinem ältesten überlebenden Sohn Domenico als bedenkliche Erbschaft. Als sein Statthalter führte sein jüngerer Bruder Niccolò auf Mytilini die Staatsgeschäfte. Wenige Wochen nach Übernahme der Herrschaften sandte Domenico Gattilusio den Geschichtsschreiber Dukas mit der Weisung nach Adrianopel, Mehmed II. den Regierungswechsel anzuzeigen und den Tribut zu entrichten. Dieser belief sich bei Lesbos auf 3000, bei Lemnos auf 2325 Goldstücke; für Imbros mußten jährlich 2000 Dukaten erlegt werden. Dukas wurde freundlich aufgenommen, zum Handkuß zugelassen und verblieb in des Großherrn Gegenwart, bis dieser sein Mittagsmahl beendet hatte. Als er tags darauf die Gelder bei der Pforte hinterlegen wollte, erkundigte man sich pfiffig bei Dukas nach dem Befinden seines Gebieters. Der erwiderte, daß es ihm gut ergehe und daß er seine Grüße übermittle. Darauf ward ihm bedeutet, daß man ja den alten Fürsten meine. Der sei, so entgegnete Dukas, seit 40 Tagen tot, sein Nachfolger sei praktisch schon seit sechs Jahren im Besitze des Fürstentums und sei während dieser Zeit bereits mehrmals persönlich in Adrianopel erschienen, um dem Großherrn seine Ehrerbietung und seine Glückwünsche darzubringen. Niemand, so ward ihm bedeutet, habe das Recht, sich den Titel eines Herrn auf Mytilini anzumaßen — diesen hatte Dorino bis zu seinem Tode geführt —, es sei denn, daß er vorher bei Hof erschienen und die Würde aus den Händen seines hohen Gebieters, des Sultans Mehmed, empfangen habe. ‚Geh also', so verabschiedete man ihn kurzerhand, 'und komme mit deinem Herrn zurück! Zeigt er sich nicht, so weiß er, was die Zukunft ihm bringen wird!' Dukas eilte nach Mytilini zurück und brachte schleunigst Domenico Gattilusio mit einem stattlichen Gefolge von fränkischen und rhomäischen Großen seines Hofstaates nach Adrianopel. Dort aber traf er den Großherrn nicht an, der wegen einer fürchterlichen Pest, die wie so häufig Thrakien samt Stambul befiel, die frische Luft der balkanischen Gebirge aufgesucht hatte. Man vermutete ihn vergeblich zu Philippopel und fand ihn schließlich zusammen mit dem Großwesir Mahmûd-Pascha bei Izladi (Slatica). Mehmed II. verweigerte dem Fürsten die Unterhaltung, gestattete ihm nur den Handkuß und ließ ihn durch Mahmûd-Pascha abfertigen. Obgleich dieser wie auch die übrigen Würdenträger mit ansehnlichen Geschenken bedacht worden waren, scheuten sie sich nicht, unter Berufung auf ihren Herrn, sehr angemessene Forderungen an den fassungslosen Domenico Gattilusio zu stellen. Zuerst verlangten sie, der Fürst solle die ihm gehörige Insel Thasos abtreten. Als er hiezu notgedrungen seine Einwilligung gab, wollte man am folgenden Tag den bisher gezahlten Tribut verdoppelt wissen. Er erklärte, soviel Geld aufzubringen sei er außerstande, man solle ihm dann lieber gleich die Insel Lemnos abnehmen. Nach langem Feilschen — Dukas schildert den Vorgang mit allen aufregenden Einzelheiten — einigte man sich, das Jahrgeld von 3000 auf 4000 Goldstücke zu erhöhen. Überdies machte man dem Fürsten zur Pflicht, die seiner Insel gegenüberliegenden anatolischen Küstenstriche vor katalanischen Seeräubern, die dort ihr Unwesen trieben, zu schützen; für jeden Türken, dem ein Leid geschehe, müsse er aufkommen. Die neuen Abmachungen wurden durch einen Treueid feierlich beschworen, der Fürst wurde mit einem prächtigen Ehrenkleid, dem Brokatkaftan, beschenkt, während seine Begleiter silberne Gewänder erhielten. Sie kehrten dann stracks nach ihrer Insel zurück, wo sie ihrem Schöpfer, wie Dukas sich ausdrückt, dankten, daß sie allesamt wenigstens diesmal mit heiler Haut den Händen des ,Unholds' entronnen waren.

Im Hochsommer 1455 war unterdessen ein Geschwader von zehn dreiruderigen und ebensoviel zweiruderigen Schiffen segelfertig gemacht worden. Es wurde dem Nachfolger des Hamsa-Pascha, dem neuernannten Admiral und Befehlshaber von Gallipoli namens Jûnus-Pascha unterstellt, der eine seltsame Laufbahn hinter sich hatte. Er war Spanier oder Katalane von Geburt und in den Pfortendienst verschlagen worden, wo er wegen seiner außerordentlichen Schönheit die Aufmerksamkeit Mehmeds II. und dessen besondere Gunst erlangte. Seinen körperlichen Vorzügen, schwerlich seinen seemännischen Fähigkeiten, verdankte er wohl seinen raschen Aufstieg zum Flottenführer. Die aus Gallipoli ausgelaufenen Schiffe gerieten an der trojanischen Küste in einen schweren Seesturm, in dem von 20 Fahrzeugen nicht weniger als sieben zugrunde gingen. Nur der Geschicklichkeit eines Landsmannes, des spanischen Steuermanns, verdankte Jûnus-Pascha seine und seines Admiralsschiffes Rettung in schwerster Seenot. Die Galeere entkam Sturm und Wellen und ankerte schließlich vor Chios, während die anderen 12 Schiffe im Hafen von Mytilini Zuflucht suchten. Mit einer so übel zugerichteten Flotte gegen Chios vorzugehen, ließ sich der Admiral nicht in den Sinn kommen. Er begnügte sich damit, auf der Höhe von Chios über ein lesbisches Wachtschiff herzufallen, das von Niccolò Gattilusio zur Erkundung katalanischer Korsaren ausgesandt worden war, also im Dienste der Pforte tätig war. Jûnus-Pascha jagte die Galeere, auf der sich eine reiche Griechin aus Chios, die Schwiegermutter des Fürsten von Mytilini, befand, bis in den Hafen von Lesbos und forderte sie als Kriegsbeute. Im Weigerungsfalle drohte er mit dem Zorn seines Gebieters Mehmed. Dann fuhr er weiter zur anatolischen Küste und machte sich am 31. Oktober 1455 über Neu-Fotscha (Jenidsche Fotscha) her, wo er die zahlreichen wohlhabenden genuesischen Alaunhändler und Kaufleute brandschatzte und als Gefangene auf die Schiffe schleppen ließ. Aus der übrigen Bevölkerung, die er mit Kopfsteuer belegte, suchte er sich 100 der schönsten genuesischen Knaben und Mädchen aus, die er dem Großherrn als Geschenk bestimmte. Nach 14tägigem Verweilen in dieser reichen Stadt, in der er eine türkische Besatzung zurückließ, lief er um die Novembermitte wieder in Gallipoli ein. Der Grimm des Großherrn über das mißlungene Unternehmen gegen Chios wurde durch das Geschenk, das Jûnus-Pascha ihm persönlich in Stambul überreichte, etwas gemildert.

Der unselige Dukas mußte sich um diese Zeit abermals im Auftrage seines Gebieters an die Pforte begeben, um dort wegen des Vorgehens Jûnus-Paschas entsprechende Vorstellungen zu machen. Sie nahmen aber einen schlimmen Ausgang. Der Admiral, dem Dukas gegenübergestellt wurde, erklärte ihm, und zwar auf Befehl des Sultans, schlankweg, sein Herr müsse ihm auf der Stelle 10 000 Goldstücke erlegen oder sich auf einen Waffengang gefaßt machen. Mehmed II. ließ inzwischen rasch noch Alt-Fotscha besetzen, das ebenfalls zum Herzogtum von Lesbos gehörte. Als er von der Einnahme in Kenntnis gesetzt ward, beurlaubte er den bis dahin zurückgehaltenen Dukas ohne weitere Forderungen nach seiner Insel. So schmolz, fast ohne Schwertstreich und nur durch Drohungen, in der Ägäis die Frankenherrschaft zusehends zusammen.

Dukas hatte kaum seinem Herzog über den betrüblichen Ausgang seiner Sendung Bericht erstattet, als sich aufs neue Gewitterwolken über einem anderen fränkischen Besitztum in der Levante zusammenzogen und bereits im Januar 1456 mit Heftigkeit entluden. Diesmal richteten sich Mehmeds Absichten gegen einen anderen Zweig der Gattilusi, nämlich die Herren von Aenos, am Ägäischen Meer östlich der Maritza-Mündung gelegen. Palamede Gattilusio war 1455 verschieden und da ihm sein ältester Sohn Giorgio bereits 1449 im Tod vorangegangen war, so fiel die Herrschaft an seinen jüngsten Sohn Dorino II. sowie an Giorgios Witwe und deren

Kinder. Zu seinen Lebzeiten durfte Giorgio bereits über alle Besitzungen seines Vaters mit Ausnahme von Mytilini verfügen, das Dorino II. zugesprochen wurde. Aber auch nach seinem Ableben hatten seine Witwe und ihre Kinder gewisse Rechte der Erstgeburt behalten. Nun war es zu heftigen Erbstreitigkeiten zwischen beiden Parteien gekommen und vergeblich suchte die Witwe ihren Schwager zu gütlicher Einigung zu bestimmen, damit sie nicht das Urteil des Oberherrn, des Sultans, einholen müsse. Als alles nichts gefruchtet hatte, sandte sie ihren Oheim zur Pforte, der dort Dorino II. in den häßlichsten Farben malte und als Verräter brandmarkte, der mit den Italienern gemeinsame Sache zu machen versuche: er sammle Waffen, heure Reisige und verstärke die Besatzung von Aenos, um seine völlige Unabhängigkeit von der osmanischen Oberhoheit zu erzwingen. Der Zwischenträger fand ein williges Ohr bei Mehmed II., der längst auf einen Anlaß lauerte, sich der Stadt Aenos zu bemächtigen, die wegen ihrer vorteilhaften Lage an der damals noch schiffbaren Maritza mit osmanischem Hinterland zur Eroberung herausforderte. Dazu hatten sich die türkischen Richter von Ipsala und Feredschik beim Sultan über Eigenmächtigkeiten Dorinos gegenüber Bewohnern der beiden Gerichtsbarkeiten sowie über den Salzverkauf an die Ungläubigen zum Nachteil der Muslime beschwert, so daß der türkische Oberherr alle Veranlassung sah, sich einzumischen. Am 24. Januar 1456 brach Mehmed II. von Stambul zu Land nach Aenos auf. Es herrschte diesmal bitterste Winterkälte auf der thrakischen Ebene. Jûnus-Pascha nahm mit einem Geschwader von 10 Galeeren zu Wasser den Weg nach Aenos, das er sogleich von der Seeseite aus blockierte. Dorino II. weilte damals gar nicht in der Stadt, sondern auf der Insel Samothraki, wo er im Palaste seines Vaters den ungewöhnlich strengen Winter zu verbringen gedachte. Aenos mit seinen Bewohnern war dem Schicksal überlassen. Diese entboten eine Abordnung nach dem Sultansquartier Ipsala und übergaben ihm die Stadt unter der Bedingung, daß den Einwohnern kein Leid geschehe.

Der Sultan empfing sie gnädig, sagte ihr Erfüllung der Bitten zu und beauftragte den Großwesir Mahmûd-Pascha mit der Übernahme der kampflos genommenen Stadt. Tags darauf erschien der Großherr selbst, bemächtigte sich alles Goldes, Silbers und anderer Kostbarkeiten, die er in Dorinos Palast vorfand, und plünderte dann die Häuser seines gleichfalls abwesenden Gefolges. Nach dreitägigem Verweilen zog er wieder ostwärts, nicht ohne 150 Kinder, die Jugendblüte von Aenos, mit sich zu schleppen. Ein gewisser Murâd ward zum Stadtvogt *(subaschy)* bestellt und Jûnus-Pascha erhielt die Weisung, Dorinos Besitzungen Imbros und Samothraki, zwei Aenos gegenüberliegende Inseln, zu besetzen.

Der Admiral beschied nach seiner Landung auf Imbros den byzantinischen Geschichtsschreiber Kritoboulos zu sich, dessen treuergebene Gesinnung ihm wohlbekannt war, und setzte ihn an Stelle des gefangengesetzten Joannes Laskaris Rhyndakenos, der dort bisher Dorino II. vertreten hatte, zum Statthalter ein. Unterdessen sollte ein Schiff Dorino auf Samothraki in Verwahrung nehmen. Da der Fürst dem Admiral mißtraute, zog er vor, sich eigenmächtig zur Pforte zu begeben, nachdem er seine schöne Tochter mit reichen Gaben vorausgesandt hatte. Der Großherr versprach zwar anfänglich die Rückerstattung der beiden Inseln, besann sich aber, als Jûnus-Pascha auf ihn einredete und die Unzufriedenheit der herzoglichen Untertanen ausmalte, eines anderen und wies ihm auf Anraten des Admirals eine Besitzung weitab vom Meere, nämlich zu Zichne in Mazedonien an. Dort hielt es Dorino nicht lange aus. Er geriet mit seiner türkischen ,Ehrenwache' in Streit, hieb sie zusammen und floh darauf in die Christenheit. Zuerst setzte er sich auf Mytilini, dann auf Naxos fest, wo er seine Base, Elisabetta Crispo, Tochter des verstorbenen Herzogs Giacomo II., heiratete und endgültigen Wohnsitz nahm.

Aenos mit seinen einträglichen Pfännereien, die unter Palamede 300 000 Silberstücke im Jahr abgeworfen hatten, sowie Imbros und Samothraki waren wiederum fast kampflos ins osmanische Reich einbezogen worden. Die türkische Besitzergreifung der beiden Inseln wirkte sich unmittelbar auf das benachbarte Lemnos aus. Die Lemnier hatten mit Niccolò Gattilusio, den sein Bruder Domenico als seinen Stellvertreter schalten und walten ließ, trübe Erfahrungen gemacht und sich heimlich über das selbstherrliche Wesen Niccolòs beim Sultan beschwert. Sie hatten ihn geradezu gebeten, einen Befehlshaber über die Insel zu ernennen. Mehmed II. ließ sich nicht zweimal drängen, sondern schickte den Nachfolger des inzwischen verungnadeten Jûnus-Pascha, nämlich den Hämling Ismâ^{c}îl-Pascha, nach Lemnos, wo er den verträglichen früheren Admiral Hamsa als osmanischen Statthalter bestallen sollte. Vor seinem Eintreffen hatte sich ein Kampf zwischen den Inselbewohnern und den von Domenico Gattilusio aus Mytilini unter Führung von Giovanni Fontana und Spineta Colomboto nach Lemnos beorderten Schiffsleuten entwickelt, in dessen Verlauf die Eindringlinge teils niedergehauen, teils gefangengenommen wurden. Diese 40 Lesbier brachte Ismâ^{c}îl, der sogleich nach Ausführung seines Auftrages im Mai 1456 nach Gallipoli zurückkehrte, seinem Kriegsherrn als Geschenke mit. Dukas mußte sich im August aufs neue mit dem Jahrzins nach Adrianopel begeben und dabei versuchen, ihre Freilassung durchzusetzen. Seine Bemühungen blieben vergeblich, denn der eben aus Serbien heimgekehrte Mehmed wollte sie unverzüglich hinrichten lassen. Auf dem Wege zum

Richtplatz erst schenkte er ihnen das Leben und ließ sie als Sklaven verkauft. Den Erlös von 1000 Goldgulden behielt er für sich.

Zweifellos hätte sich der Osmanenherrscher mit dieser Lösung der
Gattilusi-Frage nicht abgefunden, wenn ihn nicht schon seit April ein
neues kriegerisches Unternehmen großen Stiles vollauf in Anspruch genommen hätte: ein Feldzug gegen Serbien und Ungarn. Die Bereitwilligkeit,
mit der die Despoten auf Morea und die kleinen Inseldynasten der Ägäis
einer nach dem andern ihre Unterwürfigkeit kundtaten, die völlige Ohnmacht Genuas und die zu gütlichem Einvernehmen neigende Stimmung
der Signoria von Venedig schlossen so gut wie jegliche Gefahr aus, daß zur
See vom Westen her irgendwelche Drangsal drohe. Diese konnte nur von
Norden her erwartet werden. Vor allem war, solange sich Joh. Hunyadi
am Leben befand, eine unbedingte Einhaltung der bestehenden Friedens-
verträge mit den nördlichen Grenznachbarn des Osmanenreiches niemals
gesichert. Zwischen dem letzten Paläologen Konstantin und Hunyadi bestand eine geheime Abmachung, die diesen verpflichtete, der bedrängten
Hauptstadt notfalls zu Hilfe zu eilen. Daß ihm dafür eine von Sphrantzes ausgefertigte Goldene Bulle des Kaisers eine der beiden noch von den
Byzantinern besetzten Städte, nämlich Mesembria, feierlich verhieß, hatte
allerdings keine praktische Bedeutung. Denn als die Gesandten Hunyadis
1453 endlich den Großherrn erreichten, stand Konstantinopel unmittelbar
vor dem Fall, und als sie wieder in ihre Heimat einzogen, war der Paläologen-
thron zu Byzanz bereits in Staub gesunken.

Nach der Einverleibung des byzantinischen Schattenreiches verblieb Un-
garn wohl die einzige Macht, die der Sultan am meisten fürchtete und deren
Bekämpfung, womöglich Vernichtung ihm daher besonders am Herzen lag.
Serbien genoß, als Mehmed II. gewaltige Kriegsvorbereitungen treffen ließ,
kaum mehr eine staatliche Unabhängigkeit, zu deren Beseitigung einen
Vorwand zu finden ihm keinerlei Mühe gemacht hätte. So verblieb nur die
Moldau, deren Fürst Petru III. Aaron unter solch demütigenden und er-
niedrigenden Bedingungen zur Entrichtung eines Tributs von 2000 Goldstücken jährlich aufgefordert worden war, daß er Bedenken trug, allein
die Verantwortung für diese Zinspflicht zu tragen. Er holte sich daher im
September 1455 die Zustimmung seiner Bojaren ein und schickte kurz
darauf seinen Logofeten Mihail zu Sultan Mehmed II., den er im Balkangebirge, wo er der Pestseuche auswich, schließlich antraf. In Saruchanbejli
(heute Saranevo bei Tatar-Basardschyq) ward am 5. Oktober 1455 jene
slavische Urkunde ausgestellt, die der Moldau bei pünktlicher Entrichtung
des Jahrzinses den Frieden gewährleisten sollte.

,Vom großen Herrscher und großen Emîr Sultan Mehmed-Beg dem

edlen verständigen und dem preis- und lobenswerten Ioan Petru, Vojvoden und Herrn von Mavrovlachien. Empfange freundschaftlichen Gruß, Deine Durchlaucht! Du hast Deinen Gesandten, den Bojaren Michael, den Logofeten, geschickt. Und Meine Hoheit hat Kunde von allen Worten genommen, die er sprach. Wenn Du aber Meiner Hoheit Charâdsch (Kopfsteuer) von 2000 Dukaten Goldes in jedem Jahre sendest, so sei ein vollkommener Friede! Und dafür setzte Ich eine Frist von drei Monaten. Wenn (die Kopfsteuer) zu dieser Frist einlangt, dann sei völliger Frieden mit Meiner Hoheit. Aber wenn sie nicht eintrifft, dann wißt Ihr (, was sich ereignet). Und Gott soll Dich erfreuen! Im Monat Oktober, am 5., in Saruchanbejli!' Das ist der genaue Wortlaut des Schriftstückes, womit sich das moldauische Fürstentum gegen Erlegung von 2000 Goldstücken eine scheinbare Unabhängigkeit erkaufte. Auf dem Wege nach Serbien, im Lager zu Jeni Derbend (oder Rudnik?), richtete Mehmed II. an den gleichen Petru III. Aaron ein zweites Schreiben, das diesmal türkisch abgefaßt wurde, und gestattete darin den Kaufleuten von Aq-Kerman (Cetatea Albă), im Osmanenreich ungehindert Handel zu treiben, und zwar auf Grund des vorher mit der Moldau abgeschlossenen Friedens und nach Beseitigung der bisherigen Feindseligkeiten. So flossen also auch von diesem Staat dem osmanischen Reichssäckel alljährlich 2000 Goldstücke zu, zu deren Erlangung eine plumpe Drohung Mehmeds II. ausgereicht hatte. Petru III. Aaron, ein schwacher Fürst, hatte letztlich allen Grund, mit dieser Abfindung der Pforte zufrieden zu sein, solange freilich diese selbst sich mit der Summe beschied. Von der Nordwestgrenze Rumeliens hatte sich Mehmed II. keiner Bedrohung seiner Sicherheit zu versehen, zumal auch die Walachei sich völlig ruhig zu verhalten schien und obendrein mit ihrer bescheidnen Streitmacht außer Berechnung bleiben konnte. Von Ungarn abgesehen, kam also im Ernstfalle kein ebenbürtiger Gegner in Betracht. Dorthin mußte der erste Angriffskrieg größeren Stiles nach der Überwältigung Ost-Roms getragen werden. Die vorherige gänzliche Unterjochung Serbiens, durch die allein für alle weiteren militärischen Unternehmungen nach Nordwesten hin ein sicherer Stützpunkt gewonnen werden konnte, verstand sich als Voraussetzung von selbst. Dabei erschien Mehmed, wie schon seinem Vater, als wichtigstes Ziel die Einverleibung der ungarischen Donaufestung Griechisch-Weißenburg, Belgrad. Sei diese einmal in seiner Gewalt, soll er gesagt haben, dann werde binnen zwei Monaten Ungarn unterworfen sein und er könne dann sein Nachtmahl ruhig in Ofen halten.

Die Zurüstungen zum serbisch-ungarischen Feldzug hatten bereits den ganzen Winter beansprucht und die Kunde davon war trotz strengster Geheimhaltung der Kriegsziele bald nach Westen gedrungen. Aus allen Teilen

des Reiches wurde des Sultans Heermacht zusammengezogen und auf den
Ebenen zwischen Stambul und Adrianopel versammelt. Die Angaben über die
Anzahl der streitbaren Leute schwanken wie immer. Die geringste Schätzung veranschlagte sie auf 150 000 Mann, die höchste auf 400 000 Köpfe.
Diese Ziffern sind allesamt im Abendland entstanden und wenn sie sich
auch zum Teil auf die Berechnung von Augenzeugen stützen, die mindestens
150 000 kampffähige und auserlesene Krieger in Rechnung stellen, so wird
man gut daran tun, diese Zahlen herabzusetzen. Solche Menschenmassen
zu damaligen Zeiten zu bewegen und ausreichend zu verpflegen, stellte eine
Leistung dar, die man bezweifeln muß. Hier wiederholte sich der Vorgang,
der bei der Belagerung Konstantinopels zur Sprache kam, daß die abendländischen Stärkeziffern der osmanischen Streitmacht maßlos übersteigert
wurden. Bei einem Sieg wie bei einer Niederlage waren solche zahlenmäßigen
Übertreibungen in gleicher Weise dienlich und erwünscht. Mehmed II.
plante die Feste Belgrad vom Land und vom Wasser, der Donau, her zu
gleicher Zeit zu berennen. Er gab deshalb Auftrag, angeblich etwa 200 leichte,
vielleicht aber auch nur 60 Fahrzeuge zu zimmern, die donauaufwärts
bis Vidin gebracht wurden, wo sie sich sammelten. Die größeren Schiffe
wurden dazu benutzt, das schwere Belagerungsgeschütz auf dem Flußwege
heranzuschaffen. In Kruschewatz (Kruševac), dem Aladscha Hißâr der
Türken an der Morava in Mittelserbien, ließ der Großherr eine Stück-
gießerei errichten, wo die Mörser und Kanonen von fremden Meistern hergestellt werden mußten. Zur gleichen Zeit (1456) wurde auch der Nürn-
berger Büchsenmeister Jörg zu Herzog Stjepan von Bosnien berufen, von
dem er sich später zu Mehmed II. begab, dessen Geschichte er dann in
knappen holprigen Sätzen beschrieben hat. Es hat den Anschein, daß in
jenen Jahren vor allem deutsche Stückgießer in größerer Zahl ihre Heimat
verließen und sich nach Südosteuropa wandten, wo sie Brot und Arbeit in
Hülle und Fülle fanden.

Im Laufe des Monats Juni 1456, zur Zeit, wie Joh. Thúrocz ausmalt, da
das Getreide zu reifen begann, rückte das osmanische Belagerungsheer
nach und nach in dichten Haufen von Süden gegen Belgrad vor. Der Sultan,
der den Winter und Frühling zu Adrianopel verbracht hatte, hielt sich
bereits am 9. Juni auf serbischem Boden auf und stieß nirgendwo auf
Widerstand. Am Sonntag, dem 13. Juni, schlug er sein Pfortenzelt auf einer
Anhöhe im Angesicht der Festung Belgrad auf. In unabsehbaren Reihen
erstreckten sich um ihn herum die Zelte seiner Janitscharen. Die Sturm-
geschütze, 3000 an der Zahl, darunter 27 Riesenkanonen von ungeheurer
Länge und 7 Mörser, wurden gegen Monatsende rund um die gewaltigen
Mauern und Türme in Stellung gebracht. Die vielbestaunte Festung machte

auf Italiener jener Zeit keinen sonderlichen Eindruck. Einer von ihnen verglich sie ‚mit einem guten Kastell in Italien‘. Die Feldschlangen wurden, wie Pietro Ranzano berichtet, keineswegs von Türken oder überhaupt Muslimen, sondern von Deutschen, Ungarn, Bosniaken und Dalmatern bedient, während die Belagerungsmaschinen Italienern und Deutschen anvertraut waren. Es bedarf keines ausdrücklichen Hinweises, daß die Kriegsmaschinen von Abendländern hergestellt worden waren, wobei ober-italienische Fachleute eine maßgebliche Rolle gespielt haben müssen. Ohne deren Beihilfe ist die Verwendung nur im Abendland ausgedachter und erprobter Trutz- und Wurfmaschinen undenkbar und es bleibt der Phantasie überlassen auszudenken, welchen Verlauf die Geschichte des 15. Jahr-hunderts genommen hätte, wenn sich nicht eine kaum übersehbare Zahl von Abendländern gegen schnöden Mammon in sultanische Dienste gestellt und ihre Kenntnisse zum Angriff auf das Abendland zur Verfügung gestellt hätte.

Um einen etwaigen Übergang der Ungarn über den Fluß aufzuhalten oder zu vereiteln, ließ Mehmed II. etwas oberhalb der Festung Belgrad oder beim Einfluß der Save in die Donau querüber eine dichte Reihe seiner Schiffe mit Ketten zusammenschlagen. Tatsächlich hatte Hunyadi etwa 40 Donaukähne mit erlesenen Streitern bemannen können und versucht, sich vom Wasser her den Weg zur Festung frei zu machen. Die Zahl der ungarischen Fahrzeuge schwankt natürlich ebenfalls zwischen 40—200, doch dürfte nur die erste Zahl die wirklich brauchbaren Schiffe be-zeichnen. Die ungarischen Rüstungen zum Entsatz von Belgrad scheinen ganz ungenügend und langsam getroffen worden zu sein. König Ladislaus floh unter dem Vorwand einer Jagd auf die Nachricht vom Herannahen des übermächtigen Gegners bei Nacht und Nebel von Ofen nach Wien, um sich dort in Sicherheit zu bringen. Aber auch die magyarischen Magnaten waren nicht gewillt, ihre Haut zu Markte zu tragen. Erst als der Geschütz-donner von Belgrad bis nach Szegedin erscholl, beeilten sich die Barone, sich mit ihren Mannen den Truppen des Johs. Hunyadi anzuschließen, auf dem wiederum und allein die Hoffnung aller beruhte. Sonst regte sich keine Hand im ganzen Abendlande. Papst Calixtus III. ließ, wie bereits erwähnt, im Laufe des Juli 1456, als man Belgrad schon verloren glaubte, für die Teilnahme am Kampfe wider den Erbfeind der Christenheit durch seinen Legaten einen vollkommenen Ablaß verkünden. Der Vorsprung, den der Sultan durch die mit einer für jene Zeiten fast unvorstellbaren Um-sicht vorbereitete Kriegsunternehmung längst gewonnen hatte, war nicht mehr einzuholen. Während unabsehbare Züge von Saumtieren und Kamelen Sturmzeug aller Art, Mundvorrat und Schießbedarf in erstaunlichen

Mengen von Osten her nach Belgrad geschleppt hatten, hatte Hunyadi
allerdings einen Heerhaufen von etwa 60 000 Mann zusammengebracht.
Wohlbewaffnete einsatzfähige Leute aber waren nur wenige darunter. Die
Masse bestand aus zusammengelaufenem Volk, Bauern und armen Bürgern, die nichts zu verlieren hatten, niederen Geistlichen in großer Zahl,
Klosterbrüdern, Barfüßer- und Bettelmönchen jeglicher Art, Eremiten,
Studenten und Abenteurern aller Klassen. Die meisten waren unbewaffnet
oder trugen nichts als ein Schwert, viele nur Knüppel, Stäbe und Schleu-
dern. Berittene sah man fast gar nicht unter ihnen. Daß es diesen
Scharen dennoch nicht an Mut, heiliger Begeisterung und Kreuzzugseifer
fehlte, das war zum großen Teil den flammenden Predigten und dem Feuereifer des Giovanni di Capistrano zu danken, der mit einigen gleichgesinnten
Ordensbrüdern selbst beim Zug erschienen war und zusammen mit Johs.
Hunyadi und dem päpstlichen Legaten, Kardinal Juan Carvajal — alle
drei mit dem Vornamen Johannes, wie schon Enea Silvio bemerkte —, die
Seele des gewaltigen Ringens wurde.

Die Belagerung hatte bereits in den ersten Julitagen eingesetzt, als sich
Hunyadi mit seiner seltsamen Streitmacht der Donau näherte. Aus hundert
Feuerschlünden wurde die Festung Tag und Nacht beschossen. Die türkische Reiterei verwüstete weit und breit das umliegende Land und raubte
fürs Lager, was zu erlangen war. Giovanni da Tagliacozzo, ein Mönch im
Gefolge Giovannis di Capistrano, der ebenso wie ein andrer Klosterbruder
namens Niccolò da Fara die Geschichte des Kampfes um Belgrad in allen
seinen Stufen beschrieben hat, schildert anschaulich die Wirkung der ungeheuren Kugeln, die gegen die Stadtwälle und ins Innere geschleudert
wurden. Es kamen dabei nur wenige Menschen ums Leben. Vor der Vernichtung durch die Steinmassen wußte man sich, wenigstens tagsüber,
dadurch zu sichern, daß man Beobachter aufstellte, die die Bahn der
Kugeln genau verfolgten. Rauschte dann ein solcher Steinklumpen durch
die Lüfte, so ertönte von einem der Wachttürme ein Glockenzeichen. Alles
schaute in die Höhe und flüchtete in Eile von der Stelle, wo die Kugel,
meist ohne empfindlichen Schaden anzurichten, in die Erde versank. Die
Beschießung Belgrads hatte schon etwa zwei Wochen gewährt, als sich
das kleine ungarische Geschwader auf der Donau zeigte, das dem Heere
den Weg zur Festung bahnen sollte. Um den Übergang zu ermöglichen,
mußte die feindliche Schiffslinie durchbrochen werden. 40 kleinere Schiffe
und ein größeres wurden mit erprobten Kämpfern bemannt und die Donau
hinabgeschickt. Hunyadi besetzte mit einem Teil seiner Reiter die Ufer,
um den Türken Zufuhr und Flucht abzuschneiden. Giovanni di Capistrano
befeuerte die Streiter zu Mut und Ausdauer.

In der Nacht vom 13. auf 14. Juli 1456 ward alles ins Werk gesetzt. Bei Tagesanbruch begann der Kampf. Die Türken leisteten verzweifelten Widerstand. Sie wurden zu gleicher Zeit von Land und zu Wasser bedrängt. Nach fünfstündigem mörderischem Gefecht, das die Gewässer der Donau weithin in einen Blutstrom verwandelt haben soll, gelang es den Ungarn, die Ketten zu sprengen, die türkischen Schiffe auseinander zu treiben und einen glänzenden vollständigen Sieg zu erringen. Drei osmanische Galeeren wurden samt der Besatzung in den Grund gebohrt. Vier andere fielen mit allem Rüstzeug in die Hände der Sieger. Der Rest, jämmerlich zugerichtet und fast nur mit Toten und Sterbenden beladen, brachte sich durch Flucht in Sicherheit. Der Sultan ließ sie, um sie dem Zugriff der Feinde zu entziehen, in Brand stecken. Mehr als 500 Türken sollen in den Wellen den Tod gefunden haben.

Dieser Schlag war entscheidend für den Verlauf der weiteren Kampfhandlungen. Er entschied das Schicksal von Belgrad, der Vormauer von Wien. Hunyadi nutzte die Lage und begab sich mit den besten Truppen in die bereits aufgegebene Festung. Auch Giovanni di Capistrano folgte ihm und stärkte den Mut der Belagerten durch die Gewalt seiner Rede. Die fast überall zusammengeschossenen Festungswerke wurden in aller Eile und notdürftig instand gesetzt und die noch vorhandenen Geschütze entsprechend verteilt. Der über die Niederlage auf der Donau außer sich geratene Mehmed II. war entschlossen alles aufzubieten, um die erlittene Schmach zu rächen. Ununterbrochen ließ er das Feuer der Geschütze auf die noch stehenden Türme und Mauern richten. In eigner Person zog er vor den Wällen den Kern seiner Streitmacht zusammen, um durch einen Hauptsturm den Sieg zu erzwingen. Die Türken drangen an mehreren Stellen durch die Breschen in die Außenwerke ein, wurden aber immer wieder zurückgeworfen. Schließlich gaben die Christen diese Trümmerhaufen auf und wandten ihre ganzen Kräfte der Verteidigung der Festung zu.

Am siebenten Tag nach dem Donaugefecht, in den Abendstunden des 21. Juli, gab der Sultan, an der Spitze seiner Janitscharen, die schon die Außenwerke gestürmt und dort die osmanischen Banner aufgesteckt hatten, das Zeichen zum entscheidenden Angriff. Die Türken stürzten auf die Brücke der Innenstadt los, waren aber außerstande, die dort gescharten Kreuzfahrer zu werfen. Der Landpfleger von Rumelien, Qaradscha-Beg, der das Belagerungsheer befehligte, wurde gleich beim ersten Sturm von einer Kanonenkugel zerschmettert. Der mörderische Kampf dauerte die ganze Nacht durch. Gegen Morgengrauen gelang es den Janitscharen, an mehreren Stellen die Mauern zu erklimmen und ins Innere der Feste einzudringen. Hunyadi hatte seine Truppen mit Absicht von den Wällen

zurückgezogen und sie sich verstecken lassen. Auf ein gegebenes Zeichen
sollten sie sich dann über die in der Stadt verteilten Feinde hermachen.
Die List gelang völlig. Die eingebrochenen Janitscharen zerstreuten sich
in alle Richtungen durch die menschenleeren Straßen, nach Beute jagend.
Plötzlich ward ihr Siegesgeschrei durch den Schlachtruf der Ungarn übertönt. Noch ehe sich die Türken sammeln konnten, wurden sie umringt
und in kleinen Haufen niedergemetzelt. Nur wenige vermochten durch das
Haupttor nach der Brücke zu entkommen, wo sie aber in ein neues und
noch schrecklicheres Blutbad gerieten. Hunyadi hatte, als er angesichts
der haufenweise vorstürmenden Janitscharen an deren Überwältigung unsicher zu werden begann, zu einem Verzweiflungsschritt Zuflucht genommen, zu dem ihm vielleicht Giovanni di Capistrano geraten hatte. Er ließ in
der Nacht eine Menge in Schwefel getauchte Reisbündel zusammentragen
und sie am Morgen brennend auf die in den Mauergräben lagernden
Janitscharen werfen. Die Wirkung war furchtbar. Alles, was sich in den
Gräben aufhielt, kam in den Flammen um, die rundum jeden Ausweg versperrten. Selbst die Fliehenden wurden vom lodernden Feuer erfaßt und
gingen zugrunde. Ein kläglicher Rest zog sich hinter die Belagerungsgeschütze
zurück. Der Jubel unter den Christen war unbeschreiblich, entsetzlich das
Jammergeschrei der verwundeten und halbverbrannten Osmanen. Die
Gräben waren bis zum Rande mit scheußlich entstellten Leichen gefüllt.
Nur 60 Christen sollen bei der Schlächterei ihr Leben eingebüßt haben.
Obgleich Hunyadi mit einer Wendung des Kriegsglückes rechnete und
nicht alles aufs Spiel setzen wollte, vermochte er nicht mehr der begeisterten
Kampflust der Kreuzer Fesseln anzulegen, zumal Capistrano sie mit Ungestüm fortriß. An der Spitze von etwa 1000 Mann rückte der Minorit
um die Mittagsstunde gegen die feindlichen Belagerungsgeschütze vor.
Hinterdrein drängten die nachfolgenden Scharen, so daß selbst Hunyadi
mitgerissen wurde. Die Türken leisteten kaum ernstlichen Widerstand,
überließen vielmehr kampflos ihre Geschütze den Christen und zogen sich
in die zweite, und als auch diese im Sturm genommen wurde, in die dritte
Linie zurück. Dort befand sich das mit Gräben, Wällen und Kanonen
stark befestigte Lager des Sultans. Dieser warf sich, von Wut entbrannt,
mitten ins Kampfgetümmel, warf die Angreifer überall, wo er erschien,
zurück, mußte aber schließlich schwerverwundet, angeblich von einem
Pfeil am Schenkel verletzt, das Feld räumen. Die Janitscharen, auf die
Mehmed II. seine letzten Hoffnungen zu setzen schien, waren aufgerieben,
hatten den Mut verloren oder verweigerten den Gehorsam. Als der Großherr, darüber aufgebracht, den Obersten der Janitscharen, Hasan-Agha,
heftig beschimpfte und zurechtwies, stürzte sich dieser voll Verzweiflung

in den dichtesten Haufen der Kämpfer und erlag in wenigen Augenblicken, im Angesicht seines Kriegsherrn, den schweren Verwundungen.

Nun war der Sieg den Ungarn sicher. Zwar warfen etwa 6000 frische osmanische Reiter, die am späten Abend von der Donau kommend auf dem Schlachtfeld erschienen waren, die bis zum Sultanszelt vorgedrungenen Christen bis in die zweite Kampflinie zurück, aber der Großherr war ohne Zuversicht und gab mit einbrechender Nacht den Befehl zum Rückzug, der in eine regelrechte Flucht ausartete. Allgemein befürchteten die weichenden Türken, daß Hunyadi ihnen mit neuen Kräften nachsetzen werde und daß sich der Kampf mit Tagesanbruch von neuem entfache. Jeder nahm nur soviel wie er tragen konnte. Zelte, Rüstzeug, alle Geschütze, die Mehmed eilends vernageln ließ, mußten zurückbleiben und fielen mit sonstiger reicher Beute in die Hände der Sieger. Die Zahl der gefallenen Türken wird auf 24 000 geschätzt, was übertrieben sein dürfte, falls wirklich nur 3000—5000 Christen am Kampfe teilgenommen hatten. Eine stattliche Menge von Türken soll noch unterwegs den Tod gefunden haben. Wenn Niccolò da Fara und Capistrano die Wahrheit berichten, so hat Mehmed II. in seiner Zorneswut mehrere seiner Heerführer und Pfortendiener mit eigner Hand niedergestoßen oder ließ sie nach seiner Ankunft in Sofia hinrichten. Lange Zeit ging das Gerücht, der Sultan sei im Schlachtgetümmel umgekommen oder seinen Wunden erlegen. Vierzig Kundschafter, die der Despot Georg Branković dem fliehenden Osmanenheer nachgeschickt hatte, brachten größtenteils die Nachricht, der Sultan sei spurlos verschwunden.

Die christliche Welt atmete erleichtert auf, als die Nachricht von Hunyadis glänzendem Sieg nach Westen gelangte. Der Jubel kannte keine Grenzen. Selbst in den Ortschroniken der entlegensten Städte hallte die Kunde vom Sieg der Kreuzfahrer wider. Manche Gerüchte waren maßlos übersteigert. So verbreitete sich in der Ewigen Stadt nach dem Eintreffen der Siegesmeldung die falsche Botschaft, Konstantinopel sei wiedererobert worden. Die Städte des Kirchenstaates feierten prächtige Feste, aber auch Florenz und Venedig jubelten über das befreiende Ereignis. In Bologna wurden drei Tage lang Umgänge veranstaltet und Heiligenreliquien einhergetragen. Papst Calixtus III. betrachtete den Entsatz von Belgrad als ‚das glücklichste Ereignis seines Lebens'. Er ließ zu Rom die Kirchenglocken läuten, in allen Gotteshäusern Dankumzüge abhalten, Freudenfeuer anzünden und überall dem Volke den Sieg verkünden. Nunmehr hoffte er, daß die christlichen Fürsten seine Kreuzzugsbestrebungen ganz anders würdigen und eine größere Opferwilligkeit für die gemeinsame Sache der Christenheit zeigen müßten. Nun habe sich aufs schönste bewahrheitet, was er tausendmal in diesem Jahr gesagt und geschrieben habe: die treulose Sekte Muhammeds werde besiegt und ausgerottet werden. In dieser Ansicht wurde der Papst bestärkt durch die Berichte, die ihm von Hunyadi und Capistrano aus Ungarn zugingen. Nicht nur das griechische Reich werde in Europa wiedergewonnen werden, so lauteten die Nachrichten, sondern auch das Heilige Land, Jerusalem, werde wieder in die Gewalt der Christen kommen. Nur 10 000—12 000 wohlgerüstete Reiter möge der Papst als Hilfstruppe aus Italien herübersenden, mit denen man mehr zur Verbreitung des christlichen Glaubens beitragen könne als zu anderen Zeiten mit 30 000 Mann. In ähnlichem Sinne äußerte sich Hunyadi: der Kaiser der Türken sei so gänzlich vernichtet und zugrunde gerichtet, daß, wenn die Christen sich wider ihn erhöben, sie mit Gottes Hilfe leicht das ganze Osmanenreich in ihre Gewalt bekämen. Kein Wunder, daß Calixtus III. daraufhin seine Legaten und die christlichen Herrscher ermunterte, mit vereinten Kräften gegen die Türken zu ziehen. Im nächsten März solle eine gewaltige Kreuzfahrt beginnen, die nicht nur Konstantinopel wiedergewinnen und Europa entjochen, sondern auch das Heilige Land von den Ungläubigen befreien, ja ihr ganzes Geschlecht vertilgen müsse.

Des Papstes Hoffnungen standen ganz und gar nicht im Einklang mit der Weltlage. Zu allem Unheil trat ein Doppelunglück von europäischer Bedeutung ein: die beiden Helden, deren Feuereifer am meisten den hochbetagten Papst belebten, starben bald nach Belgrads Erlösung. Bereits am 11. August 1456 wurde Johannes Hunyadi in Semlin durch eine fürchterliche Seuche, vielleicht die Pest, die von Stambul bis Rom alle Lande ergriff, dahingerafft. Am 23. Oktober folgte ihm, erschöpft von den Aufregungen und Entbehrungen des Feldzuges, sein greiser Waffengefährte Capistrano zu Ilok (Újlak) ins Grab. Die Erwartung, der Sieg von Belgrad werde dem Heiligen Krieg einen neuen Aufschwung geben, brach durch die Lauheit und Teilnahmslosigkeit der abendländischen Mächte ins Nichts zusammen. Nur der Papst ließ sich nicht von seinen Bestrebungen zur Bekämpfung des Halbmondes abbringen. Noch im Dezember 1456 wandte er sich hilfesuchend an den christlichen König von Äthiopien, im Jahr darauf an die Christen in Georgien und Persien sowie an den Herrn vom Weißen Hammel (Aq Qojunlu) Usun Hasan, der sich allein von allen Herrschern des Morgenlandes mit der Macht des Osmanensultans zu messen vermochte.

Im Gegensatz zum spanischen Naturell des Papstes, der trotz seines Greisenalters mit jugendlichem Ungestüm die Bekämpfung der Osmanen weiter verfolgte, gab es weiter oben im Norden Männer mit nüchterner Auffassung und sachlicher Bewertung des Triumphes von Belgrad. Einer

von ihnen ist der damalige Kanzler des Erzstiftes Salzburg, späterer
Bischof von Chiemsee Bernhard von Kraiburg († 17. Oktober 1477 Herren-
Chiemsee), der am 25. August 1456 aus Wien, wo er sich auf dem Wege zu
den Beisetzungsfeierlichkeiten Joh. Hunyadis gerade aufhielt, an den Salz-
burger Erzbischof Siegmund von Volkersdorf einen anschaulichen Bericht
über die Vorgänge in Belgrad gelangen ließ. Er sei, so schrieb er, 'durch
ain warhafften' unterrichtet worden, was sich zu Griechisch-Weißenburg
zugetragen habe. Sein Gewährsmann, sicher einer von den vielen, die im
August nach Norden zurückströmten, schätzt die Zahl der Türken auf
etwa 100 000 Mann, die der Schiffe, die jedoch keine Mannschaften, sondern
ausschließlich ,Notdurft' beförderten, auf nicht mehr als 21; die gesamte
Streitmacht sei auf dem Landwege herangeführt worden. Beim Sturm auf
die Festung seien auf beiden Seiten etwa 4000—5000 ,niedergelegt'
worden. Joh. Hunyadi und Giov. Capistrano hätten im obern Schloß über
nicht mehr als 16 000 Mann verfügt, von denen jedoch nur die Hälfte am
Kampfe selbst beteiligt wurde. Christen seien zwar 70 000 gewesen, aber
,zur Niederlage habe keiner kommen mögen'. Insgesamt wurden 13 und
nicht mehr ,Büchsen' erbeutet, darunter ,eine große und nicht mehr'.
Von den türkischen Schiffen seien etliche verbrannt, die andern erbeutet
worden und manche entkommen. Der türkische Kaiser sei unter der linken
Brust angeschossen worden und wegen dieser Wunde und der Hilfe Gottes
seien die Türken geflohen. Die Stadt Belgrad sei nur an einem Ende durch
die Türken ,zerbrochen' worden, aber auch dort nicht sonderlich. Zwei
Türkenschiffe seien an der Sau ,von den einfältigen Leuten' niedergelegt
und erschlagen worden. Diese seien von der Predigt weggelaufen und hätten
die Schiffe aufgebracht. Es sei ein wahres Wunder, daß nur 8000 Köpfe ,ein-
fältigen Volks' ohne Waffen an 100 000 Türken geschlagen und in die
Flucht gejagt hätten. ,Wie aber das Fechten und wie oft es geschehen sei,
wie die Türken überwunden und flüchtig wurden, darüber sei viel zu
schreiben.' Er wolle dem Erzbischof nach seiner Heimkehr darüber Bericht
erstatten. In einem weiteren Brief, tags darauf an Heinrich Rüger von
Pegnitz gerichtet, behauptet Bernhard v. Kraiburg, daß man in Belgrad
zwei venedische Schiffe ,mit leuten und zeug' entdeckt habe, die die Signoria den—Türken zu Hilfe gesandt hätte. Als man sie und etliche Kaufleute deswegen zur Rede gestellt habe, hätten die Venediger erwidert, daß
man insgesamt sechs Schiffe ausgerüstet habe, von denen zwei zu ihrem
Leidwesen zu den Türken gefahren seien. Diese unbeschönigten Mitteilungen scheinen die längst gehegte Vermutung zu bestärken, daß über die
Niederlage der Türken trotz zahlreicher Nachrichten keine rechte Klarheit
erzielt werden kann, weil die beiden auf christlicher Seite streitenden Teile,

die Ungarn und die Kreuzfahrer unter dem Minoritenbußprediger G. Capistrano, sich gegenseitig den Anteil am Siege in ihren Berichten streitig zu machen suchten. Aus diesem Grunde sind die ausführlichsten Darstellungen in vielen Punkten miteinander völlig unvereinbar. Der Entsatz von Belgrad gehört, wie wiederholt mit Recht betont worden ist, zu jenen Ereignissen der Geschichte, bei denen trotz großen Reichtums guter Quellen doch kaum eine hinreichende Einsicht in den eigentlichen Verlauf der Kampfhandlungen zu gewinnen ist, weil die verschiedenen Berichte der Augenzeugen gleich anfangs zur Parteisache gemacht wurden.

In die schwere Niederlage und die überstürzte Flucht des Osmanenheeres auf Grund der widersprechenden Angaben in den abendländischen Quellen Zweifel zu setzen, ist natürlich keinerlei Anlaß gegeben.

Das unerwartete Hinscheiden des kaum 70jährigen Hunyadi veränderte mit einem Male die Lage in Ungarn. In Belgrad übernahm sein älterer Sohn Ladislaus den Befehl und bei Anbruch des Winters kam der kaum dem Knabenalter entwachsene Ungarnkönig Ladislaus Posthumus selbst dorthin. Sein Oheim, der damalige Bande von Kroatien, Graf Ulrich von Cilli, Schwiegersohn des Serbendespoten, begleitete ihn. Da kam die seit langem bestehende Spannung zwischen den Parteien der Cillier und der Hunyadis zu bedenklicher Entladung. Nach dem Einzug des Königs Ladislaus gebot Ladislaus Hunyadi die Zugbrücke hochzuziehen und zwang auf diese Weise die deutschen Kreuzfahrer und des Königs Streitmacht draußen zu bleiben. Es kam nun zu einer erregten Auseinandersetzung, in deren Verlauf er am 9. November 1456 den Grafen Ulrich meuchlings ermorden ließ. König Ladislaus, ein Meister der Verstellung und bar jeder Tapferkeit, trug Bedenken, sogleich den Tod seines Onkels zu rächen. Erst im nächsten Frühjahr, als er einsah, welche Gefahren ihm von dieser Seite drohten, ließ er Ladislaus Hunyadi, der einen Türkenfeldzug ins Werk setzen wollte, zusammen mit seinem Bruder Matthias ins Gefängnis werfen. Ladislaus ward im März 1457 enthauptet, sein Bruder aber verblieb weiter im Kerker.

Kaiser Friedrich III. betrachtete diese blutigen Händel als willkommene Gelegenheit, seine eigenen Absichten auf Ungarn, die ihn zeitlebens beschäftigten, endlich wenigstens teilweise zu verwirklichen. Der Streit zwischen ihm und dem 17jährigen Ladislaus Posthumus um das Gebiet der ausgestorbenen Cillier, das nach den Erbverträgen den Habsburgern zufallen mußte, nahm immer erbittertere Formen an, so daß sich Papst Calixtus III. ins Mittel legte und durch ein eindringliches Mahnschreiben Ladislaus zum Nachgeben verhalten wollte. Wie sollte es möglich sein, so hieß es etwa darin, Franzosen, Spanier oder gar die Engländer, die so weit entfernt sind, für einen Türkenkrieg zu gewinnen, wenn Ladislaus, der in Ungarn dem Feind am nächsten sei und am meisten unter ihm zu leiden habe, in ewigem Unfrieden lebe und dabei gar nicht zu bedenken scheine, daß das ‚treulose Volk der Türken' ohne Unterlaß den Untergang der Christenheit im Sinne habe. Noch ehe aber die geplante Hochzeit des Königs Ladislaus Posthumus mit einer Tochter des Königs Karl VII. von Frankreich in Ungarn festlich begangen werden und durch diese Verbindung der ganzen Lage eine freundlichere Richtung gegeben werden sollte, starb Ladislaus unerwartet am 23. November 1457 zu Prag. Der beabsichtigte Fürstentag fiel aus.

Dafür bestieg zwei Monate später (22. Januar 1458) der 16jährige zweite Sohn des Johannes Hunyadi, Matthias Corvinus, den ungarischen Königsthron und alles gewann eine völlig andere, von niemand erwartete Wendung in der ungarischen Außenpolitik. Daß diese Entwicklung nicht ohne tiefen Einfluß auf die gesamten Vorgänge in Südosteuropa bleiben konnte, versteht sich von selbst. Dazu kam, daß auch im serbischen Despotat eine unverhoffte Änderung eintrat: der 81jährige Serbenfürst Georg Branković schloß am Vorabend des Weihnachtsfestes, am 24. Dezember 1456, seine Augen für immer. Er hatte kurz vorher zweimal Georg Golemović als Gesandten an den Sultanshof nach Adrianopel geschickt, denn er war der einzige weit und breit, der der Gunst des Glückes mißtraute. Sein Sohn und Mitregent Lazar, vom Vater in die Türkenpolitik eingeweiht, suchte schon nach drei Wochen (15. Januar 1457) ein gutes Einvernehmen mit Mehmed II. herzustellen, indem er einen Vertrag abschloß und den Jahrzins in Höhe von 20 000, nach anderen gar von 40 000 Dukaten an die Pforte einsandte. Den raschen Abschluß des Abkommens verdankte er zwei Brüdern, von denen sich der eine im osmanischen, der andere im serbischen Lager befand: dem Großwesir und rumelischen Landpfleger Mahmûd-Pascha sowie Michael Angelović, 'Groß-Čelnik', also etwa Pfalzgraf *(comes palatinus)*, dem nunmehrigen Groß-Vojvoden und damit Inhaber des höchsten serbischen Hofamtes. Er stand mit seinem muslimischen Bruder in ständigem besten Einvernehmen und wenn zwischen dem Großherrn und dem neuen Despoten ein für diesen günstiger Friede zustande kam, so war dies nur dem Einfluß der Brüder, daneben aber auch dem Umstand zu danken, daß Mehmed II. genau die politischen Verhältnisse in Serbien überschaute. Nach dem Tode Ulrichs von Cilli und dessen Schwiegervaters Georg Branković stand der Despot Lazar mit den Ungarn in schlechten Beziehungen und Michael Szilágyi, Joh. Hunyadis Schwager und Befehlshaber von Belgrad, ließ ihn von dort aus fast keinen Tag zur Ruhe kommen. Dazu kamen noch die Streitigkeiten unter den Kindern des alten Despoten. Solange dessen Witwe lebte, konnte sie als Mutter Frieden stiften. Als sie aber am 3. Mai 1457 zu Rudnik verstarb, flohen noch in gleicher Nacht des Despoten ältester Sohn, der blinde Gregor, seine Schwester, die ehemalige Sultanin Mara, sowie Irenes Bruder Thomas Kantakuzenos mit ihren Habseligkeiten zur Pforte nach Adrianopel, wo sie natürlich freundlichen Empfang fanden. Nur der blinde Stjepan blieb noch im Serbenlande.

Vergegenwärtigt man sich die eben angedeutete überstürzende Entwicklung der dynastischen Verhältnisse im Südosten Europas, so kann man sich des bestimmten Eindruckes nicht erwehren, daß nichts so für Mehmed II. arbeitete als die Zeit. Alles, was er brauchte, ihm aber fehlte, war Geduld.

Das Jahr 1457, das der Niederlage von Belgrad und seiner Schenkelverwundung, die übrigens Kritoboulos als unbedeutend hinstellt, folgte, verlief, ohne daß sich Mehmed II. persönlich in irgendwelche Kriegshandlungen einmischte. Er überließ das, soweit es die örtlichen Umstände ergaben, seinen Markgrafen oder Grenzbegen; zu ihnen war im Serbenkrieg der in und um Plevna begüterte Michal-oghlu ᶜAlî-Beg hinzugekommen, dem der Sultan, wenigstens Kritoboulos zufolge, weitgehende Vollmachten eingeräumt haben muß. Die osmanischen Chroniken erwähnen seinen Namen nicht, wie sie denn überhaupt die vergebliche Berennung von Belgrad und den schmählichen Abzug nur mit wenigen Worten abtun. Dafür aber sprechen sie um so ausführlicher von einem doppelschweifigen Kometen, dessen einer Schwanz sich gegen Osten, dessen andrer gegen Westen wandte. Es handelt sich um den periodischen, später nach Edmund Halley benannten Kometen, der 1456 auch in Erscheinung trat und die abergläubischen Gemüter aufs heftigste erregte. Das ganze Jahr 1457 dürfte der Sultan an seinem Hofsitz zu Adrianopel verlebt haben. Von dort lud er am 17. März unter anderm auch den Dogen Pasquale Malipiero von Venedig zur Teilnahme an den Beschneidungsfeierlichkeiten seiner beiden Söhne Bajesid und Mustafâ ein, indem er seinen ‚Sklaven' Caracoxo (= Qara Husejn, Hasan?) mit einem Schreiben an die Signoria entsandte. Schon vorher waren ähnliche Briefe an die Fürsten des Morgenlandes ergangen. ‚Der Großherr', so lautet der für Venedig bestimmte, in einer italienischen Übersetzung erhaltene Sendbrief, 'und Groß-Emîr Sultan Mehmed-Beg. Dem hochverehrten, ruhmreichsten, edelsten, klügsten, gewaltigsten, erlauchtesten, jeder Ehre und jeglichen Ruhmes würdigen, Unserem überaus geliebten und geehrten Vater, dem Dogen der hochberühmten Signoria von Venedig. Die gebührende, angemessene und ehrenvolle Begrüßung empfange Eure Gnaden von seiten Meiner Herrschaft zusammen mit Euren Räten. Kund und zu wissen Eurer Gnaden, daß Wir mit Gottes Hilfe die Beschneidung (eigentlich *nozze* = Hochzeit) Unserer Söhne vornehmen. Und beim Frieden und bei der Freundschaft, die Wir mit Eurer Gnaden unterhalten! Und da Wir durch den gegenwärtigen Unseren Sklaven unterrichtet sind, daß Eure Gnaden Uns gegenüber die gleiche Zuneigung hegen, so entbieten wir hiemit den Unseren Sklaven Qara Hasan (‚Caracoxo‘) Eure Gnaden zu Unserem Freudenfest einzuladen, gemäß Unserem Herkommen. Am 17. Tage des März 1457.‘ Daß Pasquale Malipiero der Einladung nicht Folge leisten und entweder Unpäßlichkeit oder dringliche Staatsgeschäfte zum Vorwand nehmen werde, darüber bestand wohl bereits für beide Teile kein Zweifel, als sich der Staatsbote auf den Weg nach dem Westen machte.

Das minderte nicht den Umfang der Festlichkeiten, die auf der Tundscha-Insel im fertiggestellten Palaste zu Adrianopel bereitet wurden. Die beiden Prinzen, von denen Bajesid bisher zu Amasia, Mustafâ aber zu Maghnisa seinen Sitz gehabt hatte, beide kaum mehr als zehn Jahre zählend, zeigten sich mit ihrem ganzen Hofstaat und wohl auch mit ihren, übrigens verschiedenen Müttern. Aus allen Gegenden des weiten Osmanenreiches kamen die zum Fest geladenen Gesetzesgelehrten, Richter, Geistlichen, vor allem aber auch die Dichter, denen die gereimte Beschreibung der Lustbarkeiten übertragen worden war. Aus späterer Zeit besitzen wir nicht nur zahlreiche, sondern auch ungemein erschöpfende Beschreibungen solcher Beschneidungsfeierlichkeiten, manche davon auch in abendländischen Sprachen. Aus dem 15. Jahrhundert hat sich bisher, wenn man von dem 1457 beteiligten ᶜĀschyqpaschasâde, einem osmanischen Annalisten, etwa absieht, der das, was er erlebte oder sich erzählen ließ, in seine Darstellung verwob, keine selbständigere Schilderung erhalten. Die Tundscha-Insel war bedeckt mit Zelten, von denen das großherrliche im Innern einen Thron einschloß. Die erste feierliche Versammlung vor dem Sultan vereinigte die Gelehrten, denen er besonders zugetan war. Mehmed saß im vollen Staat auf dem Throne. Zu seiner Rechten hatten der Mufti, der Perser Fachr ed-Dîn, zu seiner Linken Molla ᶜAlî aus Tûs in Persien Platz genommen. Er war schon unter Murâd II. aus Iran gekommen, lehrte zuerst zu Brussa, hernach zu Stambul und erfreute sich der besonderen sultanischen Gunst. Vor diesem stand Chidr-Beg-Tschelebi, der erste Richter im eroberten Stambul, ferner der Perser Schükrullâh aus Schîrwân, Arzt und Geschichtsschreiber. Der Großherr ordnete die Lesung des Korans an und im Anschluß die Auslegung der vorgetragenen Abschnitte durch die anwesenden Gelehrten. Wissenschaftliche Unterhaltungen reihten sich an. Hernach wurden Gelegenheitsgedichte und Geschichtchen zum besten gegeben, Schüsseln mit Back- und Zuckerwerk herumgereicht und den Schriftgelehrten vorgesetzt. Deren Gehilfen wurden gleichfalls mit Süßigkeiten gefüllte

Behälter dargeboten. Der anwesende, eben genannte Historiker und Derwisch ᶜĀschyqpaschasâde erzählt, wie man ihm ein solches Beschertuch *(fûta)* anbot, das er jedoch seinem Diener überließ. Mit Geld und Ehrengewändern reich beschenkt wurden die Gäste entlassen. Tags darauf wurden die Armen geladen. Auch sie wurden verschwenderisch bedacht und bewirtet. An diesem Tage zeigte sich Mehmed II. besonders gut gelaunt und über den Festverlauf befriedigt. Der dritte Tag war den Großen des Reiches vorbehalten. Waffenübungen, Pferderennen und Bogenschießen fanden statt. Die Sieger wurden kaiserlich belohnt. Am vierten Tag wurde Geld unters Volk ausgeworfen. Alle Würdenträger brachten nun ihrerseits dem Großherrn Geschenke dar. Die des Großwesirs Mahmûd-Pascha übertrafen die aller anderen an Pracht und Reichtum.

So verging der thrakische Frühling in Lust und Freude und auch der Sommer verstrich, ohne daß der Großherr für längere Zeit seinen Hofsitz verließ. Manchmal scheint er sich nach Stambul begeben zu haben, um den Bau seines dortigen Palastes zu überwachen und zu gleicher Zeit für die Ausschmückung der neuen Hauptstadt nach seinem Geschmacke Sorge zu tragen. Nach Kritoboulos ließ er bereits im Vorjahr die Zufahrtswege instand setzen, neue Straßen anlegen und pflastern. Einkehrhäuser (Karwanserajs) wurden da und dort auf seine Kosten errichtet und vor allem wurde in Stambul mit dem Bau eines riesigen gedeckten Basars begonnen. Er wurde in Ziegeln ausgeführt, aber mit edlerem Gestein verkleidet. Bäder erstanden und besonders wurden Wasserleitungen in die Hauptstadt geführt, um in ihr überall aus Brunnen erquickenden Trank zu spenden. Das Wasser gilt den Morgenländern seit alters als Lebenssymbol. Der Koranspruch (XXI: 31) ‚Alles Lebendige kommt vom Wasser' findet sich fast auf jedem ihrer großen Laufbrunnen als Inschrift. Bäder, Brunnen und Wasserleitungen zu stiften, galt und gilt dem Muslimen daher immer als besonderes Verdienst. So erklärt sich unschwer die Vielzahl der Brunnen und Bäder in jeder muslimischen Stadt, die von jedem Bewohner als Haupterfordernisse der Behaglichkeit betrachtet werden.

Kurz bevor der Großherr gegen Ende des Jahres seinen Wohnsitz endgültig nach Stambul ins neuerstandene Seraj verlegte, scheint in der bisherigen Hauptstadt Adrianopel eine riesige Feuersbrunst Verheerungen angerichtet zu haben, ein grausiges Flammenzeichen, daß ihre Rolle als sultanische Residenz ausgespielt war und der langsame, aber unaufhaltsame Verfall begann.

Während sich nun Mehmed II. mit Familienfesten oder mit friedlichen Aufgaben befaßte, als hätte die übrige Welt für ihn die Bedeutung verloren, war der Bau und die Ausrüstung einer päpstlichen Kreuzzugs-

flotte, die schon 1456 mit großem Eifer und Aufwand auf den Schiffs-
werften an der Ripa Grande zu Rom betrieben worden war, so weit gediehen,
daß Calixtus III. den bereits am 17. Dezember 1455 zum Generalkapitän
und Admiral dieses Türkengeschwaders ernannten schwerreichen und kriegerischen Kardinal Lodovico Scarampo zum Einsatz der 16 Galeeren veranlassen konnte. Dieser Kirchenfürst war zwar unter allen anderen für
diesen Posten wegen seiner Tatkraft und Angriffslust weitaus der geeignetste,
aber der unwilligste, ihn zu übernehmen. Er hätte weit lieber, statt auf den
Wogen der Ägäis zu segeln und zu kämpfen, sein bequemes Leben in Rom
verbracht, wo er eine höchst einflußreiche Stellung aufgeben mußte. Scarampo war durch eine päpstliche Verfügung zum Legaten für Sizilien,
Dalmatien, Mazedonien, ganz Griechenland, die ägäische Inselwelt, Kreta,
Rhodos, Zypern sowie für die Provinzen Asiens bestimmt und ihm aufgetragen worden, alle Gegenden, die er dem Feind entriß, zu regieren.
Später, als der ungeduldige Papst es verhoffte, stach der Kardinal-Legat
mit angeblich 1000 Seeleuten, 5000 Soldaten und 300 Geschützen im
Sommer 1456 in See. Die Kosten für die Türkenflotte beliefen sich schon
im August 1456 auf 150 000 Dukaten. Ihre Aufgabe war nicht nur die von
Mehmed II. hart bedrängten Christen der ägäischen Inseln zu schützen,
sondern vor allem auch die Streitkräfte der Ungläubigen durch einen Angriff zur See zu trennen. Für diese Teilung der osmanischen Streitmacht
waren 16 Fahrzeuge ohne Zweifel zu schwach. Die Erfolgsaussichten minderten sich bedenklich, weil der Aragonier Alfonso in Neapel, der 15 Galeeren
auszustatten sich erboten hatte, die Gelder inzwischen zur Abtragung
seiner Schulden und zur Veranstaltung rauschender Festlichkeiten ver-
praßt hatte. Die Ausreise des Geschwaders aus Neapel verzögerte sich
immer mehr, da sie Lodovico Scarampo mit Absicht immer wieder verschob.
Um einige Schiffe des Königs von Neapel verstärkt, verließ die Kreuzzugsflotte am 6. August 1456 schließlich den Hafen Neapels. Der Generalkapitän mußte aber in Sizilien, wo er Halt gemacht hatte, abermals von
Rom aus ermahnt werden, endlich nach den griechischen Gewässern aufzubrechen. So ging zu guter Letzt des Papstes Sehnsucht in Erfüllung. Die
Flagge des Hl. Petrus zeigte sich im Ägäischen Meer und erschien zunächst
vor Rhodos, wo den Johannitern Geld, Waffen und Getreide ausgeliefert wurden. Dann segelte man nach Chios und Mytilini weiter. Hier versuchte Scarampo die Einwohner zur Verweigerung des Türkentributs zu bewegen, aber
hatte kein Glück. Die Furcht vor Mehmed II. und seiner Rache war groß,
so daß sie den Anschluß an die Sache der Christenheit ablehnten. Dafür
vertrieb der Kardinal-Legat die türkischen Besatzungen aus Lemnos,
Samothrake und Thasos und nahm endlich in Rhodos sein Hauptquartier.

Von einem entscheidenden Gewinn des Kreuzzugsgeschwaders war keine
Rede. Zu weiteren größeren Hoffnungen konnte schon die Zahl der Schiffe
niemals berechtigen. Eine Vermehrung der Flotte blieb Sache des Papstes
und seiner erschöpften Kasse. Vergebens erhob er seine Stimme zum
Heiligen Krieg. Die Fürsten des Abendlandes trafen keinerlei Anstalten,
ihre Waffen mit den seinen zu vereinigen. Es zeigte sich in der Tat immer
deutlicher, daß das Zeitalter der Kreuzzüge abgeschlossen und daß die
Begeisterung, die Jahrhunderte hindurch die Christenheit in Bewegung
versetzt hatte, völlig erkaltet war. ,Die Kreuzzugsatmosphäre ist ver-
duftet' (J. Burckhardt). Die politische Zerklüftung, vor allem aber die
inneren Kämpfe hatten die Staaten des Abendlandes einander entfremdet
und das Einheits- und Gemeinschaftsgefühl, das im Mittelalter so lebendig
war, gänzlich abgestumpft. Selbstsüchtige Gleichgültigkeit und kühle Ver-
nunftpolitik war allen christlichen Völkern gemeinsam geworden. ,Der
Begriff der abendländischen Christenheit wird aufgelöst' (J. Burckhardt).
Alle diese Tatsachen waren Mehmed II., dem ,vorsichtigen Erforscher der
Dinge', wie ihn zutreffend G. de' Languschi geheißen hatte, keineswegs
verborgen, zumal er über die Vorgänge im Westen teils durch Kundschafter,
teils durch Abendländer selbst, die sich an seinen Hof begaben, hinlänglich
unterrichtet war und weiterhin blieb.

In den vom Großherrn unterworfenen Räumen Südosteuropas begannen
wenigstens die geistig regsameren Volksschichten, voran die Geistlichen,
im Abendland eine Stimmung zu entfachen, die jene Gebiete als eine Art
,Vormauer der Christenheit' erscheinen lassen mußte. Jegliches Ungemach
der türkischen Besetzung wurde dort zum stellvertretenden Leiden für
eine christliche Glaubenseinheit gesteigert, die doch längst im Schwinden
war und die es bald hernach überhaupt nicht mehr gab. Mit der ganzen
Leidenschaft, deren episch angelegte Völker wie die des Balkans immer
fähig waren, verschmolzen die Unterdrückten Schmerz und Empörung über
erlittene Sklaverei mit der stetigen Sehnsucht nach Befreiung zu vater-
ländischen Legenden, die in den freien Ländern des Westens immer bereitwilliger auf fruchtbaren Boden fielen.

Drittes Buch

BESTÜRZUNG IM ABENDLAND / ÜBERFALL AUF HELLAS
ANATOLISCHE UNTERNEHMUNGEN / ATEMPAUSE IM WESTEN

Skender-Beg, der ‚Athlet Christi‘ — Kriegszüge gegen Serbien und Hellas — Mehmeds Einzug in Athen und Morea — Der Fall von Semendria — Bestürzung im Westen — Tagung zu Mantua — Ende des Despotats in Morea — Auflösung des Herzogtums von Athen — Benedetto Dei — Truggebilde eines ‚Asiatischen Staatenbundes‘ — Gaukler aus dem Morgenland — Der Fall von Amastris — Sinope in Türkenhand — Untergang des Komnenenreichs — Pius' II. Bekehrungsversuch — Malatestas gescheiterte Sendung — Walachischer Straffeldzug — Errichtung der Dardanellenschlösser — Vorstoß gegen Lesbos — Flottenbau — Die Eroberer-Moschee in Stambul

Wohin Mehmed II. seinen Blick in Südosteuropa auch richten mochte, wirklich ebenbürtige Gegner, die seiner eigenen wachsenden Macht und seinem Drang nach Westen gefährlich werden konnten, waren seit Joh. Hunyadis unvermutetem Tode kaum mehr übrig. Ein einziger Widersacher stellte sich ihm auf dem abendländischen Kampfplatz noch entgegen, dazu einer, der mit osmanischen Gewohnheiten und Einrichtungen, mit der Sinnesart und den Absichten Mehmeds am besten aus eigenem Erlebnis vertraut war: Georg Kastriot, Fürst von Albanien, genannt Skender-Beg. Es ist wirklich so: die Geschichte dieses Mannes, den Papst Calixtus einmal ‚Athlet Christi‘ geheißen hat und der fast ein Vierteljahrhundert den an Zahl und Ausrüstung jedesmal weit überlegenen türkischen Truppen tapfersten und erfolgreichen Widerstand leistete, liest sich fast wie ein Roman.

Aber eine wirkliche Dichtung ist es, wenn behauptet wird, Georg Kastriot sei zusammen mit dem Prinzen Mehmed-Tschelebi, dem nachmaligen Sultan Mehmed II., aufgewachsen. Als der um 1405 Geborne, der von seinem Vater Johann Kastriot, Herrn des Matja-Gebiets in Oberalbanien, als Geisel an den Sultanshof gesandt und dort im islamischen Glauben erzogen worden war, nach seines Vaters Tod (1431) wieder in seine geliebte Heimat floh, war sein angeblicher Spielgenosse ein Knabe von kaum elf Jahren (1443/44), er selbst aber fast vierzig Jahre alt. 1444 brachte er bei Dibra (Debar) den Osmanen die erste Schlappe bei. Mit ihr leitete er den Kampf um die Freiheit und Unabhängigkeit Albaniens verheißungsvoll ein. Im Abendland war seine Gestalt von Legenden verklärt. Er fand lang nach seinem Tode dort mehrere Lebensbeschreiber, von denen einer ein Fabler, der andere ein gerissener Schwindler war. Bis heute fehlt es an einer quellen-

mäßigen Darstellung seines romantischen Daseins. Eben deshalb, weil seine
List und Umsicht der seiner osmanischen Widersacher durchaus gewachsen
war, ganz zu schweigen von seinem militärischen Scharfblick und seiner
erstaunlichen Tapferkeit und Ausdauer, war mit den üblichen Kampfes-
weisen nur wenig gegen ihn auszurichten, zumal ihm in seinem Lande die
Natur zu Hilfe kam. Die Türken griffen daher fast stets zum Mittel der
Täuschung und Tücke. Es gelang ihnen, Skender-Beg mehrere albanische
Häuptlinge abspenstig zu machen und auf ihre Seite zu ziehen, wie
etwa Nikolaus und Paul Dukagin. Auch die Signoria von Venedig scheint
hin und wieder eine trübe Rolle gespielt zu haben, da ihr Skender-Beg als
‚Generalhauptmann des Königs von Aragonien‘ (seit Januar 1457) keineswegs geheuer war. Seine engen Beziehungen zum Neapeler Hofe sind unbestreitbar. Von dort ward er dauernd über Durazzo und Chimara mit
Söldlingen, Waffen, Lebensmitteln und Geld versorgt. Venedig wußte
zeitweise vor allem die Verwandten und schwächeren Nachbarn des Freiheitshelden wider diesen aufzuwiegeln. So stellten sie ihm den alten Komninos Arianit entgegen, der als Hauptmann ganz Albaniens von Skutari
bis Durazzo (1456) bezeichnet wurde. In diesen Stammesfehden behielt
indessen Skender-Beg meistens die Oberhand. Es gelang ihm, Dibra, das
Gebiet seines eigenen Oheims Moses (Musa) Komninos, ferner das der Zenevisi und der Balšiden an sich zu reißen. Auch in Oberalbanien herrschten
seine Getreuen und auf beiden Seiten des Tomor-Gebirges huldigten ihm
alle Häuptlinge. Über die einzelnen Kampfesphasen auf albanischem Boden
ist nur wenig bekannt, was zuverlässig genannt werden darf. Während des
Belgrader Zuges, so berichtet etwa Chalkokandyles, soll, wohl zur Ablenkung, eine osmanische Streitmacht unter Fîrûs-Beg, dem früheren Ver-
walter von Kruševac, und dem Michal-oghlu ᶜAlî-Beg, dem die Wacht auch
über Albanien anvertraut worden war, im albanischen Gebirge um Kruja,
um Svetigrad, aber auch um Berat (Belgrad) mit Skender-Beg heiße Kämpfe
bestanden haben. Im Jahre 1457 jedoch dürfte es den Türken gelungen
sein, zahlreiche Täler Albaniens zu besetzen. Skender-Beg wurde damals
von ᶜÎsâ-Beg und seinem eigenen Brudersohn, dem zum Islam bekehrten
Hamsa, bis nach Alessio (Lesh) in Oberalbanien zurückgedrängt. Am
2. September 1457 erfocht Skender-Beg in der Tomoritza in Südalbanien
seinen blutigsten, aber glänzendsten Sieg. Er überraschte das in Ruhe-
stellung befindliche Heer ᶜÎsâ-Begs. Wer nicht floh, wurde niedergehauen
und eine gewaltige Zahl von Türken — 15 000, nach anderen, zweifellos
übertrieben, sogar 30 000 — soll erschlagen worden sein. 1500 Gefangene,
24 Roßschweife von osmanischen Befehlshabern, das ganze Lager mit allen
Kostbarkeiten fielen als unerwartete Beute in die Hände der Sieger. Unter

den Gefangenen war auch Hamsa, dem sein Onkel großmütig das Leben
schenkte, den er aber nach Neapel sandte, wo er in sicherem Gewahrsam
bleiben sollte. Der Übertritt seines Neffen zum unerbittlichen Feind seines
Glaubens und heimischen Bodens hatte Skender-Beg noch mehr gekränkt
als der Verrat des Komninos Moses Golem, den er samt dessen türkischen
Hilfskräften gegen Märzende 1456 in der Dibra-Gegend geschlagen hatte,
um dann schon am 5. April seinen festlichen Einzug in Kruja zu halten.
Auch hier hatte er Gnade walten lassen und den zu ihm Geflohenen, der
sich bereit erklärte, nun selbst gegen die Osmanen zu streiten, den Abfall
verziehen. Die kriegerischen Unternehmungen Skender-Begs kosteten beträchtliche Mittel, die aus den Zuwendungen des Aragoniers allein nicht
bestritten werden konnten. Papst Calixtus III., an den sich ,der Athlet
Christi' hilfesuchend gerichtet hatte, war in geldlicher Verlegenheit. Die
Türkenflotte verschlang Unsummen, der ausgeschriebene Türkenzehent
ging spärlich und zögernd ein. So mußte er sich damit begnügen, Skender-
Beg nur eine Galeere sowie einen Geldbetrag als Unterstützung hinüber
nach Albanien zu schicken. Weitere Schiffe und größere Summen sollten
folgen. Aber die Herausgabe der Kreuzzugsgelder, die in Dalmatien gesammelt wurden und zu gleichen Teilen an Ungarn, Bosnien und Albanien
verteilt werden sollten, war vom Freistaat Ragusa, bei dem sie hinterlegt
wurden, schlankweg verweigert worden. Die Ragusäer schlossen sogar
einen Vertrag mit Mehmed II. Ende Dezember war Calixtus III. gezwungen,
der Republik Ragusa mit dem Kirchenbann zu drohen, und als das nicht
fruchtete, im Februar 1458 das Drohschreiben zu wiederholen. Nach dem
Sieg in der Tomoritza wandte sich Skender-Beg, dessen Land neben Bosnien das letzte Bollwerk vor den Küsten Italiens war, an die Fürsten des
Abendlandes mit der dringlichen Bitte um Unterstützung, ohne die er den
schweren Kampf gegen die immer von neuem andringenden Türken nicht
siegreich beenden könne. Es sei jetzt endlich Zeit, daß sie ihren Zwistigkeiten entsagten und ihre gesamten Kräfte für die Freiheit der Christenwelt
und deren Sicherung einsetzten. Die Hilferufe verhallten ebenso wie die
früheren des Papstes. Nur Neapel ließ sich zur Entsendung einiger Söldnertruppen herbei. Der Papst bestellte zwar Skender-Beg am 23. Dezember
1457 zum Generalkapitän der Kurie im Türkenkrieg, aber Venedig machte
mit neuen Forderungen die Aussichten für eine günstige Wendung in
Albanien abermals zunichte. Skender-Beg ernannte zu seinem Stellvertreter in seiner Heimat Leonardo III. Tocco, den bisherigen Fürsten von
Arta und ,Despoten der Rhomäer', dessen Namen höchstens im südlichen
Epirus einen gewissen Klang hatte.

Während es also Skender-Beg gelang, nach und nach alle Stämme und

Stammeshäuptlinge seines Heimatlandes zu einer Macht zusammenzu-
schweißen, die den Osmanen wenigstens fürs erste Trotz zu bieten vermochte, so kamen sowohl in Serbien als auch in Bosnien Zwietracht, Fehde-
lust und Sektenhaß den Eroberungsabsichten Mehmeds II. ganz besonders
zu Hilfe. Der Familienzwist im Hause der Branković bereitete ihm überhaupt keinerlei Kopfzerbrechen. Die zu ihm geflohenen Geschwister des
Despoten Lazar erhielten vom Sultan angemessenen Unterhalt zugesichert,
der sich für dieses Entgegenkommen vorbehielt, ihren Anteil an der serbischen Schattenherrschaft jeweils für sich selbst zu beanspruchen. Lazar
wurde seiner Tage nicht mehr froh. Am 20. Januar 1458, vier Tage also,
bevor Matthias Corvinus in Ungarn den Thron bestieg, schied er aus dem
Leben und das Despotat mußte, da Lazar ohne männliche Nachkommen
starb, dem Wettstreit zwischen Ungarn und Osmanen zum Opfer fallen.
Zunächst suchte eine Regentschaft (3. Februar 1458) die einheimische
Führung zu ersetzen. Ihr gehörten Lazars Witwe, Helena Paleologova, der
blinde Stjepan und der Großvojvode Michael Angelović, der Bruder des
Großwesirs, als Mitglieder an. Die beiden ersten suchten den Anschluß an
Ungarn. Michael Angelović war, versteht sich, der Vertrauensmann und
Günstling der Pforte, deren Geschäfte er besorgte. Aber auch König
Thomas von Bosnien bemühte sich um die Erbschaft des serbischen Despo-
tats. Er fiel dort ein, besetzte Srebrnica und elf Burgen der Umgegend,
trat in Verhandlungen wegen der Heirat seines Sohnes Stjepan mit Lazars
Tochter Jelena, die dieser tatsächlich am 1. April 1459 ehelichte, und schloß
Ende Februar 1458 mit dem Sultan einen Frieden, natürlich gegen Ver-
einbarung eines entsprechenden Jahrgeldes.

Ungarische Ansprüche auf das Despotat, päpstliche Versuche, es unter
den Schutz der Kurie zu stellen, Parteienränke, alles das erzeugte in diesem
gequälten Lande schwere Unruhen, an denen die Anhänger der Cillier
ebenso wie serbische Edelleute, die sich mit einer päpstlichen Lehensherr-
schaft keineswegs zufrieden gaben, in gleicher Weise beteiligt waren. Die
Abneigung, ja der Haß gegen den katholischen Glauben, dessen Einführung
man befürchtete, verstieg sich zum Wunsche, sich lieber den Türken in die
Arme zu werfen, anstatt sich mit dem Verlust der Religion der Väter die ungewisse Hilfe des Abendlandes zu erkaufen. Da ereignete sich, ganz sicher
mit Wissen und auf Betreiben der Pforte, zu Semendria ein Zwischenfall. Im
Verlangen, lieber einen vom Großherrn ernannten Oberherrn zu haben,
wählten einige einflußreiche Bojaren der Stadt Michael Angelović zu ihrem
Führer und übertrugen ihm den Befehl über die Festung. Er folgte dem
Ruf, ließ sich von Helena in die noch von ihr und ihrem Anhang besetzte
Burg locken, wurde hier in Fesseln geschlagen und als Gefangener nach

Ungarn gesandt (31. März 1458). Michaels Güter wurden eingezogen und Gefolgsleuten der siegreichen Partei verliehen. Was aus Michael Angelović hernach wurde, ist nicht geklärt. Noch im Herbst des Jahres befand er sich im Gewahrsam der Ungarn. Das Despotat fiel an den blinden Stjepan, der es zusammen mit seiner ehrgeizigen Schwägerin noch ein Jahr hindurch regieren konnte. Mehmed II. freilich war beiden nicht hold und er betrachtete Gregor, den gleichfalls geblendeten ältesten Despotensohn, als seinen Mann. Im April rückte dieser in der Tat mit starker türkischer Heeresmacht vor Kruševac. Sie wurde von niemand anderem als dem über das ungewisse Los seines Bruders ergrimmten Mahmûd-Pascha angeführt.

Daß Mehmed II., der sich zur gleichen Zeit gegen die letzten Paläologen nach Griechenland aufmachte, diese Aufgabe seinem Großwesir und Günstling übertrug, hat man zuweilen mit des Großherrn Befürchtung erklärt, Mahmûd-Pascha könnte sich als Halbgrieche nicht für ein Unternehmen in Griechenland eignen. Diese Auffassung wird allein durch den Umstand widerlegt, daß seine Mutter eine Serbin war und ihre Tage in Stambul beschlossen haben muß. So ist kaum zweifelhaft, daß die Betrauung mit dem serbischen Feldzug seinem eigenen Wunsch entsprach.

Am 10. Mai 1458 fiel das befestigte Kloster Resava am gleichnamigen Fluß in die Gewalt der Türken, dann die Burg Viševac in den Donauengen. Schließlich folgte Žrnov (Avala). Das benachbarte Belgrad wurde beunruhigt und das viel umstrittene Golubac an der Donau durch Übergabe in Besitz genommen (August 1458). Die kümmerlichen Überreste des Despotats beschränkten sich nunmehr fast nur noch auf die Hauptstadt Semendria (Smederevo). Das Heerlager des Großwesirs befand sich bei Nisch. Dort trafen wiederholt ragusäische Gesandte ein, die auf der Sultanin Mara und des blinden Gregor Anraten zum Sultan abgeschickt, von diesem aber an Mahmûd-Pascha verwiesen worden waren. Ihren Bemühungen gelang es, das Verhältnis des Freistaates zur Pforte zu regeln. Aber erst am 23. Oktober 1458 erließ Mehmed II. aus dem Hoflager Üsküb (Skoplje) ein Schreiben an den Rat von Ragusa, worin er den Empfang der Abgabe in Höhe von 1500 Golddukaten bestätigte und die Republik seines großherrlichen Wohlwollens versicherte.

Wann Mahmûd-Pascha wieder nach Osten abzog und warum er von der Einnahme Semendrias Abstand nahm oder nehmen mußte, bedürfte der Klärung. Als die Osmanen die Save überschritten hatten, Syrmien plünderten und Mitrovica niederbrannten, eilte König Matthias mit dem Kardinal-Legaten Juan de Carvajal heran und brachte dem Türkenheer eine Niederlage bei (wohl Anf. Oktober 1458). Um die Oktobermitte rückte Matthias Corvinus ein und ließ dort seinen Onkel Michael Szilágyi wegen

angeblicher Verschwörung gefangensetzen (15. Oktober 1458). Im Januar
1459 genehmigte der Reichstag zu Szegedin, daß das serbische Despotat
dem Prinzen Stjepan als Gatten der Tochter des verstorbenen Despoten
Lazar übertragen wurde. König Matthias mußte als Herr anerkannt, die
Verbindung Bosniens mit den Türken feierlich gelöst werden. Bosniens
Verteidigung übernahm der Ungarnkönig. Die letzten Tage Serbiens rückten
diesen Abmachungen zum Trotz mit Riesenschritten heran. In wenigen
Monaten war die Geschichte des altserbischen Staates zu Ende.

Während Mahmûd-Pascha die serbischen Verhältnisse zu regeln trachtete,
ohne daß sein Eingreifen einen deutlich erkennbaren Erfolg gezeitigt hätte,
schickte sich sein Gebieter zur gänzlichen Unterjochung Griechenlands an.
Als Mehmed II. Konstantinopel eroberte, flüchtete sich der Rest der byzantinischen Oberschicht nach der Peloponnes, die der Sultan fürs erste noch
der paläologischen Scheinherrschaft überließ. Die beiden Kaiserbrüder
teilten sich in den Besitz Moreas. Demetrios hielt zu Sparta (Misthra) Hof,
während Thomas in Patras regierte. Unter sich selbst dauernd uneinig,
hielten sie sich nur durch Schutz und Duldung des Großherrn sowie durch
pünktliche Erlegung eines Jahrzinses am Ruder. Die ständigen Wirren,
bei denen die immer aufrührerischen Albaner auf Morea eine gefährliche
Rolle spielten, können in diesem Zusammenhang außer Betracht bleiben.
Als aber die beiden Despoten ihrer Tributpflicht gleich mehrere Jahre hindurch nicht nachkamen, ließ Mehmed II. ihnen 1457, wie Dukas berichtet,
bedeuten: ‚Wie konntet ihr freiwillig einen Jahrestribut von 10 000 Goldstücken versprechen, da ich jetzt sehe, daß ihr mich verachtet und euch
um die abgeschlossenen Verträge überhaupt nicht mehr kümmert? Nun
wählt von zwei Dingen, was euch am besten dünkt: entweder zahlt das
schuldige Jahrgeld und dann soll zwischen uns Friede herrschen, oder
aber begebt euch rasch von hinnen und überlaßt euer Land meiner Herrschaft!‘ Aber die Zahlung des Lehnzinses erfolgte auch darauf nicht.
Mehmed II. gewährte beiden streitenden Brüdern eine Gnadenfrist zur Beilegung ihrer heillosen Zwistigkeiten und als auch diese, wie zu erwarten
war, ergebnislos verstrich, entschloß sich der Sultan zu persönlichem Einschreiten. Er verfuhr, da er nicht wie das Abendland Familienpläne oder
Erbansprüche in Rechnung zu stellen erlaubte, nur nach dem nackten
Rechte der Eroberung. Überall da, wo er westlichen Vorstellungen Rechnung zu tragen schien, geschah es nur, um Zeit zu gewinnen, falsche Hoffnungen zu erwecken oder seine eigenen Absichten zu verschleiern. Nicht
einmal wich er bei Anbeginn seiner zweiten Regierung von seinem Grundsatz ab, daß, wie G. dei Languschi sich ausdrückt, nur ein Reich auf der
Welt bestehen dürfe, ein Glaube und ein Kaisertum.

Im April 1458 also brach Mehmed II. an der Spitze der aus Rumelien und Anatolien zusammengezogenen Streitmacht von Adrianopel auf. Kurz zuvor hatte er noch einen Abgesandten des bosnischen Königs empfangen, der ihm den fälligen Tribut in Höhe von 9000 Goldstücken ausfolgte. Über Thrakien und Mazedonien gelangte das gewaltige Heer nach Thessalien, wo der Sultan entschied, einige Tage zu verweilen und Bevollmächtigte der Despoten abzuwarten. Sie zeigten sich nicht und so setzte sich die Marschsäule aufs neue gegen Süden in Bewegung. Ganz Griechenland wurde der Länge nach durchquert. Nirgendwo stieß man auf ernsthaften Widerstand. In ganz Hellas gab es kein gemeinsames Volksempfinden und vor allem keine entschlossene gemeinsame Führung mehr. Kurz bevor der Großherr die längst wieder instand gesetzte Sperrmauer des Hexamilion erreichte, erschien eine Botschaft der Paläologen, die wenigstens einen Teil des Jahrgeldes in Höhe von 4500 Goldstücken überreichte und damit die Gewährung eines Friedensvertrages sowie der Lehenspflicht durchzusetzen hoffte. Aber es war hiezu natürlich längst zu spät. Der Sultan nahm das Geld in Empfang und erwiderte nicht ohne beißenden Hohn, er werde, wenn er erst in Morea eingetroffen sei, persönlich die Verhandlungen führen. Am 15. Mai stieß die Armee unbehindert nach der Peloponnes vor. Nicht weit von Korinth schlug man Lager und da die festen Mauern der Stadt und seine schwer zu nehmende Festung Mehmed II. einen Sturm im ersten Anlauf widerrieten, ließ er einen Teil der anatolischen Truppen als Belagerungsheer vor Korinth liegen, um die schlecht versorgte Stadt womöglich auszuhungern, und begab sich selbst ins Innere der Halbinsel.

Tarsos, eine Gebirgsstadt in der ehemaligen Landschaft Phlius (Polyphengon), die von einheimischen Albanern verteidigt wurde, fiel nach kurzem Widerstand und erkaufte des Siegers Gnade durch Hergabe von 300 jungen Leuten und die Aufnahme eines osmanischen Befehlshabers. Das hochgelegene und stark bewehrte Phlius wurde dadurch zur Waffenstreckung gezwungen, daß die Belagerer die einzige außerhalb der Mauern verlaufende Wasserquelle abschnitten. Zwar machte die aus Griechen und Albanern bestehende Besatzung den verzweifelten Versuch, das mangelnde Wasser beim Brotbacken durch das Blut der geschlachteten Lasttiere zu ersetzen, mußte sich aber schließlich zu Verhandlungen wegen der Übergabe herbeilassen. Während die Unterredungen vor sich gingen, entdeckten die Janitscharen eine unbewachte Mauerstelle, drangen durch sie ein, plünderten die Stadt und machten fast die gesamte Bevölkerung erbarmungslos nieder. Dann wurde das Städtchen Akribe (Akriví) im Sturm genommen und Rupeli, wo viele Griechen und Albaner mit ihren Angehörigen Unterschlupf gesucht hatten, wurde belagert. Zwei volle Tage erwehrte sich

der Ort mit Heldenmut, so daß der Sultan bereits den Abmarsch befahl. Da
fügten sich die Einwohner, die spätere Rache des Großherrn fürchtend,
in ihr Schicksal und unterwarfen sich. Die Stadt selbst blieb verschont,
aber die Bevölkerung mußte, Weiber und Kinder eingerechnet, unter
sicherem Geleit die Abwanderung nach dem fernen Stambul auf sich nehmen.
Lediglich 20 Albaner, die in Tarsos freien Abzug erhalten, hier aber, dem
gegebenen Worte zuwider, aufs neue die Waffen ergriffen hatten, mußten
die Rache des Sultans spüren. Mit eisernen Kugeln ließ er ihnen die Glieder
zerschlagen.

Von hier ging es weiter nach Süden, wo die Bergfeste Pazeniki berannt
wurde. Da aber die albanischen Verteidiger in einer dahinter liegenden
Felsschlucht einen sicheren Ausweg besaßen, so gelang es selbst dem
Albanerführer im Aufstand des Jahres 1454, Manuel Kantakuzenos, nicht,
sie zur Ergebung zu bewegen. Als schlauer Grieche hatte sich Manuel
gleich beim Erscheinen Mehmeds II. auf der Halbinsel in dessen Lager begeben und seine Dienste als Unterhändler angeboten. Der Sultan, im
Glauben, daß er eine zweideutige Rolle gespielt habe und wohl weiterspiele,
jagte ihn aus seiner Nähe. Bald danach floh er hinauf nach Ungarn und
beschloß dort seine Tage. Jedenfalls hob der Großherr die Belagerung auf
und zog weiter ins Landesinnere. Der Despot Thomas war nach Mantinea
geflüchtet, sein Bruder Demetrios nach Monemvasia geeilt. Das Sultans-
heer lagerte in der Nähe von Tegea, wo man zur Einschließung der dreifach
ummauerten Stadt Muchli, unweit dem heutigen Tripolitza, schritt. Dort
leitete Demetrios Asan den Widerstand der Eingeschlossenen, freilich ohne
Erfolg, da auch hier die Wasserzufuhr abgeschnitten und die Waffenstreckung erzwungen werden konnte. Vielleicht, weil die Truppenversor-
gung sich immer schwieriger gestaltete und die Landschaft immer gebir-
giger und damit unwegsamer wurde, entschloß sich Mehmed II. bereits im
Juli 1458 zum Marsch nach Norden, um mit seiner gesamten Streitmacht
den endlichen Sturm auf Korinth, den eigentlichen Schlüssel der ganzen
Halbinsel Morea, zu wagen.

Der Befehlshaber der Feste war Matthäus Asanes, dem es mit Venedigs
Hilfe gelungen war, vom Meere her, vorab aus dem Hafen von Kenchrää,
einigen Mundvorrat und auch Verstärkung heranzuführen. Der Sultan
hieß an Ort und Stelle wieder Geschütze von riesigem Ausmaß gießen. Die
mehrere Zentner schweren Kugeln mußten erst aus den umherliegenden
Marmortrümmern des antiken Korinth gefertigt werden. Ehe er zum Sturm
rufen ließ, versuchte er es nochmals mit der im Islam üblichen Aufforderung
zu gutwilliger Übergabe, mit der jedoch von Mehmed II. niemals die Annahme des muslimischen Glaubens verlangt wurde. Er ließ dem Asanes

mitteilen, daß, falls er ihm den Platz ausliefere, er und alle Bewohner von Korinth sich im Bereiche des Osmanenreiches nach freiem Ermessen andere Behausungen wählen dürften. Weigere er sich, so werde er mitsamt den Seinigen unfehlbar dem Verderben anheimfallen. Im Vertrauen auf die Stärke der Mauern und den Mut der Besatzung lehnte Asanes stolz die Unterwerfung ab. Er kenne wohl, so ließ er erwidern, die Macht des Türkensultans, aber auch ihr werde es nicht gelingen, die dreifachen Mauern von Korinth zu überrennen. Lieber werde er zugrunde gehen als kampflos von der Stelle weichen.

Mehmed II. versäumte darauf nicht, seine Feldschlangen spielen zu lassen. In wenigen Tagen war die äußerste, freilich schwächste Mauer in Grund geschossen. Als Asanes sich gelegentlich eines Ausfalles hinter die zweite stärkere Mauer zurückzog, ward auch diese von den gewaltigen Marmorkugeln an vielen Stellen erschüttert. Der Mangel an Lebensmitteln machte sich immer fühlbarer, aber selbst das hätte nicht die Übergabe erzwungen, wenn nicht der Bischof von Korinth im Einvernehmen mit einigen Vornehmen den Sultan von der wachsenden Not der Bevölkerung in Kenntnis gesetzt und auf diese Weise die Fortführung der Beschießung bewirkt hätte. Mehmed II. wiederholte seine Aufforderung zur Waffenstreckung und da sich nunmehr die Mehrzahl der Besatzung für sie entschied, verfügten sich Asanes und Nikiphoros Lukanis, von Sphrantzes ‚Verderber der Peloponnes‘ geheißen, ins Lager des Sultans. Dessen Zumutungen waren, wie zu erwarten, nicht gering. Er verlangte nicht nur die Preisgabe allen Landes, das er durchzogen habe, sondern auch noch Patras, Korinth, Vostitza, Kalavryta nebst Umland und überhaupt den ganzen Landstrich, den der Despot Konstantin, ehe er den Kaiserthron von Byzanz bestieg, besessen hatte. Für den zur Verfügung der Despoten verbleibenden kümmerlichen Rest des Landes mußte ein Lehnzins von jährlich 3000 Goldstücken entrichtet werden. Asanes begab sich eilends nach Tripolitza, wo die beiden Kaiserbrüder sich eingefunden hatten, um sie vom Begehr Mehmeds in Kenntnis zu setzen. Froh, wenigstens noch einen Teil ihrer Besitztümer zu retten, willigten beide in die Forderungen ein. Der Friede ward also sogleich unter den bezeichneten Bedingungen unterfertigt und mit Eidschwüren bekräftigt. Man sputete sich, die Übergabe der abgetretenen Städte und Landstriche ‚wie Gartengemüse‘ (Sphrantzes) zu vollziehen. Korinth überreichte am 6. August 1458 die Schlüssel der Stadt. Wie alle sonstigen von den Türken übernommenen Festungen und Ortschaften erhielt es eine aus Janitscharen bestehende osmanische Besatzung. Während der Turachan-oghlu ʿÖmer-Beg, dessen Vater bereits um die Mitte des Jahres 1456 hochbetagt verstorben und in Qyrq Qawaq

bei Usun Köprü (Thrakien) beigesetzt worden war, als großherrlicher Statthalter in Morea zurückblieb, führte Mehmed II. nach Eroberung von angeblich fast 250 Ortschaften Griechenlands, wie Kritoboulos behauptet,
sein Heer in Eilmärschen nordwärts, nicht ohne auf Einladung ʿÖmer-Begs
der gleichfalls unterworfenen Stadt Athen einen Besuch abzustatten. In
der letzten Augustwoche 1458 hielt er seinen Einzug in die unglückliche
Stadt, der er eine Unterwerfung von fast 330 Jahren unter den Halbmond
bescherte. Der Sultan, beteuert sein Lobredner Kritoboulos, hegte eine
große Vorliebe für die ‚Stadt der Weisen‘, wie die Osmanen Athen hießen,
und deren Sehenswürdigkeiten. Als ‚ein Weiser und Philhellene und großer
König‘ bewunderte er die Überreste des klassischen Altertums und besonders die Akropolis. Auch Chalkokandyles erzählt, daß Mehmed den
Hafen Piräus, die Stadt und die Burg durchwanderte, die alte Pracht
Athens mit Staunen betrachtete und ausrief, daß er dem ʿÖmer-Beg für
solchen Landgewinn zu großem Dank verpflichtet sei. Die Stadt muß
dazumal infolge Versiegens des Handels und aller anderen Erwerbsquellen
während der Kriegszüge der Osmanen in Griechenland, namentlich durch
die Verheerungen ʿÖmer-Begs, in jenen jammervollen Zustand zurück-
gesunken sein, den Michael Akkominatos am Ende des 12. Jahrhunderts
geschildert hat. Pius II. hat, vielleicht mit einiger Übertreibung, aber gewiß nach Berichten von Augenzeugen, geurteilt, daß Athen dazumal kaum
noch die Gestalt eines kleinen Kastells besaß und seinen Ruhm in ganz
Griechenland nur der festen Akropolis und dem auf ihr stehenden großartigen Tempel der Pallas Athene zu verdanken hatte. Schwerlich konnte
die Stadt, wie behauptet wurde, 1458 noch 50 000 Bewohner gezählt haben.

Mehmed II. behandelte die Athener mit Großmut, indem er ihre ihm
vorgetragenen Wünsche erfüllte. Er bestätigte ihnen die von ʿÖmer-Beg
bereits zugestandenen Freiheiten und manche athenischen Geschlechter
sollen damals Befreiung von Abgaben erlangt haben. Die Stadtgemeinde
behielt das Recht der Vertretung durch eine Gerusia oder den Rat der
Vecchiades unter Aufsicht des türkischen Stadtvogtes. Mit besonderer
Freude und Genugtuung erfüllte die Bewohner Athens der Zusammenbruch
der bisher herrschenden lateinischen Kirche und Priesterschaft. Als das
Frankenregiment der Acciaiuoli sein Ende nahm und der letzte Herzog
Athens nach Theben verbannt wurde, hatte die lateinische Kirche völlig
ausgespielt. Die orthodoxen Geistlichen eilten den Verlust ihrer Kirche
wettzumachen und erschmeichelten von der Gnade des Eroberers Ver-
günstigungen und Freibriefe. War es doch ein griechischer Abt gewesen,
der dem Sultan bei seinem Einzug in Athen die Schlüssel der Stadt überreicht hatte.

Um die Athener für sich zu gewinnen, räumte Mehmed II. ihrem Kultus völlige Duldung ein, ohne sie indessen etwa dem katholischen zu entziehen. Die Akropolis blieb Griechen wie Lateinern fortab unzugänglich. Die dortigen Kultstätten wurden geschlossen.

Vier Tage verblieb der Großherr in Athen. Und während ʿÖmer-Beg seinen Wohnsitz im Propyläenschloß der vertriebenen Acciaiuoli nahm, scheint sein Gebieter es vorgezogen zu haben, seine Zelte an der Akademie im Olivenhain oder am Ilyssos-Ufer aufzuschlagen.

Dann zog er fort nach Böotien, wo er das alte Platää sowie Theben besuchte. Hier empfing ihn demutsvoll sein dorthin verwiesener und noch in Gnaden geduldeter Dienstmann Franco Acciaiuoli. Mehmed war neugierig, das nahe Euböa zu sehen, dessen Besitz er den Venedigern im Friedensschluß des April 1454 zugesichert hatte. Die vielumstrittene Insel, auf der die lombardischen Freiherrn in ihren Schlössern nahezu 300 Jahre geherrscht hatten, war seit geraumer Zeit ausschließliches Eigentum der Stadt des Heiligen Markus und, zumal seit dem Falle Konstantinopels, ihr Kleinod im griechischen Meere, daneben ihre bedeutendste Handelsniederlassung. Der Großherr kündigte dem Bailo Paolo Barbarigo seinen Besuch an. Die Bewohner von Negroponte waren anfänglich nicht wenig erschreckt, kamen aber dann dem Sultan mit Palmzweigen entgegen, als er am 2. September 1458 mit tausend Reitern über die Brücke des Euripos zog. Er sprach freundlich zu den Einwohnern, durchritt sogar die Stadt Negroponte und betrachtete sie gewiß als Kundschafter mit forschendem Blick von der sie beherrschenden Höhe. Noch 12 Jahre verstrichen, dann hielt er als Eroberer seinen Einzug in das zertrümmerte Negroponte.

Nach diesem kurzen Ausflug kehrte Mehmed II. nach Theben zurück, um weiter nordwärts zu ziehen. Ein großer Zug von Gefangenen nahm den gleichen Weg, um, soweit sie ein Handwerk verstanden, in Stambul selbst, sonst aber in der Umgebung der Hauptstadt zwangsweise angesiedelt zu werden. Unterwegs ging noch ein Bote an den Despoten Demetrios ab, der diesen aufforderte, ihm unverzüglich seine durch Schönheit ausgezeichnete 16jährige Tochter Helene für seinen Harem zu überlassen. Am 23. Oktober 1458 weilte der Sultan, wie sich aus einem an diesem Tage dort ausgestellten Schreiben an Ragusa über den Empfang von 1500 Dukaten Jahrgeld ersehen läßt, in Üsküb, worunter indessen sicher nicht die Stadt in Mazedonien (Skoplje), sondern wohl der gleichnamige Ort im Istrandscha-Gebirge (ö. von Qyrq Kilise, heute Kïrklareli) zu verstehen ist. Um diese Jahreszeit pflegte Mehmed II. mit Vorliebe die frische Höhenluft balkanischer Landschaften zu genießen. Als der Herbst zur Neige ging, befand er sich aber bereits wieder in seiner alten Haupt-

stadt Adrianopel, wo er, Kritoboulos zufolge, den Winter verbracht haben
dürfte. Mit der Schmälerung des Besitztums der Despoten und der völligen
Zerrissenheit der Halbinsel Morea war die restlose Auflösung ihrer Gewalten
nur noch eine Frage kurzer Frist. Der schreckliche Bruderkrieg, der in
einen Kampf der Verzweiflung und der Selbstvernichtung ausartete, löste
gleich zu Beginn des folgenden Jahres jegliche Ordnung im Lande auf.

Gleich nach der Ankunft des Eroberers am Sultanshof erschien dort als
Botschafter des Komnenenkaisers Johann IV. von Trapezunt kurz vor
seinem Ableben dessen jüngster Bruder David, um durch Zahlung eines
Tributes den Komnenenthron zu sichern. Während Mehmed II. nämlich
Belgrad belagerte, erhielt der osmanische Statthalter von Amasia, Chidr-
Beg, die Weisung, Trapezunt von Land und Meer aus zu berennen. In der
Tat war es den Türken damals gelungen, bis in die Vorstädte der durch
eine Pest verödeten Hauptstadt einzudringen und diese selbst gefährlich
zu bedrohen. Um weiteres Unheil abzuwenden und sich wenigstens eine
Gnadenfrist zu erkaufen, fand sich der Kaiser zu einem Jahreszins von
2000 Goldstücken bereit. Mehmed ließ sich herbei, den Vertrag anzuerkennen, erhöhte aber die Summe auf 3000 Goldstücke. Mit dieser Abmachung war, genau besehen, die Unabhängigkeit des Komnenenreiches
bereits beendet und die förmliche Einverleibung Trapezunts als des letzten
Restes byzantinischer Kultur und Kaiserherrlichkeit blieb nunmehr nur
noch eine Aufgabe weniger Jahre.

Bevor wir unseren Blick aufs neue dem serbischen Rumpfstaat zuwenden,
der längst in Todeszuckungen lag und im Jahre 1459 unter fast dramatischen
Begleitumständen zu Ende ging, müssen die traurigen Ereignisse noch
kurz betrachtet werden, die sich in den ersten Monaten dieses Jahres auf
der Peloponnes zutrugen und auch dort eine tragische Wendung der Dinge
heraufbeschworen. Der tatkräftige, aber treulose und eidbrüchige Despot
Thomas gab sich mit der in der Abmachung mit Mehmed II. geschaffenen
Lage keineswegs zufrieden, wobei die Frage, ob er sich aus Übermut oder
Verblendung zum Treubruch gegenüber dem Sultan hinreißen ließ, in der
Beurteilung eine untergeordnete Rolle spielt. Sein böser Geist war offenbar
der ehrgeizige und unruhige Archont Nikephoros Lukanes, der des Despoten Herrschsucht so aufzustacheln wußte, daß dieser nicht nur die Vertreibung der Osmanen aus Morea plante, sondern auch noch den Besitz-
anteil seines schlaffen und feigen Bruders Demetrios an sich bringen wollte.
Bereits im Februar 1459 machten Demetrios und sein Berater einen Angriff
auf die von den Türken übernommenen Städte, wobei Lukanes Korinth
zu überrumpeln gedachte, Thomas sich aber Patras ausersehen hatte. Der
Streich mißlang an beiden Orten, obgleich Lukanes behauptete, mit den

Korinthern schon Beziehungen angeknüpft zu haben. Nur das schwach besetzte Kalávryta wurde von den Türken gesäubert. Die zwei Aufrührer riefen nunmehr die ganze Bevölkerung, Griechen wie Albaner, zum Widerstand auf, jedoch sollte der Sturm sich zunächst nicht gegen die Osmanen, sondern gegen seinen Bruder Demetrios richten, der sich in seiner Bestürzung durch seinen Schwager Matthäos Asanes an Mehmed II. um Hilfe wandte. Der moreotische Aufstand nahm rasch bedenkliche Ausmaße an. Das ganze Land geriet in einen furchtbaren Bruderkrieg. Eine Anzahl von Siedlungen, die Demetrios gehörten, wie etwa die Festen Karytaina, Bordonia, Kastritza, Kalamata, Zarnata, Leuktron und fast die ganze Maina, fiel teils durch Verrat, teils durch Waffengewalt in die Hände des Despoten Thomas. Endlich raffte sich Demetrios zum Widerstand auf und ließ durch seine Feldherrn Manuel Bochalis und Georgios Paläolog die damalige Hauptstadt seines Bruders Leontarion (Leondari) und einige weitere Ortschaften berennen, mußte sich aber von dem zum Entsatz heraneilenden Thomas zurückziehen und harte Mißhandlung in Kauf nehmen. Die Albaner, die eigentliche Geisel der Peloponnes, durchzogen inzwischen raubend und plündernd die Lande, entschieden sich einmal für diesen, dann für jenen Despoten, wechselten je nach Beutelust täglich ihre Herrn und Anführer und verübten allerorten im Süden der Halbinsel die scheußlichsten Untaten an der hellenischen Bevölkerung. Weiter oben im Norden verheerten die aus Patras, Korinth und Muchli ausbrechenden osmanischen Besatzungen das umliegende Gebiet, machten alles, was sie an Lebewesen vorfanden, nieder oder schleppten es mit sich fort.

Allem Anschein nach hatte der Sultan den größten Teil des Winters wiederum in seinem Inselpalast zu Adrianopel zugebracht, der ihm wohl immer noch mehr zusagte als das neue Seraj in Stambul. Ein Teil seines Harems ward auf jeden Fall in der alten Hauptstadt belassen. Verbürgte Nachrichten über die Wahl seines Wohnsitzes in jenen Jahren fehlen. Fest steht z. B. nicht, ob der am 7. März 1459 den Ragusäern erteilte, angeblich griechisch und nicht slavisch verfaßte großherrliche Freibrief, worin ihnen, im Frieden wie in Kriegsläuften, in allen Ländern des Sultans und seiner Vasallen volle Handelsfreiheit gegen eine Jahresabgabe von 1500 Goldstücken zugestanden wurde, in Adrianopel oder in Stambul zustande kam. Wenige Wochen hernach stellte Mehmed II. seiner Stiefmutter, der ‚Sultanin‘ *(amirissa)* Mara, der ‚Herrin der messianischen Edelfrauen‘, seiner ‚Mutter‘ — so heißt es im Text — eine Urkunde über das von ihr erworbene Kloster der Hagia Sophia zu Saloniki aus, aus der hervorgeht, daß er sich damals schon im Feldlager unterwegs nach dem Westen befand. In der Tat wußte man Mitte März am ungarischen Hofe zu Ofen bereits von Kriegsabsichten Mehmeds und Ende Mai konnte ein Mailänder Botschafter am Hofe zu Ferrara aus ungarischen Quellen berichten, daß der Sultan schon am 9. April in Sofia erschienen sei. Niemand zweifelte, daß er gegen Serbien, vielleicht auch gegen Ungarn zu Felde ziehen werde. Das Entsetzen war allgemein. ‚Die Sache der Christen ist in größter Gefahr‘, schreibt Pietro Tommasi aus Ofen an den Dogen P. Malipiero nach Venedig. Die verworrenen Zustände im Despotat schienen allerdings dafür zu sprechen, daß der Großherr sich persönlich mit ihrer Regelung befassen werde. Die von Matthias Corvinus angestrebte Vereinigung von Bosnien und Serbien unter Leitung des Stjepan Tomašević, der in der Osterwoche, am 21. März 1459, die Regierung antrat, nachdem er kurz vorher mit knapper Not in Bobovac türkischer Gefangenschaft entronnen war, versprach keinen günstigen Verlauf. Am 1. April, dem ersten Sonntag nach Ostern, wurde die Vermählung mit Lazars Tochter festlich begangen. Die Pforte betrachtete die Einsetzung des bosnischen Prinzen als einen unerlaubten Eingriff in ihre Rechte, denn das serbische Despotat war ein Vasallenstaat. Wenige Tage nach dem Einzug Stjepans wurde der blinde hilflose Stefan Branković vom eigenen Gefolge gestürzt und vertrieben (8. April 1459). Er wandte sich nordwärts nach Ofen, dann nach Kroatien, um von hier, seines Lebens unsicher, über Ragusa nach Albanien zu entweichen. König Thomas versuchte die eindringenden osmanischen Streitkräfte durch eine Belagerung der längst in türkischen Händen befindlichen Burg Hodidjed (Sarajevo) abzulenken, hatte aber keinerlei Glück dabei, so daß er, um der Türken Herr zu werden, schließlich die Ungarn um Hilfe anflehen mußte.

Inzwischen nahte Mehmed II. ungehindert mit seinem Heerbann den Mauern und Türmen von Semendria. Dort dachte keine Seele mehr an ernsthaften Widerstand. Sobald man von ferne die osmanische Heeresmacht gewahr wurde, öffneten die Vornehmen freiwillig die Stadttore und trugen dem Sultan schutzflehend die Schlüssel entgegen. Am Mittwoch, dem 20. Juni 1459, kam die alte Serbenstadt, und zwar ohne Kampf, in den Besitz des Sultans.

Der Fall von Semendria machte im Abendland einen ungeheuren Eindruck, der dem verglichen wird, der bei der Einnahme von Konstantinopel alle Gemüter im Westen bewegte. Papst Pius II., als Enea Silvio Piccolomini uns längst bekannt, der die Nachfolge des am 6. August 1458 verstorbenen greisen Calixtus III. angetreten hatte, nannte mit Recht Semendria ‚ein Tor Rasciens‘. Er und König Matthias schrieben die ganze Schuld am raschen Verlust dieses Bollwerkes der Verräterei der Bosnier zu, des Königs, seines Bruders und des Königssohnes. Zur Strafe wurden nun alle

Güter des serbischen Despoten auf ungarischem Boden eingezogen. Nur Helena, Lazars Witwe, durfte vertragsgemäß mit ihren Schätzen freien Abzug nehmen. Stjepan Tomašević hatte schon vorher die Flucht ergriffen. Die Despotenwitwe Helena begab sich mit ihren Töchtern über Ungarn zunächst nach Bosnien und später weiter nach Italien, wo sie an verschiedenen Orten lebte, um schließlich am 7. November 1473 auf der Insel Levkas (Santa Mavra) als Nonne einsam ihre Tage zu beschließen. Die Vornehmen der Stadt Semendria, die des Sultans Geschäfte besorgt hatten, wurden reichlich abgefunden, teils mit Geld und teils mit Ländereien. Nur die ungarische Besatzung wurde gefangen weggeführt. Wer sich widerspenstig zeigte, wurde gleichfalls fortgeschleppt. Sobald sich nur die osmanischen Feldfahnen vor ihren Mauern zeigten, ergaben sich die übrigen kleineren Festungen Nordserbiens ohne jegliche Gegenwehr. Bevor sich das Jahr 1459 dem Ende zuneigte, befand sich ganz Serbien in osmanischer Gewalt. Die Geschichte des ruhmreichen altserbischen Staates war jämmerlich zu Ende gegangen. Der übriggebliebene blinde Gregor verschwand als Mönch Germanos in der Versenkung. Bereits am 16. Oktober 1459 starb er, vermutlich in Chilandar auf dem Heiligen Berg Athos, im Klostergewand. Dort fand er auch seine letzte Ruhestätte. Nur seine Schwester Mara verlebte in der Nähe des Athos zu Ježevo (Eziova, heute Daphni) in der Landschaft Serres, umgeben von serbischen Edelleuten und Mönchen, unangefochten und in stetem Einvernehmen mit ihrem Stiefsohn Mehmed II., den Rest ihrer Tage. Sie selbst kam nur selten nach Stambul, ward aber als ‚Stiefmutter des Großtürken' *(maregna del Gran Turco)* bei Friedensverhandlungen mit der Pforte oft um Vermittlung ersucht. Die Gesandten des Abendlandes nahmen zu diesem Zweck gar manches Mal den Umweg über den Witwensitz der Amirissa, von dem sich noch heute Trümmer mit ihrem erbrochenen und geplünderten Grab erhalten haben, um den Rat dieser staatsklugen weisen Fürstin einzuholen, bevor sie ihren Weg zur Pforte fortsetzten. Gar mächtig war der Schutz, den die gottesfürchtige Frau ihren christlichen Glaubensgenossen angedeihen ließ. Unter ihrem Einfluß wurden zu Stambul mehr als einmal Patriarchen ein- und abgesetzt. Im Alter von etwa 70 Jahren, kaum über 85, wie fast immer zu lesen ist, starb sie am Freitag, dem 14. September 1487, und wurde unweit ihres Palastes zu Ježevo von ihren Getreuen zur letzten Ruhe bestattet.

Bei seinem Untergang verlor das serbische Despotat das Mark seiner christlichen Bevölkerung. An 200 000 Menschen, so heißt es, wurden zu Sklaven gemacht und entweder ins türkische Heer gesteckt oder aber in abgelegenen Gebieten des Osmanenreiches angesiedelt. Das verödete Land

erhielt nach und nach eine teilweise osmanische Bevölkerung und mit ihr
eine neue Verfassung, die Kraft und Selbständigkeit der verbliebenen Einwohner in Kürze vollends brach.

Mehmed II., dessen Aufenthalte nach dem Sturze von Semendria sich
schwer verfolgen lassen, dürfte gegen Sommerende wieder in Stambul eingetroffen sein. Die Regelung der moreotischen Wirren überließ er auf jeden
Fall seinen mit den dortigen Verhältnissen vertrauten Feldherrn. Vom
Abfall des Despoten Thomas und den Meutereien auf der Halbinsel war
er wohl während seines Aufenthaltes in Üsküb durch Abgesandte des Despoten Demetrios Paläologos unterrichtet worden. Zornentbrannt soll er den
Statthalter von Thessalien, Hamsa-Pascha, angewiesen haben, mit allen
verfügbaren Truppen in die Peloponnes einzurücken und die Schuldigen
zu züchtigen. Sein Groll richtete sich vorab gegen Turachan-oghlu ᶜÖmer-
Beg, den er als den Hauptschuldigen des Unfugs ansah, weniger vielleicht,
weil er ihn als dessen Anstifter betrachtete — Chalkokandyles z. B. ist
dieser Ansicht —, sondern weil er dessen Lauheit und Schwäche zuschrieb,
daß die Dinge so weit gedeihen konnten. ᶜÖmer-Beg wurde seiner Stelle
und thessalischen Lehen entsetzt und an seiner Statt dessen Eidam, der
Renegat Ahmed-Beg, zum Statthalter von Morea ernannt. Mit diesem vereint, rückte Hamsa um die Jahresmitte 1459 in Morea ein. Thomas, der das
Unheil kommen sah, wandte sich in seiner Verzweiflung um Hilfe an den
Papst, dem er einen Botschafter mit 16 türkischen Gefangenen sandte,
die vermutlich in Kalávryta in seine Hände gefallen waren. Pius II., der
zur selben Zeit auf der Tagung zu Mantua seine Kreuzzugspläne zu verwirklichen suchte, wurde ‚mit echt byzantinischer Prahlerei‘ dahin belehrt,
daß eine kleine Hilfsschar aus Italien genügen werde, die Türken aus der
Peloponnes zu vertreiben. Bei der Beratung der Angelegenheit im Konsistorium machte der Papst mit Recht seine heftigen Zweifel geltend, daß
eine solch kleine Zahl von Streitern ausreiche, aber der schwärmerisch-
unpracticshe Kardinal Bessarion bewog ihn, die Truppen zu bewilligen.
Die Herzogin Bianca-Maria Sforza von Mailand stellte auch ein Drittel
des Aufgebots, aber der klägliche Mißerfolg gab dem Papste völlig recht:
die 300 Mann Fußvolk kamen nicht rechtzeitig nach Morea, um Thomas bei
einer abermaligen Belagerung von Patras unterstützen zu können. Thomas
verzichtete auf die erste Kunde von der Annäherung osmanischer Verstärkungen auf das Unternehmen, zog sich in Hast auf seine Hauptstadt
Leontarion (Leondari) zurück und erlitt beim Versuch, in deren Nähe die
Türken in offener Feldschlacht zu stellen, eine arge Niederlage. Seine auf
die Höhen schlecht verteilten Truppen, darunter die päpstliche Hilfsschar,
wurden von der osmanischen, von Jûnus-Beg, dem Anführer der Sipâhîs,

befehligten Reiterei beim ersten Anlauf zersprengt und zogen sich in wilder
Flucht in die südlicheren Gebirge zurück, so daß nur ein Teil von den nach-
jagenden türkischen Aqyndschys erreicht und niedergemacht werden konnte.

Die Türken gewannen keinen raschen Vorteil aus ihrem Siege. Hamsa,
der Leontarion eingeschlossen hatte, marschierte nach Muchli, ward aber
dann, als sein ohnedies schwaches Aufgebot durch schlimme Krankheiten
und Mangel an Lebensmitteln böse Ausfälle erlitt, genötigt, den Sultan um
Verstärkungen zu bitten. Er rückte schleunigst nach Thessalien ab und
ließ bei Demetrios ein kleines Hilfskorps zurück. Thomas nützte Hamsas
Abzug, indem er ein drittes Mal die Belagerung von Patras versuchte,
wobei ihn die päpstliche Hilfsschar unterstützte. Da aber der Despot
mit dem Belagerungsgeschütz nicht umzugehen wußte, die päpstlichen
Truppen jämmerlich versagten und gar bald eine wahre Landplage wurden,
gelang es abermals nicht, die starken Mauern zu erschüttern. Thomas ließ
zum Rückzug blasen. Seine Truppen liefen auseinander, auch die Italiener,
die wie die Albaner raubend und plündernd das arme Land durchstreiften
und sich spurlos zerstreuten. Die eigentlichen Herren des Kampfplatzes
waren in Morea damals die Albaner unter ihrem mächtigsten Führer Peter
Bua, der sich auf der Halbinsel, soweit sie nicht in türkischer Gewalt
war, als deren wirklicher Gebieter benahm.

Thomas hatte im Süden der Halbinsel, im alten Lakonien, wieder einen
Teil seiner Heerhaufen gesammelt und sich entschlossen, die noch seinem
Bruder gehörigen Küstenstädte, vor allem Kalamata, anzugreifen, als es
ihm beifiel, dem Sultan den Frieden anzubieten. Mehmed II., nicht
ungehalten, sich an dieser unruhigen und fernen Ecke Griechenlands Ruhe
zu verschaffen, zeigte sich geneigt, ließ aber harte Bedingungen stellen.
Danach sollte der Despot Thomas seine Truppen überall zurückziehen,
die bereits eingenommenen Städte wieder räumen und auf der Stelle 3000
Goldstücke erlegen. Er müsse, so verlangte der Großherr weiter, binnen
20 Tagen persönlich in Korinth erscheinen und mit dem sultanischen Bevollmächtigten den Frieden zum Abschluß bringen. Thomas ging auf alle
Forderungen ein. Auch mit seinem Bruder Demetrios wollte er Versöhnung
schließen. Beide Despoten fanden sich zu diesem Zweck in der Kirche des
Städtchens Kastritza ein und der Metropolit von Misthra vollbrachte zum
Zeichen der Buße und Reue in Sack und Asche und nicht in strahlendem
Meßgewand die heilige Handlung. Die Brüder sanken sich gerührt an die
Brust und schwuren ewige Eintracht. Aber schon nach wenigen Wochen
hatte diese ‚Ewigkeit' ihr Ziel erreicht. Diesmal soll der Treubruch von
Demetrios ausgegangen sein, der auf die Freundschaft und die Hilfe
Mehmeds II. fest zu bauen schien. So wenigstens meint Sphrantzes, der

die Ereignisse getreu zu schildern versucht. Während des folgenden Winters
entbrannte die Bruderfehde aufs neue mit allen ihren Schrecknissen, so
daß es Thomas nicht möglich wurde, den verheißenen Tribut aufzubringen.
Kalamata und die anderen Besitzungen des Bruders in Messenien mußten
erneut die Entsetzlichkeiten des moreotischen Kleinkrieges über sich ergehen lassen. Türkische Freibeuter aus Palatscha in Anatolien plünderten
damals die Maina, zerstörten die Schiffe der Mainoten und schleppten
Gefangene mit sich nach Kleinasien. Überall herrschte Not und Bedrängnis,
selbst in den Niederlassungen Venedigs auf Morea. So war in Nauplia
(Napoli di Romania) die Kämmerei dermaßen mit Schulden überbürdet,
daß die Beamten ohne Gehalt und die Bürger ohne Sicherheit blieben.
Daß Mehmed II. den Wirren in der Peloponnes nicht mehr länger tatenlos
zusehen und dem Unwesen durch sein persönliches Eingreifen bald ein
Ende bereiten werde, war klar und leicht vorauszusehen. Es hat den Anschein, daß er schon im Spätwinter 1459 auf 1460 seinen beabsichtigten
Feldzug nach Kleinasien verschob, um so schnell wie möglich und mit aller
verfügbaren Macht nach Morea aufzubrechen.

Die aus Südosteuropa einlaufenden Nachrichten über die unheimlichen
und unaufhaltsamen Fortschritte der Osmanen hatten bereits die Papst-
krönung Pius II. (3. September 1458) beschattet. Gleich nach seinem Einzug in Rom hatte der Neugewählte nur einen Gedanken, der ihn unablässig
beschäftigte: der Krieg gegen die Türken. In eingehender Rede hatte
Pius II. schon am 12. Oktober vor den versammelten Kardinälen, Bischöfen, Kurienprälaten und den in der Ewigen Stadt anwesenden Gesandten
auseinandergesetzt, welche Niederlagen bisher den Christen von den Türken
beigebracht worden seien. Er habe daher den Entschluß gefaßt, diesem
wütenden Feind endlich entgegenzutreten. Mit einer darauf erlassenen Bulle
lud der Papst alle Fürsten des Abendlandes zu einer gemeinsamen Beratung
über die Maßnahmen zu einem europäischen Kreuzzug ein. Er schilderte
die Bedrückungen, die der Christenheit durch die Anhänger des ,falschen
Propheten Muhammed‘, durch die blutdürstigen Horden des ,giftigen
Drachens‘ drohten. Das sei die Strafe des Himmels für die Sünden der
Väter. Und um die Welt aus dieser Drangsal zu erlösen, habe ihn Gott auf
diesen Römischen Stuhl erhoben. Auch die kleineren Staaten, Fürsten
und Gemeinwesen erhielten dringende Aufforderungen zur Teilnahme an der
Tagung, für die man Mantua ausersehen hatte. Es war selbstverständlich,
daß, solange in Italien selbst nicht Friede und Ruhe walteten, an eine
wirksame Bekämpfung der Türken nicht zu denken war. Deren Wiederherstellung im Rahmen der Gegebenheiten war daher des Papstes ernst-
lichstes Anliegen. Vor allem war der Streit mit Neapel beizulegen, den er

als bitterböse Erbschaft von seinem Vorgänger übernommen hatte. Bereits im Januar 1459 brach Pius II. nach Mantua auf. Kurz vor seiner Abreise stiftete er, um die Christen in den griechischen Gewässern gegen die sichtlich emporblühende Seemacht der Osmanen zu schützen, nach dem Muster der Johanniter auf Rhodos einen neuen geistlichen Ritterorden. Ob er aber, der sich nach der Jungfrau Maria von Bethlehem benannte und auf der Insel Lemnos seinen Hauptsitz haben sollte, jemals ins Leben trat, ist nicht ausgemacht.

Erst am 27. Mai 1459 traf Pius II. mit seinem Hofstaat in Mantua ein. Aber von allen christlichen Königen und Fürsten, die er wiederholt und dringend eingeladen hatte, war auch nicht einer angelangt. Ja, sie hatten es nicht einmal für nötig erachtet, mit Vollmachten versehene Gesandtschaften abzuordnen, eine Rücksichtslosigkeit gegenüber dem vor dem anberaumten Zeitpunkt eingetroffenen Papste, die das schlimmste befürchten ließ. Als am 1. Juni die Tagung eröffnet wurde, war an einen Beginn der Verhandlungen nicht zu denken. Die anwesenden Kardinäle wetterten über die Fieberluft von Mantua, wo es nichts gebe als das Quaken der Frösche. Ob er wohl glaube, die Türken allein besiegen zu können, war ihre hämische Frage; er solle doch nach Rom zurückkehren, denn er habe seiner Ehre genug getan. Fast nur Kardinal Bessarion, freilich der beste Kenner der Türkengefahr aus eigenem schwerstem Erlebnis, hielt treu zum Papste. Nach allen Windrichtungen ergingen nun neue ermahnende, fast drohende Sendschreiben der Kurie. Langsam, sogar sehr langsam erschienen Gesandte von da und dort. Je weiter abseits der türkischen Bedrohung sie regierten, desto größer war die Gleichgültigkeit der europäischen Herrscher. Am kläglichsten war die Haltung, die der deutsche Kaiser Friedrich III., nach mittelalterlichen Anschauungen der eigentliche Schirmvogt der Christenheit, gegenüber der großen Sache einnahm. Der Pflicht, das Abendland gegen den Ansturm des Islam zu schützen, entzog sich Friedrich III. mit beschämenden Ausflüchten, mit denen er seine wahren politischen Absichten zu bemänteln trachtete. In Wahrheit liefen nämlich seine eigenen Entwürfe der vom Papst geplanten Türkenbekämpfung stracks zuwider. Alle seine Gedanken waren auf den Sturz des ungarischen Herrscherhauses gerichtet, wo doch seine Hauptaufgabe darin hätte bestehen müssen, dieses letzte Bollwerk Österreichs und des gesamten Abendlandes zu schützen. Er trat mit der Matthias Corvinus feindlichen Magnatenpartei ins Einvernehmen und ließ sich während der Mantuaer Tagung zum König von Ungarn ausrufen.

Pius II. war entsetzt über den Verlauf der Dinge. Er beschwor den deutschen Kaiser, den er ja doch ein Jahrfünft hindurch als Beamter der

kaiserlichen Kanzlei und später als Rat genau kannte und dessen Geschichte
er sogar niederschrieb, abermals und eindringlichst, den Zeiterfordernissen
Rechnung zu tragen. Alle seine Bemühungen waren umsonst. Der offene
Zwist zwischen Friedrich III. und Matthias Corvinus brach aus. Schließlich sandte der Kaiser in seinem Namen unansehnliche Bevollmächtigte
nach Mantua; doch noch für den Herbst ward eine richtige kaiserliche
Gesandtschaft in Aussicht gestellt.

Aber auch die übrigen deutschen geistlichen und weltlichen Fürsten
zeigten die nämliche lässige Teilnahmslosigkeit. Alle über die Alpen gerichteten päpstlichen Ermahnungen verhallten wie die Stimme des Rufenden in der Wüste. Die wenigen, die endlich den Weg nach Mantua einschlugen, waren weder vom Glaubenseifer noch von der Türkenfurcht hiezu bewogen worden.

Fast schlimmer jedoch als die gleichgültige Haltung Deutschlands war
die geradezu feindselige Einstellung Frankreichs, wo man wegen der
Neapeler Lösung — Karl VII. wollte als Vertreter der Anjou-Ansprüche
die Belehnung Ferrantes rückgängig machen — aufgebracht war und eine
etwaige Kreuzzugsbeteiligung von päpstlichen Zugeständnissen in der
Italienpolitik abhängig machen wollte. Venedig und Florenz nahmen
ebenfalls die Neapeler Angelegenheit zum bequemen Vorwand, um ihre
fast nur von kaufmännischen Rücksichten bestimmten Abneigungen gegen
einen Türkenzug zu verschleiern. Taub gegen wiederholte dringliche Mahnung schickte die Arnostadt, trotz der Nähe des Tagungsortes, keine
Gesandten nach Mantua.

Aus Südosten trafen dagegen lebendige Zeugen der von dorther drohenden
Gefahren ein. Der Reihe nach erschienen hilfesuchend Boten aus Albanien,
Ragusa, Rhodos, Lesbos und selbst aus Zypern. Der Gesandtschaft des
Despoten Thomas ist bereits Erwähnung getan worden. Ende Juli stellten
sich ungarische Beauftragte ein. Auch aus Bosnien kamen Abgesandte mit
der Nachricht vom Falle Semendrias. ‚Nunmehr‘, so klagte der Papst,
‚hindere den Türken nichts mehr, auch in Ungarn einzufallen.‘ Noch ehe
die eigentlichen Sitzungen beginnen konnten, entspannen sich die üblichen
Streitigkeiten über Rang- und Sitzordnung der Teilnehmer, die der Papst
schließlich durch eine geschickte Bestimmung zum Verstummen brachte,
daß niemand daraus Nachteile erleiden solle. Mitte August erschien eine
glänzende Gesandtschaft des burgundischen Herzogs zu Mantua. Der Herzog
war zwar persönlich nicht beteiligt, aber sein Schwestersohn, der Herzog
Johann von Kleve, gefolgt von 400 Pferden, sollte ihn vertreten. Bevor er
die Teilnahme am Kreuzzug verbindlich zusicherte, suchte auch er politische Vorteile in der Soester Fehde herauszuschlagen. Er blieb bei der

kümmerlichen Zusage, Burgund werde 2000 Reiter und 4000 Mann Fuß-volk nach Ungarn abstellen. Dann reiste Johann von Kleve schleunigst wieder von dannen. Ende September kam Francesco Sforza, Mailands Herzog, in eigner Person. Sein goldstrahlendes Gefolge und der prächtige Aufzug der Mailänder erregten Bewunderung und Zuversicht. Der eitle Francesco Filelfo hielt die Rede und verhieß im Namen seines Herrn, daß dieser alles gegen die ‚blutgierigen Ungläubigen' unternehmen werde, sofern — die Lage Italiens es erlaube. Als drohendes Gespenst stand auch hier die Neapeler Frage. Auch aus anderen Staaten und Städten fanden sich allmählich Abgesandte in Mantua ein. Selbst die Signoria von Venedig, die wegen ihrer Handelsbelange in der Levante einem Türkenfeldzug durch-aus abgeneigt war, schickte Ende September zwei Botschafter, nämlich Orsato Giustiniani und den gefeierten Rechtsgelehrten und Diplomaten Luigi Foscarini, deren Absendung man immer wieder hinausschob in der Hoffnung, Pius II. könnte am Ende doch die Geduld verlieren und von seinem Plan ablassen. Einen Bruch ihres einträglichen Verhältnisses zur Pforte wollte Venedig um so weniger wagen, als auch der Wett-streit und die Feindschaft der Florenzer, die mit dem Sultan im besten Einvernehmen standen, größte Zurückhaltung auferlegten. Mit peinlichem Nachdruck vertrat der Doge Pasquale Malipiero die selbstsüchtige Politik der Lagunenstadt und tat sich dabei nicht wenig auf seine freundschaft-lichen Beziehungen zu Mehmed II. zugute. Luigi Foscarini, ein ebenso schlauer Staatsmann wie gewiegter Redner, versicherte in einer Ansprache an den Papst, daß Venedig im Rahmen einer gesamteuropäischen Ver-bindung zu kämpfen bereit sei. Daß die Heerfahrt aber von der gesamten Christenheit ins Werk gesetzt werden könne, daran mußte Pius II. an-gesichts der ablehnenden Haltung der meisten christlichen Mächte ernst-haft zweifeln. Nichts kennzeichnet die Rücksicht Venedigs vielleicht treffender als die Tatsache, daß es sich dem päpstlichen Vorschlag, Udine statt Mantua als Tagungsort zu wählen, heftig widersetzte, weil es den grimmigen Feind nicht herausfordern wolle. Wenn überhaupt, dann solle der große Krieg mit ausreichenden Mitteln und darum lieber später als übereilt geführt werden.

Am 26. September 1459 kam im Dom zu Mantua die erste Sitzung zustande. In einer zweistündigen Rede schilderte der Papst den Versammel-ten die bisherigen Verluste der Christen durch die Osmanen. ‚Nicht unsere Väter, nein wir haben Konstantinopel, die Hauptstadt des Ostens, von den Türken erobern lassen. Und während wir in träger Ruhe daheim sitzen, dringen die Waffen dieser Barbaren bis an die Donau und die Save. In der Königsstadt des Ostens haben sie Konstantins Nachfolger mit seinem Volk

erschlagen, die Tempel des Herrn entweiht, Justinians erhabenen Bau
durch Muhammeds scheußlichen Dienst befleckt; sie haben die Bilder der
Mutter des Herrn und anderer Heiligen zerstört, die Altäre umgestürzt,
die Reliquien der Märtyrer den Schweinen vorgeworfen, die Priester getötet, Frauen und Töchter, selbst die gottgeweihten Jungfrauen geschändet,
die Edlen der Stadt beim Gelage des Sultans abgeschlachtet, das Bild
unseres gekreuzigten Heilands mit Spott und Hohn unter dem Ausruf
‚Das ist der Gott der Christen!' in ihr Lager geschleppt und mit Kot und
Speichel besudelt. Das alles ist unter unseren Augen geschehen, wir aber
liegen in tiefem Schlafe. Doch nein, unter uns selbst vermögen wir zu
kämpfen, nur die Türken lassen wir schalten und walten. Um kleiner Ursachen willen greifen die Christen zu den Waffen und schlagen blutige
Schlachten; gegen die Türken, die unsern Gott lästern, unsere Kirchen
zerstören, den christlichen Namen völlig auszurotten trachten, gegen sie
will niemand die Hand erheben. Wahrlich, alle sind abgewichen, alle sind
unnütz geworden; da ist keiner, der Gutes tue, auch nicht einer! Man meint
wohl, das seien geschehene, nicht mehr zu ändernde Dinge, von nun ab
werde man Ruhe haben. Als ob von einem Volke, das nach unserem Blute
dürstet, das nach der Niederwerfung Griechenlands schon das Schwert in
die Seite Ungarns gesetzt hat, Ruhe zu erhoffen, als ob von einem Gegner
wie Sultan Mehmed Frieden zu erwarten wäre! Gebt diesen Glauben nur
auf, denn Mehmed wird niemals anders denn als Sieger oder gänzlich Be-
siegter die Waffen niederlegen! Jeder Sieg wird ihm die Stufe zu einem
zweiten sein, bis er nach Bezwingung aller Fürsten des Abendlandes das
Evangelium Christi gestürzt und aller Welt das Gesetz seines falschen
Propheten aufgenötigt haben wird.'

Auf die eindrucksvollen Ausführungen des Papstes erwiderte im Namen
des Kardinalskollegiums als bester anwesender Kenner der Verhältnisse in
der Levante, Kardinal Bessarion. Seine mit christlicher und klassischer
Beredsamkeit vorgetragene Mahnrede endete mit dem Aufruf an alle
Fürsten und Völker der Christenheit, den Kampf gegen die Ungläubigen
aufzunehmen. Zu guter Letzt beschloß die Versammlung einmütig den
Krieg gegen die Türken. In den folgenden Beratungen sollten nun die
Mittel und Wege erwogen und verabredet werden, wie man den geplanten
Kreuzzug zu Wasser und zu Land in Gang bringen müsse. Als aber der
Papst zum Schlusse den Vorschlag machte, daß zur Geldbeschaffung für
das kostspielige Unternehmen die Geistlichen drei Jahre hindurch den
10., die Weltlichen den 30., die Juden den 20. Teil ihrer Einkünfte zum
Kriege beisteuern sollten, bereiteten gerade die reichsten Staaten, Venedig
und Florenz, die größten Hindernisse, und als man die Tagungsteil-

nehmer aufforderte, den päpstlichen Erlaß über die Verteilung der Kriegslasten zu unterfertigen, da waren die Vertreter von San Marco die einzigen,
die ihre Weigerung erklärten. Sie machten ihre Unterschrift von schweren
unerfüllbaren Bedingungen abhängig: Venedig beanspruche den alleinigen
Oberbefehl über die ganze Seemacht, den Alleinbesitz der erwarteten
Kriegsbeute, Erstattung der Kosten sowie 8000 Mann zur Bemannung seiner
eigenen Schiffe, die Aufstellung eines Heeres von 20 000 Mann Fußvolk
und 50 000 Mann Reiterei an der Grenze Ungarns. Pius II. erhob flammenden Einspruch gegen die Forderungen Venedigs. ‚Ja, gegen die Pisaner,
gegen die Genuesen, gegen Kaiser und Könige habt Ihr für Eure Bundesgenossen und Untertanen große Kriege geführt. Nun, da Ihr für Christus
gegen die Ungläubigen streiten sollt, verlangt Ihr Bezahlung! Ihr macht
nur Schwierigkeiten, damit der Krieg nicht stattfinde. Aber wenn das
gelänge, dann würdet Ihr als erste es zu büßen haben!‘ Alle Worte des
Papstes waren vergeblich. Venedig beharrte auf seinem Entschluß, nichts
zu bewilligen. Aber die Tagung von Mantua mißriet nicht, weil sie Venedig
tückisch zu Fall gebracht, sondern weil alle mattherzig und, schlimmer als
dieses, hinterhältig waren. Es fehlte an Männern, die durch einen großen
Einsatz harte Hemmnisse zu brechen und das Antlitz der politischen
Dinge zu ändern entschlossen gewesen wären. Nur Menschen von Mittelmaß haben in Mantua den Ton angegeben. Nichts ist schriller vorstellbar
als der Chor italienischer Stimmen, der um das Werk von Mantua herum
spielt. In den letzten Wochen der Tagung wurde deren eigentlicher Zweck,
die Türkensache, zugunsten der Neapeler Frage in den Hintergrund gedrängt. Die deutsche Abordnung, die unter der Führung des verbitterten,
derben und rücksichtslosen Gregor von Heimburg aus Schweinfurt stand,
bereitete dem Papst eine peinliche Überraschung nach der andern. Die
deutsche Zwietracht nach Kräften zu schüren, war v. Heimburgs besondere
Bemühung. In seinen spöttischen Reden zog er einmal über den Papst,
dann selbst über seinen Herrn, den Kaiser, her. Schließlich wurde versprochen, 32 000 Mann zu Fuß und 10 000 Mann zu Roß zu stellen. Das
Nähere zur Vollziehung des Beschlusses sollte indessen erst auf — zwei
Reichstagen verhandelt werden, von denen einer in Nürnberg, der andere
in Österreich vorgesehen wurde. Zum Anführer des deutschen Kreuzheeres
wurde Friedrich III. ernannt, jedoch mit der ausdrücklichen Befugnis,
einen deutschen Reichsfürsten zum Feldhauptmann zu bestellen, falls er
selbst am Zuge teilzunehmen verhindert sei.

So war das Jahr 1459 zu Mantua verstrichen. Sämtliche Abordnungen zer-
stoben nach allen Richtungen. Papst Pius II. verließ als letzter am 19. Januar
1460 in leidendem Zustand die Stadt der Tagung. Vorher hatte man noch

die fetten Ochsen, die der Herzog von Mailand dem Papste verehrt hatte, gemeinsam verzehrt und sie überaus wohlschmeckend gefunden. . . . Durch neuerliche Bullen und Rundschreiben sowie Gesandschaften versuchte Pius II. den erschlafften Eifer der Herrscher Europas neu zu beleben und ihren Zwistigkeiten ein Ziel zu setzen. Immer neue Versprechungen und neue Täuschungen waren die unausbleiblichen Folgen.

Inzwischen war Mehmed II., der, wie man guten Grund hat anzunehmen, durch seine von ihm beschäftigten und entlohnten italienischen Späher über den Verlauf der Tagung von Mantua und deren magere Ergebnisse genau im Bilde war, in seinem Stambuler Seraj mit neuen Plänen beschäftigt, vermutlich unbekümmert um die fragwürdigen Absichten des Abendlandes, seine eigenen zu durchkreuzen. Am 7. November 1459 bestätigte er aus Stambul den Eingang des ragusäischen Tributs von 1500 Dukaten fürs laufende Jahr, die ihm der Abgesandte Jaketa überbracht hatte. Wenige Wochen später, am 18. November, brannten türkische Streifscharen das altberühmte Serbenkloster Milescheva bei Prijepolje am Limfluß fast bis auf die Grundmauern nieder. Den dort bestatteten Leichnam des serbischen Nationalheiligen Sava ließen die Türken damals unangetastet. Erst 1594 schafften sie ihn zur Unterdrückung der serbischen Nationalwerbung nach Belgrad, um ihn dort auf dem Vracar öffentlich zu verbrennen.

Kurz vor Jahresschluß wurde Mehmed II. zu Adrianopel ein weiterer Sohn geboren (22. Dezember 1459), jener Dschem-Sultan, dessen bewegter romantischer Lebenslauf lange nach dem Tode seines Vaters die Höfe Europas befaßte und der ferne der Heimat, zu Capua im Süden Italiens, an schleichendem Gift seine Tage beschließen mußte (25. Februar 1495). Daß seine Mutter, wie fast stets behauptet wird, eine serbische Prinzessin war, ist nicht zu beweisen. Sie war nach weit glaubwürdigeren Quellen eine Muslimin mit dem türkischen Namen Tschitschek-Chatun.

Bevor Mehmed II. mit dem unbesiegbaren Ingrimm des asiatischen Herrschers, der die alles vernichtende Gewalt in seinen Händen vereinigt, sich selbst auf den Weg nach Morea machte, ernannte er an Stelle des abgesetzten Albaners Hamsa Zenevisi, der nicht mit Skender-Begs Neffen vermengt werden darf, seinen Schwager Saghanos (Mehmed)-Pascha, der, mit Murâds II. Tochter Fâtima-Chatun vermählt, gleichzeitig Mehmeds II. Schwager und vorübergehender Schwiegervater gewesen war. Er hatte ihn aus der anatolischen Verbannung zurückgeholt und zum Statthalter von Thessalien und Morea bestellt. Bereits im März 1460 erschien der wieder in Huld Aufgenommene mit dem Vortrab des Türkenheeres auf der Halbinsel. Der Großherr selbst brach erst am Ostersonntag (13. April 1460), wohl von

Adrianopel, mit seinem gesamten Heerbann nach Südgriechenland auf.
Nach 20 Tagesmärschen, also Anfang Mai, stand er vor Korinth, wo er drei
Tage zeltete. Nach der zwischen dem Sultan und dem Despoten Demetrios
getroffenen Abrede mußte dieser sich bei Eintreffen des Osmanenheeres
vorstellen. Der von Epidauros nach Misthra Geflüchtete zog es aber vor,
sich im Hintergrund zu halten und seinen Schwager Matthäos Asanes mit
prächtigen Geschenken ins Sultanslager zu entsenden. Das erregte Mehmeds lebhaften Unwillen. Er behielt Asanes als Geisel bei sich und wies
den Großwesir Mahmûd-Pascha an, gegen die Hauptstadt des Despotats,
nach Misthra zu marschieren. Dem Befehl wurde Folge geleistet und die
Belagerung von Neu-Sparta ins Werk gesetzt. Der griechische Sekretär des
Sultans, der zu verschiedenen diplomatischen Geschäften mit Erfolg verwendete Thomas, Sohn des Katavolenos, sowie Hamsa Zenevisi wurden
beauftragt, mit dem eingeschlossenen Demetrios zu verhandeln. Nach an-
fänglichem Zögern fand sich dieser bereit, seine Hauptstadt zu verlassen
und sie den Türken auszuliefern (30. Mai). Tags darauf kam der Sultan mit
der Heeresmasse, um sich mit den Truppen aus Lakonien zu vereinigen.
Statt sich aber gegen Thomas zu wenden, zog er sogleich auf Argos los.
Demetrios ward aufgefordert, vor dem Sultan zu erscheinen. Über die
Begegnung hat Kritoboulos eine anschauliche, vielleicht wahrheitsgetreue
Schilderung hinterlassen: ‚Als Demetrios das Zelt des Großherrn betrat,
erhob sich dieser von seinem Sitz, streckte ihm die Rechte hin und hieß ihn
Platz zu nehmen. Dann besprach er sich mit ihm über den zwischen ihnen
bestehenden Frieden, behandelte ihn mit zärtlichen und freundlichen Worten
und beruhigte ihn, als er seine Angst und Bestürzung gewahrte. Er gab ihm
Hoffnungen für die Zukunft und die Überzeugung, daß er von ihm alles,
wonach ihn gelüste, erhalten könne. Dann machte er ihm reiche Geschenke
von Silber, Ehrenkleidern, Pferden, Maultieren und vielen anderen Dingen,
‚die ihm dann von großem Nutzen waren‘. Mehmed ließ aber keinen
Zweifel, daß sich Demetrios als Häftling zu betrachten habe und daß es
aus sei mit der Griechenherrschaft zu Misthra. Gleichzeitig wiederholte er
seine Forderung nach endlicher Aushändigung seiner Tochter, die sich mit
ihrer Mutter zu Monemvasia befand. Der bisher verungnadete Hamsa wurde
zum Befehlshaber von Misthra ernannt. Vor seiner Wegführung muß
Demetrios dem Sultan allzu dienstfertig versprochen haben, seine Tochter
auszuliefern und ihm gleichzeitig Monemvasia zu übergeben. Daraufhin
rückte ᶜÎsâ-Beg, der Sohn des mazedonischen Markgrafen Ishâq-Beg, zusammen mit Abgesandten des Demetrios vor die Festung, wo ihnen zwar
die Familie des Despoten ohne weiteren Widerstand ausgefolgt, die Übergabe der Feste von ihrem Platzobersten Manuel Paläolog im Einverständnis

mit der Bewohnerschaft aber entschieden verweigert wurde. An eine Waffenstreckung sei nicht zu denken, erklärte der Befehlshaber, vielmehr werde
Monemvasia für den rechtmäßigen Fürsten Thomas mit allen Mitteln gehalten werden. Die Türken zogen ab, dafür erschien aber der alte katalanische Freibeuter Lope de Baldaja, von Manuel Paläolog zu Hilfe gerufen,
und besetzte die Stadt. Sie wurde darauf vom Despoten Thomas bereitwillig der römischen Kurie abgetreten. Papst Pius II. lobte hocherfreut
den Eifer der Monemvasioten für die katholische Kirche, ließ von der Stadt
Besitz nehmen und versprach mehreren katalanischen Korsaren Liegenschaften in Griechenland, falls es ihm gelingen sollte, diese den Osmanen zu
entreißen. Das päpstliche Regiment in Monemvasia war nur von kurzer
Dauer, denn schutzlos warf sich die Bevölkerung bereits 1462 Venedig in
die Arme.

Das Despotat Misthra war vernichtet und Mehmed II. zog nach vier-
tägigem Aufenthalt nun gegen Thomas zu Feld. Fast ohne Gegenwehr
huldigte das Volk überall dem Osmanensultan. Zuerst fiel das von den
Einwohnern verlassene Bordonia, dann Kastritza nach kurzem Widerstand.
Die Stadt wurde leicht erstürmt und verheert, schwerer das unzugängliche
Schloß, von dessen Felsen sich viele Janitscharen zu Tode stürzten. Schließlich ergab sich die 300 Mann starke Besatzung. Mehmed ließ sie auf einem
Platz versammeln und niedermetzeln. Der Befehlshaber Proinokokkâs
ward entzweigesägt. Hernach ergab sich das verlassene Leontarion, dessen
Einwohnerschaft nach dem fast uneinnehmbaren Gardiki geflohen und
dort Schutz gesucht hatte. Als sich auch dieser feste Platz dem Sultan
gegen Zusicherung freien Geleits für die Besatzung beugte, ließ er die
Schreckensszenen von Kastritza bedenkenlos erneuern. 6000 Menschen
wurden auf schmalem Raum zusammengetrieben, an Händen und Füßen
gefesselt und zu Tode gemartert. Selbst Frauen und Kinder wurden diesmal
nicht geschont. Gardiki war ein Lehen der Familie Bochalis, und da sich
die Frau des Manuel Bochalis, eine Albanerin und zugleich Verwandte
(Stiefschwester?) des Großwesirs Mahmûd-Pascha, ins Zeug legte, durften
M. Bochalis und Georgios Paläolog dank einer List ungehindert nach Korfu
und später nach Neapel abziehen. Korkodeilos Kladâs, derselbe, der 1480
durch einen gefährlichen Volksaufstand in der Maina Mehmeds heftigsten
Unwillen und einen scharfen Schriftwechsel mit der Signoria zu Venedig
auslöste, übergab dem Sultan die fränkische Burg St.-George in Arkadien.
Ein Platz nach dem andern öffnete den Eindringlingen die Tore. Kyparissia,
unlängst noch Hofsitz des Despoten Thomas, Karytaina, Andrusa und
Ithome fielen rasch in türkische Hände. Nicht weniger als 10 000 Menschen
sollen allein aus Kyparissia als Sklaven nach Stambul verschleppt worden

sein. Thomas traf keinerlei Anstalten zur Verteidigung seines Despotats.
Als er vernommen hatte, daß Mehmed sich der Stadt Misthra bemächtigt
hatte, begab er sich eilends an die Küste nach Mantineia am Messenischen
Golf, von wo er im Notfall unschwer entrinnen konnte. Als er alles verloren
sah und da nur Venedigs Gebiet in Frieden gelassen wurde, schlug er sich
nach Navarino durch. Der Sultan besichtigte mittlerweile ungestört die
messenischen Besitzungen Modon und Koron der Signoria, deren Behörden
in Thomas drangen, zur Vermeidung diplomatischer Schwierigkeiten nicht
in Navarino zu bleiben. Man stellte ihm zwei Schiffe zur Verfügung, worauf
der verängstigte Despot nach Marathos entwich. Als der Großherr in Sicht
von Navarino kam, stach er mit Weib und Kind und einigen Edelleuten in
See und segelte vom benachbarten Porto Longo nach Korfu, wo er am
28. Juli vor Anker gehen konnte. Der venedische Rettore des Eilands
empfing die Flüchtlinge mit großem Gepränge. Venedig beeilte sich, ihm
die Friedens- und Freundschaftsverträge zu erneuern, was indessen des
Sultans Truppen keineswegs hinderte, das ganze Land zu verwüsten
und eine beträchtliche Anzahl von Schutzbefohlenen Venedigs umzu-
bringen.

Inzwischen erfochten die unter Befehl des Statthalters von Morea, Saghanos (Mehmed)-Pascha, stehenden Streitkräfte im Nordwesten der Halbinsel
weitere Erfolge. So fiel das stark befestigte Chlumutzion rasch in osmanische
Gewalt. Die Stadt Kalavryta, deren albanischer Befehlshaber Doxas oder
Doxies, wie Sphrantzes sagt, weder den Despoten noch dem Sultan noch
Gott selbst die Treue wahrte, wurde von den Bewohnern übergeben. Doxas
und die Seinen mußten grausamen Tod erleiden. Alles, was in die Gewalt
des Saghanos-Pascha geriet, ward erbarmungslos niedergemacht. Nur die
Feste Grevenon hielt tapfer stand und zwang die Belagerer, unverrichteter
Dinge abzuziehen. Dagegen fiel eine andere Frankenburg, Saint-Omer
(Santimeri), wohin die Vornehmen und Reichen des Landes ihre Schätze
gebracht hatten und sie in guter Hut wähnten, den Türken zur Beute.
Soweit die Bewohner dem Blutbad entronnen waren, wurden sie in die
Gefangenschaft abgeschleppt. Das grausame Verhalten des Saghanos
weckte den Widerstand der Moreoten, die schließlich lieber sterben als in
die Gewalt des Wüterichs fallen wollten. Der Sultan, der sich nach Besichtigung der venedischen Besitzungen über Elis kommend mit der Streitmacht
des Saghanos vereinigte, soll über das Benehmen des Pascha dermaßen
aufgebracht gewesen sein, daß er befahl, die Gefangenen von Saint-Omer
unverzüglich in Freiheit zu setzen. Daß diese Maßnahme in schlauer Berechnung auf die Wirkung bei den Einwohnern erfolgte, von denen sich
dann einige auf die andere Seite des Golfs von Korinth zu retten vermochten,

kann als sicher gelten, wenngleich Ṣaghanos-Pascha bei diesem Anlaß
sogar seine Stelle verlor und durch Hamsa Zenevisi ersetzt wurde.

Mehmed II. beschloß, bis zur Unterwerfung von Achaia in Morea zu
bleiben. Das Schloß von Grevenon, das bisher allen Angriffen getrotzt
hatte, wurde durch Ishâq-oghlu ʿÎsa-Beg, den Markgrafen von Üsküb, in
Besitz genommen. Ein Drittel der Bevölkerung wurde gefangen abgeführt.
Andere Plätze wie Vostitza, Kastrimenon, Listraina u. a. wechselten rasch
ihren Herrn. Die zwischen Patras und Vostitza gelegene starke Bergfeste
Salmenikon wurde von Graitzas Paläolog verteidigt, der, obwohl kein reiner
Kaisersproß, sich des Namens weit würdiger erwies als die beiden Despoten.
Er weigerte sich, der Aufforderung des Sultans zur Übergabe nachzukommen.
Umsonst beschossen Mehmeds Feldschlangen die Festung, umsonst rannten
die Janitscharen gegen die Mauern an. Erst nach sieben Tagen, als man die
Wasserzufuhr abschnitt, ergab sich die mit griechischen und albanischen
Flüchtlingen überfüllte Unterstadt. 6000 Gefangene wurden gemacht,
von denen der Sultan die Knaben einbehielt, während der Rest unter die
Feldhauptleute verteilt wurde. Aber die Burg befand sich noch in den
Händen des Graitzas Paläolog, der nur dann der Ergebung zustimmen
wollte, wenn der Sultan selber abzöge. Mehmed willigte in diese Bedingung
ein, ging nach Vostitza zurück und überließ das Feld dem Hamsa-Beg.
Aber nach den Erfahrungen von Santimeri hatte der Verteidiger nur geringes Zutrauen in türkische Eide und versuchte daher, die Ehrlichkeit
des Hamsa auf die Probe zu stellen, indem er eine Abteilung der Besatzung,
mit Gepäck beladen, nach außen sandte. In der Tat fiel Hamsa über die
Truppe her, plünderte sie und brach schamlos den Eid seines Gebieters.
Graitzas lehnte nunmehr jegliche Art der Übergabe ab. Der Sultan setzte
dann abermals Ṣaghanos-Pascha als Statthalter von Thessalien und Morea
ein, aber das tapfere Salmenikon hielt weiter aus. Erst nach einjähriger
Belagerung (1461) ergab sich der heldenhafte Befehlshaber und ward in
allen Ehren in venedisches Gebiet entlassen. So groß war die Begeisterung
selbst seiner Feinde, daß der Großwesir Mahmûd-Pascha ausgerufen haben
soll: ‚Ich sah viele Sklavenseelen auf Morea, aber der war ein Mann.‘
Der Senat der Lagunenstadt ehrte den tapferen Kämpen durch Ernennung zum Führer der leichten Reiterei. Von ihm stammen vielleicht
die athenischen Paläologen ab, die 100 Jahre später von sich reden machten.

Von Vostitza rückte Mehmed über den See Pheneos und über Phlius nach
Korinth. In Phlius hatten viele Albaner ihre Habseligkeiten untergebracht,
was die Osmanen veranlaßte, sich schleunigst des Platzes zu bemächtigen
und die Einwohner trotz zugesagter Schonung ohne Rücksicht abzuschlach-
ten. Mehmed II. ließ Ṣaghanos-Pascha in seinem Rücken und begab sich

selbst ins Innere Moreas, um nach dem Rechten zu sehen und die Verwaltung in Gang zu bringen. Die erste Sorge der Osmanen in der Peloponnes war die Einrichtung ihres eigenen Lehenssystems, das sich im übrigen vom fränkischen Feudallehenssystem nicht sonderlich unterschieden haben dürfte. Die meisten Moreoten durften ihrem alten Glauben treu bleiben und die politischen Zugeständnisse, die den Bewohnern der Halbinsel gleich nach der Einnahme gemacht wurden und die vor allem in der freien Betreuung ihrer Gemeinwesen bestanden, trugen dort wesentlich zur Erhaltung des griechischen Christentums bei. Trotzdem hatten auf Morea nicht wenige Mitglieder des Adels sowie Kleinbürger, insbesondere fränkischer Herkunft, den Islam angenommen, um sich, wie später in Bosnien, den Besitz ihrer Güter zu sichern. Daneben gab es auf der Halbinsel auch heimliche Christen sowie Leute, deren Bekenntnis sehr oberflächliche Formen behielt. Am wenigsten spürten in der Folge die Mainoten in ihrer rauhen unzugänglichen Gebirgslandschaft von der Türkenherrschaft. Ihre Stämme lebten von 1460 bis 1821 unter fortwährenden Aufständen gegen jegliche Fremdherrschaft.

Mehmed II. ließ befestigte Orte, die ihm gefährlich erschienen, einfach niederreißen und die Bewohner aufs flache Land verpflanzen. Ein Teil wurde nach Stambul überführt.

Der Sommer ging gerade zur Neige, als der Großherr wieder über den Isthmos zog und sich nach Norden wandte. Als Statthalter von Morea wurde aufs neue ᶜÖmer-Beg ernannt. In des Sultans Begleitung befand sich der abgesetzte Demetrios, dessen Frau und Tochter schon längst nach Thrakien vorausgesandt worden waren. Riesig war die Beute an Menschen und Schätzen aller Art, die dieser letzte moreotische Feldzug den Türken eingebracht hatte.

Um die Herbstmitte hielt sich Mehmed II. in Adrianopel auf, verlebte aber den Rest des Jahres und den Winter in Stambul. Dort beriet er sich mit dem Großwesir Mahmûd-Pascha sowie mit Ishâq-Pascha — Kritobulos zufolge — und beschloß, dem Despoten Demetrios die auf 300 000 Aspern geschätzten Einkünfte der Inseln Imbros und Lemnos sowie Teile von Samothraki und Thasos zu überlassen. Außerdem gab er ihm Aenos mit seinen reichen Salzminen als Lehen, und zwar mit allen Abgaben und Steuern, die er Dorino Gattilusio abgenommen hatte. Diese ergaben nochmals einen Betrag von rund 300 000 Aspern. Dazu kamen schließlich 100 000 Aspern, die man ihm in drei Raten alljährlich aus der Münze von Adrianopel auszufolgen hatte, so daß sich sein Jahreseinkommen auf 700 000 Aspern belief. Demetrios selbst verblieb in Adrianopel, wo er sich den Freuden der Jagd und anderen Vergnügungen hingab, um im Herbst

1470 als Mönch David in Beschaulichkeit seine Tage zu enden. Vorher
war er freilich seiner stattlichen Einnahmen längst verlustig gegangen. Nur
ein paar Silberlinge, die ihm einen notdürftigen Lebensunterhalt sicherten,
waren ihm noch zugestanden worden. Er wurde in der üblichen Weise
einer Veruntreuung bezichtigt und nur der Fürsprache des Mahmûd-Pascha
soll er die Rettung seines Daseins verdankt haben. Mehmed II. habe eines
Tages auf der Jagd Demetrios als armseligen Flüchtling, mühselig seines
Weges ziehend, bemerkt und, angeblich gerührt vom Jammerbild, ihm
den Betrag von 50 000 Aspern aus der Kornsteuer, also weit weniger
als er ehedem bezog, aber gerade noch zum Unterhalt ausreichend,
bewilligt. Seine Tochter aber gelangte wohl niemals ins großherrliche
Frauengemach, weil der Sultan sich fürchtete, von ihr vergiftet zu werden.
Sie starb vor ihrem Vater und so endete jämmerlich auch dieser Zweig der
Paläologen.

Mehmed blieb ängstlich bedacht und bemüht, den nach Korfu entwichenen Despoten Thomas in seine Gewalt zu bekommen. Er sandte ihm
dorthin einen Boten nach mit dem Vorschlag, einen seiner Archonten zu
ihm zu schicken und mit ihm über eine friedliche Übereinkunft und ein
Jahrgeld zu verhandeln. Was ihn hiezu bewog, ist schwer zu sagen. Angeblich soll Mehmed besorgt haben, daß Thomas die westlichen Mächte
gegen ihn und das Osmanenreich aufhetzen könnte. Das ganze bisherige
und spätere Verhalten des Großherrn gegenüber den unterworfenen Staaten
und deren Lenkern spricht durchaus gegen eine solche Deutung. Als des
Despoten Sendbote am Sultanshof eintraf und im Namen seines Herrn
das Angebot machte, Monemvasia gegen einen anderen Platz an der
Meeresküste einzutauschen, ließ ihn Mehmed ins Gefängnis werfen und später
wieder frei, um Thomas zu bestellen, daß dieser entweder selbst oder einer
seiner Söhne erscheinen müsse. Dazu konnte er sich freilich nicht verstehen.
Als treuer Sohn der Kirche hatte Thomas mittlerweile die Hilfe des Papstes
Pius II. angefleht und am 16. November 1460 fuhr er, begleitet von seinem
Hofstaat, nach Ancona hinüber, um auf Einladung der Kurie der Christen-
heit das Haupt des Hl. Andreas zu überbringen, das lange als kostbarste
Reliquie in Patras verwahrt und vor den Türken in Sicherheit gebracht
worden war. Für dieses Heiligtum waren von christlichen Fürsten hohe
Beträge geboten worden und Thomas hatte keinerlei Schwierigkeit, von
Pius II. dafür ein beträchtliches Leibgeding auszuhandeln. Am 7. März 1461
zeigte sich der einstige Mitbeherrscher von Morea, mit langem schwarzem
Rock und einem samtartigen weißen Hut angetan — die einst vor der
Peterskirche aufgestellte Bildsäule des Hl. Paulus soll in Wahrheit seine
Züge darstellen —, ein stattlicher schöner Mann von etwa 56 Jahren, in

der Ewigen Stadt. Der Papst wies ihm den nötigen Lebensunterhalt und einen Palast zur Wohnung an; er verehrte ihm die Goldene Rose und mit Beihilfe der Kardinäle ein Jahresgehalt von 6000 Dukaten. Dieser Paläolog, der sich auch im Elend als Herrscher von Byzanz fühlte, machte späterhin den vergeblichen Versuch, mit Unterstützung italienischer Staaten seine verlorenen Besitzungen wieder anzustreben. Alles aber fruchtete nichts und Gram sowie getäuschte Hoffnungen verzehrten sein Lebensmark. Seine Gattin Katharina hatte er bereits 1462 verloren, vergessen ist er ihr am 12. Mai 1465 im Spital von Santo Spirito zu Rom gefolgt. Außer der Serbenkönigin Helena hinterließ Thomas eine zweite Tochter, Zoë mit Namen, die, unter der Obhut des Kardinals Bessarion lebend, 1472 mit einer ihr von Papst Sixtus IV. ausgesetzten Aussteuer den Großfürsten Ivan III. Vasilijevič von Rußland heiratete, auf den sich also die Ansprüche auf die byzantinische Kaiserkrone vererbten. Denn von ihren beiden Brüdern war der eine, Andreas, als vom Papst ernannter ,Titulardespot von Morea' durch seine Heirat mit einer römischen Gassendirne um alles Ansehen gekommen und 1502 im Elend gestorben, während der zweite, Manuel, nach Stambul auswanderte, dort vielleicht Muslim ward und als Pensionär der Pforte erst unter Bajezid II. unbeachtet erlosch. Nach einer byzantinischen Quelle soll er in der Kirche von Sergentzion, also wohl dem heutigen Istrandscha (nö. Stambul am gleichnamigen Gebirge), beigesetzt worden sein.

Das war der jammervolle Ausgang der byzantinischen Despotate auf Morea und des alten Kaisergeschlechtes der Paläologen. Sphrantzes, der Geschichtsschreiber dieser Tragödie, war mit Thomas nach Korfu geflohen, fest entschlossen, sein Los zu teilen. Er nahm das Mönchsgewand und hat in einer einsamen Zelle des St. Eliasklosters auf diesem Eilande sein trübes vielbewegtes Leben geendet.

Zur gleichen Stunde fast, als die moreotischen Zwergstaaten vor dem Ansturm der Osmanen in nichts zerrannen, vollzog sich auch das Schicksal des letzten fränkischen Fürstensitzes auf dem hellenischen Festlande, des Herzogtums Athen.

Franco Acciaiuoli, der nach der Besetzung Athens durch die Türken auf der verfallenen Frankenburg Saint-Omer bei Theben hauste, scheint sich in der trügerischen Hoffnung gewiegt zu haben, nochmals in den Besitz seiner einstigen Hauptstadt zu gelangen, mit der ihn Mehmed II. 1455 nach Ablauf des grausigen Liebesdramas des Bartolomeo Contarini als Herzogtum belehnt hatte. Als im Juni 1456 'Ömer-Beg die Stadt Athen besetzt hatte, waren die Bürger mit Franco auf die Akropolis geflohen, wo sich damals der herzogliche Palast befand, und hatten dort eine fast zweijährige Belagerung mutig ausgehalten, bis sich alle 1458 zur Übergabe entschließen mußten. Herzog Franco Acciaiuoli, dem freier Abzug gewährt wurde, behielt die Landschaft Böotien samt Theben als Lehensmann der Pforte. Eine schwache fränkische Partei hat, so scheint es, in Athen weiterhin seine Sache betrieben, indes so ungeschickt, daß die Osmanen entweder den Anschlag entdeckten oder aber, was wahrscheinlicher ist, zum erwünschten Vorwand nahmen, Franco den Garaus zu machen. Als Mehmed II. auf der Rückkehr vom zweiten Moreafeldzug 1460 aufs neue Athen besuchte, erstatteten die Janitscharen, die die Akropolis in Beschlag hielten, dem Sultan Anzeige über die angebliche fränkische Verschwörung. Der Sieger wollte zuerst ein strenges Strafgericht über die ganze Stadt ergehen lassen, begnügte sich aber dann, zehn der reichsten Bürger von Athen ergreifen und als Siedler nach Stambul abführen zu lassen. Zugleich erhielt Saghanos-Pascha die Weisung, dergleichen Wühlereien für alle Zukunft den Boden zu entziehen und zu diesem Zwecke den Herzog aus dem Weg zu schaffen. Franco begab sich nichtsahnend nach Morea, wohin er beschieden worden war. Er erschien im Zelt des Paschas, der ihn freundlich aufnahm und fürstlich bewirtete. Die angeregte Unterhaltung zog sich bis in die Nacht hin, als Saghanos-Pascha mit einem Male dem Herzog erklärte, seine letzte Stunde habe nunmehr geschlagen. Franco Acciaiuoli soll sich als Gnade ausgebeten haben, den Todesstoß im eignen Zelte zu empfangen. Sie ward ihm gewährt und gleich darauf erlag er dort den Streichen seiner Henker. So ward auch Theben mit dem Umland, der letzte Rest des Herzogtums Athen, im gleichen Jahre wie die Halbinsel Morea eine leichte Beute der Osmanen.

Mehmed II. dürfte den Rest des Jahres diesmal in seinem Stambuler Seraj zugebracht haben. Dort empfing er am 3. November einen Gesandten Ragusas, der ihm den Jahreszins in Höhe von 1500 Dukaten fürs laufende Jahr überreichte. Kurz nach der Rückkehr des Sultans aus Morea mag jene seltsame und vielleicht erste Begegnung erfolgt sein, die Benedetto Dei (1418—1492), Kundschafter, Abenteurer, Kaufmann und Chronist aus Florenz, mit dem Großherrn hatte. Diese Aussprachen setzten sich Jahre hindurch fort, wie sich überhaupt seit etwa 1460 bis herein ins Jahr 1472 zwischen Mehmed II. und seinem Großwesir auf der einen und Florenz auf der anderen Seite ein enger Verkehr entwickelte, wobei ‚pratiche e intelligenze‘, wie B. Dei sich ausdrückt, eine maßgebliche Rolle spielten. Damals befanden sich Florentiner dauernd im osmanischen Heerlager und die Republik verwandte für diese Späherdienste gerade in jenen Jahren beträchtliche Summen. Von diesem ersten Zusammentreffen mit dem Großherrn hat Benedetto Dei ein vielleicht übertriebenes,

aber recht anschauliches Bild entworfen, indem er Rede und Gegenrede
der Gesprächspartner wiedergibt. Kaum war er, so behauptet er, auf dem
Seeweg in Stambul gelandet, mit Empfehlungsbriefen einflußreicher Personen sicherlich ausreichend versehen, als er vom ‚Großtürken‘, der ihn
rufen ließ, einer Art Verhör unterzogen wurde. Mehmed II. erkundigte sich
eingehend nach den politischen Verhältnissen der Apenninenhalbinsel und
über die Zustände an den verschiedenen Höfen Italiens. Wenn man seiner
Erzählung trauen darf, so erwiderte Benedetto Dei, den schon Lionardo da
Vinci am Hofe der Sforza als Fabler durchschaute, daß Italien genügend
Mächte aufweise, vier ‚mit Geld, Bedeutung und Waffen‘, nämlich den
Herzog von Mailand, den König Ferrante von Neapel, Venedig und Florenz,
dann 16 freie Herrschaften, deren Namen er vollzählig anführt, und
schließlich zwei überaus ansehnliche italienische Städte, nämlich Bologna
und Perugia. Und falls sie, so erfuhr er weiter, eine größere Kraftanstren-
gung vollbringen und ins Feld ziehen müssten, so würden es die Italiener
von heute weit besser schaffen als ihre Altvordern. Der ‚Großtürke‘ entgegnete: ‚Alles, was du vorbrachtest, habe ich wohl erfaßt, mein Florentiner, und ich glaube es durchaus. Aber ich erwidere dir und sage dir, daß
die großen Glückstaten, die Italien in vergangenen Zeiten zustande brachte,
es in der Gegenwart nicht wieder zu unternehmen fähig wäre, und zwar
deshalb, weil in jenen Zeiten, da es Wunder vollbrachte, der Grund hiefür
in der Macht der Römer lag, die allein die Herren Italiens waren. Heute
aber seid ihr zwanzig Herrschaften und Mächtegruppen in eurem Lande,
seid untereinander uneins und euch von Herzen feind. Ich weiß alle diese
Dinge sehr genau und sie werden mir dazu dienen, mir bei meinem gefaßten
Plane zu nützen. Und da ich sehe, daß ich jung, reich und vom Schicksal
begünstigt bin, beabsichtige ich Caesar, Alexander und Xerxes bei weitem
zu übertrumpfen.‘ Sprachs, kehrte B. Dei die Schulter und wandte sich
seinem Thronhimmel zu. Der schlaue Florentiner nahm indessen, so behauptet er wenigstens, die abgebrochene Unterhaltung wieder auf, indem er
dem Großherrn die furchtgebietende Seemacht Italiens auseinandersetzte.
‚Jedesmal‘, so will er gesagt haben, ‘wenn du dazu übergehen solltest,
Italien mit Krieg zu überziehen, wirst du alle Christen gegen dich aufbringen. Wenn diese sich nicht für die Venediger einsetzen würden, so
liegt der Grund nur darin, daß die vier Hauptmächte Italiens dieser Nation
feind sind und sie gerne vernichtet sehen wollen! Aber wenn du in Italien
einfielest, so würden sie sich allesamt gegen dich in Bewegung setzen. Glaub’
das dem Benedetto Dei!‘, So endete‘, schließt dieser, ‘mein Gespräch mit ihm.‘
    Der Umstand, daß dieser große Hasser Venedigs sich als Schatz-
meister in die Dienste des Girolamo Michiel, des schwerreichen vene

dischen Alaungrubenpächters, begeben hat, bezeugt allein seine Verstel
lungskunst und seine politischen Nebenabsichten im Interesse seiner geliebten Vaterstadt Florenz. Alles spricht dafür, daß er von dieser entsandt
und ausdrücklich beauftragt worden ist, wirtschaftliche und politische
Kundschafterdienste zu leisten und darüber getreulich nach Hause zu
berichten. Die freundliche Haltung Mehmeds II. gegenüber Florenz, die
dieser in einem Schreiben vom 6. August 1460 dem Sultan begeistert bestätigt und die sich durch zwölf Jahre genau verfolgen läßt, beweist doch
wohl, daß die während dieser Zeit geübten ‚*pratiche e intelligenze*‘ sowohl mit
dem ‚Großtürken‘ als auch seinem Großwesir Mahmûd-Pascha nicht erfolglos blieben. Ausdrücklich prahlt B. Dei mit der Feststellung, daß
Florenz ständig bei beiden Persönlichkeiten Vertrauensleute unterhielt und
jährlich dafür den Betrag von 5000 Dukaten auswerfen mußte.

Es empfiehlt sich, den Blick nunmehr nach dem Abendlande zu richten
und sich zu vergegenwärtigen, was dort geschah, um der durch die Vernichtung der Despotate auf Morea geschaffenen bedrohlichen Lage, vornehmlich in Italien, nach Möglichkeit Rechnung zu tragen.

Enttäuscht und schwer leidend hatte Pius II. bekanntlich fast als letzter
Mantua verlassen (19. Jan. 1460). Nachdem er vorher in den Bädern von
Macereto und Petriolo Heilung von seinem schweren Gichtleiden gesucht
hatte, reiste er in seine engere Heimat nach Siena, wo er aufs neue durch
den Neapeler Thronstreit und dessen betrübliche Auswirkungen auf den
Kirchenstaat in Aufregung versetzt wurde. Während er die Fürsten des
Abendlandes, vor allem aber Italiens, zu gemeinsamem Kreuzzug gegen den
Halbmond zu einigen suchte, hatte der Zwist zwischen den Häusern Anjou
und Aragon gefährlichste Formen angenommen. Auch König Karl VII. von
Frankreich stellte sich schützend vor die Anjou-Partei und trug kein
Bedenken, die durch Kardinal Alain zum Türkenkrieg in Marseille ge-
sammelten 24 Galeeren zum Kampf gegen König Ferrante von Aragonien
einsetzen zu lassen. Das war bereits im Herbst 1459 geschehen, als die
Tagung von Mantua noch nicht ihr Ende erreicht hatte. Es stand schlecht
um das Haus Aragon, gegen das sich nicht nur die alte Anjou-Partei, sondern auch mächtige Feudalherren verbündet hatten. Da war es Francesco
Sforza, Herzog von Mailand, der in klarer Erkenntnis, daß der Sieg der
Franzosen in Italien und ihre Festsetzung in Neapel jegliche politische
Selbständigkeit der Apenninenhalbinsel untergraben werde, den Papst
veranlaßte, sich mit ihm auf die Seite Ferrantes zu schlagen. So begannen
im Frühjahr 1460 statt im Südosten Europas in Italien die Kriegshandlungen, deren Verlauf hier außer Betracht bleibt. Genug, daß sich der
erbitterte Streit um die Krone Neapels auch auf Rom nachteilig auswirkte,

eine unbeschreibliche Schreckensherrschaft in der Ewigen Stadt, verbunden mit Mord, Plünderung und Frauenraub im Gefolge hatte und die schleunige Rückkehr des Papstes dringend erforderlich machte. Die mit der päpstlichen Teilnahme am Neapeler Krieg unzufriedene Bevölkerung der Hauptstadt gefährdete, so schien es, selbst den Bestand des Kirchenstaates. Von einem Kreuzzug gegen die Osmanen konnte unter solchen Umständen gar keine Rede sein.

Während Pius II. noch in Siena weilte, tauchte dort im Laufe des April 1460 ein gewisser Moses Giblet, Archidiaconus von Antiochien, auf, der sich durch besondere Kenntnisse des griechischen, zumal aber des syrischen Schrifttums auszeichnete. Die Giblet zählten zu den vornehmsten syrischen Adelsgeschlechtern. Er kam, so sagte er, als Abgesandter der griechischen Patriarchen von Jerusalem, Alexandria und Antiochia, aber auch des Fürsten von Qaraman, Ibrâhîm-Beg, sowie anderer morgenländischer Herrscher, die allesamt von Pius II. die Erlösung von türkischer Bedrängnis erhofften. Moses Giblet überreichte dem Papste Briefe seiner Auftraggeber, in denen sie ihren Beitritt zur Florenzer Union beteuerten. Pius II. empfing den Boten aus dem Morgenland sowohl privat als auch öffentlich und ließ am 21. April 1460 über diese Gehorsamsleistung eine Urkunde aufsetzen. Sie wurde mit den ins Lateinische übertragenen Briefen der Patriarchen und der Fürsten im Archiv der Kurie niedergelegt, wo sich das sogenannte ‚Rote Buch' mit jenen Schriftstücken bis heute erhalten hat. Die Frage der Echtheit jener Urkunden befriedigend zu klären, ist, weil die Urschriften fehlen, bis heute nicht gelungen. Auffallend ist auch, daß Pius II. später niemals auf diese Angelegenheit zurückkam, zumal seine Bedenken in die Redlichkeit dieser orientalischen Sendlinge durch eine weitere Gesandtschaft aus dem Osten genährt wurden, die noch im gleichen Jahre kurz vor dem Weihnachtsfest in der Ewigen Stadt ihren phantastischen Einzug hielt.

Ähnlich wie im Abendlande hatte auch im Orient ein Plan Gestalt anzunehmen begonnen, die zunächst bedrohten Fürsten des Morgenlandes zu einem Bunde gegen den gemeinsamen Feind Mehmed II. zu einen. Während im Westen die Päpste, vor allem Calixtus III. und Pius II., die Hauptförderer dieser Absichten waren, hatte sich im Osten der Komnenenkaiser Johannes IV. (Kalo-Ioannes) von Trapezunt an die Spitze derer zu stellen versucht, die sich bestrebten, den Osmanensultan auch auf asiatischem Boden um ihrer eigenen Reiche willen zu vernichten. Obwohl urkundliche Nachrichten über dieses zum mindesten ernsthaft beabsichtigte Bündnis gänzlich fehlen, steht fest, daß sich außer dem Qaramanen Ibrâhîm-Beg des Sultans eigener Schwager, der Isfendijâr-oghlu Ismâ‘îl-Beg, ferner der

Herr vom Weißen Hammel (Aq Qojunlu), Usun Hasan, dann aber auch die
christlichen Fürsten von Georgien und Mingrelien zusammengefunden
hatten. Usun Hasan, nach des Qaramanen Tod weitaus der bedrohlichste
Todfeind Mehmeds II., war durch Heirat mit der bildhübschen Tochter
Katharina (Despina-Chatun hieß sie hernach allgemein) des Komnenen
Kalo-Ioannes mit ihm und seinen politischen Bestrebungen in engste Bin-
dung geraten. Aber 1458 starb der Kaiser und sein schwächlicher Bruder
David lenkte als Vormund für den minderjährigen Sohn Johannes V. den
Komnenenstaat. Wäre Johannes IV. länger am Leben geblieben, so hätte
die politische und verwandtschaftliche Beziehung Usun Hasans, dessen
Großvater, der ‚Schwarze Blutegel‘, bereits eine Tochter des Komnenen
Alexios IV. (1417—1429) zur Frau genommen hatte, ohne Zweifel eine für
das Osmanenreich überaus gefährliche Auswirkung genommen, zumal wenn
es gelungen wäre, die europäischen und asiatischen Vorkehrungen gegen
die osmanische Übermacht aufeinander abzustimmen. Kaiser David hatte
dem Herzog von Burgund in einem freilich fragwürdigen Sendschreiben
aus Trapezunt vom 22. April 1459 das Bestehen eines asiatischen Staatenbundes gegen Mehmed II. mitgeteilt und über die Hilfe, die dieser mit
seinen angeblichen Bundesgenossen einem gleichzeitigen abendländischen
Unternehmen zu leisten imstande sei, geradezu märchenhafte Vorstellungen
zu erwecken versucht. Nikolaus V. und Calixtus III. hatten, um auch von
seiten der Kurie die Verbindung mit den Machthabern des Nahen Orients
aufzunehmen, schon früher einen Minoriten-Mönch, Frater Lodovico da
Bologna, als ihren Bevollmächtigten nach Trapezunt, Iberien, Georgien,
Kleinarmenien, Qaraman und sogar nach Dijârbekr zu Usun Hasan gesandt,
um überall streitbares Volk gegen den gemeinsamen Feind der Christenheit
zu werben. Diese Bemühungen reichen weit zurück, denn in einem Breve
vom 4. Oktober 1458 wurden dem Frater Lodovico die Privilegien der
früheren Päpste ausdrücklich bestätigt. Soviel ist bekannt, daß der Minorit,
als Calixtus III. den apostolischen Stuhl soeben bestiegen hatte und den
Türkenkrieg mit frischestem Eifer betrieb, aus Jerusalem, Äthiopien und
— Indien nach Rom zurückreiste. In jene Länder war er im Auftrage
Nikolaus V. gewandert, um politische Sendungen zu betreiben. Er stand
im Ruf eines gründlichen Orientkenners und der alte Papst ließ sich stunden-
lang von ihm erzählen und vermutlich gräßlich belügen. Dann schickte er
ihn wieder fort, um mit dem christlichen König von Abessinien, Zarᶜa-
Jakob (1438—1468), in Gondar sowie mit — indischen Fürsten neue Verbindungen gegen Mehmed II. anzuknüpfen. Erst nach einem Jahre kehrte
der Franziskaner von dieser zweiten Fahrt heim nach Italien. Wenn man
sich die Entlegenheit der von Fra Lodovico angeblich besuchten Staaten

vergegenwärtigt, so hält es schwer sich vorzustellen, was mehr zu bestaunen ist: die Dreistigkeit des Minoriten, der behauptete, in jenen abgelegenen Ländern die Sache der Christenheit wahrgenommen zu haben, oder aber die Gutgläubigkeit der drei Päpste, die vermeinten, durch Entsendung eines Abenteurers und offenkundigen Schwindlers nach Abessinien und Indien die türkischen Gefahren auch nur einen Augenblick bannen oder gar beseitigen zu können.

Der länderkundige Pius II., der Verfasser einer für jene Zeitläufte ausgezeichneten Erdkunde Europas und Asiens, ließ sich von Lodovico betören und ernannte ihn bereits Ende 1458 zu seinem Nuntius im Morgenland, indem er Vorrechte und Gnaden, die seine Vorgänger dem Missionar verliehen hatten, bedenkenlos bestätigte. Um die Weihnachtszeit des Jahres 1460 kam Lodovico abermals aus dem Osten zurück, aber diesmal keineswegs allein, sondern begleitet von einer Anzahl orientalischer Gesandter. Sie waren in Trachten und Sitten so seltsam, daß das Volk auf den Straßen mit Fingern auf sie wies und die Kinder ihnen in hellen Scharen folgten. Der eine, ein stattlicher Ritter, gab sich als Gesandter des Kaisers David von Trapezunt aus. Auch der Bote des Königs Georg von Imeretᶜi, der aber schlechthin als Perserkönig bezeichnet wurde, obgleich er nur als Giorgi VII. über Kartᶜli gebot, erschien als ein würdiger ältlicher Herr, beachtlich nur dadurch, daß er, obwohl ritterlichen Standes, eine mönchische Scheitelschur trug. Dagegen war der Gesandte des Fürsten Qwarqware II. (‚Gorgora‘), des Atabeg von Samtzche, der indessen als ‚Fürst von Georgiana oder Großiberien‘ hingestellt wurde, ein auffallend großer und starker Mensch, von dem man wissen wollte, daß er täglich 20 Pfund Fleisch verzehre; er trug gleich zwei Tonsurkränze auf dem Schädel, so daß in dessen Mitte ein Haarbüschel aufragte, ferner Ohrgehänge und einen borstigen Bart wie ein Murmeltier, weitaus das beste Stück der ganzen Gesellschaft. Der Herr von Klein-Armenien, dessen Name von jedem anders genannt wurde, hatte einen liebenswürdigen Ritter geschickt, der mehrere Tonwerkzeuge zu spielen vermochte und nebst seinem Gefolge in weitem Gewande mit hohem Hut einherschritt. Dazu kam schließlich ein Vertreter des ‚Kleintürken‘ Usun Hasan, der 50 000 Mann gegen den großen Türken ins Feld zu stellen sich erbot. Erst später, wie es scheint, kam noch jemand hinzu, und zwar ein Abgeordneter des legendären Priesters Johann, der im Ruf eines gelehrten Gottesmannes und Sterndeuters stand. Diese Orientalen waren nach Angabe des Lodovico über Kolchis, das Skythenland, über den Don und die Donau, über Ungarn, Deutschland und Venedig gereist. Im Oktober standen sie vor dem Kaiser, doch werden außer Lodovico dort nur der ‚Perser‘ und der ‚Georgier‘ erwähnt. Sie boten nicht weniger als 150 000 Streiter zum Türkenkrieg an und Kaiser Friedrich III. versprach gleichfalls für die Aufstellung eines tüchtigen Heeres zu sorgen. Als er nicht zulassen wollte, daß der ‚persische' Gesandte ihm im Namen seines Gebieters demütig die Füße küsse, erklärte dieser, er wage anders nicht zu seinem Herrn zurückzukehren. . . Daß Friedrich III. den Orientalen Vertrauen schenkte, mag man aus dem Umstand schließen, daß sich der Entwurf eines kaiserlichen Schreibens an den ‚König von Persien' vom 17. Oktober 1460 in der Tat erhalten hat.

In Rom wurden die fremdartigen Gäste wie königliche Gesandte empfangen. Die Prälaten zogen ihnen entgegen und man speiste sie öffentlich. Im Konsistorium brachten sie Pius II. den Gehorsam ihrer Herrscher dar, soweit diese Christen waren. Dann redete man viel vom großen Bund der Orientalen wider Sultan Mehmed. Die Gesandten selbst sprachen immer nur kurz und feierlich. Ihr beredter Dolmetscher und Wortführer war Frater Lodovico, der, obgleich er sich Doctor heißen ließ, dennoch die lateinische Sprache während seines langen Aufenthaltes im Morgenlande vergessen zu haben vorgab. Da er in griechischer oder persischer Zunge doch nicht verstanden worden wäre, sprach er lieber einfach italienisch. In den Schreiben und Reden der Gesandten ward immer gebührend betont, daß er den großen Bund der asiatischen Türkengegner zustande gebracht habe. Obwohl unter sich zwistig, so ließen die Fürsten durchblicken, sie hätten auf Weisung des Papstes und seines Nuntius die Waffen niedergelegt, um sie vereint gegen die Türken wieder aufzunehmen.

Im orientalischen Fürstenbund war aber noch eine Reihe weiterer Fürsten, die keine Boten nach Rom gesandt hatten: der Dadian Liparit[c]i von Mingrelien, der Herr von Abchazet[c]i, dann Ismâ[c]il-Beg von Sinope, der Herrscher von Qaraman, den Pius II. bereits am 16. Oktober 1459 an die seinem Vorgänger Calixtus III. gegebenen Zusagen erinnert hatte und von dem er meinte, er könne zur Not 40 000 Mann auf die Beine bringen. Andere Fürsten der Liga erscheinen unter so verstümmelten Titeln und Namen, daß es schwerhält, sie zu bestimmen. Die Stämme der Goten und Alanen, die noch in merkwürdigem Zusammenhang vorkommen, wollten unter den Fahnen des ‚Persers' kämpfen. Alle versprachen, großartige Heere zu stellen, deren Zahl offensichtlich zu ihrer Macht und ihrem Landumfang in keinem Verhältnis stehen konnte. David von Trapezunt, längst auf sein Stadtgebiet beschränkt, verhieß 20 000 Kämpfer und außerdem 30 Doppelruderer aufzubringen, der Herr von Imeret[c]i und der noch kleinere Dadian von Mingrelien wollten jeder — 60 000 Mann und Usun Hasan 50 000 Mann stellen.

So nahmen es die Asiaten dreist auf sich, alle bis zum Schwarzen Meere

wohnenden Türken zu erdrücken, wenn nur erst die europäischen Mächte
unter Führung des Papstes auf der andern Seite das ihrige beitrügen; der
türkische Name werde völlig vom Erdboden vertilgt werden.

Wie angenehm es sein müßte, wenn die Fürsten des Orients sich zu-
sammenrafften, um das Abendland von der Osmanengefahr zu befreien,
das war längst ein ebenso bequemer wie beliebter Gedanke. Die Zusagen
aus dem Osten klangen freilich anders als die der Fürsten, die sich an der
Tagung von Mantua unwillig oder nur aus der Ferne beteiligt hatten.
Pius II. konnte sich indessen nicht entschließen, seinerseits den Beginn des
Türkenkrieges zuzusagen, wenn die Fremdlinge nicht vorher dem König
von Frankreich sowie dem Herzog von Burgund ihre Aufwartung gemacht
hätten, da ohne deren Einwilligung ein Kreuzzug kaum durchführbar sei.
Jene stimmten sogleich zu, erbaten aber vom Papst ein angemessenes Reisegeld und daß Lodovico zum Patriarchen über alle katholischen Christen
des Orients bestellt werde. Pius II. sagte beides zu, nur sollte der Minorit
den Patriarchentitel erst dann führen dürfen, wenn man genauere Kenntnis
über die Grenzen seines Amtsbereiches erhalten habe. Wenngleich der
Papst die großen Versprechungen der asiatischen Fürsten für unglaub-
würdig gehalten zu haben scheint, dürfte er weder einen Zweifel an der
Aufrichtigkeit des Missionars noch an der Echtheit der Orientalen verspürt, jedenfalls ihn aber nicht geäußert haben. Auch der orientkundige
Senat von Venedig sowie der Rat von Florenz, wo sie sich Mitte Dezember
aufhielten, hatten die Abgesandten für wirkliche Orientalen gehalten.
Bevor die Gesandschaft Mitte Januar 1461 von Rom schied, stattete Pius II.
den Bruder Lodovico mit förmlichen Schreiben als seinen Nuntius an die
beiden Herrscher aus, die er gegen Zusicherung von Gottes Lohn und der
Gnade des Apostolischen Stuhles zum Kampf für den Glauben aufrufen möge.

Als Lodovico mit seinen Asiaten im Frühjahr (Mai) 1461 am französischen
Hof erschien, ward ihm mit offenkundigem Mißtrauen begegnet. Zwar
reichte man den sonderbaren Gestalten auch den Lebensunterhalt und
veranstaltete Feste für sie, wobei sie den König vor seinem Kronrat als
‚König der Könige‘ bereitwillig bezeichneten. Sie bekräftigten, daß seine
Lilienfahne sowie ein Feldhauptmann in seinem Namen mehr als 100 000
Streiter im Felde wögen. So sehr die merkwürdigen Leute vom Reichtum
und der Streitmacht ihrer Gebieter prahlten, so wenig konnten sie in
Frankreich verheimlichen, daß sie selbst auf den Bettel angewiesen waren.

Da starb zu ihrem Unheil am 22. Juli 1461 Karl VII. und sein Sohn
Ludwig XI. bekundete keinerlei ernste Teilnahme für ihre phantastischen
Anträge und Verheißungen. So zogen sie unverrichteter Dinge zu Herzog
Philipp von Burgund nach Schloß Saint-Omer, wo man soeben ein Ordens-

kapitel des Goldenen Vließes abgehalten hatte und diesen Anlaß zu neuen
Festlichkeiten begrüßte. Die Gesandten überreichten ein Schreiben des
Papstes sowie Briefe der drei orientalischen Fürsten, des Kaisers von
Trapezunt, des ‚Persers‘ sowie des Georgiers. Dieser bat um die Freundschaft und Gunst des Burgunders, weil ihn dringend verlangte, im Kampf
für den Glauben zu sterben, und weil er hörte, daß der Burgunder vor allen
anderen wünsche, das Heilige Land den Händen der Ungläubigen zu entreißen. Für diesen Fall versprach übrigens auch der Komnene, ihn als
König von Jerusalem zu bestätigen. In allen Briefen, die einander so
ähneln, daß sie aus einer Kanzlei hervorgegangen zu sein scheinen, wird
Lodovico stets schon als Patriarch bezeichnet. Wer die lateinische Rede
am burgundischen Hofe hielt, vernimmt man nicht. Doch war es weder der
Doctor und Patriarch, dem sein Latein abhanden gekommen war, noch
einer der Asiaten selbst. Nachdem Philipp von Burgund sein Begehren
beteuert hatte, das alte Banner der Robert Guiscard und Gottfried von
Bouillon über den Bosporus zu tragen, nahmen Lodovico und seine Begleiter wieder ihren Weg zurück nach Rom. Wenn überhaupt, so war es
weder in Frankreich noch in Burgund über Vorverhandlungen eines Bündnisses hinausgekommen.

Inzwischen waren auch Papst Pius II. Bedenken an der Redlichkeit des
orientalischen Unternehmens aufgestiegen. Er hatte vernommen, daß sich
Lodovico seinem Befehl zuwider den Patriarchentitel beigelegt und schon
in Ungarn und in Deutschland Rechte angemaßt hatte, die ihm niemals
zustanden. Als die Gesandtschaft, deren Leiter man geradezu als Betrüger
und deren weitere Teilnehmer als Gaukler und Hochstapler betrachtet
hatte, wieder in Rom einzog, verweigerte man ihr die bisherigen Ehren-
bezeigungen. Pius II. ließ ihr Reisegeld anweisen und sie ihres Weges ziehen.
Am liebsten hätte er den frechen Minoriten einsperren lassen. Als er erfuhr,
daß er sich auf dem Rückweg zu Venedig die Patriarchenwürde erschlichen
hatte, befahl er dem dortigen Patriarchen, ihn als Betrüger festnehmen zu
lassen. Vom Dogen gewarnt, entwich Lodovico. Pius II. versichert in
seinen bekannten Erinnerungen *(Commentarii)*, er habe seitdem von Lodovico und den Gesandten nie wieder etwas gehört, seither jedoch alle Nachrichten aus dem Orient für verdächtig gehalten.

Das ist die Geschichte vom Bündnis der Orientherrscher wider Mehmed II.
und dem Schwindler Lodovico da Bologna. Wären die Sendschreiben der
Fürsten echt und ihre Versprechungen ernst genommen worden, so hätten
sie im Falle der Erfüllung ihrer Zusagen die ganze männliche Bevölkerung
aus ihren Ländern führen müssen. Keiner dieser kaukasischen Dynasten
aber war ernstlich gesonnen, sich für die Erhaltung der Komnenen in einen

Krieg mit den von ihnen so weit entfernten Osmanen einzulassen. Die Ereignisse bereits des Folgejahres beweisen die Richtigkeit dieser Annahmen.

Als wenn Mehmed II. die angeblichen oder wirklichen Prahlereien seiner
östlichen näheren und ferneren Nachbarn an der Pontusküste Lügen strafen
wollte, beschloß er schon im nächsten Jahr 1461, sich der Regelung der
asiatischen Verhältnisse zu widmen. Seit Jahren war er nämlich durch das
Verhalten Usun Hasans und seiner komnenischen Verwandtschaft gereizt
und zum Entschluß gebracht worden, diesen trapezuntisch-türkmenischen
Staatenverein vor seiner gefährlichen Kräftigung zu zertrümmern und
durch seine Vernichtung den unruhigen Völkerschaften in Hellas und in
Anatolien, überhaupt allen, die noch auf eine Erlösung vom Osmanenjoch
warteten, mit einem Schlage jede Hoffnung zu nehmen. Noch zu Lebzeiten
des Kalo-Ioannes scheint Mehmed II. den Komnenenkaiser als lästigen
Widersacher empfunden zu haben, der ihn, wenn auch nicht durch seine
Heere, so doch durch seinen geistigen Einfluß auf die hellenischen Völker,
die auf ihn ihre letzte Hoffnung auf Wiedererstarkung gesetzt hatten, am
Vollgenusse seiner sultanischen Macht noch lange zu hindern vermochte.
Mit der Unabhängigkeit des Komnenenreiches war es freilich schon seit
einigen Jahren vorbei. Im gleichen Jahr, als Mehmed II. vor Belgrad lag
(1456), hatte in seinem Auftrag Chidr-Pascha, zweiter Statthalter von
Amasia, die Vorstädte von Trapezunt überfallen und den Kaiser gezwungen,
sich durch eine Jahresabgabe von 2000 Goldstücken, die der Großherr
sogleich auf 3000 erhöhte, für die Zukunft einen ungewissen Frieden zu
erkaufen. Mit der Verpflichtung zur Tributleistung hatte Trapezunt aufgehört, ein freier Staat zu sein, ohne damit einen bleibenden Zustand der
Dinge zu erreichen. Des Kaisers Bruder David, der mit der Würde eines
Despoten bekleidet am Sultanshof aufgetaucht war, um den Lehenszins zu
überbringen und des osmanischen Oberherrn Genehmigung zur geschlossenen Übereinkunft zu erwirken, hatte bei diesem Anlaß nicht nur den Großherrn und seine Gemütsart, sondern auch seine starke Streitmacht und
deren Mannszucht aus eigner Anschauung kennengelernt. Er war wohl mit
dem Eindruck nach Hause gegangen, daß die Gefahr, in der er und sein
Schattenreich schwebten, nur noch durch ein Wunder zu bannen sei. Das
Wunder blieb wie meistens aus. Seine ganze Erwartung setzte David auf den
Mann seiner Nichte Katharina, auf Usun Hasan in Dijârbekr, obgleich ihm
zweifelhaft sein mußte, daß dieser Muslimenfürst, der sich als echten und
alleinigen Nachfolger Timurs gefühlt haben muß, auch bereit sei, sich
für die Rettung eines Christenstaates zu erwärmen. Der Komnene wandte
sich an den Herrn vom Weißen Hammel mit der Bitte, durch eine Gesandtschaft die Erlassung des jährlichen Tributes bei Mehmed II. durchzusetzen.

Noch im Jahre 1459 erschienen die Bevollmächtigten des Türkmenenfürsten
in Stambul und begehrten dort nicht nur Entbindung von der Jahresabgabe, die David bezahlte, sondern auch für ihren Gebieter noch nach-
trägliche, seit 60 Jahren unterbliebene Entrichtung einer also längst ver-
jährten Abgabe, bestehend aus 1000 Pferdedecken, ebensovielen Turban-
tüchern und 1000 Teppichen, die Mehmeds II. Großvater Mehmed I.
alljährlich an die Weiße Horde überwiesen haben soll; außerdem solle der
Sultan Kappadokien herausgeben, da Usun Hasan dieses Gebiet als Morgen-
gabe seiner Gemahlin, der Despina-Chatun, von den Komnenen empfangen
habe. Ob der Herr vom Weißen Hammel vermeinte, durch übertrieben
hohe Forderungen wenigstens einen Teil beim Osmanensultan durchzudrücken, oder ob er überhaupt im alten prahlerischen Stil des Barbaren
diesen herausfordern wollte, die Antwort Mehmeds II. war kurz und bündig.
Dunkel, aber drohend erwiderte er entweder, bald werde man erfahren, was
man vom Beherrscher der Osmanen zu begehren habe (Chalkokandyles),
besser, die Gesandten sollten ruhig heimkehren, denn im nächsten Jahre
wolle er selbst kommen und die Zinspflicht bereinigen (Dukas).

Aber bevor noch die Herrschaft der Isfendijâr-oghlus erlosch, ging
auch die der Genuesen in Amastris am Schwarzen Meer zu Ende. Dieser
Hauptstapelplatz an der Südküste des Pontus hatte allerdings längst
seine Bedeutung eingebüßt, seitdem durch die Schließung des Bosporus
und später der Dardanellen der Seeweg dahin so gut wie unterbunden war.
Die Zufuhr von Truppen, Kriegsbedarf und Schießvorrat mußte seither
auf dem ebenso beschwerlichen wie unsicheren Landweg erfolgen. Um so
mehr war den Genuesen an der Rückgewinnung von Galata gelegen, aber
der Versuch, den Sultan zur gütlichen Zurückgabe dieses so wichtigen
Handelsplatzes zu bewegen, nahm einen kläglichen Verlauf. Mehmed ließ
ihnen sagen, Galata sei nicht durch Waffengewalt, sondern durch friedliche
Verträge in seine Hand geraten. Er habe dabei niemand geschädigt und den
Genuesen eher Gutes als Böses angetan. Um eine Auseinandersetzung mit
Waffengewalt zu vereiteln, auf die es die Genuesen wenigstens zeitweise
abgesehen hatten, ließ Mehmed II. seinen Großwesir Mahmûd-Pascha zu
Land und zu Wasser gegen Amastris vorgehen und der genuesischen
Kolonialmacht im südlichen Schwarzen Meer den Todesstoß versetzen.

Amastris liegt gar eigentümlich zwischen zwei Baien in Ost und West
auf zwei vorspringenden felsigen, inselartigen Vorgebirgen, die durch
Landzungen miteinander verbunden sind. Die inneren Buchten beher-
bergen doppelte, gegen Norden und Südwesten geöffnete Häfen. Dem
nördlichen liegt wiederum ein schützendes Felseiland vor, der südwestliche aber wird im Süden von festem Gestade begrenzt. Vom Meere her

zeigt sich Amastris mit seinen verschiedenen Teilen wie eine Inselgruppe und wirklich besteht es vorzüglich nur aus einem Paar klippiger Halbinseln, die durch schmale, sandige und ganz ebene Landengen in Beziehung stehen. Die südwestliche Seite der vordersten Halbinsel mit der Burgfeste, die in späteren Jahrhunderten noch häufig als Verweisungsstätte für widersetzliche Bejs und verungnadete Statthalter Verwendung fand, bilden wilde, fast senkrechte Felsen, die sich über der Bai erheben. Der jetzt unbedeutende, Amasra geheißene Ort wäre noch unansehnlicher ohne die in Trümmern liegenden ansehnlichen Bauwerke aus der Genuesenzeit, vor allem das Schloß, von wo dieses Handels- und Schiffervolk die pontischen Häfen und den dortigen Verkehr unschwer beherrschte. Genuesen errichteten diese Mauern und Türme, die bis heute die ganze alte und neue Stadt umgeben, wie das die Wappen von Genua und genuesischer Geschlechter über den Toreingängen jetzt noch dem Besucher verraten. Aber schon vorher war Amastris, das Sesamos der homerischen Ilias (II,853), ein wichtiger Stapelplatz für den Verkehr auf dem Schwarzen Meer und überdies ein Bischofssitz. Nannte es doch ein Kirchenschriftsteller den Augapfel, also die Perle Paphlagoniens, ja der Welt überhaupt. Vor Zeiten thronte dort die stolze Königin Amastris, die man wegen ihrer hohen Abkunft, Männerbeherrschung und großartigen Baugesinnung wohl auch die ‚Semiramis von Kleinasien' hieß. Aus klassischen und besonders aus byzantinischen Tagen gewahrt man allerorten beträchtliche und bisher kaum erforschte Überbleibsel. Die umliegenden Berge, mit saftigem Grün von Wald und Busch überwuchert, geben der ganzen Landschaft einen malerischen, echt pontischen Anstrich, dessen romantische Lieblichkeit nur von Sinope mit seiner Umgegend überboten werden dürfte.

Die Siedlung Amastris, die mit ihrer gesamten Ausdehnung gegen Norden steht und nur durch jene Nehrung mit dem Festland zusammenhängt, konnte durch die Osmanen also gewiß weit leichter vom Meer als vom Lande her berannt werden. Eine hartnäckige Verteidigung wurde damals im September, jedenfalls aber im Spätherbst 1460, schwerlich ernsthaft versucht, denn die Halbinselstadt ergab sich rasch auf Gnade oder Ungnade und mußte die Verpflanzung von zwei Dritteln ihrer Bewohner nach Stambul in Kauf nehmen. Ein Drittel der Bevölkerung verblieb in den Mauern, die schönsten Knaben wurden zu Pagen für das großherrliche Seraj bestimmt und gleichfalls abgeführt. Daß der Sultan persönlich an der Einnahme von Amastris beteiligt war, ist durchaus unwahrscheinlich.

Der Frühsommer 1461 war bereits ins Land gezogen, als Mehmed II.

abermals einer von Admiral Qâsim-Pascha und dem zweiten Befehlshaber zur See, Ja°qûb, einem alten Seemann, geführten Flotte von angeblich insgesamt 300 Schiffen die Weisung erteilte, ins Schwarze Meer auszulaufen. Er selbst ließ das Landheer einberufen und Fußvolk wie Reiterei über die Dardanellen in Richtung Brussa marschieren. Die Zahl der Heeresmacht wird auf 60 000 Berittene und gar 80 000 Mann Fußvolk angegeben, die Geschütztruppe sowie den Heerestroß nicht eingerechnet. Er setzte sich hernach selber an die Spitze des rumelischen Heerbanns und ging nach Anatolien hinüber. Als er über Aqjasy nach Brussa kam, waren die anatolischen Truppen dort schon vollzählig versammelt. Mehmed II. besuchte die Gräber seines Vaters und seiner Ahnen und brach dann mit der gesamten Streitmacht in östlicher Richtung auf, ohne irgendwem seine Absichten zu verraten. Dem Heeresrichter, der sich erkühnte, den Kriegsherrn nach dem Marschziel zu befragen, gab er zornig zur Antwort: ‚Wüßte das Haar meines Bartes um meine Anschläge, so würde ich es ausreißen und verbrennen!‘ Von Brussa aus schrieb der Sultan an seinen Schwager Ismâ°îl-Beg, den Herrn von Sinope aus der Familie Isfendijâr, den er noch kurz zuvor durch einen besonderen Gesandten zum Beschneidungsfeste seiner beiden Söhne eingeladen hatte, daß er die Flotte mit den nötigen Lebensmitteln und im Notfalle mit Geld aus den Erträgnissen der reichen Erzgruben versehen möge. In einem zweiten Brief verlangte er, daß Ismâ°îl-Beg ihm seinen Sohn Hasan, also des Sultans Neffen, nach Angora entgegensenden solle. Der Isfendijâr-oghlu gehorchte prompt der Aufforderung. Hasan war zur Stelle, als sein Onkel in Angora einritt. Er wurde gnädig empfangen, aber sogleich wieder nach Sinope zu seinem Vater gesandt mit der Botschaft: ‚Sage deinem Vater, daß mich gar sehr nach seiner Stadt Sinope verlangt. Ich will ihm dafür die Landschaft von Philippopel geben. Ist er's nicht zufrieden, so werde ich gar bald selber zur Stelle sein!‘ Zugleich wurde dem Qysyl Ahmed-Beg, dem Bruder Ismâ°îl-Begs, der den Sultan gegen diesen aufgehetzt hatte, der größte Teil des Ismâ°îl-Beg gehörigen Gebietes, nämlich die Landschaft Qastamuni, durch ein sofort ausgefertigtes Diplom übertragen.

Mehmed rückte nun vor Sinope und der Großwesir Mahmûd-Pascha machte schriftlich und mündlich dem Herrn der Stadt klar, daß jeder Widerstand zwecklos sei, zumal mehr als die Hälfte seines Landes bereits seinem Bruder übereignet worden sei. Ismâ°îl-Beg fügte sich in sein Geschick, erschien vor seinem Schwager und als er diesem nach Altvätersitte die Hand küssen wollte, wehrte Mehmed ab und nannte ihn im höfischen Zeremoniell der Byzantiner ‚älterer Bruder‘. So ergab sich Sinope ohne Schwertstreich, obwohl es durch Natur und Kunst, vor allem aber durch

400 Geschütze, die 2000 Feuerwerker bedienten, hinreichend geschützt, einem Ansturm wenigstens eine Zeitlang hätte widerstehen können. Der Großherr wies dem Entthronten fürs erste den Besitz von Jenischehr, Inegöl und Jarhißâr in Anatolien, bald darauf aber Philippopel und sein Umland als Entschädigung für die verlorene Herrschaft an. Dort ist er 1479 als Großgrundbesitzer und Verfasser eines weitverbreiteten Werkes über die rituellen Vorschriften des Islam, '*Huluwîjât-i Sultânî*', verstorben und neben der von ihm gestifteten, heute verschwundenen 'Beg-Moschee' bestattet worden. Von seinen beiden Söhnen hat Hasan-Beg, den Mehmed II. anfänglich mit Bolu in Kleinasien belehnt hatte, die väterliche Besitzung von Markovo (bei Philippopel), der andere, Mahmûd-Beg, in der Nähe von Adrianopel ein Lehen übernommen.

Unter den Schiffen im Hafen von Sinope befand sich eines von 900 Pilsoi (= Tonnen?), das der Sultan sogleich nach Stambul abführen ließ.

Von Sinope zog Mehmed bei regnerischem Wetter nicht längs der Meeresküste, sondern landeinwärts auf der Heeresstraße, die über Amasia und Siwas nach Erserum führt. Er wollte offenbar hiedurch den Anschein erwecken, als ginge die Richtung seines Heerzuges nicht nach Trapezunt, sondern nach dem Herrschaftsbereich des Usun Hasan. Östlich Toqat, zwei Tagmärsche von Siwas entfernt, liegt an der Straße nach Erserum das Bergschloß Qojlu oder Qojunlu Hißâr, das Usun Hasan seinem einstigen Herrn namens Husejn vor einiger Zeit entrissen und als Grenzfeste gegen Anatolien in Besitz genommen hatte. Der Großherr trug dem Statthalter von Klein-Rum, d. h. dem Bezirk von Amasia und Siwas, Scharâbdâr Hasan-Beg, die Eroberung der Burg oder doch wenigstens die Verheerung ihrer Umgebung auf. Beide Aufträge wurden befolgt und der Sultan marschierte weiter ostwärts nach Ersindschan. Unterwegs kam ihm die Mutter Usun Hasans, Sâra-Chatun, wohl eine aramäische Christin aus der Gegend von Dijârbekr, begleitet vom Kurdenbeg Schejch Husejn und zahlreichen Türkmenenführern, mit reichen Geschenken entgegen, um im Namen ihres Sohnes einen friedlichen Ausgleich zu verhandeln. Mehmed II. empfing Fürstin und Schejch mit ausgesuchten Ehren, betitelte jene 'Mutter', diesen 'Vater' und schloß durch sie den Frieden mit Usun Hasan, der sich indessen verpflichten mußte, den Komnenen keine weitere Hilfe zu leisten. Dann wandte er sich in Begleitung Sâras und Husejns über das steile Küstengebirge nach Trapezunt. Mehmed erstieg die Tzanischen Höhen größtenteils zu Fuß. 'Mein Sohn', wandte sich Sâra an den Großherrn, 'wie magst du nur Trapezunts wegen dich solchen Beschwerlichkeiten unterziehen?'. 'Mutter', soll ihr der Angeredete erwidert haben, 'in meiner Hand ist das Schwert des Islam. Ohne diese Mühsal würde ich den

Ehrennamen Ghâsî (das ist Sieger) nicht verdienen und mich heute oder
morgen vor Allah schämen müssen!' So blieben Sâra-Chatuns Bemühungen, auch den Kaiser von Trapezunt in den Friedensvertrag von Ersindschan einzubeziehen, ebenso erfolglos wie ihre List, durch Vorspiegelung
der Gefahren unersteiglicher Gebirge, undurchdringlicher Waldschluchten
und Mangel an Lebensmitteln den Osmanenherrscher vom Kriegszug gegen
David abzuschrecken. Dessen Untergang war beschlossene Sache. Während
die Verhandlungen gepflogen wurden, kam die osmanische Flotte, von
Sinope kommend, bereits vor Trapezunt in Sicht und begann die Belagerung der Stadt von der Seeseite aus. Die längs dem Meeresufer
gelegenen Vorstädte wurden mühelos eingeäschert. Die Bestürmung der
eigentlichen Stadt, gegen die das osmanische Schiffsgeschütz nur wenig
auszurichten vermochte, hatte schon 32 Tage gewährt, als der Großwesir
Mahmûd-Pascha mit dem Heeresvortrab ankam und Trapezunt von der
Landseite her einschloß. An dem amphitheatralisch sich erhebenden Gestade an die Berghöhen gebaut, von einem großen Gartenland umgeben, in
dessen Mitte sich die Stadt mit ihren Palästen, Kuppeln und Türmen stolz
erhob, erschien sie damals dem vom Meer her Kommenden, zumal im Glanz
der Morgensonne, wie die Königin des Pontus. In der Komnenenzeit wurde
sie mit vielen Kirchen, Säulengängen, Marktplätzen und Wohnungen geschmückt. Am Fuß der Anhöhen und dem Meer entlang standen weitläufige
Häuserreihen der reichen Kaufleute, Schiffer und wohlhabenden Bürgers-
leute. Anfänglich hatte die alte Griechenstadt nur aus jenem Teil bestanden, den man zur Kaiserzeit meist die Akropolis nannte, die außer
einer Plattform noch eine darüber ebenso hoch aufragende Burg einnahm,
wie jene sich über dem Meeresspiegel erhob. Um diesen Teil legten die
baulustigen Komnenen gewaltige Ringmauern, tiefe Gräben und Festungs-
türme als Verschanzungen an. Innerhalb waren nur enge gepflasterte Gas-
sen mit vielstöckigen Häusern, auf deren Dachflächen Obst- und Blumen-
gärten und Rebengeländer gezogen waren. Außerhalb dieses befestigten
Teiles erstreckten sich am Meere die langen und breiten Straßen der Vorstädte, ferner die Basare, zumal gegen die Ostseite der Burg, wo Kaufleute und Handwerker wohnten, in weit ausgedehnter Ebene mit Baum-
alleen, bis zu zwei Kastellen, von denen mit kaiserlicher Bewilligung
eines von den Genuesen, das andere von den Venedigern zur Sicherung
ihrer kostbaren Warenlager erbaut war. Die Kaiserburg über der Plattform, an den Fels gebaut, überragte selbst die Akropolis und die Unterstadt.
Der Komnenenpalast mit der Schatzkammer, den Archiven, den Regie-
rungsgebäuden und den Behausungen des Hofgesindes stand noch auf der
Höhe selbst und war durch tiefe Gräben, Mauern, Türme und eiserne Tore

geschlossen. Eine hohe Treppenflucht führte aber zum innersten ‚goldenen
Palast des Groß-Komnenen' hinauf, zum großen Kaisersaal, der mit weißen
Marmorplatten getäfelt, mit den Bildern und Wappen der Komnenen geziert, von weißen Marmorsäulen getragen und von Empfangszimmern,
Söllern, Galerien und Terrassen umgeben war, die nach allen Seiten
hin die herrlichsten Ausblicke auf Land und Gebirge, Stadt und Meer
eröffneten. Die Stadt selbst sah man von dieser beherrschenden Höhe, wie
ihre näheren Umgebungen von mehreren romantischen Talschluchten
durchzogen, mit Lusthainen, Wiesen, Gärten, Olivenwäldchen, Rebhügeln
und vielen Brunnen und Bächen, wo die Spazierwege und schattigen Wäld-
chen von den Städtern aufgesucht waren, während auf den südwärts liegenden Vorhöhen zahlreiche Klöster und Stiftungen auf die reizendsten Punkte
verteilt lagen. Der kastilische Gesandte Don Ruy Gonzalez Clavijo, der im
Jahre 1404 auf seiner Reise nach Samarkand über Trapezunt kam, die
Stadt, den Hof und den großartigen Handelsverkehr der dortigen italienischen Kaufherrn mit den kostbarsten Waren des Morgenlandes kennen-
lernte, ist wohl der unbefangenste und getreulichste Berichterstatter jener
Glanzzeit des Komnenenstaates, dessen Lobredner vor allem der Kardinal
Johannes Bessarion (geb. um 1395 zu Trapezunt, gest. 1472 zu Ravenna)
war, der das Jammerschicksal seiner herrlichen Vaterstadt nur wenige
Jahre überlebte. Ihm galt sie mit Recht als ein abgeschlossenes Paradies
mit allen Schätzen der Erde.

David Komnenos wußte noch nicht, daß sein engster Bundesgenosse
und Verwandter Usun Hasan mit dem Sultan Frieden eingegangen war.
Dessen Landheer wähnte er im Kampfe mit dem Herrn vom Weißen Hammel und so wies er wohlgemut fürs erste die Angriffe der osmanischen Flotte
auf die mit Kriegsbedarf und Lebensmitteln ausreichend versorgte Stadt
ab. Als aber die Kunde eintraf, der Großherr dringe mit seiner ganzen
Streitmacht über die Gebirge herein, um Trapezunt auch von der Landseite her einzukreisen, verzagte er vollends und beschloß, durch Unterhandlungen wenn auch nicht den Komnenenstaat, so doch wenigstens
Leben und Schätze zu retten. Sich mit Familie und Eigentum lieber unter
den Trümmern seines Reichs zu begraben als sich durch einen schmählichen Frieden das glänzende Elend eines ehrlosen Daseins zu erkaufen,
lag ganz und gar nicht im Sinne dieser feigen und kraftlosen Gestalt.

Als daher Mahmûd-Pascha, der übrigens kurz vorher von einem türkischen Mordbuben am Gesicht verletzt und nur durch die Heilkunst des
Maestro Iacopo aus Gaeta, des sultanischen Leibarztes, gerettet wurde, die
Aufforderung zur Übergabe ergehen ließ, zeigte sich David sogleich bereit,
die Stadt unter gewissen Bedingungen kampflos preiszugeben. Der Groß-

wesir hielt eine Unterredung mit dem zwielichtigen Protovestiarius Georgios
Amirutzes, mit dem er übrigens nahe verwandt war, da beider Mütter
Basen gewesen sind, und übersandte durch diesen die folgende, von Dukas
überlieferte Aufforderung seines Herrschers an den Groß-Komnenen:
,Dem Kaiser von Trapezunt aus dem kaiserlichen Geschlechte der Hellenen tut Mehmed, der Großkönig, kund und zu wissen: Du siehst, welch
weite Landstrecke ich durchwandert habe, um hieher zu gelangen, nachdem ich entschieden habe, Dich mit Krieg zu überziehen. Wenn Du nunmehr ohne Verzug Deine Hauptstadt übergibst, so werde ich Dir Land anweisen, wie Demetrius, dem griechischen Fürsten aus Morea, dem ich
Reichtum, Inseln und die schöne Stadt Enos als Geschenk überließ. Dieser
lebt jetzt in Ruhe und ist glücklich. Hörst Du aber nicht auf diese Vorschläge, so wisse, daß der Stadt die Vernichtung nahe ist. Nicht eher
nämlich werde ich von hier fortziehen, bis ich die Mauern gebrochen und
alle Bewohner schmachvoll getötet habe.' Durch diese Drohungen erschreckt, von allen Bundesgenossen im Stich gelassen, erklärte Kaiser
David seine Unterwerfung unter die ihm gestellten Bedingungen, nicht
ohne vorzuschlagen, daß der Sultan des Groß-Komnenen zweite Tochter zur
Ehe nehme und ihm selbst ein Land angewiesen werde, aus dem er ebensoviel Einkünfte beziehen könne wie aus dem Reiche Trapezunt. Als Mahmûd-
Pascha dem Sultan die Vorschläge unterbreitete, wollte dieser nur von
unbedingter Botmäßigkeit etwas wissen und beschloß, sich der Stadt mit
Gewalt zu bemächtigen, zumal er vernommen hatte, daß die Kaiserin
Irene noch vor Ankunft der Flotte Trapezunt verlassen hatte. Sâra-Chatun
überredete ihn schließlich, auf die genannten Vorschläge einzugehen und
Frieden zu schließen, die Erfüllung der eingegangenen Verbindlichkeiten
aber durch Eid zu bekräftigen. Dem Kaiser wurde daraufhin bewilligt, alle
seine Kostbarkeiten an Gold, Silber und Edelsteinen, das Palastgesinde
und alles bewegliche Eigentum mit sich fortzuführen. Der Komnene mit
der ganzen Familie, mit allen Verwandten, vornehmen Beamten und Würdenträgern des Reiches wurde daraufhin auf Schiffe verladen und nach
Stambul überführt. Die Burg der Komnenen wurde von Janitscharen, die
Stadt von den Asaben besetzt. Der Oberbefehl wurde Qâsim-Pascha übertragen und Chidr-Pascha erhielt den Auftrag, vom Rest des Landes Besitz
zu ergreifen. Die männliche Bevölkerung von Trapezunt wurde versklavt,
teils zum Pfortendienst bestimmt und teils den Würdenträgern des sultanischen Gefolges überlassen. 800 auserlesene Jünglinge wurden in die Janitscharentruppe gesteckt und zahlreiche Einwohner mit ihren Angehörigen als Siedler nach Stambul geschickt. So endete am 15. August 1461, auf
den Tag 200 Jahre nach der endgültigen Wiederherstellung des alten

Rhomäerreiches unter Kaiser Michael VIII. von Byzanz, für alle Zeiten das Komnenenreich.

In einem einzigen, fast blutlosen Feldzug hatte Mehmed II. im Sommer 1461 den ganzen nördlichen Küstenstrich Kleinasiens von Heraklea (Eregli) bis zu den Grenzen Armeniens mit drei der wichtigsten und reichsten Hafenplätze am Südgestade des Schwarzen Meeres, Amastris, Sinope und Trapezunt, seinem Reiche einverleibt. Wäre der letzte Komnenenherrscher ein Krieger gewesen, so hätte der Sultan Trapezunt unmöglich so rasch unterjochen können. Ohne Belagerungsstücke und beinahe ohne Reiterei mußte er sich in 18 Tagen den Weg durch das unwirtliche und steile tzanische Gebirgsland bahnen. Niemals hätte, wenigstens nicht in kurzer Frist, Trapezunt, von tapferen Soldaten verteidigt und mit guten Geschützen bewehrt, schon seiner Lage wegen eine leichte Beute der Türken werden können. Der Mangel an Lebensmitteln, den byzantinische wie osmanische Chronisten ausdrücklich erwähnen und dem sie die Schuld daran geben, daß Mehmed II. unterwegs viele feste Stellungen und Burgen unbezwungen hinter sich habe lassen müssen, hätte ihn und seine Streitmacht entweder zugrunde gerichtet oder aus dem Lande gejagt. Neben der Feigherzigkeit Davids spielte aber bei der kampflosen Niederwerfung der Stadt an den Großherrn das verräterische Verhalten des Georgios Amirutzes eine maßgebliche Rolle. Als einer der ersten Würdenträger des Komnenenreiches und durch seinen Einfluß auf den kleinmütigen und verzagten Kaiser besaß Amirutzes Macht genug, um die Anstalten zur Verteidigung zu lähmen, Mutlosigkeit zu verbreiten und alles zur Übergabe gefügiger zu machen. Man hat besonders in letzter Zeit den mißlungenen Versuch gemacht, Georgios Amirutzes vom Vorwurf der Verräterei, die er im Einvernehmen mit seinem Vetter Mahmûd-Pascha begangen haben muß, reinzuwaschen. Schon die Tatsache, daß er mit seinen zwei Söhnen, die zum Islam übertraten, später an der Pforte als wohl einziger Würdenträger Trapezunts Auszeichnungen aller Art genoß, den Sultan in schmeichlerischen Gedichten pries und verherrlichte, während die übrigen Großen des Komnenenstaates den Untergang fanden, scheint allein und hinreichend zu beweisen, daß er sich den Anspruch auf sultanische Belohnungen und Gnaden verdient hatte. Nicht unerwähnt in diesem Zusammenhang darf das weitreichende Gewicht des halb serbischen, halb griechischen Großwesirs Mahmûd-Pascha bleiben, dessen über ganz Griechenland sich erstreckende verwandtschaftliche Beziehungen zu angesehenen Geschlechtern ihm die Möglichkeit gaben, diese für die machtpolitischen Bestrebungen seines Gebieters Mehmed II. nach Kräften auszunutzen. Seine Mutter, die aus Trapezunt stammen muß, dürfte im Gefolge einer Komnenenprinzessin, die sich vermutlich an den

Hof des mit ihr verwandten Serbendespoten begab, auch dahin gelangt und dort mit einem Vornehmen oder Reichen des Landes verheiratet worden sein. Nur so nämlich erklären sich unschwer Mahmûds Verbindungen zum weitentlegenen Trapezunt und die Möglichkeit, den Komnenenstaat fast ohne Schwertstreich in den Besitz des Großherrn zu bringen.

Daß Mehmed II. nach der Eroberung Trapezunts in dieser Stadt den Winter verbrachte und von ihr erst im folgenden Frühjahr 1462 schied, ist eine ebenso weitverbreitete wie falsche Nachricht. Vielleicht zusammen mit Sâra-Chatun, der er für ihre Vermittlung in den komnenischen Angelegenheiten die kostbarsten Geschmeide aus der kaiserlichen Schatzkammer von Trapezunt als Geschenk überlassen haben soll, hat vielmehr der Sultan noch vor Sommerende die Pontusküste verlassen und ist auf dem gleichen Landweg, wiederum über Brussa, das er nach 28 Tagesmärschen erreichte, nach Stambul zurückgekehrt. Dies geht zweifelsfrei aus einem Schreiben des Humanisten Angelo Vadio an seinen gelehrten Landsmann Roberto Valturio in Rimini hervor, worin er diesem aus Stambul berichtet, daß Mehmed am 6. Oktober 1461 dort wieder seinen Einzug hielt. Den Rest des Jahres und den Winter verlebte er indessen auf der Tundscha-Insel zu Adrianopel, ein Erdenwinkel, der ihm, wie es den Anschein hat, vor allen anderen zulächelte.

Die Kunde vom Untergang der Herrschaft von Sinope und des trapezuntischen Kaisertums war nicht vor Ende September, wahrscheinlich sogar erst in den ersten Oktobertagen über Venedig nach dem Abendland gelangt. Sie traf den Papst mitten in den Nöten des apulischen Krieges, der Gärungen in Rom und der drückendsten Geldverlegenheit. Nirgendwo regte sich eine Hand zum Türkenzug. Zwar hatte Kaiser Friedrich im September 1460 einen Reichstag in Wien zusammengebracht, wo viel von den 150 000 durch Pius II. gespendeten Dukaten, von den an 200 Fürsten und Stände gerichteten Sendschreiben, von der Mission des Kardinals von Sant'Angelo nach Ungarn und anderen Prälaten nach Frankreich, England und Spanien, von den möglichen Verbündeten im Kampf gegen den Halbmond gesprochen wurde. Aber keine dieser Reden hatte einen sichtbaren Erfolg. Man hielt den Teilnehmern am Reichstag entgegen, daß die Beschlüsse von Mantua die ‚germanische Nation' nicht binden könnten und suchte im Tode der Erzbischöfe von Mainz und Trier, im ungarischen Königswechsel, im Mißtrauen gegen die Welschen und die östlichen Nachbarn, im Mangel an zuverlässigen Nachrichten über die Türken Rechtfertigungen für die Ablehnung der bereits getroffenen Übereinkunft. Noch am 11. Oktober 1460 hatte der Papst in einem Brief an Kaiser Friedrich III. von der ‚Ehre Deutschlands' gesprochen. Nun schlug er als Feldhauptmann

den Pfalzgrafen bei Rhein, den Wittelsbacher Friedrich I., vor. Vergebliches Bemühen. Inzwischen reimten höfische Humanisten in Ferrara,
Rimini und anderwärts mahnende Gedichte, worin sie, wie jener ‚Tribra-
chius‘ aus Modena in seinem nichtssagenden ‚Carmen de apparatu contra
Turcum‘, ihre unmaßgeblichen Ansichten über die zu ergreifenden Kriegsmaßnahmen ausbreiteten, oder gar, wie der ‚eccellente astrologo‘ Teodoro
aus Rimini das ‚wilde Tier‘ verfluchte, das aus dem Osten zu kommen
scheine, um Christenblut, wenn auch nur der elenden Schismatiker, zu
vergießen:

> Quel fiero animale che d'Oriente
> Pare venir a spargere sangue cristiano
> Della meschina chismatica gente.

All das war ebenso billig wie lächerlich, genau wie die Ratschläge, die ein
Mann mit hohem Kopf, aber hochtrabendem Namen, Donato Belloria di
Serravalle, dem päpstlichen Legaten in Frankreich erteilte. Nichts viel-
leicht wirkt alberner und beschämender als die aufdringlichen Gesten und
Ermahnungen zum Türkenkrieg, in denen sich in jenen Jahren käufliche
Humanisten Italiens gefallen haben.

Bald nach Eintreffen der Schreckensnachrichten aus der Levante verfiel
Papst Pius II. auf den wunderlichen Gedanken, sich mit einem Bekehrungsversuch an den Sultan selbst zu wenden. Wie er in ihm reifte, läßt sich nur
vermuten. Ganz gewiß war ihm zu Ohren gekommen, daß der Patriarch
Gennadios auf Weisung des Sultans diesem eine Auslegung des apostolischen
Credo in 20 Abschnitten einreichte, das sowohl griechisch als auch in
einer auf großherrliches Geheiß angefertigten türkischen Übertragung auf
die Gegenwart gekommen ist. In diesem Zusammenhang wurde viel davon
gefabelt, daß dem Sultan Verdacht gegen die Lehren des Propheten
Muhammed und eine Neigung zu den christlichen aufgestiegen seien. Daß
Mehmed II. sich stark mit dem christlichen Glauben beschäftigte, ja, daß
er schon in frühester Jugend durch seine christliche Mutter für diesen
erwärmt worden sei und das Vaterunser herzusagen wußte, ja, daß er
heimlich bereits dem Islam abgeschworen und sich zum Christentum bekehrt habe, alles das gehört zu den ständig wiederholten, oft ins Maß-
lose übertriebenen Berichten von Levantefahrern jener Tage. Solche
Meldungen erscheinen sogar in den sonst so nüchternen und sachlichen
Meldungen, avvisi, venedischer Diplomaten. Es ist kein Zufall, daß der
hochgelehrte Kardinal Nikolaus von Cues (eigentlicher Name Chrypffs oder
Krebs, 1401—1464), da er während der Tagung von Mantua als päpstlicher
Generalvikar in Rom verblieben war, eine ‚Prüfung des Korans‘ (Cribratio

Alchorani) niederschrieb, die er Pius II. widmete und diesem darin Mittel
und Wege aufzeigte, wie Muhammeds Lehre wirksam zu bekämpfen sei.
Während es der Papst also auf der einen Seite als Hauptaufgabe seines
Pontifikats betrachtete, die ganze christliche Welt gegen Mehmed II., den
Erzfeind des Christennamens, und seine Heere in Bewegung zu setzen,
suchte er ihn nunmehr anderseits von den Vorzügen der Lehre Jesu gegenüber dem Islam zu überzeugen. Mit Recht hat man darauf hingewiesen,
daß sich dabei auch sehr weltliche Zwecke mit einmischten, deren letztes
Ziel die Wiederherstellung eines morgenländischen Kaisertums unter der
geistlichen Schutzherrschaft des Päpstlichen Stuhles war, selbst ein wenig
auf Kosten der übrigen abendländischen Mächte.

Der Zeitpunkt der Abfassung oder gar der Absendung des merkwürdigen,
sehr umfangreichen Schreibens, das mehr einer Abhandlung als einem Brief
gleicht, ist mit Sicherheit nicht zu bestimmen. Da der Verfasser den gelehrten, von Nicolaus Cusanus in seiner *,Cribratio Alchorani'* verwendeten
Apparat bisweilen wörtlich übernimmt, muß das päpstliche Kunstwerk
nach dem Sommer 1461, da aber darin von der Eroberung Sinopes und
Trapezunts die Rede geht, nicht *vor* Oktoberende entstanden sein. Die
genauere zeitliche Ansetzung hat auch die Auffindung des eigenhändigen
Entwurfes vor einigen Jahren nicht ermöglicht. Das Schreiben ist, obwohl
es so gut wie sicher niemals auf den Weg nach Stambul gebracht wurde,
noch zu Lebzeiten Mehmeds II. als Wiegendruck (Treviso 1475) erschienen,
in die Briefsammlung des Papstes aufgenommen und in zahlreichen Handschriften verbreitet worden.

Pius II. versicherte in seinem Sendbrief, daß er dessen Empfänger nicht
hasse, da sein Herr gebiete, auch die Feinde zu lieben und für die Verfolger
zu beten. Er widerlegte dann den ehrgeizigen Wahn, als werde das osmanische Glaubensschwert auch die lateinische Welt mit der nämlichen Leichtigkeit überwinden, mit der es sich die Asiaten, Griechen, Serben und
Walachen, Ungläubigen und Ketzer unterwarf. Wenn Mehmed aber seine
Herrschaft unter den Christen erweitern und seinen Namen mit Ruhm
bedecken wolle, so brauche er kein Geld, keine Waffen, keine Heere, keine
Flotten. ,Eine unbedeutende Kleinigkeit kann Dich zum Größten, Mächtigsten und Berühmtesten aller jetzt lebenden Sterblichen machen. Du
fragst, was dies sei? Es ist nicht schwer zu finden, man braucht nicht weit
zu gehen, um es zu suchen. Es ist überall zu haben: ein ganz klein wenig
Wasser *(aquae pauxillum)*, womit Du Dich taufen läßt, Dich zum Christentum bekehrst und den Glauben an das Evangelium annimmst. Wenn Du
das getan haben wirst, so wird es auf dem Erdkreis keinen Fürsten mehr
geben, der Dich an Ruhm überträfe oder Dir an Macht gleichkommen

könnte. Wir werden Dich Kaiser der Griechen und des Orients nennen, und was Du jetzt mit Gewalt besetzt hast und mit Unrecht behauptest, das wird dann von Rechts wegen Dein Besitztum sein. Alle Christen werden Dich verehren und zum Schiedsrichter ihrer Streitigkeiten machen. Alle Unterdrückten werden zu Dir wie zu ihrem gemeinschaftlichen Schutzherrn ihre Zuflucht nehmen; fast aus allen Ländern des Erdkreises wird man sich an Dich wenden. Viele werden sich Dir freiwillig unterwerfen, vor Deinem Richterstuhl erscheinen und Dir Abgaben entrichten. Es wird Dir vergönnt sein, Zwingherrn zu unterdrücken, die Guten zu unterstützen und die Bösen zu bekämpfen. Und die Römische Kirche wird Dir nicht entgegen sein, wenn Du auf dem rechten Pfade wandelst. Der erste geistliche Stuhl wird Dich mit derselben Liebe umfassen wie die übrigen Könige, und zwar um so mehr, je erhabener Deine Stellung sein wird. Unter diesen Bedingnissen kannst Du leicht ohne Kampf und Blutvergießen viele Reiche erwerben ... Wir würden Deinen Feinden niemals Hilfe leisten, sondern im Gegenteil Deinen Arm gegen die in Anspruch nehmen, die sich bisweilen die Rechte der Römischen Kirche anmaßen und gegen ihre eigene Mutter die Hörner erheben.' Im weiteren Text des umfänglichen, sorgfältig ausgearbeiteten Schreibens entwickelt dann sein gelehrter Verfasser die Geschichte des Alten und Neuen Bundes und die Grundwahrheiten des christlichen Glaubens, indem er zugleich, an Nicolaus Cusanus sich haltend, die Lehren des Korans zu widerlegen sucht. Der prickelnde Gedanke eines Briefwechsels zwischen dem obersten Vertreter der Christenheit und des Islam reizte wohl die Einbildungskraft der Zeitgenossen und führte der, noch von Cervantes in der Einleitung zum ‚Don Quixote' verspotteten Türkenliteratur eine Anzahl von Machwerken zu, die zu den mittelbaren Erfolgen des beredsamen Papstes gerechnet werden mögen, aber die Sache wäre, wie sich von selbst versteht, auch dann ohne jegliche Folgen geblieben, wenn der Brief jemals sein Ziel erreicht hätte. Man kann, wie richtig bemerkt wurde, es nur für die damalige Bewegung der christlichen Welt gegen die wachsende Macht des Islam als höchst bezeichnend vermerken, daß Pius II. zur gleichen Zeit, wo er damit umging, Skender-Beg die Königskrone von Albanien zu verleihen und ernstlich an die Wiederherstellung des Königreichs Jerusalem zugunsten des Herzogs von Burgund dachte, den Sultan der ungläubigen Osmanen zum rechtgläubigen Kaiser des Morgenlandes einsetzen wollte.

Fast zur nämlichen Stunde, da sich Pius II. mit der Bekehrung Mehmeds II. zum Christentum so ernsthaft beschäftigte, sandte der furchtbarste aller Städtetyrannen Italiens und wohl eine der entsetzlichsten Erscheinungen der Frührenaissance, Sigismondo Pandolfo Malatesta (1417—1468), Gewaltherrscher zu Rimini, an Sultan Mehmed II. ein von seinem Sekretär und Berater, dem Humanisten Roberto Valturio verfaßtes Schreiben. Der Großherr hatte ihn angeblich ersucht, den seit langem an Malatestas Hof tätigen Maler Matteo de'Pasti nach Stambul zu entsenden, damit er sein Bildnis verfertige. Malatesta versprach ihm sogleich diesen seinen Hofmaler und zugleich ein Geschenk, nämlich eine Prachthandschrift des von R. Valturio geschriebenen Werkes über die Kriegskunst, *De re militari*. Matteo machte sich auf den Weg und trug angeblich auch eine sorgfältig ausgeführte Karte der Adria *(el colfo designato)* für den Sultan bei sich. Vor Kreta brachten ihn aber die Venediger auf und schafften ihn zusammen mit dem Buch und sonstigen Schriftstücken vor den Zehnerrat der Republik. Man begann ein strenges Verhör, drohte mit Anwendung der Folter, wenn er nicht die lauterste Wahrheit darüber aussage, zu welchem Behuf man ihn zum Großtürken schicken wollte. Die Untersuchung verlief ohne belastendes Ergebnis. In den ersten Dezembertagen 1461 ward er entlassen. Zehn Stimmen entschieden sich für ihn, vier waren dagegen und den Rest bildeten drei Enthaltungen. Man hatte ihn als nicht schuldig hinsichtlich der erhobenen Verdächtigungen erachtet. Wenn ihm die Gunst der Signoria lieb sei, so bedeutete man ihm, ehe er nach Rimini zurückkehrte, so solle er nicht mehr in die Türkei aufbrechen und sich jeglicher Beziehungen zum Sultan enthalten. Bereits am 18. Januar 1462 war er wieder an Malatestas Hof zurückgekehrt. In Venedig aber und anderwärts, wo die Nachricht von der Fahrt Matteos ruchbar wurde, war man fest überzeugt, daß Sigismondo Malatesta, der zu allen Schandtaten bereit war, sich anschickte, mit dem Sultan eine engere politische Bindung einzugehen. Ja man vermutete geradewegs, daß er ihn nach Italien einladen wollte, wo man dem Eroberer einen festlichen Empfang zusicherte und ihm gleichzeitig des Malatesta Dienste als Condottiere antrug. Pius II., dessen Heer Sigismondo Malatesta am 2. Juli 1461 gänzlich in die Flucht geschlagen hatte, wird schwerlich die Wahrheit verfehlt haben, wenn er den Herrn von Rimini bezichtigte, er wolle die Türken nach Italien locken. Kurz vor der Abfahrt des Matteo de'Pasti nach der Levante im September 1461 soll, so behauptete man, Malatesta erklärt haben, daß, wenn König Ferrante von Neapel den Skender-Beg kommen lasse, er, Malatesta, nach dem Türken schicken werde. Die erwähnte Karte des Adriatischen Meeres und seiner beiden Küsten soll, wie ein gleichzeitiger Chronist, Giovanni di Pedrino aus Forlì, berichtet, in Wahrheit eine solche von ganz Italien gewesen sein, auf der alle nur wünschenswerten Einzelheiten säuberlich eingetragen waren. Daß er dem Sultan ausgerechnet ein Werk über die Kriegskunst mit genauen Abbildungen aller damals im Westen verwendeten Kriegsmaschinen, nämlich das kurz vorher fertiggestellte *De re militari* des R. Valturio, durch Matteo de'Pasti überreichen lassen wollte, spricht gleichfalls nicht für die Harmlosigkeit des Unternehmens. Die herrliche Handschrift gelangte freilich nicht in die Hände des Sultans, sondern des Papstes und ist seither verschollen. Der ebenso verschlagene wie tapfere, nicht selten vom Glück begünstigte Sigismondo Malatesta, der die Eigenschaften des Fuchses und des Löwen in sich vereinigte, also alle Voraussetzungen Macchiavellis für einen echten Tyrannen erfüllte, hat allem Anschein nach mit Mehmed II., den er später im Felde bekämpfte — ‚io servo, chi mi paga', wer mich bezahlt, dem dien' ich —, keine weiteren Verbindungen unterhalten, obschon die gleichzeitige Anwesenheit (Oktober 1461) von Valturios engem Landsmann und Freund Angelo Vadio in Stambul den Verdacht umfassenderer Beziehungen zwischen Stambul und Rimini nähren könnte.

Ehe Mehmed II. sich gegen Trapezunt wendete, erhielt er die Nachricht, daß der erbliche Anführer der sogenannten Renner und Brenner (Aqyndschys), Michal-oghlu ⁽c⁾Alî-Beg, der die ungarischen Grenzlande an der Donau durch seine Überfälle niemals zur Ruhe kommen ließ, den in sein eigenes Gebiet eingedrungenen Oheim des Ungarnkönigs, Michael Szilágyi, mit 28 seiner Begleiter an der bulgarischen Donauseite aufgegriffen habe. Man brachte die Gefangenen nach Stambul, wo sie auf Befehl des Sultans schonungslos niedergemacht wurden. M. Szilágyi allein überlebte sie drei Tage, um dann auch ihr Schicksal zu teilen. Mehmed II. versuchte durch ihn Aufschlüsse über Belgrad und Ungarn zu erlangen, um danach seine kriegerischen Maßnahmen gegen diese Gebiete einzurichten. Die Feindseligkeiten mit König Matthias, der sich übrigens kurz vorher mit seinem Oheim ausgesöhnt hatte, waren mit diesen Mordtaten eingeleitet worden, wenngleich Matthias Bedenken trug, selbst einen neuen Einfall des ⁽c⁾Alî-Beg ins Temesvárer Banat durch Vergeltungen zu erwidern. Dem Großherrn an der Donau Unannehmlichkeiten zu bereiten, überließ er seinem walachischen Vasallen Vlad, dem seine Grausamkeit und seine viehische Lust, Menschen pfählen zu lassen, den Beinamen des ‚Pfählers' (Țepeș) oder Dracul, 'der Teufel', eingetragen haben. Dieser war seit dem Antritt seiner Herrschaft (1456) nicht nur der Schrecken seiner Untertanen, sondern auch der Nachbarländer, ja selbst zeitweise der Osmanen. Mit ausgeklügelter Kaltblütigkeit und wahrhaft tierischem Behagen trieb er des Henkers Handwerk bis zu Unmenschlichkeiten, die selbst in jenen barbarischen Zeiten ihresgleichen suchten. Das Ungeheuer ließ zu Tausenden alle, die seinen Zorn oder seine Rache auf sich geladen hatten, hinrichten, spießen, verbrennen, zerstückeln. Noch lange nach seinem Tod bewegte

sein Ruf die Gemüter des Abendlandes, wie die verschiedenen Wiegen-
drucke von Augsburg, Bamberg, Nürnberg und Straßburg dartun, worin
in groben, aber eindrucksvollen Holzschnitten das Wüten dieses sadisti-
schen Scheusals vor Augen geführt wird.

   Sein Lieblingsschauspiel war die Marter des Pfahles und am liebsten
speiste er mit seinem Hofe in einem dichten Kreis von Türken, die auf

Der Vojvode Dracul bei der Mahlzeit
Aus: *Dracole Wayda*, Ausgabe Matth. Hupfuff (Straßburg 1500)

Pfählen röchelnd den Geist aufgaben. Den Gefangenen ließ er die Haut von den Füßen lösen, die Wundstellen mit Salz einreiben und dann zur Vervielfältigung der Todesqualen Ziegen daran lecken. Gesandten des Sultans, die sich weigerten, ihn mit entblößtem Haupte zu grüßen, wurde mit drei Nägeln der Turban an den Kopf genagelt, damit dieser nach Väter-sitte desto fester sitze. Alle Bettler des Landes, ob sie nun aus Trägheit oder aus Elend begehrten, lud er eines Tages auf ein großes Gastmahl. Nachdem er sie mit Speisen und Wein reichlich bewirtet, ließ er Feuer in den Speisesaal werfen und alle verbrennen. Müttern hieß er die Köpfe ihrer Säuglinge an die ausgeschnittene Brust anspießen. Kinder zwang er, von ihren gebratenen Müttern zu essen. Besondere Vorrichtungen ersann er, um Menschen zu Kraut zu zerhauen, zu braten und in Kesseln zu sieden. Ein auf einem Esel reitender Mönch, dem er begegnete, wurde samt seinem Reittier gepfählt. Ein Priester, der gepredigt hatte, daß man fremdes Gut nicht anrühren solle und der bei Tisch vom Brote aß, das sich Vlad ange-schnitten hatte, ward auf der Stelle gespießt. Einer seiner Kebsen, die sich schwanger glaubte und es nicht war, schnitt er selbst den Bauch auf. Als Vlad an einem heißen Sommertage einmal einem ehrwürdigen Mann begegnete, der ihn unter den Gespießten spazierend antraf und ihn befragte, wie er es in dem Gestank auszuhalten vermöge, ließ er ihn sogleich auf einen viel höheren Pfahl spießen, damit er über den Gestank erhaben sei. Sein größtes Fest waren Massenhinrichtungen. 400 junge Leute aus Siebenbürgen und Ungarn, die man in die Walachei gesandt, um die Sprache zu erlernen, wurden mitsammen verbrannt, 600 Kaufleute aus dem Burzenland auf dem Markt gespießt, 500 ihm verdächtige walachische Vögte und Edelleute unter dem Vorwand, daß sie über die Bewohnerschaft keine befriedigende statistische Auskunft geben konnten, gepfählt. Aber alles das war nur eine Kleinigkeit, gemessen an dem furchtbaren Schauspiel, das der Wüterich nunmehr aufzuführen sich anschickte.

Solange Vlad seinen walachischen Tribut entrichtete, den bereits Murâd II. von ihm eingezogen hatte, und solang er seine teuflische Blutgier nur an seinen Landsleuten oder seinen Nachbarn austobte, ohne osmanisches Ge-biet zu behelligen, ließ ihn Mehmed II. ruhig gewähren. Hatte er ihm doch selbst gegen seinen Nebenbuhler zur Herrschaft verholfen und sich damit begnügt, seinen jüngeren Bruder Radu als Geisel nach der Pforte zu ver-schleppen, wo er ihn erst durch Schändung entehrt, dann aber durch seine besondere Gunst belohnt haben soll.

Im Jahre 1461 wandte sich Vlad nun im geheimen an seinen Verwandten König Matthias von Ungarn und schlug diesem ein Schutz- und Trutz-bündnis gegen die Türken vor. Matthias ließ sich, obgleich Vlad wiederholt

Siebenbürgen heimgesucht und auch sonst ungarisches Gebiet mit seinen
Räubereien in Angst und Schrecken versetzt hatte, auf den Vorschlag ein.
Aber noch ehe das Bündnis zum Abschluß kam, wurde Mehmed II. durch
seine Kundschafter davon unterrichtet, daß Vlad auf Abfall und offene
Feindschaft sinne. Er suchte ihm zuvorzukommen und, wenn irgend
möglich, seiner habhaft zu werden. Sein schlauer griechischer Geheimschreiber Katavolenos, jetzt als Muslim Jûnus-Beg genannt, lud ihn
im Namen des Großherrn mit der Beteuerung ein, daß er, wenn er am
Sultanshof erscheine und dadurch den Beweis seiner Treue und Ergeben-
heit erbringe, in Ehren empfangen und mit Gnaden und Wohltaten aller
Art belohnt werde. Um ihn auf die Probe zu stellen, ward er aufgefordert,
Mehmed zum Pfortendienst unverzüglich 500 auserlesene Walachen zuzuführen und den jährlichen Tribut von 2000 Dukaten, der inzwischen aber
wegen fünfjährigen Rückstandes auf 10 000 angelaufen war, nach Stambul
mitzubringen. Katavolenos hatte den Auftrag, sich mit List seiner Person
zu bemächtigen, falls Vlad dieser Vorladung nicht gutwillig Folge leiste.
Zu diesem Zweck sollte sich der Grieche mit dem damals zu Vidin und in
den Donaugegenden befehligenden Tschaqyrdschy-baschy Hamsa-Pascha
verständigen. Der Versuch, den gewiegten Walachenfürsten in diesen Hinterhalt zu locken, mißlang völlig. Vlad erklärte dem großherrlichen Abgesandten, den Tribut halte er zwar in Bereitschaft, aber niemals werde er
sich herbeilassen, 500 junge Leute zu stellen oder gar sich selbst an der
Pforte zu zeigen. Und als er dem Griechen wirklich das Geleit gab,
unterließ er nicht, sich mit einer entsprechenden Leibwache zu versehen.
An der Stelle, wo ihm die Falle gestellt werden sollte, kam es zu einem
heftigen Gefecht, in dessen Verlauf aber Vlad und die Seinen obsiegten.
Die Türken ergriffen die Flucht, Hamsa-Pascha und Katavolenos wurden
dabei gefangen, unverzüglich an Händen und Füßen verstümmelt und auf
Pfählen zur Schau gestellt. Seines Ranges wegen wurde für Hamsa-Pascha
der höchste Pfahl gewählt.

Vlad zog darauf ein Heer zusammen, setzte mit ihm über die Donau,
verwüstete weithin das osmanische Gebiet, legte alle menschlichen Siedlungen in Asche und machte die wehrlose Bevölkerung, sogar Weiber und
Kinder, nieder. Alle, die als Gefangene weggeschleppt wurden, angeblich
nicht weniger als 25 000 Menschen, ließ er ohne weiteres durch Spießen zu
Tode martern. Daß Vlad die Dinge so weit getrieben hatte, daß er sich sogar
an seinem Gesandten vergriff, dem Vlad übrigens den Turban an den Kopf
hatte nageln lassen, das alles erschien Mehmed II. so unfaßbar, daß er den
Großwesir Mahmûd-Pascha, der ihm Bericht erstattete, im ersten Anfall
des Grimmes verprügelte. ‚Schläge‘, bemerkt Chalkokandyles dazu, 'sind

keine Schande an des Sultans Pforte für die Sklaven, die er aus dem Staube zu den höchsten Würden erhebt.' Nach anderen Quellen soll es sich freilich nur um einen Meldeboten, und zwar reitenden Tataren gehandelt haben, dem die Züchtigung widerfuhr.

Als sich der Großherr von der Wahrheit der Angaben überzeugte, war er fest entschlossen, fürchterliche Rache zu üben und schon im Frühjahr gegen die Walachei aufzubrechen. Die Schandtaten des ‚Pfahlvojvoden', wie die Türken Vlad hießen, dürften sich im Winter 1461/62 zugetragen haben.

Zur gleichen Jahreszeit sandte Mehmed II. nach allen Richtungen Eilboten aus, um ein Heer zusammenzuziehen, das an Zahl und Ausrüstung demjenigen nahe gekommen sein soll, das er früher gegen Konstantinopel verwendete. Dukas veranschlagt dessen Stärke auf 150 000 Mann und Chalkokandyles fügt in offenbarer Überschätzung weitere 100 000 hinzu. Schiffsmakler an der Donau, so führt er als Beweis an, hätten die Überfahrt dieser vom Großwesir Mahmûd-Pascha befehligten Heeresmasse für 300 000 Goldstücke erkauft und dabei noch ein sehr gewinnreiches Geschäft gemacht. Außerdem ließ der Sultan eine Lastenflotte ausrüsten und durchs Schwarze Meer in die Donau segeln. Sie soll aus 25 Dreiruderern und 150 kleineren Fahrzeugen bestanden haben und donauaufwärts bis nach Vidin vorgedrungen sein. Der Großherr selbst befand sich auf einem der Schiffe; am 26. April 1462 war er von Stambul aufgebrochen.

Wenn man die überlieferte, wie immer übertriebene Zahl betrachtet, auf deren Höhe der Sultan damals sein Heer gebracht haben soll, so gewinnt man den Eindruck, daß er mit dessen Einsatz nicht nur einen Fürstenwechsel hat erzielen, sondern die Walachei, wie vorher Serbien und Griechenland, in dauernden Besitz hat nehmen wollen. Auch die Tatsache, daß er diesmal, wie er sonst ohne Zweifel verfahren hätte, außer etwa Radu, keinen gefügigen und unbedeutenden Thronwerber um das walachische Fürstentum mit sich führte, läßt vermuten, daß Mehmed II. damals weiterreichende Absichten verfolgte.

Der Krieg, in den sich der Sultan nunmehr einzutreten anschickte, unterschied sich in der hiebei angewandten Kampfesweise grundsätzlich wohl von allen bisher von ihm geführten. Die Osmanen waren an militärische Unternehmungen in Ländern mit starken Festungen, mauerumgürteten Städten und verschanzten Herrensitzen gewöhnt. Deren Einnahme gestaltete sich nicht immer ohne Schwierigkeit, ja sogar mit anfänglichen Mißerfolgen. Wenn sie sich aber einmal in ihren Händen befanden, so war die Bezwingung des Umlandes für lange Zeit so gut wie gesichert. Ganz anders lagen die Dinge bei den Walachen. Sie siedelten als Bauern- und

Hirtenvolk größtenteils auf dem flachen Lande in Dörfern. Die wenigen, fast nur von Sachsen oder Ungarn errichteten Städte lagen unter dem Gebirge. Sonst waren nur kleine Bauernhäuser zu sehen, die hin und wieder gegen leichtere Überfälle durch Pfahlwerk oder Gräben geschützt wurden. Einem Volk gegenüber, das in solchen Verhältnissen lebte, mußte Mehmed II. in große Verlegenheit geraten. Um so geschickter wußte der Gebieter dieser Hirten und Bauern sie auszunutzen.

Während die auf Schiffen an die Donauufer gebrachten Truppen das walachische Gebiet zu verheeren suchten, dabei auch den Hafen Brăila, die damals wichtigste, aber fast nur aus Holzhäusern bestehende Hafenstadt niederbrannten, setzte sich das Landheer von der Adrianopeler Ebene aus über Philippopel nach der Donau hin in Marsch. Der Flußübergang ward ohne jede Hindernisse durchgeführt, denn weder an den Ufern noch im angrenzenden, völlig menschenleeren Flachland zeigte sich irgendeine Gegenwehr. Vlad hatte die gesamte Bevölkerung angewiesen, sich mit ihrem Vieh und ihrer beweglichen Habe in die schwer zugänglichen, dichten und unwegsamen Eichenwälder zurückzuziehen. Dort war er selbst mit seiner Streitmacht, die 10 000 Mann schwerlich überschritt, in Deckung gegangen. Er scheint auf ungarische, nicht aber auf moldauische Hilfe in seinem Abwehrkampf gerechnet zu haben. Der Fürst der Moldau, Stefan, war an die Donaumündung nach Kilia geeilt, das sich in ungarischen Händen befand. Mit gutem Grunde erblickte er im Besitze dieser Feste für seinen Staat eine strategische Notwendigkeit. Als er im Juni 1462 unter den Mauern von Kilia stand, eilte auch Vlad persönlich zur Verteidigung dieses wichtigen Hafens herbei. Schon vor Eintreffen des Walachenfürsten am Fuß verwundet, mußte Stefan Kilia im Stiche lassen. Vlad setzte sich dort fest und auch das osmanische Geschwader, das in die Donau eingelaufen war, um sich der Flußmündung und der Festung zu bemächtigen, mußte wieder abziehen.

Vlad wandte sich nun hilfesuchend durch ein Eilschreiben an den König von Ungarn, der die auch ihm drohenden Gefahren keineswegs verkannte, aber sich einstweilen damit begnügte, einen Sondergesandten an den Papst und an die Signoria von Venedig abzuschicken und beide dringend um Beistand zu bitten. Wie sich aus den Berichten etwa des venedischen Gesandten am Hofe zu Buda ersehen läßt, war man dort über die Vorgänge in der Walachei nur unzureichend im Bilde. Immer wieder klingt in diesen Schreiben das panische Entsetzen durch, Mehmed könnte nach beendigtem Feldzug in der Walachei seine Waffen gegen Belgrad kehren.

So war Vlad fürs erste ganz auf sich selbst gestellt und versuchte mit seinem schwachen Heer durch plötzliche Überfälle aus den Wäldern den

Osmanen möglichst zuzusetzen. In jenen Eichwäldern und unzugänglichen Pässen verlor die Zahl der Kämpfer an Bedeutung und nur dem Kenner der Örtlichkeiten konnte ein Erfolg winken. Mehmed ließ in diesem Buschkrieg seine Truppen nur geschlossen vorrücken und jedes Abschweifen untersagen. Sieben Tage zog er durch das gänzlich verödete Land, ohne auf einen Gegner zu stoßen. Die ihm durch seine Späher vermittelte Nachricht, daß auf ungarische Verstärkung nicht zu rechnen sei, machte den Sultan sorgloser und unvorsichtiger, so daß Vlad eines Nachts mit den Seinen plötzlich in das schlecht verschanzte und verteidigte Lager der Türken einbrach, wo niemand eines solchen Überfalls gewärtig war. Nur mit Mühe ward eine regellose Flucht der Osmanen verhindert. Die asiatische Reiterei, die sich als erste sammelte und den Ansturm der Walachen abwehren sollte, wurde geworfen und Vlad selbst machte im nächtlichen Getümmel mit seinen Reitern den Versuch, ins Sultanlager einzudringen, geriet aber an die Zelte des Großwesirs und des Isḫâq-Pascha, ohne dort etwas auszurichten. Das ganze Scharmützel, in dem viele Kamele, Maulesel und Saumtiere den Tod fanden, blieb ohne wesentliches Ergebnis, ja, als die Janitscharen und die restliche Reiterei der Osmanen wieder geordnet dastanden, schien sich das Blatt gewendet zu haben. ᶜAlî-Beg setzte den abziehenden Walachen nach, tötete viele auf der Flucht und führte etwa 1000 Gefangene ins Lager zurück. Mehmed II. ließ sie unverzüglich umbringen. Dukas und Chalkokandyles berichten beide von einer bedenklichen Niederlage des Großherrn. Ob diese Annahme den Tatsachen entspricht, ist ebenso ungewiß wie die Behauptung anderer Quellen, daß diese nächtliche Überrumpelung den Hauptgrund des eiligen Rückzuges der Türken aus der Walachei abgab. Mehmeds einstweiliger Feldzugsplan war wohl, auf die stark befestigte, aber durch Sümpfe gedeckte walachische Hauptstadt Tîrgovişte loszugehen. Dort hatte sich ein großer Teil der vom flachen Lande geflüchteten Bevölkerung schutzsuchend eingefunden. Als aber der Großherr vor den Mauern der Stadt ankam, fand er sie ohne Verteidiger und Geschütze, die Tore weit geöffnet und verlassen. Er zog unausgesetzt weiter und sein Weg soll ihn bald darauf durch jenen grausigen Leichenwald geführt haben, in dem man eine halbe Stunde lang auf etwa 20 000 Pfählen noch die Reste der von Vlad gespießten Bulgaren und Osmanen gewahrte, mitten unter ihnen, an einem erhöhten Pfahl und angetan mit einem Prunkgewand, Hamsa, den Statthalter von Vidin. Selbst Mehmed II., so wenigstens vermerken die erwähnten beiden byzantinischen Chronisten, konnte sein Schaudern über solche Schandtat nicht unterdrücken.

Vlad rückte dem Osmanenheer nach, suchte es durch Plänkeleien zu beunruhigen, aber zu einem entscheidenden Angriff hatte er nicht den Mut. Er zog sich vielmehr mit einem Teil seiner Streitmacht nach der Moldau zurück und überlies in der Walachei nur etwa 6000 Mann die Beobachtung des Gegners. Turachan-oghlu ᶜÖmer-Beg, der sich auf dem rechten Heeresflügel befand, geriet mit diesen einmal ins Handgemenge, rieb sie fast gänzlich auf und legte dem befriedigten Kriegsherrn 2000 Walachenköpfe zu Füßen. Darauf ward er von neuem als Statthalter von Thessalien bestätigt.

Obwohl sich die Trümmer des walachischem Heeres abermals sammeln konnten, vermochten sie gegen die Osmanen nichts mehr auszurichten. Diese verwüsteten das Land nach besten Kräften und als Ergebnis ihrer rücksichtslosen Plünderungen sollen sie neben zahlreichen versklavten Menschen 200 000 Stück Vieh, vor allem Ochsen und Pferde, mit ihrem abziehenden Heere südwärts getrieben haben. Auch der Sultan ging über die Donau und bereits am 11. Juli 1462 traf er wieder in Stambul ein. Vor seinem Abmarsch aus Rumänien übergab er Michal-oghlu ᶜAlî-Beg die Statthalterschaft über die Walachei mit der Weisung, Vlads Bruder Radu unter sultanischer Oberhoheit zum Herrn des Landes einzusetzen. Mit diesem aber hatte es eine merkwürdige Bewandtnis: Radu, ein wollüstiger Schwächling und wegen seiner Schönheit, die in krassem Gegensatz zur Häßlichkeit seines Bruders stand, berühmt, hatte sich Jahre hindurch am Sultanshof als Geisel aufgehalten und dort die Aufmerksamkeit Mehmeds II. auf sich gelenkt. Er gewann seine besondere Gunst und Chalkokandyles erzählt ausführlich einen Vorfall, der sich zwischen Radu und dem Sultan zugetragen haben soll. Als sich Mehmed II., einer einwandfrei bezeugten Neigung folgend, an dem jungen Radu vergreifen wollte, ward er von diesem durch einen Schwertstreich verwundet. Aus Angst vor der großherrlichen Rache kletterte Radu flugs auf einen Baum in der Nähe, um sich den Verfolgungen und der Bestrafung zu entziehen. Zu guter Letzt ward er aber wieder in Gnaden aufgenommen, zumal er sich den sultanischen Nachstellungen in der Folge weit weniger abhold zeigte als das erste Mal. Ja, er verstand es sogar, sich des Sultans Zuneigung zu erhalten und brach in dessen Gefolge nach der Walachei auf, wo er von einigen Gruppen zum Thronfolger ausersehen war. Es fiel Radu nicht schwer, die noch widerspenstigen Bojaren auf seine Seite zu ziehen. Sie fielen von Vlad ab und erkannten ihn selbst im August 1462 nach etlichen Drohungen und Vorstellungen als ihren Herrn im von Mehmed II. beherrschten Lande an.

Vlad, von allen Seiten schmählich verlassen, unternahm noch einen verzweifelten Versuch von Siebenbürgen aus, wohin er sich geflüchtet hatte, sein Land, vor allem aber die sultanische Gewogenheit wieder zu erlangen.

Am 7. November 1462 richtete er aus ‚Rhotel', worunter doch wohl das deutsche Rauthel (ungarisch Rúdaly) bei Schäßburg zu verstehen ist, an Mehmed II. einen Brief in slavischer Sprache, dessen Wortlaut sich in einer freien lateinischen Übertragung erhalten hat, dessen Echtheit indessen von neueren rumänischen Geschichtsforschern ohne jeden ersichtlichen Grund bestritten wird. Dieses Schreiben, worin Vlad dem Großherrn seine Hilfe antrug und ihm den Gewinn nicht nur ganz Siebenbürgens, sondern auch Ungarns versprach, verfehlte seine Bestimmung und geriet, vermutlich in Kronstadt, in die Hände des Königs Matthias von Ungarn. Dieser ließ seinen Verwandten sofort ergreifen und nach Ofen in die Gefangenschaft schaffen, wo er bis 1476 verbleiben mußte. Bis dahin aber führte sein Bruder unter türkischer Botmäßigkeit gegen Erlegung eines jährlichen Lehenszinses von 12 000 Dukaten die unsichere Scheinherrschaft in der Walachei, bis Vlad aufs neue, wenn auch nur für zwei Jahre, zur Geißel seines geplagten Landes werden konnte.

Mehmed II. weilte längst wieder in seinem Stambuler Seraj, als eine strenge Überwachung der gesamten, fürs Ausland berechneten Briefschaften angeordnet und vollzogen wurde. Der venedische Bailo bei der Pforte, Ser Domenico Balbi, schrieb nämlich Ende Juli 1462 an seine Behörde nach Hause, daß er nur mit großen Mühen und Kosten Mittel gefunden habe, seinen Bericht aus Stambul abzusenden, da es überhaupt nur ganz wenigen gestattet sei, auf dem Land- und Seeweg die Hauptstadt zu verlassen. Alle für die Außenwelt bestimmte Post, soweit sie Neuigkeiten über die Türken enthalte, sei untersagt, und zwar so streng, daß gar niemand auch nur den Versuch wage, sie hinauszuschmuggeln. Kupfer, Blei und Lederwaren wurden, sehr zum Verdruß und Schaden der Händler, mit Beschlag belegt. Alle diese Vorkehrungen lassen vermuten, daß Mehmed II. entweder neue Kriegsvorbereitungen traf, die er streng geheim zu halten wünschte, oder aber, daß er Abwehrmaßnahmen großen Stils für den befürchteten Fall eines Angriffs von außen treffen ließ. Sicher ist, daß die beiden sogenannten ‚Alten Dardanellen', die zwei Schlösser Kilîd-ül-bahrejn (‚Verschluß der zwei Meere') sowie Qal^{c}e-i-Sultânîje (‚Sultansschloß'), auf dem europäischen und asiatischen Ufer des Hellesponts 1462 von Mehmed II. zum Schutze der Meerengen angelegt wurden. Die Herstellung der zwei Sperrfesten dürfte wiederum in denkbar kürzester Frist erfolgt sein und der gewaltige Eindruck, den diese umfangreichen und mächtigen Wehrbauten auch noch dem heutigen Betrachter bereiten, läßt ihre Wirkung zur Zeit der Errichtung als völlig ungewöhnlich erscheinen. Mit diesen beiden Anlagen war, sobald Rumeli Hißâry und Anadolu Hißâry den Bosporus vom Schwarzen Meer her abriegelten, vom Westen her die

Zufahrt ins Marmarameer nach Stambul leicht zu unterbinden. Neben dieser regsten, 1462 entfalteten Befestigungstätigkeit ward im gleichen Jahre der Flottenbau mit Nachdruck betrieben. Es sieht indessen aus, daß entscheidende Anstrengungen hiezu erst im Winter 1462/63 unternommen wurden, ebenso wie die umfassenden Hafenbauten, die den Zweck hatten, Stambul auch zum Hauptankerplatz des Osmanenreiches zu machen, kaum vor Anbruch der kalten Jahreszeit begonnen haben. Der neue Galeeren-Hafen (Kadyrgha Limany), um den es sich dabei handelt, sollte besonders für größere Kriegsschiffe bestimmt sein, wie deren mehrere noch im Laufe des gleichen Winters gezimmert wurden und vom Stapel liefen. Unmittelbaren Anstoß zur Schaffung einer schlagfertigen Flotte und eines Flottenstützpunktes in nächster Nähe der Hauptstadt gab der Feldzug gegen die Insel Lesbos, der sich gleich an den walachischen anschloß und im Laufe des Septembers 1462 ins Werk gesetzt wurde. Bereits im Frühjahr 1461 waren im Hafen von Gallipoli, dem Amtssitz des Admirals (qapudan pascha), umfängliche Zurüstungen bei osmanischen Geschwadern ausgeführt worden und die Kunde davon hatte die Bewohner der ägäischen Inseln, wie Dukas berichtet, in größte Angst gestürzt, weil man sie dort allgemein als gegen sie gerichtet wähnte. In Wahrheit aber lief die Flotte nach dem Schwarzen Meer aus.

Ein Vorwand für das Unternehmen gegen Lesbos (Mytilini) war bald gefunden. Der ehrgeizige Inselherr Niccolò Gattilusio hatte Ende 1458 seinen älteren Bruder Domenico unter der Beschuldigung, er wolle das Eiland an die Türken ausliefern, in den Kerker geworfen und dann erdrosseln lassen, um sich hierauf selbst der Insel zu bemächtigen. Diese Greueltat nahm Mehmed II., derselbe, dessen erste Herrschertat ein Brudermord war, zum Vorwand seines Einschreitens, indem er sich als Rächer des Himmels aufspielte. Tatsächlich aber verübelte Mehmed dem Fürsten weit mehr, daß er sich zum Spießgesellen der katalanischen Seeräuber hergab, denen er, entgegen den ausdrücklichen Weisungen des Sultans, die dortigen Gewässer von diesen Freibeutern zu reinigen und vor allem Überfälle auf das nahe anatolische Festland zu unterbinden, im Hafen von Mytilini Schutz gewährte und dafür einen erklecklichen Beuteteil für sich beanspruchte. Nicht genug damit, den Katalanen hatten sich Seeräuber von den Kykladen angeschlossen, die gemeinsam über das kleinasiatische Küstengebiet herfielen, plünderten und Einwohner als Sklaven nach Lesbos verschleppten, wo Niccolò Gattilusio seinen Gewinnanteil entgegennahm.

Mehmed II. setzte an der Spitze eines kleinen Janitscharenaufgebotes in eigener Person nach Asien über und begab sich zunächst nach der

Mäanderebene, wo er die Überreste von Troja, vor allem die sagenumwobe-
nen Stätten des Achilleushügels und des sogenannten Grabhügels des Ajax,
besichtigt haben soll. In einer Ansprache, die Kritoboulos im Stile der
zeitgenössischen Chronisten wörtlich anführt, soll er die troischen Helden
gepriesen und die Hellenen, Mazedonier, Thessalier und Moreoten für die
Zerstörung des herrlichen Ilion verantwortlich gemacht haben. Aber die
Nachfahren aller dieser Völker, so rief er angeblich aus, hätten seine strafende
Hand verspürt und die Untaten gebüßt, die ihre Vorfahren an den ,Völ-
kern Asiens' verübten. Deutlich ist hier der Einfluß seiner italienischen
Lehrer zu spüren, die ihm weisgemacht hatten, daß Teukros, der erste
König von Troja und Beherrscher der Teukrer, sein Ahnherr sei, wie denn
ja auch die Türken im Latein jener Zeiten unbedenklich als ,Teucri',
Teukrer, bezeichnet wurden. Ganz gewiß befanden sich damals, wie fast
immer auf seinen Kriegszügen, humanistisch geschulte Italiener in seinem
Gefolge, die ihm bei diesem Anlaß die homerischen Epen erzählten und die
Vergangenheit des Schauplatzes der troischen Kämpfe vor Augen führten.
Dann zog er weiter über Baba Burnu (Kap Lekton der Alten), in dessen
Nähe, vielleicht unweit Assos (bei Behram Köy), er Halt gemacht zu haben
scheint. Gegenüber liegt das Nordgestade der Insel Lesbos. Der Großwesir
Mahmûd-Pascha stach wohl gleichzeitig mit der ihm unterstellten osmanischen Flotte, 60 Galeeren und 7 kleinere Schiffe (Dukas), nach anderen
125 große und kleine Fahrzeuge stark, in See. Sturmzeug und Wurfgeschütze,
vor allem Mörser und etwa 2000 steinerne Kugeln, wurden gleichfalls
eingeschifft und nach drei Tagen ans Ziel gebracht.

Mehmed ließ Truppen auf Lesbos landen, die Gegend verheeren und die
wenigen, dort angetroffenen Bewohner als Sklaven nach den Schiffen
schleppen, die im St. Georgs-Hafen ankerten. Seine Hoffnung, durch solcherlei Maßregeln Niccolò Gattilusio hinreichend eingeschüchtert und zur
Übergabe bereit gemacht zu haben, erfüllte sich nicht. Falls er sich zu
sofortiger Waffenstreckung erbötig finde, so ließ ihm der Sultan erklären,
werde er ihm anderwärts ein entsprechendes Besitztum als Entschädigung
für die Preisgabe der Insel anweisen. Der Fürst vertraute auf die Stärke
der Befestigungen seiner Hauptstadt, den Mut der Verteidiger und die
Angst der Einwohner vor türkischer Sklaverei. Er werde, so gab er zur
Antwort, mit den Seinigen ehrenvoll unterliegen, niemals aber die Stadt
seinen Feinden ausliefern. Mehr denn 20 000 Nichtkämpfer, Männer,
Frauen und Kinder, und eine Besatzung von über 5000 Kämpfern, darunter
70 Rhodiser-Ritter und 110 katalanische Söldlinge, hielten sich innerhalb
der Mauern auf, die nunmehr, nach viertägigen erfolglosen Scharmützeln,
aus den Schlünden von herbeigebrachten 6 Riesengeschützen volle 27 Tage

hindurch bombardiert wurden. Die Wälle trotzten immer wieder den gewaltigen Steinkugeln, bis die äußeren Festungswerke zu wanken begannen und die Verteidiger auf die Innenburg zurückgedrängt wurden. Zuletzt brach im Stadtinnern panischer Schrecken aus; die zerbrochenen Mauern konnten auch mit hohen Geldbeträgen, die dafür ausgelobt wurden, nicht mehr hergestellt werden, die Soldaten fielen über die riesigen Weinvorräte her, plünderten die Lebensmittellager, kurzum die Janitscharen hatten, als sie durch die Tore und Mauerbreschen schließlich in die Stadt eindringen konnten, keinerlei ernsthafte Gegenwehr gefunden. Niccolò Gattilusio mußte sich besiegt erklären. Seine Widersacher auf der Insel scheinen Mahmûd-Pascha die rasche Bezwingung der Hauptstadt dadurch erleichtert zu haben, daß sie den Türken die schwachen Mauerstellen bezeichneten, wo sich der Zugang leichter bot. Niccolò stellte dem Eroberer nur die eine Bedingung, daß ihm ein seinem bisherigen Fürstentume gleichwertiges Besitztum anderwärts angewiesen werde, aus dem er die nämlichen Einkünfte zu beziehen vermöge. Mehmed, der den Verlauf der Belagerung und Erstürmung vom nahen Festland aus abgewartet hatte, setzte nunmehr für vier Tage auf die Insel über. Er gewährte dem Fürsten die Bitte, ein Vertrag ward aufgezeichnet und von beiden Seiten eidlich beschworen. Niemand, so sagte der Sultan ausdrücklich zu, solle an Leben und Eigentum zu Schaden kommen.

Gefolgt von den Vornehmen der Insel überbrachte dann der Herzog dem Großherrn die Schlüssel der Stadt, fiel dem Sultan weinend zu Füßen, bat um Vergebung und um die Gunst des gewaltigen Gebieters der Osmanen. Zeit seiner Herrschaft, so beteuerte er, habe er niemals die abgeschlossenen Verträge verletzt. Sklaven, die von Anatolien nach Lesbos verschleppt wurden, habe er stets ihren rechtmäßigen Besitzern zurückerstattet und wenn er die Katalanen manchmal in seinen Hafen einlaufen ließ, dann aus keinem andern Grund, als um die Insel vor den Brandschatzungen und Erpressungen der Seeräuber zu sichern. Reine Verleumdung sei, er habe diese Korsaren bei ihren Einfällen nach Kleinasien unterstützt. Nur die Unwissenheit seiner Untertanen sei schuld daran, daß er die Stadt nicht gleich auf die erste Aufforderung dem Sultan ausgefolgt habe, denn sie hätten ihm davon abgeraten. Nun bringe er aber nicht bloß seine Hauptstadt, sondern das ganze Eiland dem Sultan dar. Mehmed machte dem erbärmlichen Geschöpf noch heftige Vorwürfe über seinen Unverstand, fügte aber schließlich die tröstliche Versicherung an, daß ungeachtet dieser Unklugheit und verzögerter Unterwerfung Kopf und Gut in Schutz gebracht sein sollten. Er befahl Niccolò, die weiteren Städte der Insel gleichfalls zu übergeben, und so machte Niccolò mit den türkischen

Befehlshabern die Runde, zeigte ihnen die Bollwerke und empfahl allerorts den Einwohnern untertänige Gesinnung gegenüber den neuen Inselherrn. Überallhin wurden Besatzungen gelegt; die Hauptstadt, die er dem persischen Schejch ᶜAlî al-Bistâmî, genannt Musannifek („Verfasserchen"), übergab, sollten 500 Janitscharen und Asaben im Zaume halten. 300 gefangene Italiener wurden mittenzwei geschnitten, angeblich, weil Mehmed II. sich überzeugt hatte, daß diese Todesart die qualvollste sei und, so soll er gespottet haben, weil dadurch Mahmûd-Paschas, von ihm bestätigtes Versprechen der Sicherung von Gut und Blut gewissenhaftest erfüllt worden sei.

Die Einwohnerschaft gebot der Sultan, den freilich ohne Treu und Glauben abgeschlossenen Übergabevertrag nach seinem Gutdünken auslegend, in drei Gruppen zu teilen. Das gemeine Volk, die ärmsten und unnützesten, ließ er in den Mauern zurück, die kräftigeren und besseren Leute schenkte er den Janitscharen und sämtliche vornehmeren und wohlhabenderen Bewohner befahl er als Siedler nach Stambul zu überführen. Für sich selbst wählte er 800 auserlesene junge Menschen, Knaben und Mädchen, zum Pfortendienst aus. Maria, Schwester des Niccolò Gattilusio, Witwe des Alexander Komnenos, eines Bruders des Kaisers David von Trapezunt, die als die schönste Frau ihrer Zeit galt, wählte er für seinen Harem aus, ihren Sohn für den Pagendienst im Seraj. Von der dem Herzog zugesagten Entschädigung war bald keine Rede mehr. Er und Luchino Gattilusio, sein Vetter, wurden wohl in Stambul, wo sie am 16. Oktober 1462 anlangten, auf freiem Fuße belassen, aber schon nach wenigen Wochen ordnete Mehmed II., der von Lesbos noch vor Winterbeginn nach seinem Hofsitz zurückgekehrt war und dort die nächste Zeit verbrachte, die Einkerkerung Luchinos an, und zwar mit der Begründung, daß er bei dem von seinem Vetter verübten Verbrechen hilfreiche Hand geleistet habe. In Wahrheit war bei dieser Gewalttat weiter nichts als der sultanische Staatsgrundsatz maßgeblich, alle besiegten Fürsten dadurch unschädlich zu machen, daß er sie aus dem Wege räumen ließ. Aber auch Niccolò entging seinem Schicksale nicht, obwohl er zusammen mit Luchino den Islam angenommen hatte. Alle zwei wurden beschnitten und mit Kaftan und Turban bekleidet, bald darauf jedoch teilte er Luchinos Los und beide wurden mit einer Bogenschnur erdrosselt. Mehmed II. soll zu diesem Todesurteil durch ein Vorkommnis bewogen worden sein, das, da es auf Wahrheit zu beruhen scheint, Erwähnung verdient. Ein von Mehmed II. mißbraucht er Page war aus dem Sultanspalast entronnen und hatte sich nach Mytilini begeben, wo er Christ und Günstling des Niccolò Gattilusio wurde. Unter den nach der Einnahme von Lesbos nach Stambul gebrachten Knaben befand sich auch der Flüchtling, der erkannt und dem Sultan gemeldet wurde. Dieser

Vorfall mag die unverzügliche Hinrichtung des letzten Herzogs von Lesbos beschleunigt, wenn nicht überhaupt veranlaßt haben. Der Erzbischof von Lesbos, Leonardo, der zusammen mit den Gattilusi am 16. Oktober 1462 zum zweitenmal in türkischen Gewahrsam geriet, beschrieb, als er glücklich entkam, die letzten Wochen der Insel und beschwor Pius II. in einem Sendschreiben, in Italien endlich Frieden herzustellen und einen Kreuzzug gegen den Höllenhund, den ,Cerberus' des Morgenlandes, zu unternehmen.

Während die türkische Flotte im Hafen von St. Georg auf Lesbos lag, befand sich Vettore Capello, der ein Jahr später an die Spitze der Kriegspartei der Markusrepublik trat und die hinhaltende laue Friedenspolitik seiner Vaterstadt heftigst befehdete, mit einer venedischen Flotte in Chios. Als ihn Niccolò Gattilusio zu Hilfe rief, segelte er mit nicht weniger als 29 Galeeren vor Lesbos, wo er fast kampflos die unbemannten türkischen Schiffe hätte vernichten können. Er weigerte sich indessen einzuschreiten, da er damit den Weisungen Venedigs zuwider gehandelt hätte, die ihn zwangen, jegliche Herausforderung des Sultans zu vermeiden. Selbst als ihn die Bewohner der Schlösser der Heiligen Theodoroi nach der Bezwingung Mytilinis anflehten, sie als Schutzbefohlene Venedigs zu übernehmen, schlug er die Bitte ab. Auch Genua nahm das ,Unglück von Mytilini' leicht in Kauf. Kein Jahr verstrich, ohne daß Vettore Capello seine Unterlassungen aufs tiefste bedauerte und die bisherige venedische Levantepolitik mit den schärfsten Worten bekämpfte. Dann war es natürlich wieder einmal längst zu spät und das Unheil nahm weiter seinen Lauf. Ein 16 Jahre währender Krieg zwischen dem Inselstaat und dem Osmanenreich stand unmittelbar vor der Türe.

Der Sieg über Lesbos, leicht wie die meisten erkauft, ward in Stambul festlich begangen. Der Sultan forderte die Florentiner oben in Pera und Galata auf, sich als ,seine guten Freunde' an den Feierlichkeiten zu beteiligen, Freudenfeuer zu entzünden und Lustbarkeiten zu veranstalten. Selbst drei Florenzer Schiffe, die im Goldenen Horn vor Anker lagen, mußten an dieser Kundgebung ausdrücklich teilnehmen. Die Familien und der Hausstaat des Großwesirs Mahmûd-Pascha fanden sich ein und ließen sich auf Kosten der Florenzer Kolonie bekleiden. Die Venediger und Genuesen, die in Pera und überhaupt in der ,Romania' wohnten, waren, so·schreibt Benedetto Dei, über diese freilich etwas kostspielige Bevorzugung ihrer Nebenbuhler aufs höchste ergrimmt. Bereits im kommenden Frühjahr hatte Jaʿqûb-Pascha, der Admiral und Befehlshaber von Gallipoli, die beiden ihm aufgetragenen Dardanellenschlösser fertiggestellt. Auch der Galeerenhafen ging während des Winters, den der Sultan in seinem Stambuler Seraj verbrachte, seiner Vollendung entgegen. Die Flotte wurde mit größter Beschleunigung ergänzt und Dukas sowie Chalkokandyles melden, daß große Galeeren auf Kiel gelegt wurden, von denen eine nach westlichen und trapezuntischen Vorbildern besonders groß ausgefallen sei. Aber auch außerhalb der Hauptstadt entfaltete der Sultan in diesem Winter und im folgenden Frühjahr eine besondere Bautätigkeit, die von allen Chronisten vermerkt wird. So soll bei Üsküb (Skoplje) an der großen Brücke über den Vardar ein Wehrturm errichtet worden sein. Ein nördlich von Siliwri gelegener und noch heute Fener (vom griech. *phanári*, Leuchtturm, 'Fanal') geheißener Ort beherbergte einst einen von Mehmed dem Eroberer errichteten Luginsland, der den Zweck hatte, die Garnison von Siliwri durch Leuchtfeuer zu alarmieren, wenn sich Räuberhorden zeigten oder die griechische Bevölkerung etwa aufsässig werden sollte. Der Palast auf der Tundscha-Insel wurde gleichfalls befestigt.

Nach dem Falle von Lesbos und den Vorbereitungen, die Mehmed II. allenthalben deutlich erkennbar gegen Westen treffen ließ, war vor allem Venedig klar geworden, daß, wenn man den Osmanen auch zur See die Herrschaft nicht einräumen und die übrigen bedeutenderen Inseln der Ägäis wie Rhodos, besonders aber Negroponte, das gleiche Schicksal wie Mytilini erfahren lassen wolle, nunmehr entscheidende Vorkehrungen getroffen werden müßten. Alle Anlagen und Rüstungen, die im Winter 1462/63 zustande kamen, ließen allseits umfassende Unternehmungen gegen Venedigs Besitzungen im Ägäischen Meere befürchten und der mit der Pforte bestehende Friede war längst fragwürdig und unhaltbar geworden. Fühlte sich der Großherr hinreichend gerüstet, so war, wie immer, ein Anlaß zu kriegerischen Auseinandersetzungen unschwer gefunden.

Mitten in den Vorkehrungen zu einem neuen Kriegszug, von dem mit Sicherheit lediglich gemutmaßt werden konnte, daß er sich gegen Westen richte, beschäftigte sich Mehmed der Eroberer mit dem Bau einer eigenen Moschee, nachdem er die größten und herrlichsten Kirchen seiner neuen Hauptstadt bereits in muslimische Kultstätten hatte verwandeln lassen. Nach geltendem islamischen Staatsrecht wird diese Gerechtsame nur erobernden Herrschern zugebilligt, die zu solch frommem Werke nicht das Geld ihrer eigenen Untertanen, sondern Lösegeld der Kriegsgefangenen und den Tribut der in Besitz genommenen Länder verwenden dürfen. Das Bethaus sollte auf Wunsch des Großherrn etwas nördlich der Stelle der alten Apostelkirche des Kaisers Justinian errichtet werden, die an Größe und Herrlichkeit der Sophienkirche am nächsten kam. Dort war Konstantin der Große, der Erbauer der ersten, von Justinian völlig umgestalteten Kirche, erstmals bestattet worden. Ebenda befand sich auch das Heroon, die kaiserliche Begräbnisstätte, wo die toten Herrscher des byzantinischen Reiches in Särgen aus Porphyr, Granit, Serpentin, aus vielfarbigem Marmor beigesetzt wurden. Aber als sich die Osmanen Konstantinopels bemächtigten, waren die Gräber der Kaiser längst durch die Lateiner erbrochen und entheiligt worden. Da war der Leichnam Justinians, nachdem er mehr als 700 Jahre im unterirdischen Gewölbe der von ihm erbauten Kirche geruht hatte, wieder ans Tageslicht gezerrt und von den Grabschändern aller Kleinodien, mit denen er beigesetzt worden war, beraubt, und der Vorhang der Sophienkirche, auf viele tausend Minen Silber geschätzt, in Stücke zerfetzt worden. An der Stelle also begann man im Februar oder März 1463, in bewußter Nachahmung der Sophienkirche, mit der Errichtung einer gewaltigen Moschee, eng die byzantinische Kuppelführung übernehmend. Von ihr, ihrem Baumeister und dessen tragischem Schicksal wird dann, wenn auf ihre Vollendung die Sprache kommt, noch ausführlicher berichtet werden müssen.

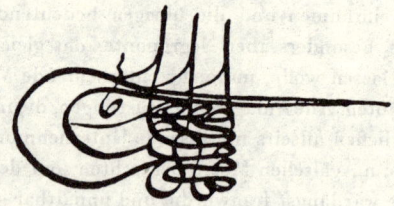

Handzeichen *(Tughra)* Mehmeds des Eroberers

Viertes Buch

ERNEUTER ANSTURM GEGEN DEN WESTEN / DIE OSMANEN
AN DER ADRIA / ASIATISCHE ABLENKUNGEN / GEGENSCHLAG
DES ABENDLANDES

*Bosnischer Feldzug — Ende des bosnischen Königtums — Überfall auf Argos —
Venedigs Hilferuf — Beginn des 16jährigen Krieges mit Venedig — Erste Gebresten
— Mehmed II. vor Jajce — Unrühmlicher Abzug nach Osten — Tod Ibrāhīm
von Qaramanien — Erzwungene Muße im Stambuler Seraj — Klassische Studien
— Qaramanische Thronhändel — Abmarsch nach Albanien und Gründung von
Elbasan — Die Pest in Stambul — Wechsel im Großwesirat — Anatolische Feindseligkeiten — Erneute Seuchen in Stambul — Flucht nach Westen — Ausmarsch
gegen Griechenland — Der Fall von Negroponte — Beendigung des Moscheebaus
— Straffeldzug in Anatolien — Überfall 'der Kreuzerflotte auf die Küsten Kleinasiens. Einnahme von Smyrna — Mißglückter Anschlag auf Gallipoli — Anatolische Fehden — Der Schwarze Tod in der Hauptstadt — Mahmūd-Pascha abermals Großwesir*

Wenige Wochen später, jedenfalls bereits Ende März 1463, befand sich
Mehmed II. schon auf dem Marsch nach dem Westen. Um diese Zeit
verlieh er aus einem balkanischen Feldlager der christlich gebliebenen
Mutter des Großwesirs Mahmūd-Pascha das Johannes-Kloster Prodromos
Petras in Stambul als Eigentum. Am Samstag, dem 26. März 1463, also
wohl wenige Tage zuvor, ließ er deren Verwandten, den letzten Komnenenkaiser David, in Adrianopel einkerkern. Die Gattin des Usun Hasan, Despina-Chatun, wie erwähnt, eine Tochter des 1458 verstorbenen trapezuntischen Kaisers Kalo-Ioannes IV., soll ihrem Onkel David ein Schreiben haben
zugehen lassen, worin sie einen seiner Söhne oder des Alexander Komnenos
Sohn Alexios zu ihr zu kommen eingeladen haben soll. Der echte oder
unterschobene Brief geriet in die Hände des Sultans, der den Verdacht
hegte, David sei noch immer mit Usun Hasan, seinem Schwager, in geheimem
Einverständnis und ermuntere ihn zu einem Krieg gegen die Osmanen, um
auf diese Weise seine Befreiung und die Wiederherstellung des Komnenenreiches zu bewirken. Teodoro Spandugino, Verfasser eines Buches über die
Türken und deren Geschichte, dessen Großvater ein Bruder von Kaiser
Davids zweiter Gemahlin gewesen sein soll, behauptet freilich, daß es sich
um einen gefälschten Brief aus Rom gehandelt habe, worin dem Kaiser
Nachrichten über einen gegen die Türken vorzunehmenden Kreuzzug übermittelt werden sollten. Welche weiteren entsetzlichen Folgen dieses abgefan-
gene wahre oder falsche Schreiben noch vor Jahresende für David und nahe-

zu seine ganze Familie haben sollte, werden wir hören. Nur Davids jüngster Sohn, den man als dreijähriges Kind im Islam aufzog, sowie seine
Tochter Anna, die der Vater für den sultanischen Harem bestimmt hatte,
dort aber keine Aufnahme fand, entgingen dem Henker. Anna Komnena
ward als Christin dem Saghanos (Mehmed) Pascha zugewiesen, dann, zum
Islam gezwungen, einem Sohn des Elwan-Beg, vermutlich Sinân-Beg mit
Namen, zur Frau gegeben. Schließlich soll sie doch im großherrlichen
Frauengemach untergekommen sein, falls die Chronisten richtig überliefern.

Es scheint, daß die Verwahrung Kaiser Davids zu Adrianopel unmittelbar vor dem Auszug des Sultans nach Westen angeordnet wurde. Die
Heeresmasse, die er mit sich führte, soll wiederum ohne Troß und dem
leichten Fußvolk der Asaben aus 150 000 Mann Reiterei bestanden haben;
diese Zahl darf, wie stets vorher, in Zweifel gezogen werden. Mehmed selbst
führte den Oberbefehl, der Großwesir Mahmûd-Pascha den Vortrab. Das
Kriegsziel wurde streng geheimgehalten und nur den ersten Würdenträgern
des Reiches kundgetan.

Daß diesmal ihm der Angriff gelten werde, war König Stjepan Tomašević
von Bosnien schon seit geraumer Zeit bekannt. Kurz vor seiner Thronbesteigung Anfang November 1461 ließ er dem Papst durch einen Gesandten
mitteilen, daß der ‚türkische Kaiser ihn im künftigen Jahr mit einem Heer
anzugreifen beabsichtige und daß das Heer und die Geschütze schon bereitstehen‘. Er beschwor Pius II. ihm zu helfen; er erwarte keine goldenen
Berge, aber seine Feinde und seine Landsleute sollten wissen, daß ihm die
Gewogenheit des Papstes nicht fehle. Dieser möge auf den Ungarnkönig
einwirken und ihn bewegen, mit ihm ins Feld zu ziehen. ‚Die Türken haben
in meinem Königreiche mehrere Festungen erbaut und sind den Bauern
gegenüber sehr freundlich. Sie versprechen, daß jeder Bauer, der sich ihnen
anschließt, frei sein wird. Der beschränkte Bauernverstand merkt den
Betrug nicht und vermeint, daß diese Freiheit immer dauern wird. Es kann
leicht geschehen, daß das Volk, durch diese Lügen verführt, mir abtrünnig
wird, wenn es nicht sieht, daß ich durch Deine Macht gestärkt bin. Auch
die Magnaten, die von den Bauern verlassen wurden, konnten sich nicht
lang in ihren Burgen halten. Wenn Mehmed nur mein Königreich fordern
würde und nicht weitergehen wollte, dann könnte man dieses dem Schicksal überlassen und Du brauchtest nicht wegen meiner Verteidigung die
übrige Christenheit zu beunruhigen. Seine unersättliche Herrschsucht kennt
aber keine Grenzen. Nach mir wird er Ungarn und das den Venedigern
untertane Dalmatien angreifen. Über Krain und Istrien wird er nach Italien
gehen, das er unterjochen will. Auch von Rom spricht er oft und er sehnt
sich dorthin. Wenn er durch die Gleichgültigkeit der Christen mein König-

reich erobern wird, findet er hier das geeignete Land, um seine Wünsche zu erfüllen. Mich erwartet zunächst das Unglück. Nach mir aber werden die Ungarn und die Venediger und andere Völker dasselbe Schicksal erleben. So denkt unser Feind. Was ich erfahren habe, teile ich Dir mit, damit nicht einst gesagt werde, es sei Dir nicht berichtet worden, und damit ich nicht des Leichtsinns beschuldigt werde.' Pius II. verschloß sich den Ausführungen des Königs keineswegs, ließ ihm durch seinen Legaten die Königskrone aufs Haupt setzen und veranlaßte Matthias Corvinus, den Streit mit Stjepan Tomašević zu begraben, wozu sich der Ungarnkönig gegen eine beträchtliche Geldsumme und Abtretung einiger bosnischer Burgen im Sommer 1462 einverstanden erklärte. Die inneren Wirren im Lande, Sektenhaß und Ketzerverfolgung wurden aber hiedurch nicht beseitigt, ja im Gegenteil durch die stärkere Bindung des Königs an den Heiligen Stuhl weiter vermehrt. Schon längst war Bosnien in religiöser Beziehung zerrissen und in zwei Lager geschieden, die sich mit unerbittlicher Feindseligkeit gegenüberstanden. Auf der einen Seite standen die katholischen Christen, deren Sache der König wie sein Vater zur seinigen machte, auf der anderen die ketzerischen Bogomilen oder Patarener. Zahlreiche dieser Ketzer, die schon unter König Stjepan Tomašević ihre Heimat verlassen mußten, suchten und fanden in türkischen Provinzen Schutz. Auch viele Magnaten, die sich nur scheinbar zum römischen Glauben bekannten, um ihre Besitzungen zu erhalten, berichteten Sultan Mehmed insgeheim fortwährend über türkische Mittelspersonen, was sich am bosnischen Hofe zutrug. Daß sich der Großherr eines Tages, als Mönch oder Kaufmann verkleidet, selbst nach Bosnien begeben habe, um sich durch den Augenschein vom Zustand des Landes und seiner Verteidigungsverhältnisse zu unterrichten, in bosnische Hände geriet und vom vorletzten König nur aus Furcht vor Rache geschont wurde, wird wohl ein Märchen sein, das von den Gegnern des Stjepan Tomašević verbreitet wurde, um dessen Unzuverlässigkeit zu brandmarken. Genug, Mehmed II. erfuhr durch die paterenischen Edelleute und seine Späher, was zwischen dem König und Matthias Corvinus vereinbart ward, und beschloß, sich selbst davon zu überzeugen. Er schickte eine Gesandtschaft zum bosnischen König nach Jajce und verlangte den fälligen Tribut, den bereits dessen Vater entrichtet hatte. Chalkokandyles schilderte, wie Stjepan Tomašević den Gesandten in seine Schatzkammer geführt und ihm das für den Lehenszins angesammelte Geld gezeigt, aber gesagt habe, er denke nicht daran, dem Osmanenkaiser zuliebe sich eines solchen Schatzes zu entledigen. Greife dieser ihn an, so benötige er ihn, sollte ihn aber das Unheil ereilen, so werde er, falls er dann Bosnien verlassen müsse, in der Fremde damit bequemer leben können.

Der Gesandte soll ihn auf die Heiligkeit des Vertrages verwiesen und ihm erwidert haben, daß er nicht glaube, daß sich der König dieses Schatzes werde lange erfreuen können.

Mehmed II. war, als man ihm die Weigerung des Königs zur Kenntnis brachte, aufs höchste gereizt, wie sich bei seiner Wesensart leicht vermuten läßt. Er soll seine Rache wegen des walachischen Feldzuges um ein Jahr verschoben haben, dann aber um so fester entschlossen gewesen sein, das Versäumte nachzuholen. Stjepan Tomašević konnten die Kriegsvorbereitungen natürlich nicht verborgen bleiben. Er sandte eilends Boten nach Venedig und ließ melden, er habe durch einen Beamten des Sultans erfahren, daß dieser nach Eroberung Bosniens, der Landschaft Hum und Ragusas durch Istrien in venedisches Gebiet einfallen wolle. Das vorgeschlagene Bündnis mit Bosnien und die Bitte um Waffen wurden am 28. Februar 1463 von der Signoria kühl und ablehnend beantwortet; man bezog sich auf Matthias Corvinus, Kaiser Friedrich III. und insbesondere Papst Pius II. Auch Ragusa versagte jegliche Unterstützung. In seiner Verzweiflung setzte sich nun Stjepan mit der Pforte selbst ins Benehmen, um Gnade zu erbitten und einen 15jährigen Waffenstillstand zu erwirken. Über diese bosnische Gesandtschaft hat ein Augenzeuge, der Janitschar Mihajl Konstantinović aus Ostrovica, einen anschaulichen Bericht erstattet, der den Eindruck der Glaubwürdigkeit erweckt: ‚Um diese Zeit bat auch der König von Bosnien den Kaiser Mehmed um einen Waffenstillstand von 15 Jahren. Und der Kaiser sandte sogleich nach seinem Heer, daß es bereit sei und nach Adrianopel gehe, doch niemand wußte, wohin er mit dieser Streitmacht ziehen werde, und die Gesandten des bosnischen Königs mußten auf eine Antwort warten. Und auch ich, unwissend, warum sich dieses Heer versammelt habe, befand mich damals zufällig in einem Keller des kaiserlichen Palastes, in dem das kaiserliche Geld und der Schatz war. Und zwar war ich hier deswegen, weil der Schatz meinem jüngeren Bruder anvertraut war und dieser sich nicht entfernen konnte. Wie er so allein war, ward er ängstlich, und er schickte nach mir, daß ich zu ihm komme und hier mit ihm sitze. Ich ging ohne Zögern zu ihm, doch gleich nach mir kamen in dieselbe Kammer die kaiserlichen ersten Räte Mahmûd-Pascha und Ishâq-Pascha, und zwar nur diese beiden. Als dies mein Bruder bemerkte, sagte er mir es, und da ich nicht mehr aus jener Kammer herausgehen konnte, ohne daß sie mich bemerkten, so versteckte ich mich hinter einer Kiste. Und als sie kamen, breitete ihnen mein Bruder einen Teppich aus. Sie setzten sich nebeneinander und begannen sich über den bosnischen König zu beratschlagen. Da sagte Mahmûd-Pascha: ‚Was sollen wir tun? Was werden wir dem König von Bosnien antworten?' Ishâq-Pascha antwortete ihm:

‚Und wie sollten wir anders? Wir werden ihm einen Waffenstillstand auf
15 Jahre geben und werden dann sogleich ohne Zeitverlust ihnen nachziehen. Wenn wir anders handeln, dann werden wir niemals das bosnische
Land erobern, denn das ist ein Gebirgsland, und überdies wird ihnen der
Ungarnkönig zu Hilfe kommen und auch die Kroaten und andere Herren.
Und sie werden sich so vorbereiten, daß wir ihnen später nichts mehr antun
können. Darum gebt ihnen einen Waffenstillstand, damit sie Samstag von
hier fortgehen. Wir aber werden ihnen nachziehen und werden bis zur
Sitnica (Sjenica?) in die Nähe von Bosnien kommen. Und es wird noch
niemand wissen, wohin sich der Kaiser von hier aus wenden will!' Und
so beschlossen sie diesen Plan, verließen jenen Keller und gingen zum
Kaiser. Donnerstagmorgen darauf versprach ihnen der Kaiser einen
Waffenstillstand auf 15 Jahre, wie sie gebeten hatten; und er soll recht
und treu gehalten werden. Und ich ging tags darauf in der Frühe zu ihnen
in ihre Wohnung und sagte ihnen: ‚Meine lieben Herren! Habt ihr mit dem
Kaiser einen Waffenstillstand oder nicht?' Und sie antworteten mir:
‚Dem Herrgott sei Dank! Wir haben alles geordnet, wie wir wünschten.'
Und ich sagte ihnen: ‚Bei meinem Glauben, ihr habt keinen Waffenstill-
stand.' Der ältere der Gesandten wollte mich noch mehr ausfragen, doch
der jüngere ließ es nicht zu, da er dachte, daß ich nur Spaß mit ihnen triebe.
Danach fragte ich sie: ‚An welchem Tag werdet ihr von hier fortziehen?'
Und sie antworteten: ‚Samstag.' Und ich sagte ihnen: ‚Und wir werden
Mittwoch euch nachziehen, und zwar bis Bosnien. Ich sage euch die Wahrheit, merkt euch dies!' Aber sie lachten darüber, und ich schied hierauf
wieder von ihnen.' Diese Probe der Erzählung des sogenannten ‚Serbischen
Janitscharen' gibt ein eindrucksvolles Bild von dem Verfahren der Pforte
— hier handelt es sich um eine Absprache des ersten und zweiten Wesirs
— mit ihren Lehensfürsten, denen gegenüber im Ernstfall jeder gegebenen
feierlichen Zusicherung keinerlei Bedeutung zukam.

Die Bewilligung des Waffenstillstandes und der Weg, den Mehmed II.
und seine Streitmacht zunächst einschlugen, scheinen fürs erste in Bosnien
die Befürchtung, der neue Kriegszug könne diesem Lande gelten, zerstreut
zu haben. Der Großherr wandte sich zunächst nach Üsküb, dann übers
Amselfeld nach Vučitrn, über die Sitnica nach Mitrovica und weiter auf
der alten Handelsstraße nach Sjenica in nunmehr nördlicher Richtung
nach Bosnien. Auf wen der Angriff zielte, war jetzt niemand mehr zweifelhaft.
Der Vorhut des Heeres unter dem Befehl des Großwesirs Mahmûd-Pascha,
angeblich 20 000 Mann leichter Reiterei, folgte der Sultan mit dem eigentlichen Heerbann. Nach Überschreitung der bosnischen Grenze gelangte
man zuerst ins Drina-Gebiet, wo damals als Letzter seines Stammes der

Feudalfürst Tvrtko Kovačević über eine Anzahl von Burgen gebot. Er
war auf keinerlei Widerstand vorbereitet und ergab sich sogleich dem
Sultan in der Hoffnung auf Gnade. Der Vojvode ward unverzüglich enthauptet. Nach der Eroberung der Landschaft Podrina fiel Mehmed in das
eigentliche oder obere Bosnien ein, ins ‚Königsland‘, wie Mihajl von Ostrovica es nennt, der diesen ganzen Feldzug im osmanischen Heer mitmachte
und daher als Augenzeuge berichten kann. Hier war die wichtigste und
stärkste Festung Bobovac, wo einst die Königskrone aufbewahrt wurde;
noch heute sieht man auf einem hohen Berg über dem Zusammenfluß
zweier Bäche östlich von Sutiska die Trümmer dieser ehemaligen Hauptburg des Reiches. Sie hatte bisher stets den türkischen Angriffen tapfer
widerstanden. Schon am 19. Mai 1463 kam die Vorhut des Mahmûd-Pascha
vor Bobovac an, das Knez Radak, einst eifriger Patarene und jetzt gepreßter
Katholik, verteidigte. Am folgenden Tag erschien der Großherr mit seinem
Hauptheer.

Mehmed, der einsah, daß er die Feste erst nach langer Belagerung werde
überrennen können, ließ vor ihr große Geschütze gießen, um sie in Trümmer zu legen. Aber schon am dritten Tag der Beschießung übergab ihm
Radak das bosnische Bollwerk, nachdem ihm eine Belohnung für seine
Tat zugesagt worden war. Bobovac fiel und der Sultan schied die Bewohner wie üblich in drei Teile: einer blieb in der Stadt, den zweiten
verschenkte er an seine Paschen und den dritten sandte er als Bevöl-
kerungszuwachs nach Stambul. Unter den Gefangenen befanden sich auch
jene Gesandten, die noch vor kurzem am Sultanshof in Adrianopel waren. Mihajl von Ostrovica erinnerte sich nun an die Vorhersage, aber
es war längst zu spät. Als Knez Radak seinen Lohn einstreichen wollte,
fuhr ihn Mehmed heftig an, bezichtigte ihn des Verrats an seinem Gebieter
und hieß ihn köpfen. ‚Wenn du einem Herrn deines Glaubens nicht treu
sein konntest‘, so soll er ihm bedeutet haben, ‘wie willst du mir, einem
Türken, treu sein?‘ Noch heute zeigt man am Wege von Sutiska nach
Borovica den riesigen Felsen Radakovica, auf dem Radak nach der Orts-
überlieferung durch das Schwert hingerichtet wurde.

Auf die Nachricht vom Eintreffen des sultanischen Heeres vor Bobovac
hatte sich König Stjepan Tomašević mit seiner Familie und allen Habseligkeiten in die starke Königsburg Jajce, da, wo die Pliva in den Vrbas mündet,
zurückgezogen. Eine altertümliche, sich weit ausbreitende Stadtfeste
krönt einen Bergkegel mit Erkertürmen und Zinnen. In mächtigen Winkeln winden sich mit bewehrten Toren die Burgmauern hinab. Links das
tiefe Felsenbett des Vrbas, rechts die Pliva und ihre Seen, einer über dem
andern, all dies umrahmt von waldigen Pyramiden, den Mittelgrund ab-

schließenden Bergwänden und aus blauer Ferne herüberschauenden kahlen Hügelketten. An der andern Seite der Pyramidenstadt stürzt sich die Pliva, nachdem sie sie umkreist hat, einen unbezwingbaren Festungsgraben bildend, in der Breite von 20 Metern aus einer Höhe von 30 Metern in den Vrbasfluß, ein dröhnender Riesenwasserfall, in dessen zerstäubende Flutmassen das Sonnenlicht seinen Regenbogen wirft. Das ist Jajce, die alte Königsstadt, der Schauplatz erbitterter Kämpfe um ihren Besitz zwischen Mehmed dem Eroberer und dem letzten König von Bosnien.

Stjepan gedachte hier sein Heer zu sammeln und im Vertrauen auf den Widerstand von Bobovac die Hilfe des Abendlandes abzuwarten. Um so größer war sein und der Seinigen Entsetzen und die Mutlosigkeit, als die Kunde vom Falle der Burg in Jajce eintraf. Als der König einsah, daß er weder eine Streitmacht zusammenbringen noch die Türken ernsthaft werde abwehren können, plante er seine Flucht nach Kroatien oder ins dalmatische Küstenland, das unter Venedigs Oberhoheit stand. Aber auch hierfür war es bereits zu spät. Mehmed II. sandte in der Absicht, die allgemeine Verwirrung und Furcht zur raschen und vollständigen Vernichtung Bosniens auszunutzen, Mahmûd-Pascha mit der Vorhut nach Jajce, um die Stadt einzunehmen und vor allem den König in seine Gewalt zu bekommen. Als der Großwesir aber ankam, erfuhr er, daß der König aus Jajce geflohen sei. Er setzte ihm nach und blieb ihm über Dolnji Kraji, von wo Stjepan sich gegen Kroatien wandte, dauernd auf den Fersen. Schließlich erreichte der Gehetzte die feste Stadt Ključ mit ihrer hochgelegenen malerischen Burg. Die türkischen Verfolger ahnten nicht, daß sich der König in ihren Mauern befinde, aber als sie sich anschickten, sie zu umreiten, fand sich einer, der dem Großwesir gegen Geld den Unterschlupf des Flüchtigen verriet. Mahmûd-Pascha umzingelte die Stadt und begann die Belagerung, die sich vier Tage hinzog. Dann trat er, weil er an der Einnahme der Feste verzweifelte, an den König heran, ließ ihm unter Schwüren versprechen, daß ihm nichts zustoße, wenn er sich ergebe, und stellte ihm sogar eine Urkunde aus, worin er Leben und Freiheit verbürgte. Stjepan Tomašević, dem Nahrung und Schießvorrat mangelten, entschloß sich endlich dazu, sich und die Besatzung der Burg dem Großwesir im Vertrauen auf dessen Freiheitsbrief und die Gnade des Sultans auszuliefern. Mahmûd-Pascha brachte daraufhin den Gefangenen, dessen Vatersbruder Radivoj und seinen 13jährigen Sohn Tvrtko vor seinen Gebieter.

Mehmed II. war von Bobovac vor Jajce gezogen. Die Bewohner, die sich von König und Hofstaat verlassen sahen, wurden kleinmütig und dachten begreiflicherweise auch an ihre Rettung. Sie entboten einige Vornehme ins Sultanszelt und fügten sich der großherrlichen Großmut. Sie baten nur, auch in Zukunft nach ihren alten Sitten leben und ihre Stadt verwalten zu dürfen. In der Annahme, mit einer solchen Geste auch die anderen Städte Bosniens kampflos auf seine Seite zu bringen, ging Mehmed auf diese Vorschläge ein. Jajce und seine Einwohnerschaft wurden verschont. Nur die Söhne der Edelgeschlechter nahm der Eroberer gefangen, behielt einzelne für sich und verteilte die andern unter seine Wesire.

Der Fall von Bobovac, Jajce und Ključ entschied das Schicksal des bosnischen Königreichs. Schon am 10. Juni 1463 war die Schreckenskunde nach Venedig gedrungen, 'daß ein gewaltiges Türkenheer in Bosnien eingefallen sei, den größten Teil des Königreichs und dessen wichtigste Städte und Siedlungen eingenommen habe und daß sogar der König selbst in die gräßliche türkische Sklaverei gefallen sei'. Wenn Kritoboulos behauptet, Mehmed II. habe etwas weniger als 300 bosnische Ortschaften eingenommen, so übertreibt er natürlich. Tatsache aber ist, daß Stjepan Tomašević, um sein Leben zitternd, jetzt selber dem Sultan bei der Eroberung des restlichen Landes behilflich wurde. Er richtete an alle seine Befehlshaber und Burgvögte die Weisung, dem Großherrn die Städte und Schlösser auszufolgen. Innerhalb Wochenfrist fielen auf solche Weise 70 kleinere und größere bosnische Ortschaften in die Hände der Osmanen. In die wichtigsten Festungen und Städte legte Mehmed II. Besatzungen. Der Befehl über die nach Zvečaj Grad am Ausgange der Vrbas-Schlucht unweit Jajce gelegten Janitscharen wurde z. B. dem serbischen Renegaten Mihajl Konstantinović aus Ostrovica übertragen.

Daß Mahmûd-Pascha sich mit einem Freiheitsbrief in des Sultans Namen verpflichtet hatte, das Leben des bosnischen Königs zu schonen, scheint Mehmed wenigstens vorübergehend Verlegenheit bereitet zu haben, aus der er sich indessen rasch befreite. Der gelehrte Perser ᶜAlî al-Bistâmî, den der Großherr auf Lesbos zurückgelassen hatte, befand sich auch auf diesem Kriegszug wieder in seinem Gefolge, dem übrigens auch der Florenzer Benedetto Dei angehört zu haben behauptet. Ehe er Bosnien verließ (Ende Mai 1463), berief der Großherr König Stjepan zu sich, der, nichts Gutes ahnend, die Urkunde des Großwesirs mit sich nahm. Molla ᶜAlî aber erklärte in einem Rechtsgutachten *(fetwâ)* diese für ungültig, da sie ein Diener des Sultans ohne dessen Erlaubnis ausgestellt habe. So ward der letzte König Bosniens zum Tode verurteilt und der alte ᶜAlî al-Bistâmî soll hierauf selbst das Schwert gezogen und Stjepan enthauptet haben. Nach Benedetto Dei war es aber der Sultan, der ihn mit eigener Hand geköpft hat. Ob der im rechten Seitenschiff der Franziskanerkirche zu Jajce befindliche Glassarg wirklich die Gebeine des Königs Stjepan Tomašević birgt, die man 1888 südöstlich der Stadt am Hum beim sogenannten Königsgrab

geborgen hat, darf kaum als ausgemacht gelten. Noch heute zeigt man nördlich von Jajce das hügelige Kaiserfeld (Carevo Polje), wo Mehmed II. mit
seiner Heeresmacht gelagert haben soll. Neben einer rieselnden Quelle unter
einer jungen Eiche, die heute ein morscher knorriger Baumgreis ist, soll
sein Zelt gestanden haben. Dort, so geht die Sage, wurde Stjepan Tomašević
hingerichtet. Überall in Bosnien ragt des ‚Kaisers‘ Name wie ein Denkmal
aus Stein und Erz in das Gedächtnisleben des Volkes hinein. Das gleiche
Schicksal wie der König teilten dann sein Onkel Radivoj und dessen Söhnchen. Stjepans unmündige Halbgeschwister Sigismund und Katharina,
sieben- und dreijährig, wurden in die Gefangenschaft weggeführt. Sigismund
trat ebenso wie seine Schwester zum Islam über. Er selbst ward als Ishâq-
Beg zum Tafel- und Spielgenossen des Großherrn angenommen und er-
heiterte diesen oftmals durch seine derben Witze. Später wurde der Qral-
oghlu, der Königssohn, wie er meist geheißen wurde, Bannerherr (sandschaq-beji) von Bolu in Kleinasien, wo er vermutlich seine Tage beschloß.
Was aus Katharina wurde, steht nicht fest. Unweit Üsküb (Skoplje) befindet sich, in der Ebene weithin sichtbar, ein Grabgewölbe (Türbe), das
im Volksmunde als das ‚Grab der Königstochter‘ bezeichnet wird. Man
nimmt an, daß dort Prinzessin Katharina ihre letzte Ruhestätte gefunden
hat. Was sie vorher über sich hat ergehen lassen müssen, bleibt bisher in
Dunkel gehüllt.

Um aber alle Länder des Königreichs zu unterjochen, entschied sich Mehmed II. für die Fortsetzung des Kampfes und teilte sein Heer in drei Säulen: Die erste vertraute er dem thessalischen Statthalter Turachan-oghlu
ʿÖmer-Beg, die zweite dem Großwesir Mahmûd-Pascha an und entsandte
beide in die östlichen und westlichen Teile Bosniens. Er selbst zog also mit
dem Hauptheer in südliche Richtung und fiel in das Gebiet von König
Stjepans Schwiegervater, des Herzogs Stjepan Vukčić ein, um auch
die Herzegowina und Ragusa zu erobern. Während Ober-Bosnien, Dolnji
Kraji und Usora sich fast kampflos dem Sultan ergeben hatten, entschloß sich Herzog Stjepan mit seinen Söhnen zum Widerstand. Er
wandte sich in seiner Drangsal an den Rat von Ragusa, der aber selbst vor
einem türkischen Einfall zitterte. Schon am 6. Juni 1463 beabsichtigte der
Herzog mit seiner ganzen Familie dorthin zu flüchten. Die Stadt traf alle
Vorkehrungen, um im Falle einer türkischen Belagerung durchzuhalten.
Die Gräben vor den Mauern wurden in aller Eile vertieft, vor den Toren
alle Gebäude, Gartenmauern und Bäume niedergelegt und alle Zisternen
verschüttet. Als Mehmed II. um die Junimitte in die Herzegowina einbrach,
blieb ihm das Kriegsglück nicht mehr hold. Das rauhe Gebirgsland mit
seinen festen Burgen und steilen Felswänden verursachte der türkischen

Reiterei gewaltige Not. Offene Felder und fruchtbare Täler wurden zwar verwüstet, aber die steinige Herzegowina trotzte dem Eroberer. Das großherrliche Heer ward in Engpässen von Bandenkriegern angegriffen und hart bedrängt. Der Sultan sah ein, daß ihm die Bezwingung des Landes nicht leicht gemacht werde; schließlich versuchte er es mit einer Belagerung von Blagaj, der festen Hauptstadt des Herzogs südöstlich von Mostar. Aber nach mehreren Tagen ergebnisloser Berennung zog Mehmed II. enttäuscht nach Osten ab.

Auf dem Rückmarsch besetzte der Sultan auch die Gebiete einiger Grundherren, besonders der Pavlovići, und ließ alle diese Edelleute rücksichtslos niederhauen. Schon am 7. Juli lagerte er wieder in Sjenica, am 17. in Üsküb. Unterwegs stellte er den Franziskanern des Klosters Fojnica einen Freiheitsbrief aus, angeblich nachdem ihn ein mutiger Ordensbruder namens Angelus Zvjezdović auf die drohende Entvölkerung des kaum erworbenen Gebiets aufmerksam gemacht hatte. In ihm wird den Christen die freie Ausübung des Glaubens zugesichert. Tatsache ist, daß der Kern der Bevölkerung, angeblich mehr als 100 000 Seelen, in die türkische Sklaverei abgeschleppt und teils in Stambul, teils in den asiatischen Reichsprovinzen angesiedelt wurde. Nicht weniger als 30 000 junge Bosnier wurden dem türkischen Heer einverleibt. Minnet-Beg blieb als erster Statthalter im verwüsteten Lande zurück. Nur sechs Festungen behielten ihre Werke und wurden mit starken Besatzungen belegt. Alle übrigen Städte und Burgen wurden geschleift oder dem Erdboden gleichgemacht. Ragusa kam mit dem Schrecken davon. Die Stadt wie überhaupt die dalmatischen Küstenorte waren voll von Flüchtlingen aus Bosnien. Viele von ihnen begaben sich über die Adria hinüber aufs italische Ufer nach Venedig und auch nach Rom. Niemand von ihnen sah die Heimat wieder. Mehmed II. verlangte von den Ragusäern die Auslieferung der älteren bosnischen Königin Katharina, des Königs Stjepan Tomaš Witwe und des Herzogs Stjepan Tochter. Zum Glück war sie bereits nach Italien geflüchtet. Sie lebte später, vom Päpstlichen Stuhle ausgiebig unterstützt, zu Rom, wo sie 54jährig am 25. Oktober 1478 verstarb und in der Kirche Ara Coeli auf dem Kapitol beigesetzt wurde. Letztwillig vermachte sie Bosnien dem Papst außer im Falle, daß ihr Sohn Sigismund vom Islam zum Christentum zurückfinden sollte. Die jüngere bosnische Königin Jelena, in Bosnien Maria genannt, wandte sich hilfesuchend nach Ragusa, lebte aber dann im Stefanskloster vor den Mauern Spalatos. Zuletzt verfügte sie sich an den Sultanshof und machte sich dort durch Verleumdungen und Ränke gegen ihre nächsten Verwandten verhaßt und unbeliebt. Die ‚böse Frau‘ scheint um die Jahrhundertwende noch am Leben gewesen zu sein.

Die Nachricht vom Untergang des bosnischen Reiches verbreitete sich mit Windeseile über das benachbarte Italien und löste allerorten Entsetzen aus. Bereits am 14. Juni 1463 sandte Venedig einen Hilferuf an das verhaßte Florenz: Der grimmigste und erbittertste Feind des christlichen Namens, der Fürst der Türken, so schrieb der alternde Doge Cristoforo Moro an die Florentiner, habe sich, durch den Trieb seiner Leidenschaft und durch seine unerbittliche Abscheu gegen den katholischen Glauben so weit in seiner Keckheit verstiegen, daß unter den Fürsten der Christenheit sozusagen niemand mehr sei, der seinem Vorhaben entgegentreten wolle oder auch nur wage. Nach einer Darstellung der sultanischen Erfolge in Bosnien heißt es weiter: Mit solcher Niederlage nicht zufrieden, habe er sich nicht gescheut, wie einer, der mehr verlange und mit seinen Kräften noch Größeres erstrebe, bis zur Küste von Segno (Senj), also fast bis zur Pforte und zum Eingang Italiens mit angriffsbereiten Waffen prahlerisch einzufallen. Und mit ängstlichen Worten malt dann der Doge die Gefahren aus, die dem Abendland und vor allem Italien bei weiterem Vordringen der Osmanen bevorstehen. Er beschwört die Christenheit, dieser Gefahr bewußt zu werden und sich endlich zu deren Abwehr zusammenzufinden. Florenz machte eitle Ausflüchte: Man habe Angst, in einen Krieg mit den Türken verwickelt zu werden und daß dabei Florentiner Unbill erleiden, wie das der Barbaren Absicht sei. Aber noch vor Weihnachten wolle man drei große Galeeren nach Stambul senden, die unter dem Vorwand des Handels die dortigen Bürger von Florenz sowie ihre Habseligkeiten übernehmen und in Sicherheit bringen sollten. Das war alles, was man zugestand.

Was Cristoforo Moro den Florentinern vor Augen hielt, entsprach durchaus nicht der Einbildungskraft eines vom Alter gebeugten, um den Frieden und seine eigene Person besorgten Mannes. Seit Mehmed II. Lesbos und Morea überwältigt hatte, war allen klar, worauf er weiter zielte. Er zerstörte das bosnische Königreich, das letzte Bollwerk der Christenheit vor den Toren Italiens, er wollte nun auch das Ägäische Meer in seine Gewalt bringen. So stand Venedig, noch ehe sich dieses ereignisreiche Jahr 1463 dem Ende zuneigte, vor seinem Schicksal. Es blieb ihm nur die Wahl zu kämpfen oder in Griechenland und in der Levante alle Besitzungen preiszugeben, die seine Macht und besonders seinen Wohlstand begründeten. Die Reihe starker Meeresstellungen, die sich einst von Dalmatien bis über die Vardarmündung in wohlgemessenem Abstand ausdehnte, war längst gefährdet und zum Teil seit Jahrzehnten erschüttert.

Offene Feindseligkeiten zwischen Venedig und der Pforte waren auf Morea schon während des bosnischen Feldzuges im Frühjahr zum Ausbruch gekommen und gering genug war der Anlaß zum Streite. Im Frieden von 1430 hatten sich beide Vertragsteile ausdrücklich verpflichtet, einander entlaufene Sklaven zurückzugeben, doch galt diese Abmachung für den Sultan nur, wenn es sich nicht um Muslime handelte. Ein Sklave des osmanischen Stadtvogtes von Athen war, nachdem er seinem Herrn 100 000 Aspern gestohlen hatte, im März 1463 nach Koroni entlaufen, das damals Venedig gehörte. Girolamo Valaresso, Rat Venedigs bei der dortigen Verwaltung, hatte ihn bei sich aufgenommen und angeblich sogar den Raub mit ihm geteilt. Der Herr des Sklaven forderte sein Geld sowie den Flüchtling zurück. Man weigerte sich dessen mit der Begründung, daß der Türkensklave zum Christentum übergetreten sei. Darauf rückten die Türken vor Argos, das ebenfalls zu den venedischen Besitzungen zählte, und nahmen es, vom Verrat eines griechischen Priesters — der Haß der orthodoxen Fanatiker gegen die Lateiner überwog selbst die Angst vor osmanischem Joch — begünstigt, am 3. April fast ohne Schwertstreich. Zur gleichen Zeit fielen türkische Streifen über das venedische Gebiet um Lepanto und Modoni her und brandschatzten es. Der Generalkapitän des Meeres, Alvise Loredano, befand sich damals mit seinen 19 Galeeren schon in der Ägäis und erhielt die strenge Weisung, die Rückgabe von Argos zu betreiben. Sie ward abgelehnt und Loredano verlangte nun Truppen zu einem Angriff auf Lesbos. Im Rate der Pregadi zu Venedig wurde darauf die Kriegsfrage erörtert. Vettore Capello, der an der Spitze der Kriegspartei stand, wandte sich mit heftigen Worten gegen eine Verschleppungspolitik der Signoria. Es sei völlig eitel, sich mit dem Sultan auf Verhandlungen einzulassen, mit Waffen, nicht mit Worten müsse man streiten. Eine neue venedische Gesandtschaft an die Pforte besage nichts anderes als das Eingeständnis der Unfähigkeit, Krieg zu führen. Mit der Besetzung von Argos wolle der Sultan offenbar versuchen, wie weit er die Dinge treiben könne. Lasse man sich diese Behandlung fernerhin gefallen, dann werde er sich der anderen venedischen Besitzungen auf Morea bemächtigen und selbst Negroponte, auf das er es offensichtlich bereits abgesehen habe, einnehmen. Man müsse diesem Barbaren endlich einmal zeigen, welche Machtmittel man besitze. Durch das ewige Zaudern sei Konstantinopel, sei Morea und letzthin auch noch Bosnien verlorengegangen. Wenn man für den Levantehandel fürchte, so müsse man eben das geringere Übel in Kauf nehmen. Auch dürfte man den Schimpf nicht auf sich laden, daß es in ganz Europa heiße, Venedig gebe um einiger Handelsvorteile und schnöden Gewinnes willen die ihm durch Glauben, Sitten und Belange engverbundenen Völker des Abendlandes auf. Man müsse sich mit dem Papst und mit Ungarn ins Benehmen setzen, die Land- und Seestreitkräfte verstärken, die ohnedies mißvergnügte Bevölkerung der Peloponnes gegen die türkischen Bedrücker aufstacheln, man müsse Morea erobern und von dort ins Osmanenreich eindringen, während die Ungarn vom Norden her das gleiche täten. Lege man die Hände in den Schoß, so habe man den endgültigen Verlust der Besitzungen Venedigs sowie die Versklavung seiner Untertanen zu gewärtigen.

Die Friedenspartei gab sich auf diese Rede hin geschlagen. Obgleich bei der Abstimmung die Mehrheit der Gegenpartei nicht sehr beträchtlich war, ward am 28. Juli 1463 die Kriegserklärung an die Pforte erlassen. Morea mit 300 000 Dukaten Handelsgewinn, so wagte man damals zu hoffen, sollte der Siegespreis werden. Loredano segelte mit seinem verstärkten Geschwader schon seit Mai durch die griechische Inselwelt und als er am 1. August wieder in Napoli di Romania (Nauplia) eintraf, war der zum Oberbefehlshaber der Landmächte bestellte und als Condottiere gefürchtete Bertoldo Markgraf von Este mit seinen Truppen zur Stelle. Das schwach verteidigte Argos ergab sich am 5. August nach kurzem Widerstand. Sein nächstes Ziel sollte Korinth sein. In der ersten Septemberhälfte wurde die längst verfallene Sperrmauer am Isthmos (Hexamilion) wieder instand gesetzt. Der fast 4 Meter hohe Wall wurde aus umherliegenden ungeheuren Werkstücken ohne Mörtel aufgeführt und mit 136 Wachtürmen versehen. Längs der Mauer wand sich auf beiden Seiten ein tiefer Graben hin und in der Mitte ward ein Altar errichtet, auf dem das Banner des Heiligen Markus hoch in den Lüften wehte. Mehr als 30 000 Menschen sollen in zwei Wochen das Werk vollendet haben. Die Belagerung von Korinth wurde nun ernsthaft begonnen. Am 25. September erschien, von Norden kommend, Turachan-oghlu ˁÖmer-Beg, der vorher in Bosnien eingesetzt worden war, vor dem Riesenwerk des Isthmos, näherte sich auf etwa 300 Schritte und zog sich sogleich zurück, zumal zwei Kanonenkugeln in seiner nächsten Nähe einschlugen. In den folgenden Tagen kam es zu Gefechten unweit Korinth zwischen den Venedigern und den Türken. Der entscheidende Schlag war auf den 20. Oktober angeordnet worden, aber das Kriegsglück blieb den Angreifern nicht hold. Sie verloren ihre besten Truppen und ihren Führer Bertoldo von Este, der, von einer Streifkugel am Kopfe getroffen, 14 Tage später seiner schweren Verwundung erlag. Die Venediger sahen sich gezwungen, die Belagerung aufzuheben und ihre Streitmacht teils an die Sperrmauer, teils nach Nauplia zurückzuziehen. Die Türken blieben Herren des Schlachtfeldes und ihrer Feldstellungen. ˁÖmer-Beg bat den Sultan um Verstärkungen und dem Großwesir Mahmûd-Pascha wurde der Befehl erteilt, mit dem gesamten rumelischen Heer, soweit es oben in Bosnien entbehrlich war, nach Südgriechenland aufzubrechen und die Bollwerke des Isthmos zu überrennen. Mehmed II., der sich von Bosnien über Südserbien zurück nach Stambul begeben hatte, griff diesmal, vermutlich aus Gesundheitsrücksichten, nicht persönlich in die Kampfhandlungen ein. Mahmûd-Pascha war erst bis Larissa in Thessalien vorgedrungen, als ihm ʿÖmer-Beg meldete, daß der Isthmos mit mehr als 2000 (!) Geschützen bestückt sei und von einer starken Besatzung verteidigt werde. Er sei nicht einzunehmen und in seiner Nähe Lager zu schlagen nicht ratsam; der Großwesir tue gut, nicht weiter vorzudringen. Mahmûd-Pascha verlangte vom Großherrn Nachschub für seine Streitkräfte und rückte indessen bis Livadiá (42 km nw. von Theben) vor. Venedigs Feldherren — an Bertoldos Stelle war Bettino da Calzina als Oberbefehlshaber getreten — waren durch die Niederlage vor Korinth und durch die Nachricht von der Annäherung frischer osmanischer Truppen aus dem Norden dermaßen entmutigt und ratlos geworden, daß sie den Beschluß faßten, die Landenge preiszugeben und möglichst viele ihrer durch eine schlimme Ruhr ohnedies bedenklich gelichteten Truppen samt Geschützen, Mundvorrat und Rüstzeug nach den Schiffen zu bringen. In regelloser Flucht ging das Fußvolk nach Nauplia zurück.

Diese Maßnahmen entschieden das Schicksal der Peloponnes und den Sieg der Osmanen. Mahmûd-Pascha erschien noch am gleichen Morgen, an dem die Venediger von der Sperrmauer abrückten, bei Hexamilion und warf die Wälle vor sich nieder. Seine Reiterei und Janitscharen setzten den Fliehenden nach, Argos ward im ersten Ansturm wieder genommen und nur vor Nauplia, wo sich frische Söldnertruppen befanden, brach sich der türkische Angriffsgeist. Bei einem Ausfall wurden die Truppen des Großwesirs hart mitgenommen und nach dem Isthmos zurückgedrängt. Mahmûd-Pascha ließ sich durch diese Schlappe nicht abhalten, weiter nach Süden zu marschieren und ins Innere der Halbinsel einzudringen. Viele Schlösser, die bereits Miene gemacht hatten, von den Osmanen zu den Venedigern abzufallen, kehrten sogleich zur alten Unterwürfigkeit zurück. Ohne Schwertstreich gelangte das türkische Hauptheer bis Leontarion, ʿÖmer-Beg unternahm Streifzüge ins Gebiet der venedischen Besitzungen, suchte vor allem die Umgebung von Modoni und Koroni heim und zwang sogar die Albaner in den Bergen Lakoniens und in der Maina zur Unterwerfung. Wäre nicht inzwischen der Winter hereingebrochen, so hätten die Kriegshandlungen zweifellos weiterhin einen für die Türken günstigen Verlauf genommen. Chalkokandyles, der mit dieser aufregenden Erzählung sein Geschichtswerk abschließt, berichtet von einem Vorfall, der sich damals mit Sultan Mehmed II. ereignet habe und für dessen wahrheitsgetreue Darstellung ihm die Verantwortung verbleibt. ʿÖmer-Beg habe bei seinen Streifzügen in der Gegend von Modoni 500 Bewohner eines nahegelegenen Ortes als Gefangene eingebracht und diese dann dem Großwesir übersandt.

Mahmûd-Pascha wiederum habe sie an Mehmed II. nach Stambul geschickt, der an ihnen die von ihm bevorzugte Tötungsweise, das Entzweisägen, aufs neue erproben ließ. Da habe ein Ochse plötzlich zwei weit auseinanderliegende Körperhälften zusammengetragen und hierdurch den Aberglauben des vom Vorkommnis verständigten Großherrn erregt, der im Benehmen des Tieres die Vorbedeutung großen Glückes für das Volk, dem der Hingerichtete angehörte, glaubte erkennen zu müssen. Es war indessen ungewiß, ob dieser ein Venediger oder Albaner war. Mehmed II. befahl darauf, den Leichnam zu begraben, den Ochsen aber im reichbesetzten Tiergarten des Seraj gehörig zu verpflegen.

Noch bevor die militärischen Maßnahmen Venedigs im Süden Griechenlands eine so tragische Wendung nahmen, war am 12. September 1463 zu Peterwardein zwischen der Signoria und dem Ungarnkönig ein Schutz- und Trutzbündnis gegen die Türken zustande gekommen. Beide Teile gingen dabei die Verpflichtung ein, dem Kreuzzugsgedanken in gemeinsamem Wirken zu dienen und Venedig verhieß obendrein, vierzig Galeeren auszurüsten. Schon vorher, am 19. Juli, hatte sich Matthias Corvinus mit Kaiser Friedrich III., mit dem er seit Jahren um seine Krone im Streite lag, geeinigt und gelobt, seine ganzen Streitkräfte fortab gegen die Osmanen aufzubieten. Der allzu stolze und eitle Sprößling Johannes Hunyadis war nach mancherlei Verlusten und bitteren Erfahrungen vom Fehler seines Vaters abgekommen, von einem einzigen großen Kriegszug die Verdrängung der Osmanen aus Europa und die Gewinnung der Balkanhalbinsel zu erwarten. Ende September 1463 rückte er an der Spitze von kaum mehr als 4000 Kriegern über die Save nach Bosnien ein, geradeswegs nach Jajce marschierend. Im offenen Lande hatten die Türken sich nirgendwo festgesetzt. Ohne Widerstand konnte er in Eilmärschen bis unter die Mauern der alten Königsstadt gelangen. Die nur schwach verteidigte Unterstadt ward am 1. Oktober, vier Tage nach seiner Ankunft, gleich beim ersten Anlauf genommen, zumal die Bewohnerschaft sich sofort auf seine Seite schlug. Um so schwieriger gestaltete sich dann freilich die Erstürmung der Zitadelle, die mit einer 430 Köpfe starken osmanischen Besatzung belegt war und hartnäckigsten Widerstand leistete. Diese Janitscharen standen unter dem Befehl eines gewissen Harâmbaschy Iljâs-Beg, der einer fast drei Monate währenden unausgesetzten, wegen der rauhen Jahreszeit doppelt beschwerlichen Belagerung trotzte. Am 16. Dezember 1463 mußte sich die ausgehungerte Feste dem Ungarnkönig ergeben, weil sie dem bevorstehenden Sturm unmöglich hätte standhalten können. Den Gefangenen ward es freigestellt, entweder als Soldaten ins ungarische Heer einzutreten oder waffenlos abzuziehen. Der Befehlshaber der Festung, Iljâs-Beg, wurde

zusammen mit 400 auserlesenen Gefangenen nach Ungarn abgeführt, wo
König Matthias am Weihnachtsfest seinen feierlichen Einzug hielt und als
größte Zierde die osmanischen Gefangenen, die entsprechend aufgeputzt
wurden, einherziehen ließ. Mehr als 60 feste und offene Ortschaften hatten
sich den Ungarn in Bosnien unterworfen. Überall ließ der König die Besatzungen schonen. Der Sieg, den man als Wiederherstellung des Königreichs Bosnien unter ungarischer Oberhoheit feierte, löste allerorten gewaltige Freude aus. Matthias Corvinus setzte bereits am 6. Dezember
seinen Großschatzmeister Ban Emerich v. Zápolya zum Statthalter des
wiedereroberten Reiches ein und verteilte eine Anzahl von Großlehen an
getreue Vasallen. Herzog Stjepan Vukčić in der Herzegowina, dessen
ältester Sohn Vladislav gleichfalls unter den Belehnten war, hatte sich
sogleich nach Abzug des Sultans wieder seines ganzen Herzogtums bemächtigt. Vlatko, Stjepans zweiter Sohn, war als besonderer Günstling des
Ungarnkönigs in den Besitz von Gebietsteilen der von Mehmed II. umgebrachten Feudalherren der Kovačevići und der Pavlovići gekommen.
Nur der Umstand, daß der Bruderzwist unter den Söhnen Herzog Stjepans
die Verteilung des Landes verzögerte, verhinderte damals die Wiederherstellung der Herzegowina in den früheren Zustand.

Daß alle diese Vorgänge, besonders der Fall von Jajce und der Verlust
des besten Teiles des kaum eroberten Bosnien, den Sultan fast zur Raserei
brachten und daß er sich niemals mit ihnen abfinden werde, war vorauszusehen. Als erster bekam Kaiser David von Trapezunt mit seinem Bruder,
seinen sieben Söhnen und seinem Neffen die Wut des Großherrn auf entsetzliche Weise zu spüren. Am 1. November 1463 wurde fast die ganze
Komnenenfamilie im Staatsgefängnis der Sieben Türme, dessen Ausbau
Mehmed II. im Winter 1457/58 hatte vollenden lassen, ausgerottet. Noch
nach dem Tode verfolgte der Sultan die hingerichteten Komnenen mit
seinem Grimm, indem er sie unbegraben hinzuwerfen anordnete, bis sie
eine Beute der Hunde und Raubvögel wurden. Die trapezuntische Kaiserin,
Davids zweite Gemahlin, sah der Abschlachtung ihrer Angehörigen standhaft zu, hütete dann bei Tage ihre Leichname und begrub sie nach und
nach mit eigenen Händen. Darauf zog Helene, so heißt es, ein Bußkleid an
und verschied bald darauf nach einem strengen und enthaltsamen Lebenswandel in einer Strohhütte, die sie sich zur Wohnung erwählt hatte. Die
übrigen Söhne und Töchter der Großen und Anverwandten des trapezuntischen Kaisergeschlechtes verloren sich vergessen und unbekannt im
Troß der Sklaven und Soldaten, im Seraj des Sultans und in den Frauengemächern vornehmer Türken zu Stambul. Nur Georgios Amirutzes und
seine beiden Söhne verstanden, dank ihrer Schlauheit und vielleicht ihrer

Verwandtschaft mit Mahmûd-Pascha, ihr Leben in Sicherheit zu bringen und sich und der großherrlichen Gunst zu erhalten.

Im nächsten Winter, den Mehmed II. im Palast zu Stambul verlebte, dürfte sich sein Gesundheitszustand erstmals ernstlich verschlimmert haben. Ein krankhafter Fettansatz hatte den Körper des kaum 32jährigen Großherrn unnatürlich verunstaltet. Vor allem das Reiten machte ihm beträchtliche Schwierigkeiten und die Kriegsstrapazen, denen er sich alle die Jahre hindurch schonungslos unterzog, hatten ihm eine quälende Gicht, das Erbübel der Osmanenherrscher, eingebracht. Seine Leibärzte, voran der Maestro Iacopo aus Gaeta, bemühten sich um deren Linderung oder Beseitigung, wie es scheint, mit einigem Erfolg, denn bereits im Folgefrühjahr war er wiederum imstande, die Unbill eines neuen Kriegszuges auf sich zu nehmen.

In den ersten Junitagen 1464 waren Gerüchte bis nach Venedig gedrungen, daß der Groß-Türke seine Streitmacht bei Adrianopel versammelt und schon nach Sofia vorausgesandt habe. Schießbedarf und Kriegsgerät aller Art, besonders aber Geschützmetall und Erze, seien, so hieß es, in riesigen Mengen zusammengetragen worden. Das Ziel des neuen Feldzuges konnte man nur vermuten und im Westen rechnete man mit einem Überfall auf Ungarn. Bald darauf brachten Leute aus Istrien und Zara von Bosnien die Meldung, daß dort ein ‚subaschy‘ mit 40 000 Mann eingefallen sei und alles mit Feuer und Schwert verwüstet habe; der Ungarnkönig rühre sich nicht. Die Nachrichten waren wie stets übertrieben und ungenau. Später wurde behauptet, daß die gesamte Streitmacht, die der Großherr in eigener Person aufs neue gegen Bosnien führte, nur 30 000 Kämpfer umfaßte, daß sie allerdings mit allem nur erdenklichen Sturmzeug ausgerüstet war. Er begab sich wohl ohne Umwege vor die Mauern von Jajce. Die von Emerich von Zápolya verteidigte Burg wurde vom 10. Juli bis zum 24. August 1464 belagert. Mehmed hoffte, sie durch Minen und schweres Geschütz zu bezwingen. Am Bartholomäustag (24. August) begann der Endkampf um die Feste, der eine Nacht und einen Tag währte, aber mit einer Niederlage des Großherrn endete. Viele Türken fielen oder wurden verwundet. Als Mehmed sah, daß er sein Vorhaben nur mit riesigen Menschenopfern und nach einer langen heftigen Schlacht werde erreichen können, und als er sich von Spähern berichten ließ, daß König Matthias mit viel Reiterei und Fußvolk längst an der Save lagere und in den Kampf einzugreifen beabsichtige, ließ er fünf schwere Belagerungsgeschütze, angeblich mehr als 5 Meter lang und drei Handbreit im Durchmesser, in den Vrbas wälzen. Sie waren zum Sturm auf Jajce eigens an Ort und Stelle gegossen worden. Der Stückmeister Jörg von Nürnberg spricht von nur vier Riesenkanonen,

die in die Drina geschleudert worden seien. Auch das Gepäck ward im
Stich gelassen und die gesamte türkische Streitmacht suchte das Weite.
Mit unsäglichen Mühen holten die Ungarn die Geschütze später wieder
aus dem Fluß und brachten sie in Stellung. Die Zahl der toten Türken soll
so groß gewesen sein, daß die Bewohner von Jajce, durch den Leichen-
geruch in der Sommerhitze bestürzt, vom 24. bis 28. August ohne Unterlaß
damit beschäftigt waren, die Straßen von ihnen zu säubern und die Gefallenen einfach in den reißenden Vrbas zu werfen.

Für die Ungarn war das Ende dieses sultanischen Feldzuges nicht so
glücklich wie sein Beginn. König Matthias konnte erst im September 1464
mit etwa 10 000 Mann die Save überschreiten, als der Sultan längst seine
Zelte abgebrochen hatte und nach Südosten abgezogen war. Während nun
Emerich von Zápolya den Osmanen das in einem von hohen Bergen
eingeengten Tal gelegene, wegen seiner reichen Silbergruben berühmte
Bergschloß Srebrnica nach kurzem Widerstand entriß, bereitete den Ungarn
die Belagerung von Zvornik an der unteren Drina (etwa 150 km östlich von
Jajce) beträchtliche Schwierigkeiten. Die große Festung wurde von der
türkischen Besatzung hartnäckig verteidigt. Emerich von Zápolya wurde
zu Hilfe gerufen, aber durch einen Pfeilschuß am Auge schwer verwundet,
verlor er den Mut. Der hereinbrechende Winter machte die Belagerungsarbeiten und vornehmlich die Verpflegung der verzagten Truppen mit
jedem Tage schwieriger.

Da traf mit einem Male die Nachricht ein, daß Mahmûd-Pascha mit
40 000 Mann zum Entsatz im Anzug sei. Über die Vorgeschichte dieses
Unternehmens gibt lediglich der altosmanische Chronist Neschrî gewisse
Einzelheiten. Mehmed II. machte auf dem Rückmarsch in Sofia Halt und
erließ ein neues Aufgebot. Von allen Seiten kamen die Einberufenen, die
dem Großwesir Mahmûd-Pascha unterstellt und sogleich gegen Bosnien
eingesetzt wurden. Diese frischen Truppen, so behauptet Neschrî, seien
noch nicht vor Jajce erschienen, als sich der Christen eine Panik bemächtigte. Diese Angabe stimmt genau mit den Tatsachen überein. Auf die
Kunde vom Herannahen des osmanischen Entsatzheeres war die Streitmacht des Ungarnkönigs nicht mehr zu bändigen. In regelloser unaufhalt-
samer Flucht ging der Rückzug über die Save vor sich. Sämtliche Geschütze und der größte Teil des Trosses wurden preisgegeben. Viele der
Fliehenden wurden von den nachdrängenden Türken niedergesäbelt oder
gefangengenommen. Nur mit Mühe rettete König Matthias zu Ausgang
des Monats November die Trümmer seines Heeres nach Syrmien. Mit Ausnahme der wenigen, von den Ungarn besetzten Festungen, darunter auch
Jajce, sowie einiger nördlicher Grenzbezirke blieb das nahezu wüste Land

in ungestörtem Besitze der Osmanen. Jajce, das 1472 die Hauptstadt des wiedererstandenen bosnischen Königreiches unter Nikolaus Újlaky wurde, blieb während 64 Jahren, in denen Ungarn mit den Türken um den Besitz Bosniens rang, der wichtigste Schauplatz der bosnischen Geschichte. Solange ungarische Truppen seinen Rückzug von Bosnien aus gefährden konnten, war es Mehmed und seinen Nachfolgern unmöglich, seine Heere ins Herz von Ungarn oder gar nach Deutschland zu führen. Die späterhin in rascher Folge immer wieder erneuerten osmanischen Unternehmungen gegen Jajce beweisen die strategische Wichtigkeit dieses Platzes und, im vorliegenden Falle, die Bedeutung der sultanischen Niederlage im August 1464. Daß der Feldzug gegen Bosnien diesmal ein so rasches und schmähliches Ende nahm, hat ganz gewiß nicht nur die Besorgnis vor einer ungarischen Übermacht, sondern vor allem auch der schlechte körperliche Zustand verschuldet, in dem sich Mehmed II. damals noch immer befunden haben muß. Er hat sich nach der Rückkehr des Sultans an seinen Stambuler Hofsitz gegen Sommerende 1464 dermaßen verschlimmert, daß er zum ersten Male seit seiner Thronbesteigung ein volles Jahr und länger seinen Palast nicht verlassen hat.

Nur ein einziges Ereignis dieses Jahres mag den vom Mißgeschick Verfolgten mit Befriedigung erfüllt haben: Am 4. oder 5. August 1464 starb auf der Burg von Kavalla unweit Qonja sein erbitterter und auf asiatischem Boden bisher gefährlichster Gegner Ibrâhîm-Beg, der Herrscher von Qaraman.

Noch ehe die Kunde von der Unterjochung Bosniens nach Italien gelangt war, hatte Pius II. in schlaflosen Nächten, wie er selbst erzählt, einen neuen Plan zur Bekämpfung der Osmanen ausgedacht. Obgleich siech und altersschwach, wollte er selbst die Führung des Heiligen Krieges übernehmen. Nur sechs vertrauten Kardinälen hatte er im März 1462 von seinem Vorhaben Mitteilung gemacht. Er hoffte zuversichtlich, daß, wenn er als Statthalter Christi, der größer sei als der König und Kaiser, selber ins Feld ziehe, die übrigen Fürsten des Abendlandes, selbst England, Spanien und Deutschland, besonders aber Burgund und Frankreich, ihren Beistand nicht zu versagen vermöchten. Bosniens Fall hatte den ländersüchtigen Zänkereien der Ungarn ein rasches Ende gesetzt. Im Frieden von Wiener Neustadt (24. Juli 1463) wurde den Korvinen ein lebenslängliches Königtum durch den Kaiser zugebilligt; nur im Falle, daß Matthias Corvinus ohne erbberechtigte Nachfolger sterbe, wurde den Habsburgern die Erbfolge zugesichert. Die Markusrepublik hatte, wenn auch keineswegs zum Schutze des Glaubens, sondern nur aus Sorge um die Beschränkung seines Levantehandels, den unvermeidlich gewordenen Kampf mit den Osmanen auf sich

genommen. Aber die Beteiligung nur von Ungarn und Venedig am Kreuzzug erschien dem Papste nicht ausreichend. Ganz Italien mußte, abgesehen
vom Kaiser, Frankreich und Burgund, für den Plan gewonnen werden.
Ludwig XI. von Frankreich verhielt sich aber völlig abweisend, denn er sah
im Kreuzzugsunternehmen nur Finten, um die Neapeler Angelegenheit in
den Hintergrund zu drängen. Skender-Beg, der 1461 eine Art Waffenstillstand mit den Türken geschlossen hatte, eröffnete, als der Papst und Venedig
ihn ermahnten, kurzerhand die Feindseligkeiten. In Italien war die politische Lage damals einem Heiligen Krieg entschieden günstig. In Neapel war
der Thronstreit beendet, der unruhige Sigismondo Malatesta war gedemütigt
und ganz Italien lebte in Frieden. Ungarn und Venedig hatten sich zu
einem Waffenbündnis zusammengeschlossen. Nur das reiche Florenz spielte
eine zweideutige Rolle. Hier wurde der verschlagenste Widerstand gegen
den Kreuzzugsplan deutlich offenbar. Schuld daran trug teils die alte
Gegnerschaft der Florenzer gegen die Lagunenstadt, teils und vor allem
aber die Nebenbuhlerschaft zwischen beiden Staaten im Gebiet des levantischen Handels. Daß Venedig sich im Kriege mit den Türken langsam
verblute, war und blieb die stille Hoffnung von Florenz. Schon aus
diesem Grunde durfte der Türkenkrieg nicht eine gemeinsame abendländische Sache werden. Venedigs Zwist mit der Pforte werde sich, so
meinte man in Florenz, in die Länge ziehen und beiden Mächten zum
Heile Italiens und der ganzen christlichen Welt den verdienten Untergang bringen. Der Papst, dem diese Ansichten vom Florenzer Abgesandten in geheimer Audienz vorgetragen wurden, war entsetzt über
solch kleinliche Auffassung und entwickelte einen von ihm entworfenen
Plan zur Teilung der Türkei, vielleicht den ersten seiner Art, um zu beweisen, daß nach seinem Wunsche Venedig keineswegs den Löwenanteil
bekommen werde. Es solle Morea, Böotien, Attika sowie die Küstenstädte
des Epirus erhalten, Skender-Beg Mazedonien, den Ungarn aber war Bulgarien, Serbien, Bosnien und die Walachei und alles Land bis zum Schwarzen Meer zugedacht, während andere Teile des Byzantinischen Reiches
von angesehenen Griechen in Besitz genommen werden sollten. In einem
geheimen Konsistorium entwickelte Pius II. am 23. September 1463 dem
gesamten Kardinalskollegium seine Absichten. Die Mehrzahl der Kirchenfürsten stimmte begeistert zu, nur die französische Partei erhob Einspruch
gegen den Vorsatz. Der Weg für die notwendigen Rüstungen und die Beitreibung der Kreuzzugsgelder war nun frei. Ein gemeinsamer Oberanführer
sollte den Kampf gegen die Ungläubigen lenken, die Eroberungen nach
den Leistungen der Teilnehmerstaaten zugemessen werden. Zum kommenden Mai 1464 hätte sich jeder fertig zu halten und sich für die Dauer

eines Jahres mit Lebensmitteln zu versehen. Zur Vermeidung von Miß-
helligkeiten wollte man einen Münzkurs festsetzen. Mit Ausnahme Venedigs
pflichteten alle in Rom versammelten Gesandten den vom Papst darge-
legten Richtlinien bei. Die Einwände bezogen sich auf den kirchlichen
Oberbefehl und auf die Zuweisung der Beute. Nach endlosen Verhandlungen, bei denen einzelne Teilnehmer Ausflüchte und Vertröstungen für
den Papst bereit hielten oder ihre Zusage mit allerlei Ausreden verzögerten,
kam eine gewisse Einigung zustande. Die benötigten Geldmittel sollten, so
beschloß man, durch den Zehnten, Zwanzigsten und Dreißigsten im Kir-
chenstaate gefördert werden. Alle überflüssigen Kostbarkeiten der Kirche,
Kelche und Meßgeräte, plante man für die Sache des Glaubens zu verwenden, alle Klöster mit einer Steuer zu belegen. Am 19. Oktober
1463 schlossen der Papst und Venedig mit dem Herzog von Burgund ein
Bündnis, wobei man sich für die Dauer von drei Jahren gegenseitige Hilfe
zusicherte und nur gemeinsam Frieden zu machen sich verhieß.

Wenige Tage später wurde die Kreuzzugsbulle verlesen, worin allen, die
den Glaubenskampf unterstützten, geistliche Gnaden in reichster Fülle versprochen wurden. ‚Ihr Deutsche‘, so hieß es darin, ‘die ihr den Ungarn
nicht beisteht, hoffet nicht auf die Hilfe der Franzosen! Und ihr Franzosen rechnet nicht auf den Beistand der Spanier, wofern ihr den Deutschen nicht helfet. Mit dem Maße, mit dem ihr messet, wird man wieder
messen. Was Zusehen und Warten fruchten, haben die Kaiser von Konstantinopel und Trapezunt, haben die Könige von Bosnien, Serbien
und andere Fürsten erfahren, die alle, einer nach dem andern, überwältigt
wurden und umkamen. Nachdem Mehmed die Herrschaft im Osten erlangt
hat, will er nunmehr die im Westen erringen.‘ Die anfänglichen Bedenken
gegen den Kreuzzug machten allerorten allmählichem Vertrauen in das
ganze Vorhaben Platz. Die Bulle ward überallhin versandt, Legaten
des Papstes, Kreuzprediger und Geldsammler bereisten die Staaten des
Abendlandes, Türkenreden und Türkenprediger waren überall vernehmbar
und die Minoriten waren die eifrigsten Verfechter der gemeinsamen Angelegenheit der Christenheit. Die Fürsten und Großen zeigten sich weit
zurückhaltender und lauer als die mittleren und niederen Stände, die vor
allem in Deutschland in Bewegung gerieten. An manchen Orten, selbst im
entlegenen Norden Deutschlands, war die Erregung so nachhaltig, daß,
wie eine Hamburger Chronik jener Jahre berichtet, ‘de lude van den wagen
und plogen henweh na Rom lepen, umme de Turken to slannde‘. ‚Infolge
der Gleichgültigkeit und der Pflichtvergessenheit der christlichen Herrscher‘, so äußerte sich Pius II. im November 1463 einem Vertreter seiner
Vaterstadt gegenüber, ‘bin ich gezwungen, mich an die Spitze des Kreuz-

zuges zu stellen. Wenn wir die Türken wie in den voraufgegangenen Jahren
weiter vordringen lassen, werden wir in kurzer Frist allesamt unter ihr
Joch geraten. Was in meinen Kräften steht, werde ich tun. Gott wird mir
helfen!'

Während des Winters 1463/64 versuchte Alvise Loredano, der mit seinen
Schiffen im griechischen Archipel kreuzte und einen gelungenen Streifzug
nach der teilweise besetzten Insel Lemnos machte, dem verunglückten
Unternehmen des Vorjahres eine glücklichere Wendung zu geben. Die nach
Nauplia ins Winterquartier gegangenen kläglichen Überreste der venedischen
Landtruppen vermochten zwar den herbeigeeilten Landpfleger von Rume-
lien, Dâwûd-Pascha, zurückzuschlagen, büßten aber dann infolge des
Klimas, vielfacher Entbehrungen und der stets wiederholten türkischen
Angriffe ihre Schlagkraft gänzlich ein und gingen zugrunde. Mahmûd-
Pascha konnte alle abtrünnigen Burgen und Städte, deren Bewohner bei
Ankunft der Lateiner zum Teil die osmanischen Besatzungen und Befehls-
haber davongejagt hatten, zurückerobern. Den Flottenoberbefehl über-
nahm im Frühjahr an Stelle Loredanos Orsato Giustiniano. Sigismondo
Malatesta wurde zum Statthalter von Morea und zum Feldhauptmann
über die Landmacht, zum Generalkapitän der Terra ferma, bestellt.

Die Maßnahmen zur See, bei denen Giustiniano insgesamt 32 Galeeren
einsetzen konnte, richteten sich nunmehr vorab gegen die Insel Mytilini,
dessen Hauptstadt im April und Mai 1464 6 Wochen hindurch belagert
wurde. Da erschien am 18. Mai unter Führung von Mahmûd-Pascha ein
osmanisches Geschwader von 150 Segeln, darunter 45 Dreiruderer, und
zwang den venedischen Admiral, das Unternehmen einzustellen. 300 gefangene Türken sowie eine Anzahl nach Negroponte in Sicherheit gebrachter Christenseelen waren der einzige Gewinn der ägäischen Flottenstreife.
Im Juni versuchte Giustiniano ein zweites Mal die Landung auf Lesbos,
hatte aber keinen größeren Erfolg. Anfang Juli bereits fuhr er mit seinem
Geschwader nach Modoni zurück, wo er wenige Tage nach seinem Eintreffen verbittert und verzweifelt gestorben ist. Seinem Nachfolger Iacopo
Loredano erging es nicht viel besser. Bei seinem Ausfall nach den Le-
vantegewässern berührte er Rhodos, Chios, Lemnos sowie Tenedos und es
scheint, daß er sich mit dem gewagten Plan eines Handstreichs auf
Stambul getragen hat. Einer seiner Kapitäne, Iacopo Venier, drang, während
Loredano sich mit seinen Schiffen unweit der neuen Dardanellenschlösser
vor Anker legte, mit seiner Galeere in die Meerengen ein und passierte unter
dem Feuer der Küstenburgen die gefährliche Straße. Er verlor durch türkische Steinkugeln etwa 15 Mann, kehrte aber trotzdem unter dem Jubel des
ganzen Geschwaders bei Nacht mit vollen Segeln zum Ausgangspunkte

zurück. Ob dieser kühne Streich der Erkundung galt oder nicht, die venedische Flotte kehrte unmittelbar darauf nach Tenedos um.

Aber auch zu Lande war Venedig das Kriegsglück nicht sonderlich hold. Am 8. August 1464 traf Sigismondo Malatesta, dieser frevelmütige, eigenwillige und unlenksame Kopf, in Modoni ein, wo er 1400 seiner Bewaffneten, ferner 400 berittene Armbrustschützen sowie 300 Mann Fußvolk antraf. Er war mit dem Verfahren der Signoria, die entweder zuviel von ihm verlangte oder ihn nicht ausreichend unterstützte, ständig unzufrieden. Den meisten Zank aber hatte er mit dem Provveditore von Morea, Andrea Dandolo, mit dem er sich niemals einigen wollte. Solche Verhältnisse machten einen ersprießlichen Fortgang des Landkrieges fast zur Unmöglichkeit. Malatesta bemächtigte sich einiger Städte und begann schließlich mit einem Hauptangriff auf Misthra. Er hatte schon die beiden Außenwälle der Feste überwältigt, als er an der Einnahme der eigentlichen Felsenburg mit allen seinen Mühen scheiterte. Der Condottiere, der dieser unwegsamen Gegend mißtraute und vor allem für die Zufuhr ernste Befürchtungen hegte, hob die Belagerung auf und nahm schleunigst in Nauplia Zuflucht, als er vernahm, daß ʿÖmer-Beg mit 12 000 Mann zum Entsatz im Anmarsch sei. Einige seiner Unterbefehlshaber ließen sich, da sie nicht kampflos das Feld räumen wollten, unweit Misthra mit den türkischen Reiterscharen in ein Gefecht ein und erlagen samt ihrer Truppe bis auf den letzten Mann. Nach diesem unseligen Mißerfolg hatte der Feldzug fürs Jahr 1464 ein schlimmes Ende erreicht. Malatesta fand im April 1466 nach Italien heim. Als einzige Beute führte er die Gebeine des zu Misthra bestatteten großen Philosophen Georgios Gemistos Plethon, des zweifellos bedeutendsten Gelehrten des untergehenden Reiches von Byzanz, mit sich nach Rimini, wo er sie neben dem Sarkophag des Roberto Valturio in dem für ihn erneuerten Tempio Malatestiano beisetzen ließ. Sein ungenannter Geheimschreiber hat über den moreotischen Feldzug seines Herrn in genauer Tagesfolge die ausführlichsten und wohl auch glaubwürdigsten Nachrichten aufgezeichnet, wenngleich er die trübseligen Verhältnisse, die sich dort abspielten, völlig übergeht.

So stand es im Süden von Hellas und in den ägäischen Gewässern, als Papst Pius II. seinen festen Entschluß verkündete, selbst das Kreuz zu nehmen und persönlich die Ungläubigen zu bekämpfen. Sein Aufbruch verzögerte sich noch bis zur Mitte des Jahres. In einem Rundschreiben vom 19. Oktober 1463 gab er seine Absicht bekannt, nicht mit dem Schwerte, sondern mit Gebet zu streiten. Er wolle der Christenwelt mit gutem Beispiel vorangehen, denn wer, welcher Ritter, Graf, Herzog, König oder Kaiser, werde es wagen, müßig daheim zu bleiben, wenn er, der Nachfolger des Heiligen Petrus, siech und gebrechlich, mit seinen Kardinälen ausziehe? Aber die päpstliche Mahnung verfehlte, wie oben gesagt wurde, fast durchweg ihre Wirkung auf die Herrscher des Abendlandes, während sie den großen Haufen ergriff, auf dessen Teilnahme Pius II. keineswegs rechnete. In der Bulle ward ausdrücklich bestimmt, daß denen der Ablaß zuteil werden solle, die ein Jahr, wenigstens aber sechs Monate, auf ihre Kosten Kriegsdienste leisten würden.

Cr. Moro, der greise Doge Venedigs, suchte seine Teilnahme am Türkenzug unter Berufung auf sein hohes Alter hinauszuzögern. Aber Vettore Capello, der Führer der entschlossenen Kriegspartei, bedeutete ihm, daß, wenn er sich weigere, man ihn zwingen werde sich einzuschiffen, weil Wohl und Wehe der Signoria höher stünden als seine Person. So nötigte man ihn, Enrico Dandolo zu spielen, wozu ihm alle Voraussetzungen fehlten. Die ganze Welt freilich erwartete von Venedig alles Heil der christlichen Welt und die rasche Vernichtung des Osmanenreiches. Francesco Filelfo, aufs neue ein Opfer seiner grenzenlosen Eitelkeit und seines Gelehrtendünkels, mischte sich gleichfalls in den Gang der Dinge ein. In zwei langatmigen Sendschreiben, deren eines er an den berühmten, uns von der Mantuaer Tagung her bekannten Rechtsgelehrten Alvise Foscarini und deren anderes er an Cristoforo Moro (15. März 1464) richtete, ließ er sich weitschweifig über die günstigen Aussichten des Kreuzzuges unter venedischer Leitung aus, unter der ‚endlich die niederträchtigen und verhängnisvollen Taten des schuldbeladenen, verruchten Mehmed zuschanden werden' müßten. Er sah Konstantinopel bereits im Besitze der Lateiner, gab aber dreist seiner Befürchtung Ausdruck, daß Pius II., dessen Nepotismus allerdings nicht wegzustreiten war, 'einen Piccolomini an Stelle der Paläologen' *(a Paleologis in Piccolominos)* zum Kaiser von Byzanz einzusetzen beabsichtige. Seinem närrischen Streben, nicht vergessen zu werden, seinen Namen der Nachwelt oder im Munde der Menschen gar dem ewigen Fortleben übergeben zu wissen, verdanken seine politischen Ratschläge neben einem ausgetüftelten Bettelsystem ihr Entstehen. Ende 1463 wollten die Venediger durch Vermittlung des Kardinals Bessarion Filelfo bewegen, bei ihnen seinen Wohnsitz aufzuschlagen. Die Wissenschaft könne zwar, so erwiderte er, niemals mit Geld bezahlt werden, aber er wolle kommen, wenn man ihm 1200 Zechinen gebe. Filelfo schämte sich zeitlebens zu darben, aber zu betteln trug er niemals Bedenken.

Die Rüstungen zum päpstlichen Türkenfeldzug zogen sich immer mehr in die Länge. Inzwischen langten ungünstige Nachrichten über den Fortgang des Krieges auf Morea ein, die Pius II. fast zur Verzweiflung brachten. Doch es fehlte die Planung und die einheitliche Führung. Die beteiligten

Fürsten gebrauchten immer neue Ausflüchte, aber in Ancona, von wo
die Flotte mit dem Kreuzheer in See gehen sollte, fand sich aus aller Herren
Länder müßiges und beutelustiges Volk ein, das sich, weil es mittellos
blieb und der Aufbruch nach der Peloponnes sich immer mehr verzögerte,
unruhig und ausgelassen gebärdete und vom Papst natürlich Sold und
Unterhalt heischte. Schließlich begannen diese bettelarm Gewordenen ihre
Waffen zu veräußern und sich scharenweise zu verlaufen. Darauf sandte
der Papst den erprobten, aber altersschwachen Kardinal von Sant' Angelo, Juan de Carvajal, nach Ancona voraus, um die Einschiffung der
ungeduldigen Kreuzfahrer und deren Sammlung in die Wege zu leiten.

Nach feierlichem Gottesdienst im Petersdom verließ der Papst am
18. Juni 1464 die Ewige Stadt. Der greise und kränkliche Mann ward in
einer Sänfte bis zum Ponte Molle getragen, wo er tiberaufwärts die Reise
nach Osten antrat. Der unerträglichen Hitze und der Schwäche des
Papstes wegen ging die Fahrt nur langsam vonstatten. In Spoleto gesellte
sich zum Zug jener angebliche Halbbruder Mehmeds II., Bajesid-Tschelebi
oder Calixtus Ottomanus genannt, in dessen künftige Rolle als Osmanenherrscher bereits sein Taufpate Calixtus III. große Hoffnungen gesetzt
hatte. Welche Bewandtnis es mit dieser merkwürdigen Gestalt hatte und
welche Lebensschicksale ihr in Italien, Ungarn und Österreich beschieden
waren, davon wird noch später die Rede sein müssen. Unterwegs zogen
ganze Scharen von heimziehenden Kreuzfahrern an der päpstlichen Barke
vorbei. Um dem körperlich und seelisch schwer Leidenden den Anblick
dieser Flüchtigen, die zu einer Landplage zu werden drohten, zu ersparen,
ließ der Kardinal von Pavia, Iacopo Ammanati, sorgfältig die Vorhänge
der Sänfte herab, so oft ein Haufe solcher Menschen vorüberkam. Todkrank
und ermattet zog Pius II. am 19. Juli in Ancona ein. Die Ärzte stellten ihm
vor, daß das Besteigen eines Schiffes in zwei Tagen seinen Tod verursachen
werde, doch sein Entschluß auszuziehen blieb unwiderruflich. Die anwesenden Kardinäle hatten längst mit dem Sterbenden zu rechnen aufgehört und befaßten sich desto eifriger mit dem bevorstehenden Konklave.
Anfang August brach eine pestartige Seuche aus, die viele Opfer forderte,
und nur der Umstand, daß die ganze Mark, ja ganz Italien von der Ansteckung erfaßt war, vereitelte den Gedanken einer planlosen Flucht.

Die Bestürzung erreichte eine noch bedenklichere Steigerung, als von
der anderen Adriaseite die Schreckenskunde übermittelt wurde, daß ein gewaltiges Türkenheer im Anmarsch gegen Ragusa sei und der Stadt mit völliger Vernichtung dräue, wenn der fällige Tribut nicht entrichtet und dem
Papst die versprochenen Galeeren gestellt werden würden. Obwohl diese
von Ragusäer Gesandten überbrachte Nachricht zweifellos erlogen und

zweckbedingt war, fand sich der gutgläubige Papst sogleich bereit, seine
eigene Leibwache von 400 Bogenschützen sowie Getreide über die Adria
zu schicken. Nach vier Tagen kam dann die Mitteilung vom angeblichen
Abzug der Feinde. So fügte sich eine Aufregung, eine Enttäuschung zur
anderen, um den Papst in dauernder höchster geistiger und leiblicher
Spannung zu halten. Den Todesstoß aber gab die Haltung Venedigs. Die
venedischen Galeeren, die die Kreuzfahrer aufnehmen sollten, ließen
immer noch auf sich warten. Auch der Doge, der zwar am 2. August nach
langem Drängen endlich in See stechen mußte, begab sich nicht unmittelbar nach Ancona, sondern nach Istrien, um dort die Ausrüstung des Geschwaders zu vollenden. Am 12. August wurde dem Papst schließlich das
Nahen der venedischen Schiffe gemeldet. Er ließ sich im Bischofspalast
ans Fenster seines Schlafgemaches, das auf das Meer hinausging, bringen
und beim Einlaufen des Geschwaders rief er aus: ‚Bis auf diesen Tag hat
mir eine Flotte zur Ausfahrt gefehlt; jetzt aber muß ich der Flotte fehlen.‘
So war es auch. Am 15. August 1464, in der dritten Nachtstunde, ward er
von seinen seelischen und körperlichen Leiden erlöst. So endete Enea
Silvio, hat man treffend bemerkt, indem er durch seinen Tod bewies, wie
sehr es ihm mit dem großen Plane, den er verfolgte, im Leben Ernst gewesen war. Vier Tage vorher (11. August) war ihm sein Freund und Berater, Kardinal Nikolaus von Cues, im Tode vorangegangen. Cristoforo Moro
verließ Ancona in der Nacht des 18. August. Als er in Venedig angekommen
war, erging die Weisung, das Kreuzzugsgeschwader unverzüglich wieder
abzurüsten.

Mit dem Tode Pius’ II. endeten auch seine Bestrebungen für einen allgemeinen Kreuzzug gegen die Osmanen, dessen Aussichten und Möglichkeiten
er in einer fast weltfremden Begeisterung weit überschätzt hatte. Nicht nur,
daß er die ungestüme Kraft des Osmanenvolkes und die überlegene Einsicht des Sultans Mehmed II. in die Vorgänge im Abendlande viel zu gering
in Rechnung setzte, als er Natur, Stärke und Werktätigkeit des christlichen Glaubens hierbei veranschlagte, sondern vor allem auch die mangelnde
Gewißheit, daß ein solches Unternehmen sich mit den Geistesstimmungen
der damaligen Christenwelt längst nicht mehr vertrug, hat die Bemühungen
seines Lebens zunichte gemacht und seiner Tätigkeit als Oberhaupt der
Kirche das Gepräge besonderer Tragik verliehen.

Aber schon Kardinal Iac. Ammanati, als Verfasser der ‚*Commentaria
Jacobi Cardinalis Papiensis*‘, der eigentliche Fortsetzer der ‚*Commentarii*‘
des Papstes Pius II., die mit den Vorbereitungen zum Türkenfeldzug schließen, hat über die Klage geführt, die nachträglich jene Propheten und über
den Papst um seines mißglückten Kreuzzugsplanes willen die unbarm-

herzigen Richter spielten. Pius II. stand seiner Zeit, die einen Wendepunkt der abendländischen Geschichte einleitete, viel zu nahe, um den Wandel im Geiste der Machthaber richtig einzuschätzen und in Rechnung zu ziehen. An der falschen Bewertung seines Einflusses auf die Herrscher des Abendlandes und der zündenden Wirkung seines Beispiels scheiterte von allem Anfang an seine kühne Absicht, einem Gewaltmenschen wie Mehmed II., der rücksichtslos über das Leben seiner Untertanen verfügen konnte und verfügte, erfolgreich die Spitze zu bieten.

Einsam und ohne Glück stritt nunmehr Venedig seinen Türkenfeldzug weiter. Der neue Papst, Paul II., obwohl Venediger — Pietro Barbo, ein reicher prachtliebender Nobile, dessen Mutter eine Schwester des Papstes Eugen IV. (1431—1447) war —, erschien seiner Vaterstadt keineswegs willkommen. Sie hatte sich 1459 mit scharfen Mitteln seiner Ernennung zum Bischof von Padua widersetzt, nun mußte sie ihn als Papst willkommen heißen und begrüßen. Zwar hatte sich Paul II. schon als Kardinal lebhaft für die Türkenfrage verwendet, aber der praktische Kaufmannssohn aus Venedig suchte erst der Finanznot zu steuern, bevor er den Gedanken des Kreuzzugsunternehmens ernsthaft zu verwirklichen trachtete. Die Einkünfte des Türkenzehnten und aus den Ablässen, vor allem aber des Alaunmonopols — im Mai 1462 hatte der Paduaner Giovanni de Castro, der bis 1453 in Konstantinopel eine große Färberei geleitet und dabei den levantischen Alaun und seine Fundorte genauestens kennengelernt hatte, in Tolfa unweit Civitavecchia riesige Alaunlager entdeckt und dem päpstlichen Schatz eine jährliche Mehreinnahme von 100 000 Dukaten zugeführt —, sollten zur Fortsetzung des Türkenkrieges gebraucht und durch einen eigenen Kardinalsausschuß verteilt werden. Die Erträgnisse kamen zunächst Ungarn zugute und von Venedig war keine Rede. Die Signoria mußte immer wieder vernehmen, wie schlecht der Landsmann auf dem päpstlichen Stuhle der Heimat gesinnt war. Anfang September 1464 kam eine zehnköpfige venedische Gesandtschaft nach Rom, um den Sohn der Stadt zur Papstwahl zu beglückwünschen, aber gleichzeitig die Türkenhilfe zu betreiben. Man beschloß eine neue Umlage für die Staaten Italiens, bei der die Kurie und Venedig die höchste Last, nämlich je 100 000 Dukaten, zu tragen hätten, dann folgten der König von Neapel (80 000), der Herzog von Mailand (70 000), Florenz (50 000) bis herunter zum Markgrafen von Montferrat, der mit 5 000 Dukaten besteuert werden sollte. Niemand wollte von solchen Ausgaben etwas wissen, am allerwenigsten Venedig, das sich zu allem, nur nicht zum Zahlen bereit fand. Der Papst geriet in Verzweiflung und hielt dem versammelten Kardinalskollegium die entstandene Lage vor Augen. Wenn man Ungarn nicht ausreichend unterstütze, so müsse es mit dem Sultan Frieden schließen. Nicht anders stehe es dann mit Venedig, dem Mehmed bereits ehrenvolle Friedensbedingungen gestellt habe, die er mit eigenen Augen gesehen habe. Fielen diese beiden Vorkämpfer aus, dann stehe dem Feinde der Christenheit zu Wasser und zu Lande der Weg nach Italien offen.

Es war in allem Unglück ein Glück für die Signoria, daß sich im Winter 1464/65 am Sultanshof zu Stambul merkwürdige Dinge zutrugen, die von dorther drohende Gefahren fürs erste auszuschalten schienen. Kritoboulos, der griechische Lobredner des Sultans, der ängstlich jede Verunglimpfung seines Abgottes vermeidet, berichtet, daß Mehmed II., der im fertig-gestellten, herrlich ausgeschmückten Palast in der Hauptstadt den Winter verbrachte und dort neue Kriegspläne fürs kommende Frühjahr schmiedete, habe erfahren müssen, daß das Heer, aufs äußerste erregt, längst und des ewi-gen Kämpfens müde geworden sei. Sogar seine Leibtruppe zeigte sich un-lustig und ungehalten über die ständigen langen Märsche und Feldzüge, die sie dauernd von ihren Heimen ferne hielten, jenseits der Grenzen be-schäftigten, ihre Glieder, ihre Habseligkeiten, ihre Pferde und ihre Gefährte aufs Spiel setzten, kurzum, daß sie des steten Kriegführens leid seien. Diese wenigen Tatsachen, die der Chronist in vorsichtig gewählten Worten zur Kenntnis bringt, lassen schwere Mißstimmung und Unruhen im Kriegsvolk des Sultans, vorab vermutlich unter den stets ungebärdigen Janitscharen, mit Sicherheit annehmen. Und da, so fährt Kritoboulos etwa fort, der Sultan selbst körperlich und seelisch abgespannt war, ordnete er für sich selbst und für das Heer eine Ruhepause für das Jahr 1465 an. Er entließ die meisten Truppen und machte ihnen Geschenke in Gestalt von Pferden, Kleidern, Geldbeträgen und anderen Dingen. Besonders reichlich aber bedachte er seine Leibgarde mit Ehrengaben und Belohnungen. Er selbst, so heißt es weiter, widmete sich der Ausgestaltung Stambuls, der Vermehrung der hauptstädtischen Bewohnerschaft durch Neusiedler und der — Philosophie.

Berichte aus Stambul, die fürs Jahr 1465 ziemlich reichlich fließen, betonen immer wieder das schlechte Befinden des Sultans, der ‚unzufrieden und halb verzweifelt‘ *(malcontento e mezzo desperato)* sei. Die Kriegs-händel mit Venedig, die sich vorerst in Gebieten abspielten, wo die türki-sche Herrschaft keineswegs nach Wunsch gefestigt war, müssen auch ihm schwere Sorgen bereitet haben und die Kriegserklärung des Vorjahres kam ihm zweifellos ungelegen und verfrüht. Die Kampfhandlungen auf Morea, wo Sigismondo Malatesta bedeutenden Anhang unter Griechen und Alba-nern gefunden hatte, so daß er feierlich versprechen zu müssen vermeinte, die ganze Halbinsel für die Signoria zu gewinnen, verzettelten sich immer mehr in gelegentliche Überrumpelungen, türkische Beutezüge und Scharmützel. Zu einem entscheidenden Vorstoß kam es auf keiner Seite. Auch die Flotte blieb bei allen diesen Ereignissen so gut wie tatenlos und scheint ihre Hauptaufgabe darin erblickt zu haben, sich gegen die Meerengen zu wenden, sobald von dorther die Nachricht drang, daß die großherrlichen Schiffe sich anschickten, ihre Häfen zu verlassen. Es mag wohl sein, daß Mehmed den moreotischen Krieg, der für Venedig so große Ausgaben und den Verlust so vieler seiner besten Bürger bedeutete, nicht sonderlich ernst nahm und daß die wenigen Schlösser auf der Halbinsel nicht verlohnten, daß man einen Wesir oder gar sich selbst in Bewegung setzte. Aber die mit Beginn des Jahres 1465 ausbrechenden und sich viele Monate hinziehenden Auseinandersetzungen mit der Markusrepublik, die sich um das Zustandekommen eines ‚ehrlichen Friedens‘ drehten und, da sich dauernd der Großwesir selbst einschaltete, von der Pforte ernst genommen, wenn nicht gar eingeleitet wurden, beweisen die damalige Verlegenheit und Unentschlossenheit des Sultans. Friedensfühler wurden schon im Januar 1465 seitens der Pforte, und zwar durch Skender-Begs Vermittlung ausgestreckt. Dieser hatte nun keineswegs im Juni 1461, also unmittelbar vor seiner Italienfahrt, einen zehnjährigen Frieden mit Mehmed II. abgeschlossen, sondern höchstens eine Art kurzfristigen Waffenstillstandes, dem erst im Frühling oder Frühsommer 1463 ein wirklicher Friedensvertrag folgte. Auf Betreiben des Vatikans hat Skender-Beg dieses *impium foedus*‘, gottlose Bündnis, schon nach wenigen Wochen oder Monaten gelöst und gegen die Türken aufs neue Feindseligkeiten begonnen. Obgleich nach dieser Gewalttat Sultan Mehmed nochmals einen Versuch gemacht haben soll, den Frieden zu erhalten, hält es schwer, zu Beginn des Jahres 1465 noch an das Bestehen freundschaftlicher Beziehungen zwischen ihm und dem ‚Athleten der Christenheit‘ zu glauben. Daß aber spätestens Ende April 1465 in Venedig ernsthaft über einen Friedensschluß mit der Pforte beratschlagt wurde, bekunden die für diesen Zeitpunkt bezeugten dauernden Sitzungen des Rates der Zehn, in denen ausführlich die vom venedischen Bailo, Ser Paolo Barbarigo, der sich übrigens nicht im Gefängnis, sondern noch auf freiem Fuß befand, sowie vom Herzog von Leukas (Santa Maura), Leonardo Tocco, aus Stambul übermittelten Bedingungen erörtert wurden. Die Stimmung im Rat war großenteils für ein gütliches Einvernehmen, denn die meisten Mitglieder hatten das ‚Unternehmen mit dem Sultan‘ längst satt, und die riesigen Geldausgaben, vorab für die Flotte, die allein zu Lasten Venedigs gingen, während die anderen ‚Herren der Christenheit‘ von ihren Völkern zwar Türkengelder einzögen, sie aber für ihre eigenen Zwecke verwendeten, bereiteten allen schwerste Sorgen.

Paolo Barbarigo hatte der Signoria bereits am 13. Februar 1465 aus
Stambul berichtet, daß er dort mit dem Großwesir zusammengetroffen
und die Angelegenheit eines Friedens besprochen habe. Mahmûd-Pascha,
so schrieb er, habe ‚menschliche Worte‘ gefunden, aber seiner Betroffen-
heit darüber deutlich Ausdruck gegeben, daß Venedig diesen Krieg vom
Zaun gebrochen habe, die Pforte ihn aber trotzdem gütlich beizulegen
wünsche. Die Signoria war um eine Antwort auf den Vorwurf nicht verlegen: sie sei zum Kampfe herausgefordert und gezwungen worden nicht
nur durch die Vorfälle in Argos, sondern durch dauernde Gewalttaten und
Schäden, die man auf Morea den venedischen Schutzbefohlenen zufügte.
Überdies bestehe zwischen Venedig und Ungarn ein Bündnis, das man einhalten müsse, was aber nicht ausschließe, daß man ‚guten Frieden‘ *(buona
pace)* ersehne. Zu Sommerbeginn mengte sich ein angeblicher Ragusäer
namens Jakob Bunić (Giacomo de Bona), also Mitglied einer bekannten
Adelsfamilie, in die Angelegenheit ein, ohne daß sogleich ersichtlich ward,
in wessen Auftrag er eigentlich handelte. Er versicherte, sich in Stambul
mit dem Großwesir ausgesprochen und darauf nach Venedig begeben zu
haben, wo man ihm am 3. Juli 1465 aufs neue Venedigs Friedensliebe kund-
tat, aber Bedingungen stellte, deren Erfüllung um der Ehre des Freistaates
willen unerläßlich sei: Venedig müsse ganz Morea sowie Mytilini erhalten,
Ungarn aber den Rest von Bosnien. Bunić wurden 10 000 Dukaten verheißen, falls es ihm gelinge, die Waffenruhe zu vermitteln. Einstweilen
wurden ihm zur Deckung seiner Auslagen und für die Rückreise nach
Stambul 100 Dukaten bewilligt. Dem Wunsche des Großwesirs, einen Abgesandten an die Pforte zur Aufnahme der Verhandlungen zu schicken,
weigerte sich die Signoria zu entsprechen, da dies früher niemals ihre Gepflogenheit gewesen sei.

Wenige Wochen später, Ende August, war in Venedig ruchbar geworden,
daß der Sultan an Matthias Corvinus eine feierliche Gesandtschaft entboten habe, um einen Frieden zu verabreden, daß aber der Ungarnkönig
es ablehnte, Geschenke oder Angebote entgegenzunehmen, obwohl diese
in der freiwilligen Rückgabe von Bosnien und Serbien bestanden haben
sollen. Ohne Audienz seien, so erzählte man sich in Venedig, die türkischen Staatsboten wieder nach Hause geschickt worden. Immer verworrener und beunruhigender lauteten die Nachrichten, die auf verschiedenen Umwegen und mannigfachen Kanälen fast gleichzeitig aus
Stambul nach dem Westen gelangten. Der ‚Großtürke‘, so hieß es, sei in
schlimmer körperlicher Verfassung; er sei so dick geworden, daß er nicht
mehr zu reiten vermöge und außerstande sei, Beschwerlichkeiten auf
sich zu laden. Dann aber verlautet wieder, Mehmed II. reite, von vier

Männern zu Pferd begleitet, durch die Stadt und habe bereits wieder angefangen, öffentliche Empfänge zu erteilen. Einmal erzählte der Doge,
der ‚Türke‘ könne wegen seiner Fettleibigkeit nicht ins Feld ziehen, auch
plage ihn Gicht in den Beinen; überdies herrsche in der Türkei ‚größte
Hungersnot‘. Diese Behauptung wird auch anderwärts bestätigt und beteuert, daß in Stambul stärkster Mangel besonders an Getreide walte,
der nur durch genuesische Zufuhren etwas gemildert worden sei. Erst um
Weihnachten stellte sich heraus, daß sowohl der Ragusäer als auch der Bote
des Leonardo Tocco als türkische Kundschafter anzusehen waren. Beide
waren nach Venedig gekommen, hatten der Signoria dieselben Vorschläge
gemacht, deren wichtigster die angebliche Übergabe Moreas an Venedig gewesen sei. Beide Sendlinge wurden gut aufgenommen; dem einen versprach
man sogar, daß er im Falle des Gelingens venedischer Edelmann werde und
eine Jahresrente von 1000 Dukaten erhalte. Keiner von beiden habe sich
später nochmals sehen lassen. Die Friedensaussichten verschlechterten sich
immer mehr und Mahmûd-Pascha werde im Gespräch mit den Vermittlern Venedigs und Ungarns immer anmaßender und hochmütiger. Er
unterließ nicht, auf das Schicksal des Königs von Bosnien hinzuweisen,
den man ‚wie eine Kerze ausgelöscht habe‘. Die Besprechungen scheiterten
letzten Endes wohl an den Forderungen der Signoria, auf die einzulassen
sich die Pforte niemals erbötig fand, obwohl, wie einmal gemeldet wurde,
der Sultan willens war, mit jedermann Frieden zu schließen, da ihm wegen
seines Zustandes nicht der Sinn nach Krieg stehe. Außerdem bereitete ihm
sein Sohn Mustafâ Kummer, der mit der Frau des Landpflegers von Rumelien durchgegangen war, sie nach Anatolien verschleppte und sich weigerte,
sie herauszugeben.

Während also die Signoria Mitte November 1465 entschlossen war,
alle Friedensgespräche mit dem Großherrn, ‘diesem arglistigen Widersacher des Glaubens‘, abzubrechen, erhoffte man von der Ankunft einer
Gesandtschaft des Sultans von Syrien und Ägypten, die damals in Venedig
erwartet wurde, günstigere Aussichten. Choschqadem (1461—1467) — um
diesen nämlich handelte es sich — war, wie aus den venedischen Quellen
zu erfahren ist, ein Albaner aus Morea, der sich vom Sklaven zum Atabek
und Kriegsminister und schließlich zum Mamlûkensultan emporgeschwungen hatte. Leider ist über den Zweck dieser Gesandtschaft und die Hintergründe ihrer Sendung nichts bekannt, wie auch über die Beziehungen
Mehmeds II. zum Sultanshof in Kairo bisher so gut wie alle Angaben fehlen.
Eigentlich wissen wir nur, daß, als Konstantinopel erobert wurde, auch in
Kairo auf die Meldung vom Falle der byzantinischen Hauptstadt tagelang
Freudenfeuer angezündet wurden. Wenn Kritoboulos behauptet, der Sultan

von Ägypten habe aus Angst, mit dem Osmanenherrscher in eine kriegerische Auseinandersetzung zu geraten, diesem Tribut entrichtet, so läßt
sich bis heute für diese Angabe kein Beweis erbringen. Das Verhältnis zwischen beiden muslimischen Staaten muß sich indessen im Lauf der Jahre
getrübt haben. Als Konstantinopel fiel, herrschte noch der 80jährige Sultan
Dschaqmaq in Kairo, der übrigens ein Schwager Mehmeds II. war, da auch
er eine Tochter des Herrn von Su'l-qadr geehelicht hatte. Choschqadem
aber stand in einem Bündnis mit Usun Hasan, der sich wegen seiner Streitigkeiten mit den Herrschern vom Schwarzen Hammel (Qara Qojunlu)
sowie von Su'l-qadr auf die Hilfe des Sultans von Syrien und Ägypten
angewiesen sah. Auch der Fürst von Qaraman zählte zu den Verbündeten
des Mamlûkenfürsten, so daß allein die engen Bindungen an diese beiden
Erzfeinde des Osmanenhauses dessen Beziehungen zu Kairo bedenklich
gefährden mußten. Von diesen Spannungen wird noch mehr als einmal gesprochen werden müssen. Ganz offen kamen sie erst unter der Herrschaft
des burdschitischen Mamlûken Qâ'it-Baj (1468/95) zur Entladung.

Mehmed II. hatte damals als Berater im Staatsrat, so wird im Herbst 1465
nach Venedig gemeldet, einige Italiener, unter ihnen Florenzer, Genuesen und Ragusäer, die ihm ihre Winke gaben. Das Ergebnis eines
solchen Meinungsaustausches dürfte die gegen Jahresende erfolgte Einsetzung eines bosnischen Königs von Sultans Gnaden gewesen sein. ,König
Matthias' wird er in den Mitteilungen aus Stambul genannt. Er sei bereits
unter dem letzten König von Bosnien ,Baron' gewesen, aber Muslim geworden; sein Weib wohne in Stambul. Dort flüsterte man sich zu, daß
Mehmed, 'voll jeglicher Bosheit', diesen König ernannt habe, weil er
Jajce im Vorjahr nicht zu erobern vermochte und weil er ohne den Besitz
dieser Festung Bosnien nicht fest in seiner Hand behalten könne. Deshalb
habe er Jajce auch dem unter großherrlicher Oberhoheit stehenden König
unterstellt, zumal dieser der natürliche Feind Ungarns sei. Solche Hinweise lassen erkennen, daß es sich nicht um einen Sohn des ehemaligen
Thronwerbers Radivoj, sondern vermutlich wirklich um ein Mitglied des
bosnischen Adelsgeschlechtes der Sabančići handelt. ,König Matthias' hat
seinem Oberherrn freilich diese Belehnung übel gelohnt. Er wurde Mehmed
abtrünnig und wandte sich an König Matthias von Ungarn um Beistand
gegen die Türken. Dieser zürnte dem neuerlich christlichen Gegenkönig aber
keineswegs, sondern sandte ihm, als ihn die zur Ahndung des Verrats in
einer seiner Burgen Eingeschlossenen hart bedrängten, Stefan Báthory zu
Hilfe, der ihn aus seiner gefährlichen Lage befreite (1476). Seine späteren
Schicksale sind, wie es scheint, in Dunkel gehüllt.

Diese fragwürdige Thronerhebung war die einzige, aus den bisher zu-

gänglichen Quellen ersichtliche politische Maßnahme Mehmeds II. im
Jahre 1465, das er, zweifellos durch seinen krisenhaften seelischen und
körperlichen Zustand und die bedenkliche Stimmung im Heere veranlaßt,
ausschließlich seinen Bauten und seinen literarischen Neigungen widmete.
Neuere Untersuchungen haben ergeben, daß die Anlage eines neuen Palastes
aller Wahrscheinlichkeit nach 1465 begonnen wurde. Das sogenannte Neue
Seraj (heute Altes oder nach dem Tor an der Nordspitze Top Qapu-Seraj
geheißen) war ursprünglich wohl nur ein Sommerpalast, den sich Mehmed II.
auf dem luftigen Vorgebirge, das die ursprüngliche Ansiedlung und die
Akropolis des alten Byzantion eingenommen haben, erbaute. Das heutige
mauerumwehrte Seraj mit seinen weiten Gärten und seinen mannigfaltigen
bleigedeckten Baulichkeiten erstreckt sich über diesen Hügel und ist mit
seinen drei Höfen das Ergebnis einer vieljährigen sultanischen Bemühung.
Was sich heute erhalten hat, stammt nur zum allergeringsten Teil aus der
Zeit kurz nach der Eroberung Konstantinopels, ist vielmehr von späteren
Osmanenherrschern erweitert worden. Sultan Sulejmân der Prächtige
(1520—1566) hat diesen Neuen Palast erstmals als Hofsitz benutzt.
Mehmed II. hat während seiner ganzen späteren Regierungszeit ab 1465
am Neuen Seraj arbeiten lassen und erst im Januar 1479 wurden die
Bauten, die davon auf seine Anregung oder Weisung zurückgehen, vollendet. Die sogenannte Kaiserliche Pforte *(Bâb-i humâjûn)* an der Südseite
dieser ungeheuren Sultansburg ist, wie die erhaltene Bauinschrift verrät,
ein Jahr vorher (1478) fertiggestellt worden. Dort wohnten alle Sultane,
bis ᶜAbd ül-Medschîd 1839 am Bosporus den Palast von Dolma Bâghtsche
erbaute und bezog. 1465 (870 der Hidschra) ließ der Großherr, vermutlich
durch einen persischen, Kemâl ed-Dîn genannten Architekten, mit dem
Bau des sogenannten Tschinili Köschk, das heißt ‚Fayence-Palast', beginnen. Den Namen führt dieses in seiner Art einzigartige Gebäude vom
Mosaik und den grünen und blauen Fliesen, mit denen es einstmals außen
und innen verkleidet war; ursprünglich ward es jedoch Syrtscha Seraj
genannt. Herrliche Reste der Fayencen, grüne Fliesen in der Art derer
von Brussa, bewahren noch die kleinen Nischen in den Sälen des heute als
Museum islamischer Kunst verwendeten Köschks. Sein kreuzförmiger
Grundriß sowie die Einzelteile der zweigeschossigen Säulenhalle, die die
gesamte Vorderseite einnimmt, weisen eindeutig auf persische Arbeit.
Volle sieben Jahre erforderte der Abschluß des Baues (September 1472).
Während beim Tschinili Köschk der morgenländische Einfluß unverkennbar ist und die Mitwirkung abendländischer Baumeister ausschließt,
ist deren Betätigung an anderen Bauten des Eroberers, vorab aber an den
Befestigungsanlagen augenfällig, wenngleich die Namen der Architekten

in Vergessenheit geraten sind. Man wird hier weniger griechische und armenische Einwirkung annehmen dürfen als vor allem italienische. Wenn es zutrifft, daß sich Antonio di Pietro Averlino, genannt Filarete, im Jahre 1465 mit der Absicht trug, in die Türkei zu gehen und dort in sultanischen Diensten als Baumeister zu wirken und daß seit diesem Zeitpunkt keine Lebensspur mehr von ihm zu finden ist, so ist man verleitet, seine Fährte in Stambul zu verfolgen. Dort hätte der Florenzer Bildhauer und Baukünstler gerade damals hinreichenden Anlaß zur Beschäftigung finden können.

Weit mehr vielleicht denn als Bauherr trat Mehmed II. in jenem erzwungenen Jahre ‚schöpferischer Pause‘ als Förderer der Wissenschaft auf. Kritoboulos ergeht sich in begeisterten Schilderungen vornehmlich der philosophischen Bemühungen des Großherrn, der in täglicher Aussprache mit führenden Gelehrten besonderen Gefallen fand und dabei Stoa und Peripatos bevorzugt haben soll. Wie weit diese Angaben nüchternen Tatsachen entsprechen, muß dahingestellt bleiben. Da aber der griechische Verherrlicher des Osmanenherrschers ausdrücklich den Namen seines Lehrers, nämlich des Georgios Amirutzes aus Trapezunt, anführt, so mögen dessen Versuche, den Sultan in die Gedankengänge der peripatetischen Philosophie, vielleicht mehr des Neuplatonismus einzuweihen, in den Mußestunden jenes Sommers wirklich unternommen worden sein. Die schillernde, wenig anziehende Gestalt des Trapezunters, der, wie gesagt, ein Vetter des Großwesirs Mahmûd-Pascha war und dessen Fürsprache wohl sein und seiner beiden Söhne Leben verdankt, ist von den verschiedensten Seiten beleuchtet worden. Es fehlt nicht an gelehrten Bemühungen, ihn, den erst um 1475 beim Würfelspiel *(sâr)* ein Herzschlag zu Tode brachte, von dem Vorwurf gewissenlosen Verhaltens und willfähriger Liebedienerei reinzuwaschen. Unbestreitbar wird bleiben, daß Georgios Amirutzes, wenn er wirklich nicht zum Islam übergetreten sein sollte, seine beiden Söhne ‚Mehmed‘ und ‘Skender‘ in diesem Glauben erziehen und wirken ließ, daß er sich in drei Lobgedichten auf Mehmed II. ein gerüttelt Maß von Verlogenheit und Charakterlosigkeit leistete, daß er aber andererseits in philosophischen und theologischen Fragen Kenntnisse besaß, die ihn weit über den Durchschnitt seiner Zeitgenossen erhoben. Jedenfalls hat er mit seinen zwei Söhnen seine früheren Herren, die Komnenen, allesamt überlebt und sich gut in die neuen Verhältnisse gefügt. Der Sultan fasste Zuneigung zu diesem wendigen und gelehrten Mann und zog ihn in seine Nähe. Dessen Söhne, die wohl bald Muslime wurden und völlig im islamischen Geistesleben Genüge fanden, vor allem auch das Arabische rasch meisterten, scheinen dem Sultan noch mehr als der Vater bei der Erschließung griechischer Quellen, die ihn interessierten, behilflich gewesen zu sein. Im

Sommer 1465 war es die Geographie des Klaudios Ptolemaios, die in den Mittelpunkt seiner wissenschaftlichen Neigungen rückte.

Auch des gleichen Ptolemaios Grundwerk über das nach ihm benannte Weltsystem, das unter dem Namen „Almagest' (kitâb al-maghistî, d. i. arab. Artikel und griech. megiste, 'die größte') seit dem 12. Jahrh. mehrmals ins Lateinische übertragen wurde, hat Mehmed II. damals lebhaft beschäftigt. Doch war es offenbar nicht Amirutzes, der ihm hierbei zur Seite stand, sondern ein anderer, übrigens zweifelhafter Gelehrter, der aus Trapezunt stammende Kreter Georgios Trapezuntios (geb. 4. April 1395, gest. Rom kurz vor dem 12. August 1484), der sich erweislich gerade in jenem Jahre zu Stambul aufgehalten und mit dem Sultan Verbindung aufgenommen hat. Er begab sich nämlich im November 1465 von Kreta nach Stambul und kehrte von dort am 18. März 1466 nach Rom zurück. Die wirklichen Gründe dieser merkwürdigen und verdächtigen Reise sind dunkel. Angeblich unternahm er sie im Auftrage des Papstes, um die Zustände in der Türkei zu erforschen, führte aber das gerade Gegenteil aus, wie die bei seiner Festnahme in Rom bei ihm vorgefundenen Schriftstücke bewiesen haben müssen. Er unterrichtete nämlich den Sultan über „die Entwickelungen im Westen und über das Mißvergnügen seiner Völker', indem er den „Türken' ermunterte, seinen Einfall nach Italien zu beschleunigen. Er nannte ihn, so heißt es weiter, bereits 'Kaiser der Römer und des Erdkreises'. Viele andere „Praktiken' habe er sich noch am Sultanshof herausgenommen, wo man ihn offenbar sehr umschmeichelte und mit reichen Geschenken bedachte. Sicher ist, daß der Kreter bei seiner Rückkehr nach Rom verhaftet ward und vier Monate lang im Castel S. Angelo eingesperrt blieb, bis ihn Papst Paul II., sein einstiger Schüler in den schönen Künsten und in der Grammatik, aus diesem Gewahrsam befreite. Was immer auch an den Vorwürfen zutreffen mag, die man gegen ihn beim Verhör erhob und die man anscheinend durch die bei ihm entdeckten Papiere hinreichend begründet fand, Tatsache ist, daß er an Mehmed II. zwei Briefe gerichtet hat, von denen der eine aus Galata vom 25. Februar 1466 datiert ist, der zweite bald hernach in Rom geschrieben worden sein muß. Beide strotzen von abstoßenden, ja ungenießbaren Kriechereien gegenüber dem Sultan, den er weit über Kyros, Alexander den Großen und Cäsar stellt, dessen kriegerische Erfolge er in höchsten Tönen preist, kurzum, den er allen anderen Herrschern voranstellt. Als Musterstück widerlicher Knechtseligkeit würden diese „Reden' (orationes), wie er sie bezeichnet, keine Erwähnung verdienen, wenn sie nicht wichtige Aufschlüsse über wissenschaftliche Hilfeleistungen des Georgios vermittelten. Am Schlusse des ersten Briefes erwähnt dessen Verfasser ausdrücklich,

daß er mit großen Mühen und vielen Nachtwachen eine lateinische Übersetzung des ,Almagest' angefertigt und diese dem Sultan zugeeignet habe.
Er wolle diesem nunmehr das Buch zeigen und später überreichen, und
zwar zusammen mit seinen Erläuterungen. Im zweiten Schreiben preist er
sein Glück, den Großherrn gesehen und gesprochen zu haben. In Rom habe
er dem Papst und den Kardinälen sowie anderen Leuten von dessen Gerechtigkeit, Klugheit, Kenntnis der aristotelischen Philosophie, Gelehrsamkeit in allen Wissenszweigen berichtet. Allen, die lateinisch verstün-
den, habe er verkündet, daß es niemals jemand gegeben habe und gebe
und, er wage zu sagen, geben werde, der, mit Gottes Hilfe, leichter die
Menschen des gesamten Erdkreises zu einem Glauben zusammenführen und
zu einer Kirche scharen und ein einziges Reich aller Völker begründen
könne als Mehmed II. Dann ergeht er sich in Worten der Verklärung
der sultanischen Rolle, die ihm mit der Eroberung Konstantinopels
zugefallen sei. ,Niemand zweifle, daß er Rechtens Kaiser der Römer sei.
Der nämlich ist Kaiser, der mit Fug den Sitz des Kaiserreichs innehat,
aber der Sitz des römischen Kaiserreiches ist Konstantinopel: wer also
dieses von Rechts wegen besitzt, der ist selbst der Kaiser. Aber nicht von
den Menschen, sondern von Gott besitzest Du durch Dein Schwert den
erwähnten Thron. Also bist Du rechtmäßiger Kaiser der Römer!' ,Wer
nun weiter Kaiser der Römer ist, der ist auch Kaiser des gesamten Erdkreises!' Alles dies und noch viel mehr schrieb oder plante der Kreter an
Mehmed II. zu schreiben.

In der Fortsetzung dieses zweiten Briefes erläutert er dem Sultan seine
philosophischen Werke und beginnt mit einem heftigen Angriff auf Georgios Gemistos Plethon, den größten Gelehrten des untergehenden Reiches
von Byzanz, der in Misthra, wo er oberster Richter am Despotenhof war,
bis zu seinem Tod (um 1452) eine eigene Schule nach dem Muster der
platonischen Akademie leitete und seine Weltweisheit, einen abgewandelten
Neuplatonismus mystisch-religiöser Prägung, entwickelte. Gegen ihn richtet
sich der ganze Ingrimm des Trapezunters: er wisse nicht, ob Plethon mehr
ein Tier als ein Mensch gewesen sei, jedenfalls habe er dem platonischen
Aberwitz gehuldigt und sich in einem Buch gegen Aristoteles ausgesprochen.
Er habe, da er mehr lateinisch als griechisch verstehe, drei Bücher verfaßt,
die sich mit dem Vergleich Platos und des Aristoteles beschäftigen: das
letzte handle über den Lebenslauf beider Philosophen, die zwei anderen
über beider Erkenntnis der Natur, wobei er sich besonders über die Unwissenheit Platos auslasse. Diese Schriften wolle er gleichfalls dem Sultan
widmen. Was aber den ,Almagest' anbelange, so habe er ihn zwar bereits
ins Lateinische übertragen, aber noch nicht ausgegeben. Wegen des Um-

fangs der Bücher und der Schwierigkeit der Figurendarstellung habe er
das Werk nicht leicht und rasch vollenden können. Er brauche auch die
‚königliche Hilfe' — Georgios Trapezuntios war ein guter Freund des Francesco Filelfo, der sich bei ihm sogleich nach dessen Rückkehr aus Stambul
brieflich in Erinnerung brachte —, und er werde, falls der Sultan sie ihm
zuteil werden lasse, ihm zeitlebens tiefste Dankbarkeit wissen. Er schicke
ihm einstweilen die griechische, von ihm geschriebene Einleitung zum
‚Almagest', wozu ihn — Georgios Amirutzes ermuntert habe. Schließlich
habe er eine Schrift über die Unterschiede des ‚arabischen' und des christlichen Gesetzes verfaßt, lateinisch jedoch, da er im Griechischen nicht
sattelfest sei. Da aber der Großherr bei sich einen Mann habe, der in jeglicher Wissenschaft überaus erfahren, vor allem aber ein solcher Kenner
der griechischen Sprache sei, daß er nicht wisse, ob Hellas seit tausend
Jahren einen größeren besessen habe, nämlich Georgios Scholarios, so
könne dieser, da er ja auch lateinisch verstehe, sie ihm verdolmetschen.
Sollten aber irgendwelche Schwierigkeiten entstehen — Georgios Scholarios
war bis zum Herbst 1465 zum dritten- und letztenmal mit der Patriarchenwürde bekleidet worden —, so werde er, so gut er es vermöge, in Zukunft
griechisch schreiben.

Sieht man von der abstoßenden höfischen Gunstbuhlerei und Schmeiche-
lei ab, die aus diesem Brief spricht und die an Francesco Filelfo erinnert,
der denen, die sich um ihn verdient gemacht, wenn sonst nichts, so doch
die Unsterblichkeit ihres Namens als Gegengabe zu bieten sich erdreistete,
so bleibt als Tatsache folgendes: Georgios Trapezuntios war seit Ende
Herbst 1465 vier Monate lang in Stambul, lernte den Sultan und seine
Freigebigkeit kennen und suchte dessen Ptolemaios-Studien für seinen
Beutel auszuschlachten. Von Bruchstücken des ‚Almagest' abgesehen,
scheint er ihm nichts dargebracht zu haben, was diesen Studien hätte
dienen können. Er vertröstete den Großherrn auf die Zukunft. Seine
philosophischen Ergüsse, die sich gegen Plato und Aristoteles, vorzüglich
aber gegen den Neuplatoniker Plethon richteten, haben schwerlich den
Sultan beeindruckt, am allerwenigsten aber vielleicht seine Streitschrift
über Islam und Christentum, in der er vermutlich wiederholte, was er
bereits im Juli 1453, wenige Wochen nach der Erstürmung Konstantinopels,
von Neapel aus in seiner griechischen Darlegung ‚Über die Wahrheit des
Glaubens der Christen' dem Eroberer vorlegen wollte. Nicht mehr und
nicht weniger hatte er in diesem, übrigens urschriftlich erhaltenen Trak-
tätchen, das er ins Türkische zu übersetzen und den muslimischen Gelehrten zu unterbreiten vorschlug, unternommen als zu beweisen, daß zwischen
dem Islam und dem Christentum im Grunde kein sonderlicher Unterschied

bestehe. Der Sultan vermöchte, so führt er aus, ganz leicht beide Religionen
zu versöhnen, wodurch ihm der Weg zur Herrschaft über alle Völker er-
schlossen werde, die sich zum einen oder zum andern Glauben bekennen.

Weit einflußreicher als dieser politische und religiöse Phantast und
Wichtigtuer muß sein Bekannter oder Freund Georgios Amirutzes bezeichnet werden, der Mehmed II. bei seinen erdkundlichen Beschäftigungen
behilflich war. Dieser saß im Sommer unter anderm über einer Handschrift
der Diagramme des Ptolemaios, in der die sogenannte Periegese und Periodos des Kosmos wissenschaftlich dargelegt werden. Sie war in Einzel-
karten zerstückelt, was die Überschau erschwerte und die Zusammenfügung
der Einzelblätter auf einer einzigen Tafel ratsam machte. Georgios Amirutzes hat diese schwierige Aufgabe übernommen und befriedigend gelöst,
indem er die ganze Periodos der Oikumene, der bewohnten Welt, auf einer
einzigen Karte darstellte, also einer Art Weltkarte, die ganz den Wünschen
und vornehmlich den Absichten des Weltenstürmers entsprochen haben
muß. Der junge Amirutzes, des Griechischen wie des Arabischen kundig,
hat dann die Länder-, Orts- und Städtenamen in arabischer Schrift auf der
Karte eingezeichnet. Die Hersteller der Karten wurden fürstlich belohnt
und angespornt, eine arabische Übersetzung der Handschrift herauszu-
bringen, wofür er ihnen außer einer hohen Vergütung noch Ehrengeschenke
in Aussicht stellte. Diese arabische Übertragung ward in der Tat gefertigt
und ist bis zum heutigen Tage in zwei Abschriften erhalten geblieben. Die
Spuren der drei Amirutzes verlieren sich bald darauf. Einer der beiden
Söhne des Georgios soll in der Umgebung des Sultans verblieben und von
diesem beauftragt worden sein, eine arabische Übersetzung der Bibel
herzustellen. Wenn diese jemals zustande kam, so ist die Handschrift
entweder vernichtet oder bisher nicht wieder zum Vorschein gekommen.
Aus dem Verlangen des Großherrn, sich über die Lehren des Christentums
genauer zu unterrichten, den Schluß zu ziehen, daß er sich jemals mit der
Absicht getragen habe, dieses anzunehmen, hieße Mehmed II. völlig
verkennen. Er war im Grunde seines Herzens ohne religiöse Gebundenheit,
was seinen Sohn, der darum wissen mußte, zum Ausspruch verleitete, sein
Vater besitze überhaupt keinen Glauben. Wenn er also den Wunsch verspürte, sich mit den Hauptstücken der katholischen Glaubenslehre vertraut zu machen, dann geschah dies ganz gewiß nur deswegen, weil er
Einfluß und Wirkung des Christentums auf seine Bekenner im Westen
ergründen wollte, um ihnen im Ernstfall zu begegnen. Wenn es einmal heißt,
Mehmeds christliche Mutter habe den Sohn das Vaterunser gelehrt, dieser
aber trotzig die christlichen Glaubenswahrheiten verachtet, so ist das eine
nirgendwo belegbare Nachricht, eine Fabel, die sich als solche von selbst

bekundet. Der Sultan war eine abergläubische, zumal der Sterndeutung verschworene Natur, in der sich in buntestem Gemisch Vorstellungen und Anschauungen der verschiedensten Kulturen, Zeiten und Stämme gemengt haben dürften. Darüber wird noch mehr zu sagen sein.

Die Meldungen, die unmittelbar oder auf Umwegen über die Vorgänge am Hofsitz des Sultans während des Jahres 1465 nach Italien, zumal nach Venedig gelangten, waren im großen und ganzen nicht der Art, daß sie Schlimmes für die nächste Zukunft ahnen lassen konnten. Den reichen und ehedem am Sultanshof so maßgeblichen venedischen Inhaber des Alaunmonopols, Girolamo Michiel, in dessen Diensten sich Benedetto Dei als Spion versuchte, hat Mehmed im Sommer festsetzen lassen, weil er mit der Steuer aus Alaunlieferungen im Rückstand war. Er ist auf gewaltsame Weise ums Leben gekommen, ob damals oder hinterher, ist ungewiß. Überhaupt bereiteten die Zöllner der Staatskasse großen Kummer. Viele türkische Einnehmer suchten das Weite, weil sie fehlender Eingänge halber nichts mehr abzuliefern vermochten. Auch etliche Kaufleute aus Florenz waren unter Mitnahme von 50 000 Dukaten nach dem Westen entwichen. Dabei erging es gerade ihnen mit der großherrlichen Gunst weit besser als anderen Handelsherren in Galata und Pera. Wenn der Sultan den Konsul von Florenz nach der Eroberung Bosniens auffordern ließ, aus Anlaß dieses Sieges mit seinen Landsleuten Freudenfeuer anzuzünden, so kann in dieser Anweisung freilich auch etwas Arglist und Schadenfreude mitgespielt haben. Alle Mitglieder der Florenzer Kolonie oben in Pera weigerten sich jedenfalls nicht, Festlichkeiten zu veranstalten, ihre Häuser und Straßen mit Wandteppichen und Seidentüchern zu zieren, ihre Kirche festlich zu schmücken, Freudenfeuer zu entfachen und von einem Haus zum andern Raketen und Feuerwerk steigen zu lassen. Der Sultan war in eigener Person in den Wohnungen der wohlhabendsten Florenzer Bürger wie der Capelli und Capponi erschienen und hatte den Gastereien munter zugesprochen. Das war allerdings noch zu einer Zeit, da es ihm gesundheitlich besser erging, die schwere Gicht nicht seine Glieder plagte und die krankhafte Körperfülle ihm nicht lästig war.

Ende März oder April 1466 war der Kanzler des nach längerer Haft doch im Kerker verstorbenen Bailo Paolo Barbarigo in Gesellschaft eines kretischen Juden namens David auf dem Landweg nach Hause gekommen. Beide hatten Stambul am 25. Februar verlassen und unterwegs trafen sie bereits in Philippopel den Großherrn auf dem Marsch nach Westen. Schon am 9. März war der Kanzler weitergezogen, aber niemand konnte ihm des Sultans Feldzugsziel verraten. Die einen meinten Albanien, die anderen Negroponte und wieder andere Belgrad. Nur einer der Befragten vermutete

Bosnien. Die Signoria gab diese Neuigkeit sogleich an die Kurie und am 28. April an ihren Botschafter in Ofen, um diesem zu versichern, daß man auf der Hut sei, daß aber auch Ungarn alles Erdenkliche verrichten möge, um etwaigen Gefahren zu trotzen. Denn Mehmed II. hatte sowohl zu Wasser als auch zu Lande riesige Vorkehrungen getroffen, die auf ein umfassendes Unternehmen schließen ließen. Mitte Mai wußte man in Venedig immer noch nicht, woran man war. Georgios Trapezuntios, der etwa zur gleichen Zeit aus Stambul nach Rom zurückgekehrt war, konnte berichten, daß diese Stadt ,wunderbar' befestigt worden sei und daß der ,Türke' begonnen habe abzumagern; im übrigen plane er einen Zug gegen Belgrad zu Land und zu Wasser. Erst Mitte Juni war in der Markusrepublik mit völliger Sicherheit klar, daß Albanien angegriffen werde und daß der Sultan dort eingetroffen sei. Der Orator am ungarischen Hof, Ser Francesco Venier, wurde von allem unterrichtet, auch von den Vorbereitungen, die man in Venedig für dessen Besitzungen in Albanien getroffen hatte, und ermuntert, er möge auf vorsichtige, geschickte und kluge Weise zu erfahren trachten, ob Matthias Corvinus am Ende gar mit dem Sultan Verbindung aufgenommen habe und welcher Art die Person oder die Personen seien, die er zu diesem Zwecke verwende. Im Staatsrat stimmten alle 46 Anwesenden mit einer einzigen Ausnahme für den Beschluß. Dieser Teilnehmer hatte einen Zettel mit dem Vermerk ,dolere cogimur' abgegeben.

Es war so gut wie gewiß, daß man in Stambul und anderwärts das Gerücht verbreitet hatte, Mehmeds Absichten richteten sich gegen Belgrad und Ungarn, um das wirkliche Ziel zu verschleiern und Abwehrmaßnahmen zu vereiteln. In Rom war man Ende Mai längst dieser Auffassung, zumal aus Ragusa die Meldung eingelangt war, daß der ,Türke' mit 30 000 Mann im Anmarsch sei. Diese Ziffer entspricht wohl am besten der Wirklichkeit und die Zahlen 200 000 Mann für das sultanische Heer und weitere 80 000 Mann für die von Balaban-Beg befehligte Vorhut stellen sich wie immer als Ausgeburt reiner Phantasie heraus. Mehmed II. war mit seiner Streitmacht über Monastir (Bitolja) gegen die albanischen Berge gezogen. Die Pässe wurden gegen hartnäckigen Widerstand besetzt und der Weg ins Innere freigemacht. Schon der Vortrab unter Balaban, der trotz seiner früheren Niederlagen des Sultans Vertrauen noch nicht verscherzt hatte, ließ, in der Hoffnung, Skender-Beg dadurch einzuschüchtern, weit und breit das durchstreifte Land plündern und verwüsten. Schließlich schlug er, wohl schon im Februar, anordnungsgemäß vor Kruja Lager. Die Bergfeste war von 1000 Mann verteidigt. Der venedische Provveditore Gian-Matteo Contarini erhielt von der Signoria den Auftrag, die Leitung des Widerstandes selbst zu übernehmen. Den Befehl in Kruja führte Baldassare Perducci. Außer Albanern

und Venedigern waren wohl auch einige Söldlinge des Königs von Neapel
an der Sicherung beteiligt. Als Mehmed II. mit der Hauptmacht vor
Kruja angekommen war, begann die Belagerung, zeitigte aber nur geringen
Fortgang. Die Stärke der Mauern und der Kampfesmut der Besatzung
widerstanden allen Angriffen, zumal Skender-Beg, der unweit der Unterstadt
ein befestigtes Lager bezogen hatte, die Belagerer Tag und Nacht im Rücken
beunruhigte. Die Türken hatten erhebliche Einbußen an Mannschaften
und Kriegszeug; die Verpflegung gestaltete sich im verwüsteten Lande
von Tag zu Tag schwieriger. Bereits im Juni gab der Sultan das Unternehmen auf und rückte wütend in Richtung Durazzo ab. Seinen Unmut über das
Mißlingen seines Heerzuges tobte er, so heißt es, an den unglücklichen
Bewohnern der Landschaft von Cedhin aus, die sich ihm auf Treu und Glauben ergeben hatten. 8000 Männer und eine Menge Frauen und Kinder ließ
er dort erbarmungslos niedermachen. Balaban hatte er vor Kruja mit dem
Geheiß zurückgelassen, nicht eher von der Stelle zu weichen, als bis er die
Festung entweder mit Waffengewalt oder durch Aushungerung zur Übergabe gezwungen habe. Aber auch dies sollte nichts fruchten. Eine Hilfstruppe, die ihm sein Bruder Jûnus zuführen sollte, wurde von Skender-Beg
in nächtlichem Überfalle völlig aufgerieben und Jûnus samt seinem Sohne
Chidr gefangengenommen. Kurz darauf, wohl im August, wurde Balaban
bei einem letzten und verzweifelten Angriff auf Kruja durch einen Flinten-
schuß am Halse schwer verwundet. Das ganze Heer geriet darob dermaßen
in Schrecken und Verwirrung, daß die Belagerung unverzüglich aufgehoben werden mußte. Bei Tirana ward es noch zweimal auf seinem
Rückweg zum Stehen gebracht und nach dreitägigem Verweilen durchbrach
es, von Hunger und Angst getrieben, die schwach besetzten Ostgrenzen
Albaniens und eilte in aufgelöster Flucht nach Mazedonien zurück.

Noch vor seinem Abzug, und zwar im Juni und Juli, erbaute Mehmed II.
in einem Zeitraum von 30 Tagen, wie die arabische Bauinschrift verrät,
aber auch westliche Quellen bezeugen, im Landesinnern die ‚Zwingburg'
Elbasan an der Stelle der alten Stadt Valma und zerstörte die von Skender-
Beg nicht weit von Durazzo am Meeresufer angelegte Ortschaft Tschorlu
von Grund aus. Kritoboulos schildert den Vorgang der Instandsetzung
von Elbasan ziemlich eingehend, während die osmanischen Chronisten,
verlegen um eine erwähnenswerte Kriegstat dieses Albanienzuges, als
dessen alleiniges Ergebnis die Gründung dieser Festung anführen. Daß
aber selbst dann, wenn viele Hände am Werk waren, der Bau einer Burg
vom Ausmaße des Kastells von Elbasan, dessen Grundfesten mit beträchtlichen Mauerteilen noch heute stehen, sich unmöglich in einer solch erstaunlich kurzen Frist vollziehen konnte, darf als ausgemacht gelten. Man

wird mit Recht annehmen müssen, daß wesentliche Überreste einer vorhandenen Befestigung übernommen worden sind. Die Kunde von diesem neuen Bollwerk des Islam drang gar bald in die Christenheit. Schon am 14. August 1466 beschloß der Senat von Venedig, Skender-Beg zu verhalten, die neugegründete Stadt im Einvernehmen mit den venedischen Provveditori Albaniens zu überfallen und dem Erdboden gleichzumachen. Dieser Aufforderung wurde, wie osmanische Quellen verraten, im folgenden Frühjahr entsprochen, freilich ohne Erfolg. Die Unterstadt wurde zwar verwüstet, aber die ‚Zwingburg‘ trotzte weiterhin den Stürmen der Albaner.

Auch nach dem Abzug des Sultans, der 3000 Albaner als Gefangene mit sich führte, ging der Kleinkrieg in allen Winkeln des für schnelle Überfälle und Überrumpelungen wie geschaffenen Landes fort. Mehmed II. kehrte nicht auf dem gleichen Wege nach seiner Hauptstadt zurück. Unterwegs erfuhr er von einer schrecklichen Seuche, die zuerst in Thessalien aufgetreten war, dann sich aber im Hochsommer über ganz Mazedonien und Thrakien verbreitete, dort alle Städte erfaßte und sich zuletzt sogar nach Asien hinüber ausdehnte. Das große Sterben ging über die gesamte Küste des Hellespont und des Schwarzen Meeres hinweg, griff vor allem auf Brussa über und entvölkerte das ganze Land. Aber auch in Stambul verursachte der Schwarze Tod entsetzliche Leiden. Mehr als 600 Tote mußten täglich bestattet werden und die Totengräber vermochten die Leichen nicht mehr zu begraben. Die von der Pest Erfaßten blieben ohne Pflege, weil jeder an sich dachte und sich selbst um die nächsten Angehörigen bekümmern mußte. So lagen viele Tote zwei und drei Tage unbeerdigt in den Häusern. Priester waren nicht zur Stelle und wegen der fürchterlichen Hitze nahm die Krankheit von Tag zu Tag immer mehr zu. Einer nach dem andern starb, die einen nach 4 Tagen, die andern gar erst nach einer Woche gräßlicher Qualen. Die Entvölkerung erreichte verheerenden Umfang. Wer konnte, machte sich davon, die anderen sperrten sich in ihre Häuser ein, um sich vor Ansteckung zu schützen. Der Glaube an die Vorsehung, so schreibt Kritoboulos, begann zu schwinden, man ließ allem seinen Lauf, als wenn das Schicksal den guten Gott entthront hätte. Die ganze Welt war ringsherum verstört. Mehmed II., der sich durch tägliche, aus Stambul kommende Eilboten über den Verlauf der Seuche unterrichten ließ, marschierte mit seinen Truppen gegen das Balkangebirge ins nördliche Bulgarien und als er in der Gegend zwischen Vidin und Nikopolis angelangt war, verfügte er, hier wo reine Luft herrschte, den Herbst zu verbringen. Erst als der Winter ins Land gezogen war und aus Stambul das Erlöschen der Pest gemeldet wurde, wandte er sich an seinen Hofsitz zurück. Noch am 9. Oktober 1466 wußte der gewissenhafte mailändische Botschafter bei der Signoria aus Venedig zu berichten, daß Mehmed II. plane, in Sofia zu überwintern und sich nicht nach Adrianopel oder Stambul zurückzubegeben, weil er sich vor der Pest fürchte. Er habe sich auf dem Gipfel eines Berges niedergelassen und niemand dürfe sich ihm auf mehr als eine Tagereise nähern.

Die Stimmung, die er in Stambul bei seiner Rückkehr vom mißglückten Albanienfeldzug alsbald schaffte, kam besonders der venedischen Kolonie am wenigsten zustatten. Selbst die höchsten Würdenträger des Reiches mußten um ihre Köpfe bangen. Mahmûd-Pascha, über den sich ein Unwetter zusammenzuziehen drohte, behielt zwar noch das Großwesirat, aber als zweiter Wesir wurde ein gewisser Rûm (das ist ‚Rhomäer‘, also Grieche) Mehmed-Beg bestellt, der in den nächsten Jahren einen verhängnisvollen Einfluß nahm und dessen niederträchtige Ränkesucht und Habgier man minder ernst nehmen könnte als es die osmanischen Chroniken in seltener Einhelligkeit tun, wenn sich nicht deren schlimme Folgen sogleich gezeigt hätten. Über Herkunft und frühere Laufbahn, die allem Anschein nach über den Serajdienst ging, ist so gut wie nichts bekannt. Vielleicht stammt er aus der Gegend von Dimoteka, vielleicht aber auch aus Anatolien. Was aber die Venediger betrifft, so hatten Florenzer Kundschafter oder Handelsleute im Hafen von Chios Briefe abgefangen, die der große Hasser Venedigs, Benedetto Dei, seinem Konsul in Pera und durch diesen der Pforte in die Hände spielte. Der Sultan, dem man die Schriftstücke unterbreitete und der sie sich durch seine Vertrauten aus Florenz übersetzen ließ, berief vier angesehene Mitglieder der perotischen Florenzer Kolonie zu sich, nämlich Mainardo Ubaldini, Iacopo Tedaldi, Niccolò Ardinghelli, Carlo Martelli, und besprach mit ihnen die Lage. Da rieten ihm die Vier, an den Dardanellen das ‚*Castello del Vitupero*‘ (‚Kastell der Schmach‘) aufzurichten und es mit 30 Donnerbüchsen *(bombarde)* zu bestücken. Darf man Benedetto Dei, der diese Angaben macht, wirklich Glauben schenken, so ward er selbst als großherrlicher Staatsbote nach Kairo abgesandt, um den Mamlûkensultan von dem Vorhaben der Venediger gegen die Ungläubigen zu unterrichten. Außerdem schickte man Abschriften der aufgefangenen Briefe nach Florenz. In gleichzeitigen Berichten aus Venedig ist von diesen Vorfällen nicht die Rede.

Der gleiche Gewährsmann Benedetto Dei behauptet, daß die Erbitterung Mehmeds II. gegen Venedig damals fast keine Grenzen mehr kannte. Nach seiner Rückkehr aus Albanien habe er befohlen, daß die in den Sieben Türmen eingesperrten venedischen Häftlinge zusammen mit den dort verwahrten ‚Herrschern aus Trapezunt und Mytilini‘ umgebracht würden. Diese Mitteilungen können, soweit sie sich auf die Fürsten beziehen, zeitlich kaum Stich halten, obgleich der für die Hinrichtung der Komnenen überlieferte ‚Samstag, 1. November' im Jahre 1466, nicht aber 1463 (Dienstag), zuträfe. Die chronologischen Zwiespältigkeiten in der ‚Chronik' des Florenzer Kundschafters und Kaufmanns machen deren Verwertung mehr als einmal trügerisch und hinfällig. Was Benedetto Dei jedoch von dem Schicksal der venedischen Opfer sultanischer Wut und Grausamkeit zu melden weiß, mag inhaltlich genau stimmen. Deren Leichname wurden aus dem Schloßturm von Jedi Qule mitten auf die Straße geworfen und der Großherr gab die strenge Weisung, daß niemand sie entfernen oder auch nur berühren dürfe. Lange blieben die Toten unbestattet liegen, bis nur noch ihre Knochen zu sehen waren. Ihr Fleisch hatten die Hunde, Raben und wilden Tiere verzehrt.

Am verbissenen Widerstand Mehmeds II. scheiterten zu guter Letzt alle Bemühungen, eine Waffenruhe oder gar einen Frieden zwischen der Pforte und Venedig zustande zu bringen, Bemühungen, die zweifelsohne auf seiten der Signoria ernst gemeint waren. Der Sultan wies alle Vorschläge, die sich schließlich sogar auf die Beibehaltung des derzeitigen Besitzstandes gründen sollten, ab, verlangte vielmehr von Venedig die Rückgabe der Inseln Imbros und Lemnos und überdies einen jährlichen Tribut. ‚Du bist hierher gekommen, um frisches Wasser zu trinken', herrschte der Großherr Giovanni Capello an, ‘deine Regierung hat dem König von Ungarn soviel Geld gegeben und nichts hat er gemacht!' Daß das stolze Venedig sich zu derlei Abmachungen niemals erbötig finden werde, wußte er natürlich im voraus und es ist mehr als fraglich, ob die Unterhandlungen, die durch alle möglichen Kanäle — zuletzt mengte sich auch der Landpfleger von Rumelien als Friedensvermittler ein — geführt wurden, von der Pforte jemals aufrichtig gedacht waren oder nur dem Zwecke dienten, bei diesen Gesprächen möglichst ausgiebige und zuverlässige Angaben über die Kriegsmüdigkeit Venedigs, die nicht zu leugnen war, und das Ausmaß seiner Zugeständnisse zu gewinnen.

In der Tat ließ auch die Signoria kein Mittel unversucht, um ihrerseits alle Möglichkeiten, zu einer Waffenruhe mit dem ‚Türken' zu gelangen, auszuschöpfen. Im April 1466 setzte ein Teil der Pregadi durch, daß zwei Bevollmächtigte nach Negroponte gesandt wurden, um von dort aus Friedensfühler auszustrecken. Alle diese Behebungen waren jedoch zum Scheitern verurteilt, denn die Republik des Heiligen Markus konnte sich in wesentlichen Punkten keinesfalls zum Nachgeben entschließen, bestand immer wieder auf dem Besitz von Morea und Mytilini und jegliche Aussprache mußte deswegen ergebnislos enden. Der kretische Jude David war natürlich auch als Unterhändler in Rechnung gestellt. Als Antonio Michiel, venedischer Alaunpächter in Pera, im Oktober 1466 zum Vizebailo seiner Vater-

stadt mit einem Jahresgehalt von 300 Dukaten ernannt wurde, machten
die Besprechungen auch keinerlei Fortschritte. David war inzwischen in
Stambul gewesen und hatte von seinem bisherigen Auftraggeber, dem
Großwesir Mahmûd-Pascha, die Nachricht nach Venedig gebracht, daß
der Sultan friedensbereit sei und daß man einen Mittler an die Pforte entsenden möge. Falls der Sultan sich weitab vom Großwesir befinde, so wolle
man dem Kreter David auftragen, sich zum großherrlichen Leibarzt Iacopo
zu begeben, damit dieser für den Mittler einen Geleitbrief vom Sultan
erwirke. Antonio Michiel stehe mit Iacopo aus Gaeta auf gutem Fuß und
dieser solle durch ihn erfahren, daß sowohl die Signoria als auch der Ungarnkönig jederzeit willig seien, die Feindseligkeiten einzustellen. Ungarn
müsse, als Vertragspartner der Signoria, unbedingt in einen Friedensvertrag einbezogen werden. Ende Oktober wurde der ‚Kapitän der Adria‘
(capitano del Golfo), Ser Iacopo Venier, veranlaßt, sich gleich nach Eintreffen des Geleitbriefes nach Stambul zu verfügen, sein Beglaubigungsschreiben zu überreichen und wegen eines Waffenstillstandes zu verhandeln.
Sollte man ihm Schwierigkeiten bereiten, so möge er mit der Vorgabe, neue
Weisungen einholen zu müssen, nach Stalimene (Lemnos, damals in venedischer Hand) oder nach Negroponte zurückkehren. Als Geschenk wies
man ihm 30 Ellen Goldstoff an; jedem der Paschen solle er als Gabe der
Signoria Karmesinsammet mitbringen und dazu die üblichen Begrüßungen
und Anerbieten. Vor allem aber müsse er zwei sehr zuverlässige Dolmetscher
mit sich führen, von denen einer gut griechisch, der andere türkisch verstehe, damit er unter allen Umständen erkunde, was gesprochen werde.
Als Bevollmächtigter Venedigs mußte allerdings Ser Giovanni Capello
bald feststellen, daß an der Pforte niemand etwas von einem Waffenstillstand wissen wollte. Er fand eine ausgesprochen feindselige
Haltung gegenüber Venedig vor und ermittelte, daß die Genuesen und
Florenzer in Galata und Pera kräftig gegen Venedig schürten und dem
Großwesir weiszumachen versuchten, daß er gar nicht des Friedens wegen
nach Stambul gekommen sei. Angehörige beider Staaten, besonders aber der
Konsul von Florenz, seien es, die das Einvernehmen störten und zwei angesehene venedische Kaufherren, Domenico Veglia und Antonio Trevisano,
befänden sich auf Geheiß des Sultans als Gefangene im Hause des — Konsuls von Florenz.

Daß Venedig zu jedem, seiner Ehre halbwegs Rechnung tragenden Frie-
densangebot freudig die Hand gereicht hätte, machen die Vorgänge auf
seinen Kriegsschauplätzen im Jahre 1466 sogleich verständlich. Die Last
des Kampfes mit den Osmanen lag bisher allein auf den Schultern der
Signoria. Infolge des gehemmten Handelsverkehrs waren die Einkünfte so

gesunken, daß sie sich jährlich auf kaum eine Million Dukaten beliefen. Dabei war der Markusrepublik weder zur See noch auf dem Lande das Kriegsglück sonderlich hold. Zwar hatte zu Beginn des Jahres 1466 der unerschütterlich auf Widerstand beharrende Vettore Capello, der Hauptförderer des Türkenkrieges, an Stelle Iacopo Loredanos den verantwortungsvollen Posten des Generalkapitäns des Meeres, der ihm monatlich etwa 100 Dukaten an Gehalt einbrachte, übernommen und der fast erlahmte Seekrieg kam wieder in Gang, aber zu entscheidenden Kampfhandlungen vermochte auch die Flotte unter seiner Leitung nicht auszuholen. Capello lief mit 25 Galeeren nach Negroponte aus und überrumpelte die Inseln Imbros, Thasos und Samothraki, die er auch besetzte, kaperte einige türkische Schiffe mit kostbarer Ladung, unternahm sogar einen geglückten Angriff auf Athen, besetzte die Stadt, ohne sie den Türken endgültig entreißen zu können, aber alle diese Unternehmungen führten keine Wendung des Krieges herbei. Zu Lande stand es noch schlimmer. Der Provveditore auf Morea, Iacopo Barbarigo, hatte den Oberbefehl über die Landtruppen übernommen und strebte zu Beginn des Sommers 1466 mit seinen Streitkräften, etwa 2000 Bewaffneten, Patras anzugreifen. Aber der landkundige Turachan-oghlu ʿÖmer-Beg kam den Belagerten zu Hilfe. Die Stadtmauern waren durch lange Beschießung bereits dem Einsturz nahe, als ʿÖmer-Beg erschien, die Venediger am Eindringen hinderte und sie ins Meer zurückschlug. Viele fanden im Wasser den Tod; die 40 Schiffe, die den Landstreitkräften Hilfe leisten sollten, vermochten nichts mehr auszurichten. ʿÖmer-Beg machte etwa 100 Gefangene, 600 Tote blieben auf der Walstatt. Er zog sich zuerst nach Korinth zurück, begab sich aber dann mit seiner Menschenbeute zum Sultan nach Stambul, wo er gnädig aufgenommen wurde und das Schauspiel erlebte, daß alle Gefangenen ohne Erbarmen hingerichtet wurden. Iacopo Barbarigo war selber den Türken in die Hände gefallen, nach Patras geschleppt und dort gespießt worden. Capello, der die Schmach rächen wollte, brachte Truppen an Land und griff die Türken an. Aber das mörderische Gefecht, das sich entwickelte, kostete ihn zahlreiche Mannschaft, angeblich 1200 Köpfe, und nur mit knapper Not konnte er den Rest der Besatzung nach Negroponte in Sicherheit bringen. Im März 1467 ist er dort an gebrochenem Herzen gestorben.

Am 2. November 1466 verfügte der Rat von Ragusa, daß drei Edelleute dem ‚berühmten Herrn Schenderbegh‘ (*illustri domino Schenderbegh*) entgegenfahren und ihn bitten sollten, nicht das Stadtgebiet zu betreten, und zwar ‚wegen zweckmäßiger Rücksicht‘, *ob bonum respectum*. Mit anderen Worten: man hatte Furcht vor türkischer Vergeltung für die etwaige gastliche Aufnahme des albanischen Freiheitshelden. Etwa zur gleichen

Zeit, am 29. November, klagte man zu Venedig, daß nach der Verdrängung Skender-Begs nur noch Kruja mit seinen von der Republik bezahlten Verteidigern die christliche Herrschaft im Lande vertrete. Skender-Beg entschloß sich deshalb, nach Italien zu reisen und dort vor allem die päpstliche Hilfe zu erflehen. Am 12. Dezember traf er, festlich von der Kurie empfangen, in Rom ein. ‚Es ist', so schrieb ein Augenzeuge, 'ein Mann in vorgerückten Jahren, über 60; mit wenigen Pferden kam er an; als armer Mann, so höre ich, will er um Unterstützung bitten.' Außer einer Beihilfe von 5000 Dukaten erreichte er nichts, um seine bedrängte Heimat vor weiteren Einfällen der Türken zu schützen. Er müsse sich eben zu helfen suchen, wie er es vermöge, schrieb am 12. Januar 1467 der Kardinal von Mantua, Francesco von Gonzaga, an seinen markgräflichen Vater Lodovico. Wenige Tage später wußte man in Venedig, daß Balaban sich in Albanien sehr stark mache, tagaus, tagein das Land zugrunde richte und Kruja eingeschlossen habe. Ende März war vom ‚Pascha in Albanien', also wohl von Valona, ein Staatsbote nach Neapel gekommen und machte den Vorschlag, einen Gesandten nach Stambul zu schicken, weil man Dinge mitzuteilen wünsche, die gewiß Gefallen fänden. Der aragonische Hof kam überein, den Sekretär Bernardo Lopez (Lopis), vermutlich einen Spanier, an den Sultanshof zu entsenden. Er machte sich anfangs April auf den Weg, ging zuerst zum Pascha von Albanien, um diesem für die Gaben zu danken, die sein Bevollmächtigter König Ferrante nach Neapel übermittelt hatte und reiste mit ‚Ratschlägen' und Schutzgeleit weiter nach Stambul. Leider ist bisher über den Inhalt und über das Ergebnis dieser wohl frühesten Neapeler Gesandtschaft an die Pforte nichts bekannt geworden, aber allein die Tatsache, daß sie in Marsch gesetzt wurde, dürfte beweisen, daß Ferrante Wert auf eine Fühlungnahme mit dem Großherrn gelegt hat. Ende Mai hatte man zu Venedig in Erfahrung gebracht, daß Skender-Beg bei einem Entsatzversuch der Festung Kruja Balaban getötet habe, daß die Türken dabei große Verluste erlitten und daß er Kruja zu befreien vermochte. Unmittelbar darauf kam die Meldung, daß der ‚Türke' aufs neue in Person im Anmarsch auf Albanien sei. Aus der Errichtung der Burg von Elbasan im Vorjahr folgerte man mit Besorgnis, daß Mehmed II. diesmal mit allen verfügbaren Mitteln die Eroberung von Durazzo betreiben werde, um sich an der Adria festzusetzen und gegenüber der italienischen Küste (Durazzo-Bari = 118 Seemeilen = 218,5 km) einen starken Stützpunkt zu einem Überfall auf die Apenninenhalbinsel zu gewinnen. In der ersten Juniwoche aber war, so scheint es, der Sultan noch nicht auf albanischem Boden, wie man in Venedig zu wissen glaubte. Am 8. Juli 1467 war drüben in Brindisi durch Flüchtlinge, die meist schlecht oder gar nicht bekleidet, ohne Habe, mit

Weib und Kind in Scharen über die Adria gelangt waren, mitgeteilt, daß
Mehmed II. mit einem riesigen Heerbann am 3. Juli, einem Freitag, bei
einem Fluß namens ‚Argenta‘, also dem Arzen (‚Ersenta’ der mittelalterlichen Quellen), der sich 15 km nördlich Durazzo ins Meer ergießt, eingetroffen sei. Fünf Meilen (rund 7,5 km) von dieser Stadt entfernt befand
sich das sultanische Lager. Tags darauf (4. Juli) erwartete man sein Erscheinen vor Durazzo, das zwar gut verproviantiert war, dessen Einwohner
jedoch in Massen davonrannten. Nicht weniger als 9 Schiffe waren mit
verzweifelten Menschen an Bord nach Brindisi gekommen. Das Entsetzen
vor der Rache des ‚Türken‘, dem man kein Mitleid, keine Gnade zutraute,
war unbeschreiblich. Man ließ alles im Stich, Haus und Hof, nur um das
nackte Leben zu retten. Drüben in Apulien befürchtete man mit Recht den
Ausbruch ansteckender Krankheiten. Durazzo war fast menschenleer. In
der Umgebung hatten sich die Bewohner von Dörfern in die Berge geflüchtet. Die türkischen Truppen suchten den Eindruck zu erwecken, daß
sie von dannen zögen, aber als die Bauern und Hirten wieder in ihre Siedlungen heimkehrten, wurden sie ohne Erbarmen niedergemacht oder als
Sklaven weggeschleppt. Überall hatte man die erzenen Glocken in Sicherheit gebracht, um den Türken kein Metall zum Gießen von Feldgeschützen
preiszugeben. Die Schreckensnachrichten, die über das Verhalten der großherrlichen Streitmacht nach dem Westen drangen, klangen immer gräßlicher und trostloser. Allerorten Massenflucht der Einwohner in die Berge
und Niedermetzelung derer, die in die Hände des Feindes fielen, der
niemand über 7 Jahre verschont ließ. In der Signoria war man bestürzt
über das Schicksal, vor allem der Küstenstädte. Die besondere Sorge galt
Durazzo, ‘weil sich von hier der Türke den Weg und den Übergang nach
Italien bahnen‘ könnte. Ende Juli dürfte sich Mehmed II. jedoch vor
Kruja, wo er 15 Tage lang verweilt haben soll, befunden haben. Skender-
Beg hatte sich am 8. Juli aus Skutari an den Rat von Venedig mit einem
Bittschreiben um Beistand gewandt. Man erwiderte ihm, daß man die
venedischen Rettori angewiesen habe, ihm jede Hilfe zu gewähren und daß
man 1000 Mann Fußvolk und 300 Reiter nach den bedrohten Gebieten
abschicken werde. Um die gleiche Zeit war der nach Stambul entsandte
Bernardo Lopez nach Neapel zurückgereist und hatte dort berichtet, daß
Mehmed II., den er wohl vor seinem Aufbruch nach Albanien und nicht
etwa dort gesprochen haben dürfte, erklärt habe, er ‚hasse sehr die Signoria von Venedig und, falls er einen passenden Hafen an jenen Seiten
Albaniens finde, werde er den Krieg in ihr Gebiet tragen‘. Aber Durazzo
schien zunächst nicht gefährdet. Der Sultan hatte zwar zuerst etwa
12 000 Berittene bis ins Hafengebiet von Durazzo gesandt, die aber

dann nach Kruja abrückten. In Venedig ging das unbestätigte Gerücht, Mehmed II. werde von Skender-Beg durch Vermittlung des Königs von Neapel, der mit dem ‚Türken' verbündet sei, Kruja erhalten. Daß Durazzo und sein Umland vergeblich von türkischer Reiterei bedrängt wurde und die Stadt infolge hartnäckigster Verteidigung der dort Verbliebenen nicht einzunehmen war, darf nach den bei der Signoria eingegangenen Meldungen als gewiss gelten. Bald hernach scheinen die Osmanen überhaupt ihren Rückmarsch nach Osten angetreten zu haben, ohne daß sich Kruja ergab oder gar ergeben mußte. Ein Muslim gewordener Neffe Skender-Begs, Sohn seiner Schwester, war von den abziehenden Osmanen als Sicherung zurückgelassen worden und hatte sich auf Kap Rodoni am Meer oberhalb Durazzo eingenistet, ward aber eines Nachts von venedischen Schiffen zur See und von Skender-Beg vom Land her angefallen und von seinem Oheim auf dem Kapitänsschiff mit eigener Hand geköpft. Daraufhin habe, so vernahm man in Venedig Anfang August, das ganze Land, soweit es Skender-Beg gehörte, wieder zu dessen Botmäßigkeit zurückgefunden. Balaban, der immer wieder Totgesagte, kam, wenn der venedische Provveditore von Skutari der Signoria recht berichten konnte, kurz vorher wirklich ums Leben und Skender-Beg trug zum Zeichen, daß er ihn und viele seiner Türken umgebracht habe, des Toten Ring. Im Hochsommer war der zweite türkische Feldzug, während dessen der Großherr zögernd und wohl nur selten in Erscheinung trat, wiederum ergebnislos zu Ende gegangen. Das ganze Land atmete auf und die Vertriebenen oder Geflüchteten kehrten in ihre Heimstätten zurück. Giosafat Barbaro (1413—1494), der berühmte vielgereiste Diplomat Venedigs, wurde zum Provveditore Albaniens in Skutari ernannt; wir werden ihm später mit wichtigen Sendungen in Persien begegnen. Etwa zur gleichen Zeit wurde der Rettore von Skutari, Leonardo Boldù, als Gesandter der Markusrepublik für — Stambul ausersehen. Er hatte über San Sergio, dem venedischen Umschlaghafen Oberalbaniens, nach Drivasto und weiter landeinwärts nach Osten zu reisen, um den Sultan an seinem derzeitigen Standort aufzusuchen. Den Geleitbrief, so ward ihm auferlegt, sollte er sich bei Alexius Span, einem der oberalbanischen Feudalherren holen, der sich als Friedensvermittler zwischen der Pforte und Venedig angeboten hatte. Aber es kam damals nicht gleich zur Ausführung des Vorhabens, sei es, daß die Pforte ihre Zustimmung versagte, sei es, daß Alexius Span seinen Einfluß bei ihr überschätzt oder übertrieben geschildert hatte. Erst Ende Januar 1468 konnte er sich endlich auf den Weg machen. Die Serenissima war wirklich ernstlich darauf erpicht, endlich in Unterhandlungen mit den Türken wegen eines Friedens zu gelangen, denn der Kriegszustand, der den gesamten Levantehandel unter-

band und damit Venedig ins Lebensmark traf, drohte sich zum Verhängnis
auszuwirken. Die örtlichen Befehlshaber in Bosnien unternahmen mit
ihren Truppen bereits Einfälle bis zur dalmatischen Küste. Mitte September
1467 kam aus Dalmatien der Klageruf, daß die Türken nur noch eine
Tagreise von Zara und Sebenico entfernt gewesen seien, daß sie dort Mensch
und Vieh geraubt hätten und daß das ganze Landvolk vor den Eindringlingen geflohen sei. Die Signoria wurde mit Nachdruck darauf hingewiesen,
'daß die genannten Türken zwei Tagreisen an Italien herangekommen, daß
sie nicht mehr weit von Pola (Istrien) entfernt seien'. Das seien von Italiens
Grenzen nicht mehr als 60 Meilen. ,Es scheint fast, daß die Christen nicht
ihren Ruin bemerken und daß sie, die Türken, mit jedem Jahre näher
kommen.' Nicht viel besser stand es damals weiter im Süden, vor allem in
der Herzegowina. Die verworrenen Verhältnisse in der herzoglichen Familie
benutzten die Türken, besonders ᶜÎsa-Beg, der Sohn des Ishâq-Beg, ungehindert durch das ,Land des Herzogs' zu streifen und rasch bis zur ragusäischen Grenze vorzudringen. Ragusa brachte seine Bauern in die festen
Küstenplätze und auf den Inseln in Sicherheit; den zahlreichen Flüchtlingen verwehrte man das Betreten der Stadt. Dann mischten sich die
vom Herzogssohn Vlatko zu Hilfe gerufenen Ungarn ein. Sie besetzten das
Gebiet der unteren Narenta mit dem malerischen Počitelj, ließen die Fahnen
des Hl. Markus niederholen und blieben dort mehr als zwanzig Jahre. Auch
Venedig besetzte seit Oktober 1465 die Landschaft Krajina bei Makarska
sowie die Narentamündung und der alte Herzog Stjepan schwankte mißtrauisch zwischen Ungarn und Venedigern hin und her. Der Sultan, so
klagte er der Signoria schon im Frühling 1466, habe fast seine ganze Herrschaft erobert und sein Sohn Vladislav habe die Türken ins Land geführt.
Bald darauf, am 22. Mai 1466, erlöste ihn der Tod von seinen Sorgen und
die beiden ,Herzogssöhne' stritten sich weiter um den Besitz und die Lande
ihres Vaters, soweit ihnen die Osmanen hierzu die Möglichkeit ließen. Der
jüngste, Stjepan, schlug sich überhaupt auf die Seite des Sultans. Er, der
im Juni 1459 geborene, war vermutlich der Sohn einer wohl unehelichen
bayerischen Prinzessin Barbara aus Landshut und durchmaß eine strahlende
Laufbahn. Nicht weniger als viermal bekleidete er als Hersek-oghlu Ahmed-
Pascha und Schwiegersohn des Sultans Bajesid II. unter diesem und
Selîm I. die höchste Würde des Osmanenreichs, das Großwesirat.

Die Türken wurden in Bosnien und in der Herzegowina immer heimischer.
Ihr bosnischer Statthalter amtete in Vrhbosna, dem späteren Sarajevo,
und der Bannerherr (Sandschaqbeji) des ,Landes des Herzogs' zu Foča an
der Drina. Ungehemmt veranstalteten die Osmanen von Bosnien aus ihre
Raubzüge nach dem nördlichen Dalmatien, nach Kroatien, seit 1469 sogar

bis nach Krain und bald auch nach Friaul und Kärnten. Ragusa ließen sie
vorerst unbehelligt, zumal es seinen Tributverpflichtungen bisher pünktlich nachgekommen war. Diese Leistungen hatten erst Ende 1458, als ein
wesentlicher Teil des serbischen Despotats den Osmanen unterworfen war,
wieder eingesetzt, nachdem sie 1442 eingestellt worden waren. Die 1447
von Murâd II. ausdrücklich verbriefte Befreiung vom Jahreszins war
Mehmed II. längst zum Anstoß geworden. Unmißverständlich drohte er
gegen Schluß des Jahres 1457 dem Senat von Ragusa, daß er alle ragusäischen Kaufleute im Osmanenreich verhaften lassen und den Freistaat
mit Krieg überziehen werde, wenn dieser nicht unverzüglich eine Gesandtschaft abordne und sich zu pünktlicher Zahlung von jährlich 1500 Dukaten verpflichte. Nicht genug damit, verlangte der Großherr, daß auch
die rückständigen Gelder abzuführen seien. Damals gelang es den Ragusäern mit Hilfe des von ihnen bestochenen rumelischen Landpflegers
Mahmûd-Pascha, des späteren Großwesirs, dieser drohenden Belastung
ledig zu werden, doch mußten sie zusichern, jährlich 1500 Dukaten an die
Pforte zu entrichten. Zu dieser Summe traten jeweils reichliche Geschenke
(peschkesch) an die Wesire und Staatswürdenträger. Der Großherr erneuerte der Republik des Heiligen Blasius die 1442 von seinem Vater zugestandenen Rechte sowie die Handelsfreiheit. Ihren Bürgern bei Streit-
fällen auf türkischem Boden nochmals eigene Gerichtsbarkeit zuzugestehen,
ließ er sich indessen nicht herbei. Ragusas Glanzzeit sowie seine bisher mit
Geschick betriebene Diplomatie der *sette bandiere,* allen unliebsamen Beziehungen zur Pforte auszuweichen, hatten damit rasch ihren Abschluß gefunden. Als die Osmanen 1464 längs der Grenzen von Ragusa Befestigungen anlegten, mehrten sich die Zusammenstöße und die Reibereien
wollten fortan kein Ende mehr nehmen. Im Jahre 1467 traf aus Stambul
die sultanische Forderung ein, daß der Jahreszins von 1500 auf 5000 Dukaten angesetzt werden müsse. Obwohl sich Ragusa ängstlich hütete, sich
in die abendländische Türkenpolitik einbeziehen zu lassen, heischte Mehmed II. immer größere Tribute, die schließlich gegen Ende seiner Regierung
‚für das laufende Jahr‘ 10 000 Dukaten betrugen, zu denen aber weitere
2500 Dukaten an Zollgeldern *(gümrük)* kamen, Beträge, denen die Finanzen der Stadt nicht mehr gewachsen waren. Die Ein- und Ausfuhrzölle
der Waren mußten erhöht, die städtischen Abgaben gesteigert, die Be-
amtengehälter gesenkt werden, um wenigstens einen Bruchteil der notwendigen Gelder aufzubringen.

In fast beängstigend kurzer Frist waren die Osmanen zu Nachbarn
Italiens geworden, von dem sie bei Dalmatien jetzt nur der im Durchschnitt 120—180 Kilometer breite Trog des Adriatischen Meeres schied.

Als Seemacht war ihre Bedrohlichkeit nicht geringer. Und wenn einige
Zeit später ein französisches Witzwort über die Sensa, das berühmte vene-
dische Volksfest der Vermählung des Dogen mit dem Meere, spotten konnte:
‚Diese alte Hahnreigilde will das Meer zum Weibe haben: ja, sie sind die
Ehgemahle und der Türke ist der Hausfreund‘, so mag darin viel gallische
Bosheit stecken, aber die Tatsache des gefährlichen Anwachsens der os-
manischen Flottenmacht gibt es getreulich wieder.

Mehmed II. war wohl zusammen mit dem Großwesir Mahmûd-Pascha,
der ihn auf diesem Feldzug begleitet haben soll, um die Sommermitte
1467 aus Albanien abgezogen. Jedoch in Mazedonien und Thrakien war
abermals eine Pest ausgebrochen, die ihn abhielt, seine Rückkehr nach
Adrianopel oder gar nach Stambul zu beschleunigen. Diesmal scheint er
sogar den ganzen Winter im Balkangebirge verbracht zu haben, denn erst
etwa März 1468 war nach Venedig die Nachricht gedrungen, daß sich
der ‚Türke‘ nach Stambul begeben habe, da die Seuche erloschen sei. Am
28. März 1468 war in Venedig mit Sicherheit die Anwesenheit des Großherrn
in seinem Stambuler Seraj auch bekannt geworden. Noch viel stiller
ward es in jenen Monaten um den Inhaber des Reichssiegels, Mahmûd-
Pascha. Hätte sich nicht das slavische Schreiben ‚Vom Pascha und
großen Wesir und Herrscher aller westlichen Herren‘, wie der stolze Eingang
lautet, das er am 15. April [1467] aus Sasly Dere, wo sein Kammergut
Châssköj lag, an Rektor und Senat des Freistaates Ragusa richtete, erhalten, so wäre man in Verlegenheit, einen gesicherten Lebensnachweis
für 1467 zu finden. In diesem merkwürdigen Schreiben bedankt er sich für
drei ihm vom Rate Ragusas besorgte medizinische Handschriften und
bittet vor allem um drei weitere damals berühmte Werke der Heilkunde,
nämlich um zwei lateinische Erläuterungen zum *Qânûn fi't-tibb* des
Avicenna, dann aber um kupferne, silberne und goldene Gegenstände wohl
der Goldschmiedekunst, deren Feststellung bisher nicht glücken wollte.
Alles war für seinen ‚Kaiser‘ bestimmt: die medizinischen Bücher für dessen
Leibarzt Iacopo von Gaeta, die metallenen Dinge für den Großherrn, der
daran besonderen Gefallen fand. Die Beschaffung der Handschriften zog
sich über ein volles Jahr hin, denn das erste Ersuchen war schon im Frühjahr 1466 an Ragusa gestellt worden. Daß Maestro Iacopo daraus Weisheit
zur Behandlung seines kranken Gebieters schöpfen wollte, unterliegt kaum
einem Zweifel und daß Mahmûd-Pascha mit der Besorgung die schwankende, ja erschütterte Gunst des Großherrn zu fördern gedachte, ist nicht
minder glaubhaft.

Der zweite Kriegszug gegen Albanien war keineswegs nach Wunsch
seiner Unternehmer verlaufen und die Bezwingung des Gebirgslandes mit

seinen freiheitlichen Bewohnern hätte gewiß schon in der Folgezeit den
Sultan vor neue und schwierigste Aufgaben gesetzt, wenn ihm nicht das
Schicksal wieder einmal zu Hilfe gekommen wäre: nach kurzem Krankenlager, das ein hitziges Fieber verursacht hatte, erlag Skender-Beg am
17. Januar 1468 zu Alessio im oberen Albanien dessen Folgen. Auf dem
Totenbett empfahl er, so heißt es, seinem ‚treuesten und mächtigsten‘
Bundesgenossen, den Venedigern, sein verwaistes Land und seinen unmündigen Sohn Johannes dem Schutz und der Weisheit der Serenissima.
Zu Alessio, in der längst zerstörten Kirche des Heiligen Nikolaus, bereiteten
ihm seine trauernden Landsleute die letzte Ruhestatt. Aber auch hier war
seinen Gebeinen nicht der ewige Friede beschieden. Als Mehmed II. 1478
zur Zeit der Belagerung Skutaris auch Alessio in Besitz nahm, ließ er die
Gruft öffnen und die Überreste des von ihm einst so gefürchteten Mannes
öffentlich ausstellen. Marino Barlezio, in diesem Fall vielleicht ein unver-
dächtiger Gewährsmann, behauptet, daß sich damals mancher Muslim
eines der Gebeine des Toten, in Gold oder Silber gefaßt, als Talisman an-
eignete und bei sich führte, wenn es galt, den persönlichen Mut durch die
lebendige Erinnerung an Tapferkeit und Ausdauer eines schier unbesiegbaren Helden zu stählen.

Mit Skender-Begs Hinscheiden wurde die Sicherung Albaniens die
drückende Erbschaft der Republik Venedig. Gar bald geriet das Land in
den Zustand völliger Auflösung. Zuerst suchten sich die oberalbanischen
Feudalherren, die Musachi, die Span, die Dukagin, die Skura, die Zaccaria
am Landbesitz schadlos zu halten. Dann drangen die Osmanen bis in alle
Winkel Albaniens, bis vor Skutari, Alessio, ja Durazzo, und schleppten
Tausende von Menschen fort. ‚In ganz Albanien sehen wir nun Türken‘,
lautete eine gleichzeitige Depesche. Die Häuptlinge befehdeten sich untereinander und liefen teilweise zu den Türken über, wo sie, wie die Skura
und die Dukagin, zu hohen Ehrenstellen im Staate gelangten. Allein Kruja
hielt sich, da sich Venedig dieser Hauptburg Skender-Begs annahm und
die Besatzung beträchtlich verstärkte. Auch Montenegro, dessen Freiheit
und Unabhängigkeit die Cernojevići kühn gegen die Ungläubigen verteidigten, konnte sich noch erwehren. Nur drunten im Epirus wurde die Lage
des Despoten Leonardo III. Tocco (1448—1479) immer bedrohlicher. Das
Herzogtum (Despotat) ‚Kleingriechenland‘ oder Qarly-Eli, Land des Carlo
(Tocco), wie es die Türken hießen, war seit dem 24. März 1449, als die
Osmanen Arta ihrem Reich einverleibten, auf dem Festland von Epirus
lediglich auf Angelokastron, Vonitza und Varnatza, im übrigen aber auf die
Inseln Levkas, Kephalenia und Zakynthos beschränkt geblieben. Leonardo
Tocco sah sich zuletzt allein auf Venedig angewiesen, als dessen Unter-

händler er hin und wieder bei den türkischen Paschen von Valona Fürsprache einlegte, bis schließlich auch der Rest seines Scheindespotats eine
Beute der Türken wurde (1479).

Es gehört sicherlich ins Reich der Fabel, daß Mehmed II., als ihm die
Nachricht vom Sterben Skender-Begs zu Ohren kam, ausrief: ,Endlich
gehört mir Europa und Asien! Wehe der Christenheit! Sie hat ihr Schwert
und ihren Schild verloren.' Daß ihm indessen dieser Georg Kastriota sehr
gelegen starb, das darf man wohl vermuten.

Ehe der Sultan zu einem neuen Schlag ausholte, empfing er wohl in
den ersten Märztagen zu Stambul den venedischen Bevollmächtigten
Leonardo Boldù, der ihm mit reichen Geschenken, darunter vier Stücken
herrlichsten golddurchwirkten Seidenstoffes, seine Aufwartung machte. Er
wurde, so meldete er wenigstens nach Venedig, mit ausgesuchten Ehren
bedacht, woraus man dann bei der Signoria etwas voreilig die sultanische
Bereitwilligkeit zu ernsthaften Friedensverhandlungen meinte schließen
zu dürfen. Es kam indessen niemals dazu und jener weltkluge mailändische
Diplomat Gherardo de Colli, der sich am 26. März 1468 aus Venedig an
seinen Herzog Galeazzo Sforza über die Friedensaussichten argwöhnisch
äußerte, wird der Wirklichkeit nahegekommen sein. ,Wenn nur der Türke
ihm nicht freies Geleit zugesichert und ihn zu erscheinen aufgefordert hat,
um sich jener Stücke Goldstoff zu bemächtigen und von sich eine gute
Meinung zu erwecken, so wie er es in der Vergangenheit gehalten hat!'
Seit Leonardo Boldù von Skutari aufbrach, so berichtet er weiter, seien
schon zwei Monate verstrichen und es sei nicht wahrscheinlich, daß Mehmed,
der die Weltherrschaft (,Monarchia del mondo') anstrebe, sich in Friedensgespräche einlassen wolle. Tags darauf hatte Gherardo de Colli eine Unterhaltung mit dem Dogen Cristoforo Moro, der ihm erzählte, ihm seien von
drei Seiten über Ragusa und Novo Brdo, dessen letzte Einwohner man übrigens im Jahr 1467 nach Stambul verpflanzt hatte, Nachrichten zugegangen,
daß der Friede mit der Pforte zustande gekommen sei. Freilich, so fügte er
hinzu, schenke man ihnen wenig Glauben. Aber auch aus Ofen seien Briefe
eingetroffen, wonach sich Matthias Corvinus mit dem in Großwardein zu
Friedensunterhandlungen mit 400 Pferden angelangten türkischen Unterhändler auch über Venedig ausgesprochen habe. Der osmanische Bevollmächtigte habe indessen erwidert, daß er zu Gesprächen hierüber nicht
ermächtigt sei, er aber hoffe, daß gerade in diesen Tagen Leonardo Boldù
einen Frieden mit der Pforte zuwege bringe. Die Meinungsverschieden-
heiten bei den ungarisch-türkischen Beredungen, so wußte ein Augenzeuge zu berichten, der aus Großwardein nach Venedig kam, seien gering;
Mehmed II. bestehe auf dem Besitz von Jajce, das er als sein Eigentum

betrachte, während der Ungarnkönig behaupte, er habe es ihm entrissen. Er wolle ihm dafür Semendria überlassen, den wichtigen Donaustützpunkt. Aber das klinge wenig glaubhaft, da Semendria doch mehr als 3000 Herdstellen habe, stark befestigt und überdies ‚ein Dorn im Auge von Belgrad‘ sei. Wahrscheinlich sei, daß der Türke Jajce fordere, weil es zu Bosnien und nicht zu Ungarn gehöre, vor allem aber, weil er dann, wenn er es besitze, ungehindert bis nach Istrien vorzustoßen vermöge. Der Türke gehe in seinem ‚teuflischen Sinne‘ darauf aus, die Signoria von Ungarn zu trennen, um so besser seine Geschäfte betreiben zu können. Die Nachricht aus Novo Brdo stamme gar nicht von venedischer Seite, sondern vom dortigen türkischen Stadtvogt *(subaschy)*; seiner Ansicht nach werde der Unterhändler der Signoria in Stambul hingehalten, damit sie keine Streitmacht ausrüste oder Albanien in Verteidigungszustand versetze.

Alles verhielt sich genau so, wie man nach Venedig gemeldet hatte. Leonardo Boldù war, da der Türke auf ‚seiner üblichen Hartnäckigkeit und Unverschämtheit‘ beharrt habe, schon nach einigen Tagen unverrichteter Dinge aus Stambul nach Skutari zurückgekehrt; so verständigte die Serenissima ihren Botschafter am Ofener Hof, Ser Francesco Diedo (2. Mai 1468), und schärfte ihm ein, beim Ungarnkönig darauf zu dringen, daß bei einem etwaigen Waffenstillstand Venedig in diesen einbezogen werde. Hierzu finde sich der Türke desto eher bereit, je rascher er einsehe, daß der Friede überall in der Christenwelt bestehe und daß jede Befürchtung eines italienischen Krieges geschwunden sei, wie es ja Papst Paul II. am Feste des Heiligen Markus (25. April 1468) ausdrücklich verkündet habe. Ein paar Tage hernach (12. Mai) wurde Francesco Diedo nahegelegt, darauf zu bestehen, daß in einen Vertrag der ausdrückliche, bisher stets übliche Vorbehalt aufgenommen werde, die osmanische Flotte dürfe keinesfalls die Meerengen verlassen. Jeder anderen Abmachung solle er im Namen Venedigs ausdrücklich die Einwilligung verweigern.

In die Verlegenheit, zu einer solchen Vereinbarung die Zustimmung der Pforte einzuholen, konnte der türkische Unterhändler in Großwardein gar nicht gebracht werden. So wenig ein Friede mit Venedig zustande kam, so wenig willigte der Sultan in einen Waffenstillstand mit Ungarn ein, zumal Matthias Corvinus auf Drängen der Kurie am 31. März 1468 Böhmen den Krieg erklären mußte. Als sein Tschausch, sein Staatsbote, noch auf ungarischem Boden weilte, war er selbst mit seinem Heer und vom Großwesir Mahmûd-Pascha begleitet, zu einem neuen Feldzug, diesmal nach Anatolien, aufgebrochen.

Die Lage an der nördlichen und westlichen Grenze des Reiches in Europa war einem solchen Unternehmen, das die Verhältnisse in Qaramanien herausforderte, durchaus nicht abträglich. Papst Paul II. unterstützte zwar, so gut er es vermochte, aus eigenen Mitteln den Krieg gegen die Feinde des Glaubens, aber er war ihm keine Herzenssache wie seinem Vorgänger, der für das Ziel des Kreuzzuges sein Leben hingegeben hatte und zeit seines Pontifikates fast nur von ihr beherrscht war. Das gesammelte Geld des Türkenzehnts ging fast ausschließlich nach Ungarn und sogar aus Alaunerträgnissen wurden wesentliche Beträge dorthin abgeführt; 1465 wurden allein 80 000 und weitere 57 500 Goldgulden an Matthias Corvinus überwiesen. Wenn Paul II. meinte, mit der Entsendung des vorgeblichen Halbbruders Mehmeds II., des Calixtus Ottomanus, an den Hof von Ofen (Juni 1465) sich in der Hoffnung wiegen zu dürfen, daß man die Person dieses seltsamen Prinzen zur Erregung von Unruhen im Osmanenreich werde gebrauchen können, so zeigt dies, wie bescheiden seine Erwartungen in die ungarische Türkenhilfe gewesen sein müssen. Matthias Corvinus entschuldigte den Verzicht auf einen Angriffskrieg denn auch bald damit, daß die von ihm geworbenen Söldner zuviel Geld verschlängen. In Italien stand es gar nicht besser. Venedig suchte mit allen Mitteln nach einem gütlichen Einvernehmen mit der Pforte. Mailand und Neapel, das bereits, wenn auch nur gelegentliche Gesandtschaften mit dem Großherrn unterhielt, wollten es um keinen Preis mit den Türken verderben. Florenz und Genua gelüstete es nach der Erbschaft des Levantehandels des gesunkenen venedischen Nebenbuhlers. Paul II. machte erhebliche Geldangebote an Venedig, um einen Friedensschluß mit dem Sultan zu verhindern. Mehr als ein ganzes Jahr war Kardinal Juan de Carvajal, der sein ganzes Leben mit glühendem Eifer den Türkenkrieg gefördert hatte, als päpstlicher Legat in der Lagunenstadt bemüht, die Signoria von solchen Plänen abzubringen. In Deutschland hatte schon im November 1466 auf Anregung vor allem des Papstes ein Reichstag zu Nürnberg stattgefunden, um die Frage des Türkenkriegs zu betreiben. Einer der Gefährten des alten Johannes Hunyadi aus der Zeit der Belgrader Belagerung, Ulrich von Grafeneck, stellte sich als neuer Feldhauptmann zur Rettung Ungarns vor und man verfügte, im Reich, in dem ein fünfjähriger Friede verkündet werden sollte, jeden 100. Mann auf drei Jahre zum Kreuzzug auszuheben. Abgesandte des Königs Matthias, der schon im Herbst 1466 ein Geschwader von 24 Donauschiffen in Regensburg hatte bauen lassen, das die Türken dann freilich niemals zu Gesicht bekamen, erklärten ihres Königs Bereitwilligkeit, 5000 Kämpfer zu stellen, eine Gold- und Silbermünze des Heiligen Krieges anzuerkennen, dem Feldhauptmann für Kriegsdauer Schlösser an und bei der Donau anzuvertrauen. Dreimal wöchentlich, so beschloß man, sollten in jeder Kirche Gebete für das Gelingen des großen Vorhabens zum

Himmel gesendet werden und im Frühling 1468 sollten dann endlich die
Feindseligkeiten beginnen. Die Mauteinkünfte des Reiches waren zur Dek-
kung der Kosten für das Kriegsunternehmen vorgesehen. Deutsche Reichsfürsten wie Otto von Bayern, Eberhard von Württemberg, Albrecht und
Friedrich von Brandenburg, erboten sich zum Teil persönlich den Feldzug
mitzumachen. Als Vertreter des Papstes beteuerte der kretische Erzbischof
Fantino de Valle, daß der Heilige Stuhl bereits 140 000 Dukaten an Ungarn
gezahlt habe. Selbst König Georg Podiebrad von Böhmen (1420—1471),
den Paul II. zweimal als hussitischen Ketzer mit dem Kirchenbann belegte,
hatte sich von seinem italienischen Günstling, dem phantasiereichen und
oberflächlichen Antonio Marini, einen Kreuzzugsplan ausarbeiten und dem
Papste zur Beherzigung vorlegen lassen. Ein zweiter Reichstag, den der
Kaiser zum 15. Juni des Folgejahrs anberaumte, befaßte sich mit der
Höhe des Aufgebots der einzelnen, am Kreuzzug beteiligten Staaten.
Am 20. Mai 1467 befahl der machtlose Friedrich III. die Einstellung aller
Fehden und schrieb einen dritten Reichstag nach Regensburg aus. So
konnten ungarische Gesandte mit Recht behaupten, ein Reichstag bereite
immer nur einen anderen *(semper dieta dietam parat)*. In Italien wurde der
Friede am Markustag durch Paul II. ausgerufen. Nach einer mißglückten
Reichsversammlung von Nürnberg im Frühling 1468 sprach man von einem
neuen, am 1. Oktober gleichen Jahres abzuhaltenden Reichstag.

Inzwischen hatte sich der Hussitenkönig Georg Podiebrad bemüht,
seinen persönlichen Streit mit Rom in der böhmischen Kirchenfrage zu
einer allgemeinen Angelegenheit der weltlichen Mächte zu erheben, freilich
ohne durchgreifenden Erfolg. Schließlich erklärte König Matthias Corvinus als Verbündeter des Kaisers und der böhmischen Katholiken am
31. März 1468 an Georg den Krieg, fiel in Böhmen ein, eroberte den größten
Teil von Mähren, Schlesien und der Lausitz und ließ sich zu guter Letzt
selbst zum König von Böhmen küren und huldigen (3. Mai 1469).

Mehmed II., der über alle Vorgänge auch außerhalb seiner Grenzen
durch einen ausgezeichneten Geheimdienst vortrefflich unterrichtet blieb,
hatte vom Ungarnkönig nichts zu befürchten. Ohnmacht, Schwäche,
gegenseitige Eifersucht und Zerrissenheit der christlichen Welt waren und
blieben Mehmeds II. stärkste Bundesgenossen. Die Staaten Italiens
buhlten um seine Gunst, Ungarns König war in Böhmen in Kriegshändel
verwickelt, die ihn lange Zeit hinhielten, in Albanien weilte Skender-Beg
nicht mehr unter den Lebenden, oben in Bosnien erschienen im Laufe des
Jahres 1468, gegen dessen Ausgang Kaiser Friedrich III. zu Rom vom
Papst das heilige Schwert empfing und es zum Zeichen, daß er die Kirche
mannhaft schützen wolle, bei der Entgegennahme dreimal kräftig federn

ließ, aufs neue die Raubscharen ᶜÌsâ-Begs auf venedischem Boden vor
Zara, Spalato und Scardona, erbeuteten viele dalmatische Sklaven und
zeigten sich am Ende vor Sebenico. Etwa zur gleichen Zeit griffen türkische
Freibeuter Andros an und töteten den Herrn dieser Insel, Giovanni
Sommaripa.

Einer Rückendeckung also völlig sicher, setzte spätestens in den ersten
Apriltagen 1468 der Sultan über den Bosporus; denn am 13. April ließ er
den ragusäischen Abgesandten Stjepko Lukarević und Vlahuša Gundulić
den richtigen Eingang des Jahreszinses von 5000 Dukaten für 1468 aus dem
Feldlager von Gebse, dem unfern des Golfes von Ismid gelegenen Sammel-
platz des Heeres des anatolischen Kriegszuges, bestätigen. Am 6. Mai forderte er in einem slavischen Schreiben aus Afjûn-Qarahißâr bereits den
Rat von Ragusa auf, für die Rückzahlung der Restschuld eines ragusäischen
Bürgers in Höhe von 3000 Goldstücken Sorge zu tragen. Von hier wandte
sich der Großherr dann mit seinem Heerbann geradenwegs über Aqschehir
nach Qonja, dem alten Hofsitz der Seldschûqen und der späteren Fürsten
von Qaraman.

Ibrâhîm-Beg, Herrscher von Qaraman, hatte nach einem vielbewegten
Dasein, das ihn zu einer der merkwürdigsten, viel zu wenig beachteten
Gestalten des mittelalterlichen Islam überhaupt stempelt, in dem alten
byzantinischen Bergschloß von Kavalla (Kevele) unweit Qonja Anfang
August 1464 seine Augen geschlossen. Aus der Ehe mit einer Schwester
Murâds II. besaß er sechs Söhne, nämlich Pîr Ahmed, Qâsim, Qaraman,
Nûre Sûfî, ᶜAlâ ed-Dîn und Sulejmân, die sich noch zu Lebzeiten mit ihrem
Vater, aber auch unter sich befehdeten, weil dieser sich anschickte, ihnen
den Sprößling einer Sklavin namens Ishâq vorzuziehen. Schon vor seinem
Ableben hatte er ihm die Stadt Selefke mit seinem Schatz anvertraut
und die darüber aufgebrachten ehelichen Söhne schlossen Ibrâhîm-Beg in
Qonja ein, um ihn zum Widerruf seiner Bestimmungen zu zwingen. Nach
kurzer Belagerung gelang es ihm zu entkommen und in die Burg Kevele auf dem Takjeli Dagh zu flüchten. Dort ist er bald hernach verstorben, aber sein Tod schürte den Bruderzwist um so heftiger. Pîr Ahmed,
der Älteste, nahm Qonja sowie den nördlichen besten Teil der Herrschaft
in Besitz. Den Stiefbruder Ishâq verwies er nach dem steinigen Kilikien.
Seine beiden rechtmäßigen und ebenbürtigen Brüder Sulejmân und Nûre
Sûfî wandten sich hilfeheischend an ihren Vetter, den Großherrn Mehmed II.,
und wurden mit Lehen abgefunden. Qâsim entfloh nach Kairo an den Hof
des Mamlûkenherrschers. Ishâq allein zeigte sich als der wirklich gefährliche
Nebenbuhler. Er suchte Schutz beim mächtigen Herrn des Weißen Hammels
(Aq Qojunlu) Usun Hasan und versprach diesem für die Entsendung von

Hilfstruppen ein stattliches Verpflegsgeld. Ishâq ging seinem Beschützer
entgegen, der von Ersindschan über Siwas nach Qaraman aufgebrochen war,
und führte ihn und seine Truppen ins Land. Als er kurz hernach wieder
nach Osten abzog, ließ er den ehemaligen Herrn von Qastamuni, Qysyl
Ahmed Isfendijâr-oghlu, zurück, denselben also, der zuerst Mehmed II.
zur Absetzung seines eigenen Bruders in Sinope ermuntert, dann mit dem
Besitz von Jenischehir belehnt worden und schließlich zu Usun Hasan entflohen war. Da Ishâq mit Unterstützung eines geschworenen Feindes der Osmanen zur Macht gelangt war, wollte er sich die Anerkennung seines
Thrones durch den Sultan sichern und sandte daher einen der gebildetsten
Männer Anatoliens, Ahmed-Tschelebi, den Sohn des Sary Jaᶜqûb, an die
Pforte. Durch diesen ließ er ihm die Städte Aqschehir und Bejschehir unter
der Bedingung antragen, daß sich seine beiden am Sultanshofe lebenden
Stiefbrüder ihrer als Leibgedinge erfreuen sollten. Mehmeds II. einzige
Antwort war der Befehl, unverzüglich alles Land bis zum Flusse Tsche-
hârschembe ans Osmanische Reich abzutreten. Solche Geschenke anzubieten, tat er ihm durch Ahmed-Tschelebi kund, hieße soviel wie einen
höckerigen Sklaven freizulassen. Wenn er von den beiden Stiefbrüdern nichts
zu befürchten haben wolle, so solle er die alte Grenze der beiden Staaten
so wiederherstellen, wie sie unter Sultan Bajesid I., dem Wetterstrahl,
festgesetzt worden waren. Ishâq lehnte diese Forderung entrüstet ab,
worauf der Großherr den Statthalter von Adalia (Satalia), den früheren
Admiral Hamsa-Pascha, anwies, in Qaraman einzufallen. Zu Ermenek, dem
Germanicopolis der Alten, oder, nach anderen Quellen, bei Daghbâzâry,
unweit Mût, kam es zu einem Gefecht, in dem der Qaraman-oghlu geschlagen ward. Er suchte eilends das Weite und gab Weib und Kind schutzlos jenseits des Taurus in Selefke (Seleucia) am Mittelmeergestade preis.
Diese Stadt wurde von Pîr Ahmed, der den Hamsa-Pascha und seine Grenz-
truppen begleitet hatte, großmütig dem Söhnchen des Besiegten überlassen.
Das übrige Land, mit Ausnahme der beiden von Ishâq dem Osmanenherrscher angebotenen Städte Aqschehir und Bejschehir sowie der Burgen
Ilghun und ‚Saichlan‘ (Saklan?), deren Schlüssel dem Vetter Mehmeds II.
übersandt wurden, behielt Pîr Ahmed für sich. Er betrachtete sich, wie
aus einer Inschrift in Qaiserîje (870 h = 1466) hervorgeht, als osmanischen
Vasallen. Aber gar bald erwachte auch in ihm der qaramanische Unab-
hängigkeitssinn und der Zeitpunkt, diesen anatolischen Gefahrenherd zu
beseitigen, mußte sich für den Sultan über kurz oder lang einstellen.

Dies alles hat sich in den Jahren 1464/65 zugetragen, also zur gleichen
Zeit, als Mehmed II. und Mahmûd-Pascha mit der Eroberung Bosniens vollauf beschäftigt waren und keine Möglichkeit und Zeit fanden, sich in die

qaramanischen Händel persönlich einzumengen. Um Anlaß zum Einschreiten war er auch diesmal nicht verlegen. Schon die Tatsache, daß sich Ishâq, übrigens gleich ihm der Sohn einer Sklavin, um Schutz an Usun Hasan, seinen nunmehr gefährlichsten Feind auf asiatischem Boden, gewandt hatte und daß dieser sich bereitwillig in die Streitigkeiten einmischte, reichte aus, ihn mit Krieg zu überziehen. Dazu trat als erschwerender Umstand, daß der auch von Pîr Ahmed übernommene heimliche Verkehr der Fürsten von Qaraman mit den Mächten des Abendlandes, namentlich Venedig und dem Papst, ernsthaftere Formen anzunehmen drohte. Anderthalb Jahrhunderte hindurch war dieser Staat ein gefährlicher Nebenbuhler des Osmanenreiches, mit dem es immer und immer wieder in Kriege verwickelt wurde, die meistens durch Verwandtschaft der Frauen zu zweideutigem Frieden beigelegt werden konnten. Eine nochmalige Erhebung konnte Mehmed II. keinesfalls zulassen.

Ungehindert hielt der Großherr, nachdem er die Bergfeste Kevele eingenommen hatte, seinen Einzug in Qonja, wo er sogleich eine Burg errichten ließ (Bauinschrift: 872 h = 1468). Mahmûd-Pascha entsandte er nach Larenda (Qaraman), wohin sich Ishâq geflüchtet hatte. Hier kam es zu einem heftigen Treffen, in dem der Qaramane völlig geschlagen, aber nicht ergriffen wurde. Mehmed II. tobte seinen Grimm über dessen Entkommen in rücksichtsloser Hinrichtung aller Gefangenen aus. Dann erhielt Mahmûd-Pascha den Befehl, den ketzerischen Türkmenenstamm der Torghudlu in Qaramans Nachbarschaft auszurotten. Der Großwesir verfolgte die Spuren der Flüchtigen über das Gebirge Bulghar Dagh bis gegen Tarsus, wo er in den Bergtälern ihre Reste aushob und in Ketten an seinen Gebieter schickte, der nach dem Ausdruck der altosmanischen Chroniken ‚die Rechnung mit ihnen abschloß‘, das heißt, sie umbringen ließ.

Dann bekam er den weiteren sultanischen Auftrag, alle Handwerker und Künstler der Städte Qonja und Larenda aufzunehmen und als Kolonie nach Stambul abzuführen. Dort waren seit Jahrhunderten Meister vor allem der Fayencetechnik und der Baukunst, der Teppichwirkerei und der Kleinmalerei, der Schönschreibkunst und des Kunstgewerbes heimisch, an deren Verpflanzung in seine Hauptstadt Mehmed II. besonders viel gelegen sein mußte. Da ereignete sich ein folgenschwerer Zwischenfall. Mahmûd-Pascha verfuhr bei der Auswahl der Leute offenbar so, daß er vornehmlich Arme bevorzugte und die Reicheren nicht berücksichtigte. Nun trat sein Nebenbuhler und Neider, der gleichfalls anwesende zweite Wesir Rûm Mehmed-Pascha als sein Ankläger beim Sultan auf. Er berichtete ihm, wie unbillig der erste Wesir bei der Aussonderung der Umsiedler vorgegangen sei. Mehmed II. legte das Geschäft sogleich in die Hände Mehmed-Paschas,

der die sultanische Weisung mit einer Strenge und Rücksichtslosigkeit
ausführte, die allgemeine Empörung auslösten. In den gleichzeitigen
Reim- und Prosachroniken der Osmanen wird diese Begebenheit mit den
Ausdrücken tiefster Verachtung für Rûm Mehmed, den Griechen, dargestellt, der durch die unmenschliche und gewalttätige Aussuchung der angesehensten und wohlhabendsten Muslime habe Rache für die Eroberung
Konstantinopels nehmen wollen. Dieser Vorwurf kehrt immer wieder.
Tatsache ist, daß der zweite Wesir unter dem Titel Handwerker und Künstler fast wahllos achtbare Bürger beider Städte zur Entfernung verurteilte,
deren Häuser zerstören und ihre Habseligkeiten beschlagnahmen ließ.
Ja sogar einen unmittelbaren Abkömmling des gefeierten Mewlewî-Schejchs
und Dichters Dschelâl ed-Dîn Rûmî namens Ahmed-Tschelebi wollte er ins
Elend schleppen lassen, als der Großherr unterwegs davon Kenntnis erhielt
und ihn mit Geschenken und Entschuldigungen wieder nach Hause sandte.

Rûm Mehmed-Pascha aber hatte sein eigentliches Ziel erreicht: Mahmûd
Pascha ward als Großwesir abgesetzt, und zwar mit Anwendung einer
vermutlich alttürkischen, seltsamen Zeremonie: der Sultan ließ Mahmûd-
Pascha plötzlich über seinem Kopf das Zelt zusammenbrechen und ein-
stürzen. Das Reichssiegel wurde dem Renegaten Rûm Mehmed-Pascha,
die Statthalterschaft von Qaraman-Eli aber dem zweiten Sultansohn
Mustafâ-Tschelebi verliehen. Der verungnadete bisherige Großwesir wurde
nach seinem Kammergut in und um Châsskój, etwa 30 km östlich Adrianopel
im Sasly Dere genannten Tale, verwiesen. So endete fürs erste die glanzvolle Laufbahn dieses Staatsmannes und Feldherrn, ohne dessen Hingabe
und Schöpfergröße sein Gebieter niemals seine strahlenden Erfolge hätte
erzielen können.

Ishâq-Beg war zu Usun Hasan geflüchtet und ganz Qaramanien mit
Ausnahme von Selefke, wo sich späterhin noch Ishâqs Frau und Witwe
aufhielt, war dem Osmanenreich einverleibt und der nützlichste Teil der
Bewohnerschaft durch Verschleppung nach Stambul den beiden Haupt-
siedlungen des Landes endgültig entzogen worden.

Im November 1468 war der ganze Kriegszug abgeschlossen und Ende
November hielt Mehmed II. in Stambul trotz der dort herrschenden Pest
seinen Einzug. Am 20. Dezember verstarb, vielleicht an den Folgen der
Seuche, der langjährige Muftî, der Perser Fachr ed-Dîn, zu Stambul und
ward in Adrianopel zur letzten Ruhe bestattet. Molla Chosrew, des Sultans
Erzieher und Berater, trat an seine Stelle. Der neue Großwesir nahm
allerlei Veränderungen in den höchsten Staatsstellen vor: der bisherige
Heeresrichter Köpeli-oghlu Muhjî ed-Dîn ward entamtet und sein Posten
dem Wildân Mehmed übertragen. Der Sultanslehrer Molla Sinân, der

Paläologensproß Châss Murâd, ein besonderer Günstling des Sultans,
Gedik Ahmed, der Schwiegersohn des Ishâq-Pascha, sowie Üsghur-oghlu
ᶜÎsâ-Beg, also ein Abkömmling der albanischen Skura, erhielten die Wesirwürde und damit den Pascha-Titel.

Es hat den Anschein, daß die Pest, die seit Jahren aus Südosteuropa
nicht weichen wollte und immer wieder verbreitet wurde, den Großherrn
schließlich doch während des Winters 1468/69 aus seinem Hofsitz ins Balkangebirge verjagte. In Venedig wenigstens glaubte man Mitte Februar zu
wissen, daß Mehmed II. über Sofia nach Nikopolis an der Donau ausgewichen
sei. Während des ganzen Jahres lassen sich so gut wie keine Spuren des Sultans
nachweisen, obgleich man sie in Venedig aufs eifrigste verfolgen ließ. Wie
sehr frohlockte man etwa in der Lagunenstadt, als man Ende Juni 1468 in
Erfahrung brachte, der Sultan habe sich so weit nach Asien entfernt, daß
er erst in sechs Monaten zurückkehren könne! Im Westen war man über
den qaramanischen Feldzug überhaupt nicht im Bilde. Am 2. August 1468
hieß es in Venedig, daß Mehmed II., der seit fünf Jahren weder gegen
Venedig noch gegen Ungarn entscheidende Kriegshandlungen ausgeführt,
sich entschlossen habe, gegen Syrien vorzugehen. Dort hätten vom März
bis April dreimal die Herrscher gewechselt, indem einer den anderen vertrieben habe. Der Großherr habe daher seine Streitmacht nach Qaraman und
nach Candelore, also nach Alaja geschickt, dem Qaraman-oghlu Kleinarmenien entrissen, den Herrn von Alaja belagert und schließlich bei Aleppo
eine mamlûkische Truppenmacht vernichtet. Als der Sultan von Syrien und
Ägypten davon Kenntnis erhielt, habe er sein Kleid zerfetzt, das Schwert
in die Erde gesteckt und sich vorgenommen, nach Syrien zu marschieren,
aber der Türke habe sich zurückgezogen. Noch am 10. August ging zu
Venedig das Gerücht, Mehmed II. habe sich Syriens bemächtigt. Alle diese
übertriebenen oder irrigen Nachrichten zeigen, daß der venedische Kundschafterdienst in der Levante dazumal keineswegs zufriedenstellend arbeitete. Um so besser wußte man über Vorfälle Bescheid, die sich an den
Küsten der östlichen Adria ereigneten und die Gemüter der Venediger mit
Entsetzen erfüllten. Im Januar 1469 fielen türkische Raubscharen, die dem
Sandschaqbeji von Bosnien, ᶜÎsâ, unterstellt waren, von neuem in Dalmatien
ein und drangen bis zu den Häfen von Zara und Sebenico vor. Zahlreiche
Menschen wurden weggeschleppt und dienten als Ersatz für die zu Stambul
und Gallipoli an der Pest Verstorbenen. Mehr als 6000 Türken sollen damals
jene Landschaft geplündert haben, so daß die Bewohner, sofern sie noch
Zeit fanden, auf den vorgelagerten Inseln Zuflucht suchten. Die Streifzüge
waren um so verheerender, je unvermuteter sie kamen. Zu Pfingsten
(21. Mai) tauchte ganz plötzlich ein ansehnlicher Haufe von ‚Rennern und

Brennern', angeblich 10 000 Reiter, bei Mödling in Krain auf, wo sie zunächst acht Tage lang lagerten. Als aber kein Gegner wider sie im Feld erschien, erhoben sie sich in zahlreichen kleinen Schwärmen und brandschatzten weit und breit die Landschaft bis an die Tore von Laibach. Märkte und Dörfer wurden niedergebrannt, die Einwohner umgebracht oder als Gefangene fortgeschafft. Erst als ein allgemeines Aufgebot gegen sie erging, zudem jedes Haus einen Bewaffneten stellen mußte, zogen sie sich zurück und entwichen, so eilig wie sie gekommen waren, über die Grenze. Nur zwei Wochen hatte dieser erste Türkeneinbruch in innerösterreichisches Gebiet gedauert, aber Krain war um 20 000—24 000 Menschen ärmer geworden. Der Schaden an Hab und Gut wird übereinstimmend als ungeheuer bezeichnet. Der Eindruck, den der Türkeneinfall bis nach Venedig und Rom erweckte, war grausig. Überall, in Kroatien, Istrien und Dalmatien, ja weit nach Österreich hinein, fühlte man sich nicht mehr sicher vor den Raubzügen der osmanischen Streifscharen. Kaiser Friedrich III. ordnete die bessere Befestigung der Städte an und die unglückliche Politik der Kurie, die den Ungarnkönig, der sich allein den Türken gewachsen zeigen könne, gegen die Hussiten auf Kriegsfuß setzte, zeitigte bittere Früchte.

Um so höher schlugen zu Venedig die Wogen der Begeisterung, als aus der Levante die frohe Kunde eines Sieges über die Osmanen kam. Drei Tage lang läutete man in der Inselrepublik und im ganzen Gebiet der Serenissima die Glocken und veranstaltete Umgänge und Feste. Auf den Spitzen der Türme und auf den Plätzen loderten die Freudenfeuer. Die ganze Stadt brach in hellen Jubel darüber aus, daß man dem verhaßten Türken endlich einmal empfindlichen Schaden hatte zufügen können. Was aber war geschehen? Als zu Sommerbeginn der Provveditore von Negroponte, Niccolò da Canale, 'zum Bücherlesen wohl geschaffen, doch nicht zum Seemann', in Euböa (Negroponte), dem damaligen Flottenstützpunkt in der Levante, eingetroffen war, lief er sogleich mit 20 Schiffen nach der mazedonischen Küste aus, verheerte und plünderte besonders in der Umgegend von Saloniki die türkischen Gestade und besetzte hierauf, nachdem er sein Geschwader um 6 Einheiten vermehrt hatte, die Inseln Lemnos und Imbros. Am Morgen des 14. Juli 1469 unternahm er einen Überfall auf Änos vor den Toren der Dardanellen. Kaum hatten seine Matrosen die fast unverteidigten Mauern erklommen und die Tore eingeschlagen, als sie im Stadtinnern ein entsetzliches Blutbad anzurichten begannen, bei dem auch die christliche Bevölkerung keine Gnade fand. Greuel und Schandtaten wurden verrichtet, die dem christlichen Namen schweren Abbruch taten. Da sich Niccolò da Canale jedoch in Änos selbst nicht auf die Dauer halten konnte, ließ er, nachdem seine Leute alles ausgeraubt hatten, Feuer anlegen und

die ganze Stadt in einen wüsten Aschenhaufen verwandeln. Mit unermeß-
licher Beute wurden 2000 Gefangene und 200 Griechenfrauen, darunter
zahlreiche Nonnen, nach Negroponte verbracht. Viele andere waren im
Kampf ums Leben gekommen. Nicht besser erging es gleich darauf Neu-
Phokäa (Jenidsche-Fotscha) oberhalb Smyrna an der anatolischen Küste,
nachdem da Canale einen Angriff auf Alt-Phokäa (Eski Fotscha) mit beträchtlichen Mannschaftsverlusten hatte bezahlen müssen. Neu-Phokäa
(italienisch Nuova Foglia), einst Hauptstapelplatz des blühenden Alaunhandels und eine Siedlung reicher Genuesen, seit 1455 in osmanischer
Nutznießung, traf dieser Schlag besonders empfindlich. Der Provveditore
umschiffte nunmehr Morea, legte bei Modoni und Koroni an der Südspitze
an und besetzte anschließend im Meerbusen von Patras das von den Türken
bereits verlassene Vostitza, das er unverzüglich befestigte. Zur Vertreibung
der Venediger herbeigeeilte Türken wurden mit Verlust zurückgeworfen
und 6 Galeeren blieben zum Schutz in den Gewässern von Patras zurück.

Diese Vorgänge in den griechischen Gewässern, die natürlich ohne nach-
haltige Wirkung blieben und nur die Wut des Sultans bis zur Raserei steigerten, waren der Anlaß der venedischen Freudenfeste.

Im August wurde Niccolò da Canale von der Signoria angewiesen, einen
Boten an den Herrscher vom Weißen Hammel, Usun Hasan, abzuschicken.
Niccolò da Canale solle ihm bestellen, daß man sich in der Republik des
Heiligen Markus lebhaft über seine Siege freue und daß man ihn ermuntere,
den Krieg gegen das Osmanenreich zu eröffnen. Er möge nicht unterlassen,
ihn zu erinnern, daß seine Gemahlin, die Tochter des Komnenenkaisers,
eine Verwandte des Herzogs von Naxos und des Königs von Zypern sei,
die beide ‚nobili‘, Edelleute, der Serenissima seien.

Kurz vorher hatte man sich in Venedig wiederum in der Hoffnung gewiegt, zu einem Einvernehmen mit dem Sultan zu gelangen. Diesmal war
es die verwitwete Katharina (Katakuzina) Gräfin von Cilli, die Schwester
der Sultanin Mara, die sich aus ihrem Wohnsitz vermutlich in Südmaze-
donien — dort nämlich starb sie um 1487 und ist im Kloster Konča bei
Strumica beigesetzt worden — an den venedischen Staatsrat mit dem Vorschlag wandte, den Türken das in deren Händen befindliche Gewand Christi
sowie andere Heiltümer abzukaufen und durch ihre Schwester Mara mit
dem Sultan, ihrem Stiefsohn, Verhandlungen wegen eines Friedens einzuleiten. Das Kollegium der Savi war von beiden Anregungen aufs
höchste angetan und empfahl der Gräfin, zu ihrer Schwester, wie üblich,
‚ihren‘ Mönch zu senden und sie zu veranlassen, alles in ihren Kräften
Stehende zu unternehmen, um den Großherrn zum Frieden zu stimmen.
Der ganze Plan fiel, wenigstens dieses Mal, wie alle früheren, ins Wasser.

Mehmed II. hatte nichts so sehr aufgebracht wie der venedische Handstreich gegen Änos. Die Unternehmungen der Signoria zur See wurden ihm immer lästiger und seine ganze Sorgfalt galt daher der Vermehrung und Ausrüstung seiner Flotte, die er, außer mit Türken, vorzüglich mit Juden und Griechen bemannte, den schon damals tüchtigsten Seeleuten.

Zum Oberbefehlshaber der Flotte ernannte der Großherr den früheren Großwesir Mahmûd-Pascha, den er aus der thrakischen Verbannung zurückholte. Er mußte ihm als der einzig geeignete und verfügbare Mann für dieses wichtige Amt erscheinen, dessen letzter Inhaber sein Günstling Châss Jûnus-Pascha gewesen war. Dieser hatte sich jedoch die großherrliche Ungnade zugezogen und sein Leben eingebüßt. Sein Grab hat sich, wenn auch in wüstem Zustand und ohne Grabstein, bis zum heutigen Tag erhalten und wird als das des Jûnus-Baba, also eines Bektaschi-Schejchs, vom Volk aufgesucht und durch Kerzenspenden verehrt. So ward aus der Ruhestätte eines spanischen Renegaten ein Kultort muslimischen Volksglaubens.

Die Ernennung Mahmûd-Paschas zum Flottenadmiral, die spätestens im Frühjahr 1470, wahrscheinlich aber schon im Laufe des Jahres 1469 erfolgte, fällt zeitlich wohl nicht ganz mit der Absetzung und Hinrichtung des Großwesirs Rûm Mehmed-Pascha zusammen, die spätestens zu Ende des Jahres 1470 stattgefunden haben muß. Er wurde damals in einem Grabgewölbe (Türbe) neben der von ihm gestifteten, aber wohl erst im Jahr nach seinem gewaltsamen Tode vollendeten (1471) kleinen Moschee unweit der Landungsstelle in Skutari, Stambul gegenüber, bestattet. Über seine gesamte Amtstätigkeit und über die Gründe seiner Tötung wird späterhin noch einiges zu sagen sein.

Die Menschenverluste, die vor allem auch in Stambul die Seuche verursachte, waren ungeheuer und stellten den Sultan erneut vor schwierige bevölkerungspolitische Aufgaben. Besonders die Florenzer Kolonie hatte bedenkliche Ausfälle zu beklagen. Fast kein Haus blieb von der Ansteckung verschont und die Liste der Toten, die auf die Gegenwart gekommen ist, umfaßt die Namen der bekannten in Pera angesiedelten Kaufherrengeschlechter. Auch Mehmeds II. Freund Vermiglio, Sohn des Francesco Capponi, zählte zu den Opfern des Schwarzen Todes. Die Florenzer Siedlung hatte überhaupt ein Krisenjahr zu bestehen. Zu Beginn des Jahres 1469 müssen schwere Unordnungen eingerissen sein, im Verlaufe derer auch der Florenzer Konsul groben Verdächtigungen ausgesetzt war, denn die heimatliche Comune versicherte ihn am 29. April ihres besonderen Vertrauens und bestärkte ihn zugleich, gegen Unbotmäßige vorzugehen und strenge Maßnahmen gegen die Ausbreitung der wohl bereits gedämpften Unruhen zu treffen. Aber die Florenzer in Pera erfreuten sich nach wie vor der sultanischen Gewogenheit. Er muß gerade 1469 Florenz wichtige Handelsvorteile eingeräumt haben. Die Comune stattete nämlich dem Großherrn am 8. Juni ‚unauslöschlichen Dank' ab und bat ihn um Fortdauer seiner Huld gegenüber den Florenzer Kaufleuten in seinem Staatsbereich.

Das ganze Jahr war, wenn wir den Angaben des venedischen Kapitäns und Geschichtsschreibers Domenico Malipiero, Augen- und Ohrenzeuge vieler Ereignisse sowie in kriegerischen und diplomatischen Sendungen erprobt, trauen dürfen, mit fast fieberhaften Vorbereitungen und Zurichtungen der osmanischen Seemacht ausgefüllt. Mehmed II. ließ danach eine gewaltige Zahl von Schiffen bauen, die offensichtlich zur Beförderung eines Heeres auf dem Meere dienen sollten. Im Dezember 1469 wurde die Herstellung von Zwieback dermaßen beschleunigt und vermehrt, daß alles Mehl auf dem Platz dafür beansprucht ward und die Bevölkerung ohne Brot blieb. Die aufgebrachten Massen begaben sich aufbegehrend vor die Pforte und verlangten Sicherung ihres eigenen Bedarfs, die sogleich zugestanden wurde. In Brussa wurden Unmengen von Holzkohle für das Schießpulver der Bombarden zubereitet. Am 29. Januar 1470 erschien ein Bote aus Gallipoli in Chios und übermittelte der Maona, der mit dem Monopol des Mastixhandels ausgestatteten Handelsgesellschaft der Giustiniani aus Genua, die ausdrückliche Weisung des neuen Flottenbefehlshabers Mahmûd-Pascha, ihm in allem, was er anordnen werde, Folge zu leisten. Er forderte 60 Kalfaterer für Gallipoli an und überdies, daß sich alle Ruderschiffe, die sich in jenen Gegenden aufhielten, zu einem bestimmten Zeitpunkt in Gallipoli einzufinden hätten. Um die Flottenmannschaft aufzufüllen, wurde eine erhebliche Menge von Asaben für diesen Zweck ausgeschrieben. Von je 5 hatte sich einer hierfür zur Verfügung zu stellen. Briefe aus Pera besagten, daß überaus sorgfältige und umfassende Rüstungen der osmanischen Flotte im Gange seien. Man nannte 100 000 Mann, die eingetragen wurden. Große Lebensmittellager wurden angelegt. Die erschreckten Maonesi trafen schleunigst Sicherungsmaßnahmen auf ihrer Insel und sandten einen Bevollmächtigten mit Tribut an die Pforte. Man befürchtete einen Überfall auf das Eiland, weil ein solcher bereits im Vorjahr erwartet worden war. So setzte man also die Befestigungen rasch instand, bewaffnete die Bevölkerung, ließ Gräben anlegen und die brüchigen Stadtmauern ausbessern. Die Chioten hatten freilich allen Grund, ihren Widerstand zu stärken und sich auf alles gefaßt zu machen. Während des Jahres 1469 machte Mehmed II. offenbar den Versuch, die Insel durch Verhandlungen in seine Gewalt zu bringen. Die

Hintergründe des Unternehmens sind nicht restlos geklärt. Der Sultan bediente sich eines in Pera seßhaften Venedigers namens Calimacho Romano, der mit einem gewissen Marcantonio Perusin in Chios im Einverständnis vorging. Der Großherr ließ vorgeblich ein Geschwader von 250 Segeln, darunter 120 Galeeren, in Bereitschaft setzen und das Gerücht verbreiten, daß er ins Schwarze Meer auslaufen werde. Die Nachrichten über diese Zurüstungen drangen auch nach Chios, wo man sich über sie wunderte und erregte. Alle verfügbaren Fahrzeuge wurden zurückgehalten, kein Schiff durfte den Hafen verlassen und niemand sich von der Stelle rühren. Eines Tages langten nun Briefe aus Pera ein, die man als solche des Gesandten der Maona betrachtete und durch eine Schebecke einholen ließ. Bald stellte sich heraus, daß es sich um Schreiben handelte, die nicht der Gesandte, sondern Calimacho Romano nach Chios einschmuggeln wollte. Man ließ sie diesem ausfolgen und befragte ihn dann nach dem Inhalt. Auf diese Weise kam man hinter seine Schliche und die sultanischen Absichten. Marcantonio Perusin und seine Spießgesellen wurden auf die Folter gespannt. Sie gestanden alles und wurden gehenkt. Ein gewisser Galeazzo Giustinian, der gleichfalls in den Anschlag verstrickt war, wurde verhaftet und vom Volk in Stücke gerissen. Der Sultan, so behauptet die Quelle, ließ auf die Kunde vom Scheitern des Planes seine Kampfflotte zurückziehen und verzichtete auf das ganze Unterfangen. Wäre mit Gewißheit zu ermitteln, welchem der in zahlreiche Zweige gespaltenen Familie der Giustiniani Galeazzo angehörte (etwa Giustiniani-Longo, bei denen der Vorname sich häufig findet), so fiele vielleicht mehr Licht auf die Verschwörung, an der ein Mitglied des Hauses der Giustiniani maßgeblich beteiligt gewesen sein muß.

Daß in solchen Zeiten der Unsicherheit und der Drangsale von allen Seiten her Gerüchte und widersprechende Nachrichten aus den verschiedensten, oft trüben Kanälen nach dem Westen drangen, läßt sich leicht vermuten. Oft war der Wunsch Vater des Gedankens, so, wenn etwa aus Anatolien die Meldung kam, viele dortige Stämme hätten sich mit dem Erbfeind der Osmanen, Usun Hasan, zusammengetan, um Trapezunt wieder einzunehmen. Der Erstgeborene, Prinz Bajesid, dem die Grenzwacht anvertraut war, befand sich als Statthalter in Amasia und mußte angeblich auf Geheiß seines Vaters seinen Lehrer *(Lâlâ)* Chejr ed-Dîn Chidr-Pascha, den Stadtvogt von Amasia, umbringen lassen, weil dieser Abgesandte Usun Hasans empfangen hatte. Sie waren mit üppigen Gaben in Amasia erschienen, um wegen der Heirat einer der Töchter Usun Hasans mit Prinz Bajesid-Tschelebi zu verhandeln. Mehmed II. war aufgebracht, so ging das Gerücht, weil er nicht in Kenntnis gesetzt war und weil man ihm die

Geschenke des Herrn vom Weißen Hammel vorenthalten hatte. Eine andere
Lesart der Meldung besagte gar, der Großherr habe umgekehrt dem Chidr-
Pascha den Befehl erteilt, seinen eigenen Sohn zu vergiften, weil er gegen
diesen einen ‚gewissen Verdacht' hege. Als sich alles als unbegründet
herausstellte, habe er diese Anordnung widerrufen, Bajesid-Tschelebi die
Stadt Trapezunt übergeben und ihn gegen Usun Hasan aufgeboten. Dafür
mußte dann Chidr-Pascha den Tod erleiden. Aus den überaus dürftigen
osmanischen Quellen ergibt sich in diesem Zusammenhang lediglich, daß
Chidr-Pascha damals aus Amasia verschwunden ist. Daß bald darauf Usun
Hasan Siwas und Toqat beunruhigte und den Osmanen zu großer Wachsam-
keit in Anatolien ernsten Anlaß gab, ist geschichtlich beglaubigt. Und daß
zwischen Mehmed II. und seinem Sohne Bajesid ein dauernd gespanntes
Verhältnis herrschte, geht aus einer Reihe von Vorfällen deutlich hervor,
die sich zu Amasia während der Statthalterschaft des Prinzen abspielten.
Als, um nur ein Beispiel zu erwähnen, eines Tages (1476) Bajesid-Tschelebi
in Amasia die väterliche Weisung erhielt, den Gelehrten Muʾajjed-sâde,
der sich dort mißliebig gemacht hatte, zu töten, vereitelte er den Plan,
indem er den Molla mit Geldmitteln versah und ihm zur Flucht verhalf.
Vater und Sohn waren eben so wesensverschiedene Naturen, daß sich ein
gedeihliches Einvernehmen zwischen beiden kaum jemals bilden konnte.
Es besteht kaum eine ernste Ungewißheit darüber, daß sich diese Miß-
helligkeiten besonders in den letzten Lebensjahren Mehmeds II. und aller
Wahrscheinlichkeit nach auch bei seinem plötzlichen Hinscheiden in ver-
hängnisvoller Weise entluden.

In Rumelien gingen die Kriegsvorbereitungen des Großherrn in solcher
Eile und solchem Ausmaß vor sich, daß niemand an einem großangelegten
Unternehmen zur See zweifelte. Schon lange ahnte man in Venedig die
Gefahr und befürchtete einen Angriff auf Negroponte, dem ‚Ansehen und
der Herrlichkeit Venedigs', von dem gleichzeitige deutsche Stadtjahrbücher
sagen, sie sei ‚viermal besser als Konstantinopel'. Bald war durchgesickert,
daß bei Saloniki gewaltige Geschütze gegossen wurden, woraus man zuverlässig schließen konnte, daß es sich nunmehr um ein ‚Kriegsunternehmen
gegen Europa' handeln werde. Mehmed II. machte, je weiter die Maßnahmen gediehen waren, keinerlei Hehl mehr aus seinem Vorhaben,
und in Venedig wußte man, daß, wenn Negroponte verlorengehe, der ganze
Rest des Levantebesitzes in schlimmste Gefahr geriet.

Die Signoria war über die türkischen Vorkehrungen zur See durchaus
unterrichtet. Schon 1466 hatte der Inhaber des Alaunmonopols, Antonio
Michiel, die Räte in Venedig von den türkischen Flottenrüstungen ins
Bild gesetzt und im Winter 1469/70 ließ man sich daher die Verstärkung

der eigenen Seestreitkräfte besonders angelegen sein. Das bei Negroponte
überwinternde Geschwader ward bis auf 35 Dreiruderer gebracht. Als nun
eines Tages die Meldung kam, daß sich auf der Höhe von Tenedos mehr als
100 osmanische Dreiruderer gesammelt hatten, zu denen täglich weitere
Schiffe stießen, da konnte der neue Generalkapitän des Meeres, Niccolò da
Canale, sogleich durch Kundschafter feststellen lassen, daß die Türkenflotte bereits hinter Imbros liege und einen solchen Umfang habe, daß man
die Schiffe gar nicht mehr zu zählen vermöge. ‚Das Meer ist wie ein Wald.
Das sagen hören, scheint unglaublich, es aber sehen, schrecklich‘, schrieb
ein Seemann nach Hause. Um sich von der Richtigkeit der Nachrichten
zu überzeugen, sandte der venedische Admiral vorerst zehn Schiffe nach
den ägäischen Gewässern, jedoch mit dem Geheiß, den Kampf mit dem
Gegner nur dann aufzunehmen, wenn man nicht mehr als 60 feindliche
Dreiruderer gewahr werde; in diesem Falle folge er unverzüglich mit dem
Rest seines Geschwaders nach. Ein vorausgeschickter Schnellsegler bestätigte gar bald die Aussagen der Inselbewohner und beim ersten Anblick des riesigen Waldes von Segeln ergriffen die Venediger schleunigst
die Flucht. Die Türken setzten den zehn Galeeren nach, jagten sie bis
nach Skyros oberhalb Negroponte und berannten dort eine Küstenburg.
Ungehindert gelangten die osmanischen Dreiruderer, mit denen die venedische Einheit aus der Ferne kaum einige Schüsse zu wechseln wagte, bis
nach Negroponte und legten hier ein paar Küstenstädte wie Stoura und Vasi-
likó, also ganz in der Nähe der Hauptstadt Chalkis, in Asche.

Diese Vorgefechte, die sich schon auf die Insel Euböa selber erstreckten
und diesen wichtigsten Levantestützpunkt der Markusrepublik gefährdeten,
mußten umfassendste Maßnahmen erwarten lassen, wenn erst die türkische
Hauptflotte, die sich einstweilen noch in der östlichen Ägäis zurückhielt,
einmal in Erscheinung treten würde. Venedig, fast auf sich selbst gestellt
und ohne ausreichende Geldmittel, befand sich angesichts der sultanischen
Kriegszurüstungen in einer fürchterlichen Lage. Über sechs Meilen hin
sei die Flut mit Türkenschiffen bedeckt, lautete ein Bericht aus der Inselwelt.

Zu Anfang des Monats Juni 1470 bewegten sich in der Tat Mehmeds II.
Heeresmassen und sein Hauptgeschwader zur gleichen Zeit nach Westen.
Während aber der Sultan in eigner Person eine gewaltige Streitmacht
durch Thessalien nach Böotien führte, lief sein Großadmiral Mahmûd-
Pascha mit der Flotte aus den Dardanellen aus und landete bereits
am 5. Juni auf Imbros, dessen Rettore Marco Zeno beim Sturm umkam.
Drei Tage später griff er Lemnos an, konnte aber die Insel ebensowenig
wie Skyros einnehmen, gegen das er sich am Pfingsttage, dem 10. Juni,

wandte. Am 15. Juni lief die Türkenflotte ungestört zwischen der Insel Negroponte und dem Festland ein. Niccolò da Canale, der über 36 Galeeren mit sechs Frachtschiffen verfügte, mußte den Kampf mit 300, nach anderen gar 450 Segeln, darunter 108 großen Galeeren, wagen. Er legte sich unweit Kap Mandhelo an der äußersten Südspitze von Euböa vor Anker.

Mehr als 70 000 Mann Landungstruppen sollen sich auf den Schiffen Mahmûd-Paschas befunden und 120 000 Mann soll der Großherr auf dem Landweg gegen Negroponte herangebracht haben. Die Zahlen sind, wie immer und immer wieder, zweifellos stark übertrieben, aber die zahlenmäßige osmanische Überlegenheit steht außer aller Frage.

Bald begann die Belagerung der Hauptstadt Negroponte (Chalkis der Antike), die von den Venedigern in ausgezeichneten Verteidigungszustand versetzt und zumal nach der Wasserseite hin mit ausgedehnten starken Befestigungsanlagen versehen worden war. Die entschlossene und ausreichende Besatzung war gut verpflegt. Den Oberbefehl führte der Bailo — so nannte man auch auf Negroponte den höchsten Verwaltungsbeamten — Ser Paolo Erizzo. Zu seiner Unterstützung hatte die Signoria noch kurz vorher den Kapitän Alvise Calbo gesandt, der zusammen mit dem damals abberufenen Giovanno Badoer die Landtruppen befehligte, beides Männer von großer Umsicht und persönlicher Tapferkeit. Auf die Unterbefehlshaber freilich war weit weniger Verlaß, wie sich bald zeigen sollte.

Der Großherr ließ gleich nach seinem Eintreffen über den Kanal, der die Insel mit dem Festland verband, eine Schiffsbrücke errichten. Denn nur vom Westen her war ein Angriff auf das Eiland möglich, das sich wie ein langgezogener Schutzwall vor die Ostküste von Hellas legt. Die Häfen liegen alle auf der Westseite, während die Ostseite fast nur aus Steilküste besteht. Der Generalkapitän hatte sich unseligerweise, als die Brücke vollendet wurde, mit seinem Geschwader nach Candia auf Kreta begeben, um Verpflegung und womöglich Ersatz heranzuführen.

Zwei Ansturme der Osmanen am 25. und 30. Juni wurden glücklich und mit riesigen Verlusten für die Angreifer abgeschlagen. Sie sollen dabei nicht weniger als 16 000 Mann und 30 Galeeren eingebüßt haben. Nicht erfolgreicher waren ein dritter und ein vierter Sturm am 5. und 8. Juli, die wiederum Tausenden von Türken das Leben gekostet haben sollen. Obwohl alles für einen erbitterten Widerstand vorgesehen war, zeigten sich die durch unsagbare Anstrengungen erschöpften Belagerten der Bedrängnis kaum mehr gewachsen. Alle erhofften sich Hilfe und Rettung vom Geschwader des Niccolò da Canale, das sich aber im entscheidenden Augenblick gänzlich den Blicken entzogen hatte. Der Generalkapitän wäre als einziger imstande gewesen, das Verhängnis von Negroponte abzuwenden, da die

auf die Nachricht vom Erscheinen der Osmanen vor der Insel zu Venedig
segelfertig gemachten Ersatzschiffe viel zu spät den Golf verlassen konnten.
Als die Eingeschlossenen die durch etliche kretische Fahrzeuge verstärkte
heimische Flotte mit vollen Segeln wieder der Insel zueilen sahen und sich
14 venedische Dreiruderer mit 2 Frachtschiffen am 11. Juli bis auf etwa
eine Meile näherten, hielt man die schwierige Lage für endlich gemeistert.
Man glaubte, daß Niccolò da Canale nunmehr die Brücke zerstören und
damit den türkischen Nachschub vom Festland her unterbinden werde.
Nichts von alledem geschah. Der Generalkapitän blieb bei Santa Chiara
mit seinen Schiffen unbeweglich vor Anker liegen. Verzweifelt gab man
ihm von den Wällen Notzeichen. Man hißte auf dem höchsten Turm der
Stadtfeste eine schwarze Fahne. Alles umsonst. Als ihn auch die eigenen
Kapitäne zu einem entscheidenden Vorgehen drängten, erwiderte da Canale,
daß er erst den Rest der Flotte an sich ziehen müsse, ehe er etwas zu unternehmen vermöge. Da stürzte sich eines seiner Schiffe, geführt von Antonio
Ottobon, in die feindliche Schiffsmasse und gelangte glücklich bis in
den Hafen, ohne natürlich mit diesem Wagestück die Lage der Umklammer-
ten zu erleichtern. Als ihm auch die kretischen Schiffe folgen wollten, gab
der Generalkapitän die strenge Weisung, daß niemand von der Stelle wei-
che, bis das ganze Geschwader vereinigt sei. Mit diesem Befehl besiegelte
,Messer Niccolò da Canale, Dottor' das Schicksal von Negroponte.

Mehmed II., durch die Mißerfolge der Angriffe und durch die gewaltigen
Verluste entmutigt, trug sich mit dem Gedanken, die Belagerung aufzuheben, als er die venedische Flotte gewahr wurde und sie wahrscheinlich bei
weitem überschätzte. Dem dringenden Zureden des Mahmûd-Pascha glückte
es, seinen Gebieter zu einem letzten Sturm auf die Stadt zu bewegen. Er
setzte am 11. Juli ein und endete am Morgen des 12. Juli 1470 mit der
Einnahme von Negroponte. Erweislicher Verrat war auch hier wieder am
Werk. Schon wenige Tage vorher waren ein Kapitän namens Tommaso
Schiavo, ein Dalmater, und sein Freund Luca aus Curzola durch die Wach-
samkeit einer Frau entdeckt worden, als sie die von Verschwörungen längst
unterwühlte Inselhauptstadt den Türken in die Hände zu spielen suchten.
Alle zwei endeten rasch am Galgen und ihre Leichname wurden zur Warnung
an den Pforten des Rektorenpalastes aufgehängt. Beider Nachfolger am
verräterischen Handwerk, ein Florenzer, flüchtete sich rechtzeitig zu den
Türken. Am Tage der Erstürmung war den Osmanen die schwächste Stelle
der Stadtmauer durch einen anderen Kapitän der Besatzung namens
Fiorio di Nardone bezeichnet worden. Mehmed II. hatte, wie stets zuvor,
große Belohnungen für diejenigen ausgesetzt, die als erste die Wälle er-
kletterten. An dem furchtbaren Kampf der Verzweiflung, der sich nun

entwickelte, war die ganze Bevölkerung beteiligt. Greise, Kinder und Frauen hatten zu den Waffen gegriffen. Haufenweise fand man später weibliche Leichen unter den Gefallenen. Die Metzelei zog sich volle fünf Stunden hin und die Janitscharen mußten sich, als sie in den ersten Stunden des Tages durch die Porta Giudecca und die Porta Burchiana in die mit Ketten gesperrten Straßen der Stadt eindrangen, jeden Fußbreit mit Strömen Blutes erkaufen. Als sich schließlich die furchtbar gelichtete und ermattete Besatzung auf Treu und Glauben den Eroberern ergab, wurde sie ohne Gnade zusammengehauen. Auch Paolo Erizzo fand mit Alvise Calbo und Giovanni Badoer den Tod. Der Bailo wurde von den Türken in der Mitte durchgeschnitten, indem man ihm bedeutete, man habe ihm zwar die Schonung des Kopfes, aber nicht der Weichen zugesichert.

Was von der Verteidigern mit dem Leben davongekommen war, ward erbarmungslos hingemordet, soweit es Italiener waren. Die Griechen wurden zu Sklaven gemacht und nach Stambul abgeführt. Nach dem Falle der Hauptstadt fiel die ganze Insel samt den umliegenden kleineren Eilanden sogleich den Osmanen zur Beute. Unter den wenigen, die am Leben blieben, war auch Gian-Maria Angiolello aus Vicenza, der sich mit seinem beim Sturm gefallenen Bruder Francesco in Negroponte befand. Er ward im Gefolge des Großherrn auf dem Landweg nach der Hauptstadt verschleppt und diesem Umstand verdankt die Geschichtskunde eine in vieler Hinsicht unübertrefflich schlichte, freilich lückenhafte italienische Darstellung jener aufgeregten Zeiten im Osmanenreich.

Als die Kunde von der Eroberung der Insel Negroponte nach Morea drang, bemächtigte sich der Einwohnerschaft allenthalben Furcht und Bestürzung. Das von den Venedigern kurz vorher besetzte Vostitza wurde von diesen geräumt und bat demütig um Schonung. Die venedische Flotte hatte, als sie die Halbmondflaggen auf den Wällen von Negroponte erblickte, in größter Eile den Rückzug angetreten. Ein Angriff der Türken auf Napoli di Romania (Nauplia) hatte keinen Erfolg.

Ungeheuerlich war die Verwirrung in Venedig, als dort am 30. Juli die Nachricht vom Falle Negropontes eintraf. Das Volk durchzog wehklagend und jammernd die Straßen der Stadt. Feierliche Umgänge wurden veranstaltet, Gebete verrichtet und auf den öffentlichen Plätzen ermunternde Ansprachen und Reden an das verzweifelte Volk gehalten, das der Ansicht war, nun sei es um den Freistaat geschehen. Im Rate der Pregadi beschloß man, den Krieg gegen die Türken unter allen Umständen und mit jeglichen Mitteln fortzusetzen. Niccolò da Canale jedoch sollte sofort abberufen und vor Gericht gebracht werden. An seiner Statt ward einstimmig Pietro Mocenigo zum Generalkapitän des Meeres bestellt. Er sollte nunmehr das bedenklich geschwächte Vertrauen der Untertanen und auch der Bundesgenossen der Signoria aufs neue beleben. Mocenigo erhielt den Auftrag, sich unverzüglich auf seinen Posten zu begeben und, einem Beschluß des Zehnerrates zufolge, seinen Amtsvorgänger in Fesseln geschlagen nach Venedig zurückbringen. Francesco Filelfo, der sich wieder ins Zeug legte und diesmal in zwei Schreiben (September 1470 und Mai 1471), die er an Bernardo Giustinian und Alvise Foscarini richtete, den ihm befreundeten Dr. Niccolò da Canale vor der Volksrache schützen wollte, konnte den Angeschuldigten nicht retten. Der bisherige Generalkapitän mußte seine Feigheit und Zaghaftigkeit mit lebenslänglicher Verbannung nach Porto Gruaro (Friaul) büßen. In der Tat spielte das venedische Geschwader eine wenig rühmliche Rolle. Auf der Flucht von Negroponte versteckte es sich in den Häfen von Modoni und Koroni am Südende von Morea und ein Teil der Seeleute drohte, als man ihnen den Sold schuldig blieb, mit Übertritt zu den Türken.

Der mailändische Gesandte bei der Signoria zu Venedig, Gherardo de Colli, schreibt am 7. August seinem Herzog, er habe die stolzen Nobili der Lagunenstadt weinen gesehen, als ob ihre eigenen Frauen und Kinder getötet worden seien. ‚Ganz Venedig‘, so berichtete er wenige Tage später, ‚ist von Entsetzen erfaßt; die Einwohner, halb tot vor Schrecken, sagen, daß die Einbuße aller Festlandbesitzungen ein kleineres Übel gewesen wäre.‘ ‚Die Herrlichkeit und das Ansehen Venedigs sind zerstört‘, so schrieb der Chronist Domenico Malipiero, ‘unser Stolz ist gedemütigt.‘

Nach dem Verluste einer ihrer wichtigsten, reichsten und einträglichsten Besitzungen in der Levante und einer betrüblichen Anzahl der besten Anführer zu Wasser und zu Lande blieb der Republik des Heiligen Markus nach fast sieben Jahren Krieg mit den Osmanen, der jährlich rund 700 000 Golddukaten verschlang und immer größere Ausgaben und Einbußen erwarten ließ, nicht einmal die leiseste Hoffnung auf eine baldige und erfolgreiche Beendigung dieses alle Kräfte lähmenden Kampfes. Der Levantehandel, auf den sich Macht und Reichtum Venedigs gründete, war fast bis zur Zerrüttung gestört. Nicht Schauprozesse und alberne Verwünschungen der Humanisten gegen den blutgierigen ‚Großtürken‘, nicht Ermahnungen zu einem allgemeinen Kreuzzug der Christenheit konnten der Signoria in jenen Tagen der Enttäuschung und Verzagtheit helfen. Verführerisch lockte den Sultan weiterhin Italien mit Rom und seinen Priestern. Letzten Endes reizte ihn aber die ‚Herrschaft über den Erdkreis, nicht nur Italiens und der Urbs (Rom)‘, wie sich nach der Einnahme Negropontes die Comune von Florenz am 8. August 1470 in ihrem Schreiben an Papst Paul II. ausdrückte. Bei dieser Feststellung freilich ließ sie es bewenden, obwohl Florenz allein

bei der Einnahme der Insel, wenn man Benedetto Dei trauen darf, außer
700 Bürgern 400 000 heimische Goldgulden an die türkischen Freunde verloren hatte.

Mehmed II. kehrte dem eroberten Negroponte nicht sogleich den Rücken.
Am Tag nach der Erstürmung befahl er, ihm alle Gefangenen, die Bärte trugen, etwa 800 an der Zahl, vorzuführen. Er hieß sie, dem Augenzeugen Gian-
Maria Angiolello zufolge, der dem Großherrn als Sklave angeboten worden
war, mit gebundenen Händen im Kreis niederknien und allesamt enthaupten. Frauen und Mädchen sowie Jünglinge von 18 Jahren aufwärts wurden
von denen, die sich ihrer bemächtigt hatten, verkauft, verschenkt oder vertauscht. Am 2. und 3. Tag nach der Eroberung wurden alle Schlupfwinkel
der Stadt und Insel nach verborgenen Personen und Kostbarkeiten durchsucht und viele ans Licht gezerrt. Am 16. Juli befahl der Großherr, daß das
ganze Land gesäubert werde. Die Toten warf man ins Wasser, die Gräben wurden gereinigt und die zerschossenen Stadtmauern instand gesetzt. Niemand
wagte der Anordnung zuwiderzuhandeln. Als Befehlshaber der Insel blieb
Iskender-Beg, vielleicht ein Michal-oghlu, mit ausreichendem Aufgebote
zurück. Am 26. Juli zog das Heer nach Norden ab. Das karmesinrote
Zelt des Sultans, das man bei der Kirche Santa Chiara aufgeschlagen
hatte, ward abgebrochen. G.-M. Angiolello, der die Rückkehr erlebte,
gibt eine genaue Beschreibung der einzelnen Tagesmärsche, die stets etwa
20 Meilen betragen haben sollen, während auf dem Hinweg, um Mensch
und Tier zu schonen, nur etwa 8—10 zurückgelegt wurden. Man berührte
Theben (28./29. Juli), Athen (29./30. Juli), Livadia, Salona (heute Am-
phissa), Modinitza, (heute Bodonitza 1. August); dann lagerte Mehmed II.,
von Zeitun (heute Lamia) und Neopatra (heute Badra) kommend, in der Ther-
mopylen-Ebene, marschierte am 3. August nach dem Schlosse Domokos und
und von dort tags darauf in die thessalische Ebene. Am 5. August machte
er beim Schlosse 'La Phersa' (Phársala ?) Halt, langte am 6. August in
Lárissa, tags darauf in Küstendsche an, zeltete am 9. August in Platamona,
am 10. in Kitros und traf am 11. August vor Saloniki ein. Schon am
folgenden Tag ging es weiter über den Berg Bodanos, wo man Lager bezog,
nach Serres (13. August), weiter im Angesicht des Heiligen Berges, für den
die Türken ‚große Verehrung' besäßen, nach Filibedschik, der Stätte des
antiken Philippi (15. August), und nach Kavalla (16. August). Am 19. August
zog das Heer durch Gümüldschina (19. August) nach Dimoteka (22. August).
Dort hause, so erzählte Angiolello, eine Schwester Mehmeds II., die dieser
dorthin verbannt hatte. In Dimoteka befand sich ein altes, von den Sultanen
hergestelltes byzantinisches Schloß mit doppelter Ummauerung, in dem
zeitweise der türkische Staatsschatz untergebracht war. Wie später als

Gewahrsam für den Schwedenkönig Karl XII. (1697—1718), so diente die
Burg damals jener Schwester Mehmeds II. als Aufenthaltsort. Nach allem,
was G.-M. Angiolello berichtet, handelte es sich um eine Wahnsinnige, die
ihren Sadismus so weit treiben konnte, daß sie 20 Sklavinnen die Köpfe
abschlagen ließ, um festzustellen, ob sie am Leben blieben. ‚Auch jetzt
wollte sie noch (Köpfe) abschneiden lassen, um ihre Machtfülle zu der des
Bruders in Gegensatz zu stellen. Sie war auch eine Dirne und kaufte sich
junge Sklaven, die ihren Lüsten zusagten. Dann ließ sie sie umbringen, um
nicht angeklagt zu werden. Wenn der Großtürke es gewußt hätte, so
hätte er sie töten lassen, und schon ihr Vater, der Großherr Murâd, hatte
sie in seinem letzten Willen übergangen, und sie mußte ihren Bruder in
Ehren halten und ihm gehorsam bleiben. Als der Großtürke den Sieg über
Negroponte errang, ward ihm die Schwester von einigen seiner Herren in
Erinnerung gebracht, und sie machte sich so an den Großtürken heran, daß
er sie aus dem Gefängnis befreite und sie an einen seiner Sklaven, Esebeg
(das ist ᶜÎsâ-Beg) geheißen, verheiratete, der aus der Verwandtschaft der
Paläologen war, den Kaisern von Konstantinopel.‘ Welchem angeblichen
Paläologensproß die zweifelhafte Ehre zuteil wurde, auf diese Weise zum
Sultanschwager aufzurücken, ist bei der stattlichen Zahl von Renegaten
aus diesem weitverzweigten Geschlechte nicht auszumachen. Viel wichtiger
für die Beurteilung der pathologischen Erbmasse wäre die Klärung der
Frage, ob es sich bei der Prinzessin um eine Bluts- oder nur Stiefschwester
Mehmeds II. dreht.

Mehmed II. verweilte nicht lang in Dimoteka, denn am 24. August war
er schon in Tschirmen, am 25. in der Adrianopeler Ebene, wo einige Tage
gerastet worden zu sein scheint. Am 30. August kam der Sultan in Hafsa
an, wo sich ein bezeichnender Vorfall zutrug. Einem dort ansässigen
Fremden waren einige Bücher gestohlen worden. Der Dieb ward ergriffen und gepfählt, aber alle Einwohner von Hafsa, Männer und Frauen,
Kleine und Große, wurden geschlossen nach Stambul weggetrieben und
der Ort blieb solang unbewohnt, bis der Großherr aus Qaraman neue
Siedler heranbringen ließ. Am 1. September wurde Baba Eskisi, tags darauf
Südlüdsche, am 3. Qaryschdyran berührt. In diesem Ort ereignete sich
abermals ein Zwischenfall, der die plötzlich aufbrausende Wut des Großherrn beleuchtete. Er gebot einem seiner ersten Befehlshaber, dem allerdings
sonst kaum genannten ‚Nasufbeg‘, also Nasûh-Beg, einem Albaner, die
Hände auf den Rücken zu binden und ihn vorzuführen. Nasûh-Beg, angeblich
ein Mann von großem Ansehen, besaß Ländereien in Ostanatolien in der
Nähe der Herrschaft Usun Hasans. Jemand hatte ihn beschuldigt, daß er
sich wider Mehmed II. auflehnen und zum Herrn des Weißen Hammels

überlaufen wolle. Das genügte zur Erteilung des Befehls, daß Nasûh-Beg in Gegenwart des Sultans und des ganzen Heeres in Stücke geschnitten wurde, indem man ihn an Händen und Füßen packte und mit einem kurzen breiten Säbel die Todeshiebe versetzte.

Am 5. September zog der Sultan über Tschekmedsche nach seiner Hauptstadt Stambul.

Noch ehe sich das Jahr 1470 zu Ende neigte, schloß Mehmed II. ‚die Rechnung‘ mit dem Großwesir Rûm Mehmed-Pascha ab. Der genaue Zeitpunkt steht nicht fest, läßt sich aber ungefähr aus der Tatsache folgern, daß, während der Sultan seine Hauptstreitmacht gegen Negroponte gerichtet hatte, ein Streifzug nach Qaraman unternommen ward, um einen von Qâsim-Beg angezettelten Aufruhr zu dämpfen. Qâsim war, so heißt es, nach Syrien und weiter nach Kairo zum Mamlûkensultan geflüchtet und suchte von dort alsbald wieder in seine qaramanische Heimat zurückzukehren. Mit der Niederwerfung des Aufstandes wurde der Großwesir bestellt, der die beiden Städte Larenda (Qaraman) und das nördlich davon gelegene Eregli aufs schamloseste ausraubte und drangsalierte. Als die Einwohner von Larenda Mehmed-Pascha um Schonung ihrer Moscheen und Schulen mit dem Hinweis baten, daß sie mit ihren Gütern der Begräbnisstadt des Propheten Muhammed, Medîna, als fromme Stiftung, sogenanntes Waqfgut, geweiht seien, ließ er die Bittsteller niedermetzeln. Dann richtete sich seine Gier gegen den Türkmenenstamm der Warsaq. Einer der Warsaq-Häuptlinge namens Ujus-Beg lauerte mit seinen Nomaden der Reiterei des Großwesirs in den Pässen des steinigen Kilikien auf und richtete mehr als die Hälfte der türkischen Truppen zugrunde, so daß der Rest unter Zurücklassung des gesamten qaramanischen Raubes nach Norden entweichen mußte.

Der über das Benehmen Rûm Mehmed-Paschas aufgebrachte Großherr entsetzte ihn, vielleicht im Herbst 1470, vielleicht schon früher, seiner Würde und ließ ihn hinrichten. Der im Dienst des Hauses Osman seit den Tagen Murâds II. ergraute, von Mehmed II. zeitweise verungnadete Ishâq Pascha, ein Renegat wahrscheinlich griechischer Herkunft, Schwiegervater des Wesirs Gedik Ahmed-Pascha, ward aus seinem Verbannungsort Inegöl (Anatolien) nach Stambul zurückberufen und mit der Führung des Reichssiegels betraut, eine Verlegenheitslösung, die keinen Bestand versprach. Außer der Härte und Habsucht melden die osmanischen Chroniken so gut wie nichts von der Amtstätigkeit des ‚Rhomäers‘, des Griechen Mehmed-Pascha, als Großwesir. Als Finanzfachmann, der er anscheinend war, brachte er, offenbar zu seines Herrschers Wohlgefallen und Zufriedenheit, eine Steuerpacht *(muqâtaᶜa)* in Übung, die sich zwar als gewinnbringend erwies, aber natürlich den tiefsten Unwillen der Betroffenen auslösen mußte. Gleich nach der Einnahme Konstantinopels, als der Eroberer von überallher Neusiedler zur Wiederbevölkerung der menschenleeren Hauptstadt heranführen ließ, hatte er auf die den Ankömmlingen eingeräumten Häuser einen Pachtzins gelegt. Das hatte zur unausbleiblichen Folge, daß viele der zugewanderten Muslime wieder abzogen. Mehmed II. hob diese Haussteuer dann wieder auf, aber Rûm Mehmed-Pascha führte sie während seines Großwesirats wieder ein, womit er zwar den stets auf Geld bedachten Sultan, keineswegs aber die Stambuler Bewohnerschaft, soweit sie von auswärts gekommen war, erfreute und befriedigte. Es scheint, daß mit dem Verschwinden des Urhebers des Grundpachtzinses dieser selbst keineswegs aufgegeben wurde. Im Jahre 875 der Hidschra (= etwa 1470) ließ der Großherr neue Silberlinge (aqtsche) prägen. Ein venedisches, nach osmanischen Steuerlisten ausgeschriebenes Verzeichnis zählt für das Jahr 1470 in Europa 29 000 kopfsteuerpflichtige Häuser, eine geringe Zahl, wenn man bedenkt, daß nach weniger als einem halben Jahrhundert, allerdings im gesamten Osmanenreich, bereits 3 000 000 Zinspflichtige angegeben werden.

‚Im selben Schiff ist ganz Italien und die gesamte Christenheit‘ *(In eadem navi, ut ajunt, omnis Italia et omnis Christianitas est)*. Mit diesen Worten, die damals fast sprichwörtlich gewesen sein dürften, beschwor am 22. August 1470 der Doge von Venedig, Cristoforo Moro, in seinem Schreiben an Galeazzo-Maria Sforza, den Herzog von Mailand, der furchtbaren Not, in der sich die Christenheit nach dem Fall von Negroponte befand, Rechnung zu tragen. ‚Wir schweben alle in der gleichen Gefahr, und es gibt keine Küste, keinen Landstrich, keinen Ort in Italien, der, so entlegen und verborgen als andere er erscheinen mag, gleichwohl sicherer als die anderen betrachtet werden könnte. Fortwährend nämlich greift diese Seuche und dieser Brand um sich und es gibt wohl keinen Teil am Christenkörper, den sie nicht überfielen und ansteckten, wenn nicht raschestens Heilmittel angewendet werden‘, heißt es weiter im Briefe, dessen überzeugender Kraft, so sollte man meinen, sich sein Empfänger nicht hätte verschließen dürfen. Aber zur Antwort wäre Sforza am liebsten in die Terraferma eingebrochen, da eine starke Partei in seiner Umgebung darauf hinarbeitete, das Unglück der Nachbarrepublik zur Wiedergewinnung des 1454 abgetretenen Gebietes zu benutzen. In Bergamo, Cremona und Brescia befürchtete man bereits den Einbruch mailändischer Truppen. Aber zum Glück für die Signoria erklärte Ferrante von Neapel dem Vertreter Mailands, bei der augenblicklichen Türkengefahr weigere er sich an einem Unternehmen gegen Venedig teilzunehmen. Desto weniger hoffnungsvoll war für die Lagunenstadt das Verhalten der übrigen Staaten Italiens und vorab des Königs von Ungarn.

Papst Paul II. hatte am 25. August 1470 allen christlichen Mächten die Eroberung von Euböa zur Kenntnis gebracht und dabei ein düsteres Bild der vom Osten dräuenden Gefahren gezeichnet. Dringend bat er um Hilfe und suchte die in Fehden liegenden italienischen Staaten, vor allem Venedig und Mailand, zu beschwichtigen. Am 18. September lud er alle Machthaber der Apenninenhalbinsel ein, zur Beratung eines Bundes gegen die Türken und zur Bewahrung der Unabhängigkeit eines jeden schleunigst Gesandte nach Rom abzuordnen. Als Ergebnis dieser Unterhandlungen, die sich wochenlang hinzogen und mehrmals zu scheitern drohten, kam am 22. Dezember 1470 zu Rom die Liga von Lodi zustande und damit ein allgemeines Schutz- und Trutzbündnis der italienischen Staaten gegen die Osmanen. Im ganzen Kirchenstaat wurden vorschnell öffentliche Dankgebete und Freudenfeuer verfügt. Aber die frohen Erwartungen des Papstes endeten mit bitterer Enttäuschung. Mailand und Florenz, denen es mit der Beteiligung an einem Türkenkrieg niemals ernst war, trugen die Schuld. Galeazzo-Maria Sforza nörgelte an der Abfassung des Bündnisvertrages, um dessen Bestätigung versagen zu können. Der Florenzer Gesandte entfernte sich gar aus Rom, ohne die Abmachung unterfertigt zu haben. Keine der beiden Mächte verspürte Lust, sich in ein schwieriges und kostspieliges Abenteuer einzumengen.

Ebenso schlimm standen die Dinge in Frankreich und Deutschland. König Ludwig XI. ließ sich in keinerlei Verhandlungen mit Paul II., dem er feindselig gesinnt war, ein. In Deutschland war frühestens beim ‚Großen Christentag‘ zu Regensburg Ende Juni 1471 eine Stellungnahme zu erwarten. Der Papst ordnete dorthin als Legaten den Kardinal Francesco Piccolomini, einen Neffen Pius’ II. ab, dem man am kaiserlichen Hof immer noch ein gesegnetes Andenken bewahrte. In der Türkenfrage brachte man auf dem Regensburger Reichstag keine Einigung zuwege. Volle vier Wochen wurde hin und her gemarktet und das Ergebnis war nicht besser als das aller bisherigen Versammlungen. Die selbstsüchtige Sonderpolitik der Reichsstände trug den Sieg über den längst verblaßten Reichsgedanken davon. Mehmed II., der durch seine Kundschafter über alle Vorgänge der Regensburger Tagung, der größten, deren sich die ältesten Leute zu erinnern vermochten, aufs genaueste unterrichtet war, soll damals gesagt haben, die Deutschen seien wohl streitbare Leute, aber der Kreuzzug werde sich in nichts auflösen.

Am 26. Juli 1471 ist Papst Paul II. unerwartet gestorben. Kardinal Francesco della Rovere übernahm als Sixtus IV. (1471 bis 1484) seine

Nachfolge. Die Kreuzzugssache trat unter ihm zum letztenmal in eine große weltumspannende Verbindung.

War der Großherr wirklich der Ansicht, daß ein Zusammengehen der christlichen Mächte nach seinem Überfall auf Negroponte nicht zu erhoffen sei, so können die eigenen, von ihm in der ersten Oktoberhälfte 1470 eingeleiteten Bemühungen um einen Frieden mit Venedig nicht ernst genommen werden. Tatsache aber ist, daß Mehmed II. seine Stiefmutter Mara und deren Schwester Katharina Gräfin von Cilli in dieser Angelegenheit in Anspruch nahm. Anfang Oktober erschienen zwei Abgesandte der beiden serbischen Despotentöchter vor der Signoria und jeder erklärte für sich, daß, ehe der Sultan gegen Negroponte zog, sie aus eignem Antrieb diesen zu einem Frieden zu bewegen suchten, da sie ja beide Christinnen und als solche allen Christen, insonderheit aber der Signoria zugetan seien. Mehmed II. habe ihnen damals jedoch erwidert, hierfür sei jetzt keine Zeit, zumal er sich bereits in riesige Ausgaben für sein Kriegsunternehmen gestürzt habe. Nach der Einnahme von Negroponte hätten sie ihre Anregung beim Großherrn wiederholt und von ihm erfahren, daß er sich zum Frieden bereit finde, wenn Venedig zu dessen Verhandlung jemand an ihn abschicke. Der Senat beschloß auf diese Mitteilungen hin Niccolò Cocco und Francesco Capello an die Pforte abzusenden und dem Sultan die Rückgabe von — Negroponte vorzuschlagen. Venedig sei für diesen Fall gewillt, in fünf Jahresraten bis zu 250 000 Dukaten zu zahlen, jedoch unter dem Vorbehalt, daß die noch von der Markusrepublik besetzten Inseln vor dem Zugriff des Osmanenherrschers verschont blieben. Der Großwesir stellte seinerseits zwei Bedingungen für den Friedensabschluß: Venedig müsse Stalimeni (Lemnos) und die anderen ägäischen Inseln herausgeben und überdies jährlich 100 000 Dukaten Kopfsteuer entrichten. Die beiden venedischen Bevollmächtigten entgegneten, daß ihre Republik den gänzlichen Verlust der Terraferma der Zahlung eines Tributs an irgendwen vorzögen. Niccolò Cocco reiste enttäuscht und empört über die Zumutungen von Stambul ab, sein Begleiter Francesco Capello war kurz vorher dort verstorben. Auf einer Fischerbarke fuhr der Abgesandte Venedigs hinüber nach Lemnos und von hier mit einer Galeere nach Hause.

Im Jahre 1471, just zur gleichen Zeit, als sie durch ihre Bevollmächtigten die Geneigtheit Mehmeds II. zur Beendigung der Feindseligkeiten erkunden wollte, hat sich die Staatskunst von Venedig dem Sultan gegenüber auch minder harmloser Praktiken bedient, in Italien nicht sie allein, aber doch mit besonderem Geschick und unermüdlicher Ausdauer: des Giftes. Die Sprache der Protokollbücher und der Behörden vereitelt jeglichen Beschönigungsversuch. Seit dem April 1456 bis zum Juli 1479 hat

Venedig nicht weniger als vierzehn Giftanschläge auf den Großherrn unternehmen lassen wollen, ohne daß auch nur einer von ihnen hätte wirklich erprobt werden können. Um sein Ziel, den Sultan zu beseitigen, im Laufe dieser 23 Jahre zu erreichen, ließ der Zehnerrat kein Mittel unversucht, scheute er keine Kosten, war ihm keine Belohnung für einen gelungenen Anschlag zu hoch, erschien ihm kein Meuchler, der sich anbot, ungeeignet zu sein. Die verwegensten Gestalten und Glücksritter waren es aber auch, die sich dem Consiglio dei Dieci zu einem Mordanschlag auf Mehmed II. erboten: ein Seemann aus Traù (Trogir), ein Kartäusermönch, ein Edelmann aus Florenz namens Francesco Baroncello, ein Pole aus Krakau, ein Katalane, ein albanischer Barbier und schließlich des Sultans Leibarzt und Finanzvertrauter, der jüdische Maestro Iacopo aus Gaeta, dem es gelang, sich volle drei Jahrzehnte die so wandelbare sultanische Gunst zu erhalten und sogar zum Pascha mit Wesirrang aufzurücken.

Die einflußreiche Stellung des Maestro Iacopo am Sultanshof war in Venedig seit langem bekannt. Dieser hatte sich bereits unter Murâd II. zu Adrianopel als Hofarzt verdient gemacht und war von Mehmed II. in der gleichen Eigenschaft übernommen worden. Er dürfte um 1425—1430 zu Gaeta geboren sein. Was ihn veranlaßte, seine italienische Heimat zu verlassen, wissen wir nicht. Aber wenn man sich die Lage der jüdischen Ärzte Italiens um die Mitte des 15. Jahrhunderts vergegenwärtigt, als Papst Nikolaus V. den Juden und ‚Sarazenen‘ alle beruflichen Vorrechte absprechen ließ und verbot, von Juden Arzneimittel zu nehmen, weil sie hiedurch auf die christlichen Seelen einen ungünstigen und verderblichen Einfluß auszuüben vermöchten, so wird man sich nicht wundern zu erfahren, daß der junge Maestro, der noch in Italien die Heilwissenschaft studiert haben dürfte, seinem Vaterland den Rücken kehrte und in der Fremde sein Glück suchte. So gelangte der junge Arzt von Adrianopel mit seinem neuen Brotgeber nach Stambul, wo er sich bald neben seinen medizinischen durch seine Finanzkenntnisse einen Namen gemacht zu haben scheint. Er wurde sultanischer Kämmerer und begleitete den Großherrn auf dessen Feldzügen. In Stambul wich er wohl niemals von seiner Stelle. Mit seinen italienischen Landsleuten pflegte Iacopo ständigen Verkehr, vor allem mit den Venedigern, die ihm schon 1457 32 Ellen feinsten karmesinroten Sammetstoffes hatten überreichen lassen, um ihn an der Pforte als Fürsprech zu haben. Er verkehrte im Hause der Baili und viele Nachrichten, die diese an die Signoria weitergaben, werden auf diesen Gewährsmann zurückgehen. Daß er es dabei mit der Wahrheit nicht immer genau nahm, mag die dem Bailo im Herbst 1465 gemachte Mitteilung beweisen, Mehmed II. sei bereits — Christ geworden. Auch Benedetto Dei machte sich

an ihn heran und ging sogar mit ihm wohl um 1468 zusammen über Land
nach Ragusa. Dort trachtete er medizinische Bücher, nämlich lateinische Übertragungen arabischer Grundwerke über Heilkunde, zu beschaffen, um dem leidenden Sultan mit seinen ärztlichen Ratschlägen beizustehen. 1471 trat Venedig erstmals an Maestro Iacopo mit dem Ansinnen
heran, Mehmed II. durch Gift aus dem Wege zu räumen, und zwar scheint
man sich eines politischen Flüchtlings aus Florenz, des Lando degli Albizzi,
bedient zu haben. Dieser war Mitglied eines Adelsgeschlechtes glänzenden
Namens, das mit den Medici in erbitterter Feindschaft lebte und deshalb
von diesen mit allen Mitteln verfolgt wurde. Lando dürfte nach Stambul
entflohen sein und sich wegen Geldmangels um einen Unterhalt bemüht
haben. Zur gleichen Zeit etwa erbot sich ein anderer Florenzer, ein leiblicher
Bruder des Florenzer Konsuls in Pera, Carlo Baroncello, namens Francesco
Baroncello, die Kriegsflotte des Sultans in Brand zu stecken, wofür er sich
die gewiß bescheidene Belohnung von 400 Dukaten, freilich mit Banksicherheit, ausbedang. Sein Stadtgenosse Lando degli Albizzi war also, von
Maestro Iacopo gesandt, Mitte September 1471 nach Venedig gekommen
und hatte dort aus seinem Versteck im Hause des Botschafters des Herzogs
von Mantua mit dem Zehnerrat Beziehungen aufgenommen. Der großherrliche Leibarzt hatte sich durch seinen Mittelsmann verpflichtet,
während der Monate März bis Ende Mai 1472 einen Anschlag auf Mehmed II.
auszuführen. Dafür verlangte er 10 000 Dukaten, die ihm ohne Bedenken
einstimmig zugebilligt wurden, außerdem aber 25 000 Dukaten dafür, daß
er nach geglücktem Mord seine bewegliche Habe in Stambul werde im
Stiche lassen und neu beschaffen müssen. Lando degli Albizzi wurden, wenn
der Plan gelinge, 500 Dukaten jährlich zugestanden und, falls er selbst die
Nachricht vom geglückten Meuchelmord nach Venedig überbringe, fernere
1000 Dukaten als Ehrengabe. Bei der Erreichung seiner Absicht, nach
Florenz heimzukehren und dort sein preisgegebenes Haus wieder zu
beziehen, wurde die Vermittlung der Signoria bei den Florenzer Machthabern, besonders bei dem Stadtherrn Lorenzo dei Medici (1469—1492), in
sichere Aussicht gestellt. Die Besprechungen Landos mit dem Zehnerrat
zogen sich länger hin, wobei dieser sich immer entgegenkommender zeigte.
Man versprach Maestro Iacopo 200 000 Stücke gemünzten Goldes für den
Fall, daß man nach Gelingen der Ermordung Mehmeds II. binnen Monats-
frist die übernommene Zusage nicht einhalte. Ferner verhieß man dem sultanischen Leibarzt das venedische Bürgerrecht für seine Person und seine
Nachkommen sowie jegliche Steuerfreiheit. Dem Mittelsmann aus Florenz
wurden neben den ausgelobten Belohnungsgeldern abermals 1000 Dukaten
bei Übermittlung der Botschaft zugesichert, außerdem die Rechte eines

Bürgers von Venedig. Sowohl Iacopo als auch Lando sollten offene, vom
Dogen Cristoforo Moro ausgestellte und besiegelte Schreiben behändigt
werden, deren Wortlaut sich erhalten hat. Diese Urkunden stellen eine der
letzten Amtshandlungen des Dogen († 10. November 1471), gleichzeitig
aber auch die letzte verfolgbare Spur des Lando degli Albizzi dar. Ob er
jemals wieder nach Stambul gelangte oder von den über die ganze Balkanhalbinsel verstreuten und bezahlten Häschern des Großherrn, die ihre
Tätigkeit bis ins Herz von Deutschland erstreckten, unterwegs abgefangen
ward und dabei sein Leben einbüßte, bleibt vorerst ein Geheimnis. Daß
aber Maestro Iacopo ebensowenig wie späterhin (1475) ein anderer jüdischer
Arzt namens Maestro Valco (Vlaco) im Auftrage Venedigs sein Vorhaben
durchführen konnte oder — wollte, steht allein mit Gewißheit fest.

Während fast des ganzen Jahres 1471 hat der Osmanenherrscher seinen
Hofsitz nicht verlassen. Sein körperlicher Zustand dürfte ihm vor allem
die gewohnte Bewegungsfreiheit genommen haben. Im Sommer vermutlich
wurde die heute seinen Namen tragende gewaltige ‚Neue Moschee' vollendet.
Im Frühjahr 1463 war, wie erwähnt, der Bau begonnen worden, nachdem
er die alte, dem Verfall nahe Apostelkirche, nach der Hagia Sophia das
großartigste Gotteshaus Neu-Roms, dem Patriarchen hatte entziehen und
mit der benachbarten Kirche des Konstantin Lips niederreißen lassen. Im
Zeitraum von rund acht Jahren ward etwas nördlich von den Trümmern
der beiden Kirchen das islamische Gotteshaus durch einen Baumeister christlicher Herkunft, angeblich Christodoulos genannt, später jedenfalls der
‚Freigelassene' (ᶜatiq) Sinân geheißen, aufgeführt. Es gelang dem Baukünstler angesichts der anspruchsvollen Wünsche des Bauherrn ein für
jene Zeiten großartiges Werk zu vollbringen, das er nach dem Maße seiner
Fähigkeit und mit den Mitteln seines Auftraggebers fertigte. Es ist ein
Übergangswerk der byzantinischen zur osmanischen Kunst, in dem man die
nachgeborene Renaissance der byzantinischen Architektur erblicken darf.
In dieser Moschee, die wohl mehr als jede andere in der Folge allen türkischen Baumeistern als leuchtendes Vorbild diente, finden sich Anklänge
der christlichen Bauweise wieder, nachdem die Hagia Sophia bereits nach
den islamischen Kultbedürfnissen umgestaltet worden war. Die Moschee
des Eroberers bildet mit ihren zahlreichen Nebengebäuden ein gewaltiges
Rechteck. Sie steht inmitten eines weiten Gartens, durch den heute mehrere
Straßen verlaufen. Voraus geht ihr ein rechteckiger Vorhof, der seine
ursprüngliche Bauform bewahrt zu haben scheint. Die ausnahmslos antiken,
verschieden starken 18 Säulen von Granit und Marmor tragen 22 Kuppeln.
Oberhalb der marmorgedeckten Gitterfenster des Hofes ist in gefälligen
Zügen auf einem Fries die erste Koran-Sure als Wahrzeichen der Macht

des Islam ausgehauen worden. Im Innern befindet sich zur Rechten des Haupteingangs eine Marmortafel in Lapislazuli gefaßt, die in goldenen Buchstaben von der Hand eines Meisters muslimischer Schönschreibekunst

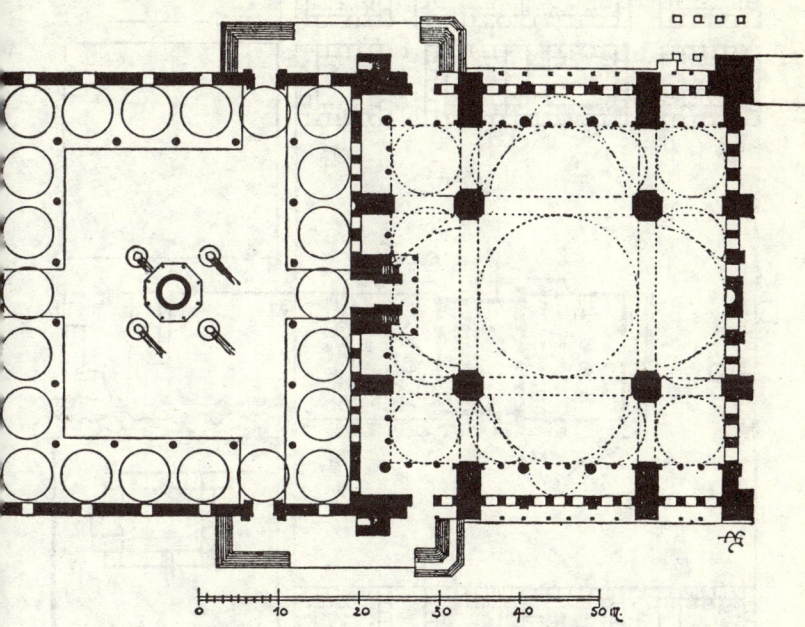

Grundriß der erneuerten Eroberer-Moschee in Stambul (nach A. Gabriel).

die freilich zweifelhaften Worte des Propheten Muhammed trägt: ‚Sie werden Qostantinîja erobern. Heil dem Fürsten und dem Heere, denen dies beschieden!' Das Innere der Moschee ist von fast überwältigender puritanischer Schlichtheit. Das nicht gedämpfte Licht fällt durch eine Menge in sechs Reihen übereinander angebrachter Fenster in den Raum. Die Nachahmung der Sophienkirche ist augenfällig. Aber in der Großartigkeit der Anlage, in der zielbewußten Durchführung des Grundgedankens der Planung und der Vereinfachung des Aufbaus bei einem um ein Drittel kleineren Maßstab, übertrifft die Eroberermoschee nach dem Urteil von Kennern sogar die berühmteste der Stambuler Moscheen. Mit den zahlreichen, um das Gotteshaus herumliegenden, zu ihm gehörigen Anstalten sultanischer Wohltätigkeit nimmt das Ganze eine weite Fläche ein: die beiden Höfe, acht Kollegienhäuser mit Schülerwohnungen, der Gräbergarten mit dem achteckigen Mausoleum (Türbe) und dem Katafalk des

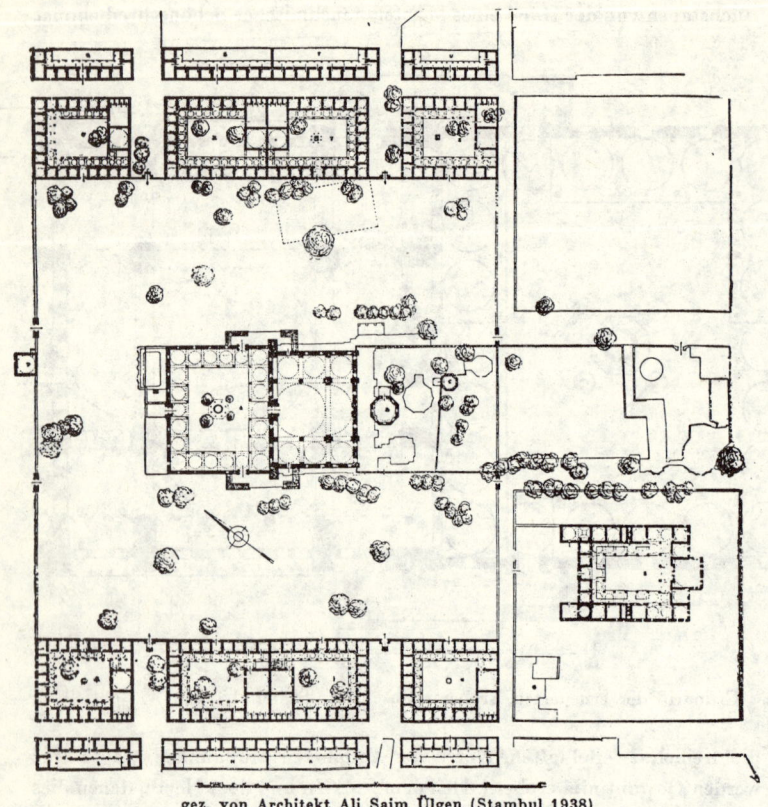

gez. von Architekt Ali Saim Ülgen (Stambul 1938)

Die Unterrichtsanstalten um die Eroberer-Moschee in Stambul

(A) Eroberer-Moschee (B) Grabkapelle *(Türbe)* Mehmeds II. (C) Grabkapelle seiner Gemahlin Gülbehâr-Chatun (D) Sattlermarkt (E) Tâbchâne-Medrese (Koranschule) und Armenküche *('Imâret)* (F) Stallungen des sog. Develik-Karwanseraj (G) Gästehaus (H) Südliche Hauptkoranschule mit Bleibedachung (I-J) Südliche Mittlere Koranschule mit Bleibedachung (K) Ajaq Qurschunlu genannte südliche Koranschule (L M N O) Erweiterungsbauten *(Tetimmât)* zu den Koranschulen (P) Lehranstalt des Eroberers *(Dâr üt-ta'lîm)* (Q) Gelände des Krankenhauses *(Dâr eschschifâ)* (R S T U) Erweiterungsbauten *(Tetimmât)* der nördlichen Koranschule (V) Ajaq Qurschunlu genannte nördliche Koranschule (X-Y) Nördliche Mittlere Koranschule mit Bleibedachung (Z) Nördliche Hauptkoranschule mit Bleibedachung

Eroberers, das Grabgewölbe seiner Gattin Gülbehâr, einer Renegatin, das
Spital und Armenhaus, die Speiseküche und ein Bad geben der Anlage ein
eindrucksvolles, fast einzigartiges Gepräge.

Über den ersten Baumeister mit dem angeblichen christlichen Namen
Christodoulos laufen seit Jahrhunderten Gerüchte und Legenden umher,
die fast alle deutlich den Stempel der Erdichtung zeigen. Mehmed II. soll
ihm als Belohnung für sein Werk die Straße Kütschük Dscha{c}fer und überdies die Kirche der Hl. Jungfrau Muchliotissa, beide im oberen Fanar gelegen, geschenkt haben. Nach einer anderen Erzählung sei der Großherr
erzürnt gewesen, daß der Baumeister Sinân die Neue Moschee niedriger
als die Aja Sofia ausgeführt und außerdem zwei der größten und schönsten
Säulen abgesägt habe. Zur Strafe dafür habe er ihm die Hände abhauen
lassen, worauf der Krüppel den Sultan vor den Richter gefordert haben
soll. Zum Glück geht aus einer fast gleichzeitigen osmanischen Chronik
der wahre Sachverhalt besser hervor. Am 12. September 1471 wurde Sinân
auf Geheiß des Sultans umgebracht. Sein Grab hat sich im Vorhof der
Kapelle Qurumlu unweit der Moschee des Nischândschy Mehmed-Pascha
bis zum heutigen Tag erhalten. Tatsächlich scheinen sich zwei mit großen Kosten aus weiter Ferne herbeigebrachte Säulen als zu lang erwiesen
zu haben, so daß man sie absägte. Als vor nicht langer Zeit der große
Platz vor der Eroberermoschee mit Steinplatten gepflastert wurde,
kamen die beiden verkürzten Säulen wirklich ans Tageslicht. Daß dem
Baumeister aus der Verstümmelung der Säulen ein Nachteil erwuchs,
läßt die altosmanische Quelle nicht mit Gewißheit schließen. Aber der
Chronist stellt mit einem für die damalige Zeit auffallenden Freimut dü-
stere Überlegungen über die ungeheuren Ausgaben an, die bei Errichtung
der ‚Neuen Moschee' erwachsen sind: ‚Nun, wie man die Säulen damals
aus anderen Ländern herangeschafft und welche Beträge man verausgabt
hat bei der Überführung, das weiß Gott. Wer kann die Kosten angeben, die
in Stambul für die Neue Moschee verwendet worden sind, besonders, da
ja alle Säulen und Steine bereit lagen und zugerüstet waren. Schon um
sie von einem Ort zum andern zu bringen, wurde so viel Geld ausgegeben,
daß seine Menge nur Gott kennt.' ‚Damals ließ man nicht mit Bedrückung
bauen', so fährt der Chronist mit Bezug auf frühere Zeiten fort, ‚alles
wurde gegen Bezahlung gearbeitet. Wenn man jetzt einen Bau machen
wollte, würde man aus den Ländern und Städten Geld ansammeln und
ebenso Baumeister und Handwerker mit Gewalt aus den Ländern verpflanzen. Und keiner von den Umgesiedelten, sei er Baumeister oder Handlanger, kehrt in seine Heimat zurück. Dem Baumeister und dem Arbeiter
gibt man Baustoff und Lohn angeblich für drei Monate und läßt sie 5—6

Monate arbeiten, damit man hernach aus den Untertanen das Geld heraus-
presse und damit Baumeister und Arbeiter mit Gewalt verpflanzt werden.'
‚Gott sei Dank‘, so heißt es dann später weiter, 'habt ihr mit eigenen Augen
gesehen, wie Sultan Mehmed in Stambul den Baumeister Sinân, der die
Neue Moschee, acht Medresen, Armenküchen und Spitäler erbaut hat, nach
langer Züchtigung einkerkern ließ. War wohl seine Sünde so groß, daß er
auf solche Weise zu sterben verdiente? Nun, ihr habt ja gehört, wie viele
Ehrenkleider man ehedem den Meistern gab. Nun könnt ihr sehen, was
man jetzt für 'Ehrenkleider' gibt.'

Diese gegen Ende des 15. Jahrhunderts in einem Staat, wo alle Menschen vor der schrankenlosen Machtfülle des Herrschers zittern mußten,
niedergeschriebenen Betrachtungen sind von einer erstaunlichen Offen-
herzigkeit und einer fast neuzeitlich ansprechenden Kritik sozialer Mißstände. Aus den Worten des Chronisten geht, was den Architekten der
Eroberermoschee anbelangt, so viel mit Klarheit hervor, daß er den Zorn
des Sultans auf sich lud, und zwar wohl unmittelbar nach der Vollendung
des einzigartigen Bauwerkes, sowie daß er, vorher verstümmelt und eingesperrt, sein Leben den unberechenbaren Launen seines Gebieters opfern
mußte. Daß der Hingerichtete ursprünglich Christ, jedenfalls aber Nicht-
muslim war, beweist zur Genüge der Name Sinân, der damals grundsätzlich nur von Renegaten übernommen wurde, wie denn ja auch der
berühmteste Baumeister der Osmanen, Sinân ibn ᶜAbd ül-Mennân, der
‚Michelangelo der Osmanen‘, ursprünglich Grieche oder wahrscheinlicher
ein Armenier aus der Gegend von Qaiserîje in Anatolien gewesen ist.
Auch der vermutliche Nachfolger des alten Sinân, nämlich der Freigelassene Ijâs ibn ᶜAbdullâh, der noch unter dem Eroberer tätig war,
aber seinem gleichfalls erhaltenen Grabstein zufolge erst unter Bajesîd II. Ende März 1487 zu Stambul sein Dasein beschloß, war christlicher Abstammung und, wenn man seinen letzten Willen von Ende April
1475 so auslegen darf, vielleicht aus Ajûn Qarahißâr in Anatolien gebürtig.

Drei Jahrhunderte nach der Erbauung, am Abend des 22. Mai 1766, dem
3. Tage des Opferfestes *(Qurbân Bajrâmy)*, wurde die Moschee des Eroberers
durch ein entsetzliches Erdbeben, das ganz Stambul in Mitleidenschaft
zog, zum großen Teil zerstört. Sultan Mustafâ III. (1757—1773) ließ, so
wird behauptet, die Trümmer der Moschee bis zum Erdboden niederreißen
und betraute mit dem Neubau, der von 1767—1771 dauerte, einen Baumeister namens Hâddschî Ahmed Dâje-sâde. Die im Vorhof und auch im
Grundriß der Moschee noch deutlich erkennbaren Bauspuren des 15. Jahrhunderts lassen diese Angaben bezweifeln. Jedenfalls wurden wesentliche

Teile der ganzen Anlage neu aufgeführt. Ältere Beschreibungen und Zeichnungen von Reisenden des 16. Jahrhunderts, besonders des Holsteiners Melchior Lorichs und des Wilhelm Dillich (1606, 1609) zeigen, daß die Moschee eine Zentralkuppel besaß, die auf den beiden Seiten der großen Achse im Süden und Norden von einer Reihe von vier kleinen Kuppeln begleitet war. Im Osten war die Moschee durch die von einer Halbkuppel überwölbte, heraustretende Gebetsnische *(mihrâb)* verlängert.

Zum ersten Kanzelprediger an der Neuen Moschee ernannte deren Erbauer nicht etwa einen Türken, sondern einen Perser, nämlich den Molla Sirâdsch ed-Dîn, über dessen Werdegang und Wirken nichts verlautet, der indessen wegen seiner Bevorzugung als Perser durch den Sultan Erwähnung verdient. Über die ungewöhnliche Rolle, die aus Iran nach dem Osmanenreich eingeströmte Dichter, Schriftsteller und vor allem auch Gottesgelehrte unter dem Eroberer spielten, wird noch mancherlei zu sagen sein. Der Prediger Sirâdsch ed-Dîn gehört zu den wenigen, die in der Stille und unaufdringlich sich durchgebracht haben dürften; unbemerkt ist er erst 1492/93 aus dem Leben geschieden.

Weit wichtiger als die Stelle des Freitagspredigers erwies sich eine Einrichtung, die der Großherr mit seiner Moschee verband, nämlich die Stiftung von acht Schulen, Medresen, die in ihrer unmittelbaren Nähe errichtet wurden. Die an diesen Bildungsstätten angestellten Lehrkräfte, deren Auswahl sich der Sultan persönlich vorbehielt, genossen den Vorrang vor allen übrigen auch hinsichtlich ihrer Vergütung. In besonderen, an die acht Schulen anstoßenden Nebengebäuden *(tetimmât)* wurden weitere Studierende, Softas, mit Wohnung und Nahrung versorgt. Zehn Wissenschaften waren es, die sie durchlaufen mußten und deren Lehre sich die ‚Achter'-Professoren angelegen sein lassen mußten, wobei sie oft genug überraschend vom Sultan während ihres Vortrags auf ihre Lehrbegabung und ihr Wissen geprüft wurden, nämlich Grammatik, Syntax, Logik, Rhetorik, Geometrie, Astronomie und die theologischen Fächer. Hatten sie ihr Studium hinter sich, so hießen sie Dânischmende und brachten dann als solche an den unteren Schulen den Anfängern die Grundbegriffe jener Wissenszweige bei, die sie selbst soeben erlernt hatten. Die an den acht hohen Schulen, den ‚Paradiesen der Gelehrsamkeit', bei der Eroberermoschee mit einer täglichen Besoldung von 50 bis 60 Aqtsche gestifteten Lehrerstellen wurden höher bewertet als alle anderen Professuren im osmanischen Reich, hinter denen selbst die Dozenten an altberühmten Hochschulen zu Brussa oder Adrianopel zurücktraten. Bei der Ejjûb-Moschee hatte Mehmed II. vorher eine Medrese mit der gleichen Vergütung für die an ihr beschäftigten Lehrer gestiftet. An der Moschee Aja Sofia befand sich eine weitere, gleichfalls vom Eroberer ins Leben gerufene Medrese, deren Professoren sogar 60 Aqtsche Tageslohn erhielten. Bezahlung und Rang der Professoren wurden jeweils nach der Wichtigkeit des Werkes, über das sie vortragen mußten, bemessen. Die gehobeneren Lehrkanzeln umfaßten außer den maßgeblichen Schriften über Redekunst und Metaphysik sämtliche vier Zweige der Gesetzeswissenschaften, nämlich die Glaubenslehre, die Rechtskunde, die sogenannte Überlieferungslehre und die Koranauslegung. Die Einrichtung der ganzen ,ᶜUlemâ-Hierarchie‘, deren Darstellung hier außer Betracht bleiben muß, war das Werk des Großwesirs Mahmûd-Pascha, der sich die Abstufung und Versorgung der Gelehrten zur besonderen Aufgabe machte.

Nur wenige Osmanenherrscher dürften sich in älteren Zeiten so um deren Wohlergehen und Fortkommen bemüht haben wie Mehmed II., der sich in der Gesellschaft von Gelehrten und Dichtern mit Vorliebe aufzuhalten pflegte. Er legte sich eine Liste an, in der Stärken und Schwächen eines jeden Prüflings gewissenhaft verzeichnet waren. Danach besetzte er die verschiedenen Lehrposten ,von den Beugungsformen bis zum Isfahânî‘, das ist vom Abc-Lehrer bis zum gefeierten Ausbund aller Philologie. Des Sultans wohlbekannte Freigebigkeit gegen Gelehrte und Dichter wurde hin und wieder, fast stets vergeblich, auszunützen versucht. So etwa, wenn ihn eines Tages ein Derwisch namens der 124 000 Propheten um ein Almosen anflehte. ,Wohlan‘, versetzte ihm der Sultan spöttisch, 'nenne mir sie! Ich gebe dir für eines jeden Namen einen Aqtsche!‘ Der Derwisch brachte von den selbst nur im Koran genannten 24 kaum 10 oder 12 zusammen und der Großherr ward seiner mit ebensovielen Aqtsche ledig. Echten Geistesschaffenden gegenüber übte Mehmed II. jedoch eine Gebefreudigkeit, die seinem Ruf als Mäzen wohl alle Ehre macht.

So ließ er alten ausgedienten Gelehrten das Gnadenbrot nicht vorenthalten, sofern sie sich weiterhin seines Wohlwollens zu erfreuen hatten. Ihnen allen wandte er in Jahren, da er keine Feldzüge unternahm oder wegen seiner körperlichen Gebrechen keine unternehmen konnte, seine ständige Aufmerksamkeit zu, und das Jahr der Vollendung der Neuen Moschee und der mit ihr verbundenen Unterrichtsanstalten fand ihn in seiner Bereitschaft für die Förderung des Geisteslebens in seiner neuen Hauptstadt besonders angeregt.

Das Jahr 1471 durfte daneben aber auch eine seelische Krisenstimmung über den Sultan gebracht haben, die sich bereits auf dem Rückweg von Griechenland in ständigen Wutausbrüchen und Willkürmaßnahmen ankündigte. Im Osten Anatoliens zeichnete sich immer klarer und dräuender die Gestalt des Herrschers vom Weißen Hammel, Usun Hasan, ab, mit dem eine kriegerische Auseinandersetzung auf die Dauer unvermeidlich erschien. Es blieb Mehmed II. schwerlich länger verborgen, daß sich der Papst und auch Venedig anschickten, mit diesem Erzfeind der Osmanen diplomatische Verbindungen aufzunehmen, deren Endzweck nur ein Schutz- und Trutzbündnis gegen den gemeinsamen Gegner sein konnte. Der Türkmenenfürst leitete nach seiner völligen Entzweiung mit dem ‚Großtürken' (1471) mit Papst Sixtus IV. sowie mit dem Dogen in Venedig Unterhandlungen ein und die hierdurch erweckte Hoffnung, daß durch solch unerwartete Hilfe im Rücken Mehmeds II. zu einem vernichtenden Schlag gegen diesen ausgeholt werden könne, belebte die Vorstellung von einer großartigen weltumspannenden Unternehmung. Leider fehlen bisher durchaus aktenmäßige Untersuchungen über Art und Ausmaß der zwischen Usun Hasan und den beiden italienischen Mächten getroffenen Abreden. Selbst ‚Groß-Qaramanien' scheint sich damals, dem Chronisten von Viterbo Niccolò della Tuccia zufolge, mit einer Gesandtschaft an das Oberhaupt der Christenheit in die Vereinbarungen eingeschaltet zu haben. Aber hierüber mangeln zuverlässigere Nachrichten. Zu Weihnachten 1471 wurden in einem geheimen Konsistorium durch Sixtus IV. mit einem Male gleich fünf Kardinäle zu Legaten *de latere* ernannt, um die gesamte christliche Welt zur Verteidigung des Glaubens gegen den ‚verruchten Türken, den Feind des Namens Jesu', wie die Konsistorialakten besagen, aufzurufen. Der greise Bessarion sollte Frankreich, Burgund und England, Rodrigo Borgia Spanien, Angelo Capranica Italien, Marco Barbo Deutschland, Polen und Ungarn besuchen, während Oliviero Caraffa zum Anführer der mit Hilfe des Königs von Neapel zu schaffenden Seemacht ausersehen wurde. Wenige Tage später erließ der Papst eine feierliche Bulle, worin er die von den Türken zur Niederringung der Christenheit bewirkten Maßnahmen eindringlich schilderte und zur gemeinsamen Abwehr aufforderte. Es war wieder einmal die Stimme des Rufenden in der Wüste. Keinem der Legaten, von denen Kardinal Bessarion nicht mehr als Lebender nach Rom zurückkehrte († 18. November 1472 zu Ravenna), war es vergönnt, die von ihnen bereisten Staaten für den Türkenkrieg zu erwärmen. Die innere Zerrüttung der europäischen Völkerfamilie spottete jeglichem Versuche der Behebung. Kaiser Friedrich III., wie immer langsam und zögernd in seinen Entschließungen, bot dem übereifrigen und hoffnungsseligen Kardinal M. Barbo keinerlei Aussichten auf seinen Beistand. Bei den weltlichen, aber auch geistlichen Ständen Deutschlands herrschte eine unvorstellbare Selbstsucht und Habgier. Allesamt verschlossen sie sich der ungeheuren Gefahr, die aus dem Osten drohte und sich immer mehr auch den Grenzen Deutschlands näherte. Papst Sixtus IV. ließ sich durch

diese kläglichen Erfahrungen seiner Legaten nicht entmutigen, vor allem
den Frieden in Italien zu betreiben und die Türkenflotte auszurüsten. Als
er sein Pontifikat antrat, fanden sich zu aller Erstaunen und Verwirrung
in der päpstlichen Kammer nur 7000, nach anderen Angaben gar nur 5000
Dukaten gemünzten Goldes vor. Dennoch verwendete Sixtus in den Jahren
1471/72 nach Ausweis der Rechnungsbücher für die Herstellung von Kriegsschiffen im ganzen 144000 Golddukaten und in dem mit Neapel und Venedig
vollzogenen Bündnis des Kirchenstaates war die Fertigstellung eines Kreuzzugsgeschwaders vertraglich gesichert.

Alle diese Vorgänge blieben am Sultanssitz zu Stambul kaum ein Geheimnis. Eine Erkenntnis müssen sie dem Beherrscher der Osmanen vermittelt haben, daß sich nämlich die Überwältigung des Westens unmöglich
mit der Geschwindigkeit vollziehen werde, die er erhoffte und die er nach
seinen bisherigen kriegerischen Erfolgen vielleicht erwarten durfte. *Re della
Fortuna*, 'König des Glücks', nannte ihn einmal G.-M. Angiolello und nach
ihm Paolo Giovio, der Geschichtsschreiber, Arzt und Bischof von Nocera.
Damals mögen den von der Machtdämonie ergriffenen, bereits schwerkranken Gewalthaber ernste Zweifel an der Durchführbarkeit seiner
Welteroberungspläne befallen haben. Ein knappes Jahrzehnt war ihm zu
ihrer Vollendung vom Schicksal noch vergönnt und er mag verspürt
haben, daß er, im Grunde auf sich selbst gestellt und nur von wenigen, ihm
wohlgesinnten und ehrlich zugetanen Menschen umgeben, bloß durch ein
Wunder werde ans Ziel gelangen können. Wenn es dem Abendlande im
Verein mit Usun Hasan gelingen sollte, ihn von zwei Seiten in die Zange
zu nehmen, dann war es um die Nutzung seiner Errungenschaften im
Westen geschehen. Aus dieser Überlegung heraus mag Mehmed II. sich
im Frühsommer 1471, vielleicht dem Drängen seiner Stiefmutter Mara
nachgebend, entschieden haben, es nochmals mit einem Frieden im Westen,
mit Venedig zu versuchen. Nur so läßt sich die überraschende Tatsache
erklären, daß der mailändische Gesandte Gherardo de Colli am 3. Juli 1471
seinem Herzog aus Venedig melden konnte, am gleichen Morgen sei völlig
unerwartet im Hafen der Lagunenstadt eine leichte Galeere samt einem
schnellen Segelschiff, einer *fusta*, eingelaufen. An Bord befand sich ein —
türkischer Friedensbevollmächtigter.

Der Besuch aus dem Osten wurde streng geheimgehalten, aber mit
Windeseile verbreitete sich die Kunde von ihm. Bald wurde bekannt, daß
der Gesandte von der Stiefmutter des Großherrn abgeordnet worden sei,
um die Signoria zur Annahme von Friedensbedingungen zu bewegen, die
der Sultan nunmehr vorschlage. Darin wurde vor allem Napoli di
Romania (Nauplia) verlangt, ferner Kruja in Albanien, weiter Kreta

(Candia), dann Korfu und schließlich Lemnos (Stalimeni) sowie gewisse andere Inselchen der Ägäis wie Andros, Tinos usw., zu guter Letzt eine jährliche Kopfsteuer *(charâdsch)* von 50 000 venedischen Golddukaten. Gherardo de Colli berichtete, die Friedenssehnsucht und -bereitschaft sei in Venedig dermaßen mächtig, daß man geneigt sei, den Forderungen Mehmeds nachzugeben, wenn er nur den entehrenden Tribut fallen lasse. In einem weiteren Brief vom 18. Juli schreibt der mailändische Gesandte, daß der ‚Türke' weit mehr heische, daß man aber, falls Venedig Kruja in Albanien, Malvasia mit dem ‚Braccio di Maina', der mainotischen Landzunge an der Südspitze von Griechenland, behalten dürfe, sich zum Frieden bereit erkläre. Kruja, so führte Gherardo de Colli in einem Schreiben vom 3. August weiter aus, müsse im Besitz der Signoria verbleiben, weil ihr sonst auf der Terraferma nur noch Alessio und Durazzo am Meer gehörten, auf deren Einnahme der ‚Türke' nicht weiter Gewicht lege und deren er sich, wenn er nur gewollt hätte, bereits zehnmal hätte bemächtigen können. Man sei sich in Venedig durchaus klar darüber, daß es Mehmed II., wenn er in Albanien einmal festen Fuß außer in ‚Valma', also Elbasan, gefaßt habe, ein leichtes werde, durch Raubzüge, *scorrerie*, wie er sie stets auch in Friedenszeiten unternehmen lasse, die Länder an sich zu reißen; wenn man ihm diese Plünderungen vorhalte, so erwidere er stets, daß nicht er daran Schuld trage, sondern daß es seine Paschen seien. Auf welche Weise sich die Unterhandlungen zerschlugen, ist aus den weiteren Berichten des Gherardo de Colli leider nicht zu ersehen. Daß sie zu keinem Ergebnis führten, ist indessen sicher. *Cadauno spera e brama pace*, ‘jedermann erhofft und wünscht sehnlichst Frieden herbei', so kennzeichnet Gherardo de Colli schon im Mai die Grundstimmung der Venediger. Bereits Ende Juni ward in der Markusrepublik ruchbar, wie schimpflich die venedische Gesandtschaft, die sich am 12. März bei der Pforte eingefunden hatte, dort behandelt wurde. Als sie baten beim Großherrn vorgelassen zu werden, ward ihnen bedeutet, daß er keine ‚feindlichen Botschafter' empfange, sondern nur durch Mittelsmänner mit ihnen verkehren wolle. Die Begehrnisse, die ihnen von der Pforte hochmütig unterbreitet wurden, überstiegen selbst die schlimmsten Befürchtungen, so daß die Gesandten Stambul sogleich den Rücken kehren wollten. Um so überraschter mußte man natürlich in Venedig sein, als wenige Wochen später vom Sultan ein Schritt unternommen wurde, den Kriegszustand mit Venedig zu beenden, vorausgesetzt, daß er wirklich aufrichtig gemeint war und nicht dem Zwecke diente, die Verhältnisse in der Lagunenstadt auszukundschaften und zu erfahren, welche Mittel dortzulande zur Fortführung der nun schon sieben Jahre währenden Feindseligkeiten zu Wasser und zu

Lande bereit stünden. Angesichts der unnachgiebigen und starrsinnigen
Ansprüche, die der Sultan an das stolze Venedig richten ließ, mußte von
vornherein feststehen, daß das Maß venedischen Entgegenkommens dabei
weit verkannt wurde. Aber festzustellen, bis zu welchen Höchstforderungen
man die Friedenswilligkeit der Signoria zum damaligen Zeitpunkte beanspruchen könne, das vielleicht war der Anlaß zur Entsendung eines
Staatsboten nach Venedig. Auch hier begann man die letzten Hoffnungen
auf ein militärisches Übereinkommen mit Usun Hasan zu setzen. Am Rialto
häuften sich die Gerüchte über die Streitmacht des Türkmenenfürsten.
Auch der ‚Re Costanzo de Zorziana' schickte Anfang April 1471 Botschafter nach Venedig, die dort verkündeten, daß ihr Herrscher ein enges
Bündnis mit Usun Hasan, seinem Blutsverwandten, unterhalte und daß
der Herr vom Weißen Hammel nunmehr mit 30 000 Reitern gegen Mehmed II. zu Felde liege. Geschichtliche Tatsache ist, daß Usun Hasan nicht
weniger als fünf Feldzüge gegen Georgien unternahm (1458, 1463, 1466,
1472 und 1477), also keineswegs auf gutem Fuß mit dessen Herrschern
stand, und daß keiner von diesen den Namen Costanzo (Constantius) oder
einen ähnlich klingenden führte. Es hat also ganz den Anschein, daß sich
hier wiederum ein Schwindler aus dem Morgenland um die vorübergehende
Sicherung seines Unterhalts auf Kosten einfältiger und gutgläubiger
Abendländer bemühte! Wenn die Wirkungen sich einstellen, wird es eine
große Sache *(una grande faccenda)* werden, schreibt hoffnungsselig Gherardo
de Colli am 12. April 1471 nach Mailand.

Während des ganzen Jahres 1471 empfing Mehmed II. mit Ausnahme
Ragusas keine Abordnungen aus dem Abendlande. Gleich zweimal fanden
sich bei ihm ragusäische Gesandte ein, die den inzwischen auf 9000 Dukaten
erhöhten Jahreszins abführten. Aus den vorhandenen Schriftstücken in
slavischer Sprache geht hervor, daß sich der Sultan im Frühjahr (24. April
und 15. Mai) in Stambul aufhielt, daß er aber im Spätherbst (30. November),
vielleicht einer neuerlichen Pestseuche ausweichend, in Wisa (Viza) südöstlich Qyrqkilise (heute Kırklareli) verweilte, wo er die reine Luft des
Istrandscha-Gebirges genießen konnte. Diese Gegend war seit langem ein
Lieblingsaufenthalt der Sultane, die sich im danach benannten Ort ein
Seraj erbauten und dort vor allem der Jagd oblagen. Mehmed II. hat in
den folgenden Jahren gerade die Gegend um Wisa mit Vorliebe zu seiner
Erholung aufgesucht. Wann und wo im gleichen Jahr 1471 die Beschneidungsfeier dreier Prinzen, nämlich des Dschem, des ᶜAbdullâh sowie des
Schehinschâh, von der nur eine einzige altosmanische Quelle etwas ver-
lauten läßt, stattgefunden hat, ist in seltsames Dunkel gehüllt, das um so
auffallender ist, als dergleichen Festlichkeiten bisher stets unter der An-

teilnahme der ganzen Bevölkerung und mit beträchtlichem Aufwand vonstatten gingen. Bei den Prinzen ᶜAbdullâh und Schehinschâh handelt es sich überdies um die beiden ältesten Söhne Bajesids, also um zwei Enkel Mehmeds II., der indessen die gemeinsame Vornahme der Beschneidung anordnen ließ.

Die zeitliche Anordnung der qaramanischen Feldzüge vor der endgültigen Auseinandersetzung im Jahre 1472 begegnet erheblichen Schwierigkeiten, doch will es scheinen, als ob noch im Jahre 1471 nach dem mißglückten Unternehmen des Rûm Mehmed-Pascha dessen Nachfolger im Großwesirat, Ishâq-Pascha, mit einem Heereszug nach Qaramanien betraut wurde. Damals wiegelte Qâsim-Beg die Bevölkerung des Landes seiner Väter zugunsten seines Hauses auf und stiftete Unordnung, mit deren Behebung sich der neue Großwesir zu befassen hatte. Bei Mût im Taurusgebirge (südlich Qaraman) kam es zu einem Treffen. Qâsim-Beg ward in die Flucht geschlagen, Ishâq-Pascha ließ die Befestigungen von Mût und Nigde (östlich Qaraman) am Fuße des Bulgar Dagh instand setzen und eroberte hierauf die vermutlich aufständischen Burgen Warköj, Udsch-Hißâr, Orta-Hißâr sowie die Stadt Aq-Seraj, die er auf des Großherrn ausdrückliches Geheiß entvölkerte und die Einwohner als Umsiedler nach Stambul führte. Sie wurden dort in einem noch heutigentags Aq-Seraj benannten Viertel seßhaft gemacht.

Falls Domenico Malipiero sich nicht irrte, erfolgte im gleichen Jahre 1471 eine weitere Unternehmung im Süden Anatoliens, und zwar gegen Alaja, die Hafenstadt im Golfe von Adalia. Die Siedlung hat ihren Namen von ihrem Gründer, dem Seldschûqen ᶜAlâ ed-Dîn Qaiqobâd (um 1220), der sie mit Mauern umgab und befestigte. Zuvor schon befand sich hier ein Schloß, das wegen seiner bezaubernden Lage Kalón Oros (das ist ‚schöner Berg‘) geheißen wurde, wovon sich der mittelalterliche Name Candeloro oder Scandelor herleitet. Lange nach dem Untergang des Seldschûqenreiches haben sich Nachkommen des Stadtgründers in Alaja behauptet. Der letzte von ihnen war Qylydsch Arslan, dessen Schicksal nunmehr besiegelt werden sollte.

Mit dem Streifzug wurde der Wesir Gedik Ahmed-Pascha, Serbe von Herkunft sowie Schwiegersohn des Großwesirs Ishâq-Pascha, vom Sultan beauftragt. Er zog vor die Stadt, in der Qylydsch Arslan in der hochgelegenen Burg mit seiner Familie Zuflucht genommen hatte. Der Wesir überredete ihn zu gütlicher Übergabe und sandte ihn dann mit Weib und Kind nach Stambul. Er fand Gnade vor des Sultans Augen und wurde von ihm nach Gümüldschina (heute Komotini) am Südabhange der Rhodopen eingewiesen.

Domenico Malipiero erwähnt in diesem Zusammenhang eine merkwürdige
Begebenheit. Als 1471 ‚Scandeloro', also Alaja, von den Türken bedrängt
wurde, sandte der König von Zypern, sohin Jakob II. von Lusignan
(† 1473), aus seiner nahgelegenen Insel Qylydsch Arslan 300 Armbrustschützen zu Hilfe. Aber auch sie vermochten, falls sie überhaupt jemals am
Ort ihrer Bestimmung landeten, das Schicksal des letzten Seldschûqen-
fürsten nicht aufzuhalten. Und vergebliche Liebesmüh darf wohl genannt
werden, wenn König Jakob durch einen besonderen, an Mehmed II. gesandten Botschafter vermeinte, die Befreiung des Gefangenen durchsetzen
zu können. Schnöde wurde seine Bitte abgeschlagen. Über das weitere
Schicksal des wohl letzten echten Sprößlings der anatolischen Seldschûqen
wäre noch zu berichten, daß er eines Tages unter Zurücklassung von Weib
und Sohn (st. Februar 1508) unter dem Vorwand eines Jagdausfluges nach
Ägypten entfloh und von dort dem Gedik Ahmed-Pascha stolz einen kostbaren Edelstein zurücksandte, den ihm Mehmed II. anläßlich der Besichtigung seiner Schatzkammer verehrt hatte. Der Wesir, der ihn dem Geber
zurückstellen sollte, legte den Stein neben vielen anderen als Auslage eines
Juwelenhändlers dem Großherrn vor, der ihn aber als gewiegter Juwelen-
kenner vor allen anderen sogleich als sein Geschenk an Qylydsch Arslan
erkannt haben soll. Frau und Kind des Entflohenen verblieben in Gümüldschina, wo beide ihre Tage beschlossen und beigesetzt wurden; ihre
Gräber freilich sind längst verschwunden.

Daß Ishâq-Beg von Qaraman nach seiner Vertreibung Schutz bei Usun
Hasan suchte, wurde bereits vermerkt. Er scheint nicht mehr lang am
Leben geblieben zu sein, denn seine Witwe empfahl sich und ihr Söhnchen
Mehmed-Beg wohl schon 1471 von Selefke aus der Gnade des Sultans der
Osmanen. Gedik Ahmed-Pascha erhielt, schwerlich zur gleichen Zeit, als
er gegen Alaja zog, sondern erst im Frühjahr 1472, den Auftrag, sich auch
der Burg Selefke zu bemächtigen. Der Wesir zeigte sich zunächst vor der
Burg Moqan, in die sich die Familie des geflüchteten Pîr Ahmed zurück-
gezogen hatte, und übernahm nicht nur die im Burgverließ aufgestapelten
Schätze für seinen Gebieter, sondern auch die durch außerordentliche
Schönheit ausgezeichnete Qaramanenprinzessin. Hierauf eroberte er die
Schlösser Alâra, Manavgat und Lula (Loulon der Byzantiner, wohl Hißn
aß-Baqâliba, 'Slaven-Schloß' der Araber), dessen Verteidiger er teils niederhauen, teils von den Wällen des Schlosses herabstürzen ließ. Nur der Anmarsch Usun Hasans hinderte ihn, seine Säuberungsmaßnahmen im Südwesten Anatoliens fortzusetzen. Gedik Ahmed-Pascha mußte sich nach
Qonja in Sicherheit bringen.

Fünftes Buch

AUSEINANDERSETZUNG IM OSTEN MIT USUN HASAN / USUN HASAN IM BUNDE MIT DEM ABENDLAND / ENDE EINES WESTLICHEN TRAUMES / TODESSTOSS GEGEN GENUAS LEVANTEHANDEL / OSMANISCHE STREIFEN VOR VENEDIG UND ÖSTERREICH

Alle diese auf anatolischem Boden bis hinunter zur Südwestküste des Landes getroffenen Maßnahmen bildeten den Auftakt zu jener großen Auseinandersetzung zwischen dem ‚Großtürken‘ und seinem grimmigsten, nach dem Falle Qaramaniens bedrohlichsten Feinde Usun Hasan. Es muß dahingestellt bleiben, ob Mehmed II. diesen auf die Dauer unvermeidlichen Zusammenstoß nicht lieber hinausgezögert hätte, um seine Eroberungen im Westen endgültig zu sichern und nach Möglichkeit weiter ins Abendland vorzutragen. Die eigentlich treibende Kraft in diesem Spiel der Kräfte mag aber Usun Hasan gewesen sein, dessen aufreizendes Benehmen seiner Erwartung entsprochen haben dürfte, daß das Kriegsglück mit seinen Waffen sein werde. Die qaramanischen Händel zwischen dem Großherrn und seinen Vettern, von denen das Schicksal einen nach dem andern ereilte, sowie die Fortschritte der osmanischen Waffen in Kleinasien, dann aber natürlich die Hoffnung auf Hilfe vom Abendland und die militärische Zusammenarbeit mit der Christenheit, alles das mag den Türkmenenfürsten vom Weißen Hammel zu einer barschen Herausforderung des Osmanenherrschers veranlaßt haben.

Mancherlei dürfte für die Annahme sprechen, daß venedischer Einfluß
Usun Hasan zu diesem Schritt bewogen haben könnte. Die Beziehungen zwischen dem Fürsten vom Weißen Hammel und der Lagunenstadt
reichten bis in den Winter 1463/64 zurück. Schon am 2. Dezember 1463
hatte der Senat den Vorschlag angenommen, mit Usun Hasan ein Bündnis
einzuleiten, und bereits am 13. März des folgenden Jahres traf dessen Abgesandter in Venedig ein, um die Verhandlungen zu führen. Mehr als ein
halbes Jahr zogen sich diese hin, ohne indessen zu einem befriedigenden
Abschluß zu gelangen. Erst der Fall von Negroponte scheuchte die
Signoria auf und beschleunigte die Wiederaufnahme von Abmachungen
vereinter Schritte. Lazzaro Querini war als venedischer Botschafter Jahre
hindurch in Persien für die gemeinsame Sache tätig gewesen. Erst im
Februar 1471 gewann er von dort seine Heimat wieder, begleitet von
einem Vertrauensmann Usun Hasans. Ein zweiter war an die päpstliche
Kurie abgegangen. Nun beeilte man sich zu Venedig, die Vereinbarungen
zu einem gedeihlichen Ende zu führen. Caterino Zeno, Sproß eines berühmten Geschlechtes und durch seine Mutter ein leibhaftiger Neffe der
Gattin Usun Hasans, der Despina-Chatun, ward unverzüglich als Botschafter nach Persien in Marsch gesetzt. Schon am 20. April 1471 weilte er am
Hofe des Türkmenenherrschers, der seinerseits durch einen besonderen
Abgesandten in Venedig Waffen und Schießvorrat anfordern ließ. Aber die
kriegerischen Verwicklungen mit dem Osmanensultan hatten längst ihren
Lauf genommen, als man sich anschickte, diesem verständlichen Drängen
nachzugeben. Caterino Zeno erwies sich als geschickter Unterhändler. Er
suchte Verbindung mit den anderen kleinasiatischen Bundesgenossen Usun
Hasans, die, wie ein Neffe des letzten Komnenenkaisers von Trapezunt,
mit dem Rest ihrer Hoffnungen an dessen Hof geflüchtet waren. Dieser
war, so scheint es, der erste, der seine Stunde für gekommen sah. Schon im
Mai 1472 fiel er im Einverständnis mit Usun Hasan und der Georgier ins
Gebiet von Trapezunt ein und soll sogar die Belagerung der Stadt selbst
ins Werk gesetzt haben. Mangel an Mundvorrat und heftiger Widerstand,
zuletzt aber die Ankunft neun osmanischer Galeeren und 25 Segelschiffe,
benahmen ihm gänzlich den Mut, seine Absichten zu vollenden. Der Plan
einer Wiedereroberung Trapezunts brach zusammen. Das mißglückte
Unternehmen hatte zur Folge, daß der Großherr aufgeschreckt ward und
der Entschluß zum Kriege gefaßt war, als Ende August die Meldung eintraf, daß auch Usun Hasan sich mit seinen Heerscharen nach Nordwesten be-
wege. Die Pest verheerte in jenem Sommer aufs neue die Hauptstadt und
Mehmed II. war ihr mit seinem Hofe nach den Süßen Wassern von Europa
am Nordostende des Goldenen Hornes ausgewichen. Am 25. August kehrte der

Sultan der Seuche zum Trotz nach Stambul zurück und ließ in Beschiktasch
(alle Colonne) am Bosporus, Skutari gegenüber, eine Holzbrücke errichten,
um von hier aus den Heerestroß leichter auf die Kutter und hinüber nach dem
asiatischen Ufer verladen zu können. Tags darauf wurde Hof gehalten und
mit den Wesiren die Lage besprochen. In der folgenden Nacht wurde der
verungnadete frühere Großwesir Mahmûd-Pascha eilends zurückgerufen
und sein Rat eingeholt. Er empfahl, vorerst nicht nach Asien überzusetzen,
sondern erst genauere Nachrichten aus Ostanatolien abzuwarten. Die
Meldungen von dort überstürzten sich in den nächsten Tagen, aber alle
besagten, daß Usun Hasan sich immer noch innerhalb seiner Grenzen be-
wege. Erst zu Beginn des Septembers kam ernstere Kunde. Gerüchtweise
verlautete, daß sich alle Nachbarn des ‚Großtürken' Usun Hasan angeschlossen hätten und daß nicht weniger als 60 000 Reiter vor Toqat erschienen seien. Schon am 5. September hatte man am Sultanshof Gewißheit, daß Qysyl Ahmed, einst Herr von Qastamuni, sowie der Qaramane
Qâsim-Beg die Stadt in Besitz genommen hätten. Sie wurde grausam
verwüstet, alle Lebewesen gefangengesetzt und nach Ersindschân, wo sich
der Herr vom Weißen Hammel damals aufhielt, als fette Kriegsbeute
gesandt. Der osmanische Grenzschutz war ebenfalls aufgerieben worden
und das Land gegen Osten bedenklich entblößt.

Der Großherr mußte nunmehr seine Vorkehrungen treffen. Mahmûd-
Pascha erhielt von neuem das Reichssiegel und in alle Lande wurden Boten
mit der Weisung entsandt, daß sich das rumelische Heer am 20. September
vor Adrianopel versammle. An diesem Tage wurde der Sold an die Truppe
ausgezahlt. Die Botschaften aus dem Osten Anatoliens lauteten immer
bedrohlicher. Schon am 7. September wußte man am Hof, daß die Gegner
einen Überfall auf Amasia ausgeführt hatten, wo der Kronprinz Bajesid
als Statthalter wohnte. Er verlangte dringendst Verstärkung seiner un-
zureichenden Truppenmacht. Der neue Großwesir nahm die Gelegenheit
wahr, die Löhnung der Janitscharen zu erhöhen, je nach Rang 1—10 Aqtsche.
Auch ließ er ihnen weitere Gelder und neue Kleider bescheren, um sie
bei guter Laune zu erhalten und für die nunmehr unausweichliche Bekämpfung des gefährlichsten Widersachers der Osmanen ihrer sicher zu
sein.

Qysyl Ahmed und Qâsim-Beg wollten sich mit ihrem Erfolg in Toqat
nicht abfinden. Die ihnen zur Verfügung stehende Reitermenge wurde,
so lauteten Nachrichten aus dem Osten, auf beide je zur Hälfte verteilt.
Qysyl Ahmed wollte nach seiner alten Herrschaft Qastamuni vor-
stoßen, während Qâsim-Beg einen Einfall nach Qaramanien plante. Usun
Hasan, so hieß es in der gleichen Nachricht, stehe mit gewaltiger Heeres-

macht, angeblich 100 000 Mann, zu denen sich weitere 100 000 gesellten, bei Ersindschân, um sie im gegebenen Augenblick einzusetzen.

Diese bestürzenden Maßnahmen der Gegenseite lösten umfassende Anstalten bei den Osmanen aus. Am 11. September erging das sultanische Geheiß, daß alle Schiffe, große und kleine, in seinem Namen beschlagnahmt und bereit gehalten werden. Tags darauf ließ der Großherr aus der Staatskasse 2000 Lasten *(gordeni)* Aqtsche, die 1 200 000 Dukaten entsprachen, entnehmen und den Betrag unter sein Volk, an alle, die mit ihm zu ziehen gewillt seien, verteilen.

Am gleichen Tage erließ er ferner den Befehl, daß jedes Dorf in ‚Griechenland' *(Grecia)* zwei Mann für den bevorstehenden Feldzug stellen müsse. Am 13. September wurden dem Großherrn zwei Abgesandte Usun Hasans vorgeführt, die auf dem Weg nach Ungarn waren und für König Matthias Corvinus Briefe bei sich trugen. Der Sultan, vor den sie gebracht wurden, versprach ihnen Schonung ihres Lebens, falls sie seine vielerlei Fragen beantworteten. Angeblich sagten sie aus, daß Usun Hasan ‚unter allen Umständen' mit Mehmed II. Krieg beginnen wolle, daß er in geheimem Einverständnis mit dem Ungarnkönig und mit der Signoria von Venedig sei und daß sich alle drei Mächte zu gleicher Zeit zur Vernichtung des Großherrn anschicken würden.

Die Gerüchte, die aus Anatolien nach Stambul gelangten, wurden immer verworrener und unklarer. Von Qysyl Ahmed und Qâsim-Beg hieß es, daß sie mit ihren Reitern in Qaramanien eingebrochen seien und dort den Osmanen kräftigen Schaden zugefügt hätten. Mittlerweile strömten die Truppen aus allen Richtungen Rumeliens herbei. Man zahlte ihnen die Besoldung gleich für drei Monate aus und verschenkte an sie freigebig Samtstoffe und Geld. Anfangs Oktober brachte man in Erfahrung, daß die beiden in Qaraman eingefallenen landlosen Fürsten die Gegend von Qaisarîje (Caesarea, heute Kayseri) besetzt und ihr Lager in dieser Stadt aufgeschlagen hätten. Am 3. Oktober sah der Schreiber des aus Pera am 27. Oktober 1472 geschriebenen Briefes, dem alle diese bedeutsamen Einzelheiten entnommen werden können, im Heerlager des Sultans, wie man dem Agha der Janitscharen 100 Lasten *(gordeni)*, also 19 000 Aqtsche, ausfolgte, damit er sie über ihre Löhnung und Soldmehrung hinaus an seine Mannschaften ausgebe. Solche in jenen Tagen immer wiederkehrenden Geschenke an die Janitscharen wie überhaupt an das Heer zeigen auf beredte Weise, in welchem Umfang auch dazumal die Durchführung eines Feldzuges vom guten Willen und der Kampfbereitschaft der Truppe abhing und daß es keineswegs im Belieben des Großherren stand, über diese Massen gebieterisch zu verfügen. Mehr als einmal hat das Janitscharenkorps dem jeweiligen Großherrn sein Verlangen aufgezwungen, und die Verteilung von Sondermitteln an diese Truppe erhöhte sich im Laufe der Jahrhunderte immer mehr, zuweilen sogar bis zur Gefährdung der staatlichen Finanzen.

Am 5. Oktober 1472, einem Sonntag, wurden die ersten Heeresmassen aufs anatolische Ufer nach Skutari übergeführt. Die Lage in Ostkleinasien wurde immer bedrohlicher. Qaisarîje war inzwischen gefallen, der dortige osmanische Befehlshaber samt seinem Heerbann gefangen und in Stücke gehauen worden. Am Montag, dem 12. Oktober, beim Morgengrauen setzte der Großherr selbst mit seinem Gefolge nach Asien über. Die Stunde hatten ihm seine Hofsterndeuter angeraten, deren Ratschlägen er bereitwillig stattzugeben pflegte. Der Zusammenhang der Sterne mit dem Menschenleben und mit Völkerschicksalen war ihm wohl von frühester Jugend an zur Gewißheit geworden und zeitlebens traf er keine gewichtige Entscheidung, ohne sich vorher über Konstellation und über Aspekte bei seinen besoldeten Horoskopstellern zu erkundigen. Der Einfluß des Königs aller Astrologen, Ptolemaios, dessen ‚Vierbuch‘ *(Tetrabiblos)* Mehmed II. sicher studierte, daneben aber das uralte Erbe morgenländischer Gestirnwahrsagung und magischer Überlieferung machten den Sultan zum echten gefügigen Anhänger mittelalterlicher astrologischer Orakelweisheiten. Aber auch Usun Hasan war, wie sich bald herausstellen wird, den gleichen Vorstellungen unterworfen und in seinen wesentlichsten Entschlüssen von der Sterndeutung beherrscht.

Im übrigen kam widrige Kunde vom Kriegsschauplatz. Die ganze Umgegend von Angora wurde von den Gegnern gebrandschatzt und nichts als die kahle Erde entging ihrem Zugriff. Am 24. Oktober brach ein gewaltiges Unwetter aus, das volle vier Tage anhielt und entsetzlichen Schaden anrichtete. Wind und unaufhörlicher Regen zerstörten einen großen Teil des sultanischen Zeltlagers. Viele Fahrzeuge auf dem Schwarzen Meer wurden vom Sturm versenkt, darunter fünf große Schiffe mit Gerste für das Heer. Während dieser Unwettertage litt die Truppe, die inzwischen vollzählig nach Anatolien gebracht worden war, schweren Hunger, da die Lebensmittelzufuhr ins Stocken geraten war. Weder Roß noch Mann vermochten, da die Kutter versagten, die Verpflegung nachzuführen. Die Preise stiegen. Was vorher ein Aqtsche kostete, war nunmehr kaum um zehn Aqtsche erhältlich. Hätten die Niederschläge angehalten, so wäre nach zwei Tagen ein Viertel des Heeres an Hunger und Ungemach zugrunde gegangen. Dieser unheilvolle Auftakt ward allgemein als böses Vorzeichen bewertet. Schien es doch, als ob Allah gegen das Kriegsunternehmen stehe. Mancher trug Bedenken, dem Heer aus Furcht vor göttlicher Strafe weiter zu folgen. Was erst, so fragte man sich, werde geschehen, wenn der grimmige Winter hereinbreche und die Proviantzufuhr ins schneeverwehte Ostanatolien zu versagen drohe? Der Preis für Gerste war bereits von drei Aqtsche auf zehn Aqtsche fürs Gemäß gestiegen und stieg weiterhin an. Usun Hasans Scharen hatten die Getreidekammern von Toqat, Amasia, Angora und von Qaramanien niedergebrannt und mit Schrecken dachte jedermann an die kalte Jahreszeit mit ihren unabsehbaren Folgen für die Verpflegung des Heeres. Am 28. Oktober endlich hörte das Unwetter auf. Die Lebensmittelschiffe sorgten wieder für Nachschub. Mehr als achtzig Kutter mit Mundvorrat wurden eingesetzt. Die Mannschaften mußten mit Gewalt aus ihren Häusern geholt und auf die Schiffe gebracht werden. Alle, die noch nicht auf die anatolische Seite gelangt waren, hatten sich gewaltsam in Häusern breitgemacht, bis der Sturm sich zu legen begann.

In Stambul war als Stellvertreter seines Vaters Prinz Dschem-Sultan, ein Junge von damals zwölf Jahren, mit zuverlässigen Beratern zurückgeblieben. Der Zweitgeborne, Prinz Mustafâ, waltete als Statthalter von Qaramanien, wo ihn der Vater zum Befehlshaber der Truppen bestellte. Das Ernennungsschreiben, das um die Julimitte noch in Stambul ausgefertigt wurde, hat sich erhalten. Darin wird ausdrücklich auf verschiedene anzügliche und beleidigende Zuschriften Bezug genommen, die Usun Hasan hatte an Mehmed II. richten lassen, ohne daß dieser ihm eine andere Antwort als solche, die Frechlingen gebührt, nämlich Stillschweigen, hätte zuteil werden lassen. Mahmûd-Pascha, damals noch Flottenbefehlshaber in Gallipoli, nahm an dem sultanischen Entschluß Anstoß, wobei unentschieden bleibt, ob eine gewisse Abneigung gegen den Prinzen Mustafâ und Zweifel in seine militärischen Fähigkeiten dabei den Ausschlag gaben. Jedenfalls setzte er beim Großherrn durch, daß dem Landpfleger von Anatolien, dem bejahrten und zuverlässigen Dâwûd-Pascha, die Hut des Landes Qaraman und gleichzeitig die Abwehr türkmenischer Räuberhorden, unter denen immer wieder die von Warsaq-Eli ihr Haupt erhoben, übertragen wurden. Er wurde nach Qaraman befehligt und Mustafâ von dieser großherrlichen Verfügung verständigt. Inzwischen durchzogen die beiden Brüder Pîr Ahmed und Qâsim-Beg von Qaramanien gemeinsam mit Jûsufdsche-Mîrsâ, einem Vetter des Usun Hasan, unter dem Oberbefehl des Wesirs ʿÖmer ibn Bektasch verheerend die qaramanischen Lande. Vorher hatten sie, wie bereits berichtet, von Dijâr-Bekr nach Toqat marschierend, diese Stadt und späterhin Qaisarîje geplündert. Die Stärke des Heeres wird verschieden bezeichnet. Sie schwankt zwischen 50 000 und gar 100 000 Mann, doch dürfte die erste Zahl der Richtigkeit am nächsten kommen, da sie von Caterino Zeno, einem Augenzeugen, bekundet wird. Der Wesir ʿÖmer kehrte bald nach Dijâr-Bekr zurück, während

Jûsufdsche-Mîrsâ mit den beiden Qaramaniden nach deren altem Landbesitz
aufbrach. Diesem Einfall zu begegnen, wurde Dâwûd-Pascha mit Prinz
Mustafâ, die angeblich über eine Streitmacht von 60 000 Mann verfügten,
vom Sultan aufgeboten. Die feindlichen Heere trafen sich bei Kereli (aus
Carallia) am See von Bejschehir, dem Carallis der Alten. Die Schlacht
verlief zugunsten der Osmanen. Sie ward, wenn die Tagesangabe in dem
vorgeblichen Siegesschreiben des Prinzen Mustafâ an seinen Vater zutreffend ist, am 19. August 1472 geliefert. Jûsufdsche-Mîrsâ wurde gefangen
an Mehmed II. gesandt und eingekerkert, die beiden Qaramanen-Fürsten
hatten sich vom Kampfplatz durch schleunige Flucht in Sicherheit gebracht, wobei Pîr Ahmed zu Usun Hasan eilte, während Qâsim-Beg sich im
kilikischen Selefke festsetzte.

Wo der Osmanenherrscher den Winter verlebte, läßt sich aus den Angaben türkischer und westlicher Quellen nicht mit Gewissheit ermitteln.
Gian-Maria Angiolello, der so schreibt, als habe er sich im Heerlager des
Sultans befunden, erweckt den Eindruck, daß das osmanische Heer unweit
Amasia in der ungeheuren Ebene Qas-Owasy, der ‚Gänsewiese‘, den Winter
zugebracht habe. Dorthin sollen auch alle Truppenaufgebote befohlen
worden sein. Auch Bajesid-Tschelebi und sein Bruder Mustafâ wurden
herangezogen. Dschem-Sultan war in Stambul verblieben. Das Heer ward
in fünf Säulen aufgeteilt. Die erste unterstand, 30 000 Mann stark, dem
Großherrn selbst. Die zweite wurde Prinz Bajesid übertragen und betrug
wiederum 30 000 Mann. Prinz Mustafâ befehligte die dritte Heersäule
mit abermals 30 000 Mann, von denen 12 000 Walachen der Führung
eines gewissen Basaraba gehorchten, die neben dem Großherrn Platz
bezogen. Die vierte Säule leitete der Landpfleger von Rumelien, der
junge Châss Murâd-Pascha, ein Paläologensprößling, der sich der besonderen Zuneigung Mehmeds II. erfreute und diesem Wohlwollen seinen raschen Aufstieg zu einem der wichtigsten Ämter des Staates verdankte. Ihm
wurde wegen seiner jugendlichen Unerfahrenheit der Großwesir Mahmûd-
Pascha zugeteilt. Diese Heersäule soll 60 000 Mann umfaßt haben, darunter
viele christliche Griechen, Albaner, Serben. Sie stellten sich vor dem Großherrn auf. Schließlich nahm hinter dem Sultan der Landpfleger von
Anatolien, Dâwûd-Pascha, mit der fünften Säule, bestehend aus 40 000
Mann, Fußgängern und Reitern, seinen Platz ein. Mehmed II. mit seinem
Aufgebot befand sich also in der Mitte, umgeben von vier Heersäulen,
deren Gesamtstärke demnach 190 000 Mann betragen haben müßte. In
Wahrheit belief sich diese auf kaum mehr als 100 000 Mann und der Rest
dürfte aus Troß bestanden haben. Diese riesige Heeresmacht breitete sich
auf der ‚Gänsewiese‘ in genau vorgeschriebener Aufstellung aus. Zu ihr

kamen noch die sogenannten Renner und Brenner, die Aqyndschys, die unter der Führung von Mahmûd-Agha standen. Zwei ‚Gersten-Aufsehern‘ *(arpa emini)* war die Fürsorge für die Verpflegung dieser Truppenmassen aufgetragen.

Etwa ein Vierteljahr scheint das Lager bei Amasia, vom Gegner unbehelligt, einen großen Teil des im Osten Anatoliens stets eisigen Winters überdauert zu haben. Die weite Entfernung von der Hauptstadt hat dort, wenn G.-M. Angiolello die Wahrheit meldet, zu einem merkwürdigen, aber bezeichnenden Zwischenfall geführt. Dem Knaben Dschem-Sultan, der aus dem Kriegslager seines Vaters wegen der beträchtlichen Entfernung nur spärliche Kunde erhielt und über die Vorgänge beim Heer in Ungewißheit verblieb, redete man ein, als er vierzig Tage lang ohne zuverlässige Nachrichten war, daß das Osmanenheer vernichtet worden sei. Dschem-Sultan, ob aus eigenen Stücken oder auf Betreiben seiner Ratgeber ist unklar, versuchte sich nun den Gehorsam der militärischen und zivilen Befehlshaber zu verschaffen, um ein eigenes Regiment aufzurichten. Diese Berater, unter denen sich ein gewisser Nasûh-Beg sowie der im Sultansdienst ergraute Sulejmân-Beg aus Qaryschdyran befanden, wurden vom Großherrn bei seiner Heimkehr rücksichtslos beseitigt. Welches Ausmaß diese erste Zwischenregierung des Prinzen Dschem nahm, bleibt in Dunkel gehüllt. Eine zweite, spätere, ist weit besser geklärt und läßt erkennen, welche Kreise hinter dieser merkwürdigen Persönlichkeit gestanden haben. So viel darf aus dem Vorfall mit Sicherheit gefolgert werden, daß Mehmed II. keineswegs auf die unbedingte Zuverlässigkeit der Staatsverwaltung rechnen durfte, daß sich vielmehr in ihr Widersacher verbargen, die die nächstbeste Gelegenheit auszunützen suchten, seine Herrschaft zu beseitigen.

Im Februar oder März 1473 erfolgte endlich der Aufbruch aus den Winterquartieren. Die gesamte Streitmacht setzte sich in Bewegung, marschierte über Toqat in nordöstlicher Richtung nach Niksâr und weiter über Qojlu-Hißâr nach Schâbîn-Qarahißâr. Schließlich gelangte der Großherr mit seinem Heerbann in die Ebene von Ersindschân, wo man Halt machte. Der Befehlshaber der Aqyndschys, ʿAlî-Beg aus dem Geschlechte der Michaloghlus, wurde mit der Vorhut ausgeschickt und brandschatzte Kemach am Euphrat im Südwesten von Ersindschân. Unterwegs stießen die Renner auf eine armenische Kirche, in der ein alter Priester, in seine Handschriften vergraben, Platz genommen hatte. Man rief ihm zu und als er keinen Laut von sich gab und sich nicht von der Stelle bewegte, machte man ihn nieder und steckte sein Gotteshaus in Brand. Diese Geschichte, die sich in Abwandlungen gewiß wiederholt haben wird, verdient Beachtung wegen der Tatsache, daß der Großherr über die Ermordung des

Priesters sehr aufgebracht war, als er erfuhr, daß er ein großer Weltweiser gewesen sei.

Usun Hasan traf Ende Juli 1473 in der Gegend von Ersindschân ein und wählte als Stützpunkt die Berge des linken Euphrat-Ufers. Von dort gewahrte er die osmanischen Heeresmassen und brach in den mehrfach überlieferten türkischen Ausruf aus: ,*Waj, qahboghlu, ne derjâdyr:* Weh, potztausend, welch ein Meer ist das!' Als angeblich am Mittwoch, dem 4. August, Châss Murâd-Pascha in jugendlichem Übermut den Flußlauf überschritt, ward er mit den Seinen von Usun Hasan eingeschlossen und vernichtet. Die Verluste der Osmanen sollen sich damals auf 12 000 Mann belaufen haben. Der Landpfleger fand im reißenden Strom den Tod. Der Großherr war wütend über diesen Mißerfolg und besonders über den Tod seines Günstlings Murâd-Pascha, den er seinem Großwesir zur Last legte und ihm nie mehr vergaß. Er warf Mahmûd-Pascha vor, daß er dem rumelischen Landpfleger nicht zu Hilfe geeilt sei und ihn in den Wellen des Euphrat habe umkommen lassen. Die Umstände verboten ihn zur Rechenschaft zu ziehen, wie es zweifellos sein Wille gewesen wäre. Aber der Großwesir entging seinem Schicksal nicht. Der Fehlschlag hat, so scheint es, Mehmed II. wenigstens vorübergehend bewogen, den Kriegszug aufzugeben und eilends nach Stambul zurückzukehren. Er gab Befehl, das Schlachtfeld im Gebiet von Terdschân (oberhalb Ersindschân) zu räumen und, Baiburt im Nordosten, also rechts liegen lassend, auf der nach Trapezunt führenden Straße vorzurücken. Von dort sollte allem Anschein nach der Weg nach Westen fortgesetzt werden. Als sich nun das osmanische Heer in der Gegend von Ütsch-aghysly, vermutlich im Gebirge nördlich von Ersindschân, aufhielt, tauchte mit einem Male Usun Hasan mit seiner Streitmacht auf den Höhen von Otluq-Beli an der rechten Flanke der Osmanen auf. Diese nahmen den Kampf an und schlugen, wiederum an einem Mittwoch, dem 11. August 1473, bei Baschkent die Fürsten vom Weißen Hammel in die Flucht. Dieser hatte sich den Mittwoch, den er als seinen Glückstag betrachtete und stets für seine wichtigsten Staatsgeschäfte ausersah, als Kampftag ausgesucht, aber das Glück hatte ihn damals verlassen und der glänzende Sieg, den der Großherr dank vor allem der von ihm eingesetzten Feuerwaffen errang, war unbestreitbar und von weittragenden Folgen. In der Schlacht hatte Usun Hasans jüngerer Sohn Sejnel den linken, der ältere Ughurlu-Mohammed den rechten Flügel des Heeres befehligt. In der osmanischen Schlachtordnung standen ihnen die beiden Söhne Mehmeds gegenüber, von denen sich Prinz Mustafâ mit dem anatolischen Heerbann und den Asaben auf dem linken, Prinz Bajesid mit den europäischen Truppen und den Janitscharen auf dem rechten Flügel be fanden. Mustafâ stürmte beherzt auf den rechten Flügel des Feindes ein, und Sejnel verlor im Gefecht sein Leben. Mahmûd-Agha, der Asaben-Befehlshaber, legte dessen Kopf dem Prinzen zu Füßen, der ihn wiederum seinem Vater überbringen ließ. Bajesid warf den linken Flügel des Gegners. Das ganze türkmenische Heer geriet in Verwirrung. Usun Hasan selbst machte sich auf einem arabischen Zelter aus dem Staube. Die Schlacht hatte acht Stunden gewährt. Die Aq Qojunlus büßten angeblich 10 000 Mann ein, während sich die osmanischen Verluste auf nur 1000 Mann beziffert haben sollen. Das gesamte Lager des Feindes fiel mit allem Gepäck in die Hände der Osmanen. Drei Tage weilte der Sultan auf der Walstatt, um die Gefangenen niedermetzeln zu lassen. Nur einigen bedeutenden Gelehrten, von denen Usun Hasan als Förderer von Kunst und Wissenschaften stets einige um sich zu halten pflegte, wurde das Leben geschenkt. Dreitausend Türkmenen ereilte ein besonders grausames Schicksal. Sie wurden auf dem Rückmarsche mitgeführt und jeden Tag 400 von ihnen umgebracht. Die gefangenen Handwerker und Gelehrten wurden nach Stambul überführt.

Statt aber Usun Hasan zu verfolgen und den Sieg völlig auszunutzen, trat Mehmed II. auf Betreiben seines Großwesirs Mahmûd-Pascha den Rückweg an. Der dem Sultan gegebene Rat, der sich auf die Schwierigkeiten stützte, die unzweifelhaft mit der Niederhaltung der eroberten Gebiete verbunden sein werden, war wohlbegründet, aber je weiter er nach Westen kam, desto mehr bereute der Großherr seinen Entschluß und der Groll gegen seinen ersten Wesir ward aufs neue wach und verstärkt. Unterwegs übergab Dârâb-Beg, der Befehlshaber der türkmenischen Feste Schâbîn-Qarahißâr, diese dem vorbeiziehenden Großherrn und wurde zur Belohnung unweit Adrianopel als Bannerherr (Sandschaqbeji) von Tschirmen eingewiesen. Gleichzeitig wurde die ungemein reiche Beute verteilt, die des Sultans Heer gemacht hatte. Überdies erließ der Großherr seinen Truppen den Vorschuß, den er bei Eröffnung des Kriegszuges auf deren künftigen Sold hatte auszahlen lassen. Allen seinen Sklaven und Sklavinnen schenkte er die Freiheit, die etwa 40 000 Menschen zugute kam. Aus Schâbîn-Qarahißâr wurden die üblichen Siegesberichte an Sultan Husejn Bajqara, den Herrn von Chorâsân, sowie an seinen Sohn Dschem gesandt und Weisungen an die Statthalter und Bannerherren des Reiches erlassen, Siegesfeste zu veranstalten. Das merkwürdigste Sendschreiben aber, das der Sultan aus Qarahißâr ergehen ließ, war der am 30. August 1473 dort in uigurischer Schrift ausgefertigte *Jarlyq* an die Bewohner Anatoliens, worin er ihnen seinen über Usun Hasan erfochtenen Sieg zur Kenntnis bringt und über die einzelnen Kampfhandlungen genaue Angaben macht.

Eine seltsame Begebenheit, die sich auf dem Feldzug zutrug, verdient in diesem Zusammenhang Erwähnung, weil sie erst auf dem Rückmarsch ihren Abschluß fand. Kurz vor dem Auszug aus Stambul hatte Mehmed II. an König Matthias von Ungarn einen Vertrauensmann namens Hasan-Beg gesandt und in Ofen bestellen lassen, daß er ein friedliches Übereinkommen mit Ungarn dringend wünsche. Zu lange schon seien beider Staaten im Zwist gelegen, der endlich ein für allemal beigelegt werden müsse. Matthias Corvinus solle einen Botschafter an den Sultanshof schicken, mit dem man dort alle weiteren Abmachungen besprechen wolle. König Matthias entsandte sogleich einen seiner Barone, dem auf sultanisches Geheiß unterwegs alle nur erdenklichen Ehrungen und Freundschaftsdienste zuteil wurden. Als er am Hofsitz anlangte, war der Großherr längst drüben in Anatolien und dem Unterhändler blieb nichts anderes übrig, als sich, ausdrücklicher großherrlicher Einladung nachkommend, ebenfalls dorthin zu begeben und dem Heerlager zu folgen. Der Sultan, so ward ihm bedeutet, habe sehnsüchtig sein Eintreffen erwartet, aber die Kriegsmaßnahmen seines Feindes Usun Hasan hätten ihn gezwungen, früher als geplant den Heerzug anzutreten. Als der ungarische Baron nach Skutari übersetzte, befand sich der Sultan bereits acht Tagesmärsche entfernt im Osten Kleinasiens. Er beschleunigte seine Reise und als er in Angora eintraf, erfuhr er, daß Mehmed Befehl erlassen habe, ihm eine Ehrengarde von vierzig Edelmännern beizugeben, ihn auf alle mögliche Weise zu unterhalten und zu zerstreuen. Als er endlich zur Audienz vorgelassen wurde, fiel kein Wort über einen Friedensschluß, dafür erhielt der Ungar aber reiche Geschenke, aus kostbaren Pferden, Sätteln usw. bestehend, sowie die Einladung, den Hof nach Siwas zu begleiten. Dort wurden zu Ehren des Gastes Falkenbeizen und Jagden veranstaltet. Der Sultan werde binnen wenigen Tagen wieder in Siwas anlangen, ward ihm bedeutet, aber die Wartezeit dauerte drei Monate. Inzwischen war Usun Hasan besiegt worden, der ungarische Baron wurde Augen- und Ohrenzeuge der Siegesfeiern, der Racheakte an den Gefangenen und der Heimkehr des sultanischen Heeres. In den Verhandlungen, die er nunmehr mit den Wesiren führen durfte, beging der Abgesandte im Namen seines Königs die Unvorsichtigkeit, von der Pforte die Überlassung zweier Festungen unweit Belgrad, nämlich Avala und Golubac (Güverdschinlik), zu verlangen. Die Antwort fiel aus, wie nicht anders zu erhoffen war. Nicht nur wollte Mehmed II. keine dieser Festungen ausfolgen, sondern vielmehr von König Matthias weitere fordern. Jajce zum Beispiel gehöre dem Sultan, da dieser den König von Bosnien daraus verjagt habe. Die Besprechungen verliefen ohne jegliches Ergebnis, aber die Schlauheit großherrlicher Staatskunst hatte ihr Ziel er-

reicht. Während der Abwesenheit des Sultans in Ostanatolien wäre es
Matthias und seinen Verbündeten ein leichtes gewesen, in die europäischen
Besitzungen des Osmanenherrschers einzufallen, die so gut wie völlig von
allen Truppen entblößt waren und einem Gegner keinen ernsthaften Widerstand hätten entgegenstellen können. Ja selbst Stambul, das zwar nach
D. Malipieros Bericht von 10 000 Arbeitern instand gesetzt worden war,
indem man die Mauern herstellte und Gräben aushob, hätte keine dauernde Gegenwehr zu leisten versucht. Durch die Hinhaltung des ungarischen
Sendboten während des ganzen Feldzuges war die Gefahr von Norden her
gebannt worden. Matthias hatte auch zu Usun Hasan einen Botschafter
gesandt, über dessen Schicksal jedoch nichts weiter verlautet.

Die Rückreise in die Hauptstadt erfolgte wohl erst gegen Ausgang des
Jahres über Amasia, wo Mehmed II. sich etwa vier Wochen aufgehalten
haben soll, Angora und Kutahja. Der Großherr dürfte zwischen dem Entschluß geschwankt haben, den Winter in Brussa oder in Stambul zu verbringen, entschied sich aber für dieses. Seine Söhne, von denen er besonders
Mustafâ, seinen Liebling, mit Ehrungen überhäufte, kehrten an ihre Sitze
Amasia und Qonja zurück. In Stambul erging ein strenges Strafgericht
über die Würdenträger, die erstrebt hatten, für Dschem-Sultan die Herrschaft an sich zu reißen. Der Großwesir Mahmûd-Pascha war mit einem
Teil des Heeres sechs Tagmärsche hinter dem Sultan zurückgeblieben. Am
dritten Tag nach seiner Ankunft in der Residenz ereilte ihn der Zornes-
ausbruch seines Herrn mit seinen todbringenden Folgen. In den nächsten
Monaten löste überhaupt ein Unheil das andere im Bereiche des Sultans-
hofes ab. Aber wie stand es um Usun Hasan, seine Herrschaft, wie stand
es um das Abendland, wo die Sache des Kreuzes gegenüber dem Halbmond
immer verlorener erscheinen mußte?

Der Herr vom Weißen Hammel, der der Verfolgung durch seinen Todfeind glücklich entgangen war, hatte die Hoffnung auf eine Wendung des
Schicksals keineswegs begraben. Der weitaus größte Teil des riesigen Gebietes, über das Usun Hasan herrschte, merkte ohnedies wenig oder nichts
von der Niederlage des Herrschers. Um so deutlicher spürte man deren
Nachwehen in der Christenheit. Usun Hasan wandte sich gleich nach der
verlorenen Schlacht an die Signoria von Venedig mit dem Vorschlag, 'gemeinsam gegen den Osmanen zu reiten'! Zur selben Stunde wurde Caterino
Zeno, Venedigs Abgesandter, verabschiedet und ihm die Bitte aufgetragen,
bei den Mächten des Abendlandes für die gemeinsame Sache zu werben.
Auch die Gesandten Polens und Ungarns, die sich am Hofe des Fürsten der
Aq Qojunlu aufhielten, wurden entlassen und in ihre Heimat geschickt.
Aber abgesehen vom Päpstlichen Stuhle legte nur die Signoria weiterhin

beträchtlichen Wert auf die Beibehaltung der Bündnispolitik gegenüber Usun Hasan.

Der günstige Augenblick, während der Abwesenheit des Großherrn dessen europäische Länder samt der Hauptstadt dem Halbmond zu entreißen, war nicht genutzt worden. Der Sultan selbst hatte mit solchem Überfall durchaus gerechnet, wie allein die eilig vorgenommenen Schutzmaßnahmen in Stambul beweisen. Als die Kunde von der Niederlage bei Terdschân dorthin drang, wurden sämtliche Stadttore in aller Hast vermauert. Nur drei ließ man offen. Gewaltige Ketten wurden hergestellt, von denen eine an den Meerengen zwischen Asien und Europa die See abriegelte, um etwaigen feindlichen Schiffen die Einfahrt nach Stambul und ins Goldene Horn zu verwehren. Bei St. Demetrios, also an der Seraj-Spitze, ward eine 20 Schritt lange Sperrmauer aufgerichtet und vierzehn Bombarden wurden in Stellung gebracht. Überall längs dem Ufer von Galata hatte man Mörser aufgefahren und neue Schutzmauern um diesen Stadtteil erbaut. Aus Negroponte wurden 150 griechische Familien nach Stambul verpflanzt, so daß kein Grieche mehr dort verbleiben durfte. Die Befürchtungen erwiesen sich als völlig grundlos. Aber selbst nach dem Sieg über Usun Hasan hielt man an der Pforte die Lage nicht für geheuer. Aus Adrianopel abgegangene Kundschafter berichteten Ende Oktober 1473 Rektor und Rat von Ragusa Einzelheiten über die Kämpfe in Ostanatolien. Zur Beruhigung der Bevölkerung habe der Sultan Boten nach Serbien und Bosnien entsandt, um über den erfochtenen glänzenden Sieg das Volk aufzuklären. Daß die sogenannte ‚Romania’, Rûm-Eli, sich während des Feldzuges, für den alle waffenfähigen jungen Männer herangezogen worden waren, zeitweise in bedenklicher Gärung befand, weil Banden die Lande durchstreiften und die Siedlungen brandschatzten, Verwirrung stifteten und die Alten, denen der Schutz der Heimat anvertraut blieb, mutlos machten, geht aus mancherlei zuverlässigen Meldungen jener Tage deutlich hervor. Der Knabe Dschem als Reichsverweser in Rumelien vermochte, obwohl ihm der erfahrene und schlaue Ishâq-Pascha als Berater zur Seite stand, dem Unwesen keinen Einhalt zu gebieten. Aber als Ishâq-Pascha den Sultan vor seinem Ausmarsch befragte, was er tun solle, falls der Feind ins Land einfalle und die Ruhe störe, gab er ihm zur Antwort: ‚Daheim gibt es Kaufleute und Handwerker, mit denen ihr euch verteidigen könnt. Alle anderen muß ich mit mir nehmen!‘

Es verlohnt sich, an dieser Stelle einen kurzen Blick auf die Bemühungen im Westen zu werfen, den aus dem Osten drohenden Gefahren wirksam zu begegnen. Einen neuen Aufschwung schien die Sache des Kreuzes erst wieder zu erhalten, als Sixtus IV. im August 1471 den

Stuhl Petri bestiegen hatte. Um die Christenheit zu wirksamer Teilnahme mit Gut und Blut am Kampf gegen die Ungläubigen anzuregen, ließ er fast kein Mittel unversucht. Es gelang ihm in der Tat, das erlöschende Feuer christlicher Begeisterung nicht nur durch eine Reihe päpstlicher Bullen und erneuerte Zusagen geistlicher Wohltaten jeglicher Art zu entfachen, sondern auch durch Entsendung von fünf Kurienkardinälen als päpstliche Legaten nach den verschiedenen Ländern des Abendlandes für die gemeinsame Sache zu werben. Ob die Wahl der Legaten auf die richtigen Männer fiel, muß bezweifelt werden und hatte schon zur Zeit ihrer Ernennung Anlaß zu spöttischen und zweifelnden Bemerkungen gegeben. Sie waren teils viel zu alt, wie etwa der gelehrte Bessarion, teils zu bequem, sich den Mühseligkeiten langer Reisen und ungewohnter Aufgaben zu unterziehen. Es war klar, daß bei der Bekämpfung der Osmanen alle Welt die größte Hoffnung auf den Seekrieg setzte. Ihnen zu Lande beizukommen, wurde nur noch in verstiegenen Köpfen wie dem des alternden Francesco Filelfo erwogen, der nicht erlahmte, sich durch feurige Sendschreiben immer wieder in Erinnerung zu bringen.

Aber die Zurüstung der Galeeren ging nur schleppend vonstatten und besonders die päpstliche Flotte wurde sehr langsam segelfertig. Sie unterstand dem Kardinal-Legaten Oliviero Caraffa und konnte schließlich zum Geschwader des sekundigen Pietro Mocenigo stoßen (Juni 1472). Auch Ferdinand von Aragonien stellte als Bundesgenosse von Venedig und der Kurie zwanzig Galeeren, von denen einstweilen aber nur ein Dutzend kampfbereit zur Verfügung stand. Die eigentliche Führung des Seekriegs lag in venedischen Händen. Pietro Mocenigo wurden noch zwei im Seewesen besonders erprobte Provveditori, Luigi Bembo und Marin Malipiero, beigesellt. Die Küsten Anatoliens waren Ziel und Schauplatz der nächsten Unternehmungen. Das ergab sich von selbst aus der damaligen Gestaltung der Verhältnisse im Nahen Osten. Zu einem Gefecht mit der osmanischen Flotte konnte es überhaupt nicht kommen, weil sie die Dardanellen nicht verließ. Die kleinasiatische Süd- und Südwestküste bot die einzige Möglichkeit, eine kürzere Verbindung mit dem Reiche Usun Hasans herzustellen, der nicht müde wurde, seinen Bundesgenossen im Abendlande den gefährlichen Mangel an schwerem Geschütz und dessen Bedienung, vorzüglich an Schießvorrat, durch wiederholte Gesandtschaften vorzuhalten und um deren Lieferung zu bitten. Mit Reiterei, so ließ er Pietro Mocenigo wissen, der damals im Hafen von Rhodos vor Anker lag, die mit der Lanze, dem Schwert und dem Bogen umzugehen verstünde, sei er ausreichend versehen. Hingegen fehle es ihm an allem, was man benötige, um den Feind von weither anzugreifen und Städte zu erobern. Aber als Venedig sich endlich bereit fand, diese Geschütze samt der Mannschaft durch den orient-kundigen Giosafat Barbaro an irgendeiner geeigneten Stelle der Küste von Syrien oder Qaraman abzusetzen, da war es längst zu spät, weil sich das Glück der Waffen inzwischen wider den Herrn des Weißen Hammels entschieden hatte.

Dagegen vermochte der nach Selefke geflüchtete Qâsim-Beg von Qaramanien aus der Anwesenheit der christlichen Flotte in den anatolischen Gewässern Nutzen zu ziehen. Die von den Osmanen besetzten Burgen und Schlösser an der qaramanischen Küste, vor allem Selefke, Sighino, Korykos, wurden mit venedischer Hilfe nacheinander weggenommen, so daß der gesamte kilikische Küstenstrich wieder in Qâsim-Begs Hände zurückfiel. Der greifbare Gewinn dieser nur vorübergehenden Eroberungen blieb freilich aus. Obwohl die Flotte zuletzt aus fünfundachtzig Galeeren bestand, wovon achtundvierzig, mit Einschluß der zwölf von dalmatischen Städten gestellten, den Venedigern, achtzehn dem Papste, siebzehn dem Könige von Neapel und zwei den Rhodiser-Rittern gehörten, holte sie nirgendwo zu einem entscheidenden Schlag aus. Pietro Mocenigo, der Generalkapitän des Meeres und spätere Doge, war gewiß ein tapferer Streiter, aber kaum jener Seeheld, als den ihn sein prunkvolles Grabmal darstellen möchte. Freibeuterei großen Stiles war es, die er an den Küsten von Lykien, Karien und Kilikien von seinen albanischen Mietstruppen ausführen ließ. Als man endlich im Kriegsrat, an dem sich auch der kampferprobte Provveditore Vettore Soranzo beteiligte, beschloß, die stark geschützte Hafenstadt Satalia an der Küste von Qaramanien zu berennen, sprach nichts für einen dauernden Erfolg. Zwar brannten die an Land gebrachten Stradioten im August 1472 die Vorstädte nieder, plünderten die mit morgenländischen Spezereien und kostbaren Stoffen gefüllten Handelshäuser, aber über den äußeren Stadtwall drangen die Angreifer nicht hinaus und mußten am Ende den Rückzug antreten. Die Brandschatzung der anatolischen Küstenplätze wurde schließlich durch den grausamen Überfall auf das nur noch von einer verfallenen Mauer umgebene, kaum verteidigte Smyrna (13. September 1472) gekrönt. Die wehrlose Stadt ward ausgeraubt und nach einem mörderischen Gefecht mit der osmanischen Besatzung in Brand gesteckt. 215 Türkenköpfe wurden als Trophäen nach den Schiffen gebracht. In wenigen Stunden glich der Ort einem Aschenhaufen. Die Osmanen fürchteten damals, daß nun die Stunde für Stambul geschlagen habe. Ein Vorstoß durch die Dardanellen auf die Reichshauptstadt, aus der der Sultan abgezogen und im fernen Osten Anatoliens in gefährliche Kriegshändel verwickelt war, das wäre um jene Zeit die richtige Art eines Zusammenwirkens mit den Feinden des Osmanenstaates gewesen, die damals mit fast überlegenen Kräften und gewaltigem Kriegsaufwand einen aussichtsreichen Krieg eingeleitet hatten. Nichts von alledem geschah. Während Pietro Mocenigo seine Küstenstreifen mit Fahrzeugen ausführte, die mehr Kaufleute als Streiter an Bord hatten, bekam er den Befehl, die Erwerbung von Zypern vorzubereiten. Sobald der Winter herannahte, kehrte der päpstliche Legat im Januar 1473 mit seinem Geschwader nach Italien zurück. Als merkwürdigste Trophäe von diesem Feldzug brachte er Stücke der Eisenkette nach Rom heim, die einst die Einfahrt zum Hafen von Satalia versperrte. Sie wurde damals in der Sakristei der Peterskirche aufgehängt und ist noch heutigentags über der zum Archiv der Basilika führenden Türe zu sehen. Die dort eingefügte hochtrabende lateinische Inschrift stellte freilich die Zeitereignisse auf den Kopf.

Gemessen an dem fast unbändigen Kreuzzugseifer seiner unmittelbaren Vorgänger hat Sixtus IV. (1471—1484), wenn man von den Anfängen seines Papsttums etwa absieht, keine sonderliche Tätigkeit für die Verteidigung der Christenheit gegen den Islam entfaltet. Die Großartigkeit, mit der er sein Kreuzzugsunternehmen anfänglich ins Werk setzte, zerrann immer mehr in kostspieligen Maßnahmen und Kundgebungen. Den riesigen Geldaufwand von 144 000 Golddukaten, den er allein an Rüstungen für die Türkenflotte verschwenden ließ, rechtfertigte keines der späteren Kriegsergebnisse. Und wenn er die prunkvolle Vermählung der Prinzessin Zoë, der Nichte des letzten byzantinischen Kaisers, mit dem russischen Großfürsten Iwan III. am 1. Juni 1472 in der Hoffnung segnete, in diesem einen neuen Vorkämpfer gegen die Ungläubigen zu gewinnen und eine Vereinigung der römischen mit der russisch-orthodoxen Kirche herbeizuführen, so erwiesen sich diese Erwartungen, und zwar noch während der Anwesenheit des jungen Paares in der Ewigen Stadt, als verfehlt und trügerisch.

Niemals vielleicht war die Gelegenheit günstiger, Mehmeds II. Reich einen tödlichen Streich zu versetzen, als während der Jahre 1472 und 1473. Sie vergingen, ohne daß die Christenheit diesen Vorteil wahrnahm. Der Hauptvorwurf traf Venedig, dessen Flotte keine entscheidende Begegnung mit dem Todfeinde wagte. Von der Schlacht bei Gallipoli (29. Mai 1416) bis zur Schlacht von Lepanto (7. Oktober 1571), also mehr als anderthalb Jahrhunderte lang, sind die Osmanen zur See nicht überwunden worden.

Um so geschäftiger war die venedische und päpstliche Diplomatie, durch ständige Gesandtschaften an den Hof Usun Hasans die Verhältnisse zu klären und vorsichtig die Aussichten für ein Zusammengehen mit ihm abzuwägen. Zum Plan eines gemeinsamen Unternehmens mit dem Türkmenenfürsten hatten schon Calixtus III., Pius II. und erst recht Paul II. ihre Zuflucht genommen. Nur dessen plötzlicher Tod hat weiter ausholende Vor-

haben zum Scheitern gebracht. Sein Nachfolger Sixtus IV. griff die alten
Absichten wieder auf und bis zum Tode des Herrn vom Weißen Hammel
(Nacht vom 5./6. Januar 1478) ward aber auch Venedig nicht müde,
die Beziehungen zu ihm nicht abbrechen zu lassen und sich von einer
Umklammerung des Osmanenreichs vom Osten und Westen her für das
schwer bedrängte Abendland Befreiung zu erwarten. Usun Hasan, durch
die Frauenlist seiner Mutter, noch mehr vielleicht aber durch seine Gattin
mit den Praktiken und Finten abendländischen Staatsverkehrs aufs beste
vertraut gemacht, tat das seinige, die längst gesponnenen Fäden mit der
Kurie, Venedig, Ungarn, ja selbst Polen nicht abreißen zu lassen und, als
seine Sache längst verloren schien, auf den Beistand der Christenheit zu
drängen. Ein glücklicher Zufall hat die Geschichte der diplomatischen Verbindungen der Signoria mit Usun Hasan bis in Einzelheiten klären helfen:
die ,relazioni' der wichtigsten venedischen Gesandten wie Lazzaro Querini,
Caterino Zeno, Ambrogio Contarini, Giosafat Barbaro, Paolo Ogniben haben sich handschriftlich oder gar im Druck erhalten, fast allesamt glänzende Zeugnisse venedischer Staatskunst. Es verlohnt sich, in großen Zügen
diesen Darstellungen zu folgen und sie zu Schlüssen auf die Beantwortung
der Frage zu verwenden, was in jenen entscheidungsschweren Tagen geschah, die Christenheit von einem Alpdruck zu erlösen.

Im Februar 1471 war der aus Persien zusammen mit einem Abgesandten
Usun Hasans namens Murâd nach Venedig zurückgekehrte Lazzaro Querini der erste, der die Signoria über die Zustände im Reiche des Herrschers
vom Weißen Hammel zuverlässig unterrichten konnte. Der türkmenische
Begleiter überbrachte ein Schreiben seines Gebieters, worin dieser in prah-
lenden Worten von seinen bisherigen Siegen redete und der Signoria ankündigte, daß er nunmehr gegen Mehmed II. vorzugehen entschlossen sei.
Daß er für diesen Kriegszug die Unterstützung des Abendlandes, vor allem
Venedigs, erhoffe, vergaß er nicht zu vermerken. Mit 148 gegen nur 2 Stimmen verfügte der Senat, einen Gesandten an den Hof Usun Hasans zu
schicken. Nachdem zwei hierzu Vorgeschlagene, Francesco Michiel und
Giacomo Medin, abgelehnt hatten, fiel die Wahl auf Caterino Zeno, wohl
nicht zuletzt deshalb, weil seine Gattin Violante eine Nichte der Gemahlin
des Türkmenenherrschers war, die sich ihrerseits als Tochter des Kaisers
Johannes Komnenos von Trapezunt empfehlen mußte. Auch die übrigen
drei Töchter dieser Komnenenprinzessin und des Herzogs des Archipels,
Niccolò Crespo, hatten venedische Edelleute aus den Häusern der Cornaro,
Friuli und Loredano geheiratet, so daß also Usun Hasan mit berühmten
Geschlechtern Venedigs in verwandtschaftlicher Bindung stand.

Ehe Ser Cat. Zeno nach dem Morgenland aufbrach, erschien ein zweiter

Botschafter von dort, der übers Schwarze Meer von Trapezunt nach
Aqkerman (Monkastro) und über Polen mit einem Gesandten des Königs Kasimir IV. gekommen war. Er verhandelte zuerst mit der Signoria, wo man
ihm ‚Beistand gegen Beistand und Angebot gegen Angebot' verhieß, und
begab sich hernach gen Rom zum Papst, um durch dessen Hilfe die
Unterstützung der Christenheit für das Kriegsunternehmen seines Gebieters zu erwirken. Auch dort ward er freundlich aufgenommen, mit Zusagen vertröstet und schließlich mit einem Franziskanermönch nach seiner
Heimat entlassen.

Caterino Zeno hatte zusammen mit seinem Vater Dracone lange Jahre
in Damaskus verlebt, war also mit Sitten und Gebräuchen des Orients
wohlvertraut und, abgesehen von seinen verwandtschaftlichen Beziehungen
zu Usun Hasan, für die ihm zugedachte Aufgabe besonders geeignet. Die
Abreise zog sich lange hin. Zuerst wollte Venedig sich Gewißheit verschaffen, ob nicht doch mit Mehmed II. ein Einvernehmen zu erzielen und
dem Krieg ein Ende zu setzen sei. Da sich die Unterhandlungen zerschlugen,
setzte die Signoria zuletzt doch auf die Karte der Aq Qojunlus. Der Herbst
war bereits ins Land gegangen, als Caterino Zeno zusammen mit Murâd
die Ausreise antrat. Er führte reiche Geschenke mit sich, darunter goldene
Stoffe für die Despina-Chatun. Um eine Ausrede, warum sich die Republik
von San Marco erst mit dem Großherrn in Gespräche einließ, war er gleichfalls nicht verlegen. Er sollte am Hof zu Täbris bedeuten, daß der Sultan
sie verlangt habe und daß man keinerlei zuverlässige Nachrichten über Persien besessen habe. Diese sollte nun Caterino Zeno nach Hause bringen
und berichten, wie es um die Machtmittel *(potenze)* Usun Hasans bestellt, wie alt er sei, wie hoch sich seine Einkünfte bezifferten, wie die
Grenzen seines Staates verliefen, wie es um seine Nachbarn stehe, kurzum
über alles, worüber die berühmten ‚*relazioni*' der Venediger in knappen
Sätzen, aber erschöpfend ihre Staatsleitung zu unterrichten verstanden.
Mit solcherlei Aufträgen also verließ Caterino Zeno seine Vaterstadt, verbrachte einige Monate auf Rhodos, setzte nach Qaramanien über und gelangte nach endlosen Fährlichkeiten an sein Ziel (30. April 1472). Dort
wurden ihm alle möglichen Ehrungen erwiesen, er wurde alsbald der
Königin vorgestellt, die ihn als ihren Neffen im Palast unterbringen und
täglich vom fürstlichen Tische bewirten ließ. Despina-Chatun betrachtete
sich als Verwandte des Freistaates von Venedig und versprach dessen Vertreter jede erdenkliche Hilfe. Schon am 30. Mai 1472 schrieb Caterino Zeno
an den Generalkapitän Pietro Mocenigo nach Rhodos, er möge an der anatolischen Küste gegen die Osmanen eingreifen. Auch bat er den Admiral,
einem weiteren Gesandten Usun Hasans den Durchzug nach Venedig zu

gewähren. Ende August kam tatsächlich ein gewisser Hâddschî Mohammed als Botschafter in der Lagunenstadt an, um dort Artillerie zu erbitten, an der es durchaus fehle. Er überreichte der Signoria ein überaus kostbares Geschenk, das noch heute unter den herrlichsten Schätzen des Tesoro di San Marco zu Venedig seinen Platz einnimmt. Es ist eine aus einem einzigen ausgehöhlten Türkis von ungewöhnlicher Größe (Durchmesser: 22,8 Zentimeter) bestehende Schüssel, die von einer doppelten edelsteinbesetzten Fassung innen und außen umgeben ist. Kaum hatte Hâddschî Mohammed sich seines Auftrags entledigt, als wiederum ein Abgesandter, der über Kaffa gekommen war, auf dem Landweg in Venedig anlangte, diesmal ein spaniolischer Jude. Er dürfte aber lediglich bestellt haben, daß sein Herr mit einer gewaltigen Streitmacht nach dem Westen unterwegs sei und Anatolien nicht eher verlassen wolle, bis er den Sultan von Stambul niedergerungen habe. Dann setzte er seinen Weg nach Rom und Neapel fort, nicht ohne sich unterwegs taufen und reich beschenken zu lassen.

Als der Senat am 25. September 1472 den Beschluß gefaßt hatte, Usun Hasan seiner Unterstützung zu versichern, ihm die erbetene Artillerie zu versprechen und den Generalkapitän zu beordern, sich mit seiner Flotte zur Verfügung des Herrschers vom Weißen Hammel zu halten, mußten diese Nachrichten durch einen neuen Botschafter diesem übermittelt werden. Am 27. September einigte man sich auf Giosafat Barbaro, der mit einem Jahresgehalt von 1800 Dukaten und zehn Begleitern nach Persien abgeordnet werden sollte. Die Wahl schien glücklich, denn der Erkorene war lange venedischer Konsul zu Tana, dann Befehlshaber (provveditore) von Albanien und ein guter Kenner morgenländischer Sprachen. Am 11. Januar 1473 kam der Senat überein, Usun Hasan sechs große Mörser, weitere zehn von mittlerer Größe und sechsunddreißig kleinere zu übersenden. Auch anderes Kriegsgerät sollte geliefert werden, ganz zu schweigen von den köstlichen Geschenken an Stoffen. Giosafat Barbaro erhielt eine offene und eine geheime Weisung mit auf den Weg. Unterwegs sollte er Pietro Mocenigo aufsuchen, ihn zum Eingreifen ermuntern, auch der Königin von Zypern, Caterina Cornaro (1454—1510) aus Venedig, die nach dem Tode ihres Gemahls Jakobs II. von Lusignan bald darnach die Herrschaft für ihren unmündigen Sohn übernehmen mußte, beistehen. Im Geheimbefehl hieß es, es sei die feste Absicht der Signoria, niemals Frieden mit dem Großherrn zu schließen, es sei denn, daß dieser zusichere, zugunsten Usun Hasans völlig auf Anatolien zu verzichten, das ganze Gebiet jenseits der Meerengen aufzugeben, ferner das gesamte Griechenland gegenüberliegende Ufer. Er müsse sich überdies verpflichten, niemals wieder ein Kastell längs seiner Küsten zu errichten, so daß den

Venedigern für Handel und Wandel der Weg ins Schwarze Meer unbehindert offenstehe! Bei einem Friedensschluß mit dem Sultan müsse
Usun Hasan die ihm verbündete Republik von San Marco einbeziehen
und die Rückgabe von Morea, Mytilini, Negroponte, auf jeden Fall aber
dieses sowie Argos ausdrücklich verlangen.

Ob die Signoria erhoffte, wenigstens einen Bruchteil dieser maßlosen
Forderungen durchzusetzen, steht nicht fest. Klar aber ist, daß alle diese
Begehren niemals Erfüllung hätten finden können, es sei denn, daß die
Osmanenmacht gänzlich zerschlagen aus diesem Feldzug hervorging. Mit
solcher Sendung belastet, reiste Giosafat Barbaro am 18. Februar 1473 von
Venedig ab. In Zara traf er sich mit den Abgesandten der Kurie und
des Neapeler Hofes. Dann ging die gemeinsame Fahrt über Korfu, Modoni
und Koroni nach Rhodos und Famagusta auf Zypern, wo die Botschafter
am 29. März ankamen.

Dort fand die Reise vorläufig ein unerwartetes Ende. Mehr als ein Jahr
mußte sich Giosafat Barbaro auf der Insel aufhalten, da die Osmanen inzwischen die Küsten von Anatolien besetzt hielten und den Landweg nach
Täbris versperrten. Die Zeit verstrich in Gesprächen mit Pietro Mocenigo,
der zögerte, dem entthronten Herrn von Qaraman tatkräftigere Hilfe zu
leisten, und dem König Jakob II. von Lusignan, der den Osmanen wegen
der Lage seines Eilands geneigter als den Christen zu sein schien, aber schon
nach wenigen Wochen (6. Juli) das Zeitliche segnete. Aus Qaramanien kamen Hilferufe von Qâsim-Beg, deren Dringlichkeit schließlich
ihren Eindruck auf die Christenflotte nicht verfehlte und sie zum Eingreifen bewog. Die Festen von Sighino, Korykos und Selefke wurden eingenommen und an Qâsim-Beg ausgefolgt. Sein Dank bestand in einem —
Leoparden und einem prachtvollen Turnierroß sowie reichem Silber-
geschirr.

Am 8. Juni 1473 schrieb Giosafat Barbaro aus Korykos an Usun Hasan,
daß er mit den Gesandten des Papstes, des Königs von Neapel sowie
Hâddschî Mohammed zu seiner Verfügung stehe und man gewillt sei, sogar
— Konstantinopel anzugreifen. Der Türkmenenfürst ließ die Freudenbotschaft im ganzen Heer verkünden und mit Trompetenklang und Zim-
belschall Ruhm und Namen Venedigs geschäftig preisen.

Alles das trug sich wenige Wochen vor der Schlacht bei Terdschân zu, in
der Usun Hasan den Sieg davontrug, ihn aber wegen der anbrechenden
Nacht nicht voll zu nutzen vermochte. Caterino Zeno und seine Tante, die
in Mehmed II. ihren grimmigsten Feind, den Zerstörer ihrer Familie sah,
taten in jenen Tagen das ihrige, Usun Hasan zu raschestem Vorgehen
gegen die Osmanen zu ermutigen. Ehe er die Waffen sprechen ließ, schickte

er ins Feldlager des Großherrn einen Gesandten, der diesem bestellen mußte, daß Usun Hasan die unverzügliche Rückgabe von Trapezunt, das seinem Schwiegervater gehöre, verlange, außerdem aber Sinope, das Eigentum seiner Neffen, den Söhnen seiner Schwester sei. Schließlich sollten den Qaraman-oghlus, seinen ‚Vettern‘, deren von den Osmanen besetzter Länderbereich zurückerstattet werden. Weigere Mehmed sich dessen, betrachte er ihn ebenso als seinen Feind. Um ihm klarzumachen, daß er auch die Macht besitze, seine Forderungen mit Gewalt durchzudrücken, ließ er Mehmed durch seinen Abgesandten angeblich einen Sack Hirsekörner mit dem Bedeuten überreichen, daß, falls er es mit ihm aufnehmen wolle, die Zahl seiner Truppen mindestens so groß sein müsse wie die der Körner. Der Großherr erwiderte nichts darauf, sondern hieß im Angesicht des türkmenischen Sendboten die Hirse einer Anzahl von Hühnern vorwerfen, die sie in wenigen Augenblicken restlos verzehrte. ‚Sag’ deinem Herrn‘, so herrschte er ihn an, ‘daß, wie diese Hühner schnell den Sack Hirse aufgefressen haben, auf gleiche Weise meine Janitscharen mit seinen Leuten verfahren werden, die wohl gewöhnt sind, Ziegen zu hüten, nicht aber zu kämpfen.‘ Eine Kriegserklärung war die unausbleibliche Folge.

Etwa zur gleichen Zeit, am 23. Juni 1473, kam der Senat zu Venedig überein, daß Pietro Mocenigo in die Dardanellen einbrechen und auf Konstantinopel losgehen solle, knüpfte freilich an den Beschluß die Bedingung, daß der päpstliche Legat sowie der Neapeler Geschwaderführer der gleichen Ansicht seien. Usun Hasan war mit seiner Streitmacht schon unterwegs, als er am 11. Juli durch den ihn begleitenden Caterino Zeno an den Kaiser sowie an den König von Ungarn zu schreiben befahl, ‘das Gebiet der Osmanen in Europa in Feuer und Flamme aufgehen zu lassen, da er mit Gottes Hilfe eben darangehe, gewissesten Sieg über den Osmanen zu erringen, und daß er wolle, daß dieser von allen Seiten angegriffen werde, daß er sich nicht mehr zu erholen vermöge und sein Name für alle Zeiten ausgelöscht werde.‘ Ob diese Briefe jemals ihr Ziel erreichten, steht nicht fest, aber so viel ist sicher, daß sich weder König Matthias Corvinus und erst recht nicht Kaiser Friedrich III. erbötig fanden, etwas gegen das Osmanenreich zu unternehmen. Wie es an den Grenzen des Reiches dazumal stand, wird sogleich geschildert werden.

Mittlerweile war die Schlacht von Baschkent geschlagen worden. Usun Hasan floh nach Osten, sein Sohn Sejnel kam ums Leben. Mehmed II. konnte mit der Zuversicht den Rückzug nach Westen antreten, daß fürs erste wenigstens vom Herrn des Weißen Hammels keine Gefahr mehr drohe. Dieser sandte Caterino Zeno zurück ins Abendland, um dessen Fürsten von seiner Absicht zu überzeugen, daß er das Spiel keineswegs verloren gebe, daß er vielmehr im nächsten Frühling ein gewaltiges Heer aufstellen und den Kampf fortsetzen werde. Die Herrscher der Christenheit freilich dürften ihm dabei ihre Hilfe nicht versagen. Bar aller Habe und in jämmerlicher Verfassung erreichte Caterino Zeno fürs erste Kaffa, von wo er der Signoria von den Plänen des geschlagenen Verbündeten im Osten Bericht erstattete. Giosafat Barbaro war mit dem Rüstzeug immer noch nicht am Ort seiner Bestimmung angelangt und Usun Hasan weilte längst nicht mehr unter den Lebenden, als er über Aleppo und Beirut Ende April 1478 wieder seine Heimat gewann. Der Senat beschloß daher, Paolo Ogniben nach Täbris zu entsenden und Usun Hasan melden zu lassen, daß er treu im Bündnis mit ihm auszuharren gedenke. Kurz vor Weihnachten (10. Dezember 1473) wurde ein weiterer Gesandter, Ambrogio Contarini, bestimmt und Giosafat Barbaro beauftragt (20. Dezember), seine Reise endlich zum Abschluß zu bringen. Ser Ambrogio erhielt ebenfalls zwei Weisungen, eine offene und eine geheime, die er, damit sie nicht in Feindeshände gerate, auswendig lernen mußte. Sie wiederholten die früheren Botschaften. Man versprach abermals die Flotte einzusetzen. Usun Hasan stellte man frei, den Krieg zu beginnen, wo und wann er nur wolle; es komme nur auf Eile an.

Während Paolo Ogniben und Ambrogio Contarini nach Persien unterwegs waren, reiste Caterino Zeno auf dem Umweg über Polen in seine Heimat zurück. König Kasimir, der sich mit Matthias Corvinus im Krieg befand, nahm den venedischen Botschafter gastlich auf, machte ihm große Zusagen und verlieh ihm die Ritterwürde (20. April 1474). Von Venedig begab er sich sogleich nach Rom, um dem Papst, und dann nach Neapel, um König Ferdinand von seinen Erlebnissen zu berichten. Giosafat Barbaro und Hâddschî Mohammed aber konnten sich als Pilger verkleidet, von den päpstlichen und Neapeler Gesandten im Stich gelassen, am 11. Februar 1474, als das Schicksal längst über Usun Hasan entschieden hatte, auf den Weg machen. Sie kamen von Korykos an der anatolischen Südküste über Selefke, Tarsus, Mârdîn, Hißn Kaifâ, Siirt ins Gebiet der räuberischen Kurden, die über sie herfielen und jämmerlich ausraubten. Nur Giosafat Barbaro gelang es, sich dank seinem raschen Pferd in Sicherheit zu bringen. Seine Begleiter wurden niedergemetzelt. Als er schließlich am Hof zu Täbris ankam, fand er den damals 50jährigen Usun Hasan in schwerster Bedrängnis. Sein eigener Sohn Ughurlu Mohammed stand gegen ihn auf — er suchte später Zuflucht bei Bajesid II, heiratete eine seiner acht Töchter und brachte es zum Landpfleger von Anatolien —, die Teilnahmslosigkeit der Christenwelt bereitete ihm bittere Enttäuschung, um kurz zu sein, von einem neuerlichen Kriegszug war gar keine Rede mehr.

Paolo Ogniben kehrte am 17. Februar 1475 nach Venedig zurück. Ambrogio Contarini, der Giosafat Barbaro in Isfahân, wo sich Usun Hasan damals aufhielt, antraf (August 1473) und ablöste, erreichte über das Kaspische Meer, die Tatarei, Moskau, Litauen, Polen und Deutschland seine venedische Heimat (9. April 1477). Als letzter folgte Giosafat Barbaro am 29. April 1478.

Das ist, in Kürze erzählt, der Verlauf der abendländischen Beziehungen zum Herrn vom Weißen Hammel. Von einem planmäßig durchgeführten Unternehmen, in dem die Kriegsmaßnahmen beider Vertragspartner aufeinander abgestimmt worden wären, ist niemals mehr ernsthaft die Rede. Pietro Mocenigo wäre die Persönlichkeit gewesen, die im Laufe des Jahres 1473, ehe sich am 11. August das Kriegsglück zugunsten Mehmeds des Eroberers wandte, dem Kampf des Kreuzes gegen den Halbmond eine entscheidende Wendung hätte verleihen können. Statt sich zu einer befreienden Tat aufzuraffen, nahm er im Februar 1472 das Anerbieten des Sizilianers Antonello an, der bei der Einnahme von Negroponte in türkische Sklaverei geraten war und sich bereit erklärte, das Arsenal beim Hafen Gallipoli, den Mehmed II. hatte längst stark befestigen lassen, in die Luft zu sprengen. Dort befand sich damals das Rüstzeug zu mehr als 300 Galeeren, vor allem aber auch eine beträchtliche Menge zündbarer Stoffe, wie Teer, Hanf und Pech. Dies alles erbot er sich in Brand zu stecken. Der mit der Örtlichkeit wohlvertraute Waghals verlangte lediglich eine Schifferbarke und sechs verwegene Begleiter. Nachdem er das Fahrzeug zum Schein mit Waren befrachtet hatte, unter denen die zur Ausführung seines Unterfangens notwendigen Brennstoffe und Werkzeuge versteckt wurden, fuhr er am 13. Februar 1472 ungestört in die Dardanellen ein, erbrach zur Nachtzeit die Schlösser zu fünfzehn Vorratshäusern des schlecht bewachten Arsenals und legte an mehreren Orten zugleich das Feuer an. Hoch loderten die Flammen bald an allen Ecken und Enden empor, als man das Unheil gewahrte. An Rettung war nirgendwo zu denken. In wenigen Stunden war das gesamte Zeughaus mit seinem Inhalt ein rauchender Trümmerhaufen. Zehn Tage währte der Brand, den niemand einzudämmen vermochte. Der Gesamtschaden belief sich auf mehr als 100 000 Golddukaten. Der kühne Urheber des Anschlags freilich entging seinem Verhängnis nicht. Ein Pulversack auf seiner Barke fing Feuer, als er sich in Sicherheit bringen wollte, und brachte sie zum Sinken. Zwar rettete sich Antonello mit seinen Helfershelfern an Land, ward aber ergriffen und vor den Sultan geschleppt. Ohne Folter bekannte er sich unverhohlen zu seiner Tat, die selbst dem Großherrn Bewunderung abnötigte. ‚Und mit großem Mut fügte er hinzu', so berichtet der venedische Chronist Domenico Malipiero, 'daß er, der Sultan,

die Pest der Welt sei, daß er alle seine Nachbarfürsten ausgeplündert habe,
daß er niemand die Treue gehalten habe und daß er versuche, den Namen
Christi auszutilgen. Aus diesem Grund habe er sich in den Sinn gesetzt,
auszuführen, was er ausgeführt habe.' ‚Der Herr Türke‘, so heißt es weiter,
‚hörte ihn mit großer Geduld und Bewunderung an. Dann aber gab er den
Befehl, ihm und seinen Gefährten den Kopf abzuschlagen.'

Der Handstreich auf die Flottenrüstkammer in Gallipoli war deswegen
vielleicht nicht von tiefgreifenden Folgen, weil sich das Hauptgebäude damals vermutlich bereits am Bosporus befand. Immerhin hätte er, wenn sich
die Kreuzzugsflotte, die sich in der Nähe der Dardanellen bewegte, zu
raschem Eingreifen entschlossen hätte, damals eine Überrumpelung der
Meerengen erleichtern können. Bald nach diesem Vorkommnis suchte sich
ein Mitglied des Kollegiums der fünf Savi agli Ordini zu Venedig, der als
klug und erfahren geschätzte Girolamo da Mula, gegen die Meinung seiner
Kollegen mit dem abenteuerlichen Vorschlag durchzusetzen, Pietro Mocenigo zur Eroberung Stambuls anzuweisen. Die venedische Armada, so
führte er im Rate aus, sei um 100 Galeeren stärker geworden, Usun Hasan
nähere sich den Grenzen der Türkei, Südosteuropa sei menschenleer, da der
Großherr jeden verfügbaren Mann ins Feld geschickt habe, kurzum, der
Zeitpunkt sei gekommen, zu einem Schlag gegen die osmanische Hauptstadt auszuholen. Der Plan, den er für dieses Unternehmen entwarf, war
verstiegen genug. Der Generalkapitän solle ein mit 200—300 Fässern Brenn-
stoff beladenes Schiff am Eingang der Meerengen beim Dardanellenschloß,
dem sogenannten ‚Castello della Grecia', an Land senden, es aber vorher in
Brand stecken. Die entstehende Hitze, so malte er sich aus, werde die dort
aufgestellten Geschütze sich von selbst entladen lassen. Die christliche
Armada könne dann unbehindert in den Hellespont eindringen, da die
Türken wegen der erzeugten Glut außerstande seien, die Mörser rasch
zur Abwehr zu bedienen. Der Vorschlag ward in der Tat mit Stimmen-
mehrheit angenommen und Pietro Mocenigo schleunigst beauftragt, entsprechend zu verfahren. Aber das Schreiben gelangte erst am 24. Juli 1472
in seine Hände, und während er es las, traf die Nachricht vom Tode des
Zypernkönigs ein. So begnügte er sich damit, das Geschwader nach Klein-
armenien auslaufen zu lassen. Das abenteuerliche Vorhaben zerrann und
Antonello starb vergeblich. Und als Pietro Mocenigo, der Ende Dezember
die Dogenwürde erhielt, bereits am 23. Februar 1476 das Zeitliche segnete,
da rühmte seine Grabinschrift, er habe Asien vom Hellespont bis nach Zypern
mit Feuer und Schwert verwüstet, den Königen von Qaraman, Bundesgenossen der Venediger, die vom Osmanen unterdrückt worden waren, die
Herrschaft zurückgewonnen' (... *qui Asia a faucibus Hellesponti usque ad*

*Cyprum ferro ignique vastata, Caramanis regibus, Venetorum sociis, Otho-
mano oppressis, regno restituto . . .).*

Freilich, des Filelfo Rat, den er dem Dogen Niccolò Tron zu Ende des
Jahres 1471 erteilte, statt der fruchtlosen Unternehmungen auf dem Meer
endlich im Landkrieg mit den Türken Mann gegen Mann zu fechten und
auf solche Art ‚leicht über sie den Sieg zu erringen', war einfacher ausgesprochen als ausgeführt. Venedigs Heerwesen beruhte auf Mietstruppen,
denen man nach türkischem Vorbild einen Teil der Beute hat aussetzen
können, ohne sie dadurch kampfesfreudig zu erhalten. Der Staatsschatz,
durch das Stocken des Levantehandels bedenklich erschöpft, reichte kaum
aus, die Flotte instand zu halten. Venedig allein war nicht in der Lage,
einen Landkrieg gegen die Osmanen zu führen und die Lauheit des Abend-
lands erstickte jeden Versuch im Keime, einen gemeinsamen Feldzugsplan
zu verwirklichen. Statt dessen waren es die ‚Renner und Brenner' des
Großherrn, die Aqyndschys, die zum Angriff vorgingen und die fast kein
Jahr verstreichen ließen, ohne daß sie im Nordwesten des Osmanenreiches
ihre verheerenden Streifzüge in die unbewachten Grenzländer des Heiligen
Römischen Reiches fast ungehindert verrichten konnten. Unaufhaltsam,
einer reißenden Sturmflut gleich, drang der Islam gegen das zerklüftete
Abendland vor. Mit dem Jahre 1469 begannen die gefürchteten Türkeneinfälle in Krain, Steiermark und Kärnten, die während der Regierung
Mehmeds II. fast jedes Jahr erneuert (1470, 1471, 1472, 1473, 1475, 1476,
1477, 1478, 1479 und 1480) und später bis herein in die erste Hälfte des
16. Jahrhunderts in Abständen von einigen Jahren fortgesetzt wurden.
Die Steiermark wurde erstmals 1471 zu Pfingsten heimgesucht. Diese
schrecklichen Raubzüge, die immer größeren Umfang annahmen und über
die Bevölkerung Jammer und tiefes Elend brachten, scheinen planmäßig in Übereinstimmung mit den militärischen Unternehmungen
des Großherrn durchgeführt worden zu sein. Als Anführer wird nicht
nur der erbliche Befehlshaber der sogenannten Aqyndschys, ʿAlī-Beg
Michal-oghlu, erwähnt, sondern werden auch der Malqotsch-oghlu Bali-Beg,
der in Semendria seinen Sitz hatte, sowie der Statthalter von Bosnien selbst
in den osmanischen Quellen erwähnt. Die Schreckensbotschaften, die
dem Reichstag zu Regensburg (1471) aus dem Süden des Reiches zugingen
und schleunigste Hilfe erheischten, verfehlten ihre Wirkung, denn niemand
dachte an ernstliche Abwehr der Osmanenfluten. Überall gingen Kirchen,
Klöster und menschliche Siedlungen in Flammen auf, zu Tausenden wurden Mensch und Vieh von den Reiterhorden mitgenommen, niemand war
seines Lebens mehr sicher. Die Renner erschienen in den abgelegensten
Winkeln des Landes, selbst gebirgige Landschaften waren vor ihrem Zu-

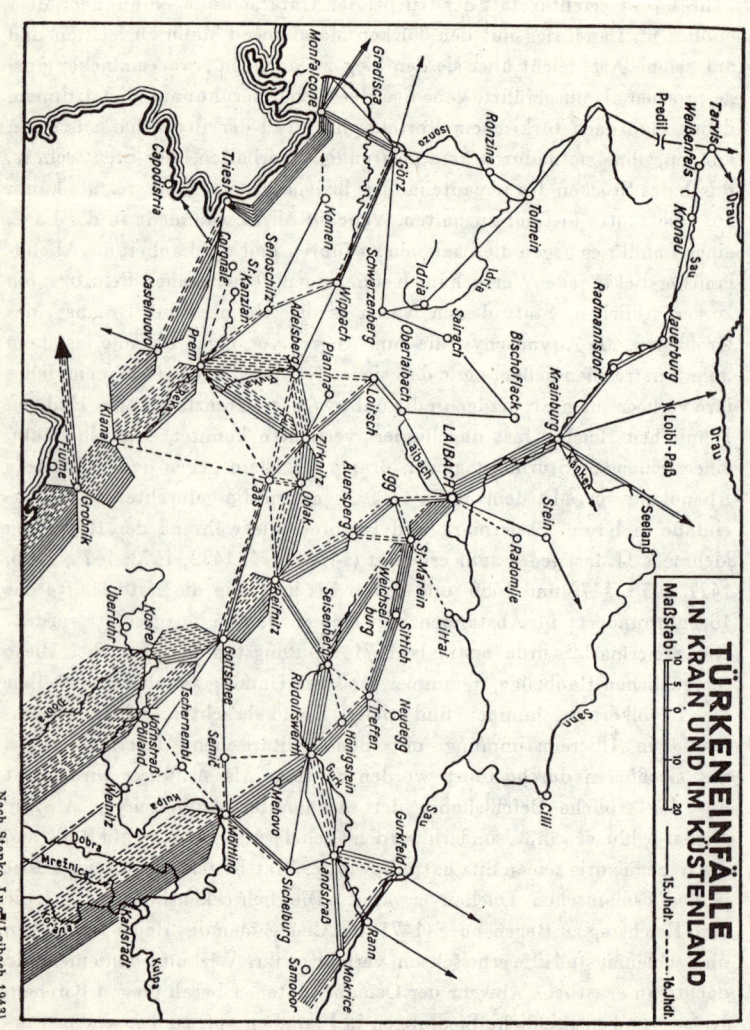

TÜRKENEINFÄLLE
IN KRAIN UND IM KÜSTENLAND

Maßstab:

15. Jhdt.
16. Jhdt.

Nach Stanko Jug (Laibach 1943).

tritt nicht geschützt. Auch die ungarischen Lande blieben nicht verschont und zuletzt gelangten die Raubscharen, deren Zahl jeweils verschieden angegeben, manchmal vielleicht übertreibend auf 40 000 Reiter beziffert wird, bis in Sichtweite von Venedig. Die Anführer der Plünderer, vor allem Malqotsch-oghlu Bali-Beg, trieben ungezählte Gefangene nach Südosten ab, und über ihn wird von osmanischen Chronisten glaubwürdig erzählt, daß er, um das Gelingen seines Zuges nach Ungarn der Pforte augenscheinlich darzutun, dort viele Säcke mit abgeschnittenen Köpfen, Nasen und Ohren habe vorzeigen lassen.

Zur Gewinnung fester Stützpunkte für größere und kleinere Vorstöße nach Norden und Nordwesten hin wurden 1470/71 an der Donau und der Save durch die Grenzbege neue Bollwerke angelegt, deren bedeutendstes Schabatz (Šabac; türk. Bughurdelen), einige Meilen westlich von Belgrad entfernt, unter dem Schutz von angeblich 20 000 Mann so schnell aufgerichtet wurde, daß König Matthias Corvinus, mit den böhmischen Händeln im Norden beschäftigt, keinerlei Anstalten zur Verhinderung des Baues treffen konnte. Der von ihm schließlich nach der Save hin aufgebotene Heerbann unternahm zwar verzweifelte Störungsversuche gegen die türkischen Arbeiter, hatte aber keinen Erfolg, da diese sich am jenseitigen Flußufer hinter einem hohen Erdwall verschanzen konnten. Kaum war das Bollwerk vollendet, als bereits die ersten Schwärme osmanischer Reiter unter Führung des bosnischen Statthalters Ishâq-Pascha durch Kroatien nach Krain und Kärnten bis vor die Mauern Laibachs einfielen und das blühende und hilflose Land in eine Wüstenei verwandelten, viele Tausende von Menschen bei ihrem Abzug als Sklaven mit sich schleppend. Diese planlosen Raubzüge kosteten alljährlich ungezählten Menschen die Freiheit und erschütternd lauten die fast stets unter dem Eindruck des Selbsterlebten niedergeschriebenen, nicht wenigen Aufzeichnungen von Pfarrern oder Amtsleuten über die Vernichtungslust der türkischen Horden und die Leiden der jeweils betroffenen Bevölkerung.

Nimmt man alles zusammen, so ergibt sich für die Lage der in sich zerrissenen matten Christenheit eine unverminderte Gefahr der Bedrohung durch den Osmanensultan. Es bedurfte keiner sonderlichen Überlegung, im Abendlande zum Schluß zu kommen, daß er, sobald er sich seines einzigen, wirklich gefährlichen Widersachers im Osten, nämlich Usun Hasans, entledigt und damit die Grenzen seines Reiches gegen Osten geschützt habe, mit verdoppeltem Ungestüm und geballten Kräften seine Waffen gegen den Westen kehren werde. Von einem ernsten und nachhaltigen Widerstand war dort so gut wie nirgends, am wenigsten in den deutschen Ländern die Rede. Um die in Regensburg ausgeschriebene ‚Reichshülfe‘, die die Grenzen schützen sollte, war es still geworden. Kaiser Friedrich III. hatte 1456 jenen merkwürdigen vorgeblichen Halbbruder Mehmeds II., der zuerst von Rom, wo er ums Jahr 1473 von Calixtus III. als Calixtus Ottomanus getauft und dann zu Matthias Corvinus nach Ofen geschickt worden war, an seinen Hof gezogen. ,Kaiser Bajesid Osmân', als der er wenigstens eine Zeitlang vorgezeigt wurde, bereiste mit seinem kaiserlichen Gönner die Lande, bestaunt vom Volk, dem er als der rechtmäßige Sultan der Osmanen zur Schau gestellt ward, als den ihn seine seltsame Aufmachung, Turban und reichgestickte Gewandung, kenntlich machen sollten. Er wurde der verwunderten Menge vor allem bei Reichstagen vorgeführt und ihr weisgemacht, daß Kaiser Friedrich mit diesem seltsamen Faustpfand Gewalt über den Osmanenthron besitze. Auf der berühmten Trierer Tagung reichte der Türkenprinz dem Kaiser bei der Festtafel das Wasser und rückte mit ihm darauf vor Neuss, wo die Händel mit Karl dem Kühnen von Burgund zum Austrag kamen. Als Ende Mai 1475 zwischen Kaiser und Herzog ein Vorfriede geschlossen wurde, folgte Bajesid Osmân seinem Herrn zurück nach Österreich. Dort ward er als Lehensherr auf verschiedene Besitzungen wie Perchtoldsdorf, Baden bei Wien, Rauhenstein am Schwechatbach und endlich Schloß Prugg in Bruck an der Leitha eingewiesen. Von Jahr zu Jahr aber sollte sich weniger mit ihm ereignen. Nicht einmal die Heirat mit dem in allen österreichischen Landen ob seiner Schönheit berühmten, aber verarmten Edelfräulein Lucia von Hohenfeld kam selbst nach langem Zuwarten der Brautleute zustande. Als Matthias Corvinus in Österreich einrückte, schlug sich Bajesid Osmân auf seine Seite und beschwor nach seines 'Bruders' Mehmed II. Hinscheiden in einem Aufruf den Großmeister der Johanniter auf Rhodos, ihm doch beizustehen und endlich zur Herrschaft zu verhelfen. Nach dem Tod des Ungarnkönigs ging er zu König Maximilian über, begleitete auch ihn auf seinen Fahrten durch Süddeutschland und starb schließlich unbeachtet und vergessen im Herbst 1496 auf Schloß Prugg. Sein verschollenes Grab umschließt das Geheimnis dieser abenteuerlichen Gestalt, die, wie es scheint, durch den bereits genannten ,Ritter' Giovanni Torcello auf die Bühne der Geschichte gebracht worden war.

Von fast allen Nachbarn hart bedrängt, mußte Friedrich III. die Reichswacht im Südosten seinen Edelleuten und den Landständen überlassen, die sich mit ihren bunt zusammengewürfelten Fähnlein und Bauernhaufen im ungleichen Kampf mit den türkischen Raubhorden verbluteten. Nichts spricht deutlicher für die erschreckende Teilnahmslosigkeit am gemeinsamen Geschick des Abendlandes, als die von Domenico Malipiero in seiner ,*Cronaca*' vermerkte Tatsache, daß der Kaiser den Reichstag von Regensburg zu

zwingen versucht habe, Usun Hasan keinesfalls Hilfe zu gewähren, auf daß
der ‚Türke‘ im Kampfe gegen die Signoria mehr Erfolg habe. Der Klärung
freilich bedürfte des venedischen Chronisten Vermutung, Galeazzo-Maria
Sforza von Mailand sowie Florenz hätten bei diesem Stück die Hand
im Spiele gehabt. Beide nämlich seien darüber erbittert, daß sich beim
Heere des Herrn vom Weißen Hammel nur ein venedischer Botschafter befinde und daß, falls Griechenland wirklich wieder erobert werden sollte,
dann Venedig allein davon Besitz ergreife. Nicht viel besser stand es mit
der Haltung Ungarns, dessen schlauer und berechnender Herrscher immer
nur auf den eigenen Vorteil bedacht war und aus seiner jeweiligen Haltung
stets den größten persönlichen Nutzen zu ziehen wußte. Matthias Corvinus hätte, als die böhmischen Streitigkeiten endlich abbrachen, etwas
mehr Freiheit gehabt, seine Streitmacht gegen die Osmanen einzusetzen,
die ihm das Bollwerk von Schabatz mit einer stehenden Besatzung von
mindestens 5000 Mann drohend vor die Landesgrenze gesetzt hatten. Niemals, das war ihm klar, würde sein Reich Ruhe haben, solange Schabatz in
den Händen der Osmanen war. Karl der Kühne von Burgund hatte sich
zwar mit Venedig, der Kurie und Neapel zu gemeinsamem Vorgehen verbündet, aber seine leidenschaftlich betriebenen Pläne, die burgundische
Macht auszubauen, seine Absichten auf die Königskrone, zu deren Verwirklichung er des Kaisers bedurfte, ließen ihm schließlich die Türkennot
als ein Anliegen und eine Sorge zweiten Ranges erscheinen. Die Gleichgültigkeit gegen diese Bedräuung wuchs mit der Entfernung vom Gefahrenherd. Frankreich und erst recht England überboten sich in ihrer Teilnahmslosigkeit für die Bedrängnis der Christenheit.

Nicht minder gespalten wie der Norden war die Apenninenhalbinsel.
Eine politische Verbindung löste dort ruhe- und ziellos die andere ab. ‚Dieser ewige Wechsel der Beziehungen, diese Möglichkeit, zugleich Feind und
Freund zu sein, die Unmöglichkeit, in jedem Augenblicke die Verhältnisse
jedes Staates klar zu erfassen: sie wurden immer mehr die Kennzeichen
des italienischen Staatslebens.‘ Daß Sixtus IV. vom Wunsch beseelt war,
die christlichen Waffen gegen den Halbmond zu einen, kann nicht bestritten
werden. Wohl aber steht in Frage, ob er über die zu solch weltumspannender
Unternehmung notwendige Machtvollkommenheit verfügte. Immer mehr
wurde der Eifer, den der Papst in den ersten Jahren seines Pontifikats für
die Verteidigung des Abendlandes gegen die Türken entfaltete, durch die
unerhörten Gunstbezeigungen verdunkelt, mit denen er fast wahllos seine
zahlreiche, meist recht unwürdige Verwandtschaft zu überhäufen begann.
Feste, die an wahnsinniger Verschwendung alles überstiegen, was das
schwelgerische Zeitalter der Renaissance bis dahin erlebt hatte, wurden zu

Rom gefeiert, von denen eines, das der prunksüchtige Neffe des Papstes, der 27jährige mit dem Kardinalshut ausgestattete Pietro Riario im Karneval 1473 veranstaltete, auch in diesem Zusammenhang Erwähnung und Beachtung verdient.

An diesem phantastischen Mahl nahmen außer vier Kardinälen sämtliche Gesandte und Prälaten, auch die Söhne des von Mehmed II. aus Griechenland vertriebenen und nach Italien geflüchteten Despoten von Morea teil. Die Wände des Speisesaals, so beschreibt es der Bischof von Novara, Giovanni Arcimboldi, in einem Brief an Galeazzo-Maria Sforza, waren mit den kostbarsten Teppichen verziert. In der Mitte aber stand auf einer Erhöhung ein Tisch, an dem der sogenannte ‚König von Mazedonien‘ in reichgeschmücktem Kostüme saß. Allenthalben brannten zahlreiche Fackeln, das gespenstische Fest zu erhellen. Drei volle Stunden währte an mit Silber überladenen Tischen das Essen. Vor jedem Gang erschien zu Pferd ein Seneschall, stets in neuer Verkleidung, und zugleich ertönte Musik. Nach der Mahlzeit ward ein Mohrentanz und sonstige Kurzweil aufgeführt. Zum Schluß aber zeigte sich ein türkischer Gesandter mit einem Beglaubigungsschreiben des Großherrn und einem Dolmetscher, der sich beklagte, daß Kardinal Riario das dem Großtürken gehörige Reich dem König von Mazedonien verliehen habe. Falls der König nicht seine angemaßten Würdezeichen niederlege, erklärte der Botschafter, so werde ihm Fehde angesagt. Der Kardinal wie der König gaben zur Antwort, daß sie es auf die Entscheidung der Waffen ankommen ließen. Demgemäß fand nun am folgenden Tag auf dem Platz vor Santi Apostoli das Wettspiel statt. Es endete damit, daß der Großtürke von Usun Hasan, dem — Feldherrn des Königs von Mazedonien, gefangen und gefesselt durch die Ewige Stadt geschleift wurde.

Die Rolle der verschiedenen Staaten Italiens im Kampfe gegen die Osmanen läßt sich keineswegs bis in Einzelheiten klären. Schon Jacob Burckhardt hat mit Recht behauptet, daß, so groß der Schrecken vor den Türken und die wirkliche Gefahr sein mochte, kaum eine bedeutendere Regierung nicht irgend einmal frevelhaft mit Mehmed II. und seinen Nachfolgern gegen andere italienische Staaten einverstanden gewesen wäre. ‚Und wo es nicht geschah, da traute es doch jeder dem andern zu.‘ So hat, um nur ein zeitgemäßes Beispiel zu bieten, zur gleichen Stunde, da sich Venedig, die Kurie und Neapel mit ihren Geschwadern wenigstens den Anschein eines Kreuzzuges gegen die Osmanen gaben, die Stadt Florenz in zwei an Mehmed II. gerichteten Schreiben vom 3. September und 5. November 1472 denselben Großherrn wegen seiner Menschlichkeit und seines steten Wohlwollens gegenüber den Florentinern in der Levante gepriesen und den

neuen Konsul Carlo Baroncelli seiner Großmut anvertraut. So sehr man
dergleichen Redensarten als formelhaft und damit als unverbindlich zu
betrachten versucht sein kann, so gewiß ist, daß sich Florenz nach dem
Fall von Negroponte Venedig gegenüber zwar als Schicksalsgenossin der
Republik von San Marco hinstellte und diese zum Einsatz ‚venedischer
Tapferkeit' gegen den ‚türkischen Plagegeist' *(furor Turchus)* anfeuerte
(Schreiben vom 30. August 1470), selbst aber sehr wohl sich außerhalb
dieser Auseinandersetzungen zu halten verstand. Welche Folgen diese geschickt betriebene Nichteinmischung noch zu Lebzeiten Mehmeds II. hatte,
wird sich später ergeben. Daß auf tätige Hilfe der Nebenbuhlerin am Arno
nicht zu rechnen war, stand ausser Zweifel.

Als Mehmed II. vom siegreichen Heerzug aus Ostanatolien im Spätherbst wieder in seinen Hofsitz Stambul einzog, ging allsogleich ein grausames Strafgericht über Schuldige und wohl auch Unschuldige nieder.
Der Großwesir Mahmûd-Pascha fiel als einer der ersten sultanischer Willkür und Rache zum Opfer. Er weilte gerade drei Tage in der Hauptstadt,
als sein Gebieter eine Audienz anberaumte, zu der auch der Großwesir geladen wurde. Den Beratungsgegenstand sollen die Verhältnisse in der Janitscharentruppe gebildet haben. Nach Schluß der Besprechung wurde
Mahmûd-Pascha zurückgehalten, verhaftet und ins Verließ der Sieben
Türme gesteckt. Sechs volle Monate soll er dort in Ungewißheit über sein
Los zugebracht haben. Eine andere Lesart freilich besagt, daß er diese
Monate auf seinem Landgut zu Châssköj (östl. Adrianopel) im Sasly Dere
(‚Schilftal') verlebt habe, dann erst nach Stambul abgeführt und in die Sieben Türmen in Haft gehalten wurde, um hier durch den Stadtvogt von
Stambul, Sinân, mit Hilfe einiger Häscher durch eine Bogensehne umgebracht zu werden. Als Todestag steht der 18. Juli 1474 fest. Einmal
wird als Grund der Hinrichtung angegeben, daß er am Euphrat nicht
den Wellentod des großherrlichen Lieblings, des Paläologen Châss Murâd-Pascha, verhindert, dann wiederum, daß er Mehmed II. abgehalten habe, den Sieg bei Baschkent durch rasche Verfolgung des fliehenden Usun Hasan zu vollenden. Schließlich aber bringt man den
großherrlichen Racheakt mit dem Prinzen Mustafâ in Verbindung,
dessen plötzlicher Tod dem Großwesir aufgebürdet ward, obwohl seine
völlige Unschuld durch einen Augenzeugen wie Gian-Maria Angiolello,
der in Diensten des Prinzen stand, erwiesen wurde. Mahmûd-Pascha,
so lautete ein anderes Gerücht, sei dabei betroffen worden, wie er mit
einem Vertrauten beim Schachspiel saß, nachdem er das dunkle Trauer-
gewand, das der Hof auf sultanisches Geheiß zu tragen hatte, mit einem
weißen vertauscht hatte und deshalb erdrosselt worden.

Wie immer sich das Schicksal dieses wohl größten Staatsmannes im
Zeitalter des Eroberers erfüllt haben mag, die wirklichen Hintergründe seiner Vernichtung werden sich schwerlich jemals aufdecken
lassen. Leben und Sterben dieses bedeutenden Mannes hat der Volksmund, in dem er bis zum heutigen Tag in vielen Legenden fortlebt,
sagenhaft ausgeschmückt. Das Volksbuch vom ‚heiligen‘ *(weli)* Mahmûd-
Pascha, das einst in ungezählten Handschriften und späterhin in Stein-
drucken verbreitet war, hat noch immer seine Zugkraft nicht verloren,
wenn auch merkwürdigerweise die Sagen von Mahmûd-Pascha im Laufe
der Zeit auf den Namen des — Sultans Mahmûd I. (1730—1754) übertragen wurden, dem ebenso wie dem Großwesir übernatürliche Weisheit,
Kenntnis der Tiersprache und der Geheimnisse der Erde nachgerühmt
wurden. Dieser überragende Politiker und Heerführer, der zweimal
die oberste Reichswürde bekleidet hatte, hat sich nicht nur durch zahlreiche fromme Stiftungen, unter denen eine Moschee mit seiner Türbe
noch heute beim Basar in Stambul erhalten geblieben ist, verdient ge-

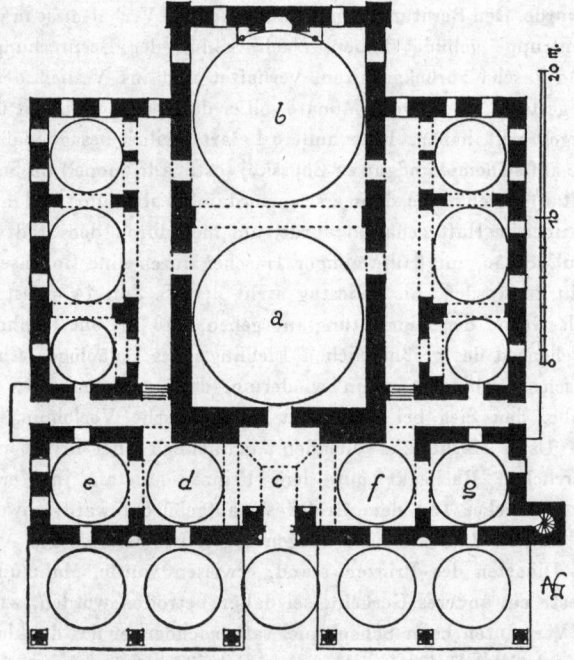

Grundriß der Moschee des Mahmûd-Pascha in Stambul.
(Nach A. Gabriel)

macht, sondern auch durch seine Förderung von Gelehrten und Künstlern und schließlich durch eigene Dichtungen in persischer und türkischer Sprache, die er unter dem Namen ᶜAdenî verfaßte, in der Erinnerung des türkischen Volkes ein bleibendes dankbares Andenken gesichert. Einmal wöchentlich, und zwar am Freitag, pflegte er die Zöglinge der von ihm gestifteten hohen Schule zu Mittag zu bewirten. Er ließ dem gekrüllten Reis (Pilaw) dann goldene Erbsen beimischen, die seinen Gästen nicht nach Verdienst, sondern nach Glück zufielen. Sein Freimut, mit dem er auch seinem Sultan zu begegnen keinen Anstand nahm, war allenthalben bekannt und gefürchtet. Eines Tages soll er den Molla Ahmed nach der Ursache des Verfalls seiner schönen Heimat Krim befragt haben. Die Ursache liege, so erwiderte dieser, ausschließlich beim Wesir des letzten Krim-Chans, weil durch dessen Verschulden ‚die Hallen verfallen, in ihnen die Eulen heulen, in den Fenstern Raben leben und in den Sälen Spinnen weben, daß durch des Domes Ritzen Mond und Sterne blitzen' (J. v. Hammers Verdeutschung)! ‚Siehst du', sagte der Großherr zum anwesenden Mahmûd-Pascha, ʻdie Wesire sind die Ursache des Verderbens der Reiche!' Mahmûd war kühn genug zu antworten: ‚Die Schuld liegt nicht, wie der Molla behauptet, am Wesir, der ein gerechter und staatskluger Mann gewesen, sondern am Chan, der nicht zu regieren verstand!' Daß solche Offenheit, solche Beliebtheit im Volke der Eifersucht und dem Mißtrauen Mehmeds II. immer wieder Nahrung bieten und zuletzt zum Untergang des Großwesirs führen mußten, liegt auf der Hand.

Einem glücklichen Umstand verdanken wir eine überaus anschauliche Darstellung der Vorgänge, die sich an den plötzlichen Tod des Prinzen Mustafâ, den Lieblingssohn des Sultans, sowie an dessen Folgen knüpfen. Gian-Maria Angiolello aus Vicenza befand sich in der nächsten Umgebung des Prinzen und schilderte unbefangen den Verlauf der tödlichen Krankheit, der Beisetzung, des Schicksales seiner Familie und der Wirkung auf den fast untröstlichen Vater im Seraj zu Stambul. Das Jahr 1474, für das lediglich zwei Urkunden (8. Juli und 24. September) die wohl ständige Anwesenheit des Großherrn an seinem Hofsitz bezeugen dürften, brachte keinerlei kriegerisches Unternehmen, an dem der Sultan selbst beteiligt gewesen wäre. Die Familientragödie im Hause Osman, die in irgendeinen Zusammenhang mit der überstürzten Beseitigung des Großwesirs Mahmûd-Pascha gebracht werden mochte, ist in ihren Hintergründen und in ihren Auswirkungen nicht mehr erkennbar, vor allem deswegen, weil die Todesursache ein Geheimnis bleibt. Der Prinz Mustafâ war, während sein Stiefbruder Bajesid sich wieder nach seinem Amtssitz begeben hatte, mit seinem Gefolge vom Kriegsschauplatz über Qaiserîje, Aq-seraj, Nigde, Boru nach Qonja zurückgekehrt, wo er als Statthalter von Qaramanien seine Wohnstatt hatte. Dort traf er gegen Ende September 1473 ein, vergnügte sich dann bei bestem Wohlsein mit Falkenbeizen und allerlei Kurzweil. Er unterhielt auf dem See von Bejschehir ein Segelboot, wohin er sich häufig mit seinen Freunden begab, um zu fischen, auf die Jagd zu gehen und dem Wein zuzusprechen, der dort von Griechen und Armeniern bereitet wurde. Nicht zur Freude der dortigen christlichen Bevölkerung, da der oft betrunkene Prinz allerlei Unfug und Unruhen anrichtete. Nach drei Monaten, also am Jahresende, beauftragte er einen seiner Offiziere namens Qotschi-Beg mit der Einnahme des Bergschlosses Dewelü Qarahißâr (45 Kilometer südwestlich von Qaiserîje), das sich noch im Besitze der Parteigänger des Qaramaniden Pîr Ahmed befand und zusammen mit anderen Befestigungen im sogenannten Tasch-Eli den Osmanen Widerstand leistete. Als dieser Kriegszug im Gange war, fühlte sich Prinz Mustafâ plötzlich krank. Die beigezogenen Ärzte verschrieben ihm Heilmittel, die eine Linderung bewirkten, aber allsogleich wieder durch Ausschweifungen des an zügelloses Leben gewöhnten Sultansohnes zunichte wurden. Sechs Monate dauerte der Krankheitszustand, der sich einmal besserte, dann wieder ärger wurde. Der Schloßhauptmann von Dewelü Qarahißâr weigerte sich, Qotschi-Beg die Feste zu übergeben. Er erklärte, nur mit dem Prinzen Mustafâ selbst zu verhandeln. Dieser machte sich, an allen Gliedern fast gelähmt, auf den Weg und erreichte erst nach zwölf Tagen das Reiseziel. Unterwegs verschlimmerte sich sein Leiden zusehends und man kam überein, ihn nach Qonja zurückzubringen, gleichzeitig aber dem Großherrn von der militärischen Lage Bericht zu erstatten und Hilfe anzufordern. Mehmed II. sandte sogleich mit angeblich 30 000 Mann den Gedik Ahmed-Pascha, dem er damals besonderes Vertrauen schenkte, nach Qaramanien, gleichzeitig aber auch seinen Leibarzt Maestro Iacopo aus Gaeta zur Betreuung seines geliebten Sohnes. In der milden Luft von Nigde erwarteten die Ärzte Besserung der zerrütteten Gesundheit Mustafâs, aber nach einer Woche brach der Prinz mit seinem Gefolge nach Qonja auf, wo man den sultanischen Hofarzt vorzufinden hoffte. Als man nach zwei Tagesreisen nach Boru gelangte, nahm der Kranke ein heißes Bad, fühlte sich aber darauf noch schlechter als zuvor. Fieber stellte sich ein und um Mitternacht der Tod. Man beschloß in des Prinzen Umgebung, dessen Tod geheimzuhalten. Mit der Begründung, der Prinz wünsche die Nachtluft auf sich wirken zu lassen, hob man das Lager auf. Zuvor, so berichtet Angiolello, öffnete man den Leib des Toten, entfernte die Eingeweide, füllte ihn mit Honig und Gerste, nähte ihn zu und legte ihn in einen Sarg, der versiegelt wurde. Die Eingeweide wurden gewaschen, dann in

einem Kasten verwahrt, den man mit Salz anfüllte. So nahm der Leichenzug nach Qonja seinen Weg. Im Wagen, der die sterblichen Überreste des
Prinzen führte, befanden sich zwei Leute, einer, ein Zwerg mit Namen
Nasûh ('Nasuf'), der andere, größer an Wuchs, namens Ismâ'îl, der die
Stimme seines Herrn nachahmen mußte. Von Zeit zu Zeit trat jemand aus
dem Gefolge, der um das Hinscheiden wußte, an den Karren heran, begann
zu sprechen und Ismâ'îl antwortete aus dem Wageninnern. So glaubten
alle, daß Mustafâ-Tschelebi sich unterhalte und wohl bei Kräften sei. Nach
sechs Tagen langte der Leichenzug in Qonja an, wo sich indessen die
Nachricht vom Ableben des Statthalters bereits verbreitet hatte. Man
befürchtete Auflehnung und Meuterei in der Bevölkerung, die keineswegs geschlossen hinter den neuen osmanischen Herren stand. Die Mutter des Prinzen war ohne Kenntnis des Todesfalls geblieben und als
der Wagen mit ihrem toten Sohn vor dem Palast Halt machte, hob
sie mit den Frauen ihres Gefolges heftiges Wehklagen an. Mustafâs
einziges Kind, eine Tochter Nergîs-sâde von etwa 14 Jahren, teilte den
Schmerz ihrer Großmutter und das Jammergeschrei wollte kein Ende
nehmen. Bald darauf traf Ahmed-Pascha mit Maestro Iacopo in Qonja
ein, dessen Hilfe jedoch zu spät kam. Ahmed-Pascha lagerte mit seiner
Streitmacht in der Gartenvorstadt von Qonja, Meram, die damals ausschließlich von christlichen Griechen bewohnt war, von denen aber bloß
wenige griechisch verstanden; sie sprachen fast nur türkisch und ihre religiösen Bücher waren, so schreibt Angiolello, türkisch in arabischer Schrift geschrieben. Der Leichnam Mustafâs ward in einer Moschee aufgebahrt und
ein reitender Bote ging nach Stambul ab, um dem Großherrn die Trauerbotschaft zu übermitteln.

Als der Meldereiter am Hofsitz ankam, zauderte er, dem Sultan die
Nachricht zu eröffnen. Auch andere fanden nicht den Mut dazu, bis auf
einen, Chôdscha Sinân-Pascha, der alte Vertraute und Lehrer des Sultans,
der dessen Launen mehr als einmal auszukosten hatte und trotzdem weit
besser als viele andere mit ihm umzugehen verstand. Chôdscha Sinân hüllte
sich in schwarze Trauerkleider und begab sich zum Sultan. Als dieser ihn
erblickte, wußte er sogleich Bescheid um das Vorgefallene, stieg vom Antritt herunter, auf dem er saß, und, indem er die über den Estrich ausgebreiteten Teppiche aufhob, brach er in hörbares Klagen aus und betrauerte
auf echt morgenländische Weise das Los seines Sohnes. Er sammelte den
Staub aus den Ritzen des Estrichs, streute ihn zum Zeichen seines Schmer-
zes aufs Haupt, schlug sich mit den Händen ins Gesicht, dann auf die
Brust und auf die Schenkel. Ohne Unterlaß stieß er heftige Wehrufe
aus. Drei Tage und drei Nächte verharrte er, Angiolello zufolge, in

diesem Zustand der Fassungslosigkeit. Dann hörte er auf zu jammern und befahl, daß alle Läden der Hauptstadt drei Tage lang geschlossen blieben. ‚Die ganze Stadt erfüllte lautes Klagen, weil Mustafâ von seinem Vater und von allen Menschen, die mit ihm Umgang hatten, besonders geliebt wurde.'

Legt man die Zeitangaben des Vicentiners zugrunde, so ergibt sich für die Sterbezeit des Prinzen Mustafâ der Monat Juni 1474. Erinnern wir uns, daß um die gleiche Zeit der Großwesir Mahmûd-Pascha ins Gefängnis der Sieben Türme eingeliefert und ums Leben gebracht wurde, so liegt die Vermutung eines Zusammenhanges beider Vorgänge nahe. Von Mustafâ wird glaubhaft überliefert, daß er vor dem Harem Fremder nicht Halt machte und schon 1465 wurde nach Venedig gemeldet, daß er sich an der Ehefrau des damaligen Landpflegers von Rumelien vergangen habe. Daß er sich auch der Gattin des Mahmûd-Pascha, der zeitweise auch die Landpflege von Rumelien versah, genähert habe, wird manchmal gemeldet. Aber auch Gedik Ahmed-Pascha wird die zweifelhafte Ehre zuteil, daß seine Frau, übrigens eine Tochter des Ishâq-Pascha, Gnade vor den prinzlichen Augen fand und deswegen geschieden wurde. Daß Mahmûd-Pascha, der einigen Berichten nach zur Zeit der Beisetzung des Prinzen noch auf seinem Kammergute Châsskój verweilte und zur Bestattung nach Brussa reiste, sich den tödlichen Groll des Großherrn zuzog, weil er sich während der Trauer ungebührlich benahm, würde, wenn sich die Geschichte beglaubigen ließe, die plötzliche Hinrichtung des treuesten Beraters und Anwalts Mehmeds II. als Folge unberechenbarer Stimmungen erklären.

Drei Wochen, nachdem der Sultan vom Tode seines Sohnes Kenntnis erhalten hatte, wurde dessen Bestattung in Brussa angeordnet, gleichzeitig aber Ahmed-Pascha der Befehl erteilt, das aufständische und widerspenstige Gebiet von Tasch-Eli endgültig zu unterwerfen. So begab sich die Mutter mit dem toten Sohn und ihrem ganzen Hofstaat in den alten anatolischen Hofsitz, wo der Verstorbene im Grabbezirk seiner Vorfahren zur letzten Ruhe geleitet wurde. Der Vater war nicht zugegen, wohl aber bestimmte er seiner Gattin, der Mutter Mustafâs, Brussa als Wohnsitz. Sie hatte zweifellos nicht mehr Gnade vor seinen Augen. Der Rest des Hofstaates erhielt Weisung, nach Stambul überzusiedeln. Die Frauen wurden wie üblich ins alte Seraj zu den übrigen Palastdamen gesellt, die heiratsfähigen unter ihnen bereits nach wenigen Tagen Höflingen oder anderen Männern anvermählt. Mehmeds Enkelin Nergîs-sâde aber mußte ihren Vetter Ahmed-Tschelebi, den Erstgeborenen des Prinzen Bajesid, heiraten, der dafür mit der Sandschaqwürde bekleidet wurde. Die Statthalterschaft von Qaramanien wurde dem dritten Sohn des Großherrn, Dschem-Sultan, verliehen.

Gedik Ahmed-Pascha war mittlerweile von Larenda aus, wo er sein Lager bezogen hatte, ins umliegende Gebiet eingefallen und war etwa zwei Monate damit beschäftigt, mit den aufsässigen Häuptlingen der verschiedenen umliegenden Völkerschaften ein leidliches Einvernehmen herzustellen und sie zu gefügigen Dienern des Großherrn zu machen. Vor seinem Aufbruch nach Stambul veranstaltete der Wesir noch ein Treffen mit anschließenden Reiterspielen und lud hierzu alle Vornehmen von Qaraman ein. Während alle beim Mahle saßen und nichts Böses ahnten, ließ Ahmed-Pascha sie hinterrücks ergreifen und großenteils umbringen. Zahllose Männer, Frauen und Kinder Qaramaniens aber schleppte er mit sich nach Norden. Sie wurden teils in Thrakien, teils in Serbien und Bosnien angesiedelt. Qaramanien ward auf diese Weise für weitere Erhebungen und Auflehnungen gegen die Osmanenherrschaft auf lange Zeit unschädlich gemacht. Das eroberte Qaraman trug ohne Widerstand nunmehr die Fesseln des Eroberers.

So verstrich das Jahr 1474 ohne bedeutsamere kriegerische Verwicklungen. Im Innern des Reiches, dessen Siegel man aus den Händen des um seinen Bestand so hochverdienten Mahmûd-Pascha genommen hatte, war jetzt mehr denn je der Wille des Herrschers maßgebend. Keiner der obersten Würdenträger trat nach außen in Erscheinung und nichts ist bezeichnender für diesen Umstand als die Tatsache, daß sich die Nachfolge des hingerichteten ersten Wesirs nicht mit Sicherheit bestimmen läßt. Meist wird behauptet, daß Gedik Ahmed-Pascha das oberste Staatsamt übernahm, doch erwähnt ihn in solcher Stellung keine der bisher erschlossenen abendländischen Quellen. Nicht selten wird behauptet, daß der Sohn des ersten Richters von Stambul, Chidr-Beg, der vorhin erwähnte Wesir Chôdscha Sinân-Pascha, in die Stelle des Großwesirs aufrückte und zwei Jahre in ihr verblieb. Hat er wirklich das Reichssiegel innegehabt, so ist er während seiner Amtszeit niemals näher bekannt geworden, während, wie sich sogleich zeigen wird, Gedik Ahmed-Pascha noch mehr als einmal von sich reden machte.

Die Mühseligkeiten und Anstrengungen des ostanatolischen Feldzuges machten sich in Mehmeds II. Gesundheitszustand bereits im Laufe des Jahres 1474 in Gestalt von heftigen Gichtanfällen deutlich bemerkbar. Beim damals 42-jährigen Mehmed II. führte diese erbliche gichtische Erkrankung in den nächsten Jahren zu Beschwerden an den verschiedensten Körperteilen. Seine vollblütige und fettreiche Leibesbeschaffenheit, seine ausgesprochene Neigung zu Wohlleben und Genußsucht förderten die Erb-

anlage gar bald in immer bedenklicherem Ausmaß. Dieser Krankheits-
verlauf hinderte den Großherrn, im Laufe des Jahres 1474 in eigener Person irgendeine kriegerische Unternehmung zu leiten. Er verblieb im Palast,
dessen weitläufige unregelmäßige Anlage im September 1472 durch die
Vollendung des sogenannten Syrtscha Seraj, später und bis heute wegen des
zur Ausschmückung verwendeten bunten Steinguts Tschinili, das ist Porzellan, Köschk geheißen, um ein herrliches Beispiel sultanischer Baugesinnung bereichert worden war. Dort heckte er neue Kriegspläne aus, deren
Durchführung er freilich Persönlichkeiten überlassen mußte, die sich seiner
besonderen Gunst erfreuten.

Daß sich nach dem siegreichen Abschluß des Heerzuges gegen Usun
Hasan seine Absichten wieder gegen den christlichen Westen richten würden, war den zunächst betroffenen Mächten, vor allem den Venedigern
durchaus deutlich und errechenbar. Und daß Albanien, das so lang und so
glücklich Mehmeds bisherigem Zugriff getrotzt hatte, eines der nächsten
Ziele sein werde, war in Italien kaum jemand zweifelhaft. Dort hatte sich
allmählich überall die Überzeugung gefestigt, daß Albanien, das letzte
Bollwerk vor Italiens Küsten im Osten, fallen müsse, bevor die Stunde für
Italien schlagen konnte. Seine Befestigung und seine Verteidigung bis zum
letzten Mann war daher Venedigs höchste Sorge und Bemühung. Die Küsten
Albaniens zu decken und die Mündungen der dortigen größeren Flüsse,
vor allem des Drin und der Bojana zu schirmen, sollte der Seemacht als
Hauptaufgabe zufallen. Pietro Mocenigo hatte seine Rolle als Generalkapitän des Meeres ausgespielt und übernahm am 15. Dezember 1474 die
höchste Würde des Freistaates von San Marco. An seine Stelle trat ein
84 jähriger Greis, Triadan Gritti, Sproß eines Geschlechtes, das in den folgenden Jahrzehnten mehr denn einmal im Verkehr mit der Pforte her-
vortrat. Er begab sich schon zu Beginn des Mai 1474 mit sechs Galeeren
nach den albanischen Gewässern. Sein Vorgänger Pietro Mocenigo, der
im gleichen Frühjahr auf Zypern die der Königinwitwe aufsässige Partei
mit bewaffneter Macht im Zaume halten mußte, empfing auf dem Heimweg
vor Korfu die Weisung, sich mit seinem Geschwader gleichfalls an die
Küste Albaniens zu verfügen und dort im Verein mit Triadan Gritti die notwendigen Vorkehrungen zu treffen. Die wichtige Stelle eines Provveditore
von ganz Albanien erhielt zu gleicher Zeit Leonardo Boldù, einer der besten
Kenner des Landes und seiner Verhältnisse, der sich in maßgeblichen
diplomatischen Sendungen rühmlich bewährt hatte. Als Befehlshaber von
Skutari in Oberalbanien ward Antonio Loredano bestellt, einer der
tapfersten und charaktervollsten Persönlichkeiten, über die Venedig damals verfügte. Skutari, das als Hauptstadt des Landes angesehen ward und

wegen seiner Lage und seiner Festung eine Schlüsselstellung einnahm, hatte freilich nur eine Besatzung von 2500 Mann, die im Fall eines übermächtigen türkischen Angriffs einen verzweifelten Stand haben mußte.

Die Vorsichtsmaßnahmen Venedigs stellten sich gar bald als nur zu berechtigt heraus. Die umfassenden Zurüstungen zu einem albanischen Feldzug waren den Spähern der Signoria keineswegs entgangen. Sie entsprachen der Bedeutung des Unternehmens, dessen Gelingen dem Sultan endlich die Möglichkeit verschaffte, seine Eroberungen ohne Schwierigkeiten übers Adriatische Meer hinüber nach der Apenninenhalbinsel auszudehnen. Mit der Durchführung ward ein Mann beauftragt, der das besondere Vertrauen Mehmeds II. genoß, der Landpfleger von Rumelien, Châdim (das ist Hämling) Sulejmân-Pascha. Er war Bosnier von Geburt, Renegat, im Palastdienst aufgewachsen und dem Sultan seit langem ergeben und als zuverlässig ans Herz gewachsen. Verschnittene, die keine Familienbindungen besaßen und daher allem Ermessen nach weniger selbstsüchtige Ziele verfolgten, empfahlen sich wegen dieser Vorteile mehr als andere zur Besetzung wichtiger Staatsstellen. Und wenn, wie in diesem Falle, Sulejmân-Pascha sich nicht nur als rumelischer Statthalter brauchbar erwiesen, sondern auch militärische Fähigkeiten gezeigt hatte, so war seine Verwendung als Feldherr bei einer so bedeutsamen Aufgabe wohl ein Gebot staatsmännischer Klugheit.

Sulejmân-Pascha also erhielt den Oberbefehl über ein Heer, dessen Stärke sich auf 80 000 Mann belaufen haben soll, in die aber 8000 Janitscharen einbegriffen waren. Deren Zuteilung bekundet allein die Wichtigkeit, die der Großherr dem albanischen Feldzug beimaß. Nicht weniger als 500 Kamele wurden benötigt, um das Erz für die Geschütze zur Stelle zu schaffen. Mehmed II. pflegte seit langem seine Feldschlangen erst unter den Mauern der zu berennenden Festungen gießen zu lassen. Deshalb befanden sich auch diesmal zahlreiche geschickte Stückgießer beim Heere, darunter vermutlich manche Deutsche. Es scheint, daß sich der durch seine treuherzige, freilich allzu knappe Darstellung ‚*Geschicht von der Turckey*‘ (Memmingen um 1482/83 und öfter) bekannt gewordene Meister Jörg von Nürnberg im Gefolge des Sulejmân-Pascha aufgehalten hat.

In den ersten Maitagen schlug der türkische Oberbefehlshaber, der durch Serbien und Mazedonien unangefochten über das Gebirge nach Albanien eingedrungen war, vor Skutari Lager. Die Stadt wurde von allen Seiten eingeschlossen und die Belagerung begann. Er ließ über den Bojana-Fluß nach dem Meer hin eine Brücke schlagen und sie unter Bewachung stellen, um auf diese Weise die Zufuhr durch venedische Schiffe, die an der Küste kreuzten, zu verhindern. In wenigen Tagen lagen vier große und ein Dut-

zend kleinerer Kanonen auf den Protzen. Ein ununterbrochener Steinhagel
ergoß sich über die Mauern der nur von einer Seite zugänglichen Festung,
die sich auf einem alleinstehenden Burgfelsen von flachrunder Form
135 Meter hoch erhebt, seit grauen Zeiten immer der Abwehr dienend.

Die venedische Flotte war längs der albanischen Küste mit großer Umsicht verteilt. Vier Galeeren lagen vor Cattaro (Kotor), fünf weitere an der
Mündung des Drin, wo sie teils Alessio (Lech), teils die damals durch
den Flußsand gebildete ansehnliche Insel schützen sollten, auf der die Bewohner des offenen Landes in Stunden der Gefahr ihre Zuflucht nahmen.
Vier Galeeren ankerten vor Durazzo, andere vor Budua, Antivari und
Dulcigno. Was noch an Schiffen verblieb, lief mit den beiden Admiralen
in die Bojana-Mündung ein, mußte aber beim Hauptort, dem Benediktiner-
kloster und der Kirche der Heiligen Sergius und Bacchus am linken südlichen Ufer, achtzehn Meilen vom Ausfluß und sechs Meilen von Skutari,
vor Anker gehen. Von der anderen Seite suchten die Venediger der Feste
auf dem See von Skutari mit 70 Fischerbarken die Versorgung zu sichern.
Venedigs Verbündeter Ivan Crnojević, dessen Vorfahren als Vojvoden
bereits die Berge zwischen dem Skutari-See und dem Golfe von Cattaro,
ein Gebiet kleiner als das spätere Montenegro, beherrschten, sollte mit
seinen wagemutigen Scharen Hilfestellung leisten.

In den Kämpfen während der Belagerung, die sich vom 15. Juli bis zum
28. August 1474 erstreckte, wurde die Lage der Burg von Skutari immer
verzweifelter. Der alte Triadan Gritti und sein Provveditore Luigi Bembo
waren in den mörderischen Gefechten in der Flußmündung der Bojana, die
zu keiner Entscheidung führten, an dem dort wütenden Sumpffieber erkrankt, mußten sich nach Cattaro zurückziehen und dort ihr Leben lassen.
Von zwei Stückbetten aus war ein guter Teil der Festungsmauern schon
in den Grund geschossen. Lediglich gegen die hochaufgeworfenen Erdwälle
vermochte das Geschütz der Belagerer nichts auszurichten. Sulejmân-
Pascha forderte Antonio Loredano auf, unter günstigen Bedingungen und
gegen eine stattliche Belohnung die Feste zu übergeben. Mit Stolz und
Entrüstung wies der venedische Befehlshaber das Ansinnen zurück. Er
sei, so ließ er ihm bedeuten, kein türkischer Sklave, vielmehr venedischer
Edelmann aus altem Geschlecht. Treue und Liebe zum Vaterland gälten
ihm mehr als alle Schätze des Großherrn. Falls Sulejmân wirklich der Mann
sei, für den er sich halte, so werde er wohl wissen, wie er eine Stadt einzunehmen habe, deren Mauern längst in Trümmern lägen.

Acht Stunden währte hierauf der von Sulejmân-Pascha angesetzte Sturm
auf die Wälle von Skutari. Aber die Türken, die angeblich mit eisernen
Keulen gegen die Bollwerke vorgetrieben wurden, mußten am Ende ihre

Bemühungen einstellen. 7000, nach anderen Quellen 6000 oder 3000 Mann, gingen beim Sturm auf die Feste zugrunde. Vierzehn Heerführer mußten ihr Leben hingeben; die Zahl der Verwundeten war beträchtlicher als die der Toten. Der Pascha wagte keine Wiederholung des verlustreichen Sturmes, zumal seine Truppen durch Krankheiten und vor allem durch Wassermangel schreckliche Einbußen erlitten. Aber auch die Stadtbewohner murrten über Knappheit an Lebensmitteln und frischem Wasser und begannen von Übergabe zu sprechen. In dieser kritischen Stunde, als das Volk immer ungestümer die Einstellung des Kampfes verlangte, rettete Loredano durch eine Ansprache an die tobende Menge, worin er die Folgen türkischer Sklaverei in lebhaften Farben ausmalte, die Lage. Auch die Zaghaftesten fanden sich bereit, die Stunde der Erlösung abzuwarten. Auf die falsche Kunde, daß ein venedisches Entsatzheer unter Leonardo Boldù im Anzug sei, hob Sulejmân-Pascha Ende August (28. August) die Belagerung auf. Das Geschütz wurde zerschlagen und das Erz auf Kamelen wieder fortgeschleppt. Nur auf dem Wege nach Prizren, dort, wo man aus Skutari über die Ebene in etwa drei Stunden zum Drin gelangt und sich am linken südlichen Ufer ein glockenförmiger, mit einer Burg gekrönter Hügel, das Dajino der Albaner und Dagno der Venediger, erhebt, hatte Sulejmân-Pascha die Waffentat der Zerstörung dieser Feste buchen können; sie liegt seit jenen Tagen in Trümmern, ebenso wie die unter der Burg gelegene altehrwürdige Marienkirche. Ragusa mußte sich gefallen lassen, daß der Jahreszins statt wie bisher 9000 (seit 1471) auf 10 000 Dukaten festgesetzt wurde. Als Grund gab man an, daß zwei ragusäische Offiziere die Einnahme Skutaris durch Gegenwehr erschwert hätten.

Der Jubel in Skutari über das Ende der Einschließung und den Abzug des Gegners war unbeschreiblich. Die ganze, fast verschmachtete Bevölkerung eilte zu den Toren hinaus zur Bojana, um den brennenden Durst zu löschen. Viele kamen dabei ums Leben, weil sie Wasser im Übermaß zu sich nahmen und von ‚tödlichem Zittern‘ der Glieder befallen wurden.

Die venedische Flotte, die in den Sumpfniederungen der Bojana viel von bösen Fiebern heimgesucht wurde, zog sich sogleich nach Norden zurück. Pietro Mocenigo war ihr, schwer erkrankt, über Ragusa nach Venedig vorausgeeilt.

In der Lagunenstadt wurde die Rettung von Skutari und Albanien als strahlende Kriegstat gefeiert. In der Markuskirche ward eine Fahne aus Goldstoff mit entsprechender Inschrift aufgehängt, um Treue und Tapferkeit der Bewohner von Skutari im Gedächtnis der Nachlebenden wachzuhalten. Die Tochter des tapferen Antonio Loredano erhielt aus Dankbarkeit für die väterliche Leistung aus dem Schatz der Signoria 1000 Dukaten zu ihrer Aussteuer, ihr Vater ward an Stelle des verstorbenen Triadan Gritti zum Generalkapitän befördert. Der 70 jährige Pietro Mocenigo überlebte allerdings die belohnende Erhebung zur Dogenwürde nur knappe vierzehn Monate.

Die Freude über die glückliche Wendung der Dinge wurde freilich durch die Überlegung gedämpft, daß mit dem vorläufigen Abzug der Türken aus Oberalbanien das Ziel des verhängnisvollen Kampfes noch lange nicht erreicht sein könne. Niemand gab sich etwa der Täuschung hin, daß die Schlappe vor Skutari den Großherrn bewegen könnte, nunmehr auf seine albanischen Pläne zu verzichten. Die Kunde von umfassenden Zurüstungen der Osmanen drang alsbald erneut nach Venedig. Man rechnete dort damit, daß Mehmed II. nunmehr den Versuch mache, die Schmach, die seine Waffen vor den Mauern Skutaris erfuhren, schleunigst zu rächen. Besonders beunruhigend erschienen der Signoria die Nachrichten von gewaltigen Vorbereitungen zur See. Der Sultan, so meldete man, stehe im Begriff, mit 300 Segeln die Dardanellen zu verlassen. Man beschloß sogleich, die Seemacht Venedigs bis auf 100 Galeeren zu verstärken. Die Fahrzeuge wurden teils in den dalmatischen Häfen, teils auf Kreta segelfertig gemacht. Im Hafen von Napoli di Romania (Nauplia) sollten sich die Geschwader vereinigen und notfalls zum Schlage ausholen. Die Besitzungen der Signoria in der Levante wurden, soweit die Mittel ausreichten, mit Truppen, Schießbedarf und Geldmitteln versehen, damit sie im Falle eines türkischen Angriffs eine Zeitlang auf sich selbst gestellt bleiben konnten.

Die Lasten des Krieges, der sich immer mehr in die Länge zog, den ganzen Levantehandel abzuschnüren drohte und alle verfügbaren Gelder verschlang, allein zu tragen, sah sich der Freistaat von San Marco mit jedem Jahre weniger imstande. Noch im Spätherbst 1474 fand er sich genötigt, sich nach Bundesgenossen umzusehen, und wirklich glückte es, am 2. November 1474 mit Florenz, dem Herzog von Modena und Ferrara, Ercole d'Este, sowie mit dem Herzog Galeazzo-Maria Sforza von Mailand einen Vertrag abzuschließen, der seine Unterzeichner zur Beteiligung am Kriege gegen die Osmanen verpflichtete. Mailand mußte zur Ausrüstung von zehn Galeeren sofort 30 000 Dukaten an die Venediger abführen. Der Plan zum Verteidigungsbündnis war indessen nicht von Venedig, sondern von Lorenzo de'Medici in Florenz ausgegangen, der damit Ziele seiner Hauspolitik verfolgte. Venedig durchschaute die Absichten und scheint sich trotz seiner Notlage anfänglich zurückhaltend benommen zu haben. Die Signoria fühlte sich durch die Bundesverträge gegen die Türken mit Neapel und zumal mit dem Papste Sixtus IV. verbunden, der den in

Skutari Belagerten Zufuhr und Geld geschickt hatte. Man ließ also antworten, daß Venedig mit der Kurie und Neapel schon einen Bund eingegangen sei, zu dem der Beitritt jederzeit offenstehe. In Rom sollte verhandelt werden und Sixtus IV. lebte nochmals in der Erwartung auf, daß sich sein Wunsch nach einem Gesamtbündnis der italienischen Staaten gegen den Halbmond nunmehr erfüllen werde. Im Verlauf der Verhandlungen war bereits eine alle Teile befriedigende Übereinkunft gefunden, als König Ferrante von Neapel im Augenblicke der Unterzeichnung sein Einverständnis zurückzog. Nun schlossen Venedig, Florenz und Mailand auf 25 Jahre ein Bündnis ab. Man lud den Papst, den König von Neapel und den Herzog von Ferrara zur Teilnahme ein. Nur der letzte bequemte sich zum Beitritt. Der Papst lehnte ihn mit ausführlicher Darlegung seiner Gründe ab. Er erblickte darin eine gegen den Heiligen Stuhl gerichtete Verschwörung, einen Versuch, ihn einzukreisen und zu einem ,gefügigen Werkzeug der egoistischen Politik der Tyrannis' zu machen.

Venedig war über den Ausgang der Aussprachen tief empört. Es berief seinen Gesandten aus Rom ab, 'damit die Welt nunmehr erkenne, welcher Art der Hirte sei, der ruhig zusehe, wie seine Herde verschlungen werde, ohne ihr beizustehen'. Die Hoffnung, den König von Ungarn zum Anschluß an den Bund zu bewegen, den wiederholte Gesandtschaften Venedigs in jenen Tagen dafür zu gewinnen trachteten, führte nicht zum Erfolg. Ungarn war damals in einer bedrängten Lage und es schien, als ob nunmehr an ihm die Reihe sei, den Ansturm der Osmanen zu erleben. Bereits am Tage der Heiligen Dorothea (6. Februar 1474) hatte der Beg von Semendria (Smederevo), Malqotsch-oghlu Bali-Beg, auf seinem Raubzug nach Ungarn alle Lande bis hinauf nach Großwardein ausgeplündert, die Grabstätte des Heiligen Ladislaus niedergebrannt, die Einwohner umgebracht, Greise und Kinder geköpft sowie Mädchen und Knaben als Sklaven über die Donau geschleppt.

Mit diesem Überfall tief ins ungarische Land hinein war es aber keineswegs getan. Anfangs Juni brachen türkische Reiterhorden aus Bosnien in Kroatien ein, drangen bis Kreuzen (Križe), Kopreinitz (Koprivnica) und Warasdin (Varaždin) vor und erschienen selbst vor Pettau (Ptuj) und Möttling (Metlika). Kaiser Friedrich III. erließ ein Mahnschreiben an die Kärntener Stände, sich zu bewaffnen, mit den Krainern und Steirern gemeinsam an den Grenzen ihrer Länder Widerstand zu leisten und besonders die Eingänge nach Kärnten zu sichern. Auch in den innerösterreichischen Ländern wurden eilig Befestigungen, Erd- oder Steinwälle (Tabor, Taber) angelegt, Schlösser und Kirchenburgen ausgebessert oder neu errichtet und Meldefeuer (,Kreutefeuer') eingeführt, um etwaige Ge-

fahren anzuzeigen. Im August 1474 überschritt abermals eine starke Reiter-
schar, angeblich 10 000 Mann, aus Serbien die Donau und suchte die
Niederung bis an den weißen Kőrős-Fluß heim. Eine ungarische Abteilung,
die sich ihr entgegenstellte, fügte ihr eine Niederlage zu. Schließlich
folgte im Spätherbst noch ein Einfall aus Bosnien über Kroatien in das
Küstenland.

Die ständige Bedrohung seines Reiches und der Zwang, endlich den
Wünschen des mißmutigen Volkes Rechnung tragend, alle Kräfte gegen
die Türken anzuspannen, veranlaßten Matthias Corvinus im November, mit
König Kasimir IV. von Polen einen mehrjährigen Waffenstillstand abzuschließen und dem Böhmischen Krieg dadurch ein einstweiliges Ende zu
setzen. Auch eifrige Patrioten in Ungarn hatten nicht mehr den Kampf
um die böhmische Krone gebilligt und verlangt, daß das Land nun seine Grenzen gegen die Feinde der Christenheit schütze. Nicht minder blieb König
Ferdinand von Neapel und Aragonien, der im Herbst 1476 seine natürliche
Tochter Beatrice (1457—1508) dem Ungarnkönig in die zweite Ehe gab, ohne
Einfluß auf seines Schwiegersohns politische Pläne. Im Herbst 1474 und
nochmals im Frühjahr 1475 bewilligte der Reichstag zu Ofen sehr beträchtliche Mittel für die Verteidigung des Landes, jedoch mit der ausdrücklichen Bestimmung, daß sie nur im Krieg gegen die Osmanen Verwendung
fänden. Mit den Rüstungen wurde zwar sogleich begonnen, aber zum Angriff war der günstige Augenblick lange verstrichen.

Stefan, der Große zubenannt, der kriegerische Vojvode der Moldau, hatte
1473 des Großherrn Abwesenheit im fernen Asien dazu benutzt, in die Walachei einzubrechen. Dort verlockte die Ohnmacht des Schwächlings Radu
des Schönen *(cel frumos)* seit mehreren Jahren den aufstrebenden Fürsten
der Moldau zu immer neuen Eroberungen. Radu wurde bei Cursul Apei
(Rîmnicul-Sărat) geschlagen (18.—20. November) und an seiner Stelle
ein gewisser Basarab, auch Laiotă geheißen, auf den Thron der Walachei
erhoben. Ein Versuch der Osmanen, schon am 28. November 1473 dem sultanischen Günstling Radu wieder die Krone zu verschaffen, schlug kläglich
fehl. Sie verloren in der Schlacht, die Michal-oghlu ʿAlî-Beg mit seinen
Rennern lieferte, eine solche Zahl von Kämpfern, daß sie schleunigst das
Weite über die Donau suchten. Aber vier Wochen später war es auch mit
Laiotăs Fürstenherrlichkeit zu Ende. An 17 000 Türken erschienen in
der Moldau und bezogen am Silvestertag 1473 ihr Lager bei Bârlad, verjagten den Günstling Stefans, brandschatzten und verwüsteten alles Land
und kehrten, ohne sich zum Gefecht zu stellen, aufs neue über die Donau
zurück. Im Frühjahr 1474 kam Laiotă abermals zur Herrschaft und es
sah so aus, als ob nun der Moldaufürst seine Absichten verwirklichen konnte.

Aber Laiotă zog es bereits im Juni vor, sich auf die Seite des Sultans zu schlagen und seinem Scheinreich den Rücken zu kehren. Stefan gab jedoch seine Bemühungen, in der Walachei einen ihm genehmen Fürsten einzusetzen, auch jetzt noch nicht auf. Er verhalf einem gewissen Basarab dem Jüngeren, auch Tzepelusch (das ist ,kleiner Pfähler') genannt, der sich in Siebenbürgen eingenistet hatte, wenigstens für einige Wochen zur Herrschaft über die Walachei. Am 5. Oktober 1474 kam es zu einem Treffen zwischen dem alten und dem jungen ,Basarab', wobei dieser seine Zepter an den ,alten' verlor, den aber der Vojvode Stefan zwei Wochen später (20. Oktober) vertrieb. Diese, gemessen am Weltgeschehen, wahrhaft lächerlichen Thronstreitigkeiten verdienten in diesem Zusammenhang keinerlei Erwähnung, wenn sie nicht den Auftakt zu einer umfassenden Auseinandersetzung des Großherrn mit dem Fürsten der Moldau gebildet hätten. Anlaß zur Einmischung war, wie üblich, bald gefunden. Ein Gesandter des Sultans verlangte von Stefan den Tribut für die verflossenen Jahre, in denen er nicht entrichtet worden war. Überdies sollte der südmoldauische Hafen Kilia (Chilia), der eine gesicherte und seit alters vom Handel bevorzugte Lage auf einer Insel der unteren Donau besaß, zurückgegeben werden. Beide Ansinnen wurden unverzüglich abgelehnt; Grund genug, die Feindseligkeiten gegen den übermütigen Beherrscher der Moldau, (*'Qara Bogdan'*) ohne Verzug zu beginnen.

Sulejmân-Pascha, von dem manche Quellen behaupten, daß er als Knabe in Bosnien gefangen und vom Sultan seiner Schönheit wegen verschnitten und zu seiner Lust gebraucht worden war, ging der großherrlichen Gunst und Zuneigung trotz der albanischen Niederlage nicht verlustig. Wohl jeder andere Würdenträger wäre nach solchem Mißerfolg in Ungnade geraten und im besten Fall in die Verbannung gegangen. Der Hämling aber erhielt noch im Frühherbst 1474 den Auftrag, zu einem Feldzug jenseits der Donau aufzubrechen.

Ein besonders strenger Winter und die ungeregelte Zufuhr für eine beträchtliche Streitmacht durften keine Hindernisse für den befohlenen Vormarsch bedeuten.

Sulejmân-Pascha drang in den ersten Tagen des Januar 1475 mit einem Heerbann, dessen Umfang wohl übertreibend auf 100 000 oder gar 120 000 Mann beziffert wird, in Begleitung des Laiotă und mehrerer Unterfeldherrn über die Donau in die Walachei ein. Fürst Stefan lockte sie durch die dichten Wälder bis in die Nähe der Stadt Vaslui, wo sich der Fluß Bârlad mit dem Racova-Bache vereinigt. Dort hatte er seine gesamte, durch Székler und polnische Hilfstruppen verstärkte Wehrmacht zusammengezogen, dort stand er unbeweglich seit einigen Wochen. Die unübersichtliche Landschaft mit ihren zahlreichen Hügeln, dunklen Wäldern, tiefen Flüssen und Morästen und der dichte Nebel, der alles verhüllte, machte jedem Fremden das Zurechtfinden unmöglich. Unterwegs hatte, um den Feind auszuhungern, 'jeder sein eigenes Haus zerstört'. Am 10. Januar 1475 überschütteten die Moldauer bei Tagesanbruch die nahenden Türken aus dem unsichtbaren verschanzten Lager mit einem Regen von Pfeilen. Das völlig ungewohnte Gelände machte den Osmanen schwer zu schaffen. Sie kamen rasch ins Weichen und nahmen Reißaus, aber nur wenige konnten sich in Sicherheit bringen. Die meisten fanden den Tod auf dem Schlachtfeld oder in den Fluten der Donau, wohin sie die moldauischen Reiter verfolgten. Ihre erschöpften Pferde vermochten die Reiter weder in der Schlacht noch in der Flucht zu tragen. Stefan hatte die ganze Walachei, durch die der Heerzug seinen Weg nehmen mußte, in eine Wüstenei verwandeln lassen. Nun ließ er die Verbrennung der Leichen auf dem Kampffeld anordnen. Die Gefangenen wurden meist gespießt. Durch ein strenges viertägiges Fasten bei Wasser und Brot und durch das demütige Gelöbnis, zu Ehren Gottes, des Herrn der Heerscharen und Lenkers der Schlachten, eine neue Kirche zu erbauen, feierte der Fürst der Moldau mit seinen Bauern den Sieg, der teuer erkauft worden war. Drei Hügel, auf denen Kreuze errichtet wurden, bezeichneten die Schädelstätte der erschlagenen Christen. Von den Türken waren vier Paschen auf der Walstatt geblieben, an hundert Fahnen waren erbeutet worden. Vier türkische Anführer samt sechsunddreißig Banner sandte Stefan an den Polenkönig Kasimir zum Dank für die geleistete Hilfe. Auch schickte er Gefangene und Feldzeichen an König Matthias Corvinus, ja selbst an den Papst. In einem aus Suceava datierten Schreiben an die Christenheit vom 25. Januar 1475 teilte er seinen Waffenerfolg am ,Tor der Christenheit' mit und kündigte an, daß der Sultan noch im Mai mit gewaltigem Heerbann in Person über die Donau ziehen wolle, um die Niederlage zu rächen. Man solle sich schleunigst aufraffen, um der drohenden Gefahr zu begegnen.

Sämtliche festen Plätze auf der Grenzscheide zwischen der Moldau und Bessarabien, die schon früher von den Osmanen genommen worden waren, kehrten, von ihren Besatzungen verlassen, nunmehr ohne Schwertstreich wieder unter die Botmäßigkeit des Moldauherrschers zurück. Ein solcher Sieg, ließ Stefan verkünden, sei nicht Menschenwerk, sondern des Allmächtigen Fügung. Die Länder der Christenheit stimmten in seine Dankgebete zum Himmel ein, ohne daß sie aus dem Sieg über die Osmanen zu lernen verständen, daß die Macht des Großherrn desto weniger unüberwindlich bleibe, je mehr man sich zu gemeinsamem Kampf zusammenschließe. Ein Abgesandter des Ungarnkönigs, Ladislaus Vetesius (László Vitez), hatte in eindringlicher Rede, die alsbald gedruckt ward und auch handschriftlich weite Verbreitung fand, im Frühjahr 1475 vor allem dem Papst die rasche vereinte Betreibung eines Türkenkrieges ans Herz gelegt. Mehmed habe beschlossen, nach Italien einzufallen und seine Soldaten riefen bereits ,*Alala Machmet, Machmet, Roma, Roma!*' (*Lâ ilâha illalâh Muhammad rasûlullâh, Roma, Roma!*). Dieses Feldgeschrei, bei dem das Glaubensbekenntnis mit dem Namen der Ewigen Stadt verbunden wird, bekunden daneben auch venedische Quellen. Venedig gegenüber freilich versuchte Mehmed II. gerade in jenen Tagen eine versöhnliche Haltung einzunehmen und in der Lagunenstadt einige Friedenshoffnungen zu erwecken. Durch seine Stiefmutter Carica Mara, die Despina-Chatun, ließ er einem venedischen Gesandten, Girolamo Zorzi (Giorgi) mit Namen, sicheres Geleit nach Stambul zusagen, um sich dort mit der Pforte über Friedensverhandlungen zu verständigen. Er ward am 24. März 1475 empfangen, aber den Zumutungen des Großherrn, der nicht nur die Tilgung einer alten Schuld von 150 000 Golddukaten, sondern auch die Rückgabe aller seit Kriegsbeginn von Venedig besetzten Orte sowie die Auslieferung der Bergfeste Kruja in Albanien verlangte, vermochte er nicht zu entsprechen. Girolamo Zorzi war zu solchen Zugeständnissen weder gewillt noch ermächtigt. Bevor er unverrichteterdinge wieder abzog, zeigte man ihm die riesigen Rüstungen zum Kampf gegen Venedig und sagte ihm mündlich — Mehmed weigerte sich ausdrücklich, eine schriftliche Erklärung abzugeben — einen halbjährigen Waffenstillstand zu, währenddessen die Signoria ihre Entschlüsse treffen solle. Die Gefechtspause ward angenommen und dem Generalkapitän der Auftrag erteilt, jegliche Feindseligkeiten zu vermeiden. Die Friedensvorschläge aber wies Venedig als ehrlos und daher unannehmbar zurück. Diese Frist von sechs Monaten gab dem schlauen Schlachtenlenker im Seraj zu Stambul die erwünschte Gewißheit, wenigstens im Laufe des Frühjahrs und Sommers mit Angriffen des Freistaats des Hl. Markus nicht rechnen zu müssen. Die hochgespannten Forderungen, die er an diesen stellte, hatten von allem Anfang keine Aussicht auf Erfüllung und die Annahme liegt nahe, daß mit den Friedensvorbesprechungen lediglich eine Kampfpause ausgehandelt werden sollte, die auch den Venedigern verlockend erschien. Gerade damals war Sixtus IV. bemüht, zu wiederholten Malen die italienischen Mächte zu Hilfeleistungen zu ermuntern, und sei es nur, daß er den Florentinern einen neuen Gesandten Usun Hasans anempfahl (16. April 1475), weil man sich vom geschlagenen Herrn des Weißen Hammels immer noch eine befreiende Tat erhoffte. Im Norden, wo der burgundische Krieg eine bedenkliche Spannung

zwischen den mitteleuropäischen Staaten hervorgerufen hatte, war an
irgendeinen Beistand im Kampf wider die Osmanen überhaupt nicht zu
denken.

Der Großherr war den ganzen Winter und Frühling über in seinem Palast zu Stambul verblieben, zweifellos noch schwer an den Folgen der
Gicht leidend, die ihn seit der Rückkehr aus Ostanatolien peinigte. Noch
für Ende April (21. April) ist seine Anwesenheit in der Hauptstadt bekundet.
Wenige Wochen hernach hielt der Schwarze Tod dort aufs neue seinen Einzug und veranlaßte den Hof zur Flucht in die Berge. Der Sultan befand
sich im Mai gichtkrank zu Adrianopel, vermutlich auf der Insel, wo er sich
einstmals seinen Sommerpalast erbaut hatte. Westliche Kundschafter berichteten, daß er im Begriffe stehe, nach der Moldau aufzubrechen, um die
Schmach des verflossenen Winters zu ahnden. Auch der Bejlerbeji von
Rumelien, Sulejmân-Pascha, weilte am alten Hofsitz, angeblich um den
rumelischen Heerbann mit 40 000 Reitern zusammenzuziehen. Daß der
Sultan dem Westen nicht traute und sich eines Überfalls versehen zu
müssen meinte, bezeugt, daß er die Dardanellenschlösser, vor allem das
‚Castello della Grecia‘ (Eski Hißarlyq), mit verstärkter Bewachung ausrüsten
und nach Krithia auf der Nordseite der Chersones allein 5000 Mann zur
Bedeckung legen hieß. Den Beschluß, diesmal in eigener Person nach der
Moldau zu ziehen und Rache an Stefan zu nehmen, machte die bedenkliche
Verschlimmerung des Leidens zunichte. Mehmed II. wurde von solcher
Schwäche befallen, daß er sich von Adrianopel zurück nach Stambul
schaffen ließ und den Plan eines Feldzugs endgültig begrub. Die Nachrichten vom Zustand des Großherrn drangen mit Windeseile auf verschiedenen Kanälen nach Westen, wo man bereits mit seinem Ableben
glaubte rechnen zu dürfen. Francesco Maletta, der Botschafter Mailands
am Neapeler Hofe, meldete von dort am 23. Juni 1475, er habe von König Ferdinand selbst erfahren, wie schlimm es um die Gesundheit des Großtürken bestellt sei. In Stambul habe sich schon das Gerücht verbreitet,
daß er mit dem Tode ringe. Das Volk habe daraufhin gemurrt und sei zum
Palast gezogen, um diesen zu plündern. Nur dem Umstand, daß der ‚Türke‘,
von seiner Umgebung dazu gedrängt, sich am Fenster zeigte und damit
dem Pöbel den Beweis lieferte, daß er noch am Leben sei, war es zu verdanken, daß die Ausschreitungen ein rasches Ende nahmen. Der Botschafter der Signoria in Neapel berichtete, daß er aus Traù (Trogir, Dalmatien) erfahren habe, zwei venedische Schiffe seien nach ihrer Heimat
unterwegs. Eines führe einen Abgesandten Usun Hasans mit sich, das andere gar einen Botschafter ‚des Sohnes des Türken‘, der wegen des Ver-
dachts, sein Vater liege im Sterben, mit Venedig Friedensverhandlungen

aufnehmen solle. ‚Von allen Seiten‘, so schließt der Bericht, ‘bestätigt man den Tod des genannten Türken.‘

Aber während der moldauische Feldzugsplan ins Wasser fiel, ward ein anderes Unternehmen ins Werk gesetzt, das der alten und berühmten Siedlung der Genuesen am nördlichen Ufer des Schwarzen Meeres, Kaffa, dem Hauptstapelplatz des über Astrachan geleiteten persischen und indischen Überlandhandels, den Rest des längst kümmerlichen Daseins benahm. Seitdem der Verkehr mit dem Mutterland auf dem Seeweg durch die türkischen Maßnahmen im Bosporus seit Jahren so gut wie unterbunden war und die Zufuhr nur noch auf dem mühseligen Landweg erfolgen konnte, seitdem sich das gegenüber auf dem anatolischen Ufer gelegene Amastris in den Händen der Türken befand, war Kaffas Lage fast unerträglich geworden. Es mag längst die Absicht Mehmeds II. gewesen sein, ‘diesen Rest abendländischer Krämerherrschaft jenseits der Dardanellen‘ auszulöschen und sich selbst die wirtschaftliche Wichtigkeit dieser genuesischen Niederlassung zunutze zu machen.

Schon im Sommer 1454 war ein aus 56 Schiffseinheiten bestehendes osmanisches Geschwader ins Schwarze Meer ausgelaufen, hatte vergeblich Aq-Kerman (Moncastron) angegriffen, dann aber Sebastopol an der Krim im Sturm genommen und sich schließlich am 11. Juli vor Kaffa gezeigt. Der mit den Osmanen verbündete Krim-Chan Hâddschî-Giraj erschien an der Spitze von 6000 berittenen Tataren vor den Mauern der Stadt, richtete aber nichts aus, sondern mußte sich mit der Übernahme von Leibesbürgen und einem Tribut von 6000 *somme*, also etwa 1600 Dukaten, abfinden. Ehe die Osmanenflotte wieder in See stach, belegte auch sie die verängstigten Bewohner mit einer Schatzung. Einem vorher in Kaffa aufgetauchten großherrlichen Sendboten, der von den Behörden eine Jahresabgabe an die Pforte verlangt hatte, war bedeutet worden, daß das Uffizio (später Banca) di San Giorgio in dieser Frage das entscheidende Wort zu reden habe. Bald darauf, jedenfalls noch im selben Jahre 1454, mußte sich Kaffa zu einem Tribut in Höhe von 3000 Dukaten verstehen, wofür den Genuesen von Mehmed II. allerdings die Erlaubnis erteilt wurde, durch den Bosporus eine beschränkte Menge Getreide auszuführen. Der Landweg durch Polen und Ungarn, den Meldeboten und für Kaffa geworbene Söldner zu benutzen pflegten, konnte den Seeweg niemals ersetzen. Trotz aller Zugeständnisse blieb der Fall der taurischen Kolonien Genuas nur noch eine Frage der Zeit.

An einem Vorwand, sich zu gegebener Frist in die Angelegenheiten der Genuesen einzumischen, fehlte es auch hier, wie zuvor bei jedem Kriegsanlaß, natürlich keineswegs. Die genuesische Verwaltung ward in Streitigkeiten mit den benachbarten Tatarenfürsten verwickelt. Die in Kaffa und

Umgebung lebenden Tataren unterstanden der Gerichtsbarkeit eines ihrer Tudun (Statthalter) geheißenen Beamten, den der Krim-Chan stets im Einverständnis mit dem genuesischen Konsul zu bestellen pflegte. Als Mamak, der einflußreiche Inhaber dieses Amtes, 1473 gestorben war, folgte ihm sein Bruder Eminek darin nach. Nach anfänglich gutem Einvernehmen kam es zwischen beiden Parteien zu einer Todfeindschaft, die der genuesischen Kolonie noch schwer zu schaffen machen sollte. Die Witwe des Mamak, Schwägerin des Beg Eminek, trachtete, ihren Sohn Sertak als Nachfolger ihres Gatten einsetzen zu lassen. Im Laufe der Verhandlungen spielte ein Mitglied des vierköpfigen *Uffizio della Campagna*, das über den Posten des Tudun entschied, namens Oberto Squarciafico, eine immer abscheulichere Rolle. Schließlich hatte man den Krim-Chan Mengli-Giraj für Sertak gewonnen und Eminek von der Wahl mit dem Hinweis ausgeschaltet, daß er mit den Türken im Bunde stehe, als der Chan erklärte, daß sein Auserwählter nicht Sertak, sondern ein gewisser Qaraï-Mirsa sei. Als er diesen in Kaffa in sein Amt einführen wollte, stieß er jedoch auf stärksten Widerstand und Oberto Squarciafico, dem die Mutter des Sertak 2000 Goldstücke versprochen hatte, war einer der heftigsten Gegner. Er drohte dem Chan mit der Freilassung seiner Brüder, die damals in Soldaja in Gewahrsam gehalten wurden. Mengli-Giraj stimmte endlich zu und Sertak übernahm den Posten eines Tudun. Damit war der Streit aber keineswegs beendet. Die meisten vornehmen Tataren standen auf seiten des Eminek und luden zuletzt Sultan Mehmed II. ein, den Fall zu schlichten. Unnötig zu sagen, daß er dieser Aufforderung unverzügliche Folge leistete.

Als neuer Oberbefehlshaber der Seestreitkräfte erhielt Gedik Ahmed-Pascha die Weisung, mit diesen am 19. Mai aus Stambul ins Schwarze Meer zu segeln. Die Zahl der Schiffe wird verschieden angegeben. Insgesamt soll sie sich auf 180 Galeeren, 3 Galeassen, 170 Lastschiffe und 120 Fahrzeuge zur Beförderung von Pferden belaufen haben. Sie machte beim Leuchtturm am Ausgang des Bosporus zunächst Halt, wandte sich aber schließlich nordwärts in den Pontus. Am 1. Juni ankerte sie vor den Mauern der Stadt Kaffa, die damals rund 8000 Häuser mit etwa 70 000 Seelen beherbergte. Ahmed-Pascha ließ das reichlich herangebrachte Geschütz gegen die Wälle auffahren und am 2. Juni begann die Beschießung. Der Widerstand dauerte nur drei Tage, zumal sich die Mehrzahl der tatarischen Einwohner unter Führung des Eminek den Türken anschloß. Mengli-Giraj hatte sich, von seinen Anhängern verlassen, aus Angst, seinen Hofsitz Kerkri nicht halten zu können, mit 1500 ihm treuergebenen Reitern nach Kaffa begeben. Am 6. Juni lieferten sich die Belagerten der Gnade des Feindes aus. Ahmed-Pascha versprach allen Leib und Leben, falls die auf-

erlegte Kopfsteuer *(charâdsch)* entrichtet werde. Alle in Kaffa befindlichen
Fremdlinge, Walachen, Polen, Russen, Georgier, Tscherkessen machten als
erste Bekanntschaft mit der Willkür der Sieger. Ihre gesamte Habe, deren
Wert auf 250 000 Golddukaten geschätzt wurde, ward eingezogen, sie selbst
wurden als Sklaven verkauft oder in Eisen geschlagen. Am 9. und 10. Juni
wurden alle sonstigen Bewohner der Stadt, Lateiner, Griechen, Juden,
Armenier usw. aufgefordert, genaue Angaben über ihren Personenstand,
ihr Vermögen, ihre Angehörigen zu machen. Man gab vor, diese zur Festsetzung der Kopfsteuer zu benötigen. An den folgenden Tagen wurden sie
mit einer Schatzung belegt, die sich je nach Vermögenslage auf 15 bis
100 Aspern je Kopf belief. Am 12. und 13. Juni wurde die gesamte weibliche und männliche Jugend den Türken vorgeführt, die aus deren Schar
die für den Palast des Sultans Geeigneten auswählten. 1500 Menschen,
nach anderen Quellen 3000, ja gar 5000 wurden schonungslos ihren Angehörigen entrissen und weggezerrt. Schon glaubten die schwergeprüften
Einwohner Kaffas ihrer gewohnten Beschäftigung wieder nachgehen zu
können, als Weisung erfolgte, daß jeder die Hälfte des erklärten Vermögens innerhalb drei Tagen abzuführen habe. Wer dem Geheiß nicht
nachkam oder nicht nachzukommen imstande war, wurde scheußlichen
Foltern unterworfen. Schließlich erging am 8. Juli der Befehl, daß sich
sämtliche Angehörige lateinischer Rasse mit ihren Habseligkeiten auf be-
reitgestellte Schiffe zu begeben hätten, die sie am 12. Juli mit unbekannter
Bestimmung von dannen schleppten. Unterwegs brach an Bord eines der
Fahrzeuge eine Meuterei aus. Die Besatzung wurde niedergemacht und die
Empörer suchten unter Mitnahme ihres Eigentums das Weite. Sie landeten
in Kilia, nach anderen Quellen bei Aq-Kerman (Moncastron), aber der Stadtvogt nahm ihnen ihr Gepäck weg und brachte sie als Sklaven bis nach
Suceava. Der Rest gelangte nach Stambul, wo er in einem bisher un-
bewohnten Stadtviertel (1477: 267 Häuser) angesiedelt wurde. Oberto
Squarciafico, dem in der Hauptsache das ganze Elend zu verdanken war,
ereilte alsbald das Schicksal. Er wurde bereits wenige Tage nach der Landung, vermutlich auf Betreiben des Eminek, hingerichtet. Mengli-Giraj
ward, als er alle Todesnöte überstanden hatte, begnadigt und als großherrlicher Lehensmann sogar nach der Krim zurückgeschickt.

Hier hatten die Osmanen inzwischen ihre Eroberungen ohne sonderliche
Verluste fortsetzen können. Soldaja wurde belagert und durch Hunger
bezwungen. Das gleiche Los wurde dem berühmten Mangup (Theodoros)
zuteil, wo sich die letzten Sprößlinge der trapezuntischen Komnenen gehalten hatten. Ihre Herrschaft beschränkte sich freilich nur auf ein Schloß
und mehrere Ortschaften in dessen Umgebung, insgesamt etwa 30 000 Häu-

ser. Dort hatte sich Alexander, der kurz vorher vom Besuch des moldauischen Hofes — seine Schwester Maria war die Gemahlin des Fürsten Stefan —
nach Mangup zurückgekehrt war, gegen den türkischen Ansturm zu
wehren versucht. Er unterlag durch List (Dezember 1475) und die Eroberer gingen gegen ihn, seine Familie und seine moldauische Leibtruppe
unerbittlich grausam vor. Alle Mitglieder dieses Zweiges der Komnenen
wurden beseitigt und nicht einmal die Frauen geschont. Sie wurden nach
Stambul überführt und in den großherrlichen Harem gesteckt. Die Zer-
trümmerung einstiger genuesischer Macht auf Taurien krönte die Einnahme
von Tana (Asov), wo indessen noch einige Geschlechter, wie die Spi-
nola, überdauert haben mögen. Weitere kümmerliche Reste von Genuesen vermochten sich noch eine Zeitlang unweit Bâghtsche-Seraj bei
Kaffa zu halten. Die einstige Größe und der riesige Reichtum, von dessen
Umfang die unermeßliche Beute vor allem aus den Warenlagern, die den
Osmanen in die Hände gefallen waren, eine Vorstellung geben könnte,
waren ein für allemal dahingeschwunden. Nichts war den Genuesen vom
Levantehandel geblieben als die Niederlassungen auf der Insel Chios und
an der gegenüberliegenden Küste Anatoliens.

Als sich am 3. August 1475 die Schiffe mit den Gefangenen und dem gewaltigen Raube Stambul näherten, mußte wegen der schrecklichen Pest,
die damals die Hauptstadt immer noch verheerte, die Ausladung unter-
bleiben. Man brachte die Unglücklichen, Italiener und Armenier, zuerst
nach Skutari und wies ihnen nach Erlöschen der Seuche ihre neuen
Wohnstätten zwischen dem heutigen Adrianopeler Tor und dem Goldenen
Horn an. Die byzantinischen Kirchen der Heiligen Jungfrau (Odalar
Dschâmi^c) und des Manuelklosters (Kefeli Dschâmi^c) wurden den Neu-
ankömmlingen übergeben. Der Großherr selbst weilte damals gar nicht an
seinem Hofsitz. Mehr als drei Monate scheint er sich bereits seit Juni oder
Juli auf einer Anhöhe zwischen Adrianopel und Qyrq kilise (heute Kĭrklar-
eli) von der Umwelt abgeschlossen zu haben, um der Ansteckung zu entgehen. Als der Sommer bereits zu Ende war, begab er sich weiter nach Westen, zuerst nach Philippopel (Filibe) und später nach Sofia, wo er den
ganzen Oktober zubrachte. Der Winter war schon im Anzug, als er sich
wieder in die reine Luft des Istrandscha-Gebirges, und zwar nach Wisa
verfügte. Hier lagerte der ganze Hofstaat in Zelten und harrte trotz der beginnenden Kälte aus, bis der Schwarze Tod gewichen war. Dann erst reiste
er nach Stambul zurück.

Da die Verbindung des Abendlandes mit dem Osten längst nicht mehr
ausschließlich über das Mittelmeer, durch Syrien und über Ägypten,
sondern auch über das Schwarze Meer erfolgte, so war Kaffa einer der be-

deutenden Brennpunkte des West-Ost- und Ost-Westhandels. Die Erzeugnisse West- und Mitteleuropas gelangten nicht nur auf dem Weg über die Dardanellen, vielmehr auch auf der über Wien und Ofen führenden Handelsstraße ans Schwarze Meer, späterhin auch über die Karpathenpässe oder auf dem vielbegangenen Weg durch Polen und die Moldau. Die Bedeutung dieser Handelsstraße für die Entstehung der vorkapitalistischen und beginnenden kapitalistischen Wirtschaftsformen des Abendlandes ist oft genug unterstrichen worden. Infolge der Einnahme der Krim durch die Osmanen ist die über allen örtlichen Wettstreit hinweg bestehende Wirtschaftseinheit Europas zerstört worden. Der dadurch erschwerte Verkehr im östlichen Mittelmeer und die alsdann sich vollziehende Umwandlung des Schwarzen Meeres in ein türkisches Binnengewässer, die die von Mehmed II. verfügte Sperrung der Dardanellen bereits eingeleitet hatte, sind mit Recht als Tatsachen von europäischer Wechselwirkung angesehen worden. Mit gutem Grund hat man auch die Bildung des Großgrundbesitzes im 16. Jahrhundert, das Anwachsen der an die Scholle gefesselten Schicht sowie das plötzliche Stocken des Aufschwungs, den das städtische Leben genommen hatte, mit der Besetzung der Schwarzmeerküste in einen ursächlichen Zusammenhang gebracht und das Aufhören des freien unbehinderten Verkehrs auf dem Schwarzen Meer in seiner Bedeutung für diese Gebiete mit jener verglichen, die Henri Pirenne für Westeuropa nach der Inbesitznahme des Mittelmeers durch die Araber oder Alexander Eck für die russischen Räume nach den Kumanen- und später den Tatareneinfällen festgestellt haben. Der Einfluß, den der osmanische Raumgewinn auf das wirtschaftliche und gesellschaftliche Leben Osteuropas hatte, ist ebenso unleugbar wie seine Auswirkung auf die andere Hälfte des alten Erdteils. Durch die Schließung des Schwarzen Meeres und die Hemmung des Verkehrs im östlichen Mittelmeer wurde nicht nur auf einigen lebenswichtigen Wegen der westliche Handel verlangsamt, ja gelähmt, sondern es verschwanden manche Wege überhaupt. Genua und Venedig büßten nunmehr eine Anzahl wichtigster Stützpunkte ihres Welthandels, vor allem in und mit der Levante ein. Ohne Übertreibung läßt sich behaupten, daß selbst die Entdeckung der neuen atlantischen Seewege mit ihren einschneidenden Veränderungen in der abendländischen Wirtschaft in eine gewisse Beziehung mit der osmanischen Gebietserweiterung im Schwarzmeer-Raume gesetzt werden muß. Die Entdeckungsfahrten nach der Neuen Welt sollten eine Art Ausweichverbindung nach Indien und Innerasien schaffen, weil die bisherigen Wege dorthin fortan völlig durch muslimische Staaten blockiert und eine dauernde Beseitigung dieses Sperrriegels nicht mehr zu erhoffen war.

Die Eroberung Kaffas war von Ahmed-Pascha durch die Einnahme von Aq-Kerman (Moncastron, russisch Bielgorod) abgerundet worden. Die Behandlung der ausgebrochenen genuesischen Sklaven wurde zum Anlaß genommen, Stadt und Feste dem Osmanenreich einzuverleiben. Der Klärung bedürftig wäre, ob in diesem Zusammenhang oder schon vorher polnische und moldauische Unterhändler das gegen ihre Grenzen heranziehende Ungewitter abzuwenden trachteten. Der Vojvode Stefan soll sich dabei mit dem Hinweis entschuldigt haben, daß ihn der Einfall räuberischer Horden im Frühjahr diese zu züchtigen gezwungen habe. König Kasimir bat, daß die Moldau, die zu Polen im Lehnsverhältnis stehe, nicht mit Krieg überzogen werde und daß man die Schlichtung der Streitigkeiten einem türkisch-polnischen Ausschuß überlasse. Mehmed II. behandelte die Moldauer mit Verachtung, indem er ihnen die Pferde wegnehmen und sie zu Fuß heimwärts ziehen ließ. Die Polen hielt er so lange hin, bis er seine Rüstungen zum Feldzug gegen die Moldau beendet hatte.

Auch das Jahr 1475 ging nicht zu Ende, ohne daß der Landbevölkerung von Kroatien bis hinein nach Krain und Kärnten aufs neue durch Überfälle türkischer Reiterhorden schwerster Schaden an Gut und Blut zugefügt worden wäre. Im August fielen die Renner aus Bosnien wieder nach Kroatien ein, durchstreiften, ohne merklichen Widerstand zu finden, das ausgeplünderte Land und drangen bis nach Pettau vor, wo sie entsetzliches Unheil anrichteten. Erst als die Hauptleute Steiermarks und Kärntens zu Hilfe eilten, gingen sie über Lemberg ins Savetal zurück. Bei Rann kamen auch die Krainer heran und Sigismund von Polheim, Hauptmann von Radkersburg, griff mit drei Heerhaufen, 450 Mann stark, am 24. August 1475 die Osmanen auf dem Kaisersberg an der Sottla, wo sie Stellung bezogen hatten, mutig an. Aber das Gefecht fiel zu ungunsten der Christen aus. Einunddreißig Adelige allein zählte man unter den Gefallenen. Der tapfere Sigismund von Polheim und andere Edelleute gerieten dem Gegner in die Hände.

Während die türkischen Raubscharen damals ungehindert Kroatien durchschwärmten und brandschatzten, traf König Matthias Corvinus umfassende Maßnahmen zum Angriff gegen die Osmanen. Er, der freilich nicht mit Worten zu geizen und deren Gewicht nicht auf die Waagschale zu legen pflegte, setzte den venedischen Oratore Sebastiano Badoer davon in Kenntnis, daß er ein Heer von 60 000 Mann, begleitet von 1000 Wagen und 100 Schiffen, aufzustellen entschlossen sei. Er befahl, schwere Geschütze zu gießen und Belagerungsmaschinen herstellen, für die er eine besondere Vorliebe zeigte und die er nach italienischen Handschriften über Kriegsmaschinen studiert haben dürfte. Der Ungarnkönig fühlte sich so stark, daß er zwei Abgesandte des Großherrn, die wohl Ende November am Hof erschienen, um einen Waffenstillstand einzuleiten, einfach abweisen ließ. Welcher Art die Bedingungen waren, zu denen sich der Sultan zu einer Waffenruhe oder gar einem Frieden willig gefunden hätte, steht nicht fest. Er scheint indessen Matthias Corvinus gegenüber immer zu weitergehenden Zugeständnissen bereit gewesen zu sein, wenn es wahr sein sollte, daß er sich 1473 erbot, auf ganz Bosnien zu verzichten, falls ihm freier Durchzug über Ungarn nach — Deutschland gewährt werde. Nunmehr traten die Absichten, die Mehmed II. mit seinen beiden Unterhändlern verfolgte, offen zutage: er wollte sich beim geplanten Angriff auf die Moldau die linke Flanke sichern. Aus der Ablehnung der großherrlichen Vorschläge leitete Matthias Corvinus sogleich sein Begehren ab, daß sein moldauischer Nachbar Stefan die Feindseligkeiten gegen die Türken alsbald beginne.

Über seine eigenen Feldzugspläne ließ er keine Zweifel offen. Schon am 12. Oktober hatte er den an seinem Hofe beglaubigten Botschaftern seinen Entschluß, in den Krieg zu ziehen, kundgetan und als Hauptziel die Einnahme von Schabatz bezeichnet. Dort hatten sich die Türken seit der Erbauung immer besser verschanzt und große Mengen von Waffen und Schießbedarf angehäuft. Bald darauf setzte sich der König mit einem Teil seines Heeres, das aus 10 000 Mann bestand und in vier Säulen gegliedert war, nach Süden in Bewegung. Schon im Dezember schlug er sein Lager in Belgrad auf und in den ersten Januartagen 1476 zeigte er sich vor Schabatz, wo die Belagerungsarbeiten sogleich begannen. Die Festung hatte von der Save her gespeiste Wassergräben, hinter denen sich mit Flechtwerk verkleidete steilgeböschte Erdwälle erhoben. Das kleine gemauerte Kastell diente als Rückhalt. An Geschützen fehlte es nicht; 1200 Janitscharen bildeten die Besatzung.

Die Beschießung dieser Bollwerke hatte mäßigen Erfolg. Die Geschosse konnten nämlich dem Flechtwerk der Wälle nur geringen Schaden antun. Außerdem war eine türkische Abteilung zum Entsatz herangerückt und hatte in der Nähe Lager bezogen, trug aber Bedenken, zum Angriff auf die Ungarn vorzugehen. Die Truppe traute sich indessen so wenig zu, daß sie alsbald den Rückzug antrat und die Eingeschlossenen ihrem Schicksal überließ. Dieser Vorgang ermunterte die Angreifer, die Belagerung unter der persönlichen Leitung des Königs desto nachdrücklicher zu betreiben. Als einfacher Soldat verkleidet, soll sich Matthias Corvinus in einem Kahn bis an die Festung herangemacht haben, um deren schwächsten Punkt auszukundschaften. Seine Schiffe lenkte er selbst in den Burggraben. Die Besatzung kämpfte verzweifelt und brachte dem Gegner starke Verluste bei, ermattete aber schließlich im Widerstand und öffnete am 15. Februar 1476 die Tore. Dreißig Tage hatte die Belagerung gedauert. Der vorgefundene Riesenvorrat an Schießbedarf bestimmte vor allem Matthias Corvinus in seinem Entschluß, die Festungswerke nicht zu schleifen, sondern für ihre Wiederherstellung zu sorgen. Von der Save aus ließ er rundum einen Graben ziehen, so daß Schabatz so gut wie auf einer kaum zugänglichen Insel lag. Mit seinem Haupheer zog er dann an der Save und Donau hinab, zerstörte unterwegs alle osmanischen Anlagen und gelangte schließlich vor die turmbekrönten Mauern von Semendria. Mangel an Sturmzeug und schwerem Geschütz widerriet die Berennung dieses stark befestigten Platzes. Gleichsam um seine späteren Absichten, auch Semendria anzugreifen, aller Welt kundzutun, ließ der König dieser Feste gegenüber (bei Komolicz oder Kubin?) drei Holzkastelle errichten, sie mit einem Graben, einem dreifachen Erdwall und zahlreichen Strauchwehren umgeben und eine Beobachtungstruppe in die Bollwerke legen. Der Ungarnkönig sorgte dafür, daß der Fall von Schabatz raschestens in der ganzen Christenheit bekanntgemacht und gefeiert wurde. In Rom und in Venedig wurden in allen Kirchen öffentliche Dankgebete angeordnet. Die Signoria und Sixtus IV. übermittelten dem siegreichen Matthias Corvinus durch besondere Gesandtschaften nicht nur ihre Glückwünsche, sondern überreichten ihm auch 93 000 Golddukaten als Beihilfe zur Fortführung des Türkenkrieges ‚Aber was sind Hunderttausende für einen armen König gegen den gewaltigen Herrscher Asiens und eines guten Teiles von Europa!‘, schrieb ein Jahr später (März 1477) Kardinal Iacopo Ammanati zweifellos mit Recht. Die unverhofften Geldmittel benutzte Matthias tatsächlich gewissenhaft zur Fortsetzung des Krieges an der Donau. Er ließ um diese Zeit bei Regensburg, möglichst abseits von feindlichen Spähern, eine kleine Flotte von vierundzwanzig Schiffen zimmern, die er dann mit allerlei in Deutschland beschafftem Sturmzeug, vor allem Mauerbüchsen, für seine weiteren Unternehmungen, insbesondere gegen Semendria, zu verwenden gedachte. Er hatte Friedrich III., mit dem er damals noch nicht in grimmiger Fehde lag, um zollfreie Ausfuhr der Schiffe und des Rüstzeugs bitten lassen. Sie ward ihm verweigert, ja der Kaiser ließ es sogar ruhig geschehen, daß deutsche Raubritter die nördlichen Grenzbezirke ständig durch ihre Einfälle beunruhigten. Alle bittere Klage, die Matthias wiederholt darüber am Wiener Hofe führte, blieb ohne Ergebnis. Die kleinliche Knauserei Friedrichs III., der dem Beherrscher Ungarns besonders seine geplante Heirat mit Beatrice von Aragonien nicht verzeihen konnte, bewirkte, daß die Fahrzeuge viel zu spät von der Stelle und nicht rechtzeitig zum Einsatz vor Semendria kamen.

Der Verlust von Schabatz und die Verheerungen der Ungarn längs der

Donau hatten natürlich unverzüglich die Grenzbege auf den Plan gerufen. Ihren während des Sommers 1476 durchgeführten Raubzügen Einhalt zu gebieten, tat König Matthias so gut wie nichts. Das Zerwürfnis mit dem Kaiser, sein Versuch, den Papst zu einem Bündnis wider diesen zu bestimmen, vorab aber seine Heiratspläne — die Vermählung war für den Oktober angesetzt — nahmen ihn dermaßen in Anspruch, daß seine Kriegspläne gegen die Türken gänzlich in den Hintergrund treten mußten. Die Folgen dieser Ablenkungen blieben natürlich nicht aus. Die Brüder ᶜAlî-Beg und Iskender-Beg aus dem Geschlechte der Michal-oghlus rückten mit etwa 5000 Rennern bei Semendria über die Donau und durchquerten die Banschaft von Temesvár. Die dortigen Anführer Albert und Ambros Nagy vereinigten sich mit dem Befehlshaber von Belgrad und einigen benachbarten Kämpen, darunter die Gebrüder Franz und Peter Dóczy, und trieben die Einbrecher weit zurück. Südöstlich von Weißkirchen, an der Berghalde von Pozsezsena an der Donau, wurden sie bis zur Vernichtung geschlagen. ᶜAlî-Beg entkam über die Donau, sein Bruder blieb auf der Walstatt. Die von den Rennern mitgeschleppten Gefangenen benützten die glückliche Gefechtslage und fielen über das feindliche Lager her. So beträchtlich war das Raubgut, daß selbst berittene Frauen und Kinder noch ein beladenes Handpferd vor sich hertreiben konnten. Zweihundertundfünfzig Gefangene sowie fünf Fahnen wurden König Matthias nach Ofen als Beute gesandt.

Aber auch an der ungarischen Südwestgrenze führten die Türken ihre Handstreiche fort. Zu Beginn des Juni fielen etwa 4500 Mann, aus Bosnien kommend, über Kroatien nach Krain ein. Da sie bei Rann (Breg) nicht über die Save setzen konnten, zogen sie im Gurktal aufwärts, dann über Adelsberg ins Wippachtal bis in die Nähe von Görz (Gorica), gelangten dann über Lak (Loka) nach Laibach, wo sie in der Vorstadt die Peterskirche niederbrannten. Über Gottschee und das Kulpatal ritten sie nach Kroatien zurück. Eine zweite Abteilung, die sich abgetrennt hatte, setzte bei Gurkfeld auf das linke Save-Ufer, verheerte und erpreßte die Gegend von Montpreis (Planina), Rohitsch (Rogatec), Krapina und Agram zwischen dem 15. und 25. Juli 1476, kehrte um, durchstreifte das Save-Tal aufwärts bis Lichtenwald (Sevnica), traf sich dort mit der aus Krain zurückflutenden Schar und entfernte sich, ohne irgendwelchem Widerstand zu begegnen, nach Kroatien.

Bei diesem Raubzug blieb es keineswegs, denn noch am 10. Oktober erfolgte ein neuer Einbruch nach Krain. Die Renner hielten sich aber dort nicht lange auf, sondern wendeten sich über Weißenfels (Bela Peč) nach Kärnten. Nachdem sie das für Reiter völlig ungangbar gehaltene Grenzgebirge verwegen überschritten hatten, erschienen sie zum Entsetzen der Bevölkerung überraschend in Tarvis und in Arnoldstein. Über Villach drang ein Teil am Ossiacher See ins Gurktal vor. Der andere kam längs des Wörther Sees über Klagenfurt, wo die Vorstädte in Feuer aufgingen, bis St. Paul und St. Andre im Lavanttal. Fünf Tage dauerte die Ausplünderung und Verwüstung Kärntens, dann eilten die Reiter mit Beute aller Art beladen über Windischgrätz, Cilli und Gurkfeld nach Kroatien und weiter nach Bosnien.

So gut wie nichts geschah von seiten des Kaisers und der innerösterreichischen Stände zur Abwehr des fürchterlichen Feindes. Die Bewohner des flachen Landes, die Bauern, die nicht in den befestigten Plätzen Schutz suchen konnten, gerieten über die Untätigkeit der Herren und Stände in solche Erbitterung, daß sie diese des Einverständnisses mit den Türken bezichtigten, sich zu einem Bund wider die Herren zusammentaten und in einigen Gemeinden des Glantales einen Aufstand gegen die Obrigkeit anzettelten. Aber auch in Kroatien, wo Matthias Corvinus hätte Schutzmaßnahmen treffen müssen, erfolgte ebensowenig wie in den Ländern des Kaisers.

Der zweite Türkeneinfall dürfte mit einem Ereignis in Verbindung stehen, das sich im Laufe des Oktobers abzuspielen begann. Am 2. Oktober 1476 war Prinzessin Beatrice von Aragonien in Manfredonia mit stattlichem Gefolge an Bord eines Schiffes gegangen, das sie ihrem künftigen Gemahl Matthias von Ungarn entgegenführen sollte. Der Plan, in Dalmatien an Land zu gehen, wurde wegen der türkischen Räuber, die dort ihr Unwesen trieben, aufgegeben. Nach allerlei Irrfahrten legte das Brautschiff an der Ostküste Italiens an, von wo die Reise über venedisches Gebiet, dann durch Krain und die Steiermark fortgesetzt wurde. Dieser Umstand kam den türkischen Reiterhorden bald zur Kenntnis und sie versuchten der 19jährigen Königstochter unterwegs habhaft zu werden. Sie durchstreiften die Gegenden, die der Brautzug berührte, und die Prinzessin erlebte ein grausiges Schauspiel. Weggetriebene Herden von Mensch und Vieh, verbrannte Kirchen und Klöster, zertrümmerte Altäre und hingemordete Priester bezeichneten den Weg, den sie gehen mußte. Angsterfüllt zog sie durch eingeäscherte Ortschaften und über Leichenfelder, bis sie endlich in den ersten Novembertagen Pettau und bald darauf die ungarische Grenze erreichte.

Während Hochzeitsfeierlichkeiten und Krönung zu Stuhlweißenburg und zu Ofen mit einem unerhörten Aufwand begangen wurden, seufzte das Reich des jungen Paares unter einem unvorstellbaren Steuerdruck. Der Prunk der Ofener Residenz, an die vor allem die neue Königin die Pracht- und

Kunstliebe der italienischen Renaissancehöfe zu verpflanzen weder Kosten
noch Mühe scheute, zeigte sich in vollem Glanz, und als die ungarische
Hauptstadt in Festlichkeiten und Tafelfreuden schwamm, erschien noch
vor Ausgang des Jahres, und zwar in der größten Strenge des Winters, der
die Donau tief zum Gefrieren brachte, der Großherr in eigener Person an
ihrem Ufer und ließ die von Matthias Corvinus kurz vorher errichteten
hölzernen Burgen von Grund aus zerstören. Doch darüber wird gehandelt
werden, wenn der Feldzug, dessen Strapazen sich der inzwischen wohl
wiederhergestellte Großherr unterzogen hatte, in seinen Einzelheiten Erwähnung gefunden hat. Ende März 1476 nämlich brach Mehmed der
Eroberer mit seinem ganzen Hof nach Adrianopel auf, wo er auf der
Insel etwa vierzig Tage zubrachte, bis die Aufstellung seiner Streitmacht
abgeschlossen war. Bald stand das schlagfertige Heer in der weiten Ebene
von Sofia. Ein polnischer Unterhändler, der den letzten vergeblichen Versuch unternommen hatte, den Streit mit dem Fürsten der Moldau beizulegen, traf es am 22. Mai bereits im Marsche nach Nordosten bei Varna.
Kurz vorher wurden dem Sultan etwa 100 Gefangene vorgeführt, die ihm
der Sandschaqbeji von Morea gesandt hatte. Die Männer wurden sogleich
enthauptet und nicht besser erging es 200 Janitscharen, die bei der Einnahme von Schabatz entkommen waren und in Adrianopel zum Heere
des Sultans stoßen wollten. Sie baten um Gnade und legten die Umstände dar, unter denen Schabatz in ungarische Hände fallen mußte. Die
Wesire verwendeten sich für die Leute, aber Mehmed kannte kein Verzeihen
für ihre Flucht. Er ließ sie allesamt binden, Steine an ihren Hals hängen
und im Fluß ertränken. Von Varna, wo man noch die zu Hügeln gehäuften
Knochenreste der 1444 Gebliebenen gewahrte, ging der Heerzug entlang
der Küste des Schwarzen Meeres weiter nach Norden, bis man nach acht
Tagen zur Donau gelangte. Unterwegs hatten ungeheure Heuschrecken-
schwärme der Truppe, die in der Dobrudscha empfindlichen Mangel an
Trinkwasser durchstehen mußte, schwer zu schaffen gemacht. Sie fielen
über die Pferde her und bedeckten sie bis zu den Ohren. Man verschanzte
sich geradezu bei Tag vor dem Ungeziefer in den Zelten und verfolgte in
der Nacht den Vormarsch. An der Donau, wo inzwischen von Vidin und
Silistria Barken eingetroffen waren, um dem Flußübergang zu dienen,
machte der Sultan drei Tage Halt, um schließlich als einer der ersten aufs
walachische Ufer überzusetzen. Der Vojvode Stefan hatte dieselben Mittel
genau wie im Vorjahr gegen den türkischen Vormarsch angewendet: er
ließ das ganze Land verwüsten und suchte selbst mit den Bauern und
Städtern in den unwegsamen Eichenwäldern. Zuflucht Kurz zuvor hatte
er bei Aq-Kerman (rum. Cetatea Albă) eine Tatarenhorde von 10 000 Mann,

die von Osten in die Moldau eingefallen war, völlig zur Flucht gezwungen.

Aus seinen Schlupfwinkeln brachte er den heranziehenden, sich langsam vortastenden Osmanen manche empfindliche Schlappe bei. Schließlich
mußte er am Nachmittag des 26. Juli 1476 unweit von Cetatea Neamtzului
im sogenannten Weißen Tale (Valea Albă, auch Pârâul Alb), von allen Seiten umstellt, eine Schlacht annehmen. Die osmanische Vorhut befehligte
Châdim Sulejmân-Pascha, dem die großherrliche Gewogenheit trotz aller
Fehlschläge noch immer nicht verlorengegangen war. Er wurde geschlagen,
aber die Kerntruppe, die Mehmed II. selbst anführte, hielt stand. Der
Sultan spornte, den Schild in der Hand haltend, sein Schlachtroß in den
Wald und ermunterte durch sein Beispiel die Janitscharen, die sich durch
das aus dem Baumdickicht hervorbrechende Geschützfeuer schon entmutigt
zur Erde niedergeworfen hatten. Ihrem Befehlshaber, dem Sejmenbaschy
Mehmed-Agha aus Trapezunt, wollte es nicht glücken, ihre erstorbene Zuversicht zu wecken, bis der Großherr selbst an die Spitze trat. Der Vojvode
mußte sich in Sicherheit bringen, nachdem er von seinen angeblich 20 000
Mann nur 200 verloren hatte. Von den Türken sollen mehr als 30 000
Mann auf dem Platz geblieben sein, eine jedenfalls stark übertriebene
Verlustziffer. Den Sieg zu nutzen war Mehmed II. unmöglich, denn gegen
einen mächtigeren Feind, den Hunger, vermochte er in diesem unwirtlichen Land um so weniger auszurichten, als die kleine Transportflotte,
die vom Schwarzen Meer auf der Donau Lebensmittel und Kriegsbedürfnisse
heranbringen sollte, durch einen Sturm fast gänzlich zugrunde gerichtet
wurde.

Die Schädel der Erschlagenen wurden zu Pyramiden hergerichtet, die
Beute unter die Kampftruppe verteilt. Den Walachen, die mit Laiotă
Basarab unter den sultanischen Fahnen gefochten hatten, wurden die
zahlreichen Herden unreiner Schweine überlassen, was die osmanischen
Chronisten zu erwähnen nicht unterlassen. Das ganze Land wurde mit
Feuer und Schwert verwüstet. Die beiden Festungen Hotin und das fast
menschenleere Suceava an der Nordgrenze der Moldau wurden vergeblich
berannt. Die ungarische Hilfe kam zu spät. Als sie in Muntenien einrückten,
bestand ihre Hauptaufgabe nur mehr darin, das Scheusal Vlad Tzepesch, freilich nur für kurze Frist, auf den walachischen Thron zu erheben und Laiotă
zu vertreiben (16. November 1476).

An der Donau waren inzwischen Proviantschiffe eingetroffen, die Brot,
Mehl, Gerste und Weizen für die hungrige Truppe heranschafften. Der
Rückmarsch erfolgte diesmal nicht über die Dobrudscha, sondern weiter
westlich über Nikopolis, wo die Donau überschritten wurde, Telisch und

das Balkangebirge nach Adrianopel, wo das Heer, alter Übung folgend, hätte entlassen werden müssen.

Als jedoch der Sultan dort erfuhr, daß der König von Ungarn nach Serbien eingefallen sei und daß er offenbar Anstalten treffe, einen Angriff auf Semendria zu unternehmen, daß er zu diesem Zweck gegenüber drei Bollwerke errichtet und sie mit allem notwendigen Rüstzeug ausgestattet habe, beschloß er, unverzüglich Gegenmaßnahmen einzuleiten. Er übte weder Rücksicht auf seine Streitmacht noch auf die Pferde, die ausgehungert waren und dringend der Ruhe bedurft hätten. Nach einer Pause von nur zehn Tagen gab er Weisung zum neuerlichen Aufbruch.

Er selbst übernahm den Oberbefehl über das Heer, das über Tschirmen nach Westen marschierte, wo er, um die Mannschaften bei Laune zu erhalten und für den Winterfeldzug nach so kurzer Kampfpause anzuspornen, unter sie Geld verteilen ließ. Man hatte ihm Vorstellungen zu machen gewagt, damit aber nur erreicht, daß er, da bei ihm keinerlei Ausrede galt, die Unlustigen und Störrischen zu Boden strecken und durchprügeln ließ. Er tat ihnen kund, daß er ihre Beteiligung an diesem Feldzug ohne jeglichen Sold als selbstverständlich betrachte. Über Konusch und Philippopel zog das mißgestimmte Heer weiter nach Sofia, wo bereits entsetzliche Kälte zu herrschen begann. Ihrer ungeachtet ging der Marsch weiter über Nisch nach Aladscha Hißâr (Kruschewatz) hinauf nach Norden zur Donau. Als die Besatzungen der Holzkastelle den Feind gewahr wurden, suchten sie das Weite. Nur eines leistete Widerstand, der aber rasch gebrochen wurde. Die Donau war infolge der eisigen Kälte gefroren und leicht überschreitbar. Als die Ungarn keinerlei Möglichkeit sahen, die Schanzen zu verteidigen, sandten sie Unterhändler zum Sandschaqbeji von Nikopolis, Iskender-Beg Michal-oghlu, der ihnen freien Abzug nach Belgrad zusicherte und in der Tat 600 Mann dorthin geleiten ließ. Es scheint, daß sich Sultan Mehmed selbst nicht auf den Walplatz begab. Für diese Vermutung spricht nicht nur das menschliche Los der ungarischen Burgmannen, sondern auch der Umstand, daß der Großherr am 12. Dezember auf oder bei dem Schlosse Bolvan im Nordosten von Aleksinac zwei ragusäische Gesandte, Jakov Bunić und Paladin Lukarević, zur Entgegennahme des Jahreszinses von 10 000 Dukaten empfing, macht es wahrscheinlich, daß er sich dort vom eigentlichen Kampfgebiete abseits hielt. Schloß Bolvan liegt hochragend im wildromantischen Engtal des Flüßchens Moravica und beherrschte im Mittelalter zusammen mit einer gegenüberliegenden Burg völlig die enge Schlucht, die sich erst später bei Kraljevo weitet. Angelehnt an die Höhen des Ozren-Berges rechts des Baches beobachtete F. Kanitz noch ums Jahr 1860 die Überreste einer ‚bedeutenden Stadt‘, die aus zerbröckelnden Moscheen und anderen Gebäuden bestanden. Zehn Tage später, am 22. Dezember 1476, hielt der Sultan seinen Einzug in Stambul, dem er diesmal volle zehn Monate ferngeblieben war. Die unerhörten Anstrengungen, denen er sich wie immer im Kriege mit rücksichtslosem Einsatz seiner körperlichen und geistigen Kräfte preisgab, machten eine längere Ruhepause unerläßlich. Sieht man von einem wohl nur flüchtigen Aufenthalt auf der Insel (Ada) zu Adrianopel im Frühjahr 1477 (Mai) ab, so hat Mehmed II. vermutlich das ganze nächste Jahr seine Stambuler Residenz nicht verlassen und sich ausschließlich Aufgaben der Innenpolitik sowie der Ausgestaltung und Verschönerung der Hauptstadt gewidmet.

Seit der Eroberung waren nunmehr fast 25 Jahre vergangen und die Bevölkerung war seither durch die ununterbrochenen Verpflanzungen und durch die Rückkehr geflohener Einwohner auf 60 000—70 000 Seelen angewachsen. Der Zufall hat eine Erhebung aus dem Jahre 1477 erhalten, die vom Stadtrichter Muhjî ed-Dîn gefertigt ward und folgendes Bild ergibt: in der Stadt befanden sich damals 9000 von Türken bewohnte Häuser. 3000 waren mit Griechen, 1500 mit Juden belegt. In 267 hausten Christen aus Kaffa, in 750 Verschleppte aus Qaramanien und nur 31 waren von (wohl aus Balat stammenden) Zigeunern beansprucht. Insgesamt wurden 3667 Läden ausgezählt. Veranschlagt man je Haus 4—5 Bewohner, so ergibt sich für 14548 Häuser eine Seelenzahl von der genannten Höhe. Die Stadt ward immer und immer wieder von schrecklichen Pestseuchen, Erdbeben und Feuersbrünsten heimgesucht, die stets diese Zahl aufs neue minderten. Da es sich im wesentlichen um eine Wiederauffüllung der paläologischen Stadt des Jahres 1453 handelt, so läßt sich aus der soeben geschätzten Zahl mittelbar die für die byzantinische Endzeit errechnete von rund 40 000—50 000 Seelen folgern. Diese Besiedelung ging während der Regierung Mehmeds II. schnell vor sich und erklomm dann unter Sulejmân dem Prächtigen (1520—1566) ihren Gipfel. Da den Mittelpunkt jedes Stadtviertels *(mahalle)* die Moschee bildete, deren Imâm gewisse richterliche Befugnisse zustanden, so kann, wenn man die im Verlauf des 15. Jahrhunderts erbauten Moscheen, die in Moscheen umgewandelten Christenkirchen sowie Kirchen und Synagogen berücksichtigt, die Besiedlungsdichte mit ziemlicher Gewißheit festgestellt werden. Die Bevölkerung wohnte längs des Goldenen Hornes am engsten beieinander, aber nach der Mitte und nach dem Stadtrand aufgelockerter. Für das Christenviertel in Galata (Pera) lassen sich für die gleiche Zeit etwa nachstehende Bewohnerzahlen veranschlagen: 535 türkische, 572 christliche Häuser, zusammen 1781 Läden, also eine Seelenzahl von rund 6000 (vgl. Abb. auf Seite 485).

Nur eine befangene Vorstellung kann sich die Hauptstadt Mehmeds des

Eroberers als eine Prachtschöpfung ausmalen. Sie war das keineswegs.
Byzanz war kurz vor der Einnahme, als die Verdörflichung ihre Endphase
erreicht hatte, zwar mit herrlichen Kirchen und Palastanlagen geschmückt,
sonst aber, und zwar schon seit dem 13. Jahrhundert, als die Barbarei der
lateinischen Eroberer dem Stadtbild allenthalben ihr Mal aufprägte, sichtlich im Niedergang begriffen. An die Stelle der ehemaligen Säulenstraßen,
die weitgehend verschwunden waren, traten Baumzeilen, und die Schrump-
fung nahm im 14. Jahrhundert solche Ausmaße an, daß ganze Stadtviertel
verlassen und an ihre Stelle große Klosteranlagen mit Gärten und Wein-
bergen getreten waren. Auf der heutigen Seraj-Spitze befand sich gar ein
Ölgarten, der dem Sultanspalast zum Opfer fallen mußte. Ruy Gonzalez de Clavijo sah 1403, also ein halbes Jahrhundert vor dem Sturz des
Reiches, in Konstantinopel Gärten und Weinberge, ja sogar Kornfelder.
Dichter bevölkert war damals nur der Ufergürtel längs des Marmarameeres
und des Goldenen Horns. Viele verfallene Kirchen, daneben aber auch ausgedehnte schloßartige Anlagen hoher Staatsbeamter, die wiederum Ka-
pellen, Häuser für die Kinder der Würdenträger und Wirtschaftsgebäude,
aber auch Riesenparks mit Teichen und Rebgärten in sich begriffen, bestimmten das Stadtgepräge. Der alte Kaiserpalast, der Hippodrom und die
großen Fora verfielen langsam, weil sie nicht mehr erhalten werden konnten.
,Stadt der Weisheit einst, wie jetzt der Ruinen', nennt Gennadios Scholarios, der Patriarch, das sterbende Byzanz. Es versteht sich von selbst,
daß das jämmerliche Bild, das die Stadt des letzten Paläologen bot, nach
der Einnahme keine wesentliche Veränderung erfahren konnte, zumal die
Mittel des Staates von Jahr zu Jahr zu immer kostspieligeren Feldzügen
des Sultans verbraucht werden mußten.

Die Stadtmauern, die noch immer einen Bezirk von rund dreizehn Qua-
dratkilometern umfangen haben mögen, waren seit der Eroberung, die ihnen
besonders an der Landseite schwerste Beschädigungen verursacht hatte,
nur zeitweise notdürftig wiederhergestellt worden. Stets, wenn eine Gefahr
vom Westen oder Nordwesten her drohte, befahl der Großherr die Beseitigung der Bruchstellen, soweit Zeit und Mittel es erlaubten. Im Jahre 1477
aber erscheinen die Wälle erstmals einer gründlichen Ausbesserung unterzogen worden zu sein, wenn man die entsprechenden Angaben der altosmanischen Chroniken nicht ausschließlich auf die Ringmauern des neuen
Palastes beziehen muß, die in diesem Jahr wohl ebenfalls angelegt wurden.
Für diese Arbeiten wurden in der Hauptsache die Trümmer byzantinischer
Bauwerke herangezogen, die man auch beim Bau von Moscheen verwendete.
Nichts, aber gar nichts spricht für die Richtigkeit romantisch verklärter
Behauptungen, Mehmed II. habe sich für die Erhaltung der Reste des

Altertums irgendwie eingesetzt. Gegen eine solche Annahme zeugt allein
der kümmerliche Bestand von Überbleibseln aus hellenischer oder gar byzantinischer Zeit in Stambul, den man nicht ausschließlich der Tatsache
zugute halten darf, daß die Ritter des vierten Kreuzzuges mit Reichtum
und Kunstschätzen der herrlichen Stadt am grausamsten verfuhren oder
daß Erdbeben und Brände die Vernichtung vollendeten. Begrenzt man in
Stambul das Mittelalter mit dem Jahre 1453, so haben sich aus früherer
Zeit, von der Landmauer abgesehen, nur solche Kirchen erhalten, die in
Moscheen verwandelt worden sind. Diesem Umstand allein verdanken sie
ihre Bewahrung auf die Gegenwart. Verglichen mit dem, was an Erinne-
rungsmalen aus dem Mittelalter in Städten des westlichen Europas gerettet wurde, nimmt sich in Stambul der Denkmälerrest aus der Vergangenheit fast kläglich aus. Während aber etwa im gleichalterigen Rom ein einziger großer Umbruch, der Übergang vom Heidentum zum Christentum
nämlich, die Zerstörung der Überreste der Antike verschuldet oder wenigstens sie der Nichtbeachtung ausgeliefert hat, wobei die Tempel und
die kaiserlichen Schöpfungen der Heidenzeit besonders vernichtenswert
erschienen, hat Konstantinopel gleich zwei solcher Glaubenswandlungen
erfahren müssen, indem es ein Jahrtausend nach seiner Bekehrung zum
Christentum in eine Stadt des Islam umgeformt ward und die Wieder-
entdeckung und Belebung des klassischen Altertums in Italien nicht erfahren
durfte, weil die Paläologen solcher Gesinnung durchaus unfähig blieben.
Was nun das Verhältnis des Eroberers von Konstantinopel zu den vorgefundenen Kunstdenkmälern betrifft, so darf man sich ohne Übertreibung
auf den Franzosen Pierre Gilles (Gyllius) auch für jene Zeit berufen: ‚Aus
den Marmorgöttern macht man Kalk, die Erzbilder werden in Geschütze um-
gegossen, aus den Bronzeplatten der Standbilder macht man Münzen, die
alten Säulen werden in Schnittsteine verkleinert, um daraus neue Moscheen
zu errichten oder Bodenplatten der türkischen Bäder herzustellen... Die
Türken glauben Besseres zu schaffen. Sie wollen der Stadt ein neues, ein
mohammedanisches Gesicht geben.‘ Wenn die sogenannte Schlangensäule
auf dem Hippodrom, das berühmte platäische Weihgeschenk, durch
Mehmed II. vor dem Untergang bewahrt wurde, indem er einen aus dem
Sockel herauswachsenden Maulbeerbaum durch Abbrennen mit heißem
Eisen entfernen ließ, so darf man als Ursache der Bergung ganz gewiß
keine Begeisterung für die Antike, sondern abergläubische Vorstellungen
und angstvolle Scheu vor dem geheimnisvollen, ihm unerklärlichen Bronze-
werk vermuten. Nichts verzerrt das Bild der Persönlichkeit dieses Großherrn mehr, als wenn versucht wird, aus ihm einen Renaissancefürsten zu
machen, der eine seiner Hauptaufgaben darin sah, das Vermächtnis der

Antike zu retten und seinem Volke das versunkene Altertum der Hellenen und Römer zuzuführen und zu eigen zu machen. Die Wiedergeburt dieses klassischen Altertums und sein Eindringen in das geistige Leben blieb im 15. Jahrhundert auf die Welt des Abendlandes beschränkt. Davon wird später noch im einzelnen die Rede gehen.

Einer Maßnahme, die Mehmed II. im Jahre 1476, den osmanischen Geschichtsquellen zufolge, befohlen haben soll, muß hier noch Erwähnung geschehen. Sie steht gewiß im Zusammenhang mit der politischen Gesetzgebung und den staatlichen Einrichtungen, denen der Sultan mit Vorliebe die nächsten Jahre seiner Regierung widmete. 1475 traf er die Verfügung, daß die Verleihungen der großen und kleinen Lehen *(timâr)* nicht mehr, wie bisher, nur mit den Namen der Belehnten, sondern zugleich mit einer Abschrift der ordentlichen Diplome, in denen auch die Einkünfte der angewiesenen Dörfer angegeben werden mußten, in die Lehensregister der Finanzkammer eingetragen werden sollten. Durch die riesige Erweiterung des Reiches nach allen Himmelsrichtungen ergab sich von selbst, daß die für ihre Leistungen in den Feldzügen mit Lehen bedachten Krieger mehr und mehr zunahmen, daß bei der Vielzahl der Lehensinhaber manche Mißbräuche einrissen, deren Abstellung diese sultanische Anweisung bezweckte. Besonders auf rumelischem Boden scheinen sich Unregelmäßigkeiten und Mißgriffe in der Lehensverwaltung eingeschlichen zu haben, an denen der Großherr ebensolchen Anstoß wie an der Vernachlässigung des fünfmaligen Gebetes genommen haben muß, dessen Einhaltung vor allem den neubekehrten Muslimen in jenen Gegenden zu gleicher Zeit eingeschärft wurde. Jedesmal, wenn er an der Spitze seines Heeres die Länder seiner Herrschaft durchritt, ließ er sich von seinen Begleitern über alle Beobachtungen und vorab über Mißstände Bericht erstatten, um sie unverzüglich zu beseitigen. Daß er dabei wenigstens für unsere Begriffe manchmal geradezu alberne Anordnungen zu treffen sich nicht scheute, läßt ein von mehreren Chronisten getreulich verzeichnetes Geschichtchen erkennen. Als etwa Mehmed II. mit seiner Streitmacht gegen die Moldau durch Bulgarien zog, erzählte ihm der neben ihm reitende Bejlerbeji von Anatolien, Dâwûd-Pascha, daß zu Tawschanlu (heute Tawschantepe, acht Kilometer nordwestlich Jambol) ein Dutzend Wollkrempler einem Fuchs, der sich in ihre Werkstatt verlaufen hatte, nachsetzten, ohne ihn zu erhaschen. Mehmed verfügte unverzüglich, daß die Wollkämmer von Tawschanlu zur Bestrafung ihrer Ungeschicklichkeit fortab dem Polizeivogt jährlich fünf Aspern Bußgeld entrichten sollten. Bei dieser Regelung soll es noch nach Jahrhunderten geblieben sein, erzählt ein späterer Berichterstatter.

Zur selben Zeit, da sich der Sultan in seinem Palast mit solchen und anderen Vorkehrungen befaßte, waren seine Feldherren und Bandenführer beschäftigt, die westliche Welt in Aufregung und Sorge zu halten. Kaum war der halbjährige Waffenstillstand mit Venedig abgelaufen, als der Angriff gegen alle Grenzländer der Republik des Heiligen Markus von den Osmanen wieder aufgenommen ward. Im Mai 1476 wurde der rumelische Landpfleger, als ob ihm das Kriegsglück bisher stets hold gewesen sei, mit angeblich 40 000 Mann nach Griechenland geschickt, wo er das stärkste und wichtigste venedische Bollwerk in Hellas, Naupaktos (Lepanto, türkisch Ajnebachty), am Korinthischen Meerbusen einnehmen sollte. Der Generalkapitän des Meeres, Antonio Loredano, der mit seinem Geschwader die anatolischen Küsten beunruhigte und in Napoli di Romania (Nauplia) seinen Stützpunkt hatte, erschien mit elf Galeeren auf dem Plan und versah die bedrohte Stadt mit dem nötigen Vorrat für Mund und Geschütz. Drei Tage später erst zeigte sich eine osmanische Flotte und nach einigen fruchtlosen Stürmen auf die Mauern von Naupaktos mußte Sulejmân-Pascha aufs neue abziehen (25. Juli). Diesmal dürfte ihn aber die großherrliche Ungnade, wenn auch in erträglichem Ausmaß, ereilt haben. Denn gleich darauf mußte er, wenigstens vorübergehend, als Staatsgefangener ins Schloß von Rumeli Hißâry, späterhin mit dem albanischen Renegaten Dâwûd-Pascha die Landpflege tauschen und, übrigens nur für ganz kurze Zeit, als Statthalter nach Anatolien gehen. Bald hernach unterblieb ein geplanter türkischer Angriff auf die Feste Kokkinos der Insel Lemnos, als Antonio Loredano auf der kleinen Nachbarinsel Psara Truppen ausschiffte. Immerhin hatten osmanische Galeeren zur gleichen Zeit die Insel Naxos, den Sitz des Herzogs der Kykladen, greulich verwüstet, ohne ihre dauernde Besetzung zu wagen. In Chios erhoben die Osmanen den rückständigen Jahreszins. In Albanien war die Lage Venedigs wenig hoffnungsvoll. Am Frühlingsende versuchten 8000 Mann osmanische Truppen, und zwar unter Leitung des Gedik Ahmed-Pascha, das Felsennest Kruja zu bezwingen. Der dortige Provveditore Pietro Vetturi leistete so lange erfolgreichen Widerstand, bis der Landvogt von ganz Albanien, Francesco Contarini, zum Entsatz herbeieilte und die türkischen Belagerer in die benachbarten Berge zurückwarf. Die venedischen Söldner, unter ihnen auch Albaner unter Führung des Nikolaus Dukagin aus dem bekannten nordalbanischen Adelsgeschlecht, fielen über das von den Türken verlassene Lager her. Bei Einbruch der Dunkelheit stürzten sich aber die zurückgekehrten Osmanen auf die beutegierigen Soldaten, schlugen sie nieder und nur die behenderen ortskundigen Albaner vermochten sich in Sicherheit zu bringen. Viele Italiener büßten ihr Leben ein. Der gefangene

Francesco Contarini wurde mit acht seiner Offiziere in Stücke gehauen und die Belagerung sogleich wieder begonnen. Die Feste hielt sich, konnte aber nicht entsetzt werden, da die 3000 Reiter des neuernannten Provveditore von Albanien, Francesco Michiel, zum Schutz des angrenzenden Festlandes verwendet wurden, statt zur Befreiung von Kruja vorzugehen.

Oben im Norden der osmanischen Reichsgrenzen herrschte ziemliche Ruhe. Die Schlacht von Räsboieni, unter welchem Namen sie in der Geschichte fortlebt, und der hastige Rückzug der Türken über die Donau ward im Abendlande, soweit es davon überhaupt Kenntnis nahm, als ein Sieg der Christenheit gefeiert, der sogar, zum Teil wenigstens, dem Ungarnkönig zugeschrieben wurde, dessen gleichzeitige Plänkeleien vor Semendria zur Beschleunigung des osmanischen Abzugs aus der Moldau beigetragen hätten. Papst Sixtus IV. faßte, völlig irrig, die Sache so auf, und mit seinen besonderen Glückwünschen übermittelte er gemeinschaftlich mit italienischen Fürsten Matthias Corvinus 200 000 Golddukaten an außerordentlichen Hilfsgeldern. Die geschichtliche Wahrheit dürfte sein, daß König Matthias, zumal im Jahre seiner Hochzeit mit Beatrice und danach, keinerlei Ehrgeiz darin sah, sich in schwierige und kostspielige Kämpfe mit Mehmed II. zu verwickeln, den er wenigstens später als ‚seinen älteren Bruder und Blutsverwandten‘ zu bezeichnen sich nicht entblödet hat. Seine stets schwankende Politik des ‚Haschens nach kleinen Erfolgen‘ widerriet ihm, in dem nichts vom ritterlichen Sinn und der christlichen Begeisterung seines großen Vaters und erst recht nichts von der Staatskunst der Anjous des 14. Jahrhunderts lebte, das Wagnis umfassender weiträumiger Kriegsplanungen. Eitel und unbeständig, phantastisch und prahlerisch gibt sich Matthias Corvinus fast in jedem Schriftstück, das in jenen Jahren schwerster Bedrohung des Westens durch die Osmanen entweder von ihm stammt oder aus seiner Nähe kam. Mehmed II. war ganz gewiß über diesen Gegner und seine im Grund ungefährliche Rolle völlig im Bild, wie denn überhaupt einem Krieg gegen Ungarn in seinem wohldurchdachten Ausdehnungsplan vermutlich keine sonderliche Bedeutung zugekommen sein dürfte. Weit wichtiger erschien ihm immer wieder Venedig, das in seinem albanischen Bollwerk vor der Adria seinem weiteren Vordringen nach Westen die letzten Schranken entgegenstellte. Ehe dort ein entscheidender Sieg seiner Waffen gelang, sollte wenigstens Venedig mit seinen Grenzländern nicht zur Ruhe kommen. Nachdem schon im Vorjahr am Tag des Heiligen Leonhard (26. November) Istrien bis zur Stadt Capo d'Istria von türkischen Horden ganz unvermutet heimgesucht worden war und schwere Einbußen an Menschen erlitt, die nach

Osten verschleppt wurden, brach im September 1477 schreckliches Unheil
über Friaul herein. Dort hatte man zwar schon länger durch eine Schanz-
linie, die von der Isonzomündung bei Aquileja bis nach Görz (Gorizia) verlief und bei Fogliana und Gradisca zwei befestigte Lager hatte, Vorkehrungen gegen einen Einfall türkischer Reiterbanden getroffen. Aber sie
erwiesen sich als durchaus unzureichend für das Ausmaß des Ansturmes,
der im Herbst 1477 über jene Gegenden kam. Das Unternehmen leitete
Skender-Beg, der Sandschaqbeji von Bosnien, dessen Vater ein Italiener
aus Genua und dessen Mutter eine Griechin aus Trapezunt war. Während
sein Bruder als genuesischer Kaufmann in Pera lebte, Christ war und die
Tochter eines genuesischen Kaufmanns ehelichte, der ihr Oheim eine reiche
Mitgift spendete, war er selbst Muslim geworden und in rascher Folge zu
wichtigen Stellen des Osmanenreiches aufgestiegen und zu bedeutendem
Reichtum gelangt. Skender-Beg also hatte sich zusammen mit Turachan-
oghlu ᶜÖmer-Beg bereits der Brücke von Görz bemächtigt, ehe man im
Lager von Gradisca etwas vom Erscheinen der Türken erfuhr. Unter ᶜÖmer-
Begs Befehl setzten etwa eintausend Reiter über den Isonzo, um sich für
den nächsten Tag in Hinterhalt zu legen. Der venedische Kapitän Girolamo Novella aus Verona nahm die ihm angebotene Schlacht an. Den
Warnungen seines Vaters zum Trotz ließ sich Girolamos Sohn zur Verfolgung verleiten, ging dann in die ihm gestellte Falle und ward aufgerieben. Es entstand eine panische Flucht, die beiden Novella fielen im
Kampf und zahlreiche Gefangene gerieten in die Hände der Türken, unter
ihnen Conte Antonio Caldora, Conte Iacopo Piccinino, Filippo da Navolin
aus Mantua und viele andere. Hierauf überschwemmte die Reiterei der
Osmanen die Ebene zwischen dem Tagliamento und Isonzo und wütete
dort auf grauenhafte Weise. Wälder, Schlösser, Scheunen, Häuser, alles
ging in Brand auf, den man bis nach Udine gewahren konnte. Die Türken
überschritten nun den Tagliamento, ohne daß ihnen jemand ernstlichen
Widerstand leistete. Dann wogte aufs neue ein riesiges Feuermeer zwischen
dem Tagliamento und der Piave. Vom Glockenturm des Heiligen Markus
in Venedig sah man deutlich den Schein der Flammen. Endlich, am 2. November, zog die ganze verfügbare bewaffnete Macht Venedigs unter Führung des Vettore Soranzo aus, um den Feind, der in Sichtweite der Lagunenstadt stand, zu verjagen. Aber ehe sich die Söldner und die kleine
Flottille in Friaul zeigten, waren die Raubscharen mit einer riesigen Beute
und zahllosen Gefangenen verschwunden. In Stambul erwartete die Armen
ihr weiteres Los. Mehmed II. hatte sich durch Skender-Beg, der genau mit
den Verhältnissen der Sklaven vertraut war, über jeden einzelnen unterrichten lassen. Er befahl eine Liste anzufertigen, in der die ‚Kaufkraft'

jedes Gefangenen verzeichnet war. Alle, die kein Lösegeld oder einen Betrag unter 100 Dukaten entrichten konnten oder wollten, wurden geköpft, insgesamt fünfunddreißig. Die anderen, die 100 und mehr Dukaten zu zahlen sich erboten, blieben in Gewahrsam, bis sie eines Tages ihre Freiheit erlangen durften.

‚Der Feind ist vor den Toren‘, rief Celso Maffei dem Dogen Andrea Vendramin zu, ‘die Axt ist an die Wurzel gelegt; wenn uns nicht göttliche Hilfe zuteil wird, ist es um den christlichen Namen geschehen!‘ Mit diesen Worten dürfte der allgemeinen Volksstimmung in Venedig deutlicher Ausdruck verliehen worden sein. Aber die Republik führte weiter, müde und verlassen, dauernd durch Rücksichten auf Italien eingeengt und gefesselt, einen Kleinkrieg um armselige Beute. Niemand rührte sich, ihr ernsthafte Hilfe zu bringen. Matthias Corvinus, statt die Türken tatkräftig zu bekämpfen, begann, von Haß und maßlosem Ehrgeiz getrieben, einen Krieg gegen den Kaiser, also gegen Westen statt gegen den Südosten. Es ist mehr als unwahrscheinlich, daß Matthias in seinem Kampf gegen Habsburg, für den der böhmische Kronstreit den unmittelbaren Vorwand lieferte, in der Hoffnung bestärkt wurde, durch Ausbreitung seiner Macht gegen Westen die Kräfte Ungarns im Türkenkrieg erheblich zu festigen, wenngleich dieser Gesichtspunkt von seinen Verteidigern unterstrichen zu werden pflegt. Alle Verhandlungen des Papstes und Venedigs zur Beilegung des verhängnisvollen Zwists fruchteten nichts, denn die verstiegenen Forderungen des Ungarnkönigs machten sie bereits in ihren Anfängen zunichte. In den ersten Augusttagen fiel er in Niederösterreich ein und bekam mit Ausnahme weniger Städte bald das ganze Land in seine Gewalt. Da aber sowohl Sixtus IV. wie auch die Signoria mit der Entziehung aller Hilfsgelder drohten, falls Matthias seine Stärke nicht endlich gegen die Türken kehre, ließen sich Kaiser und König im Dezember 1477, wohl unter dem Eindruck des Türkeneinbruchs in Friaul, zu einem Friedensschluß herbei, dem freilich keine lange Dauer beschieden war. Matthias mußte vorerst die österreichischen Lande räumen, worauf ihm der Ofener Reichstag im Februar 1478 unerhörte Steuern und das Recht, im Notfall die Streitmacht des Königreichs gegen jeden denkbaren Feind aufzubieten, bewilligte. Niemand hatte die Folgen dieser Zugeständnisse weniger zu spüren als Mehmed der Eroberer.

Zunächst war es der Schwiegervater des Matthias Corvinus, König Ferdinand von Neapel und Aragonien, der wohl um die Jahreswende 1477/78 dem Sultan die Hand zu friedlichem Einvernehmen reichte. Die Hintergründe dieser Machenschaften sind in Dunkel gehüllt, da nur die venedischen Chroniken gewisse Einzelheiten darüber berichten, also mit Vorsicht aufzunehmen sind. Soviel dürfte immerhin an Tatsächlichem aus ihnen zu folgern sein, daß der König von Neapel osmanischen Schiffen, die nur gegen Venedig zu verwenden waren, in allen Neapeler Häfen freien Einlauf zusicherte. Von wem diese Anregung ausging, bedürfte der Klärung. Ferdinand von Aragonien jedenfalls empfing einen Abgesandten des Großherrn, in dessen Hände er die mit diesem getroffene Abmachung beschwor. Nicht genug damit, ein Neapeler Botschafter ging an den Hofsitz des Sultans ab und brachte reiche Ehrengeschenke mit. In Venedig, wo diese Schwenkung in der Neapeler Türkenpolitik nicht verborgen bleiben konnte, befürchtete man sogleich, daß nun auch der Schwiegersohn Ferdinands, Matthias Corvinus, sich zu einem ähnlichen Freundschaftsbund mit Mehmed II. bereit finden werde. Bestimmte Beweise liegen dafür nicht vor, abgesehen davon, daß der Ungarnkönig keine der damals günstigen Gelegenheiten zum Angriff auf die Türken wahrnahm und sich auf reine Schutzmaßnahmen an seinen Reichsgrenzen beschränkte. Daß die Signoria, deren Lage mit jedem Tage unhaltbarer und peinlicher wurde, da sie weder die unerträglichen Kriegslasten allein erschwingen konnte noch beim italienischen Kräftegegensatz im weiten Umkreis zuverlässige Bundesgenossen besaß, einen Frieden mit der Pforte selbst mit schweren Opfern herbeisehnte, versteht sich von selbst. Aber der Stolz der Serenissima verbat die Einleitung von Friedensverhandlungen, deren demütigende Bedingungen vorauszusehen waren. Man erwartete, daß der Sultan den ersten Schritt tue. Das geschah dann in der Tat. Vor Kruja erschien ein jüdischer Unterhändler des Großherrn mit dessen Verhaltungsbefehlen. Antonio Loredano gab ihm eine Galeere und sicheres Geleit nach Venedig. Aber ehe er seinen Bestimmungsort erreichte, starb er auf der Höhe von Capo d'Istria. Von den großherrlichen Forderungen sickerte nur soviel durch, daß auf die Herausgabe von Naupaktos (Lepanto) das größte Gewicht gelegt wurde. Lange Aussprachen folgten im Senat, wo die Meinungen hin und her gingen, bis schließlich die Kriegspartei unterlag und der Beschluß gefaßt ward, in Stambul Friedensanträge vornehmen zu lassen.

Unter dem Vorwand, dem Sultan über den plötzlichen Tod seines Abgesandten das Mitgefühl des Freistaates zum Ausdruck zu bringen, ging in den ersten Januartagen 1478 der Provveditore der Flotte, Tommaso Malipiero, mit weitreichenden Befugnissen an die Pforte ab. Er war ermächtigt, dem Sultan nicht nur die Rückgabe aller von Venedig seit Kriegsbeginn (1463) besetzten Örtlichkeiten, sondern auch noch die Insel Lemnos vor den Dardanellen, das ganze Gebirgsland der Maina sowie Kruja anzubieten und für die rückständigen Alaunzahlungen eine Abfindung von 100 000 Golddukaten anzutragen. Sobald Mehmed II. erkannte, daß die Signoria angesichts solch umfassender Zugeständnisse dringend den Frieden wünsche, erhöhte er sein Begehren und bestand außer auf den ihm vorgeschlagenen Bedingungen noch auf einem Jahrestribut von 10 000 Dukaten sowie auf der Herstellung des Vorkriegszustandes. Malipieros Vollmachten reichten nicht aus, derartigem Verlangen zu entsprechen. Er bat sich zwei Monate Bedenkzeit und Waffenruhe aus, um der Signoria Bericht zu erstatten. Dem Antrag wurde stattgegeben und Tommaso Malipiero verließ am 15. April die osmanische Hauptstadt. Am 3. Mai traf er auf dem Landweg über Bulgarien (Küstendil) und Serbien in Skutari ein, von wo er seine Reise nach der Lagunenstadt fortsetzte. Er blieb keineswegs darüber im ungewissen, daß der Sultan einen Kriegszug gegen Albanien plane, daß Michal-oghlu ᶜAlî-Beg mit seinen Rennern von Serbien aus bereits dorthin unterwegs sei, daß die Landpfleger von Rumelien und Anatolien mit der Aufstellung des Heerbanns beauftragt seien und daß der Oberbefehl vom Großherrn in Person übernommen werde. Zwei Tage ward im Rate der Pregadi über die Frage gestritten, ob man den Friedensbedingungen beipflichten solle. Man sah schließlich keinen anderen Ausweg (5. Mai) und Tommaso Malipiero reiste zum zweitenmal mit den entsprechenden Befugnissen und reichen Geschenken für den Sultan und seine Wesire ans Goldene Horn ab. Der Friede, so schien es, war gesichert.

Aber Tommaso Malipiero kam gar nicht mehr an den Ort seiner Bestimmung. Drei Tage vor Ablauf des Waffenstillstandes traf er Mehmed II. an der Spitze eines gewaltigen Heeres schon im Anmarsch gegen Albanien. Der venedische Unterhändler erklärte ihm, daß die Signoria seinen Forderungen nachzugeben gesonnen sei und daß er selbst die Weisung habe, unter diesen Bedingungen den Frieden abzumachen. Der Sultan erwiderte ihm, daß, da die Vorschläge von Venedig damals nicht angenommen worden seien, als er sie ihm zu wissen tat, er mittlerweile anderen Sinnes geworden sei. Inzwischen hätten sich neue Verhältnisse ergeben und er habe von Dingen Kenntnis erhalten, die ihm vorher unbekannt geblieben waren. Kruja ihm anzubieten, sei überdies zwecklos, da die Feste schon so gut wie in seinen Händen sei. Wolle ihm aber die Signoria statt dessen die Orte Skutari, Drivasto und Alessio übergeben, dann sei er zum Friedensschluß gewillt. Auf diesen Vorschlag einzugehen, war Malipiero natürlich nicht bevollmächtigt. Er kehrte ohne Ergebnis aufs neue nach Venedig zurück. Inzwischen beauftragte Mehmed durch einen Eilboten den Sandschaqbeji von Bosnien, Skender-Beg, mit seiner Streitmacht in Friaul einzufallen. Diesem Begehren wurde gleich stattgegeben. Mit angeblich 20 000 Rei-

tern brach der italienische Renegat in Friaul ein, wo er diesmal aber hef-
tigstem Widerstand begegnete, den Conte Carlo da Braccio umsichtig
leitete. Vor seinem Rückzug nach Bosnien richteten seine Banden überall
unermeßlichen Schaden an und führten zahllose Menschen und Tiere mit
sich fort. Trotz dieser ständigen Bedrohungen und der in Venedig wütenden
Pestseuche ließ sich die Signoria nicht herbei, sich den neuen Friedensbedingungen des Eroberers zu fügen. Vor allem war sie fest entschlossen,
Skutari zu halten. Malipiero erhielt die Weisung, abermals dem Sultan
entgegenzugehen und ihm zu erklären, daß Venedig nur zu den früher vereinbarten Bindungen in einen Frieden willigen werde. Dazu war es viel
zu spät und Malipiero kam niemals in die Verlegenheit, sich dem Sultan zu
stellen. Venedig mußte nochmals sein Glück versuchen, obwohl niemand
über den Ausgang des Kampfes mehr im Zweifel sein konnte.

Mehmeds des Eroberers ganze Streitmacht rückte nunmehr nach Westen,
um Skutari endgültig der Signoria zu entreißen. Die Osmanen waren
schon einmal vorübergehend Herren der Gegend, mußten sie dann aber
preisgeben und Venedig überlassen. Beim Verfall des serbischen Ne-
manjidenreiches nämlich herrschte dort seit etwa 1360 das Geschlecht der
Balšići. 1392 ließen die Türken den Georg Balšić nicht eher frei, bis er ihnen
Skutari übergab, und drei Jahre hindurch gebot der osmanische Befehlshaber Schâhîn auf der Burg. 1395 ward er von Georg Balšić wieder
vertrieben, aber dieser mußte im April 1396 Skutari, Drivasto, Dagno und
Sankt-Sergius an Venedig verpfänden, ohne diese Besitzungen wieder aus-
zulösen. So wehte also dreiundachtzig Jahre hindurch das Banner des Heiligen Markus auf der Burg von Skutari (Rosâfa), um danach mit der Halb-
mondfahne aufs neue vertauscht zu werden. 434 Jahre währte dann die
türkische Herrschaft (bis 1913).

Venedig war trotz der Zwangslage, in der es sich befand, nicht erbötig,
leichten Kaufes auf dieses letzte Bollwerk des Abendlandes im Osten zu
verzichten. Tag und Nacht ward auf die Kunde vom Herannahen des
feindlichen Heeres an der Befestigung der brüchigen Mauern und an den
Schanzen gearbeitet. Bürger und Schiffsmannschaften der in die Bojana
eingelaufenen Galeeren teilten sich in die Bemühung. Es war höchste Zeit,
sich auf den Angriff vorzubereiten, denn schon am 14. Mai erschienen vor
den Wällen, von ihrem erblichen Befehlshaber Michal-oghlu ᶜAlî-Beg geführt, an 8000 Renner und Brenner, die überall Siedlungen niederbrannten und die Menschen als Sklaven verschleppten. Weit ins Land hinein
gewahrte man von der Burg zu Skutari die Rauchsäulen der zerstörten Dörfer. Ihnen folgten der Sandschaqbeji von Bosnien, Iskender-
Beg, mit 4000 sowie der Bannerherr von Semendria, Malqotsch-oghlu

Bali-Beg, mit 3000 Reitern. Die männliche Bevölkerung ward in drei Teile geschieden, von denen der eine die Bollwerke besetzte, der andere die Schanzarbeiten ausführte, während der dritte, dem sich die Priester anschlossen, auf dem Platz verblieb. Kinder und Greise waren nach den benachbarten Seestädten in Sicherheit gebracht worden. Die 8000 Aqyndschys und die 7000 leichten Reiter bildeten aber nur den Vortrab der osmanischen Streitmacht.

Der Großherr hatte die Ausbesserung und Zurichtung der Straßen sowie den Bau von Brücken dem Ewrenos-oghlu Ahmed-Beg sowie dem Turachan-oghlu ʿÖmer-Beg übertragen. Den Oberbefehl der Belagerung leitete, dem Augenzeugen Gian-Maria Angiolello zufolge, Gedik Ahmed-Pascha, der indessen kurz vorher in Ungnade gefallen und seiner Stellung vielleicht als Großwesir verlustig gegangen war. Die Dauer seines Großwesirats ist nicht genau zu bestimmen. Im Mai 1476 findet sich in der Tat ein ,Sinân-Bej' als ,Befehlshaber über die anderen Befehlshaber des Großtürken', also vielleicht Qodscha Sinân-Pascha, der übrigens mit einer Schwester Mehmeds II. vermählt war. Seine Amtsdauer müßte dann freilich von ganz kurzer Dauer gewesen sein und Gedik Ahmed-Pascha ihm als Inhaber des Reichssiegels gefolgt sein. Ehe die Belagerung von Skutari begann, war er jedenfalls ohne Stellung und als Gefangener in Rumeli Hißâry, angeblich deswegen, weil er, der doch am besten das Gelände kannte, dem Sultan einige Einwendungen über die Schwierigkeit albanischer Feldzüge machte und sich daher dessen Grimm und Ungnade zuzog. Auf dem Marsch nach Albanien im Mai 1478 soll er dann wieder aus dem Kerker entlassen und mit der Würde eines Sandschaqbeji von Saloniki und später von Valona (Avlona) in Albanien bekleidet worden sein. Das hat sich, den osmanischen Chronisten nach, auf folgende Weise zugetragen: Als Mehmed II. gegen Albanien ritt, soll er sich, zu ermüdendem Fußmarsch gezwungen, über den schlechten Zustand der Straßen erbost und bei einer Rast zu seinem neben ihm sitzenden Reichsbannerträger Hersek-oghlu Ahmed gesagt haben, daß die Beschwerlichkeiten des Weges ihm erspart geblieben wären, wenn er einen guten sachkundigen Wesir hätte. Ahmed-Beg soll ihm den Gedik Ahmed-Pascha genannt, den Sultan zum Nachdenken und schließlich zum Entschluß bewogen haben, durch einen nach Stambul abgefertigten Tschausch die sofortige Freilassung des Eingekerkerten und seine Ernennung zum Bannerherrn von Valona anzuordnen.

Das Großwesirat übernahm zur gleichen Zeit ein unmittelbarer Nachfahre des großen Mystikers Dschelâl ed-Dîn Rûmî, Qaramânî Mehmed-Pascha, eine völlig unkriegerische, aber geistig überaus regsame Persönlich-

keit, die als Berater und Ordner der Staatsämter und als Schöpfer von
Staatsgrundgesetzen nunmehr eine gewichtige Rolle zu spielen begann,
durch ihre trüben politischen Machenschaften allerdings ein klägliches
Ende nehmen mußte. Er ist der letzte Großwesir Mehmeds des Eroberers,
dem er einen Tag später im Tode folgte.

Der Großherr zog zunächst vor Kruja und die einstweilige Führung der
nach Skutari aufgebotenen Truppen übernahm der neue Landpfleger von
Rumelien, der Albaner Dâwûd-Pascha, der am 18. Mai vor den Mauern
der Stadt sich zeigte. Am 12. Juni traf der neue Landpfleger von Anatolien,
Mesîh-Pascha aus dem Hause der Paläologen, ein Bruder des Châss Murâd-
Pascha, und mit ihm sein anatolischer Heerbann ein. Am 2. Juli kam der
Sultan in eigener Person mit seinem ganzen Hofstaat und Gefolge nach.
Sein Lager bezog er in der Ebene von Drivasto hinter dem sogenannten
Monte Santa Veneranda, wo sich Dâwûd-Pascha niedergelassen hatte. Dort
war es am besten gegen Geschütztreffer gesichert. Am 22. Juni begann
die Belagerung der Stadt Skutari. Die mit größten Schwierigkeiten auf
Kamelen herangebrachte Artillerie trat in Tätigkeit. Inzwischen hatte sich
das Schicksal des Felsennestes Kruja bereits vollendet. Es war über ein
Jahr eingeschlossen und die Lage der Bewohner steigerte sich ins Unerträgliche. Schrecklicher Hunger hatte sie gezwungen, Hunde und Katzen,
kurzum Getier jeglicher Art aufzuzehren. Als der Sultan am Berghang erschien, war keine Rettung mehr in Sicht. Am 15. Juni schickten die Belagerten Unterhändler zu Mehmed II., um eine gütliche Abmachung zu erwirken. Sie erhielten eine angeblich schriftliche Versprechung ihres Lebens
und freien Abzugs mit Hab und Gut, falls sie nicht vorzögen, unter osmanischer Herrschaft in Kruja weiterzuleben. Unvorsichtigerweise wählte
die Mehrzahl das sichere Geleit und ergab sich dem osmanischen Befehlshaber. Aber kaum war sie unten in der Ebene angelangt, als sie in
Fesseln geschlagen und vor den Sultan gebracht wurde. Dieser ließ die
Vornehmsten und Zahlungskräftigsten unter ihnen, darunter den Provveditore mit seiner Familie, gegen schweres Lösegeld frei, die anderen aber
schonungslos enthaupten. Dann empfing er die Schlüssel der Festung,
die von nun an nicht mehr Kruja, sondern Aq Hißâr, das ist Weißes Schloß,
geheißen ward und bis 1913 nicht mehr ihren Besitzer wechselte. Jetzt
wandte Mehmed der Eroberer die ganze Macht seiner Waffen und
seines Ingrimmes gegen Skutari. Mit Recht hat man hervorgehoben, daß
die zweite Belagerung dieser Stadt durch die Osmanen zu den merkwürdigsten Begebenheiten im Kampfe des Abendlandes gegen den Halbmond gehört, und zwar merkwürdig deshalb, weil zur Schirmung dieses
letzten Rückhaltes der Christenheit ungewöhnliche Mittel eingesetzt wur-

den, noch merkwürdiger aber vielleicht wegen des verzweifelten Widerstandes, den das Schutzwerk dem Ansturm entgegenzusetzen imstande war.

Die Stärke des Belagerungsheeres wird, wie immer, verschieden bezeichnet. Der Statthalter von Rumelien, der die Umgebung der Feste und die benachbarten Höhen besetzt hielt, soll zusammen mit dem anatolischen Statthalter Mesîh-Pascha, der 30 000 Mann herangeführt hatte, über 300 000 Mann befehligt haben. Selbst wenn man in diese Ziffer die täglich neu ankommenden Scharen sowie den ganzen Troß einrechnet, muß sie weit übertrieben sein. Nicht weniger als 10 000 Kamele und viele Saumtiere sollen Zelte, Gepäck, Sturmzeug und Geschütze herangeschafft haben. Die schweren Kanonen wurden nach osmanischem Kriegsbrauch erst an Ort und Stelle gegossen. Angeblich haben sie Steinmassen von drei bis dreizehn Zentnern gegen die Mauern geschleudert. Elf Geschütze hatten riesige Rohrweiten. Auch Brandraketen, Kugeln aus Lappen, die mit Wachs, Schwefel, Öl und sonstigen entzündbaren Stoffen getränkt waren, fanden hier erstmals Verwendung.

Der Verlauf der Belagerung von Skutari wurde von einem Priester Marino Barlezio in einer besonderen lateinischen Schrift *De Scodrensi Obsidione* in drei Büchern beschrieben. Aber die Darstellung, die einen sorgfältigen Eindruck machte, wird seit geraumer Zeit als nicht immer glaubwürdig bezeichnet, weil sie in eindeutiger Weise die Begebenheiten schildert und den handelnden Personen nach antikem Muster gelehrte hochtrabende Reden in den Mund legt, die diese niemals so gehalten haben können. Er läßt sich besonders ausführlich über die Beschaffenheit, Aufstellung und Art der osmanischen Belagerungsgeräte aus, lauter Angaben, deren Richtigkeit nur von Kennern der Waffengeschichte auf ihre Zuverlässigkeit geprüft werden könnten. Die ungeheure Wirkung dieser meist vor Skutari erst gefertigten Kanonen steht wohl außer Frage. Auch die Benutzung der Brandkugeln, die alles, was sie berührten, in Flammen aufgehen ließen und die Belagerten zwangen, alle Häuser zu entdachen und den Feuerschutz zu verstärken, machte den Eingeschlossenen schwer zu schaffen, mehr vielleicht als die Mörser und schweren Geschütze, die infolge ungeschickten Gebrauches weit mehr Schaden zu stiften verhießen als tatsächlich zuwege brachten. Als schließlich eine tiefe Bresche in die Mauern geschlagen worden war, gelang es den Osmanen nicht, durch sie in die Stadt einzudringen. Auch der erste allgemeine Sturm, der am 22. Juli stattfand und zu dem angeblich 150 000 Kämpfer herangezogen wurden, zeitigte nicht den erhofften Erfolg. Die Belagerungsgeschütze hatten den Angreifern zwar ermöglicht, durch die zerschossenen Vorwerke bis zu den inneren Wällen vorzudringen und dort ihre Halbmondfahnen aufzupflanzen, aber die Verteidiger warfen sie im entscheidenden Augenblick zurück und steckten wieder die Banner des Heiligen Markus und die des Heiligen Stefan, des Stadtheiligen, an deren Stelle. Dieses Unternehmen kostete die Osmanen 12 000 wohl ihrer besten Truppen, während die Besatzung nur 400 Mann verloren haben soll.

Fünf Tage später wurde der zweite Sturm anberaumt (27. Juli), der am frühen Morgen begann und den ganzen Tag bis zum nächsten Mittag (28. Juli) fortgesetzt wurde. An diesem Verzweiflungskampf nahmen nicht nur die zwei, immer nach sechs Stunden abgelösten Teile der Besatzungsmannschaften, sondern auch die ganze Bevölkerung, selbst die Frauen teil. Der Dominikaner Fra Bartolomeo aus dem Epirus, ein zweiter Giov. Capistrano, der sich schon unter Skender-Beg als Kämpe und Prediger bewährt hatte, und Niccolò Moneta, der Anführer der Reiterei, durchrasten die Stadt, allen Mut einflößend und die Verteidigung regelnd. Der Kampf wogte nun mit wechselndem Glück hin und her. Zuletzt ließ der ergrimmte Sultan elf Riesengeschütze auf einmal gegen das Haupttor der Festung in Gang bringen, ohne sich darum zu kümmern, ob dadurch den bereits durchs Haupttor eingedrungenen Türken Schaden zugefügt werde. Es entstand eine gewaltige Verwirrung und die Belagerer traten mit erheblichen Verlusten — angeblich ein Drittel des ganzen Heeres — den überhasteten Rückzug an.

Drei Tage nach Abweisung des zweiten Angriffs hielt der Großherr einen Kriegsrat ab. Gedik Ahmed-Pascha soll sich dabei für die Aufhebung der Beschießung ausgesprochen und damit den Wunsch des Sultans erfüllt haben. Nur ein Teil der Armee sollte zur Umzingelung der Stadt zurückbleiben, um jede Zufuhr abzuschneiden. Dann wurden mehrere Heereseinheiten auf den Weg gebracht, um von benachbarten Stützpunkten Besitz zu nehmen. Die Burg Žabljak, auf steilem Kegel im sumpfigen Mündungsgebiet der Moratscha, wo Ivan Crnojević (1465—1490), ‚Herr der Zeta‘, seinen Hofsitz aufgeschlagen hatte, ergab sich dem Statthalter von Rumelien fast ohne Schwertstreich. Drivasto hingegen, die zehn Kilometer östlich von Skutari im Tale des Kjiri-Flusses, also schon im Innern Albaniens gelegene steile Hauptfestung der Nachbarschaft, leistete sechzehn Tage hindurch tapferen Widerstand, den es, zuletzt besiegt, mit dem Untergang seiner ganzen Bevölkerung büßen mußte. Dreihundert oder gar fünfhundert seiner Einwohner wurden in Fesseln vor die Mauern von Skutari gezerrt und dort, zum abschreckenden Beispiel, auf einem Hügel im Angesichte der Stadt hingerichtet. Gleiches Schicksal, so wollte man damit allen vor Augen führen, werde dereinst auch die Bewohner von **Skutari** treffen, wenn sie sich weiterhin weigerten, sich zu unterwerfen.

Alessio, der Sterbeplatz Skender-Begs, ward, von allen verlassen, in Brand gesteckt. Die Türken sollen damals in die Nikolauskirche eingedrungen sein und die Gebeine des albanischen Volkshelden zerstückelt haben, um sie, in Gold oder Silber gefaßt, als Talisman um den Hals zu legen. Lediglich Antivari vermochte sich, vom Podestà Luigi da Muta tapfer verteidigt, dem feindlichen Ansturm gegenüber zu behaupten.

Enttäuscht über den Ausgang des albanischen Feldzugs trat Mehmed der Eroberer in der Nacht vom 7. auf 8. September 1478 bei Fackelschein den Rückweg nach Osten an. 40 000 Mann begleiteten ihn. Noch im gleichen Monat folgte ihm der anatolische Landpfleger und erst zu Beginn des Dezember brach auch der rumelische Heerbann, der die Überwinterung im unwirtlichen Albanien nicht auf sich nehmen sollte, seine Zelte ab und marschierte nach Osten. Lediglich der neue Sandschaqbeji von Valona, Gedik Ahmed-Pascha, verblieb mit 10 000, nach anderen Angaben gar mit 40 000 Mann, an Ort und Stelle, um die ausgehungerte Stadt weiterhin zu blockieren.

Die Drangsal stieg dort schier ins Unerträgliche. Nur Wasser und Brot waren noch verfügbar; alles Getier, Mäuse und Ratten inbegriffen, war längst verzehrt worden. Von nirgendwoher war Entsatz zu erwarten. Venedig war dazu am wenigsten in der Lage. Die dringenden Vorstellungen des Provveditore von Skutari, Antonio da Lezze, daß der Mundvorrat bald zu Ende gehe und er die Stadt dann nicht länger zu halten vermöge, hatten zur Folge, daß am 18. November 1478 die Signoria zwar den Beschluß faßte, 6000 Reiter und 8000 Mann Fußtruppen zur Erlösung der Bedrängten nach Albanien abzustellen und das bereits im Sommer zum Schutze Zyperns abgeschickte Geschwader nach den albanischen Gewässern zurückzubeordern, aber vier Tage hernach war diese Zusage nach stürmischen Verhandlungen in den Pregadi wieder rückgängig gemacht worden. In der Lagunenstadt herrschte die Pest, die damals überhaupt auch große Gebiete Südosteuropas verheerte. Die meisten wohlhabenderen Bürger hatten durch Flucht in die Berge vor der todbringenden Seuche Schutz gesucht. Venedig war fast menschenleer geworden, und die Sitzungen der Pregadi kamen nur an zwei Wochentagen, montags und dienstags, dadurch zustande, daß bei Nichterscheinen der Beteiligten schwere Strafen verhängt wurden. Längst mangelten die Mittel zu neuen Rüstungen. Die schon seit 1474 deutlich spürbare Kluft zwischen Venedig, Florenz und Mailand auf der einen, dem Papst und dem König Ferrante von Neapel auf der anderen Seite erweiterte sich immer mehr. Dieser italienische Kräftegegensatz schloß jegliche wirksame Hilfe aus. Frankreichs Herrscher, Ludwig XI., hatte sich zwar, als die Gefahr eines Bundes zwischen Burgund und Venedig so gut wie geschwunden war, auf die Vorstellungen des venedischen Botschafters Domenico Gradenigo hin bereit gefunden, mit Venedig einen Freundschafts- und Handelsvertrag abzuschließen (9. Januar 1478). Aber dadurch kam, da von dem befreundeten Mailand und den Medici in Florenz keinerlei ernsthafte Unterstützung im Türkenkrieg zu erhoffen stand, für die Signoria keine Entlastung zuwege. Den Papst und den König von Neapel, die damals beide in eine grimmige Fehde mit Florenz verwickelt waren, durch Vermittlung des nunmehr verbündeten Königs von Frankreich zur tätigeren Teilnahme am Kampfe gegen den Halbmond zu gewinnen, blieb vergebliches Bemühen.

Die Pest raffte täglich etwa vierzig Menschen dahin. Sie hatte zu Sommerbeginn eingesetzt und im Herbst ihren Höhepunkt erreicht. Aber auch die Zuversicht, daß sie im Winter erlöschen werde, schien zu trügen, denn sie ließ auch dann nicht gänzlich nach. Aus Persien war überhaupt kein Beistand mehr zu erwarten, seitdem Venedigs letzte leise Hoffnung, Usun Hasan, am Dreikönigstag 1478 von der weltlichen Schaubühne verschwunden war. Albanien war fast völlig von den Osmanen besetzt und es mußte mehr als fraglich erscheinen, ob es der schwachen, im Augenblick verfügbaren Entsatztruppe gelingen werde, Skutari aus der schrecklichen Umklammerung zu befreien. Venedigs Kraft war im Brechen und die wenigen Gegner des Friedens mit Mehmed II., stolze Träger der Erinnerung einer glänzenden Vergangenheit, vermochten sich nicht zu behaupten, denn auch sie konnten sich schwerlich der Einsicht verschließen, daß dieses in seiner Geldnot schwer atmende Gemeinwesen nicht mehr mit militärischen Erfolgen gegen den Türkensultan rechnen dürfe.

Die Furcht, daß man eines Tages aufs neue unvermutet vom Glockenturm von San Marco aus die Brände werde sehen können, die die türkischen ‚Sackmannen‘, *saccomanni*, im benachbarten Stromgebiet des Tagliamento und des Isonzo bei ihren Plünderungen verursachten, wich auch nicht aus den Gemütern der Venediger. Wie begründet sie sich erwies, zeigte sich denn auch kurz vor der Erntezeit in den Hochsommertagen des Jahres 1478, als ein ansehnlicher Osmanenschwarm unter Führung des Skender-Beg, der schon vorher Krain, Kärnten, die Steiermark und Friaul durchrast hatte, wiederum am Isonzo erschien. 30 000 Renner und Brenner sollen es gewesen sein, die damals die Lande in Angst und Schrecken versetzten. Niemand wagte es, sich mit diesem regellosen Heerhaufen einzulassen. Man blieb unbeweglich in den beiden verschanzten Lagern, von denen sich übrigens bis zum heutigen Tage noch Spuren erkennen lassen, ließ die Räuber etliche Tage ihr furchtbares Unwesen treiben und sah zu, wie sie sich wieder durch das Canale-Tal nach Kärnten und Krain verloren.

Am 26. Juli kamen sie über den Predil-Paß und, offenbar des Weges unkundig, wieder über Weißenfels (18. Juli) nach Tarvis. Bei Goggau gerieten sie an etwa 3000 Bauern, die eben versammelt waren, um sich gegen die drückende Besteuerung aufzulehnen. Mehrere Wochen verweilten die Sackmannen in Kärnten, verheerten das Gailtal und das obere Drautal, durchstreiften das Gurktal bis Friesach, das Zollfeld, die Gegend am Wörther See und kehrten schließlich durch die Südsteiermark an Cilli (Celje) vorbei über Kroatien nach Bosnien zurück. Daß dort bei Jajce der Ban von Kroatien, Peter Zrinyi, die zurückflutenden Reitermassen überfiel und fast aufrieb, war nur ein schwacher Trost für die vorher geplünderten Gebiete.

Erstaunlich war die genaue Kenntnis, die die türkischen Renner und Brenner fast überall auf ihren Streifzügen von Land und Leuten besaßen. Daß sie in den Kärntner Alpen mit ihren Pferden die steilsten Felswände des Loiblpasses erklommen, wird in einheimischen Berichten mehr als einmal mit Staunen erzählt. Das osmanische Spähernetz erstreckte sich fast bis ins Herz von Deutschland hinein und arbeitete überaus verwegen und ergiebig. Man war an der Pforte über alle wesentlichen Vorgänge in den Nachbarländern des Osmanischen Reiches aufs beste unterrichtet. Kein Reichstag konnte auf deutschem oder ungarischem Boden tagen, ohne daß türkische Kundschafter, oft genug bezahlte deutsche und ungarische Spitzel, darüber ausführliche Nachrichten an den Sultanshof gelangen ließen. In Italien stand es noch schlimmer mit dem Verrat von Staatsgeheimnissen und den Beziehungen der Staaten untereinander. Glaubwürdig werden die Landstände in Bayern darauf hingewiesen, daß ‚ain speher von den Turgken' im Land umherreise, oft nach Wasserburg (Oberbayern) komme, mit einem grauen Mantel angetan auf einem Rößlein fürbaß reite und die Fallsucht vortäusche; unlängst, so heißt es in einer solchen Meldung, sei er im Hereinreiten bei Sachrang an der Tiroler Grenze angetroffen worden. Ein anderer, Hanns Schwarz aus München genannt, wirke auch für die Türken. Dieser sei ganz schwarz gekleidet mit aufgeschnittenen Ärmeln an Joppe und Rock; er sei mit einem Ausweis des Oberrichters von Mittersill versehen, um leichter von der Stelle zu kommen, und arbeite mit einem Knecht zusammen, auf den man ebenfalls ‚Aufsehen' haben möge. Wie weit diese Beobachtungen Tatsachen wiedergeben, mag dahingestellt bleiben. Daß aber damals überall Spionenfurcht die Menschen beunruhigte und man sich bis nach Bayern hinein eines Türkeneinfalls glaubte versehen zu müssen, beweisen die Vorkehrungen, die man auf die Nachrichten aus Innerösterreich allenthalben traf. Aber die Landtage, die zur Beratung über Abwehr der Türkengefahr berufen wurden, schwangen sich

zu keinem ernsthaften Entschluß auf. Auch des Kaisers Vorhaben wollte
zunächst nicht glücken, einen Reichstag zum gleichen Zwecke zusammen-
zubringen. Als er sich schließlich zu Freising einfand, ergab sich aus den
Verhandlungen keinerlei nützliche Maßnahme. Der Bayernherzog Ludwig
von Landshut konnte ‚Blödigkeit des Leibs‘ und ‚anderer erhafft Vrsachen‘
halber nicht zur Steuerung der gemeinsamen Gefahren beitragen und
mußte sich begnügen, Bauern und Bürgern in Österreich ‚ein christlich ge-
trews Mitleiden‘ zuzusichern.

Um den Venedigern seine Unentbehrlichkeit vor Augen zu führen, zog
Matthias Corvinus seine Besatzungen aus den westlichen Grenzfestungen
Kroatiens zurück. Daß er die Signoria ihrem Schicksal überließ und so gut
wie nichts unternahm, der Türkennot in den Nachbarländern zu steuern,
ward ihm allerdings übel vermerkt, aber die gespannten Beziehungen zu
Venedig und zu Sixtus IV., die ihm unterm Vorwand seiner Händel mit
dem Kaiser ihre Hilfsgelder sperrten, gaben ihm ausreichenden Anlaß,
seine Haltung zu begründen. Schutz der kaiserlichen Erbländer war ohnedies von ihm nicht zu erwarten.

Mehmed der Eroberer, der im Spätherbst wieder in seinem Neuen Palast
angelangt war, an dessen Südseite gerade in diesem Jahr die Kaiserliche
Pforte *(Bâb-i humâjûn)* vollendet worden war, durfte trotz des kläglichen
Ausgangs der Belagerung von Skutari getrost in die nahe Zukunft blicken.
Er war durch seinen Kundschafterdienst über alles, was sich im Westen zu
dieser Stunde ereignete, aufs beste beraten. Ende Dezember 1478 konnte er
sich mit solchem Kleinkram befassen, Richter der europäischen Türkei in
einem Befehlsschreiben *(Fermân)* anzuweisen, einen Ragusäer namens
Marin wegen Ausplünderung eines fränkischen Steuereinnehmers ausfindig zu machen, sein Hab und Gut mit Beschlag zu belegen und die ge-
stohlenen Sachen den geschädigten Ragusäern auszufolgen.

Im Jahre 883 der Hidschra (4. April 1478 bis 24. März 1479) ließ der
Sultan die erste und einzige Goldmünze zu Stambul *(Qostantinije)* prägen
und mit der stolzen Inschrift versehen: ‚Sultan Mehmed Sohn des Murâd
Chan / Sein Sieg sei glorreich!‘ auf der einen, auf der anderen Seite aber:
‚Der Münzer des Goldes / der Herr der Macht und des Sieges / zu Land und
zur See.‘ Es mag sein, daß die Münzung dieses Goldstückes erst im nächsten Frühjahr erfolgte, als sich in fast überstürzendem Ablauf alles zugunsten der Pforte änderte und ihr einen unerwarteten Goldbestand zu-
führte. Venedig war nunmehr um jeden Preis entschlossen, dem heillosen
Krieg durch einen, wenn auch noch so schweren Frieden mit dem Großherrn ein Ende zu setzen.

Noch ehe das Jahr 1478 zur Neige ging, begab sich im Auftrag der Inselrepublik einer ihrer fähigsten und gewandtesten Staatsmänner und besten Kenner des Osmanenreiches, der geheimnisvolle Giovanni Dario, der damals Sekretär des Senats war, mit unumschränkten Vollmachten ans Goldene Horn. Man wußte, daß sich der Sultan auf den Frieden einlassen werde, falls man ihm die entsprechenden Zugeständnisse machen werde. So wurde Giovanni Dario beauftragt, die Belange des venedischen Levantehandels nach besten Kräften wahrzunehmen, im übrigen aber ermächtigt, auf alle Forderungen des Großtürken einzugehen, wenn kein anderer Ausweg mehr offenstehe. Noch niemals in der Geschichte Venedigs waren einem Friedensunterhändler solche Befugnisse zugebilligt worden, aber vielleicht niemals in der Geschichte des Freistaates von San Marco befand sich die Signoria in einer ähnlich entsetzlichen Zwangslage, auf alle Würde zu verzichten und den Ruhm der Vergangenheit zu vergessen. Zu allem, was der Großherr verlange, sollte Giovanni Dario seine Zustimmung geben und es untersiegeln, so lautete eine seiner Weisungen, mit denen er sich auf den Weg nach dem Osten machte.

Sechstes Buch

ENDLICHER FRIEDE MIT VENEDIG / LANDUNG DER OSMANEN IM SÜDOSTEN ITALIENS / VERGEBLICHER ANSTURM AUF RHODOS / JÄHES ENDE DES WELTENSTÜRMERS

Friede mit der Markusrepublik — Eroberung der Inseln Zante und Santa Maura — Einfall in Siebenbürgen — Schlacht auf dem Brotfeld — Gescheiterter Überfall auf die Johanniterinsel Rhodos — Gentile Bellini am Hofe Mehmeds des Eroberers — Landung Gedik Ahmed-Paschas in Apulien — Einnahme von Otranto — Die Osmanenflotte erneut vor Rhodos — Abwehr aller Angriffe durch die Johanniter — Des Eroberers letzter Asienfeldzug mit unbekanntem Ziel — Plötzlicher Tod des Weltenstürmers

Am 25. Januar 1479 wurde zu Stambul der Friede zwischen der Pforte und Venedig abgeschlossen. Die Bedingungen waren überaus hart und umfaßten etwa folgende Punkte:

Venedig tritt Skutari mit seinem Gebiet an den Großherrn ab. Die Festung Kruja, die Insel Lemnos, Negroponte sowie das Gebirgsland der Maina (Braccio di Maina) am Südrande von Morea werden gleichfalls dem Sultan überlassen. Alle während des 16 jährigen Krieges etwa von Venedig eroberten Gebiete werden binnen zwei Monaten zurückerstellt, doch soll es der Signoria freistehen, daraus Besatzungen, Geschütz sowie Schießvorrat zurückzuziehen. Mehmed II. erstattet seinerseits alle während des Krieges auf Morea, in Albanien und Dalmatien besetzten Orte und Gebietsteile zurück. Zwecks Grenzbereinigung ernennen beide vertragschließenden Teile einen Bevollmächtigten zur Wiederherstellung der Vorkriegsgrenzen.

Innerhalb zwei Jahren zahlt die Signoria 100 000 Golddukaten als Abschlag auf die Alaunschulden in Höhe von 150 000 Golddukaten an den Sultan. Für abgabenfreie Ein- und Ausfuhr seiner Waren in allen Orten und Häfen des Osmanenreiches führt Venedig alljährlich einen Betrag von 10 000 Golddukaten an die Pforte ab. Der Signoria kommt das Recht zu, in Stambul einen Botschafter, Bailo (vom lateinischen *baiulus*), zu bestellen mit der Befugnis, über seine Landsleute die bürgerliche Gerichtsbarkeit auszuüben, wie ihm das schon vor dem Krieg zustand. In den Friedensvertrag werden alle Untertanen, Anhänger sowie Schutzgenossen beider Teile eingeschlossen, desgleichen alle Städte und Häfen, die das Zeichen des Heiligen Markus hissen würden, jedoch unter dem Beding, daß sie es schon vor der Kriegserklärung aufgesteckt hatten und in keinem bereits osmanischer Botmäßigkeit unterworfenen Lande.

Der Sultan beschwor den am 25. Januar 1479 unterfertigten, in griechischer Sprache abgefaßten Vertrag, der sich noch heute zusammen mit einer lateinischen Übertragung im Staatsarchiv zu Venedig vorfindet, in herkömmlicher Weise ausdrücklich ,bei Gott des Himmels und der Erde, bei unserem großen Propheten Muhammed, bei den sieben Koran-Abschriften, die wir Muslime besitzen und bekennen, bei den 124 000 Propheten Gottes, beim Glauben, den ich glaube und bekenne, bei meiner Seele und der Seele meines Vaters und beim Schwerte, das ich umgürte'.

In allen Ehren entlassen und mit drei Prunkgewändern *(qaftan)* aus Goldstoff beschenkt, verließ Giovanni Dario den Hofsitz Mehmeds des Eroberers, mit dem er seit fast dreißig Jahren persönliche Beziehungen gehabt haben dürfte, die vielleicht Ciriaco d'Ancona angeknüpft hatte. Die wenigen Einzelheiten, die aus seinem Leben bekannt geworden sind, lassen erraten, daß er sich längere Zeit in der Türkei aufgehalten und die dortigen Zustände gründlich kennengelernt haben muß. Mancherlei spricht für die Annahme, daß er in den 50er Jahren in unmittelbarer Nähe Mehmeds II. verweilte. Heute erinnert an ihn nur sein Palast am Canal Grande zu Venedig mit der bezeichnenden Inschrift Vrbis Genio Ioannes Darivs, Dem Schutzgeiste der Stadt (Venedig) Giovanni Dario. Er hat seiner Vaterstadt, die ihm später (7. März 1487) das ehrenvolle Amt eines Sekretärs des Zehnerrates übertrug, noch Jahre hindurch in wichtigen Geschäften, die ihn in den Jahren 1485, 1487, 1490 und 1493 nach dem Morgenland bis nach Persien führten, treu gedient und ist dort wenige Jahre vor der Jahrhundertwende aus dem Leben geschieden. Seiner natürlichen Tochter Marietta machte die Signoria nach der glücklichen Rückkehr ihres Vaters aus Stambul ein Geschenk von 1000 Golddukaten zu ihrer Ausstattung. Aber erst um 1492/93 heiratete sie Vincenzo Barbaro, Sohn des Giacomo und vermutlichen Besitzers des benachbarten Palastes im Bezirke San Vio. Im Mannesstamm ist das Geschlecht Dario wohl mit Giovanni erloschen.

Der bei der Übergabe von Kruja mit seiner Familie in türkische Gefangenschaft geratene Provveditore Pietro Vetturi ward auf Betreiben Giov. Darios aus der Haft erlöst, verblieb jedoch in Stambul und übernahm als erster das Amt des neuen Bailo der Signoria bei der Pforte. Aber noch im gleichen Jahre 1479 löste ihn Battista Gritti ab. Als die Nachricht vom Friedensabschluß nach Skutari gelangt, dessen Einwohnern freigestellt worden war, entweder unter osmanischer Botmäßigkeit in der Stadt zu verharren oder unbehelligt mit ihren Habseligkeiten abzuziehen, entschieden sich alle ohne Ausnahme für die Auswanderung. Von 1600 Männern, die bei Beginn der Belagerung in Skutaris Mauern ausgehalten hatten,

fanden sich nur noch 450 und etwa 150 Frauen vor. Sie alle verließen unter
Führung des Provveditore Antonio da Lezze mit Hausrat, Waffen
und kirchlichen Geräten, die sie in Sicherheit bringen wollten, nach mehr
als elfmonatigen Bedrängnissen unvorstellbarer Art Albanien und wurden
unter sicherem Geleit auf der an der Bojanamündung liegenden venedischen
Flotte nach Venedig eingeschifft. Die Signoria nahm sie ehrenvoll auf,
setzte ihnen Gnadengelder, Pfründe oder Monatssolde aus und siedelte sie
unweit Gradisca an. Das Angebot Venedigs, ihnen Zypern als Wohnsitz
anzuweisen, hatten sie vorher ausgeschlagen. Einige von ihnen erhielten in
Venedig selbst entsprechende Beschäftigung. Die Räumung Skutaris kam
jedoch erst am Tage des Heiligen Markus (25. April) zustande, an dem der
mit der Pforte geschlossene Friede verkündet wurde.

Weit schlimmer als den Bewohnern von Skutari erging es dem Provveditore Antonio da Lezze. Anfänglich hatte man ihn zur Belohnung seiner Dienste zum Ritter (Cavaliere) geschlagen, ihm ein Ehrengewand sowie eine goldene Kette im Wert von hundert Dukaten verehrt. Als aber
einige der eingewanderten Skutariner ihn beschuldigten, er habe seine
Pflichten gröblich verletzt und verschwiegen, daß der Mundvorrat für eine
längere Belagerung ausgereicht hätte, verhängte der Rat der Zehn eine
hochnotpeinliche Untersuchung. Sie ergab, wie es scheint, die Richtigkeit
wenigstens eines Teiles der Vorwürfe. Antonio da Lezze mußte die Ehrengeschenke wieder zurückerstatten, die Ritterwürde ablegen, eine schwere
Geldbuße entrichten, zuerst ein volles Jahr strenger Haft in der Waffen-
kammer (Camera dell'armamento), hernach zehn Jahre in Capo d'Istria
verbüßen. Der Verlust aller Ansprüche auf Ämter und Ehrenstellen für
den Rest seines Lebens war die weitere Folge dieses unerbittlichen Straf-
gerichts.

Die Signoria ernannte Giovanni Dario zum Beauftragten für das Geschäft der Auslieferung von Örtlichkeiten und Gefangenen, wofür nur jene
in Frage kamen, die sich als Christen bekannten, während die inzwischen
zum Islam Bekehrten ausdrücklich ausgeschlossen blieben. Bei dem herrschenden Verkaufs- und Verschleppungsverfahren, das die Pforte seit jeher
bei Gefangenen anwandte, war deren Freilassung ganz gewiß nur in sehr
beschränktem Umfange möglich. Die Gebiete von Nauplia (Napoli di Romania), Malvasia, Koroni, Modoni, Naupaktos (Lepanto), Korfu, Durazzo,
Cattaro (Kotor), Budua, Antivari, Dulcigno und Spalato (Split) wurden
erst im Jahre 1480 bereinigt, wobei Giovanni Dario abermals als venedischer
Bevollmächtigter die Verhandlungen zu führen hatte.

Am 16. April kehrte Giovanni Dario zusammen mit dem von zwanzig
Personen begleiteten osmanischen Unterhändler, einem gewissen Lutfi-

Beg, den ein bereits am 29. Januar 1479 zu Stambul ausgefertigtes griechisches Beglaubigungsschreiben des Großherrn beim Dogen Giovanni Mocenigo (1478—1485) einführen sollte, nach der Lagunenstadt zurück. Lutfî überbrachte im Namen seines Gebieters dem Dogen einige kostbare Geschenke, darunter einen vorher vom Sultan getragenen Gürtel aus gewebtem Stoff. Er war ermächtigt, aus Mocenigos Händen nochmals die Beteuerung des Friedens entgegenzunehmen. Der Gürtel ward als Unterpfand für das Einvernehmen der beiden Mächte und zum Zeichen der engen Friedensbindung überreicht, wobei der türkische Abgesandte zu bemerken nicht vergaß, daß der Doge diesen Gürtel ,in Liebe zu seinem Herrn' tragen solle. Über Aufmachung und Haltung der osmanischen Abordnung liegen gleichzeitige anschauliche Berichte vor. Das Volk bestaunte die Gäste aus dem Morgenland wie den ersten Elefanten, der etwa zur gleichen Zeit aus Indien nach Venedig gebracht worden war. Der Friedensbote trat, wie aus den Berichten hervorgeht, mit ungewöhnlicher Anmaßung und Hoffart auf. Die ihm vom Dogen und den Ratsmitgliedern erwiesenen Ehren höflich zu erwidern, hielt er danach unter seiner Würde. Er blieb während der Empfangszeremonie sitzen und ließ sich lediglich herbei, dem venedischen Staatsoberhaupt und den zwölf ersten Senatoren aus einer goldenen Trinkschale, die er bei sich trug, den Wein zu kredenzen, was für einen frommen Muslim ohnehin ein seltsames Verhalten bedeuten mußte.

Venedig hatte sich mit diesem Vertrag wieder den Freiverkehr auf dem Meere und damit seinen Levantehandel gesichert. Daß die Jahresabgabe von 10 000 Dukaten diese Freiheit der Schiffahrt und des Handels lediglich im Schwarzen Meer erkaufte, ist, dem Wortlaute der Abmachungen vom 25. Januar 1479 zufolge, ebenso irrig wie die Annahme, daß es sich um einen Jahrestribut handele. Vielmehr war diese Pauschsumme als Handelsabgabe zu verstehen, die überdies nur einige Jahre erhoben und dann von Bajesid II. am 12. Januar 1482 wieder aufgelassen wurde. Venedig konnte sich zwar wiederum ungehindert zur See bewegen und zu gleicher Zeit aufs neue in Stambul Fuß fassen, aber dafür waltete der Sultan fortab unbeschränkt über Albanien, dessen alte Geschlechter wie die Arianiti, die Dukagin, die Kastriota, die Musachi, die Topia in Neapel, in Venedig oder in Oberitalien Zuflucht suchen mußten, falls sie es nicht vorzogen, den Islam anzunehmen und in der Zukunft der Pforte manche ihrer besten Staatsmänner und Heerführer zu stellen. Was die im Vertrage Venedig zugesprochenen albanischen Örtlichkeiten, nämlich Antivari, Budua und Dulcigno betrifft, so war deren übrigens nur teilweiser Verbleib (Dulcigno fiel am 17. April 1501 den Türken zu) im Besitze Venedigs nur ein schwacher Trost und Ersatz für das unbezwingbar gehaltene Skutari, das als

letztes Bollwerk der Christenheit zu verkünden die Signoria vorher nicht
müde geworden war. Im Sommer 1480 gingen noch die jonischen Inseln
Kephalenia und, freilich nur vorübergehend, Zante (Zakynthos) in die
Gewalt der Pforte über und erhöhten mit dem Besitz des wichtigen Valona
die Bedrohung der venedischen Stellung in der Adria.

Der venedisch-osmanische Friedensvertrag des Jahres 1479 ist mit gutem
Grund als ein Wendepunkt der Politik angesehen worden, die Europas
Mächte bislang in ihren Verhältnissen zum Erbfeinde des christlichen
Namens verfolgten. Bisher hatte religiöse Begeisterung die abendländischen
Bewegungen gegen die Osmanen geleitet. Jetzt aber gewann über sie die
wendige Politik weltlicher Sonderbestrebungen die Oberhand und noch zu
Lebzeiten Mehmeds des Eroberers befreundete man sich im Rate der Fürsten
und Lenker der christlichen Staaten mit dem Gedanken, sich mit diesem
gemeinsamen Feinde des Westens nicht nur auf guten Fuß zu stellen, sondern auch aus engeren politischen Bindungen mit ihm für eigensüchtige
Zwecke gewisse Vorteile zu ziehen. Das Beispiel Venedigs, das sich in einem
langen und schweren Kampf gegen das Osmanenreich fast verblutet hatte,
ohne daß ihm die christlichen Mächte in einem Krieg auf Leben und Tod
erfolgreich Hilfe geleistet hätten, beeinflußte in nachhaltiger Weise die
Stimmung und Haltung der übrigen Staaten, vor allem auf italienischem
Boden. Man verdammte allerorten die schweren Bedingungen des Stambuler Friedens, betrachtete ihn als Unheil für Europa und grollte den Venedigern, weil sie nicht länger standgehalten hätten. Aber selbst Papst
Sixtus IV., der anfänglich der Signoria die bittersten Vorwürfe darüber
gemacht hatte, daß sie die Sache der Christenheit verlassen habe, mußte
sich schließlich zur Einsicht bequemen, daß entsetzliche und lange Not
sie gezwungen habe, sich auf so ,harte, verdammungswürdige Bedingungen'
einzulassen. Daß Matthias Corvinus über Venedig am meisten erbost war,
ergab schon seine begründete Besorgnis, daß sich nunmehr der Zorn des
Sultans und die Macht seiner Waffen gegen ihn kehren werde. Hätte er, so
ließ er verlauten, den gleichen Weg wie Venedig eingeschlagen, so hätte er
bereits seit langem und auf vorteilhafte Weise zu einem Einvernehmen mit
Sultan Mehmed kommen können, zumal ihn dieser drei Jahre hindurch mit
den verlockendsten Friedensangeboten bedrängt habe, wobei er als Gegen-
leistung lediglich freien Durchzug seiner Streitmacht durch Ungarn gefordert habe. Als guter Christ habe er alle diese Ansinnen zurückgewiesen,
freilich auch gehofft, daß andere Mächte des Abendlandes ihm folgen würden. Der Großtürke, der den Venedigern einen so schmachvollen Frieden
habe aufnötigen können, wisse genau, daß er sich alsbald gegen ihn, den
verlassenen König von Ungarn, wenden und ihn rascher zugrunde richten

könne. Gelinge ihm aber dies, dann stehe der Ausdehnung seiner Macht gegen Norden und Westen nichts mehr im Wege.

Die Kardinäle in Rom hatten alle Mühe, in einem ausführlichen Schreiben König Matthias seinen Groll gegen Sixtus IV. auszureden und dessen Haltung gegenüber Venedig damit zu entschuldigen, daß er gleichsam als liebender Vater die reuigen Söhne bei sich aufgenommen habe, die durch den Türkenkrieg so schrecklich gelitten hätten, sich aber nun vielleicht doch dazu bequemten, sich dem italienischen Fürstenbund gegen die Ungläubigen anzuschließen.

Die Befürchtungen des Ungarnherrschers, daß Mehmed II. nunmehr sein Land werde heimsuchen lassen, gingen, noch ehe der Sommer sich dem Ende zuneigte, in unerwartet rasche Erfüllung. Fast zur gleichen Zeit, als sich osmanische Raubscharen über die Krain ergossen, fielen andere in die Ungarische Tiefebene ein und richteten auf ihren Streifen gräßliches Unheil an.

Als in Nedeljanec bei Warasdin gerade Jahrmarkt abgehalten wurde, etwa 24. August 1479, zeigte sich überraschend ein aus Bosnien eingedrungener türkischer Reiterhaufen, der mordend und raubend über das versammelte Landvolk herfiel, einen als Zollamt dienenden Wachturm mit fünfzig Mann Besatzung stürmte und dann unterhalb Pettau (Ptuj) über die Drau gegen Luttenberg (Ljutomer), das niedergebrannt wurde, durch die Krain nach Ungarn zog und bis zum Raabfluß vordrang. Dort setzte man der plündernden Horde nach, erreichte einen etwa 3000 Mann zählenden Haufen und hieb ihn zusammen. Mittlerweile hatte sich der größere Rest mit Tausenden von Gefangenen über die durch Sommerhitze fast ausgetrockneten Flüsse Drau und Save nach Süden in Sicherheit gebracht. Die Bedeutung dieses Türkeneinfalls verblaßt gegenüber den Prüfungen, denen kurze Zeit hernach das ungarische Land, vor allem Siebenbürgen, ausgesetzt wurde. Daß es sich diesmal um ein größeres Unternehmen handelte, legt der Umstand zu vermuten nahe, daß an der Spitze des angeblich 43 000 Mann zählenden Heeres mehrere osmanische Heerführer mit bekannten Namen standen. Gewiß waren die reichen Gold- und Silbergruben sowie die Salzwerke in Siebenbürgen das Hauptziel des ganzen Kriegszuges. Die Truppen sammelten sich bei Semendria und wurden von angeblich zwölf Paschen befehligt: die beiden Michal-oghlus ᶜAlî-Beg und Iskender-Beg, die beiden Ewrenos-oghlus Hasan-Beg und ᶜIsâ-Beg und der Malqotsch-oghlu Bali-Beg; die Namen der weiteren sieben ‚Vojvoden‘ werden nicht genannt. Stärke und Schlagkraft des Aufgebots wurden durch diese Vielzahl der Befehlshaber, die untereinander uneins waren, beträchtlich gemindert. Der Anführer der Renner und Brenner, ᶜAlî-Beg,

wandte sich mit seinem Heer, das bei Orsova beim Eisernen Tor über die
Donau gesetzt wurde, über den Eisentorpaß bei Várhely gegen Siebenbürgen. Die Täler des Hátszeg-Gebirges und des Strel-Flusses sowie den
Brooser Stuhl durchziehend und plündernd, drangen die Sackmannen so
rasch im Maros-Tal aufwärts, daß der siebenbürgische Vojvode Stefan
Báthory kaum Zeit hatte, den Landsturm bei Hermannstadt zu sammeln.
Paul Kinizsi, Ban von Temesvár, der den Türkeneinbruch in Erfahrung
gebracht hatte, sagte Stefan Báthory seine Unterstützung zu und wandte
sich mit seinem Heerbann unverzüglich nach Siebenbürgen. Der Ruf, der
ihm vorausging, machte seine Feinde zittern. Einstens Müllergeselle, hatte
Paul Kinizsi durch seine ungewöhnliche Körperstärke die Aufmerksamkeit
des Königs Matthias auf sich gelenkt, fand in seinem Heer Verwendung
und stieg infolge seiner Tapferkeit und Feldherrnbegabung immer höher,
so daß er Festungskommandant von Belgrad, hernach Graf von Temesvár
und Oberbefehlshaber der Südteile des Ungarnreiches wurde, schließlich
aber, dank seiner Umsicht und seiner rücksichtslosen Grausamkeit zum
Oberstlandrichter befördert ward, obwohl er weder schreiben noch lesen
konnte. Als Báthory über Mühlbach (Szászsebes, rumänisch Sebeş-Alba)
heranzog, war ᶜAlî-Beg schon im Begriff, mit reicher Beute und vielen Gefangenen auf dem gleichen Weg, den er gekommen war, zurückzukehren.
Daß Kinizsi sich im Maros-Tal ihm nähere, war ihm offenbar verborgen
geblieben.

ᶜAlî-Beg hatte auf dem sogenannten Brotfeld (Kenyérmező), einer weit-
gedehnten fruchtbaren Ebene an der Maros, etwa auf halber Strecke zwischen Broos und Mühlbach gelegen, westlich des Kuschirer Baches ein
Lager bezogen, als er am Morgen des 13. Oktober 1479, dem Feste des
Heiligen Koloman, auf den gegenüberliegenden Höhen Báthorys Streitmacht erscheinen sah. Um seinen weiteren Rückzug zu decken und vor
allem die reiche Beute fortschaffen zu können, sah er sich gezwungen, stehen-
zubleiben. Stefan Báthory ordnete seine Truppen zur Schlacht, wobei er die
siebenbürgischen Sachsen, etwa 3000 Mann stark, bei Ballendorf, mit dem
rechten Flügel an den Maros-Fluß gelehnt, aufstellte. Zu ihrer Hilfe bildeten Siebenbürger Walachen ein zweites Treffen. Den linken Flügel nahmen die Ungarn ein. In der Mitte stand Stefan Báthory selbst mit seinen
schwerbewaffneten Reitern.

Als die Türken ihre Haufen ins Gefecht zu bringen sich anschickten,
verzögerten die vielen unter sich uneinigen Anführer die Schlachtordnung.
Nach drei Stunden untätigen Zuwartens gab Báthory in der Hoffnung auf
raschestes Eintreffen Paul Kinizsis den Befehl zum Waffengang. Die Sachsen eröffneten den Kampf, vermochten aber den wuchtigen Angriffen der

Türken nicht zu widerstehen und kehrten sich zur Flucht. Auch die Walachen mußten weichen und groß war die Menge der Erschlagenen und Verwundeten, von denen zahllose in den Fluten der Maros ihren Tod fanden. Báthorys linker Flügel konnte dem feindlichen Anprall auch nicht standhalten, gab mit erheblichen Verlusten nach und zog sich, von den Türken überflügelt, gegen die Mitte zurück. Nun rückte der ungarische Feldherr mit seiner schweren Reiterei zur Rettung der beiden schwer bedrohten Flügel vor. Als er beim Aufbruch sein Pferd antrieb, fiel es mit ihm. Seine Umgebung deutete den Unfall als schlimmes Vorzeichen und redete auf ihn ein, entweder umzukehren oder sich ins Gebirge zurückzuziehen. Aber Báthory gab dem Drängen nicht nach, stürzte sich vielmehr an der Spitze seiner Reiter mit solcher Wucht auf den Gegner, daß dessen erste Reihen sogleich im Getümmel erlagen. Der türkische Oberbefehlshaber ᶜAlî-Beg stellte sich nun seinerseits mit seiner gewaltigen Reitermasse in der Absicht zum Gefecht, sich mit Übermacht auf das feindliche Mitteltreffen zu werfen. Ein wütender Kampf entbrannte und währte drei Stunden. Báthory blutete aus sechs Wunden, sein Pferd war ihm unter dem Leib getötet worden. Ein Wall von Leichen lag um ihn herum. Nirgendwo erschien die ersehnte Hilfe. Der Sieg der Osmanen war kaum mehr zweifelhaft, als sich endlich in deren Rücken auf der Höhe die Streitmacht Paul Kinizsis zeigte. An der Spitze einer Schar geharnischter Reiter sprengte Kinizsi, gefolgt von zahlreichen Hofleuten des Königs und etwa 900 Serben unter Demeter Jakšić, auf die Ebene hinab und griff die ahnungslosen Türken mit entsetzlichem Geschrei und dem Lärm von Pauken und Trompeten an. Diese waren über den unverhofften Andrang dermaßen verwirrt, daß sie sich anfänglich fast ohne Widerstand zusammenhauen ließen. Wutentbrannt warf sich Paul Kiniszis riesige Gestalt, über und über mit Blut bespritzt, schreiend in die feindlichen Massen. Er versuchte im Gewühl der tobenden Schlacht seinen Waffengefährten Báthory, dessen Untergang bereits besiegelt erschien, mit seinem Ruf zu erreichen. Endlich erlöste er ihn durch nochmaliges Eingreifen in den Kampf, indem er durch wildes Siegesgebrüll den ersterbenden Mut seiner Streitgenossen hob und in einem mörderischen Gefecht den Ausschlag zugunsten der Ungarn gab.

Als sich die Türken von allen Seiten angegriffen sahen, ließen sie Lager und alle Beute im Stich und suchten hastig das Weite. Ein Schlachten war's, nicht eine Schlacht zu nennen. Überallhin setzten ihnen die ergrimmten Streiter nach. Türken, die nicht auf dem Brotfeld ihr Leben eingebüßt hatten, gingen, als sie ins Gebirge flüchteten, dort in den Tälern und Schluchten, vom Landvolk niedergemacht, zugrunde. Nur jene wurden geschont, deren Aussehen ein erkleckliches Lösegeld erhoffen ließ. ᶜAlī-Beg selbst, der Landessprache mächtig, warf sich in Bauernkleider und entkam nach der Walachei. An 30 000 Türkenleichen sollen die Walstatt bedeckt haben. Aber auch die Ungarn hatten gegen 8000 Mann verloren und rund 2000 Sachsen und Walachen hatten den Tod in den Fluten der Maros gefunden. Erst später zog man ihre Körper aus dem Wasser. Das Lager der Osmanen wurde zur Plünderung freigegeben, an der sich eifrig die ihrer Fesseln entledigten Gefangenen beteiligten. Die einbrechende Dunkelheit machte die Verfolgung des fliehenden Gegners unmöglich. Die beiden Führer beschlossen, die Nacht auf dem Schlachtfeld zu verbringen und die Kriegsleute mit Speise und Trank, wozu die reichlichen Vorräte des erbeuteten Lagers genug Stoff lieferten, zu laben. Da es auch nicht an Wein mangelte, geriet alles rasch in lebhafte Stimmung. In einem Kreis, dem aufgeschichtete Türkenleichen als Bänke dienten, erscholl Gesang. Kinizsi, von seinen Waffengefährten zum Tanz ermuntert, sprang — ein wahres Nachtstück aus diesen Zeiten barbarischer Kämpfe — mit gewaltigem Anlauf in die Mitte des Kreises, packte einen erschlagenen Türken mit den Zähnen und vollführte in solchem Aufzug unter lautem Beifall der Umstehenden seinen Tanz. Am folgenden Morgen zog Stefan Báthory zusammen mit Paul Kinizsi in Weißenburg (Alba Iulia) ein. Vorher waren die meisten der toten christlichen Kämpfer an der Stelle, wo die Schlacht am heißesten getobt hatte, begraben worden. Die vom Vojvoden Báthory gegründete Kapelle, die das Gedächtnis an dieses denkwürdige Ereignis wachhalten sollte, geriet im Laufe der Jahrhunderte in Verfall und ist heutigentags überhaupt vom Erdboden verschwunden. Das 1479 gestiftete Totenamt, das alljährlich am Kolomanstag dort stattfinden sollte, ist längst in Vergessenheit geraten ... Nur in Volksliedern lebt die Erinnerung an die Schlacht auf dem Brotfeld noch fort.

Der Sieg kam König Matthias sehr gelegen. Die reiche Beute an osmanischen Fahnen und Feldzeichen, die man nach Ofen gebracht hatte, wurden nach damaliger Gepflogenheit zum Teile befreundeten Staatsoberhäuptern verehrt. Auch Papst Sixtus IV. erhielt etliche zum Geschenk, das ein langes hochtrabendes Schreiben des Ungarnkönigs begleitete. Darin wird sein Eifer für die Sache der Christenheit gebührend hervorgehoben und dem Oberhirten der Kirche unverhohlen der Vorwurf gemacht, daß er sich mehr für die Mehrung der italienischen Zwietracht als für die Befreiung der Christen vom Osmanenjoch ereifere. Richtig ist, daß Matthias beim Papste nur Versprechungen, aber keine tatsächliche Hilfe fand und deshalb den Entschluß faßte, von nun an seine eigenen Wege zu gehen. Die unmittelbare Folge war, daß er sich aufs neue gegen Kaiser Friedrich III. wandte.

Während die Renner und Brenner droben im Norden und Nordwesten des Reiches die Grenzen überschritten und in die Nachbarländer Unheil und Entsetzen trugen, saß Mehmed der Eroberer das ganze Jahr über in seinem Palast zu Stambul, dessen Ausbau im Januar 1479 vollendet wurde. Nur die innere Ausstattung der weitläufigen Gebäude mag noch nicht zum Abschluß gelangt sein. Die riesige vielgestaltige Anlage war inzwischen mit einer hohen Mauer versehen worden, die den Serajbezirk den Augen der Außenwelt entzog und gleichzeitig die Sicherheit seiner Bewohner verbürgte. Dort verbrachte der Großherr seine Tage als zweifellos kranker, dem Tode geweihter Mann. Das Haus Osman stellte während der letzten Geschlechter kurzlebige Menschen. Kaum einer hatte seit mehr als hundert Jahren fünfzig Lebensjahre erreicht. Mehmed II. hatte seinen Körper von allen vielleicht am wenigsten geschont und die Gicht, das Erbe der Väter, hatte ihm schon frühzeitig zugesetzt. Aber auch andere Leiden machten ihm und seinen Ärzten wohl schwer zu schaffen. Philipp von Commynes (Comines, 1445—1509), scharfer Beobachter und glänzender Diplomat, widmet in seinem Fürstenspiegel, den *Mémoires*, auch Mehmed II. Worte der Betrachtung seines Zeitgenossen am Goldenen Horn, den er neben Ludwig XI. und Matthias Corvinus als den größten Herrscher ansieht, der seit hundert Jahren regiert habe. Mehmed habe den Freuden der Welt, den *plaisirs du monde*, zu sehr zugesprochen, kein Laster des Fleisches sei ihm fremd geblieben, 'Feinschmecker über die Maßen'; das alles habe bewirkt, daß ihn frühzeitig Gebresten befielen, darunter eine Beingeschwulst absonderlicher Art. Sie sei zu Sommerbeginn aufgetreten, habe ungewöhnliche Form angenommen und sei dann, ohne sich zu öffnen, wieder abgeklungen. Keiner seiner Wundärzte wußte sich das Leiden zu erklären, aber man wähnte, daß seine große Leckermäuligkeit *(grande gourmandise)* ihm dazu verholfen habe und daß die Krankheit eine Strafe Gottes sein müsse. Dieser Körperzustand habe ihn bewogen, sich möglichst wenig in der Öffentlichkeit zu zeigen und sich ständig in seinem Palast aufzuhalten, damit niemand sehe, in welcher Verfassung er sich befinde, und damit er bei solcher Gelegenheit nicht etwa der Verachtung anheimfiele. Philipp von Commynes' Mitteilungen, für die er sich auf Augenzeugen beruft, daß Mehmed II. mit einem gefährlichen Beinleiden behaftet war, werden auch von osmanischen Chronisten bestätigt.

Das zunehmende Verlangen, sich den Augen der Menschen zu entziehen und die Öffentlichkeit zu meiden, mag zum Wunsche beigetragen haben, den Palastbereich ganz nach seinem Geschmack auszugestalten und zu

verschönern. Gerade aus dem Jahre 1480 wird erzählt, daß sich im großherrlichen Burgbann ein Garten befand, dessen Pflege und Bestellung
zu den Lieblingsbeschäftigungen Mehmeds II. zählte. Er vergnügte sich
—übrigens eine althergebrachte Sitte des Hauses Osman, die bis in die
jüngste Vergangenheit befolgt wurde — zum Zeitvertreib mit handwerk-
lichen Fertigkeiten, zu denen etwa die Herstellung von Bogenringen,
Gürtelstickereien, Säbelscheiden, Messern gehörte. Besonders groß war
seine Neigung für die Malkunst und die Innenausstattung der Seraj-
gemächer mit Wandgemälden mag ihn nach Vollendung der Baulichkeiten
vorzüglich beansprucht haben. Sie war es jedenfalls, die ihn noch im gleichen
Jahr, in dem der Friede mit Venedig eintrat, veranlaßte, nach einem
bedeutenden Maler des Abendlandes Ausschau zu halten und ihn zu sich
nach Stambul einzuladen. Giovanni Dario dürfte ihn in diesem Vorhaben
bestärkt haben, als er um die Jahreswende in die großherrliche Residenz kam.

So und schwerlich anders wird man sich den Besuch des gefeierten venedischen Meisters Gentile Bellini (1429—1507) am Hofe des Eroberers
erklären müssen, der sich vom September 1479 wahrscheinlich bis in die Januarmitte 1481 ausdehnte. Wie er zustande kam, wie er verlief und was er
erbrachte, wird nun kurz zu berichten sein.

Am 1. August 1479 erschien zu Venedig, auf dem Landwege aus Stambul
kommend, wo übrigens kurz vorher (23. Juli) ein heftiges Erdbeben Angst
und Schrecken unter den Bewohnern verbreitet hatte, einer der Juden, die
Mehmed II. mit Vorliebe zu halbamtlicher diplomatischer Verrichtung zu
verwenden pflegte. Er lud den Dogen Pietro Mocenigo zur Beschneidung
eines Enkelkindes ein und übermittelte gleichzeig das großherrliche Ersuchen, einen ‚guten Maler‘ *(un buon pittore)* an den Sultanshof zu schicken.
Die Wahl der Signoria fiel auf Gentile Bellini, der seit fünf Jahren mit der
Ausbesserung des Saales des Großen Rates im Dogenpalast beschäftigt
war, wo sich die Wandmalereien infolge Feuchtigkeit und Altersschäden in
kläglichem Zustand befanden. Diese Arbeiten wurden nun Gentiles jüngerem
Bruder Giovanni übertragen und der Maler bestieg am 3. September die
Galeere des Melchiorre Trevisano, um sich auf dem Seeweg nach Stambul
zu verfügen. Im sultanischen, an den Dogen gerichteten Schreiben war
außerdem ein Bildhauer sowie ein Bronzebildner angefordert worden. Aber
während die Person des Malers rasch feststand, bereitete die Entsendung
des Donatello-Schülers Bartolomeo Vellano († 1492) und seiner beiden
Gehilfen weit beträchtlichere Schwierigkeiten. Vellano war als Bronzebildner in Aussicht genommen, aber der bedächtige furchtsame Künstler
machte zwar sein Testament, zögerte jedoch, die Ausreise anzutreten und
blieb allem Anschein nach zu Hause. Nur vier Gehilfen, zwei von ihnen

Bellinis, gingen an Bord. Sämtliche reisten auf Staatskosten und Ende September dürften alle glücklich in Stambul gelandet sein. Daß Bartolomeo Vellano der Einladung keine Folge leistete, ergibt sich am klarsten wohl aus der Tatsache, daß der Sultan am 7. Januar 1480 abermals das Ersuchen an die Signoria richtete, ihm kurzfristig einen Bronzebildner sowie einen Bauleiter zu stellen. Das griechisch verfaßte Schreiben überbrachte der am 8. März 1480 in Venedig eingetroffene osmanische Botschafter Hasan-Beg, dessen Auftrag im übrigen vorzugsweise darin bestand, mit der Markusrepublik wegen der durch den vorjährigen Friedensvertrag bewirkten Grenzschwierigkeiten in ‚Slawonien‘, Albanien und Griechenland zu verhandeln. Da aber die Besprechungen nicht nach Wunsch verliefen, beschloß man, Giovanni Dario zusammen mit dem am 3. April 1480 zum Botschafter bei der Pforte ernannten Niccolò Cocco nach Stambul zu schicken. Ob und wie man dem Wunsche des Großherrn entsprach, die beiden Künstler zur Verfügung zu halten, ist bisher nicht bekannt geworden. Schwerlich, ja man kann mit einiger Sicherheit sagen gewiß nicht, hat sich außer Gentile Bellini am Ausgange des Lebens Mehmeds II. noch ein italienischer Künstler in dessen Residenz begeben.

Über den Aufenthalt des Meisters am Hofsitze Mehmeds II. liegen nur dürftige anekdotische Angaben vor, deren Glaubwürdigkeit sich im einzelnen kaum nachprüfen läßt. Diese Geschichten gehen zum Teil auf Gian-Maria Angiolello, den Augenzeugen, zum Teil auf Vasari zurück, der sie so viele Jahrzehnte später nur vom Hörensagen erfahren haben kann. Die Hauptaufgabe Bellinis erschöpfte sich keinesfalls in der Porträtierung des Sultans oder seines Hofkreises, sondern in der Ausschmückung der inneren Gemächer des Palastes mit wohl nicht harmlosen Liebesbildern, mit Wandgemälden, die ja ausdrücklich als ‚cose di lussuria‘, als ‚Gegenstände der Wollust‘, gekennzeichnet werden. Daß sich von den Kunstwerken nur durch Zufall ein Bruchteil erhalten hat, ist dem frommen bilderfeindlichen Eifer des Sultans Bajesid II. zuzuschreiben, der bei seinem Regierungsantritt alle Gemälde, die sich, und zwar in beträchtlicher Zahl im väterlichen Palast fanden, auf dem Basar zu Stambul verschleudern ließ. Auf diese Weise geriet das berühmte Bildnis Mehmeds II., das laut Beischrift am 25. November 1480 vollendet ward und einen schwerkranken, vorzeitig gealterten Mann darstellt, in den Besitz eines venedischen Kaufmanns in Pera und späterhin nach Venedig. Dort war der letzte Besitzer Sir Austen Henry Layard (1817–1894), britischer Botschafter bei der Hohen Pforte (1877/80) und Entdecker von Ninive, dessen Witwe es 1917 der National Gallery zu London vermachte.

Soviel darf aus den Geschichten, die über Bellinis Verweilen in Stambul überliefert werden, ja doch geschlossen werden, daß der Sultan ihm besonderes Wohlwollen bekundete und ihm nachdrücklich freistellte, seine Ansichten unverhohlen zu äußern. Von diesem Zugeständnis hat Bellini, wenn man den Erzählungen Glauben schenken darf, wiederholt Gebrauch gemacht. Hiervon soll in anderem Zusammenhange noch die Rede sein. Wenn man auch dem lateinischen Schreiben Mehmeds des Eroberers vom 15. Januar 1481, mit dem er den venedischen Maler entließ und ihm darin die verliehene Pfalzgrafen- und Ritter-Würde bestätigte, hinsichtlich der Ehrungen, die als unmöglich zu betrachten sind, stärkste Bedenken entgegensetzen muß, so mag doch wohl der Ausfertigungstag, nämlich Januarmitte 1481, als glaubhaft hingenommen werden. Zu diesem Zeitpunkt muß Bellini das Goldene Horn verlassen haben und in seine Heimat zurückgekehrt sein. Eine goldene Ehrenkette, die ihm der Sultan verehrte, wurde noch im 16. Jahrhundert in der Familie als wohl einziges Andenken an des Meisters Tätigkeit in Stambul aufbewahrt.

Von allem, was Gentile Bellini in den fünfzehn bis sechzehn Monaten seines Stambuler Wirkens zustande brachte, ist, außer jenem Brustbild des Großherrn und etwa sieben Federzeichnungen, in denen seine Vorliebe für die fremdartigen orientalischen Trachten und Menschen zum Ausdruck gelangt, nichts auf die Gegenwart gerettet worden. Daß der venedische Maler während der verhältnismäßig kurzen Frist seines dortigen Schaffens eine Schule herangebildet habe, ja, daß er auch nur einen einzigen einheimischen jungen Künstler in der Maltechnik habe abrichten oder schulen können, gehört ins Reich der Phantasie. Ob sich etwa im Seraj-Innern unter dem Verputz noch Spuren der Bellinischen Wandmalereien finden lassen, müßte eine gründliche Untersuchung ergeben, wobei mehr als zweifelhaft bleibt, ob sich im Palastbereich noch wesentliche Bauten erhalten haben, die von Mehmed II. errichtet und als Wohnräume benutzt wurden. Wer aber am Sultanshof an Stelle von Bartolomeo Vellano als Bronzebildner tätig war, bleibt vorerst ein Geheimnis. Es liegt nahe, Costanzo aus Ferrara zu vermuten, der sich nicht nur gleicher Ehrungen durch den Sultan wie Bellini gerühmt zu haben scheint, Titelverleihungen also, wie sie das osmanische Reich jener Tage niemals gekannt hat, sondern der auch als Verfertiger einer Denkmünze auf Mehmed II., deren Ursprung fast wie eine Groteske anmutet, in der Kunstgeschichte fortlebt.

Daß Maestro Costanzo, der, weil er eine Ferraresin zur Frau hatte und geraume Zeit in Ferrara wohnhaft blieb, sich ‚aus Ferrara‘, *da Ferrara*, benannte, wirklich am Sultanshof verweilte, darf als ausgemacht gelten.

Wenn nicht alle Anzeichen trügen, hat König Ferrante von Neapel ihn dorthin entsandt, als sich der Sultan auch an diesen Fürsten mit der Bitte um einen Künstler wandte. Die gleiche verläßliche Quelle verrät, daß Costanzo vom ‚Großtürken' zum — Ritter *(cavaliero)* geschlagen ward und daß er ‚viele Jahre' *(molti anni)* bei ihm verbrachte. Der ziemlich lückenlose Überblick seiner Lebensdaten läßt schwerlich Raum für eine größere Frist. Daß er, wenn er gleichzeitig mit Bellini ans Goldene Horn zog, länger als dieser dort verblieben sein kann, macht Mehmeds II. plötzliches Hinscheiden völlig unwahrscheinlich.

Ehe aber dieser Schaumünze Geschichte und ihre Hintergründe zur Sprache kommen, sollen noch kurz die weiteren Ereignisse des Jahres 1479 behandelt werden. So wie sich Ragusa beeilt hatte, bereits am 9. Januar 1479 für das nächste Jahr den Jahreszins von 12 500 Goldstücken durch zwei Abgesandte in Stambul überreichen zu lassen, traf auch die Insel der Johanniter, Rhodos, alle Vorkehrungen gegen einen etwaigen Überfall. Ein solcher war durch den Friedensschluß mit Venedig, der den osmanischen Geschwadern nunmehr ungefährdete Bewegungsfreiheit auf dem Meere verschaffte, in bedrohliche Nähe gerückt. Der Großmeister Pierre d'Aubusson (1476—1503), der wenige Jahre vorher Giovanni Orsini (1467 bis 1476) in der höchsten Johanniterwürde abgelöst hatte, machte alle erdenklichen Anstalten zur Abwehr der Gefahren, indem er die Befestigungen verstärkte und durch feierliche, an alle Großprioren gerichtete Einladungsschreiben die Rhodiser Ritter zur Verteidigung des Bollwerks der Christenheit ermunterte. Im Sommer 1479 erschien ein Abgesandter von Dschem-Sultan, dem Statthalter von Qaramanien, der, vermutlich auf Geheiß seines Vaters Mehmed II., dem Johanniterorden dauernden Frieden, jedoch unter der Bedingnis eines jährlichen Tributes, anbieten sollte. Dieser Sendling, ein griechischer Renegat namens Dimitrios Sophianós, Abkömmling einer alten euböischen Adelsfamilie, sollte wohl gleichzeitig die damalige Lage der ‚*Religione*' auskundschaften und darüber nach Stambul berichten. Aber auch Pierre d'Aubusson war über die Absichten des Sultans durch seine Vertrauensleute in Stambul genau im Bilde. Um den aus dem Abendland berufenen Johannitern den Weg zur Insel zu sichern, stellte er sich gutgläubig, bat um Erlassung des Lehnzinses sowie um eine Bedenkzeit von drei Monaten mit dem Hinweis, daß er erst die Stimmen aus dem Vatikan und der christlichen Mächte einholen müsse. Dimitrios Sophianos kam zum zweitenmal nach Rhodos und erhob abermals die Forderung eines Jahresbetrages, diesmal aber nicht als Tribut, sondern als Geschenk. Der Großmeister weigerte sich von neuem standhaft, auf das Verlangen einzugehen. Ein Waffenstillstand ward abgeschlossen, Freiheit des Handels zugebilligt und das Abkommen durch einen zweiten türkischen Abgesandten bestätigt. Daß diese verstellten Unterhandlungen nur dem Zwecke dienten, Zeit zur Ausrüstung der Flotte und des Heeres zu einem Angriff auf Rhodos zu gewinnen, blieb den Johannitern keineswegs verborgen. Der Großmeister sputete sich, mit dem Mamlûken-Sultan von Ägypten, Qâ'it-Baj, einen Friedensvertrag (28. Oktober 1479) abzuschließen und mit dem Herrscher von Tunesien, Abû ᶜAmr ᶜOsmân (1435 bis 1488), die freie Ausfuhr von Getreide für den Notfall zu vereinbaren. Das versammelte Ordenskapitel, das durch viele Ankömmlinge aus dem Westen erheblich verstärkt worden war, übertrug angesichts der drohenden Gefahren Pierre d'Aubusson den unumschränkten Oberbefehl über die Insel. Den Admiral, den Spitalmeister, den Kanzler G. Caoursin, den Schatzmeister des Ordens bestellte Pierre d'Aubusson zu seinen vier nächsten Gehilfen, *capitaines de secours*. Der Großprior von Brandenburg, Rudolf v. Wallenberg, wurde zum Reitergeneral ernannt, Pierre's älterer Bruder Antoine d'Aubusson, Vicomte de Monteil, zum Oberbefehlshaber der Fußtruppen. Die Außenwerke der gewaltigen Festung wurden durch Schleifung zweier auf Anhöhen vor der Stadt gelegener Kirchen gelichtet. Nichts wurde verabsäumt, einem etwa herannahenden Sturm mit Erfolg zu trotzen.

Mehmed II. waren diese Vorbereitungen auf Rhodos natürlich nicht entgangen. Er ließ sowohl in Stambul als auch zu Gallipoli und in Anatolien die Zurüstungen zu einem Heerzug gegen die Johanniter mit Nachdruck betreiben. Die Landstreitmacht ward, um die beschwerliche Verschiffung der Truppen zu vermeiden, in der Gegend von Skutari, der Hauptstadt gegenüber, zusammengezogen und nach und nach gegen Süden vorgeschoben. Sechzig Galeeren wurden im Hafen von Gallipoli, die anderen im Haupthafen von Stambul segelfertig gemacht. Im ganzen setzte sich das Geschwader aus 160 größeren und kleineren Segelschiffen zusammen. Während sich das Landheer von Skutari über Nikomedien (Isnikmid), Brussa, Bergama, Maghnisa, Alaschehir nach der Bucht von Marmaridsche (Fisco) fortbewegte, stach der Paläologensprößling Mesîh-Pascha als Flottenadmiral und Befehlshaber aller Streitkräfte mit seinem Geschwader in See (4. Dezember 1479).

Stadt und Festung von Rhodos, die als unbezwingbar galten, waren für drei Jahre mit Mundvorrat versehen. Siebentausend Mann Besatzung, meist Ritter mit ihren Knappen, übernahmen die Verteidigung. Weiber, Kinder, Greise, kurzum die wehrlose Bevölkerung wurde großenteils landeinwärts nach dem Kastell von St. Peter (Castello) verbracht. Im Hafen waren Brander versteckt worden, mit deren Hilfe man die einfahrende feindliche Flotte zu vernichten plante. Mesîh-Pascha landete auf der Nord-westküste der Insel beim Schlosse Fane (Phanaes), warf einige Mann-schaften ans Ufer, mußte sie aber, durch den Großprior von Brandenburg gezwungen, alsbald wieder einschiffen. Dann versuchte er eine Landung auf dem Inselchen Tilos nordwestlich von Rhodos, das den Rhodisern ge-hörte und von diesen auch verteidigt wurde. Die dortige Burg zu über-rumpeln gelang nicht und so entschloß sich Mesîh-Pascha, in die Bai von Fisco (Physkos) einzulaufen, die seinem Geschwader genug Raum und Schutz bot. Hier wollte er das Frühjahr und das Eintreffen von Flotten-verstärkungen aus Stambul abwarten. Der erste Versuch, Rhodos durch einen Handstreich einzunehmen, war kläglich gescheitert. Aber die große Umsicht, Charakterstärke und Tapferkeit Pierre d'Aubusson's war damit nicht auf ihre letzte Probe gestellt.

Weit weniger hold war das Geschick dem Gebieter auf einer anderen Insel, dem Herrn von Santa Maura (Levkas), Kephallenia und Zante (Zakynthos) im Jonischen Meer, Leonardo Tocco. Diese Eilande zählten seit 1353 zum Besitztum der Despoten von Arta im Epirus, mit denen sie durch den fränkischen Titularkaiser von Konstantinopel, Robert II. von Anjou (1346 bis 1364), Fürsten von Tarent, belehnt worden waren. Ein Leonardo Tocco — der Vorname blieb ein Jahrhundert im Geschlecht erblich — nahm da-mals den Titel eines Grafen von Kephallenia und Herzogs von Levkas an. Aber das Herrscherglück war nur von kurzem Bestand. Die Tocco mußten sich die Fortdauer ihrer kümmerlichen Herrschaft bei Mehmed II. durch Zahlung eines Lehenszinses erkaufen. Der Tributvertrag enthielt die selt-same Maßgabe, daß, wenn ein neuer osmanischer Sandschaqbeji von Janina (Ioannina, seit 9. Oktober 1431 osmanisch) das Städtchen Arta berühre, ihm dort ein Geschenk von 500 Dukaten als eine Art Wegzehrung ent-richtet werden müsse. Diese lästige Abgabe war der Anlaß zu heftigen Aus-einandersetzungen und schließlich zum Bruche mit der Pforte.

Es trug sich nämlich eines Tages zu, daß ein neuer Sandschaqbeji von Janina, der überdies mit Leonardo Tocco verwandt war — er war ganz ge-wiß ein Vetter, nämlich einer der fünf zu den Türken übergelaufenen Bastarde seines Oheims Carlo I. Tocco († 4. Juli 1429), die als Qarly-sâdeler noch lange eine politische Rolle spielten —, des Weges zog und vom Despoten von Arta statt der fünfhundert Goldstücke eine Sendung aus-erlesener Früchte des Landes bekam. Ergrimmt über diese Behandlung erstattete der frühere Pascha, der als Folge sultanischen Zornes vom Pascha zum Sandscheqbeji herabgewürdigt worden sein soll, bei der Pforte Bericht und führte Klage gegen Leonardo Tocco. Dort nahm man diese Beschwerde zum willkommenen Vorwand, gegen den längst mißliebigen Für-

sten vorzugehen. Derselbe Sandschaqbeji soll dem Sultan weiter vorgestellt
haben, daß Leonardo während des letzten venedischen Krieges Stradioten
der Signoria auf Zante Unterschlupf geboten und deren Einfälle auf osmanisches Gebiet auf solche Weise erleichtert habe. Der Despot hatte sich
aber bereits vorher die großherrliche Ungnade zugezogen und war deshalb
in den venedischen Frieden vom 25. Januar nicht eingeschlossen worden,
angeblich, weil er sich 1477 in zweiter Ehe mit Francesca Marzano von
Aragonien, einer Neapeler Prinzessin, vermählt hatte, ohne hiezu die Erlaubnis Mehmeds II. eingeholt zu haben. Seine erste Frau (1463) Milica,
Tochter des Lazar Branković und Schwester der letzten bosnischen Königin Maria († 1474 auf Levkas), also Nichte der Carica Mara, hatte ihm
schon 1464 der Tod entrissen. Das Maß war voll und noch im Sommer 1479 erhielt der neue Sandschaqbeji von Valona, Gedik Ahmed-
Pascha, den Befehl, mit einem Geschwader von neunundzwanzig Segeln
nach den Jonischen Inseln auszulaufen und sie in Besitz zu nehmen. Das
Erscheinen dieser Schiffe erregte in Venedig heftiges Mißfallen und der
Bruch des Friedens wäre beinahe eingetreten. Die Signoria hatte nämlich,
selbst mit Leonardo Tocco in Zwietracht lebend, auf Zante fünfhundert
Reiter gelandet und die Insel besetzt. Sie hieß ihren Generalkapitän Antonio Loredano, der in der Nähe kreuzte und die osmanischen Maßnahmen genau verfolgte, vor der Landung der Türken wenigstens den un-
gehinderten Abmarsch für diese Besatzung fordern. Die Angelegenheit
wurde dem Großherrn in Stambul zur Entscheidung vorgelegt, der, dank
der geschickten Verhandlung durch den neuen Bailo Benedetto Trevisano,
nicht nur den freien Abzug der fünfhundert Reiter zugestand, sondern den
Venedigern auch gestattete, von den Einwohnern soviele auf ihre Schiffe
zu bringen, als ihnen billig dünkte. Viele Tausende Inselbewohner verließen darauf das Eiland und wurden unter dem Schutze des Heiligen
Markus in den Besitzungen auf Morea angesiedelt.

Leonardo Tocco dachte nicht an ernstlichen Widerstand. Gleich bei
Ankunft des osmanischen Geschwaders schiffte er sich mit seiner Familie, seinem Hofstaat und seinen Schätzen nach Neapel ein, wo ihm
König Ferrante, sein neuer Verwandter, die Feudalherrschaften von Cali-
mera und Briatico zum Wohnsitz anwies. Er war keinen schlechten Tausch
eingegangen, denn auf den Jonischen Inseln hatte er sich durch Erpressungen bei seinen Untertanen längst verhaßt und unerträglich gemacht. Aber die
ganze Bevölkerung traf ein unverdienter schwerer Schlag. Was die Türken
noch an Beamten des verjagten Despoten vorfanden, ward unbarmherzig
niedergemetzelt, alle anderen Bewohner aber, Männer und Frauen, wurden
nach Stambul verfrachtet, wo sie auf den Inseln des Marmarameeres unter-

gebracht und — wenn der freilich verdächtige Teodoro Spandoni ‚Cantacuzino' die Wahrheit berichtet — gezwungen wurden, sich mit Abessiniern zu vermischen. Mehmed II. wollte vorgeblich mit ihnen eine Rassenmischung ausproben und deren Erzeugnisse zu Sklaven verwenden.

Wie die drei Brüder Leonardo, Antonio und Giovanni Tocco beim Versuche, wieder in den Besitz des väterlichen Erbes zu gelangen, von Sixtus IV. mit besonderer Auszeichnung empfangen wurden und wie Leonardo bei ihm durchzusetzen vermochte, daß ihm aus der päpstlichen Schatzkammer ein Geschenk von 1000 Dukaten sowie ein Jahrgeld von 2000 Dukaten mit der Vertröstung auf mehr in besseren Zeiten bewilligt wurde, wie Antonio Tocco mit katalanischen Söldnern 1480 Kephallenia und Zante überfallen, vorübergehend in Besitz nehmen konnte, dann von Venedig vertrieben und schließlich auf Kephallenia totgeschlagen wurde, alles das hat im großen Zusammenhang keine sonderliche Bedeutung und kann ebenso übergangen werden wie die Schilderung des Loses von Ivan Černojević, dem trotz der von seinem Neffen verursachten Unruhen und Belästigungen der Osmanen der Verbleib im felsigen Montenegro (Crnagora) eingeräumt wurde. Das Schicksal verfuhr mit allen diesen Kleinfürsten stets fast auf gleiche Weise.

Zu Beginn seiner siegreichen Laufbahn ließ Mehmed II. in den eroberten Provinzen oder auf den Inseln die Tributpflicht vorherrschen. Die Größe des zu entrichtenden Lehnszinses richtete sich nach Reichtum, Umfang und der Einträglichkeit der Landschaft oder Insel. Er hatte zahlreiche Abstufungen von 1000 bis etwa 30 000 Golddukaten. Wenn der Tribut zeitgerecht abgeführt wurde, nebenbei an Sultan und Wesire wertvolle Geschenke gespendet wurden, dann durften Provinzen und Inseln ihre Verfassung, ihre bürgerlichen Einrichtungen und auch ihren Dynasten behalten. Jedesmal aber, wenn Nachlässigkeit in der Tributentrichtung anhub, erging sogleich vom Sultan eine strenge Vermahnung und Ansage der Besetzung sowie Vertreibung des Landesfürsten oder Inselherren. Mit der Drohung ward Ernst gemacht, wenn der Rückstand nicht unverzüglich bezahlt wurde. Daneben gab es aber viele andere Ursachen und Vorwände, solchen Herrschaften ein plötzliches Ende zu bereiten. Zufällige Laune oder Abneigung des unberechenbaren Großherrn, durch Feinde erregter Verdacht oder Verleumdungen, die strategisch wichtige Lage oder besondere Einträglichkeit des betreffenden Landstrichs, alles das konnte wider Erwarten die Absetzung, Austreibung oder Abführung nach Stambul zur Folge haben. Dort ward er zuerst in glimpflicher Haft festgehalten, dann ohne jegliche Begründung oder gar Vernehmung zu Tode gebracht. Im besten Falle verhieß ihm der Sultan eine in einer Stadt oder einem Landstrich bestehende Entschädigung, Zusagen, die oft genug gar nicht und zumeist nur auf kurze Frist eingehalten wurden. Kaum einer der verdrängten Fürsten hat ein geruhsames Alter erreicht. Auch diejenigen, die in ihrer Jugend des Großherrn Gunst besessen hatten, fanden auf die Dauer keine Gnade. Die Nachfolger oder Leibeserben eines verstorbenen Dynasten hatten sich persönlich am Hofsitz einzustellen, stattliche Geschenke darzubringen und durch den Wesir die großherrliche Bestallung entgegenzunehmen. Ein Ehrenkleid war neben der Festsetzung des neuen, oft genug erhöhten Tributes der Abschluß solcher Empfänge. Ganz anders freilich wurde verfahren, wenn die betreffende Provinz, Stadt oder Insel mit Waffengewalt erobert worden war, also keine freiwillige Unterwerfung erfolgte. In solchem Falle gab es keine Schonung und nach Entfernung aller vorhandenen Verwaltungsbehörden wurde durch einen sogleich eingesetzten türkischen hohen Beamten die Zivilverwaltung übernommen, neu geregelt und nach althergebrachten osmanischen Mustern eingerichtet. Es verhielt sich dann keineswegs immer so, daß die Bevölkerung einen schlechten Tausch machte. Mehr als einmal war der politische und bürgerliche Zustand der Gemeinden, vor allem aber die Behandlung der Untertanen nicht drückender als unter der Herrschaft der Paläologen und kleinerer Dynasten oder gar der fränkischen Feudalherren in Hellas. Es ist eine Fabel, ja vielleicht, um mit Voltaire zu sprechen, eine *fable convenue*, daß es den einfachen christlichen Bewohnern des Osmanenreiches selbst unter Mehmed II. stets und überall schlimmer erging als vorher unter ihren einheimischen angestammten Herrscherfamilien.

Es ist bereits erwähnt worden, daß man Venedig den raschen Friedensschluß mit der Pforte im Abendlande, zumal aber in Italien heftig verargte und bald keinen Anstoß mehr nahm, die Signoria offen oder heimlich des Einverständnisses mit den Türken zu bezichtigen. Dem Halbmonde jedoch Zugeständnisse zu machen, gehörte schon seit geraumem zum Gebote der Klugheit sowie der Staatskunst nicht nur Venedigs, sondern etwa auch Neapels und, wie sich nunmehr zeigen wird, der Republik von Florenz.

Am Sonntag vor Himmelfahrt, dem 26. April 1478, fiel Giuliano dei Medici im Dom von Florenz durch Meuchelmord und sein verhaßter Bruder Lorenzo, dem der Anschlag der Pazzi galt, entrann nur durch einen Zufall dem Verderben. Der Mörder war Bernardo Bandini de'Baroncelli, dem es gelang, seinen Häschern zu entwischen und sich nach Stambul in Sicherheit zu bringen. Dort hatte er nahe Verwandte. Ein Carlo de'Baroncelli wirkte vier Jahre (1472—1476) als Konsul von Florenz zu Pera und dessen leiblicher Bruder Francesco hatte sich Anfang 1471 Venedig angetragen, gegen 400 Dukaten Belohnung sowie Banksicherheit die Kriegsflotte des

Sultans in Brand zu stecken. Alle gehörten einer vornehmen Florenzer Familie an, die indessen, in die politischen Wirren der Mediceerzeit verstrickt, wenigstens zum Teil in die Fremde gingen. Der Unterschlupf, den Bernardo in Stambul gefunden hatte, war bald ruchbar geworden. Mehmed II. ließ den Meuchler im Frühjahr 1479 festnehmen und die Nachricht von dieser Verhaftung war Mitte Juni bereits in Florenz bekannt geworden. Als der Florenzer Konsul Lorenzo Carducci in Pera die Verwahrung der Comune bestätigt hatte (8. Mai), wurde der Antrag auf Auslieferung gestellt. Der Sultan hatte versprochen, Bandini bis Mitte August in Haft zu halten. Als Gesandter, der mit reichen Geschenken für den Großherrn, den ‚ruhmreichsten Fürsten‘, der stets den Florentinern seine ‚Liebe und unermeßliche Gunst‘ bekundete, am 14. Juli auf dem Landweg ans Goldene Horn abreiste, ward Antonio dei Medici erwählt. Die schriftliche Weisung, die man Antonio mit auf den Weg gab (11. Juli 1479), erteilte diesem Verhaltungsmaßregeln für seine Audienz bei Mehmed II., dem mit inständigen Bitten die Aushändigung des Mörders ans Herz zu legen sei. Antonio dei Medici ward empfangen und Bernardo Bandini ihm ausgefolgt. Am 7. Dezember traf Antonio in Venedig ein, am 24. Dezember kehrte er nach Florenz zurück. Wenige Tage später wurde der Mörder Giuliano's dei Medici an einem Fenster des Bargello, dem Wohnsitz des obersten Richters gehängt. Die Mordtat war gesühnt, dank dem Entgegenkommen des Sultans. Lionardo da Vinci hat in einer Federskizze das Bild des toten Bandini verewigt*). Als Carlo Bandini seine Blutschuld am Stricke büßte, war Lorenzo il Magnifico von Florenz abwesend. Er verhandelte mit Ferrante von Aragonien in Neapel um einen Frieden, der erst am 13. März 1480 unterzeichnet wurde. Kurz vorher hatte der Mediceer nach Florenz heimgefunden. Was seinen Bruder volle zwei Wochen in Venedig festhielt, ehe er mit dem Gefangenen nach Hause kam, bleibt ohne Klärung. Als Lorenzo vom Erfolg der Sendung Antonio's Kunde erlangte, beschloß er, und zwar bereits in Neapel, dem Großherrn für sein Entgegenkommen auf eine besondere Weise zu huldigen. Er sollte auf einer Schaumünze im Triumph dargestellt werden und der sonst kaum bekannt gewordene Florentiner Bildhauer und Medailleur Bertoldo wurde beauftragt, sie herzustellen. Man hat die Verwandtschaft der Mehmed-Medaille, die G. Bellini geschaffen hat, mit der von Bertoldo gegossenen allgemein behauptet. Ob diese An-

---

*) Die rechts oben ohne L. da Vinci's Beischrift abgebildete Federskizze befindet sich in Bayonne (Pyrenäen), Musée Léon Bonnat.

nahme völlig richtig ist, muß bezweifelt werden. Die beiden Brustbilder
des Großherrn mit dem Turban ähneln sich zwar einigermaßen, aber die
Möglichkeit einer gemeinsamen Vorlage darf nicht ausgeschaltet bleiben.
Viel wichtiger als dieses Brustbild, das Mehmed II. linkshin zeigt, an einem
Halsband auf der Brust einen — Halbmond tragend, — eine reine Erfindung des Bertoldo, die beweist, daß er niemals in Stambul war und des
Sultans ansichtig wurde —, erscheint die Rückseite der Denkmünze, die
18,8 Zentimeter im Durchmesser hat. Sie gibt des Rätsels Lösung, die frei-
lich erst vor 25 Jahren gelang.

Am 11. Mai 1480 fertigte die Comune von Florenz ein amtliches Dank-
schreiben an den Sultan für die Auslieferung des Bernardo Bandini aus
und tags darauf ward ein weiterer Brief an den Florenzer Konsul in Pera
abgefaßt. Beide Schriftstücke wurden zur Überbringung nach Stambul
einem Sendling Mehmeds II. anvertraut, der gleich darnach auf dem Landweg nach Stambul zurückkreiste. Vermutlich hat er auch das Schreiben des
Lorenzo dei Medici an einen Vornehmen namens Ishâq-Beg, der ihm einen
Prunksattel verehrt hatte, mit sich genommen. Über Art und Umfang der
Aufträge, mit denen der türkische Sendling nach Florenz kam, verlautet
gar nichts. Das an Mehmed II. gesandte Schreiben erwähnt ihn überhaupt
nicht, das für den Konsul in Pera bestimmte nur in allgemeinen Wen-
dungen. Mit Recht wurde hier eine Absicht unterstellt. Der ungenannte
‚ehrenwerte Beauftragte‘, so läßt das Schreiben vom 12. Mai 1480 wenigstens erkennen, hat Briefe von Lorenzo Carducci mitgebracht und das in
diesen kundgetane Begehren des Großherrn mündlich vertreten. Die
Comune erklärte sich erbötig, diesem stattzugeben. Er habe sich einige Tage
in Florenz aufgehalten, sei gern gesehen und wohl behandelt worden, wie
es die Pflicht verlange. Nun kehre er mit diesem Schreiben zurück und das,
was er ausgerichtet, werde der Großherr von ihm selbst erfahren.

Man wäre auf Mutmaßungen über den Zweck der Sendung des türkischen
Abgesandten angewiesen, wenn nicht Benedetto Dei, der sich, wie oben
erwähnt, als politischer Agent, Kundschafter und Kaufmann von 1462 bis
1468 in Stambul und im Nahen Osten aufgehalten und auch mit Mehmed II.
Umgang gepflogen hat, in seiner Chronik *(Cronaca,* 1453—1479), und zwar
am Ende seiner Aufzeichnungen über die türkische Gesandtschaft in Florenz, genauere Angaben gemacht hätte. Der sultanische Sendling, so heißt
es darin dem Sinne nach, sei nach Florenz gekommen, um von der Republik Meister der Holzschnitzerei und der Einlegekunst sowie Bronzebildner zu erbitten. Hauptaufgabe aber sei gewesen, Mitteilungen von der
‚großen Zurüstung‘ *(grande apparecchio)* des Großherrn zu machen und
Lorenzo's Stellungnahme zu erforschen. Diese ‚gewaltige Rüstung‘ war in

der Tat im vollen Gang, als der türkische Gesandte in Florenz verweilte.
Über sie im Bilde zu sein, genau zu wissen, was sich hinter diesen großen
Kriegsvorbereitungen verbarg, war für Lorenzo und seine Politik von un-
schätzbarer Bedeutung. Trotz des mit Neapel abgeschlossenen Friedens
war die Lage von Florenz überaus bedrängt, ja fast hoffnungslos. König
Ferrante's Sohn Alfonso, der Herzog von Kalabrien, hielt Ende Juni 1480
seinen Einzug in Siena und Forli sieht am 9. August päpstliche Truppen in
seinen Mauern. Da kam die Rettung für Lorenzo dei Medici. Am 28. Juli
1480 landen türkische Truppen an der Südküste von Italien bei Otranto,
also auf dem Boden des Königreichs Neapel. Alfonso von Kalabrien ver-
läßt eiligst am 7. August Siena. Am 11. August fällt Otranto in die Hände
der Osmanen. Papst Sixtus IV. überlegt, ob er nicht seine Zuflucht auf
französischer Erde, in Avignon nehmen solle. Sein Spiel war fürs erste
wenigstens verloren.

Was Lorenzo dei Medici dem Sultan zu wissen tat, als er von der 'gewaltigen Zurüstung' Kenntnis erhielt, darüber hat sich keine urkundliche
Quelle erhalten. Vermutlich war aus Gründen der Sicherheit die Stellungnahme niemals zu Papier gebracht, sondern dem türkischen Bevollmächtigten nur mündlich ausgerichtet worden. Weit deutlicher, ja eindeutig ist
die Sprache der Schaumünze, die Bertoldo für seinen Gebieter schuf.

Sie zeigt auf der Vorderseite Mehmeds II. Kopf im Profil, die Kehrseite
dagegen, auf einem zweispännigen Triumphwagen stehend, die nackte Gestalt eines Triumphators. Die mächtig ausgreifenden Rosse, die seinen
Wagen ziehen, leitet, eine Trophäe schulternd, raschen Schrittes der Kriegs-
gott Mars. Von einer Fessel umschlungen, in nackten weiblichen Gestalten
versinnbildlicht, vom Triumphator hinter sich auf einem Wagen geführt,
eine jede mit einer fünfzackigen Krone geziert, erscheinen drei eroberte
Reiche. Ihre Namen werden klar bezeichnet: Asien, Trapezunt, Griechenland *(Asie Trapesunty Gretie)*. Betrachtet man die Beischrift der Vorderseite, so liest man jedoch: Mehmed, Kaiser von Asien und Trapezunt und
Großgriechenland *(Mahvmet Asie ac Trapesunzis Magneqve Gretie Im-
perat[or]*. Im Triumph über drei unterworfener Reiche Herrscher, so wird
Mehmed zu neuen Taten ausziehend offensichtlich dargestellt, zur Eroberung eines neuen, vierten Reiches nämlich, dessen Abbild ein leerer
Thronsessel über einem von zwei Löwenmäulern gehaltenen Blumen-
gehänge, die Seitenfläche des Wagens schmückt. Unten im Abschnitt liegen, einander zugekehrt, zwei unbekleidete Gestalten, eine männliche mit
dem Dreizack und eine weibliche mit Füllhorn, Verkörperungen des Meeres
und der Erde.

Der Blick des Triumphators Mehmed wendet sich zu der Gestalt, die

seine Linke faßt, einen ausschreitenden Knaben, die Gottheit Bonus
Eventus, das glückliche Gelingen. Das ist seine eigene Hoffnung und zugleich die des Schenkers der Denkmünze, Lorenzo's dei Medici! Und was
bedeutet *Magna Graecia*, Großgriechenland? Nichts anderes als das Untere
Italien wegen der zahlreichen griechischen Siedlungen, zumal am taren-
tischen Meerbusen. Strabon schon nennt die Hellenen Italiens und
Siziliens das ‚Große Hellas‘. *Bonus Eventus* also bei der Ausfahrt zu
neuen Kämpfen, das ist die Betonung des Trionfo. Das linke Bein voran,
so eilt der Knabe dahin, mit der Hand des ausgestreckten linken Armes
die Schale haltend und die Spende ausgießend. Diese Deutung (L. Deub-
ner – E. Jacobs) läßt keinerlei Zweifel mehr über Sinn und Zweck der
Schaumünze, die Lorenzo il Magnifico dem Sultan überreichen ließ oder
wenigstens zu überreichen gedachte. Von ihr haben sich nicht viele Stücke
erhalten, eine befand sich in Goethe's Sammlung zu Weimar. Ganz gewiß
wurden nur wenige angefertigt oder gar verteilt.

Es liegt nahe zu vermuten, daß die Denkmünze des Costanzo da Ferrara,
von der übrigens zwei Fassungen vorliegen, deren eine die Jahreszahl 1481
trägt, etwa zur gleichen Zeit wie die auf Geheiß des Mediceers geschaffene
angefertigt worden ist, und zwar auf Wunsch des Königs Ferrante von
Aragonien. Sie zeigt auf der Vorderseite des Sultans Brustbild linkshin mit
dem Turban, auf der Rückseite Mehmed II. linkshin reitend, in der Rechten
eine Peitsche haltend. Rechts und links dahinter wird ein entlaubter
Baum sichtbar, im weiteren Hintergrund ödes Hügelland, auf dessen
mittlerer Erhebung vielleicht eine Moschee, jedenfalls aber ein Gebäude
steht. Die Beischrift der Vorderseite lautet in der einen Fassung *Svltani
Mohammeth Octhomani vgvli Bizantii inperatoris* (!) *1481*, in der anderen
Svltanvs Mohameth Othomanvs Tvrcorvm Imperator, die der Rückseite einmal *Mohameth Asie et Gretie inperatoris* (!) *ymago eqvestris in exercitvs*, das
andere Mal: *Hic belli fvlmen popvlos prostravit et vrbes*. Bemerkenswert erscheint nur die Verwendung des Ausdrucks *Octhomani vgvli*, also ‚Osmân-
oghlu‘, Nachkomme des Osman, den ein Kenner — etwa Benedetto Dei? —
vorgeschlagen haben muß. Die Verszeile *Hic belli fulmen populos prostravit
et urbes*, das ist ‚Hier (jetzt) hat des Krieges Blitzstrahl Völker und Städte
zu Boden geworfen‘, läßt nicht klar begreifen, in welchem Sinn sie aufzunehmen ist. *Belli fulmen* kann auch metonymisch ‚unwiderstehlicher
Kriegsheld‘ bedeuten. Es macht den Eindruck, daß die beiden Fassungen der
Costanzo-Medaille verschiedenen Zwecken dienten oder mindestens haben
dienen sollen. Daß der König von Neapel dabei die Hand im Spiele hatte
oder gar der Urheber war, das zu mutmaßen hat vieles für sich.

Lorenzos politische Stellung zu den Absichten des Sultans im Jahre 1480 ist wohl eindeutig erkennbar. Daß der Mediceer, daß auch die Signoria von Venedig beim Unternehmen gegen Italien mitwirkten, ist ein Verdacht, der noch im gleichen Jahre laut wurde, den freilich urkundlich zu erhärten bis zum heutigen Tag nicht gelingen wollte.

Es hat den Anschein, daß die Verhandlungen zwischen dem Großherrn und Florenz, vielleicht auch mit Venedig nur durch Mittelspersonen geführt wurden, wobei jene türkischen Sendboten, vielleicht aber auch Antonio dei Medici, beteiligt gewesen sein mögen. Was verwundert und mit dem bisherigen Verhalten Mehmeds II. gar nicht in Einklang zu bringen ist, dürfte die wohlbeglaubigte Tatsache sein, daß der Sultan bisher seine kriegerischen Vorhaben sogar seiner nächsten Umgebung zu verheimlichen pflegte. Man erinnert sich an jenen Heeresrichter, der auf dem Marsch nach Sinope und Trapezunt den Großherrn unterwegs in Anatolien zu fragen sich erkühnte, wohin denn der Marsch gehe, und zur Antwort erhielt: ‚Wüßte um meine Anschläge das Haar meines Bartes, so risse ich ihn aus und verbrennte ihn!‘ Daß er in das Geheimnis seiner Landung auf italienischem Boden bereits Monate vorher das christliche Florenz und das gedemütigte Venedig einweihte, ließe den Schluß zu, daß er beiden Staaten volles Vertrauen zu schenken begründeten Anlaß hatte oder aber, daß er über die innerpolitischen Vorgänge auf der Apenninenhalbinsel in erstaunlichem Umfang unterrichtet war. Daß er sich seinen eigenen Würdenträgern und Untertanen gegenüber bis in seine letzten Tage weit weniger mitteilsam und offenherzig verhielt, beweist nichts schlagender als der Umstand, daß der Plan des Kriegszuges, auf dem er selbst seine Tage beschloß, eben deswegen bis heute in tiefes Dunkel gehüllt bleibt.

War Venedig im Jahre 1479 dem Sturm mit blutigen, nie wieder heilbaren Wunden entronnen, so sollte auch Italien zu spüren bekommen, was die Niederlage der Republik des Heiligen Markus bedeutete. Nach der Besitznahme der zur früheren Despotie von Arta gehörigen Jonischen Inseln war der Anreiz, die Waffen nunmehr in das zerrissene, ohnmächtige und zwieträchtige Italien zu tragen, mehr als verführerisch. Vor allem mag zu einem solchen Waffengang die Eifersucht der Lagunenstadt auf die wachsende Macht des Königs von Neapel gelockt haben, der nach weit verbreiteter Ansicht nichts Geringeres als sich zum Herrn von ganz Italien aufzuspielen im Schilde führte. Ein venedisches Großreich, das fast keiner der politischen Lenker des Inselstaates jemals aus den Augen verlor, schien damals vielen weit eher zum Heil Italiens auszuschlagen als die Fremdherrschaft der Spanier in Unteritalien. Deren Ausweitung nach dem Norden der Apenninenhalbinsel durfte kein Land weniger dulden als Venedig, das hierin die größten Gefahren für den Bestand seines eigenen staatlichen Daseins zu befürchten hatte. Was wunder, daß der Verdacht nicht weichen wollte, die Signoria habe sich dem Großtürken zu Mitarbeit und Flottenhilfe verschrieben, ja ihn sogar nach Italien hereingerufen. Daß, als die Osmanen im Sommer 1479 um ein Bündnis mit Venedig werben ließen, dessen Absage mehr als verbindlich klang, so daß man dahinter eine versteckte Bereitwilligkeit wittern konnte, ist ebenso sicher wie daß die Republik sich gleich nach dem Friedensschluß mit dem Sultan beeilte, ihren alten Widersachern, den Florentinern, Hilfestellung zu leisten. Aus venedischen, als lauter gerühmten Quellen (z. B. Andrea Navagero) ist zu entnehmen, daß die Signoria durch ihren neuen Bailo in Stambul, Sebastiano Gritti, dem Großherrn bedeuten ließ, er befinde sich durchaus im Recht, wenn er Brindisi, Tarent und Otranto an sich reiße. Als griechische Siedlungen seien jene Gebiete Teile des ehemaligen Reiches von Byzanz, das ihm als Kaiser von Konstantinopel im vollen Umfange zustehe. Inwieweit derartige Vorstellungen dazu beitrugen, die Ausführung des längst gefaßten Entschlusses zu verwirklichen, seinen Fuß auf italienischen Boden zu setzen, ist natürlich nicht auszumachen, wohl aber steht fest, daß dem Plan allsogleich die kühne Tat folgte.

Der bisherige Statthalter von Valona und, wie es scheint, inzwischen zum Großadmiral *(Qapudân-i derjâ)* aufgerückte Gedik Ahmed-Pascha erhielt zu Sommerbeginn 1480 die großherrliche Weisung, mit einem aus einhundertvierzig Segeln, nämlich vierzig Galeeren, sechzig Einmastern und vierzig Transportschiffen zusammengesetzten Geschwader ein gewaltiges Heer — übertreibend werden gar 100 000 Mann genannt — von Valona über die Straße von Otranto nach dem etwa fünfundsiebzig Kilometer entfernten Apulien überzusetzen. In einheimischen apulischen Quellen werden alle erdenklichen Einzelheiten des schrecklichen Vorganges geschildert. Der Oberbefehlshaber Gedik Ahmed-Pascha wird als ,Mann von schmächtigem Wuchs, brauner Gesichtsfarbe, mit großer Nase, geringem Bartwuchs, mittlerer Größe, garstigem Gesicht, von grausamstem Gemüt, sehr geizig, armselig und verworfen' bezeichnet — wohl die einzige Beschreibung, die von diesem so mächtigen Manne besteht —, der zum Pascha aus Spott befördert worden sei, weil er vorher Diener, Page *(staffiere)* war. Die für Italien bestimmte Streitmacht sei auf dem Landweg nach Valona gebracht worden, wo sie in der ersten Juniwoche anlangte. Auf den Lastfahrzeugen seien außer tausend Pferden auch viele Geschütze und Schießvorrat übers Meer geschafft worden. Ein venedisches Beobachtungsgeschwader von sechzig Segeln lag friedlich vor Korfu und traf, vielleicht auf Grund jener Vereinbarungen zwischen Venedig und der Pforte, keinerlei Anstalten, die osmanische Flotte an der Überfahrt zu hindern. Zum Schein, so berichtet ein so gewissenhafter Chronist wie Marino Sanudo, zogen die venedischen Schiffe der türkischen Armada einige Meilen weit nach, kehrten aber, als sie von der Landung in Apulien vernahmen, ohne Aufsehen wieder nach Korfu zurück.

Ursprünglich war wohl geplant in Brindisi an Land zu gehen, aber die Aussage eines auf der Fahrt von Otranto nach Durazzo aufgebrachten Kauffahrers, daß weiter unten, südlich vom Hafen Brindisi, so gut wie keine Küstenwacht eingesetzt sei, bestimmte Gedik Ahmed-Pascha, bei Otranto die Hauptlandung vorzunehmen. Erst wurde am Freitagmorgen, dem 28. Juli, völlig unbemerkt oberhalb von Otranto bei der Burg Roca eine Reiterschwadron an Land gebracht, die unbehindert die Gegend bis vor Otranto durchschwärmte und viel Beute an Mensch und Vieh machen konnte. Ein Ausfall, den Teile der Besatzung von Otranto daraufhin unternahmen, führte zu heftigem Geplänkel mit den Türken beim Fischweiher von Alimini, wobei viele Feinde ums Leben kamen und Gefangene befreit wurden. Aber bereits am 11. August geriet das schwachbewehrte, durch keinerlei Artillerie geschützte und nur auf den Mut seiner Bürger und einer schwachen Besatzung angewiesene Otranto in die Gewalt der Osmanen. Vorher hatte Gedik Ahmed-Pascha einen Dolmetscher als Unterhändler in die Stadt gesandt und in üblicher Weise verlangt, daß sie kampflos übergeben werde. In diesem Falle wurde der Bewohnerschaft freier Abzug oder ungestörter Verbleib zugesichert. Das Ansinnen wurde abgeschlagen und der erboste Pascha drohte ‚mit Feuer, Flamme, Ruin, Vernichtung und Tod', die alle nicht lang auf sich warten ließen. Die von den Osmanen an Land geschafften Geschütze traten in Tätigkeit und überschütteten Mauern und Stadtinneres mit einem Hagel von Steinkugeln, teilweise von erstaunlicher Größe und Wirkung. Noch lange hernach wurden diese in und vor der Stadt herumliegenden Geschosse angetroffen. Wieder an einem Freitag, am Morgen des 11. August, drangen die Sieger durch eine Mauerbresche in die wehrlose Stadt, nachdem ein Handgemenge auf einem Zwischenwall ergebnislos verlaufen war. Die ganze männliche Bevölkerung wurde rücksichtslos niedergemacht und von 22 000 Seelen sollen nur etwa 10 000 am Leben geblieben sein. Der Verteidiger des Kastells von Otranto, Francesco Zurlo, und sein Sohn verloren ihr Leben. Das gleiche Schicksal ereilte am Hochaltar der Kathedrale den Erzbischof Stefano Pendinelli, einen Greis von 80 Jahren, der sich gerade mit seiner gesamten Geistlichkeit zu einem feierlichen Umgang anschickte, um den himmlischen Schutz zu erflehen.

Im Besitze von Otranto und seines starken Kastells brandschatzten und verwüsteten die Türken in weitem Umkreis das Land. Am Montag, dem

13. August, wurden 800 Einwohner von Otranto auf Geheiß des Paschas
gefesselt auf den nahegelegenen Minervahügel (heute ‚Märtyrerhügel‘) verschleppt und, weil sie sich weigerten, den Islam anzunehmen, samt und
sonders umgebracht. Die Leichname der Bekennerschar mußten liegen
bleiben und Hunden, Vögeln und wilden Tieren zum Fraße dienen. Sie wurden später als Glaubenszeugen von Papst Klemens XIV. heilig gesprochen.
Überall hatte die waffenfähige Bevölkerung die Flucht vor den Eindringlingen ergriffen und nur Frauen, Kinder und Greise waren auf der Stelle
geblieben. Auch auf Brindisi und Lecce im Norden sowie auf Tarent im
Süden wurden Vorstöße ausgeführt. Alle Maßnahmen schienen auf die
Absicht ausgedehnterer Eroberungen und bleibender Festsetzung hinzuweisen. Gedik Ahmed-Pascha, von dem, wenn auch nicht der Plan des
Überfalls, aber doch wohl dessen Zeitpunkt angeregt worden sein soll,
hatte angeblich vom Sultan die Zusicherung bekommen, die eroberten Gebiete als Lehen zu erhalten. Die geflüchteten Einwohner versuchte man
durch verlockende Verheißungen zur Rückkehr zu veranlassen. Niemand,
der sich freiwillig unterwerfe, solle, so hieß es in einer Verlautbarung, in
der Ausübung seines Glaubens behelligt werden und obendrein für zehn
Jahre Steuerfreiheit genießen. Diese Versprechen hinderten die Eroberer
aber nicht, sogleich eine Steuer von einem Golddukaten für jedes Familien-
haupt einzuführen und zu befehlen, daß alle Glocken von den Türmen
herabgenommen und als Geschützgut eingeschmolzen werden sollten. Rund
8000 Menschen wurden versklavt, auf die Schiffe geschleppt und hinüber
nach Albanien verfrachtet.

Die Bewohner von Otranto und Umgebung ließen sich nicht auf das Zureden der Türken ein. Die Lage der Besatzungstruppe verschlimmerte sich
von Woche zu Woche, weil die Lebensmittelzufuhr ins Stocken geriet und
sich die Landbevölkerung der ohnehin unwirtlichen Gegend auch gegen
gutes Geld nicht verstehen wollte, den Ungläubigen zur Beköstigung zu
verhelfen. Inzwischen hatte sich Ferrante von Aragonien in Neapel etwas
von der Bestürzung erholt, die ihm der Überfall auf sein Königreich bereitet hatte. Er brachte ein ziemlich starkes Heer zusammen, das am
8. September 1480 Neapel verließ. Sein Sohn Alfonso, Herzog von Kalabrien, war mit seiner Streitmacht gleichfalls aus Toscana abgerückt und
brach am Monatsende desgleichen gegen Otranto auf. Wenn die Armee auch
nicht vor Einbruch des Winters zum Angriff übergehen konnte, so war
durch ihre Gegenwart in nächster Nähe von Otranto dem weiteren Vordringen der Osmanen gegen Westen vorerst Einhalt geboten worden. Bereits im Oktober zogen sie sich hinter die Mauern von Otranto zurück.
Dort verblieb unter Führung eines gewissen Chejr ed-Dîn (Mustafâ)-Beg,

der Sandschaqbeji auf Negroponte war, eines verschmitzten verwegenen Griechen, der italienisch verstand, eine aus nur 6500 Mann Fußvolk und 500 Reitern bestehende Besatzung zurück. Alle sonstigen Truppen wurden wieder nach Valona eingeschifft. Wenn nicht widrige Winde die Flotte des Königs Ferrante am rechtzeitigen Erscheinen vor der apulischen Küste verhindert hätten, so wäre vielleicht dieser überstürzte Rückzug zum Scheitern verurteilt gewesen. Der Befehlshaber von Otranto jedoch, dessen Anmaßung durch das inzwischen erfolgte Eintreffen von Verstärkungen und die Mehrung des Proviants gestiegen war, ließ sich auf keinerlei Verhandlungen mit dem König von Neapel ein, der die Übergabe der Stadt sowie Zahlung von 800 000 Golddukaten Entschädigung für den in seinem Reich angerichteten Schaden begehrte. Nicht nur nichts zahlen werde er, erwiderte ihm der Türke, sondern er gehe einen Frieden nur dann ein, wenn ihm außer Otranto auch noch Brindisi und Lecce sowie Tarent (Taranto) ausgeliefert würden. Falls Ferrante sich weigere, auf diesen Vorschlag einzugehen, dann werde sich der Großherr in eigener Person im kommenden Frühjahr in Italien zeigen und mit 100 000 Mann Fußtruppen, 18 000 Reitern und einer Masse Geschütze alles mit Gewalt der Waffen an sich reißen.

Die Vermehrung der Besatzungstruppen und der Verpflegung angeblich für drei Jahre mag das Ergebnis einer Aussprache zwischen dem Sultan und dem nach Stambul zur Berichterstattung beorderten Gedik Ahmed-Pascha gewesen sein. Er hatte sich nach Valona und dann auf dem Landweg nach dem Hofsitz Mehmeds II. begeben, den er schwer fieberkrank im Bett angetroffen haben soll.

Die Kunde von der vorgeblichen sultanischen Drohung verbreitete sich mit Windeseile über ganz Italien und das Gerücht — *fama crescit eundo*, wie Virgil sagt — hatte sich bald so ausgewachsen, daß es Mehmed II. bereits mit 200 000 Mann in Valona meldete und dessen Absicht verriet, noch im November mit dieser ungeheuerlichen Heeresmacht in Apulien und Sizilien an Land zu gehen. Nichts von allem, versteht sich, entsprach der Wahrheit. In Rom, so berichtet Sigismondo de' Conti, Humanist und Geschichtsschreiber, war die Bestürzung nicht geringer, gleich als ob die Feinde schon vor den Mauern der Ewigen Stadt ihr Lager aufgeschlagen hätten. Angst und Verwirrung hatten sich so sehr aller Gemüter bemächtigt, daß auch der Papst an Flucht dachte. Größer vielleicht noch als die Aufregung Sixtus IV. war die des Aragonier-Königs. Er wandte sich sogleich an den Papst und die Mächte Italiens um Beistand, nicht ohne anzusagen, er werde, falls ihm nicht rasch tatkräftige Unterstützung zuteil werde, mit Mehmed II. auf jede Bedingung zum Untergang der anderen eingehen. ‚Sixtus IV.', so schrieb der gleiche papsttreue Humanist, 'würde ruhigen

Gemütes dem Schaden und Unheil des verräterischen Bundesgenossen zu-
gesehen haben, hätte es Ferrante mit irgendeinem andern Gegner zu tun
gehabt. Da jedoch der Feind der Christenheit, der Zerstörer des Glaubens
und seiner Heiligtümer, seinen Fuß auf Italiens Boden gesetzt und, wenn
er nicht schnell hinausgeworfen werde, das Papsttum und den römischen
Namen von Grund aus zu vernichten drohte, so kehrte er sich mit allem
Eifer der Hilfeleistung zu. Er schickte zunächst soviel Geld, als er gerade
erübrigen konnte, erlaubte die Beitreibung des Zehnten von allen Geistlichen im Königreich Neapel und versprach den Christen, die unter dem
Zeichen des Kreuzes wider die Ungläubigen streiten würden, Vergebung
all ihrer Sünden'. Wie gespannt also muß das Verhältnis zwischen dem Papst
und dem König von Neapel gewesen sein, wenn er seinem Unmut in solcher
Weise offen Ausdruck geben durfte!

Schon kurz vor der türkischen Landung in Apulien richtete sich der
Heilige Stuhl an alle Staaten Italiens — Florenz etwa bekam solche Breven
am 27. Juli und 5. August 1480 — und wiederholte seinen Hilferuf, als die
Osmanen Italien betreten hatten, noch eindringlicher. Die Christgläubigen
wurden aufgefordert, die Waffen zu ergreifen und ins Feld zu ziehen. Anfang November wurden Gesandte der italienischen Mächte nach Rom zu
einer Tagung berufen. Venedig hielt sich abseits und wies seinen Oratore
Zaccaria Barbaro ausdrücklich an, sich von jeder Beratung über einen
Türkenfeldzug fern zu halten. Sixtus IV. ging mit gutem Beispiel voran,
indem er sich mit Florenz aussöhnte. Das Allerheiligenfest sollte fortan,
päpstlicher Verordnung gemäß, in der ganzen Christenheit zur Erflehung
himmlischer Hilfe besonders begangen werden. Die Rüstungen für eine Kreuzzugsflotte liefen an: fünfundzwanzig Galeeren wurden teils in Genua, teils
in Ancona in Auftrag gegeben. Um durch außerordentliche Steuern die
erschöpften Kassen der Päpstlichen Kammer wieder zu füllen, mußte vorerst jede Feuerstelle im ganzen Kirchenstaat einen Golddukaten abführen.
Allen Kirchen und Klöstern wurde zwei Jahre hindurch ein Zehent aufgebürdet. Auch neue Ablässe wurden für alle, die den Türkenkrieg förderten,
bewilligt. Wie sehr man sich da und dort angesichts solcher Anstrengungen
bereits übertriebenen Siegeshoffnungen hingab, beweist die in vielen Druk-
ken aufgelegte Flugschrift ‚Glosse zur Offenbarung' (Glossa super apo-
calipsim) des Dominikanermönchs Giovanni Nanni aus Viterbo, der in
diesem seltsamen, volle achtundvierzig Blatt füllenden Büchlein als Helden
des Kreuzzugs Ferrante von Neapel feierte und die Eroberung Konstantinopels durch die christlichen Waffen erhoffte. Das Jahr 1480 ist überhaupt
reich an solchen Türkenschriften, die die Befeuerung der erschlafften Gemüter des Abendlandes bezweckten, wobei besonders Wahrsager, wie jener

Sterndeuter Antonio Torquato, Arzt zu Ferrara, sowie Mitglieder des Predigerordens die schwarze Kunst bemühten. Der Papst beschränkte seine Anstrengungen nicht nur auf Italien, sondern suchte auch alle Fürsten des Westens gegen den Halbmond zu einen. Während die Stellungnahmen aus England, wo der selbstherrliche Eduard IV. erklärte, daß er sich an einem Türkenfeldzug nicht beteiligen könne, oder aus Deutschland, wo die Reichshilfe gegen die Türken mehr als kümmerliche Früchte zeitigte, gar nichts oder nicht viel verhießen, schien Frankreichs Herrscher Ludwig XI. weit eher geneigt, am geplanten Kreuzzuge teilzunehmen. Doch gehören die Verhandlungen, die der päpstliche Legat Kardinal Giuliano della Rovere, der spätere Papst Julius II., in Vendôme gegen Ende August 1480 mit Ludwig XI. führte, nicht in diesen Zusammenhang, mit ihren endgültigen Ergebnissen überhaupt nicht in den Rahmen vorliegender Darstellung.

Die türkischen Hoffnungen, Otranto als Brückenkopf für die Eroberung ganz Italiens zu verwenden, erwiesen sich in Anbetracht so umfassender Zurüstungen und Kriegsabsichten des Westens zusehends trügerischer. Der Widerstand, den sie der Neapeler Streitmacht und den ungarischen Hilfstruppen entgegensetzten, die, von Blasius Magyar befehligt, 500 Mann Fußvolk und 300 Reiter ausmachten, mußte zuletzt erlahmen und am 10. September 1481 völlig brechen. Aber damit ließ man es bewenden und der geplante Vorstoß gegen Valona, den Sixtus IV. und Ferrante von Aragonien schon als beschlossene Sache betrachteten, ist niemals versucht worden oder gar zur Ausführung gelangt. Die über das Abendland hereingebrauste Osmanenflut verebbte.

Noch ehe vor der apulischen Küste und drüben in Albanien ein beträchtlicher Teil der osmanischen Seemacht durch das Unternehmen gegen Italien gefesselt wurde, lief ein kaum minder stattliches Geschwader Anfang Mai 1480 aus den Dardanellen aus und erschien um die Monatsmitte aufs neue in den Gewässern von Rhodos. Den Oberbefehl führte wiederum Mesîh-Pascha. Die Stärke der Flotte wird auf sechsundachtzig bis einhundert Segel geschätzt, so daß im Frühsommer dieses ereignisreichen Jahres wohl die ganze großherrliche Armada ihre Heimathäfen verlassen haben muß. Der einzige Feind, den sie zur See hätte befürchten müssen, war Venedigs Flotte, von der indessen keine Behinderung mehr zu gewärtigen war.

Die an der anatolischen Küste rastenden Truppen, die hier überwintert hatten, wurden schleunigst an Bord genommen und am 23. Mai 1480 begann die Belagerung von Stadt und Festung Rhodos, die sich neunundachtzig Tage hinzog. Die Abschnitte dieses denkwürdigen geschichtlichen Begebnisses sind in allen Einzelheiten durch Schilderungen bekannt, unter denen die des Ordenskanzlers G. Caoursin als Flugschrift gedruckte (1480)

neben der seit dem Monat November überall im Abendland in Form eines
Sendschreibens ausgebotenen Beschreibung am meisten Beachtung fanden
und bis zum heutigen Tag als die Hauptquellen Schätzung genießen. Drei
Überläufer, zwei Griechen und ein Sachse aus Meißen, haben im Unternehmen gegen die Johanniterinsel eine traurige Rolle gespielt. Der erste
war der bereits erwähnte Dimitrios Sophianós aus Negroponte, ein Schwarm-
geist, der sich mit Magie und anderen Geheimwissenschaften befaßt haben
soll, der zweite sein Landsmann Antonios Meligalas aus Rhodos, Sproß
einer angesehenen Familie, der sein väterliches Erbteil verschwendet hatte
und nun hoffte, durch den Sultan dafür entschädigt zu werden. Der dritte
war jener deutsche Stückgießer, Meister Georg genannt, der früher auf
Rhodos gelebt hatte, dann aber mit Weib und Kind in des Sultans Sold
getreten und nach Stambul übergesiedelt war, ein Landsmann also und
Namensvetter jenes Stückmeisters aus Nürnberg, den Mehmed II. gerade
damals mit dem Auftrag nach Alexandrien in Ägypten sandte, das Land
zu ‚beschauen‘ und zu erkunden, wie es zu gewinnen sei, freilich ohne zu
erwarten, daß der Kundschafter mit Hilfe dortiger Franziskanermönche
flugs seinen Weg nach Rom nahm und sich dort als Büchsenmacher in die
Dienste des Papstes Sixtus IV. begab.

Alle drei haben dem Großherrn und wohl auch seinem Admiral Mesîh-
Pascha wiederholt vorgestellt, daß die Eroberung von Rhodos keinen sonderlichen Schwierigkeiten begegnen könne, da die verfallenen Festungswerke ohne rechte Verteidigung seien und es an Nahrung und Schießbedarf bedenklich mangle. Von den Plänen der Inselfeste wurde der des
Deutschen als der beste befunden und darnach die militärischen Maßnahmen vorgenommen. Daß diese sich wie stets auf die Verwendung riesiger Geschütze stützten, war vorauszusehen. Als die Flotte westlich der
Stadt Rhodos am Fuße des Monte Santo Stefano (heute M. Sidney Smith,
nach dem britischen Admiral benannt, der dort ein Haus besaß), ungeachtet
des heftigen Widerstandes der Kastellbesatzung, Truppen und Geschütze
an Land setzte, wo man sich sogleich an und auf dem Berg verschanzte,
wurden schon zwei Tage später drei ungeheure Kanonen gegen die Mauern
aufgefahren. Sie wurden bei der Kirche des Heiligen Antonius in Stellung
gebracht. Der Meißener Georg war ihr Leiter. Die beiden anderen Verräter
hatten bereits ausgespielt: Meligalas war auf der Überfahrt am Fleck-
fieber gestorben, Dimitrios Sophianós blieb gleich in den ersten Tagen
der Landung bei einem Scharmützel vor den Wällen der Stadt. In der
Maske des reumütigen Überläufers erschien der Sachse an der Mauer und
heischte Einlaß. Er ward ihm gewährt und Georg vor den Großmeister geladen, dem er mit dem Bekenntnis seines Glaubensabfalls die Versicherung

aufrichtigen Sinneswechsels vortrug, dabei jedoch nicht unterließ, das gewaltige Ausmaß der osmanischen Vorkehrungen zur Erstürmung der Feste ins rechte Licht zu rücken. An sechzehn schwerste Geschütze führten die Belagerer mit sich und 100 000 Mann zähle deren Streitmacht. Tatsächlich war die Wirkung der gewaltigen Steinkugeln, die aus den Schlünden der Riesengeschütze von der Landseite her gegen die äußeren Schanzen, vor allem das Hauptvorwerk der Festung, den Turm des Heiligen Nikolaus, geschleudert wurden, verheerend, denn nicht weniger als dreihundert dieser schrecklichen Geschosse wurden innerhalb sechs Tagen gegen das christliche Bollwerk geworfen. Es erbebte in seinen Grundfesten und die Stadt wäre wohl verloren gewesen, wenn nicht an tausend Arbeiter den zerschossenen Turm durch einen Graben und Erdwall in ununterbrochener Arbeit abzusperren vermocht hätten. So wurde der erste Anprall der Türken glücklich abgewehrt. Er kostete sie rund siebenhundert Mann. Noch teurer aber kam sie der zweite Angriff am 19. Juni zu stehen. Da der Turm des Heiligen Nikolaus und die Mauern von der Seeseite aus unzugänglich blieben, hatten die Belagerer eine sechs Mann breite hölzerne Schiffsbrücke vom Hafendamm nach dem Nikolausturm errichtet. Mittels eines am Grund der Turmmauer geworfenen Ankers und des an ihm befestigten Strickes hatten die Türken die Brücke am Turm hinaufgezerrt. Da stürzte sich in der Nacht ein englischer Seemann namens Gervas Roger ins Meer, machte den Anker los und bewirkte durch diese kühne Tat, daß die Brücke wieder ins Meer zurücksank. Sie ward mit Booten wieder an den Damm hinangezogen und in der Nacht vom 19. Juni ward ein Sturm auf den Nikolausturm ins Werk gesetzt. Aber die Schiffsbrücke brach unter der Last des Belagerungsgeschützes und des Sturmzeuges auseinander. Alles, was sich darauf befand, verschwand in den Fluten. Binnen wenigen Stunden sollen dabei 2500 Türken ihr Leben eingebüßt haben.

Nach solcher Niederlage wurde kein neuer Versuch gewagt, den Vorstoß an dieser Seite zu wiederholen. Mesîh-Pascha ließ alle Macht der Geschütze nunmehr gegen das sogenannte Judenviertel, wo die Stadt am leichtesten zugänglich erschien, einsetzen. Eine neue ungeheure Wurfmaschine wurde von den Belagerten an Ort und Stelle gebracht und Felsstücke von riesiger Größe aus ihr auf die Osmanen abgeschossen. ‚Tribut' nannten die Rhodiser spottweise diese Steinmassen. Aber auch die Belagerer ließen Tag und Nacht die Geschütze spielen und 3500 Steinkugeln sollen damals gegen die Mauern und ins Innere der Stadt geschleudert worden sein. Allerlei andere verzweifelte Abwehrversuche wurden unternommen. Die Johanniter schleppten in letzter Not Schwefel, Pech und andere Brennstoffe, Säckchen mit zerhacktem Eisen und mit Pulver angefüllt sowie steinerne Wal-

zen auf die zerbröckelnden Wälle der Festung. Pierre d'Aubusson rief in
diesen Stunden ärgster Bedrängnis und Verzweiflung den Meister Georg
zu sich und als er eine neue Wurfmaschine anzuwenden vorschlug, deren
Geschoß aber dann statt den feindlichen Stückwall die Mauern des Kastells
traf, wurde der Verdacht des Verrates immer stärker. Der Meißener
wurde gefoltert und zu einem Geständnis gezwungen, das ihn, in diesem
Fall unschuldig oder schuldig, an den Galgen brachte. Ein weiterer Überläufer, der auf der Folterbank aussagte, er sei von Mesîh-Pascha geschickt
worden, um den Großmeister zu vergiften, mußte dieses Vorhaben mit dem
Schwerte büßen.

Daß in diesen Tagen ein Unterhändler, und zwar ein Grieche, in die
Festung gesandt ward und dem Großmeister das Verlangen der Übergabe mit
den üblichen Angeboten überbrachte, entsprach dem osmanischen Kriegs-
recht, das verlangte, daß, bevor das Schwert spreche, die Annahme des
Islam dem Gegner angetragen werden müsse. Beim Paläologensproß Mesîh-
Pascha spielte aber noch eine andere Überlegung mit. Er hatte den Griechen zu Pierre d'Aubusson in der Erwartung geschickt, daß die reiche Beute durch eine Waffenstreckung der Rhodiser-Ritter nicht dem Heer in die
Hände falle, sondern daß er sie für seinen Gebieter und für sich selbst mit
Beschlag belegen könne. Als der Sendbote unverrichteter Dinge zurückkehrte, kannte die Wut des Admirals keine Grenzen und der Befehl zu
neuem Sturme war die nächste Folge der Weigerung. Die Türken versahen
sich bereits mit Säcken zum Raub und mit Stricken, um Mädchen und
Knaben damit zu fesseln, aber auch mit angeblich 8000 Pfählen, um damit
Ritter und Reisige zu spießen. Die ganze Nacht über erscholl im Türkenlager das Geschrei ‚Allah ist der größte!' *(Allâh ekber)* und Jubel über die
bevorstehende Plünderung der Stadt. Die Geschütze hatten den ganzen
Tag über die Mauern des Judenviertels zermürbt und alle Hoffnung auf
rasche Ausbesserung zunichte gemacht.

Am Freitag, dem 28. Juli, am gleichen Tag also, da die Türkenflotte vor
Apulien vor Anker ging, gab ein Mörserschuß bei Sonnenaufgang das Zeichen zum Angriff auf die Festung. Unaufhaltsam drangen die dichtge-
scharten Haufen über die Trümmer der Wälle vor. Das ganze Osmanenheer von etwa 40 000 Mann ergoß sich über Gräben, Gestade und um die
belagerte Stadt. In die Mauerbresche schoben sich beutelüstern die Janitscharen. Der erste Anlauf war erfolgreich. Die Rhodiser wurden zurückgeworfen und schon wurde das mit Gold und Silber befranste Banner des
Großadmirals auf der Höhe des erstürmten Walles aufgepflanzt, als Mesîh-
Pascha, der die Stadt bereits in seinen Händen wähnte, durch Ausrufer
auf den Wällen verkünden ließ, daß Plünderung verboten sei und der

Schatz von Rhodos zu den Kammereinkünften des Großherrn gehöre. Die
Folgen dieses Schrittes ließen nicht auf sich warten. Die stürmende Truppe
verschmähte, unter solchen Voraussetzungen weiter zu kämpfen. Alles
stürzte nach dem Lager zurück. Der Großmeister und die Seinen scharten
sich um das große Panier des Ordens mit dem Bilde des Erlösers und zwei
volle Stunden hatten Mann gegen Mann schon gefochten, als der verhängnisvolle Befehl des Mesîh-Pascha mit einem Schlage die Kampflage
änderte. Mehr als 3000 osmanische Leichen bedeckten die Wälle und
füllten die Gräben. Viele wurden noch auf der Flucht von den nachsetzenden
Johannitern erschlagen. 9000 Tote und 15 000 Verwundete sollen die Verluste der Türken betragen haben. Aber auch die Johanniter hatten Sieg
und Freiheit mit bitteren Opfern erkaufen müssen. Mesîh-Pascha hatte
nach diesem erneut mißlungenen Vorstoß nicht mehr den Mut, die Bestürmung der Feste Rhodos aufrecht zu halten. Er ließ das Lager abbrechen, die aufgeführten Werke in Brand stecken und war eben dabei, die
Truppen wieder auf das anatolische Ufer zu verschiffen, als zwei Neapeler
Schiffe, die König Ferrante den Bedrängten zu Hilfe gesandt hatte, vor
dem Hafeneingang von Rhodos mit dem türkischen Geschwader ins Treffen
gerieten. Dieses suchte den Galeeren aus Neapel den Zutritt zu verwehren,
aber eines der Schiffe erzwang ihn sich, wenn auch beschädigt, dennoch,
während sich das andere am nächsten Tag durch die türkischen Galeeren
einen Weg in den schützenden Hafen bahnen konnte.

Die Reste des Osmanenheeres wurden nach der Bucht von Marmaridsche
(Fisco, Physkos) zurückgeführt, von wo sie auf dem Landweg nach Stambul heimkehren mußten. Mesîh-Pascha machte noch einen Überfall auf Bo-
drum, das alte Halicarnassus und Residenz des Mausolus, wo er das gewaltige, malerisch auf dem Vorgebirge gelegene Johanniterschloß San
Pietro vergeblich berennen ließ. Dann zog er weiter nach dem Goldenen
Horn, wo ihn sogleich der Groll des Großherrn, der wegen des gescheiterten
Ansturms auf Rhodos kein Maß zu kennen schien, in ganzer Schwere
traf. Der Großadmiral wurde seiner bisherigen Würde entkleidet und als
schlichter Sandschaqbeji nach Gallipoli verwiesen. Das Glück begann ihm
freilich wieder zu lächeln, als Bajesid II. Sultan der Osmanen wurde. Er übertrug ihm die Landpflege von Rumelien (1493) und als der griechische Renegat
von der Pilgerfahrt aus Mekka heimkehrte, sogar das Reichssiegel (1499).
Welche Pläne Mehmed der Eroberer schmiedete, um die seinen Waffen auf
Rhodos widerfahrene Schmach wettzumachen, bleibt in Dunkel gehüllt.
An Stelle des abgesetzten Mesîh-Pascha wurde Maghnisa-Tschelebi zum
Wesir ernannt, ein Vorgang, der nur deshalb Beachtung verdient, weil
dieser in seiner Person bisher das Heeresrichteramt von Rumelien und von

Anatolien vereinigt hatte. Nunmehr wurden — vielleicht vorsichtshalber —
diese Stellen getrennt. Heeresrichter von Rumelien wurde Molla Muslih ed-
Dîn Mustafâ, Qastallânî zubenannt (aus Kestel unweit Brussa), gefeiert
als Gottes- und Rechtsgelehrter. Molla Chosrew, der berühmte Rechtsleh-
rer, segnete als Schejch ül-islâm damals zu Stambul seine Tage. Bald senk-
te sich auch der Todesengel über seinen Herrscher.

Auch das Jahr 1480 ging nicht zur Neige, ohne daß Krain, Kärnten und
Steiermark die Geißel der türkischen Sackmannen zu spüren bekamen.
Zur gleichen Zeit, als in Innerösterreich zwischen Kaiser Friedrich III. und
König Matthias Corvinus Krieg geführt und die Bevölkerung von einer
Partei kaum weniger als von der andern Bedrückung erfahren mußte,
fielen an 16 000 Renner und Brenner, Kroatien und fast ganz Krain ohne
Aufenthalt durchziehend, in Kärnten ein. Am 29. Juli 1480 hatten sie in
Krain die Gegend um Zirknitz (Cirknica) und Loitsch (Logatec) verheert
und am 5. August brachen sie aufs neue über den Save-Fluß in Kärnten ein.
Sie überschritten die Drau bei Möchling und zogen an Klagenfurt vorüber
gegen Neumarkt, wo sich bereits 1500 Ungarn festgesetzt hatten. Kaiserliche und ungarische Truppen vereinbarten in aller Eile einen Waffenstillstand, doch wichen die Türken jeglichem Zusammenstoß aus, ritten
vielmehr von Neumarkt (6. August) ins Murtal, errichteten bei Judenburg
ein Lager (7. August) und teilten sich in drei Raubscharen. Der eine Heer-
haufe wandte sich wieder südwärts und brandschatzte Kärnten, der andere
zog murabwärts gegen Leoben, ein dritter gelangte über Hohentauern-
Rottenmann-Wald dorthin, wo er sich vermutlich mit dem zweiten begegnete. Von hier aus richteten die Türken ihren Weg gegen Bruck an der Mur
und an Graz vorbei gegen Radkersburg. Eine dritte Schar marschierte, wie
gesagt, von Judenburg südlich nach Kärnten (17. August), plünderte das
Drautal, ging bei Möchling wieder nach Krain und kehrte dann durch
Kroatien nach Bosnien zurück. Unter einer Unzahl von Gefangenen befanden sich diesmal auch 500 Geistliche. Ein türkischer Überläufer, der als
Janitschar lange im Osmanenreich gelebt hatte, berichtete glaubwürdig,
daß der Zug mit 50 000 Mann begonnen, von denen 16 000 bis Kärnten
vorstießen, während der Rest für einen Einfall in das seit 1420 Venedig
gehörende Friaul vorgesehen gewesen sei. Dieser ist aber niemals durchgeführt worden, so daß die Annahme nahe liegt, es habe sich bei diesen
rund 34 000 Mann um ein Truppenaufgebot gehandelt, das im Fall eines
venedischen Eingreifens in die Kriegshändel während des Jahres 1480 eingesetzt worden wäre. Geschichtlich beglaubigt ist jedoch, daß ein Schwarm
Türken zur gleichen Zeit in die Karstgegend und in Teile von Friaul bis an
das Canale-Tal vordrang und daß Iskender-Beg, der bosnische Sandschaq-

beji, Dalmatien plünderte, um der Signoria Schrecken einzujagen und zur Wahrung der Verträge anzuhalten. Es mag also sein, daß die 34 000 Mann bei diesen Unternehmungen Verwendung fanden.

Ragusas Staatskunst ward in diesen Monaten nochmals auf eine harte Probe gestellt. Die von den Osmanen an der Südwestgrenze der Herzegowina vorgenommenen planmäßigen Befestigungen ließen klar erkennen, daß die Einbeziehung auch ragusäischen Gebietes dabei keineswegs außer Betracht blieb. Nach einem Jahr ständiger Ungewißheiten war im Mai 1479 die herrische Forderung Mehmeds II. in Ragusa eingetroffen, daß sich sämtliche zum Freistaat gehörigen vorgelagerten Inseln sowie das Gebiet Ragusas außerhalb der Stadtmauern dem Bannerherrn (Sandschaqbeji) der Herzegowina namens Ijâs-Beg, einem einheimischen Renegaten, zu unterwerfen hätten. Als dieses Verlangen aufs entschiedenste abgelehnt wurde, fiel Anfang 1480 Jûnus-Beg, der Truppenführer des Sandschaqs, ins Val Canale (Konavli) ein und kehrte mit reicher Beute zurück. In dieser fruchtbaren dichtbevölkerten Talmulde, wo der ragusäische Adel blühende Ländereien besaß, fanden osmanische Raubscharen immer wieder, wonach ihr Sinn stand. Durch Einwilligung in eine abermalige Tributmehrung um jährlich 2500 Dukaten — nunmehr als Entgelt für die Verschonung der ragusäischen Gemarkung — gelang es der wendigen Politik des Senats auch diesmal, das drohende Unheil aufzuhalten.

Nach langer Zeit zum erstenmal berichten die osmanischen Chroniken, freilich in Bausch und Bogen, von zwei Heerzügen, die gleichfalls ins Jahr 1480 zu verlegen sind. Qaramânî Mehmed-Pascha, der amtierende Großwesir also, vermerkt in seinem allzu kurz gefaßten Zeitbuch, daß Mehmed II. damals seinem in Amasia als Statthalter wirkenden Sohne Bajesid die Weisung erteilt habe, mit einem kleinen Aufgebot nach Georgien aufzubrechen und dort zwei Burgen einzunehmen. Über deren Lage läßt sich wegen der argen Verstümmelung der Ortsnamen (Torul, Turul? Mazahilit, Matschahel?) nichts sagen, doch dürften die Schlösser an der Grenze bei Siwas zu suchen sein. Die Burgherren mögen sich im Krieg gegen Usun Hasan auf dessen Seite geschlagen und damit die Bestrafung durch den Osmanensultan heraufbeschworen haben. Weit merkwürdiger ist die Angabe, daß ein zweiter Heerbann sich gegen das Tscherkessenland richtete, wo die Stämme von Kuban und Anapa zur Rechenschaft gezogen wurden. Bedenkt man die weite Entfernung von Amasia bis zu den Steppengebieten am Kuban, so würde man an der Richtigkeit der Chronikstellen zu zweifeln geneigt sein, wenn nicht der Großwesir selber für die Zuverlässigkeit zu bürgen schiene.

Die Bedeutung dieser Kriegshandlungen verblaßt durchaus gegenüber einem Heerzug, der im Laufe des Jahres 1480 im sultanischen Auftrag erledigt wurde, nämlich im Südosten Anatoliens, wo das Fürstentum der Su'l-qadrîje noch ein Schattendasein führte, dessen Bestand es lediglich seiner Abgelegenheit verdankt haben dürfte. Wie erinnerlich sein wird, stand die Herrschaft von Elbistân und Mar^casch mit dem Osmanenhaus in mehrfacher enger Verwandtschaft. Zuletzt hatte Mehmed II. eine Prinzessin aus Elbistân zur Frau genommen. Deren Nichte, 'Â'ische-Chatun, hatte um 1467 den Prinzen Bajesid geheiratet. Mehmeds II. Schwiegervater, Sulejmân-Beg Su'l-qadr-oghlu, ein Freund schöner Pferde und der Frauen, hatte nach einer ruhigen, etwa 12jährigen Regierung seine Tage beschlossen, als ihm seine vier Söhne der Reihe nach in der Staatslenkung folgten. Zuerst hatte Arslan-Beg ein friedfertiges Regiment geführt, als ihn sein Bruder Schâh-Budaq meuchlings in der Moschee von Mar^casch umbringen ließ, wie er eben sein Gebet verrichtete. Schâh-Budaq, der sich des Wohlwollens des Mamlûkensultans in Kairo erfreute und zu ihm geflohen war, ward von seinem ägyptischen Gönner ins Fürstentum eingesetzt, aber die Vornehmen des Landes sträubten sich gegen die Wahl des Brudermörders und verlangten dessen Bruder Schâhsuwâr als ihren Landesherrn. Mehmed II., sein Schwager, an den sich die Gefolgsleute wandten, unterstützte deren Begehren und so wurde Schâhsuwâr mittels eines Diploms durch den Osmanensultan förmlich als Herr der Stämme von Su'l-qadr und Bosoqlu belehnt. Der vertriebene Bruder Schâh-Budaq kehrte nach Kairo zu seinem Bundesgenossen Qâ'it-Baj zurück. Es kam zu Gefechten zwischen ägyptischen Truppen und denen von Su'l-qadr. Der Mamlûkensultan entbot schließlich eine Gesandtschaft zum Großherrn nach Stambul, die einen diplomatischen Meinungsaustausch einleitete, der aber nicht zugunsten Schâhsuwâr's verlief. 1470 mußte er, von den Seinigen verlassen, ins feste Schloß von Zamanti (Tsamandus, heute 'Asîsîje) flüchten, wurde jedoch von den Ägyptern herausgeholt, nach Kairo geschickt und dort auf Qâ'it-Bajs Geheiß am Tore Zuwêle aufgehängt. Mehmed II. würde die Hinrichtung seines Schwagers schwerlich erregt haben, wenn nicht der Mamlûkenherrscher, dessen Streitmacht sich im Gebiet der Su'l-qadrîje eingenistet hatte, nunmehr aufs neue Schâh-Budaq als Herrn des Fürstentums besallt hätte. Der Sultan ergriff nun für den letzten der Brüder, 'Alâ ed-Dewlet, Partei und entsandte ein Truppenaufgebot, um seinem Wunsche Nachdruck zu verleihen. Dies ereignete sich im Laufe des Jahres 1480; wer aber die gegen Su'l-qadr ausgerückte Streitmacht befehligte, ist bisher nicht ausgemacht. Schâh-Budaq ward abermals aus dem Lande gejagt und nach Ägypten vertrieben. 'Alâ ed-Dewlet aber saß, dank dem Eingreifen seines Schwagers, jetzt auf dem Fürstenstuhl, eine Wohltat, die er den Osmanen in der Folge böse vergalt, um schließlich im offenen Krieg gegen Bajesid II. und Selîm I. Thron und Leben zu verlieren (1515).

Alle diese für das Weltgeschehen durchaus belanglosen Vorgänge verdienten kaum besondere Erwähnung, wenn sie nicht den Auftakt zu schweren Unstimmigkeiten zwischen Mehmed II. und dem Sultan in Kairo gebildet hätten. Die feindselige Haltung des Osmanenherrschers begann vermutlich, als er sich bereit erklärte, auf seine Kosten zum Besten der Wallfahrer die verfallenen Wasserleitungen auf der Pilgerstraße nach Mekka herstellen zu lassen. Was immer auch die Hintergründe dieses Anerbietens gewesen sein mögen, sie wurden von Chôschqadem, dem damaligen (1461 bis 1467) Mamlûkensultan, mit dem Hinweis abgelehnt, daß es der Stolz der Herrscher von Syrien und Ägypten nicht zulasse, die Erhaltung dieser frommen Stiftungen aus den Händen zu geben. Die unaufhörlichen Streitigkeiten an der Grenze des Reiches im Süden Anatoliens konnten nur zu weiteren Zerwürfnissen und Spannungen führen, die eines Tages zwangsläufig in eine kriegerische Auseinandersetzung ausarten mußten. Dieser Zeitpunkt schien bereits im Frühling des nächsten Jahres gekommen. Aber es ging anders.

Mehmed II. war zu Ausgang des Jahres ein schwerkranker Mann. Das lebenswahre Bildnis, das Gentile Bellini Ende November vollendete, läßt darüber keinerlei Zweifel. Doch der Winter verstrich, ohne daß der Tod an die Türe des Neuen Palastes in Stambul klopfte.

Als der Lenz nahte, wurden die Roßschweife des Sultans Stambul gegenüber an der anatolischen Küste aufgesteckt. Daß damit das Zeichen zum Aufbruch nach Asien gegeben sei, blieb darnach niemand verborgen. Indessen wußte keiner um das Ziel des Heerzuges, der nun ins Werk gesetzt werden sollte, selbst des Sultans nächste Umgebung nicht. Der rumelische Heerbann ging etwa zur gleichen Zeit wie der Kriegsherr aufs anatolische Ufer und die anatolische Streitmacht hatte Befehl erhalten, sich um die Maimitte auf dem riesigen Blachgefilde bei Qonja zu versammeln. Der Umfang des Aufgebots ließ auf ein Unternehmen großen Stiles schließen, das sich allem Anschein nach gegen Süden, wo der Machtbereich des Mamlûkensultans lag, richten sollte. Daß Mehmed der Eroberer diesmal in eigener Person gegen die Johanniter auf Rhodos zu Felde ziehen wollte, ist ebenfalls befürchtet und vor allem im Abendlande geglaubt worden. Am 25. April, einem Mittwoch, fuhr Mehmed II. hinüber nach Skutari und der Ausmarsch erfolgte. Bei Gebse, unweit der Stelle also, wo Hannibal seine Ruhestätte fand, wurde auf der 'Kaiserwiese', Chunkjâr Tschajyry, Halt gemacht. Da traten am 1. Mai starke Kolikschmerzen ein und die Ärzte mußten ihre Kunst zeigen. Zu den alten Leiden, Gicht und Rheumatismus, hatten sich neue gesellt. Als erster der sultanischen Leibärzte versuchte der Perser Hamîd ed-Dîn aus Lâr, daher al-Lârî zubenannt, sein Können. Er spielt in den letzten Lebenstagen des Eroberers eine mehr als verdächtige Rolle und er hat die Zweifel an seiner Zuverlässigkeit so wenig beheben können, daß er am 22. Februar 1485 in Adrianopel, wo er seinen Wohnsitz nahm und eine Moschee zu bauen begann (vollendet 1514), wenigstens der Ortslegende zufolge, an einer übermäßigen, ihm durch Bajesid II. aufgenötigten Opiummenge zu Tode kam. Die für al-Lârî günstigste Darstellung verlautet, daß er den schwerkranken Sultan falsch behandelte, indem er ihm eine unangebrachte Arznei einflößte. Will man also nicht annehmen, daß hiedurch ein unerwünschter Mitwisser an einem etwaigen Mordversuch aus dem Wege geräumt werden sollte, so kann überhaupt al-Lârîs Beseitigung schwerlich anders als mit seinem Verschulden am Tode Mehmeds II. in Beziehung gebracht werden. Als al-Lârî versagte, wurde des Großherrn alter vertrauter Leibarzt Maestro Iacopo aus Gaeta, der inzwischen als Jaᶜqûb-Pascha Wesirrang und übermächtigen Einfluß auch im politischen Leben gewonnen hatte, ans Krankenlager gerufen. Er erklärte jedoch, daß er nicht mehr zu helfen vermöge, da sein Vorgänger ein verfehltes Heilmittel verwendet habe, dessen Wirkung er nicht mehr zu bannen vermöge. Es traten gräßliche Kolikschmerzen ein und der dem Sterbenden gereichte Trank scheint den Darm verschlossen zu haben. Beim Nachmittagsgebet, also gegen 4 Uhr nachmittags, am Donnerstag, dem 3. Mai 1481, gab der 49jährige Mehmed der Eroberer seinen Geist auf. Mars regierte die Stunde, wie die osmanischen Chronisten ausdrücklich vermerken.

Über die Todesursache ist keine völlige Sicherheit zu erlangen. Mehr als eine Überlegung spricht dafür, daß der Großherr an Gift starb, eine Vermutung, die bei der Unzahl seiner Widersacher ohnedies naheliegt, aber durch verschiedene äußere Umstände sehr an Glaubhaftigkeit gewinnt. Mehmed II. machte sich eine Woche vor seinem Hinscheiden auf den Weg. Er ließ im Vorjahr und auch früher, als seine alten Leiden ihn heimsuchten und seine Bewegung hemmten, wichtige und folgenschwere Heerzüge durch seine Wesire durchführen. Man braucht nur an den Überfall auf Rhodos oder an die Landung in Italien zu denken, die er zwei Renegaten anvertraute. Daß er in bedenklichem Gesundheitszustand am Mittwoch, dem 25. April, seinen Hofsitz verlassen hat, ist schwerlich zu mutmaßen, zumal ja ausdrücklich von Augenzeugen berichtet wird, daß erst am Dienstag darauf (1. Mai) die bedenklichen Kolikanfälle einsetzten. Weit glaubwürdiger klingt, daß er gleich nach seinem Aufbruch vergiftet wurde und daß kein Mittel mehr ausreichte, ihn am Leben zu erhalten. Von wem dieser Anschlag auf den Eroberer ausging, bleibt im Dunkeln. Ziemlich sicher ist, daß die Venediger in diesem Fall nicht beteiligt waren, nachdem ein Dutzend Versuche, Mehmed II. meuchlings aus dem Wege zu räumen, kläglich gescheitert war. Weit glaubhafter ist, daß sein Sohn Bajesid die Schuld eines Vatermordes auf sich nehmen muß. Das Verhältnis zwischen dem freidenkerischen Vater und dem mystisch-bigotten Sohn war niemals herzlich, sondern immer gespannt und gegensätzlich. Als der Großherr 1481 nach Anatolien hinüberging, glaubten viele, sein Unternehmen richte sich gegen Amasia, wo Bajesid bekanntlich seinen Sitz hatte. Das Zerwürfnis mit dem Sohn hat allem Anschein nach immer mehr an Heftigkeit zugenommen und gerade ums Jahr 1481 bedenkliche Formen erreicht. Daß Bajesid zum mindesten gegen den Großwesir Qaramânî Mehmed-Pascha mit Hilfe von Chalwetî-Derwischen einen Mordversuch plante, kann mit einer an Gewißheit grenzenden Wahrscheinlichkeit erwiesen werden. Er selbst ist ja am 26. Mai 1512 auf der Reise nach seinem Geburtsort Dimoteka an den Folgen eines Giftes, das ihm sein Sohn und Nachfolger Selîm durch seinen jüdischen Leibarzt hatte beibringen lassen, auf ähnliche Weise gestorben. Man wird kaum die Wahrheit verfehlen, wenn man meint, daß Mehmed der Eroberer vielleicht gichtleidend, keinesfalls aber todkrank zu einem Feldzug aufbrach, der nach den getroffenen militärischen Vorbereitungen umfassendes Gepräge haben mußte.

Niemand im Lager außer den nächsten Vertrauten des toten Sultans erfuhr etwas von dessen Ableben. Der Großwesir Mehmed-Pascha und seine Umgebung streuten das Gerücht aus, der Eroberer sei von heftiger Gicht befallen worden und daher gezwungen, den Weitermarsch aufzugeben und nach Stambul zurückzukehren. In einer Sänfte wurde der Leichnam in zwei Tagen nach Skutari geschafft und hinüber nach Stambul befördert. Die Streitmacht ward angewiesen, das anatolische Ufer nicht zu verlassen. Kein Schiff durfte über den Bosporus nach der Hauptstadt fahren. Der Großwesir, der, wohl im Einverständnis mit seinem bisherigen Gebieter, unter allen Umständen die Thronbesteigung Bajesids verhindern wollte, sandte drei reitende Boten eiligst nach Qonja zum Prinzen Dschem-Sultan, um ihn zu schleunigstem Antritt der Regierung zu bewegen. Inzwischen hatte sich aber die Nachricht vom Tode des Großherrn überall herumgesprochen und ungeheure Erregung verursacht. Das Heer, zumal die Janitscharen gerieten in Aufruhr und nahmen drohende Haltung an. Sie rannten zum Ufer, bemächtigten sich der Fischerbarken und setzten aufs europäische Ufer über. Mit wildem Geschrei verlangten sie in Stambul ihren Herrn zu sehen, erstürmten, als er sich nicht zeigte, die Pforte des Serajs, in dessen Inneren sie den entseelten Körper des Großherrn erblickten. Ihre Wut richtete sich sogleich gegen den Großwesir, den sie, zusammen wohl mit dem jüdischen Leibarzt Maestro Iacopo, auf der Stelle ermordeten. Sie trugen den Kopf Qaramânî Mehmed-Paschas nunmehr auf einer Lanze aufgespießt durch die Straßen der Hauptstadt, wo das Volk eine unbeschreibliche Empörung erfaßte. In Haufen fiel der aufgeregte Pöbel über die Wohnungen und Geschäfte besonders der Juden und Christen her. Vor allem hatte er es auf die gefüllten Magazine der venedischen und florentinischen Kaufherren abgesehen, die rücksichtslos geplündert wurden.

Die drei an Dschem-Sultan geschickten Reiter hatten kein Glück. Der eine ward unterwegs aufgegriffen, weil er leugnete, Brief und Auftrag zu besitzen, die beiden anderen wurden in Haft genommen. Beim Heere befanden sich zwei Schwiegersöhne Bajesids. Der eine war Janitscharen-Agha, der andere Landpfleger von Anatolien. Ihrem Eingreifen ist es wohl in der Hauptsache zuzuschreiben, daß ihr Schwiegervater über alle Vorkommnisse unterrichtet und zur unverzüglichen Abreise nach Stambul veranlaßt wurde. Die Volkes Stimme für den ältesten Sohn des verstorbenen Osmanenherrschers zu gewinnen, war nach dem gräßlichen Ende des Großwesirs und dem Scheitern seiner Absicht, Dschem-Sultan auf den Plan zu rufen, nur allzuleicht zu erreichen. Der Janitscharen-Agha Sinân versprach seinen meuternden Truppen die Verdoppelung des Soldes, wenn Prinz Bajesid erst einmal auf dem Throne sitze. Alle schrien, wie Augenzeugen berichten, daraufhin unverzüglich: ‚Es lebe Bajesid, er lebe!‘ Inzwischen hatte der frühere und kommende Großwesir Ishâq-Pascha die Gewalt an sich gerissen und sich mit Sinân-Agha verbündet. Er ließ mit seinem Einverständnis den Prinzen Bajesid zum Sultan ausrufen und dessen Söhnchen Qorqud, das sich zufällig in Stambul aufhielt, bis zum Eintreffen des Vaters als Reichsverweser verkünden und den Prinzen im Triumph, vom Volk umjauchzt, durch die Straßen Stambuls führen.

Mit einer Leibwache von 4000 Reitern war Bajesid am 20. Mai in Skutari angelangt. Schon dort begrüßten ihn die jubelnden Janitscharen, die trotzdem nicht vergaßen, ihre Forderung auf Soldmehrung bekanntzugeben. In schwarzen Kleidern, mit schwarzem Kopfbund *(schâsch)* angetan, hielt der neue Sultan seinen Einzug in die Hauptstadt. Dort ließ er die Leiche seines Vaters feierlich zu Grabe bringen. Die Leichenfeierlichkeiten wurden vom Schejch Mustafâ, bekannter unter dem Namen (Ibn) Wefâ, vorgenommen, eine zwielichtige Gestalt, die zunächst zu den entschiedenen Parteigängern des ermordeten Großwesirs Qaramânî Mehmed-Pascha zählte, nach dessen Tod aber schleunigst zum neuen Großherrn überschwenkte. Schejch Wefâ, der dem Derwisch-Orden der Sejnîje angehörte, war, obwohl er sich zeitlebens zu Armen und Bedürftigen hingezogen bezeichnete, zu merklichem Wohlstand gelangt und hatte in Stambul eine eigene Medrese samt Moschee errichtet, vor der er 1491 bestattet wurde.

In Trauergewänder gehüllt, trug Bajesid II. selbst, mit den Würdenträgern abwechselnd, den Sarg des Vaters nach der von diesem erbauten Moschee. Wohl erst später ward er nebenan in einem Grabgewölbe *(Türbe)* beigesetzt. Dann nahm er selbst für einunddreißig Jahre vom Thron seiner Ahnen Besitz.

Über die aufregenden Begebenheiten nach dem plötzlichen Ableben Mehmed des Eroberers liegt ein merkwürdiger Bericht vor, dessen Glaubhaftigkeit allerdings für alle seine Teile keineswegs gesichert erscheint. Es handelt sich um eine mittelfranzösische Handschrift von etwa zwei Dutzend Seiten, die aus dem Besitz zweier englischer Prinzessinnen, Elizabeth und Cecil, Töchter Eduards IV. (1461—1483), auf allerlei Umwegen ins Eigentum der Princeton University Library verschlagen worden ist. Die ‚*Testament de Amrya Sulthan Nichhemedy* (so) *Empereur des Turcs*‘ betitelte Handschrift ist in Wirklichkeit die französische Übertragung einer am 12. Sept. 1481 zu Stambul verfaßten, an einen Freund Giovanni (Jehan) gerichteten italienischen Urschrift eines Stimmungsberichtes über die Vorgänge am Goldenen Horn vor und bei dem Regierungsantritt Bajesids II. Ob es sich aber dabei um das nämliche ‚*Testament*‘ dreht, von dem auch Philippe de Comines in seinen ‚*Mémoires*‘ kurz erzählt, ist nicht auszumachen. Die Schilderung enthält eingangs angebliche letztwillige Verfügungen Mehmeds II. über seine Nachfolge, seine Beisetzung, seine Sklaven, seine Untertanen, die einen wenig zuverlässigen Eindruck erwecken. Auch die umständliche Darstellung des nächtlichen Leichenbegängnisses, an dem 20 000 Menschen teilgenommen haben sollen, erregt in manchen Einzelheiten den Verdacht, daß der Briefschreiber besonders in den Zahlenangaben seiner Einbildungskraft allzusehr die Zügel schießen ließ. Stimmten seine Ziffern, so hätten sich nicht weniger als 2000 Derwische am Begräbnis beteiligt, das sich bis zum Tagesgrauen hinzog.

Wochen vergingen, bis die Kunde vom plötzlichen Hinscheiden des unerbittlichen Todfeindes der Christenheit nach dem Abendlande drang. Schon Ende Mai war in Rom das Gerücht verbreitet, daß Mehmed II. nicht mehr am Leben sei. Venedigs Signoria hatte um die gleiche Zeit durch ihren Botschafter Niccolò Cocco sowie durch den Bailo Battista Gritti aus Stambul zuverlässige Nachrichten erhalten und deren Inhalt an den Vatikan weitergeleitet. Kanonenschüsse und das Geläute aller Glocken zeigten den Bewohnern der Ewigen Stadt die Freudenmeldung an. Um Gott für diese Fügung zu danken, begab sich Papst Sixtus IV. unter einem Baldachin in

feierlichem Umzug zur Kirche Santa Maria del Popolo, wo sich auch das
Kardinalskollegium und alle Gesandten, der *magnifico Messer* Zaccaria
Barbaro aus Venedig diesmal nicht ausgenommen, einfanden. Bei Anbruch
der Dunkelheit loderten überall Freudenfeuer auf und am 3. Juni wurden
drei Tage hindurch prunkende Dankprozessionen angeordnet, an denen
auch der Papst persönlich teilnahm. Die italienischen Chronisten berichten
von ähnlichen Feiern in ganz Italien. Das Frohlocken kannte keine Grenzen.
Vorsichtiger beurteilte Matthias Corvinus die Folgen des Todesfalles. In
einem längeren Schreiben, das er an Sixtus IV. richtete, versuchte er den
Nachweis, daß Mehmed II. den bestimmten Plan gehabt habe, um die
Johanniszeit (24. Juni) 1481 in Ungarn einzubrechen, um wegen der dort unlängst erlittenen Niederlagen fürchterliche Rache zu nehmen. Daß ihm die
Ereignisse nicht Recht gaben, mag den Ungarnkönig wenig von seinen weiteren Bemühungen abgebracht haben, die kostspielige Schlüsselstellung seines Reiches in der Türkenabwehr der Christenheit vor Augen zu führen.

,*Fù fortuna della Cristianità e dell'Italia, che la morte domasse il feroce ed
indomabile Barbaro*', so schrieb fast 200 Jahre später der Ritter und Pro-
kurator von San Marco in Venedig, Giovanni Sagredo. ,Ein Glück war's
für die Christenheit und für Italien, daß der Tod den grimmigen und un-
zähmbaren Barbaren bezwang.' Dies war zweifellos der Eindruck, der fürs
erste die Gemüter des Abendlandes beherrschte. ,Der große Adler ist tot!'
— *La grande aquila è morta* —, das war der Jubelruf, mit dem am 19. Mai
1481 ein Kundschafter der Signoria diese zu überraschen trachtete. Man
dachte nicht an die Zukunft und nichts ist bezeichnender für die abendländische Gesamtstimmung, daß der kaum wachgerufene Kreuzzugseifer
fast überall erkaltete. Mit dem Hinweis, daß der ,Türkentyrann' nunmehr tot sei und daher wohl keine Veranlassung mehr bestehe, die versprochene Geldhilfe zu leisten, entzogen sich die Bologneser behend der Verpflichtung. Italien, das ist richtig, blieb fortan von türkischen Einschüchte-
rungen und Herausforderungen verschont. Von des Eroberers Sohn Bajesid,
der mißtrauisch und bedächtig in allen Unternehmungen war, drohte keine
ernste Gefahr. Dessen Sohn Selîm I. wandte alle seine Waffen gegen Persien,
Syrien und Ägypten und erst sein Sohn Sulejmân der Prächtige richtete
seine begehrlichen Blicke wieder nach dem Abendland. Ungarn fiel in seine
Hände und blieb mehr als 150 Jahre in osmanischem Besitz (1541—1699).
Sein Heer erschien vor den Mauern Wiens (1529) und bedräute das Herz Europas. Alles zerrann im Ablauf der Zeiten und nur das, was Mehmed der Eroberer
in Südosteuropa seinem Reich an Ländern und Inseln einverleiben konnte,
ging erst während des 19. Jahrhunderts aufs neue endgültig verloren. Nur
seine asiatischen Eroberungen haben bisher alle Zeiten überdauert.

Siebentes Buch

MEHMEDS DES EROBERERS PERSÖNLICHKEIT UND REICH

Mehmed der Eroberer als Herrscher und Mensch — Staat und Gesellschaft im Reiche
Mehmeds II. — Kunst, Literatur und Wissenschaft unter Mehmed II. — Mehmeds
des Eroberers Verhältnis zum Abendland

I. Mehmed der Eroberer als Herrscher und Mensch

Wie immer man die Rolle beurteilen mag, die Mehmed dem Eroberer
nicht nur in der Geschichte seines eigenen Volkes, sondern in der des Abendlandes schlechthin beschieden war, so wird nicht zu leugnen sein, daß
er den gewaltigsten Köpfen zuzurechnen ist, die das Mittelalter hervor-
brachte. Die Einschätzung seiner Persönlichkeit als Herrscher und auch als
Mensch wechselt von Grund aus, wenn man westliche Zeugnisse zu Rate
zieht oder sich an die Darstellungen etwa der osmanischen Geschichtsschreiber hält. Dem Abendland erschien er zeitlebens als der Länderver-
wüster, der Blutvergießer, der Menschentöter schrecklichsten Ausmaßes,
als der Erbfeind der Christen, der eigentliche Antichrist, wie sich aus zahlreichen zeitgenössischen und selbst späteren Stellungnahmen immer wieder
erkennen läßt. Als bei der Nachricht von seinem jähen Ableben der christliche Westen erleichtert aufatmete und der Jubel über den Tod des grimmigsten aller Gegner nicht enden wollte, da versuchte der kluge und welt-
offene Vizekanzler des Johanniterordens, Guillaume Caoursin, in der Versammlung der Rhodiser-Ritter mit Dantescher Phantasie seinen Zuhörern
weiszumachen, daß Mehmed gar nicht im Grabe liege, sondern daß das
gewaltige Erdbeben, das zeitlich mit seinem Ableben zusammenfiel, nur
durch den Absturz seiner Eingeweide von Schlund zu Schlund bis in die
Höllenmitte bewirkt worden sei. Er wird im weiteren Verlauf seiner Ansprache dann nicht müde, dem vereinigten Ordenskapitel alle die Scheußlichkeiten und Verbrechen aufzuzählen, die der in den Abgrund der Hölle
beförderte Großherr an der Menschheit verübt habe. Der türkischen Nachwelt hingegen wird heute der Eroberer als die wohl größte Gestalt unter
allen Sultanen hingestellt, die ihresgleichen in der Menschheitsgeschichte
suche. Und je weiter sich die Beurteiler zeitlich von Mehmed II. entfernen,
desto leuchtender und kräftiger sind die Farben, mit denen sein Bild den
Blicken seiner Landsleute vorgezaubert wird. Es trägt sich das seltsame,
nur durch einen überspannten Nationalismus erklärbare Schauspiel zu, daß
gerade in der Gegenwart, wo die Geschehnisse und die Figuren einer ab-

gelebten Zeit verblassen sollten gegenüber den Leistungen der jüngsten
Vergangenheit oder gar der Jetztzeit, Mehmed der Eroberer dem türkischen
Volk als überragendste und untadeligste Erscheinung seiner ganzen Geschichte in zahllosen Veröffentlichungen vorgeführt werden darf. So sehr
man für diese Flucht in eine ferne Vergangenheit psychologische Deutungen
heranziehen mag, so wenig wird man sich als besonnener Betrachter geschichtlicher Vorgänge mit solchen Erklärungen zufrieden geben wollen.

Was also die von Gunst und Abgunst unbestochene Bewertung Mehmeds II. so überaus erschwert, ist der Mangel an Nachrichten über seine
Persönlichkeit, die ernsthafter Nachprüfung standzuhalten vermögen. Es
fehlt uns für das 15. Jahrhundert durchaus an jeder Art von Berichterstattung, wie sie die venedischen ,Relazioni' etwa des 16. Jahrhunderts und
der späteren Zeit darstellen. Aus den knappen Schilderungen, die z. B.
Giacomo de' Languschi oder Niccolò Sagundino auf ihren Fahrten zur
Pforte gerade in den ersten Regierungsjahren des Eroberers zusammen-
stellten, ergibt sich, was den *Herrscher* betrifft, immerhin so viel, daß sich
dessen Absichten und Pläne, in das Weltgeschehen einzugreifen, schon
wahrnehmen lassen. In seinem unbändigen Ehrgeiz, es Alexander dem
Großen und Julius Caesar gleichzutun, ja beide zu übertreffen, strebte er
die Schaffung eines Reiches, einer festgefügten Weltmacht an, die er von
seinem neugegründeten Hofsitz Stambul als dem Mittelpunkte dieser
Universalmonarchie zu leiten gedachte. Sein Drang zu herrschen, die ganze
Welt in seinen Bann zu zwingen, kannte keine Grenzen. Alexander von
Mazedonien, so sagte er, sei mit geringerer Macht nach Asien gezogen. Jetzt
hätten sich die Zeiten gewandelt, indem er aus dem Osten nach dem Westen
marschiere, so, wie einst die Abendländer sich nach dem Orient gewandt
hätten. Eines, so meinte er, dürfte das Weltreich nur sein, ein Glaube und
eine Herrschaft. Um nun diese Einheit zu erzielen, gebe es nirgendwo
einen würdigeren Ort als Konstantinopel; mit dieser Stadt vermöge man
die Christen zu unterwerfen. An kein Gebot, ließ er wissen, sei er gebunden,
Gott allein sei groß. Der venedische Gewährsmann, dessen Ermittlung sich
auf die unmittelbar nach der Einnahme von Konstantinopel bestehenden
Zustände beziehen muß, vergißt nicht anzufügen, daß er diese Anschauung
vom Vater habe.

Es liegt nahe, sich in diesem Zusammenhang nach Möglichkeit die
Haltung Mehmeds II. dem islamischen Glauben gegenüber klarzumachen,
ein schwieriges Unterfangen. Seine besondere Vorliebe für alles Persische
und damit Ketzerische — ,jeder, der Persisch liest, verliert die Hälfte der
Religion' lautet ein altes osmanisches Sprichwort —, seine offenkundige
Hinneigung zu schiitischen Irrlehren und Freigeistern, wie er sie bereits als

Knabe zu bezeugen scheint, sein häufiger Umgang mit Ketzern, darunter sein Bücherwart Lutfî, verbürgen mindestens für gewisse Abschnitte seines Lebens einen Hang zu Glaubensansichten, die mit denen der Rechtgläubigen, von der streng sunnitischen Geistlichkeit vertretenen unmöglich im Einklang standen. Zeitweise war der Sultan bemüht, sich über die Grundsätze des Christentums Aufschluß zu holen. Er ließ sich, wie in seiner Bücherei vorgefundene Handschriften erkennen lassen, durch seine humanistischen Berater, vor allem aber durch den Patriarchen Gennadios, in die Geschichte und in die Glaubenslehre des Christentums einführen und mehr als einmal drang nach dem Westen die seltsame Kunde, der Großherr habe sich zum Katholizismus bekehren lassen. Ja, es wurde sogar behauptet, daß seine christliche Mutter ihn das Vaterunser und andere zur Volksandacht gehörige Gebete gelehrt habe, daß er aber später alles verlernt und sich dem Christentum entfremdet habe. Es geht nicht an, solchen Geschichten irgendeine Glaubwürdigkeit zuzubilligen. Viel gewichtiger ist vielleicht das ‚Glaubensbekenntnis' des als Mönch und Kirchenfürst Gennadios geheißenen ersten Patriarchen von Stambul nach dem Untergange des Reiches von Byzanz, Georgios Scholarios, das uns in einer türkischen Übertragung neben dem griechischen Urtext, gefertigt von einem gewissen Ahmed-Beg, Richter zu Qaraferia (Thessalien), erhalten geblieben ist. Daß die Entstehung dieses Leitfadens auf Wunsch oder Weisung des Eroberers zurückgeht, ist unschwer zu vermuten. Nur wäre es ganz verfehlt, den weiteren Schluß zu ziehen, daß dieser sich an Hand jener Glaubensunterweisung etwa für den Übertritt zum Christentum vorbereiten wollte. Durch die Eroberung der byzantinischen Hauptstadt und die sich anschließende Besitznahme von weiten, mit Christen besiedelten Länderstrecken mußte sich Mehmed II. über die Religionsverhältnisse seiner neuen Untertanen unterrichten, denn es war klar, daß Verwaltung und Verteidigung des osmanischen Staatskörpers nicht mehr ausschließlich durch die mit Neubekehrten gemischte führende osmanische Oberschicht erfolgen konnte, sondern daß daran alle Anteil haben mußten, die sich in den neueroberten Ländern und Völkerschaften durch Verleugnung ihrer christlichen Religion bereit fanden, sich dem großherrlichen Machtbereich einzufügen.

Daß Mehmed II. gleichsam in seiner privaten Umwelt für ketzerische Gedankengänge viel Verständnis hatte, ist ebenso sicher, wie daß er als Staatsoberhaupt die sunnitische Richtung des Islams nachdrücklich und unentwegt einhalten ließ und selbst nach außen hin sich ihr anschloß. Seine religiösen Stimmungen mögen überdies im Laufe der Jahre verschiedene Färbungen angenommen haben und es ist zweifellos kein Hofklatsch,

wenn Gian-Maria Angiolello, der jahrzehntelang am Sultanshof lebte, als
Äußerung Bajesids II. überliefert, 'sein Vater sei herrisch gewesen und habe
nicht an den Propheten Mohammed geglaubt'. Und in der Tat, so fährt
Angiolello fort, war es so und deshalb sagen alle, daß dieser Mehmed sich
zu keinerlei Religion bekannte. Selbst wenn man das harte Urteil des
Sohnes über den Vater zum Teil dessen blindgläubiger und frömmlerischer
Einstellung wird zuschreiben dürfen, die jede Abweichung von den starren
Formen des islamischen Glaubens als Ketzerei oder Irrlehre brandmarkte,
so bleibt doch sicherlich ein großes Stück Wahrheit bestehen. Anderseits
behauptet ein weiterer Gewährsmann, nämlich der freilich manchmal flunkernde Teodoro Spandugino, der Sultan sei kurz vor seinem Ende ein
großer Verehrer christlicher Reliquien gewesen und habe vor ihnen be-
ständig viele Kerzen angezündet.

Auffallend ist der offenkundige Widerwille des Eroberers gegen die Derwisch-Orden, die im 15. Jahrhundert durch alle osmanischen Lande ihren
Siegeszug längst genommen hatten und zumal auf rumelischem Boden bis
nach Albanien hinein ihre Niederlassungen besaßen, beim Volke große
Achtung und Zulauf genossen und zweifellos auch auf das politische Geschehen einen gewissen Einfluß ausüben konnten. Von Mehmeds Vater
Murâd II., ist wohlbekannt, daß seine besondere Zuneigung und Förderung
der Orden der Mewlewî's in Qonja erfuhr, dem er in Adrianopel neben seiner
Moschee ein prächtiges Kloster errichtete und dem er vermutlich selbst
angehörte. Ob Murâd II. diesen Derwisch-Orden etwa als Gegengewicht
gegen die mit den Janitscharen eng verstrickten Bektaschi-Derwische benutzte, ist nicht ausgemacht, so wenig sich die besondere Anhänglichkeit von
Mehmeds Sohn Bajesid II. an den fast allmächtigen Orden der Chalwetî's
zwanglos erklären läßt, falls man sie nicht als Ausdruck der Verbundenheit
in gemeinsamen politischen Zielsetzungen betrachten will; Bajesids Kampf
und Widerstand gegen den Vater, vielleicht sogar die Hintergründe seines
plötzlichen Todes, sind nicht zu trennen von der Beihilfe und dem Mitwissen
der Chalwetîje.

In allen Regierungsmaßnahmen Mehmeds des Eroberers kommt unverkennbar dessen religiöse Duldsamkeit zum Ausdruck. Wenn nur ein
Teil dessen, was der aus Frankreich stammende, aber in Deutschland geborene Isaak Sarfati aus der Türkei in seinem Rundschreiben an die Juden in Schwaben, der Rheingegend, der Steiermark, Mähren und Ungarn
über die so günstige Lage seiner Glaubensgenossen unter dem Halbmonde
zu erzählen weiß, den Tatsachen entspricht, so muß vor allem für die Juden
das Reich Mehmeds II. ein wahres Paradies gewesen sein. Die Türkei sei ein
Land, worin es an nichts fehle. Jeder könne dort unter seinem Feigenbaum

und unter seinem Weinstock unangefochten sein Leben verbringen. Man wird bei der Beurteilung dieses Sendbriefes, mit dem Isaak Sarfati die westlichen Juden zum Verlassen ihrer Wohnsitze und zur Einwanderung ins Osmanenreich ermuntert, gewiß nicht außer Betracht lassen dürfen, daß gerade um die Mitte des 15. Jahrhunderts die Lage der Israeliten im Herzen Europas infolge unaufhörlicher Bedrängnisse und Verfolgungen besonders schlimm war und daß die Türkei, wo niemand seines Bekenntnisses wegen Schädigungen ausgesetzt war, gemessen an diesen Zuständen ein wahres Freudenleben verheißen konnte. Auch das muß bedacht werden, daß sich der Eroberer mit Vorliebe bei seinen kaufmännischen Unternehmungen und Planungen jüdischer Hilfe bediente, wobei ihm sein Leibarzt und Vertrauter Maestro Iacopo aus Gaeta, den er zum Verdruß der Muslime zeitweise als Finanzberater benutzte, oft genug an die Hand ging. Aber auch von christlicher Seite wird mehr als einmal ausdrücklich bestätigt, daß im Reiche des Sultans jeder ‚nach seiner Façon selig werden‘ könne, daß völlige Religionsfreiheit bestehe und niemand seines Glaubens wegen in ernste Schwierigkeiten gerate. Daß sich weitab vom Regierungssitz oft genug Übergriffe und Bedrückungen der christlichen Bewohner ereigneten, ist ebenso gewiß wie ohne Betreiben der Obrigkeit erfolgt. Diese wahrhaft großzügige Behandlung der Nichtmuslime im Osmanenstaat unter Mehmed II. kann zum weitaus größten Ausmaß dessen Nachsicht und Milde in religiösen Dingen zugeschrieben werden, Eigenschaften, die aufs engste mit seinen eigenen, von starren Bindungen freien Glaubensansichten zusammenhängen dürften.

Eigenwillig und etwas überspitzt hat Heinrich v. Treitschke diese Duldsamkeit der Osmanen gegenüber den christlichen Raja als eine ‚Kunst der Knechtung‘ bezeichnet, die hier ein unvergleichliches Meisterstück geliefert habe, das sich nur aus dem Sklavensinn der Untertanen von Byzanz und aus den uralten Überlieferungen morgenländischer Politik erklären lasse. Da Vorderasien, so folgert er, nationale Staaten nicht kennt, sondern nur ein gewaltsam zusammengeschweißtes Durcheinander von Völkertrümmern, so hat die Fertigkeit, teilend zu herrschen, sich hier zu einer dem Abendländer fast unbegreiflichen Vollendung entwickelt. Während die Christenheit ihre Ketzer verbrannte, durfte unter dem Halbmond jeder seinem Glauben leben. In Wahrheit beweist jedoch, so fährt Heinrich von Treitschke weiter, diese vielgerühmte Duldsamkeit der Türken lediglich, wie kunstvoll durchgebildet jenes System der Knechtung war: man wollte nicht die Bekehrung der Unterworfenen, denn nur wenn die Raja-Völker ‚ungläubige Hunde‘ blieben, konnte der Muslim ihm den Fuß auf den Nacken setzen. Während überall eine strenge ständische Gliederung

die unteren Klassen danieder hielt, durfte am Bosporus der geringste
Sklave hoffen, durch Glück und Tatkraft bis zu den höchsten Ämtern des
Reiches emporzusteigen. Darum haben im 16. Jahrhundert die fronenden
Bauern die nahende Fahne des Propheten zuweilen mit ähnlichen Gefühlen
begrüßt wie späterhin die Heere der französischen Revolution. Doch diese
vollendete soziale Gleichheit, die überall den Schemel des orientalischen
Despotismus bildet, bestand eben nur für das Herrenvolk der Gläubigen.
Zwischen ihm und den Raja dehnte sich eine unendliche Kluft. — Tatsache ist, daß sich schon zuzeiten des arabischen Kalifats zwischen der
herrschenden muslimischen Klasse und den nichtmuslimischen Bewohnern
ein Verhältnis entwickelte, das der Auffassung Heinrich v. Treitschkes
nahekommt. Im Osmanenreich mag sie daher mit gewissen Einschränkungen nicht minder zutreffen.

Mehmed II. betrachtete sich mit gutem Grund als den Erben der byzantinischen Kaisermacht, denn es war ihm gelungen, aus den Trümmern des
byzantinischen Staates ein einheitliches, seinem Willen gehorchendes Reich
zu schaffen, das vom Zweistromland bis zur Adria reichte. Die alten byzantinischen Länder wurden durch ihn und einige seiner Nachfolger noch einmal für Jahrhunderte zu einer staatlichen Einheit zusammengeschlossen.
Der alte Grundsatz der Byzantiner, der bereits im ,Strategikon' des Ke-
kaumenos im 11. Jahrhundert in die Worte gekleidet wurde, daß der Besitz
der Hauptstadt, also Byzanz, über den Besitz des Reiches entscheide, verlor auch unter den Osmanen nicht seine Gültigkeit und Bewährung. Mit
dem Besitze Konstantinopels wurde das Osmanentum Erbe der oströmischen Politik und damit der auf das Mittelmeerbecken gerichteten römischen Machtansprüche überhaupt. Es wurde schon in anderem Zusammenhang darauf hingewiesen, daß die äußere Abrundung des Osmanenreiches
unter Mehmed II. in auffallender Weise der Ländermasse des Reiches von
Byzanz folgte, wie dann in späteren Jahrhunderten auch der Verlauf des
Verfalles und Einschrumpfens ein ähnliches Abbröckeln der Randgebiete
zeigt. Vor dem Übergreifen des osmanischen Reiches auf die arabische
Kulturwelt im 16. Jahrhundert bildeten die Balkanhalbinsel und Anatolien
die beiden durch die Meerengen verbundenen Flügel der Osmanenmacht.
Durch den Verzicht auf Entnationalisierung, wie ihn zu des Eroberers Zeiten
am besten Südosteuropa veranschaulicht, wo die dortigen Völkerschaften
während der 500jährigen Türkenherrschaft ihre Sprache und ihr Volkstum
beibehalten konnten, selbst da, wo sie sich, wie in Albanien und Bosnien,
in größeren Mengen zum Islam bekehrten, ward ohne Zweifel bereits
während Mehmeds II. Regierung der Keim des Machtverfalles und schließlich des völligen Zusammenbruches der Türkenherrschaft auf der Halb-

insel gelegt. Hier wiederholen sich auf seltsame Art die Vorgänge im byzantinischen Weltreich, wo unter dem Einflusse des Christentums Kleinasien gänzlich, wenn auch nur äußerlich, hellenisiert worden war, während auf der Balkanhalbinsel dieser Vorgang nur bei den Mazedonen und Thrakern als den Griechen nahe verwandten Völkerschaften stattfinden konnte. Während nun in Hellas selbst die dort eingewanderte slavische Bevölkerung vom Griechentum aufgesogen wurde, vermochte die byzantinische Herrschaft in Bulgarien, Mazedonien und Serbien als den Kernlanden des Slaventums so gut wie nichts auszurichten. Auch hier hat Mehmed II. die Nachfolge der Byzantiner angetreten.

Das Abendland war sich der Ansprüche und der Machtfülle des Eroberers sehr wohl bewußt und wenn Pius II. in seinem merkwürdigen, an den Sultan gerichteten Aufforderungsschreiben, 'durch ein ganz klein wenig Wasser' *(aquae pauxillum)* sich ‚von Rechts wegen' zum ‚Kaiser der Griechen und des Orients' küren zu lassen vorschlägt, so steckt in diesen Worten doch wohl das Zugeständnis, daß sich Mehmed II. auch ohne päpstliches Einverständnis und Zutun diese Herrscherwürde beilegte. Vielleicht noch eindringlicher ergibt sich dieses westliche Einbekenntnis in der Botschaft der Signoria von Venedig, die dem Sultan 1480 der Bailo Battista Gritti, wenigstens Andrea Navagero zufolge, übermittelte: Mehmed befinde sich in vollem Rechte, wenn er Brindisi, Tarent und Otranto in Apulien an sich reiße. Als griechische Siedlungen seien diese Orte Teile des ehemaligen byzantinischen Reiches, das ihm, als Kaiser von Konstantinopel, in seinem ganzen Umfange zukomme.

Es läßt sich leicht vorstellen, daß zur Lenkung der Geschicke einer solchen, in wenigen Jahrzehnten entstandenen Großmacht die Erinnerungen und Gewohnheiten aus der alten Nomadenzeit, die sich im Formeltum teilweise herein bis ins 15. Jahrhundert erhalten konnten, nicht mehr ausreichten und daß daher viele Einzelheiten der bürgerlichen und der Staatseinrichtungen aus der byzantinischen Erbschaft übernommen werden mußten. Das zuzeiten der Paläologen besonders reich entwickelte, an den Hof und Beamtenstaat geknüpfte Brauchgesetz mit seinen Ordnungen lebte nach der Eroberung im Osmanenreiche wieder auf und trieb vielfältige Blüten. Hievon wird in anderem Zusammenhang noch gesprochen werden.

Wenn erklärt wurde, Mehmed der Eroberer sei ‚eine stark ausgeprägte orientalische Tyrannennatur' (J. W. Zinkeisen) gewesen, so läßt sich diese Behauptung nur mit Einschränkungen rechtfertigen. Ein auch nur oberflächlicher Kenner der Geschichte, etwa der italienischen Stadtherren des 15. Jahrhunderts, ist um Beispiele von Herrschern, die dem Eroberer in erstaunlichem Maß ähneln, gewiß nicht verlegen. Liest man etwa die

Abhandlung des Neapeler Humanisten Giovanni Pontano über den Hoch-
sinn (‚De magnanimitate‘), worin er, gestützt auf die Ethik des Aristoteles,
auch den Gegenpol des idealen vollkommenen Mannes darzustellen trachtet,
so hat ihm für die Schilderung des Abscheulichen die Zergliederung des
Tyrannencharakters, wie er sie bei seinem griechischen Meister fand, zwar
die stärksten Farben geliefert, zweifellos aber auch die lebendige Anschauung den Stoff zu seinem Gemälde an die Hand gegeben. In seiner Beschreibung des Tyrannen fehlen keineswegs neben dem Zug einer wüsten,
gräßlichen Wollust, des Tierisch-Scheußlichen, dem Blutdurst, der dumpfen
geschlechtlichen Gier und der viehischen Völlerei alle jene Eigenschaften
des rachgierigen, gewalttätigen, unberechenbaren Machthabers, wie er sie
tagaus tagein an seinem eigenen Herrn, Ferrante von Aragonien, beobachten
konnte. Ihn hat J. Burckhardt unter den damaligen Fürsten den schrecklichsten genannt, eine dämonische Natur, die alle ihre Kräfte, auch die
eines unversöhnlichen Gedächtnisses und einer tiefen Verstellung, auf die
Vernichtung seiner Gegner richtete. Sieht man vom späteren Cesare Borgia
ab, so hat wohl kein Italiener in der Praxis so sehr Machiavellis Theorie
vorweggenommen wie Ferrante von Aragonien. Aber auch andere Beispiele fließen aus der Zeitgeschichte reichlich zu. Man braucht sich nur an
die kleinen italienischen Gewaltherrscher des Quattrocento zu erinnern, allen voran an Sigismondo Pandolfo Malatesta in Rimini, jenes Scheusal in
Menschengestalt, das einstmals Mehmed II. auf den Boden Italiens locken
wollte. Dieses verräterische, wollüstige und verbrecherische Ungeheuer,
das im Frieden durch Hoffeste, Ritterspiele, Jagden und Umgang mit
Gelehrten und Dichtern die Aufregungen des Feldlagers zu ersetzen verstand, war eine harte, wilde und irreligiöse Natur, die sich nicht um sittliche Schranken kümmerte und vor keiner Missetat zurückschreckte.
Die Geschichte der Visconti und mancher kleineren Stadtdynastien im
15. Jahrhundert Italiens liefern ähnliche Beispiele genug und es scheint
daher wenig statthaft, in Mehmed II., bei dem sich zahlreiche jener bei
seinen italienischen Zeitgenossen und ganz gewiß auch anderwärts beob-
achteten Eigenschaften antreffen lassen, einen morgenländischen Tyrannen
zu erblicken, der seinesgleichen in der spätmittelalterlichen Vergangenheit
suchen müßte. Es dünkt überhaupt billig, den Herrscher und Menschen
Mehmed II. losgelöst aus seiner Zeit zu mustern und diejenigen Wesens-
züge, die dem Betrachter und Beurteiler von heute mißfallen und ihn
abstoßen, lediglich außerhalb der Christenheit festzustellen.

Schließlich darf man nicht vergessen, daß gar vieles, was an den Namen
des Eroberers geknüpft wird, auf Rechnung der gewaltsamen und außer-
gewöhnlichen Zustände zu setzen ist, die der Zusammenstoß so feindlich

sich begegnender weltgeschichtlicher Elemente, wie Islam und Christentum, europäische und asiatische Verhältnisse, hervorbringen mußte.

So wie sich nach der Einnahme von Byzanz der Sultanshof immer mehr nach dem Gepränge des früheren byzantinischen Brauchgesetzes ausgebildet hat, so haben sich auch Mehmeds des Eroberers Herrscherformen und Eigenheiten deutlich gewandelt. Die seit alters eingebürgerten, altväterischen, ja fast ritterlich anmutenden Gewohnheiten und Sitten waren endgültig dahingeschwunden. Das so prunklose Hofzeremoniell, das unter Murâd II. bestand und das die abendländischen Beobachter nicht genug zu rühmen und bestaunen wußten, dürfte wohl zu Anfang der Regierung seines Sohnes weiter befolgt worden sein. Der Vater hatte den Christen noch offene Feldschlachten geliefert, in denen die Bewährung des einzelnen Kämpfers ein kriegentscheidendes Gewicht erhalten konnte. Der Krieg war Murâd II. eine lästige Unterbrechung seiner auf Frieden und Wohlstand des Volkes abzielenden Regierungsmaßnahmen. Unter Mehmed II. ward er Daseinszweck, ja eigentliche Beschäftigung der osmanischen Gesellschaft, da er jeden verpflichtete, sich auf diese oder jene Art dem Waffenhandwerk zu bequemen. Dem Großherrn kam es nunmehr darauf an, fremde Länder auf die Dauer zu unterwerfen und seinem Reich einzuverleiben, verwalten und sein Gebiet unter seine bewährten Krieger aufteilen zu lassen. Diese von der früheren grundverschiedene Art der Kriegführung bedingte die rasche und rücksichtslose Bezwingung der befestigten Städte, der Burgen und Schlösser im Feindesland, vor allem aber die Gefangensetzung und spätere Vernichtung der fremden Gewalthaber.

Mit nichts vielleicht läßt sich der Unterschied zwischen einst und jetzt sinnfälliger vor Augen führen als mit der Schilderung, die der Verfasser des lateinischen ‚Tractatus de moribus conditionibus et nequitia Turcorum‘, jener Bruder Georg aus Mühlenbach während seiner 20jährigen türkischen Gefangenschaft (1438—1458) zustande brachte. Diese Schrift, von der Erasmus von Rotterdam, Martin Luther und Sebastian Franck Ausgaben oder Übersetzungen veranstalteten, beschreibt auf treuherzige und ungekünstelte Weise das Leben im Osmanenreich während jener Jahre. Nachdem er dem Leser versichert hat, daß man unter 100 000 Pferden kaum den Lärm und das Geräusch eines einzigen Tieres heraushöre — eine Feststellung, die auch andere gleichzeitige Augenzeugen wie etwa Bertrandon de la Brocquière gemacht haben, wenn er von der völligen Stille in einem türkischen Heerlager berichtet —, fährt er fort: ‚Sättel und Riemenwerk sind von der größten Schlichtheit. Nichts kündet von Eitelkeit oder Überflüssigkeit. Nichts ist einfacher als das Pferdegeschirr. Niemand führt Waffen bei sich, es sei denn, er verließe das Lager. Sie werden in Säcken verwahrt. Man sieht nicht kleine Hunde oder Maulesel herumspringen. Niemand tummelt die Pferde oder verursacht Lärm, wie es bei den Christen der Brauch ist. Die großen Herren und Fürstlichkeiten tragen in allem eine solche Einfachheit zur Schau, daß man sie unmöglich aus der Menge herausfinden kann. Ich sah den Herrscher, nur von zwei jungen Leuten gefolgt, sich in die von seinem Palast abgelegene Moschee begeben. Ich habe ihn ebenso beobachtet, als er ins Bad ging. Als er aus der Moschee in seinen Palast zurückkehrte, würde niemand gewagt haben, sich seiner Begleitung anzuschließen, niemand hätte unterwegs sich erdreistet, ihm entgegenzugehen, ihm zuzujubeln, wie man es bei uns zu tun pflegt, und in den Ruf auszubrechen ‚Es lebe der König!‘, oder in andere Beifallskundgebungen, wie dergleichen bei uns üblich sind. Ich habe den Sultan erblickt, wie er in der Moschee sein Gebet verrichtete. Er saß weder auf einem Sessel noch auf einem Throngestühl, sondern er hatte, wie die anderen, auf einem am Boden ausgebreiteten Teppich Platz genommen. Um ihn war weder eine Verzierung angebracht, aufgehängt oder entfaltet.

In seiner Kleidung oder am Leibroß hat der Sultan keinerlei besonderes Kennzeichen, das ihn unterscheiden ließe. Ich habe ihn betrachtet, als er am Leichenbegängnis seiner Mutter teilnahm, und wenn man ihn mir nicht gezeigt hätte, so wäre es mir unmöglich gewesen, ihn zu erkennen. Es ist streng untersagt, ihn zu begleiten oder sich vor ihm aufzustellen, ohne hiefür die ausdrückliche Erlaubnis erhalten zu haben. Ich lasse viele Einzelheiten unerwähnt, die man mir über seine Leutseligkeit in der Unterhaltung bezeichnete. In seinen Urteilen bekundet er Reife und Nachsicht. Er ist großzügig beim Almosenverteilen und wohlwollend in allen seinen Handlungen.

Die in Pera wohnhaften Franziskanerbrüder versicherten mir, daß er in ihre Kirche eingetreten sei und daß er in ihrem Chorstuhl Platz genommen habe, um den Zeremonien und dem Meßopfer beizuwohnen. Sie gewährten seine Bitte und lasen vor ihm die Messe. Um seine Neugier zu befriedigen, wiesen sie ihm im Augenblick der Erhebung des Allerheiligsten eine nicht geweihte Hostie, denn man darf ja nicht die Perlen vor die Säue werfen.‘

Die Angaben des ‚Mühlenbachers‘ werden nicht nur von dem burgundischen Ritter Bertrandon de la Brocquière, sondern vor allem auch durch den sogenannten serbischen, in Wahrheit aber wohl griechischen Janitscharen Konstantin, Sohn des Michael Konstantinović aus Ostrovica bei Rudnik (Mittelserbien), bestätigt, der, um 1438 geboren, beim Falle von Novo Brdo (1. Juni 1455) in türkische Hände geriet, als Janitschar zahlreiche Heerzüge Mehmeds II. mitmachte, bis er 1463 in Bosnien wieder die Freiheit erlangte. In seinen polnisch verfaßten oder diktierten *Denkwürdigkeiten des Janitscharen'*, die eine der wichtigsten westlichen Quellen für die Geschichte des Eroberers darstellen, gibt er ein überaus anschauliches Bild von den Zuständen im Osmanenreich während der ereignisreichen Jahre 1451/1463.

Je gewaltiger sich die Kriegserfolge des Eroberers auswuchsen, desto größer wurden die Gefahren, die seiner Person von allen Seiten drohten. Aus dem ehemals leutseligen und umgänglichen Herrscher ward ein verschlossener, mißtrauischer, fast menschenscheuer Mann, der nicht einmal mehr die alte osmanische Hofsitte beibehielt, als Großherr mit seinen Wesiren bei Tisch zu sitzen. Er pflegte allein zu speisen und alle möglichen Vorkehrungen anzuordnen, daß er nicht einem Giftanschlag zum Opfer falle. Die Sicherung der Thronfolge veranlaßte ihn, den Brudermord zum Reichsgesetz zu erheben. Und während er nach Väterart früher im Diwan, dem Reichsrat, den Vorsitz innehatte, überließ er gegen Ausgang seiner Regierung diese Beratungen ausschließlich seinen Wesiren. Es gibt eine spaßige Geschichte, daß nämlich eines Tages ein anatolischer, in Lumpen gekleideter Türkmene im Diwansaal, zu dem ehedem jeder Zutritt hatte, um seine Wünsche und Beschwerden vorzubringen, auftrat und mit der in ungeschlachter Mundart seines Stammes vorgebrachten Frage ,Wer von Euch ist denn nun der glückliche Kaiser?' *(Dalwatlü chünker kankunusdur ?)* den anwesenden Eroberer in heftigen Zorn versetzte. Der damalige Großwesir Gedik Ahmed-Pascha habe die Gelegenheit genutzt, dem Sultan vorzustellen, daß es wohl besser sei, um seine geheiligte Person vor solch entwürdigenden Vorkommnissen zu schützen, die Diwangeschäfte den Wesiren zu übertragen. Mehmed II. soll sich den Vorschlag gefallen lassen und angeordnet haben, daß die Verhandlung der Ratsobliegenheiten künftighin ohne Ausnahme den Wesiren anheimfiel. Selbst wenn diese Anekdote auf einen geschichtlichen Vorfall zurückgeht, wie es den Anschein hat, so mag dieser für den Eroberer nur den erwünschten Anlaß gebildet haben, sich dem Umgang mit der Außenwelt nach Möglichkeit zu entziehen. Von einem vergitterten, hinter dem Sitze des Großwesirs im Diwansaal eingebauten Fenster konnte der Großherr ungesehen den Beratungen zuhören. Das Gesetz, daß niemand sich dem Sultan mit Waffen nahe und daß jeder, der vor ihm zu erscheinen hat, von zwei Kämmerern unter dem Arm gehalten eingeführt werde, eine Verordnung, die westliche Botschafter bis ins 19. Jahrhundert herein zur Befolgung zwang, erging seltsamerweise nicht bereits durch den Eroberer, sondern erst durch seinen Sohn Bajesid II.; Anlaß war der meuchlerische Angriff eines Wander-Derwischs in einem Engpaß zwischen Bitolja und Prilep im heutigen Südserbien (Juni 1492). Indessen durfte auch bei Mehmed II. nur in Aus-

nahmefällen, die als besondere Gunstbezeigung bewertet wurden, jemand
mit Säbel vorgelassen werden.

Mehr noch als der unkriegerische und volkstümliche Nachfolger des
Eroberers hätte dieser selbst oft genug Grund gehabt, solcherlei Vorkehrungen zum Schutze seiner Person zu treffen. Die allein durch die Signoria von Venedig ins Werk gesetzten, allesamt freilich mißlungenen Anschläge machen wohl ein Dutzend aus. Die Aufdeckung der Mordversuche
verdankte der Bedrohte einem zweifellos ungewöhnlich gut ausgebildeten
Geheimdienst, dessen Verzweigungen sich bis in die fernsten Gegenden,
auch über die Grenzen des Osmanenreiches hinaus, erstreckt haben müssen.
Die wenigen, bisher über diese Einrichtung vorliegenden gesicherten Nachrichten lassen erkennen, daß es sich um eine Kundschafter- und Über-
wachungsmaßnahme größten Stiles gehandelt haben muß, deren unleugbare
Erfolge sich nur mit der verräterischen Beihilfe fremder, reichlich ent-
lohnter Hintermänner und Spießgesellen erklären lassen dürften. Besonders
auf italienischem Boden dürfte Mehmed II. eine Vielzahl von Helfershelfern
besessen haben, deren Spähermöglichkeiten bis in die höchsten Stellen
der Stadtrepubliken reichten.

Das Leben des Osmanenherrschers mußte nach solchen Vorsichtsmaß-
regeln allem Ermessen nach gegen Meuchelmord und Heimtücke geschützt bleiben. Solang es sein körperlicher Zustand erlaubte, ging der
Eroberer in Stambul zwischen einer Anzahl von Sklaven durch die Straßen
der Hauptstadt. Manchmal ritt er, von zwei Begleitern zu Pferde gefolgt,
durch Stambul, wobei er unterwegs diesen oder jenen ihm Bekannten ansprach und sich nach seinem Befinden erkundigte. Diese Gänge oder Ritte
unterblieben im Laufe der Jahre immer mehr, als sein Gichtleiden und
andere körperliche Gebresten ihn daran behinderten. Immer seltener zeigte
er sich in der Öffentlichkeit und verbarg sich hinter den hohen Mauern
seines kaiserlichen Palastes.

Noch schwieriger als vom Herrscher ist es, sich vom *Menschen* Mehmed
eine zuverlässige Vorstellung zu machen. Nach dem, was etwa Zeitgenossen
und zufällige Beobachter über ihn hinterlassen haben, ein vollständiges
Bild seines Wesens und seiner Persönlichkeit zu entwerfen, ist ein gewagtes
Unterfangen. Alles, was jemals zu seinen Lebzeiten über ihn gesagt ward,
ist fast immer nur der Ausdruck maßloser sklavischer Bewunderung und
Verhimmelung oder aber des Hasses, der Verachtung, des Jammers und
des Elends, das er über die Länder der Christenwelt gebracht hat. Schon
sein Aussehen wird von seinen Landsleuten ganz anders beschrieben, wobei,
selbst wenn man die blumenreiche Sprache in Rechnung stellt, nur wenig
verbleibt, was einen ungefähren Begriff vermitteln könnte. ‚Seine Augen-

brauen', so schildert ihn der freilich spätere Hofdichter Murâds III.
(1574—1595), Sejjid Loqmân, in seinen ,Personalbeschreibungen des Hauses
Osmân' *(Schamâ'il-nâme-i Âl-i ʿOsmân)* allzu grellfarbig, 'waren schwarz,
verwachsen und langgezogen, seine die Welt betrachtenden Augen waren
das Augenlicht der Welt und den Augen der Edlen wie Pupille Licht spen-
dend. Schafsnasig war er und von gelblich-rot-weißer Gesichtsfarbe, sein
Kinn war rund und gut ebenmäßig geformt. Seine soeben gewachsenen
Milchbarthaare waren Golddraht gleich verknüpft, sein Heldenschnurr-
bart über einer Rosenknospe wie frische Basilie, seine Lippen Pistazien,
seine Schultern breit, sein Hals lang, seine Arme stark und kriegerisch,
seine Art im Steigbügel zu sitzen, heldenhaft mit stolz erhobnem Haupte.'
Weit nüchterner dagegen als diese für westlichen Geschmack allzu schwulsti-
gen Worte klingen jene, die sich etwa im Berichte Gian-Maria Angiolello's
finden und die sich vermutlich auf das letzte Lebensjahrzehnt des Eroberers
beziehen: ,Dieser Kaiser Mehmed, genannt, wie gesagt, der Großtürke,
war von mittlerer Größe, fett und fleischig, hatte breite Stirne, große
Augen mit starken Wimpern, Adlernase, kleinen Mund mit rundem und
starkem Bart, der ins Rötliche spielte, kurzen und dicken Hals, gelbliche
Gesichtsfarbe, etwas hohe Schultern, eine laute Stimme und war gichtkrank in den Beinen.' Italiener, die ihn bald nach der Eroberung von
Konstantinopel zu Gesicht bekamen, wie Giacomo de' Languschi oder aber
Niccolò Sagundino bezeichnen ihn übereinstimmend als ,gut gebaut, von
eher großem als mittlerem Wuchs, ein Mann, der wenig lachte' (*di poco
riso*) oder ,von melancholischer Natur und Stimmung, von mittlerer Gestalt, einer ziemlich vornehmen Erscheinung, die Gesichtszüge offen zur
Schau tragend'. Alle diese Angaben haben auf den Großherrn in seinen
guten und gesunden Tagen Bezug. Später, zumal in seinen letzten Lebensjahren, als seine Hinfälligkeit und die ausschweifende Lebensführung sein
Aussehen gräßlich verzerrten und seine Gestalt vorzeitig knickten, änderte
sich sein Aussehen beträchtlich. Gentile Bellinis Gemälde, das er fünf
Monate vor dem Tode des Sultans vollendete, zeigt die scharfe, über die
Oberlippe hängende Adlernase, im morgenländischen Bild also einen ,Pa-
pageienschnabel, der auf Kirschen ruhte'. Das kalte, grausame, sinnliche
Auge blickt in weite Fernen, das Gesicht hat einen schlaffen, traurigen, blei-
chen Ausdruck, in dem sich die Qualen eines schweren unheilbaren Leidens
deutlich ausdrücken. Philippe von Comines (1445—1509), der trefflich
beobachtende französische Diplomat und Geschichtsschreiber, der über
weite und gute Beziehungen verfügte, zeichnet ein fast schauerliches Bild
vom schwerkranken Eroberer: ,Leute, die ihn gesehen, haben mir's berichtet, daß sich ihm eine unmenschliche Geschwulst auf die Beine schlug,

und wenn es sommerte, geschah es ihm, daß sie dick wurde wie ein Mann
am Leibe, ohne daß man sie hätte öffnen können; und dann verging das
wieder. Kein Chirurg wußte anzugeben, was es war, wohl aber sagte man,
daß sein viehisches Schwelgen viel dazu beitrug und es eine Strafe Gottes
sein mochte. Damit man nicht merke, wie vertan er war, und seine Feinde
ihn nicht verachteten, ließ er sich selten sehen und hielt sich abgeschlossen
in seinem Seraj.' Je mehr seine Körperfülle zunahm und die wassersüchtigen
Anschwellungen und Lymphstauungen, auf die man wohl sein Siechtum
wird zurückführen dürfen, wenigstens zeitweise jegliche Bewegung er-
schwerten, desto seltener stieg er zu Pferde und desto mehr verweilte er in
den Gemächern seines Palastes im Umgang mit Dichtern und Gelehrten
und mit Menschen, deren Zuneigung er sicher zu sein vermeinte. In solchen
Jahren mußte er dem Kriegshandwerk entsagen und sich Betätigungen
widmen, die seine Zukunftspläne berührten, Studien der Vergangenheit
galten oder der Unterrichtung über ferne Länder, die sich bisher seinem
Zugriff entzogen hatten. Das, was Giacomo de' Languschi um 1453 von ihm
behauptete, daß ihm nämlich nichts mehr zusage und Vergnügen bereite
als die Beschäftigung mit der Erdkunde und mit militärischen Fragen,
galt in vollem Umfang auch noch für seine reifen Jahre. ,Er brennt von
Lust am Herrschen, ein schlauer Erkunder der Geschehnisse', so schließt
der venedische Betrachter seine Darstellung, nicht ohne die Mahnung zu
unterdrücken: ,Mit einem solchen, also beschaffenen Mann haben wir
Christen es zu tun.'

Es wäre um die Kenntnis der Wesenheiten des Menschen Mehmed weit
besser bestellt, wenn man Herkunft und Gemüt der Mutter und deren Einfluß auf den Knaben übersähe. Dieser wurde frühzeitig, entsprechend alter
Gewohnheit im Hause Osman, dem Bereich des Vaters entrückt und mit
der Mutter ins ferne Anatolien verschickt, wo er zu Amasia und in der
Folge zu Maghnisa seine Kinderjahre verlebte. Der ungebärdige widerspenstige Prinz machte gewiß seiner Umgebung schwer zu schaffen. Und
welche Mühe es kostete, ihm Lebensart und die Anfangsgründe der damaligen 'Ausbildung beizubringen, wurde bereits angedeutet.

Da die Mutter unzweifelhaft keine Türkin, überhaupt keine Muslimin
von Abkunft war, sondern aus dem christlichen Westen stammte, Griechin,
Slavin oder vielleicht sogar Italienerin, so sind abendländische Spuren
der frühen Erziehung Mehmeds mit Sicherheit zu mutmaßen. Ebenso
darf angenommen werden, daß in die Jugendzeit bereits die ersten Be-
gegnungen mit Italienern fallen, deren späterer Umgang seine Vorstellungen
von der Christenheit so maßgeblich geprägt haben muß. Die Jahre nach
seiner Absetzung im Sommer 1446 und seiner endgültigen Thronbesteigung

im Februar 1451 müssen eine entscheidende Wirkung auf seine Wesens-
züge ausgeübt haben und ihre Aufhellung über die Mitteilungen des Ciriaco
de'Pizzicolli hinaus wären von besonderem Wert für die Beurteilung des
Jünglings. Seine selbstherrlichen Neigungen und sein unbändiger Sinn für
geschichtliche Großtaten, sein Verlangen, ein Weltreich aufzurichten und
Konstantinopel zu dessen Mittelpunkt zu machen, müssen in jenem Jahrfünft gereift sein. Daß der Verkehr mit einem solchen fast unbeeindruckbaren
Machthaber für seine Wesire und Würdenträger dauernden und sich mehren-
den Schwierigkeiten ausgesetzt war, läßt sich leicht ausmalen. Eine zunehmende Unberechenbarkeit, Unstetigkeit und fast krankhaft gesteigerte
Launenhaftigkeit gestalteten diesen Verkehr zu einem schwierigen, sogar
lebensgefährlichen Unterfangen. Niemand, auch nicht der höchste Berater,
war sicher vor seiner Rachgier, wenn er einmal sein Vertrauen getäuscht
hatte oder sein Mißtrauen erregte. Er vergaß niemals, was ihm jemand angetan hatte, und niemals unterließ er, Vergeltung zu üben. Das schauerliche
Beispiel seines Großwesirs Chalîl-Pascha, aber auch das furchtbare Schicksal des um ihn und sein Reich so hochverdienten Mahmûd-Pascha können
als Beweis für diese unerbittliche unversöhnliche Sinnesart genügen.

Seine religiöse Freigeistigkeit dürfte sich ebenfalls in jenen Jahren gefestigt haben. Daß ihn auch hier italienischer Einfluß bestärkte, darf als
gewiß gelten. Dazu trat ein Hang zum Übersinnlichen, eine abergläubische
Neigung, die sich auch noch in späteren Jahren selbst bei wichtigen Entscheidungen wie Feldzügen, Schlachten, Planungen auswirken konnte. Er
ließ sich mit Vorliebe aus den Sternen wahrsagen und beschäftigte zu
diesem Zwecke gestirnkundige Perser, die sich wohl hüteten, sein Horoskop
jeweils anders zu stellen als es die Wünsche und Hoffnungen des Gewaltigen
erwarteten. Fast mit Gruseln, auf jeden Fall aber mit ängstlichen Gefühlen
betrachtete er, der sich über das Bilderverbot kühn hinwegsetzte und auch
die starrgläubigen Ansichten der Hofgeistlichen in dieser Frage unbeachtet
ließ, die Bildnisse abendländischer Künstler. Daß ein sterblicher Mensch
wie Gentile Bellini in sich eine beinahe göttliche übernatürliche Kraft
besäße, um lebensähnliche Dinge vorzuzaubern, erschien ihm noch auf der
Neige seines Daseins kaum glaubhaft. Als der venedische Maler das Bildnis des Großherrn zustande gebracht hatte, sah er dieses wie ein Wunder an.
Daß die plötzliche Entlassung und Heimsendung Bellinis dem Bestreben
der Orthodoxen zuzuschreiben ist, mag seine Richtigkeit haben, aber dieser
Umstand ändert gar nichts an der Scheu, die der kunstfreudige Großherr
trotz seiner freieren Regungen bis an seinen Lebensabend gegen die un-
heimliche Naturtreue Bellinischer Schöpfungen empfand.

Gian-Maria Angiolello, der den Aufenthalt Bellinis im Sultanspalast zu

Stambul teilte und über die dortige Tätigkeit des Meisters mancherlei zu
berichten weiß, gibt in diesem Zusammenhang einige Belege für die wenigstens nach heutigen Begriffen unvorstellbare Grausamkeit, Gefühlsroheit
und Unmenschlichkeit seines Gebieters, Eigenschaften, die dieser, wie erwähnt, mit anderen zeitgenössischen Gewalthabern auch des Westens teilte
und die jenem gnadenlosen, unbarmherzigen Zeitalter überhaupt anhaf-
teten. Einige dieser Erzählungen mögen hier ihren Platz finden.

Um den Blutrausch des Eroberers, der ihn von Zeit zu Zeit überfiel, zu
veranschaulichen, berichtet Angiolello auch jene berühmte, in ihrer Glaubwürdigkeit oft bezweifelte Geschichte von der schönen Irene. Bei der Einnahme Konstantinopels soll sich unter der riesigen Menschenbeute ein
16—17jähriges griechisches Mädchen von wunderbarer Schönheit dieses
Namens befunden haben. Man brachte sie vor den Eroberer, der in Liebe
zu ihr entbrannte und sich darüber von wichtigen Staatsgeschäften abhalten
ließ, so daß seine Vertrauten ihm darob Vorstellungen machten. Der Herrscher war über diese Kühnheit keineswegs erzürnt, sondern versprach
sogleich zu beweisen, daß er sich selbst zu zügeln und zu besiegen wisse.
Er beschied die Würdenträger in einen Saal des Palastes und trat selbst,
die reichgezierte, himmlische Anmut ausstrahlende Irene an seiner Linken
führend, in deren Mitte. Sodann wandte er sich an die Umstehenden mit
der Frage, ob ihnen jemals eine vollkommenere Schönheit begegnet sei.
Als alle verneinten und um die Wette des Großherrn Wahl belobten, rief
Mehmed: ‚Nichts in der Welt kann mich abhalten, die Größe des Hauses
Osman zu wahren.' Er faßte das Griechenmädchen bei den Haaren, zückte
seinen Dolch und durchschnitt der Unglücklichen die Kehle. Sie sank tot
zu Boden und der Großherr hatte sein Versprechen wahr gemacht.

Novellistisch ausgeschmückt hat diese Erzählung Matteo Bandello, der
vielleicht sogar auf Angiolello zurückgreift. Freilich fehlt beim piemon
tischen Boccaccio der Zusatz, daß der Sultan vor Schmerz über seine Untat
erkrankt, daß ihm aber der Abscheu vor seiner Schaudertat allmählich
vergangen sei und er auf solche Weise seine Zuneigung zur abgöttisch geliebten Frau unterdrückt und schließlich ganz überwunden habe. Allerdings
erinnert dieses Geschehnis stark an einen Stoff, der im bekannten Volks-
lied vom Kosakenhäuptling Stenka Rasin († 1671) den wohl geläufigsten,
wenn auch späten Niederschlag fand, so daß die Geschichtlichkeit der
Begebenheit einigen Zweifeln unterliegt. Der greuliche Vorfall könnte sich
allenfalls um 1455 zugetragen haben, als Mehmed, wie der nüchterne und
gewissenhafte Geschichtsschreiber Mustafâ ᶜAlî vermeldet, nach der Rückkehr aus dem Felde viele Nächte mit ‚schönäugigen, feenhaften Sklavinnen
durchschwelgt und die Tage mit engelsgleichen Pagen im Zechgelage ver-

brachte'. ,Mehmed hat sich', so fügt der Berichterstatter mit feiner Ironie hinzu, 'jedoch nur dem Scheine nach der Schwelgerei und der Wollust hingegeben, in Wahrheit war sein von Gerechtigkeit erfülltes Streben darauf gerichtet, den Bedrückungen seiner Untertanen im Land abzuhelfen.'

Der Eroberer hatte eine besondere Vorliebe für Gärten und die Zucht von Gemüsen innerhalb des weiträumigen Neuen Serajs. Bei der Beschäftigung in diesen Anlagen fand er Zerstreuung und Ablenkung von seinen Staatsgeschäften. So hatte er auch Gurken gepflanzt, deren Wachstum er mit fürsorglichen Augen überwachte. Eines dieser Gewächse hatte es ihm besonders angetan und er wies die Gärtner, die Bostândschys, an, es ja nicht zu berühren. Als der Sultan eines Tages nach der Gurke sah, war sie nicht mehr vorhanden. Er befragte die Leute, die kurz vorher noch im Garten beschäftigt waren, wer von ihnen sie gegessen habe. Jeder bestritt, sich an der Gurke vergriffen zu haben. Um der Wahrheit auf die Spur zu kommen, ließ Mehmed einem der Gärtnerjungen den Bauch aufschlitzen, in dem sich zum Glück für die andern die Reste der Gurke fanden.

Der allerdings späte Carlo Ridolfi, bekannt als Lebensbeschreiber venedischer Maler und Bildhauer (1648), gibt von einem weiteren Vorkommnis Kunde, das sich an den Aufenthalt des Gentile Bellini am Sultanshofe knüpfte und das mit der raschen Abreise des großen Malers in seine Heimat zusammenhängen soll. Eines Tages zeigte Bellini dem Großherrn ein Gemälde, das die Enthauptung Johannes des Täufers darstellte. Der Großherr betrachtete lange das Bild, lobte dessen Meister, gab ihm aber dann unverhüllt zu verstehen, daß er insofern einen Irrtum begangen habe, als er den Hals des Geköpften zu sehr habe hervortreten lassen. Er hätte aber einschrumpfen müssen, wie es der Fall zu sein pflege, da er sich zusammenziehe. Der Maler, erstaunt über diese Bemerkung, wurde sogleich von seinem Brotgeber eines Besseren belehrt. Dieser ließ einen Sklaven herbeischleppen und ihm in Gegenwart des Malers den Hals abschneiden, um diesem in der Natur zu veranschaulichen, daß der Hals sogleich einschrumpfe, sobald er vom Rumpfe getrennt sei. Bellini, so behauptet C. Ridolfi, sei über diese scheußliche Szene so entsetzt gewesen, daß er schleunigst das Weite suchte und nach Venedig heimkehrte. Aber auch diese Geschichte, so darf nicht unerwähnt bleiben, hat einen topischen Beigeschmack, denn sie wird von Seneca im Zusammenhang mit dem gefeierten griechischen Maler Parrhasios, dem Nebenbuhler des Zeuxis, ebenfalls ganz ähnlich überliefert und, in einer freilich trüben Quelle, selbst dem Michelangelo angedichtet.

Wie immer es auch mit der Glaubwürdigkeit der eben aufgeführten Geschichten bestellt sein mag, daß Mehmed II. nicht davor zurückschreckte,

Menschenleben zu Tausenden auszulöschen, wenn ihm der Sinn danach
stand oder das Staatswohl es zu heischen schien, wird durch so viele andere
verbürgte Quellen bestätigt, daß jene Einzelfälle ganz an Bedeutung verlieren. Vergegenwärtigt man sich aber die Klassen von Sündern, die Dante
Alighieri in den unteren Kreisen der Hölle zusammendrängt, so wird man
um Beispiele, wie sie aus der Zeitgeschichte des 15. Jahrhunderts allenthalben reichlich zufließen, auch für die nächsten Jahrhunderte nicht in
Verlegenheit geraten. Man braucht nur wiederum an Ferrante von Aragonien zu denken, dessen unersättliche Rachgier wenn nicht im Blute, so
doch im Behagen der Quälerei zu schwelgen pflegte, so etwa, wie er kicherte
und sich mit satanischer Freude die Hände rieb, wenn er an die im Kerker
wohlverwahrten Gefangenen dachte, die er in peinigender Ungewißheit
über das ihnen zugedachte Schicksal ließ, oder wenn er in der Baronen-
verschwörung einen Gegner nach dem andern grausam ums Leben bringen
ließ und dabei teuflisches Vergnügen empfand.

Ganz verwegen erscheint ein Versuch, das Privatleben des Eroberers, das
sich in strenger Abgeschlossenheit von der Außenwelt abspielte, zu beleuchten. Über seine Stellung zu jenen Frauen, die ihm seine Söhne zur Welt
brachten, wissen wir gar nichts. Bekannter ist nur, daß er die ihm vom
Vater aufgenötigte Prinzessin aus dem fernen Elbistân nur kurze Zeit in
seinem Harem duldete und sie später, wenn nicht verstieß, so doch in die
Einsamkeit von Adrianopel verwies, wo die Kinderlose, in frommen Werken
besondere Befriedigung findend, ihre freudeleeren Tage beschließen mußte.
Enger mag seine Bindung an die Mutter Bajesids II., des ältesten Sohnes,
gewesen sein, wenngleich die Tatsache, daß deren Grabmal in nächster
Nähe seiner eigenen Türbe zu stehen kam, dies keineswegs bezeugt. Sie
überlebte ihn um etliche Jahre und ihre letzte Ruhestätte verdankt gewiß
dem Sohn und nicht dem Gatten ihre Entstehung. Wir wissen von einigen
anderen Frauen, daß sie vorübergehend das Leben mit Mehmed II. teilten,
aber von keiner geht nähere Kunde. Was aus der Mutter Dschem-Sultans
wurde, woher sie kam und wo sie endete, bleibt in Dunkel gehüllt. Daß die
Mutter seines Lieblingssohnes Mustafâ über dessen Tod hinaus großherrliche
Gunst genoß, macht die Erzählung Gian-Maria Angiolellos durchaus unwahrscheinlich. Die alternde Frau dürfte ihr Leben in der Nähe des Sohnes
zugebracht haben, um nach dessen jähem Hinscheiden in Brussa den Rest
ihres Lebens zu vertrauern. Keine halbwegs glaubhafte Nachricht spricht
für die Annahme, daß Mehmed II. irgendeiner Frau auf die Dauer zugetan
geblieben oder gar unter ihren Einfluß geraten sei. Er betrachtete das weibliche und, wie man weiß, auch das männliche Geschlecht als Zeitvertreib
und als Quelle der Lust. Und nichts stützt die Vermutung, daß er jemals

höherer Regungen fähig war. Ein eiskalter Rechner und Berechner, hat
Mehmed II. überhaupt seine Beziehungen zu den Menschen auf deren
Verwendbarkeit und Nützlichkeit für seine eigenen Zwecke abgestimmt.
Sieht man von dem merkwürdigen Beispiel des jüdischen Leibarztes Ja͜c-
qûb-Pascha ab, also jenes Maestro Iacopo aus Gaeta, der mehr als dreißig
Jahre in seinen Diensten ausharrte und niemals dauernd seine Gunst verlor,
so läßt sich kein Beweis für das Gegenteil der Behauptung erbringen. Wenn
Ja͜cqûb-Pascha der großherrlichen Gnade weniger vielleicht wegen seiner
ärztlichen Fähigkeiten als wegen seines Finanzgenies nicht verlustig ging,
so mag ihn eine besondere Vertrautheit mit den Wesenszügen seines
Pfleglings vor dessen Launen und Jähzorn geschützt haben.

Der oft genug flunkernde Theodor Spandugino, eigentlich Spandoni,
ein Verwandter der Kantakuzenen und damit auch des serbischen Hofes,
behauptet, Mehmed II. habe 873 000 Menschen ums Leben gebracht. Wie
diese Zahl errechnet wurde, verschweigt der Gewährsmann. Sie wird sich
indessen, wenn man die drei Jahrzehnte fast ununterbrochener Kriegshandlungen in Anschlag bringt, nicht allzusehr von der Wahrheit entfernen,
denn aufs Jahr kämen dann etwa 29 000 Opfer des Weltenstürmers. Die
Ziffer berücksichtigt kaum die schreckliche Ernte, die der Schwarze Tod
im Gefolge der Kriegsfurie in so vielen Jahren der Regierung des Eroberers
unter seinem Volke gehalten hat, so daß weite Strecken der pestbefallenen
Länder entvölkert wurden und verkamen. Spräche nicht des Sultans Walten
im Innern seines Reiches, wo er für öffentliche Bauten, fromme und wohl-
tätige Stiftungen, für Lehre und Wissenschaft und für den Ausbau der
Staatsverfassung und Staatsverwaltung sein organisierendes Talent entfaltete, zu seinen Gunsten, so wäre die vernichtende Gewalt, die er kalt,
finster und unerschütterlich zeitlebens und allenthalben entfesselte, völlig
ausreichend, ihn zu einer der fürchterlichsten Erscheinungen der mittelalterlichen Geschichte zu stempeln. In Mehmed dem Eroberer verkörperte
sich deutlich das Schicksal der abendländischen Menschheit. Seine mächtige
Persönlichkeit hat, vielleicht mit Napoleon vergleichbar, nicht nur das
äußere Antlitz weiter europäischer Räume umgeprägt, sondern wohl auch
am Ausgange des Mittelalters die Betrachtung der Welt und des Menschen
aufs stärkste beeinflußt. Er zählt gewiß zu jenen Gestalten der Geschichte,
an denen man das Rätsel der sogenannten ,dämonischen Persönlichkeit‘
empfindet. Man ist versucht, in ihm, wie in vielen Größen, eine Art
Naturkraft zu sehen, die sich auswirkt, wie es ihr bestimmt ist. Da im
Grunde nicht er, sondern ,es‘ in ihm und durch ihn handelt, so ist es ab-
wegig, sittliche Maßstäbe an ihn legen zu wollen. Ethische Grundsätze
kommen für ihn nicht in Frage. ,Gewissen‘, sagt halbwahr Goethe ein-

mal, 'hat eigentlich nur der Betrachtende, der Handelnde ist immer ge-
wissenlos.' Wenn aber, Friedrich Hegel zufolge, erst das Wissen der Indi-
viduen von ihrem Zwecke das wahrhaft Sittliche darstellt, so gerät der
westliche Beurteiler der weltgeschichtlichen Persönlichkeit Mehmeds II.
notwendig auf den Gegensatz, der durch die ganze Menschheitsgeschichte
hindurchgeht zwischen einer Anschauung, die den Genius von irgendwelchen sittlichen Rücksichten freispricht, und jener anderen, die gerade
an ihn die höchsten sittlichen Anforderungen stellt. Mehmed der Eroberer
würde für die Beurteilung und Bewertung der Rolle, die ihm das Schicksal
zugewiesen hat, ganz gewiß nur die erste Ansicht gebilligt haben.

II. Staat und Gesellschaft im Reiche Mehmeds II.

Wie fast alle Staatswesen des Morgenlandes war das Osmanenreich eine
militärische Theokratie, 'Gottesherrschaft'. Der Koran, das Glaubensbuch
der Muhammedaner, worin die vom Propheten in verschiedenen Lebens-
abschnitten als göttliche Offenbarung verkündeten Reden zusammen-
gefaßt sind, galt im Grund als oberstes unwandelbares Gesetz für das
politische wie für das religiöse Leben. Hoch über dem gesamten Reiche
thronte der Sultan, den nichts als das Wort des Propheten band. Wie seine
Vorfahren vom Stamme Osman in Anatolien auf den Trümmern des Seld-
schuqenstaates ihr eigenes Reich gegründet hatten, verbreiterte Mehmed
der Eroberer durch Einnahme von Konstantinopel und Vernichtung der
Überbleibsel des byzantinischen Kaisertums auf dessen Resten den Staat
der Osmanen zu einem Gebilde, das den bisherigen Umfang um ein Viel-
faches überstieg und sich von Persien bis an die Gewässer der Adria erstreckte. Daß die Verwaltung eines solchen Länderriesen an die Staatskunst seines Lenkers höchste Anforderungen stellte, läßt sich unschwer ermessen. Zwar hatte Murâd II. bereits das Werk der Gesetzgebung begonnen, aber erst seinem Sohne verblieb die Aufgabe, die Vorschriften
zu erweitern und den völlig veränderten Zuständen anzugleichen. Die
Bestimmungen des Korans reichten ebensowenig aus wie die sie er-
gänzenden mündlichen Äußerungen Muhammeds, die sogenannten *Sunna*
(d. h. ‚Gewohnheit' des Propheten), also die vom Religionsstifter in Wort,
Werk und Unterlassung befolgte Übung. Diese dem Koran für Glauben
und Sitte gleichwertige zweite Religionsquelle, die sogenannte Überlieferung (*Hadis*), bedurfte seit langem der Anpassung an die gewandelten
Begriffe. Ihr trugen im Osmanenlande Staatsregeln Rechnung, die man
als ‚Qânûn' (vom griech. *kanón*) bezeichnete und die schon unter Murâd I. in Staatsgesetzen vereinigt worden waren. Sie in eine richtige Ord-

nung zu bringen war jedoch erst einem Urenkel Mehmeds II. vorbehalten. Die seit ihrem Schöpfer entstandene vielfache Verzweigung der Staatsverwaltung und öffentlichen Behörden verlangte angesichts der Entwicklungen, die sich in etwa hundert Jahren vollzogen hatten, weniger Bestätigungen als klug getroffene Abänderungen, die jeweils in den sogenannten *Qânûn-nâme*'s, den Gesetzbüchern, niedergelegt wurden. Vergleicht man freilich die von Mehmed dem Eroberer gegen Ende seiner Regierung verfügten Vorschriften mit denen, die sein Urenkel Sulejmân der Prächtige, den die Osmanen den Gesetzgeber (*qânûnî*) nennen, verkündete, so wird wiederum klar, in welchem Ausmaß die politische Gesetzgebung des sulejmânischen Weltreichs die Bestimmungen der Erobererzeit außer Kraft setzen oder ausgestalten mußte.

Die gewechselten Verhältnisse, wie sie die Nachfolge des oströmischen Kaisertums mit sich brachte, gaben sich bei Mehmed II. alsbald in der Titelprägung kund. Während sich Murâd II. in allen seinen Erlassen schlicht ‚Beg' benannte — *beg* wird schon in den ältesten Denkmälern der türkischen Sprache, den Inschriften des 8. nachchristlichen Jahrhunderts, zur Kennzeichnung jedes Adeligen im Gegensatz zur Volksmasse (*budun*) verwendet —, fügte sein Sohn lange vor der Eroberung Konstantinopels den Titeln des ‚Groß-Herrn' (*mégas afthéntis; aus afthéntis entstand später efendi*) und ‚Groß-Fürsten' (*mégas amiras*) die Sultan-Würde bei. Den *Beg*-Rang, den er damals auch noch seinem eigenen Namen anhängte, ließ er später, als er Konstantinopel überwältigt hatte, gänzlich fallen. Diese altväterische Betitelung paßte nicht mehr zum Range des Erben von Byzanz, sondern wurde nunmehr auf die Auszeichnung von Vornehmen seines Reiches beschränkt.

Für die Stärkeentfaltung nach außen und für den Wert der inneren Regierung des Osmanenreiches kam das meiste auf Mehmed II. selbst an, dessen Persönlichkeit drei Jahrzehnte hindurch ohne erkennbare Beeinflussung durch die von ihm ausgebildeten Machtelemente im Seraj, Heer und Beamtentum die allein bestimmende Gewalt blieb. Es fehlen jegliche Anzeichen einer Haremswirtschaft, die in der Folgezeit, vornehmlich im 16. und erst recht im 17. und 18. Jahrhundert, mehr als einmal die Geschicke des Staates maßgeblich beherrschen konnte. Sieht man von der legendenhaften Gestalt der schönen Irene ab, so wird von keiner einzigen Frau vermeldet, daß sie auf die Entschließungen des Sultans irgendwelche Einwirkung zu erzielen auch nur anstrebte. Von einer öffentlichen Meinung, die auf des Eroberers Despotentum merklich eingewirkt hätte, ist kaum die Rede. Die einzige Kraft im Staate, auf die wenigstens zeitweise selbst Mehmed II. bei seinen Plänen und Absichten Bedacht nahm, war die der

Janitscharen. Davon wird noch gesprochen werden. Daß die Beamtenschaft oder die Heerführer, auf deren Zuverlässigkeit und Gefolgstreue
der Gewalthaber desto mehr angewiesen war, je weiter Kriegszüge und
Eroberungen den Islam in die Ferne trugen, jemals auf fühlbare und
staatsgefährdende Weise versucht hätten, sich den großherrlichen Wünschen oder Entschlüssen entgegenzustellen, wird fast nirgend berichtet.
Und wo es geschah oder zu geschehen schien, ließ die Strafe oder Rache
nicht lang auf sich warten.

Überall, wo des Sultans Heer auf europäischem Boden neue Gebiete
gewann, fand der Sieger eine durch wütenden Nationalhaß und finstere
religiöse Leidenschaften bedenklich zerklüftete Bevölkerung vor. Es war
in der Tat so, wie Heinrich v. Treitschke sich ausdrückt, daß der Grieche
den Serben noch grimmiger haßte als den Türken und daß dem orthodoxen
Sohne der orientalischen Kirche noch greulicher als der Anblick des Beters,
der sein Gesicht gen Mekka wandte, der eines Altars der Lateiner war, wo
Christus mit übereinander statt mit nebeneinander genagelten Füßen am
Kreuze hängt. Solche Gesinnungen der ‚Herden‘, der ra‛âjâ, boten den festen
Boden für jenes kluge System des Auseinanderhaltens der Stämme und der
Glaubensbekenntnisse, dem die herrschende osmanische Minderheit ihre
Sicherheit verdankte. Die Oberen der christlichen Kirchen wurden nach
dem Muster des Herrenvolks mit Gerichtsbarkeit und Polizeigewalt über
ihre eigenen Gläubigen ausgestattet, zugleich aber auch verpflichtet, sich
für die Steuern ihrer Seelen einzusetzen und einzustehen. So bildeten die
Orthodoxen unter ihrem Patriarchen innerhalb des Osmanenreiches einen
griechischen Dienerstaat, in dem die Bischöfe häufig nach Willkür über
ihre Gemeinden und selbst ihre Popen zu hausen vermochten. Ohne den
türkischen Herren gefährlich zu werden, schor oft genug der hohe Klerus
gemächlich seine Herde. Führten die Raja pünktlich ihre Steuern ab und
vermieden sie mit Muslimen in Streit zu geraten, so spielte sich ihr Leben
kaum schlimmer ab als zuvor, da sie unter einheimischen Gewalten oft
genug weit mehr zu leiden hatten. Bei der nach der Eroberung vorgenommenen Neueinteilung der gewonnenen Einrichtungen, die sich auf eine
alsbald durchgeführte und meist nach 30—40 Jahren erneuerte Landesauf-
nahme *(tahrir)* stützte, wurden die vorgefundenen Verhältnisse weitgehend berücksichtigt. Die Umstellung verlief nicht überall ohne Krisen-
erscheinungen und zu einem, bei gesteigerter Gesamtwirtschaftsdichte
keineswegs verwunderlichen ungleichen Verlauf der Entwicklung in den
verschiedenen Wirtschaftszweigen. Vor allem hatte der Handel kaum erhoffte Möglichkeiten der Entfaltung, vorzüglich deshalb, weil durch die Ausdehnung der Osmanenmacht zahlreiche Grenzen und Zollämter der bisheri-

gen Balkanfürstentümer entfielen und ein gewaltiger Staat mit niederen Zöllen auf den Plan trat. Daß in der Frühzeit des neuen muslimischen Kaisertums fast überall in Südosteuropa die Straßen weniger gefährdet als unter dem altserbischen und bosnischen Raubrittertum waren, hat schon C. J. Jireček zu wiederholten Malen betont. Es schien in der Erobererzeit wirklich so, als ob die byzantinische Sicherheit der glorreichen Vergangenheit, die *Pax romana*, wiedergekehrt sei und jedermann sich ihrer erfreuen durfte. Die alten Bräuche und Gewohnheiten wurden nirgendwo angetastet und niemand hatte Unbill zu gewärtigen, weil er kein Muslim war. Viermal im Jahr, so berichtet der sogenannte serbische Janitschar, bereisten die Tschauschen, etwa wie die ‚Königsboten‘ *(missi dominici)* unter den Merowingern oder die ‚Kammerboten‘ Karls des Großen, das weite Land der Raja, um deren Behandlung zu überwachen und die Bedrückung des armen Volkes zu verhindern. Die osmanische Herrenschicht trat, wenigstens unter Mehmed II., in den eroberten Ländern kaum in Erscheinung. Nur in den Burgen und in den befestigten Ortschaften wurden die byzantinischen Befehlshaber durch osmanische ersetzt. Im serbisch-bosnischen Raum hatte sich überhaupt das Siedlungsbild gewandelt. Die vorosmanischen Stadtanlagen waren dort nach militärischen Gesichtspunkten erfolgt. Die Häuser der Bürger zogen sich in der Regel in einer Unterstadt *(*serb. *varoš,* ung. *város)* um die meist hochgelegene und wohlverwahrte Burg herum. Die Pforte ließ diese für ihre Zwecke meist überflüssigen Burgen teils schleifen, teils zerfallen, mit ihnen auch einen Teil der damit verbundenen Siedlungen. Diese verlegte man nunmehr in die Nähe der Verkehrswege, also in die Ebene. Größere Menschenansiedlungen in unwirtlichen Gegenden waren fast ohne Ausnahme durch anliegende Bergwerke zustande gekommen, so daß z. B. in Bosnien die obere Wohngrenze bei 1000 Meter lag. Von 15 Siedlungen zwischen 1100 und 1200 zählen drei zum Gebiete von Fotscha und die zwölf weiteren zum Bergwerksbezirk von Varesch. Friedliche christliche Einwohner allerorten zu schonen, lag durchaus im Sinne der Staatsverwaltung, der ein pünktlicher Eingang der Kopfsteuer oder sonstiger Auflagen wichtiger als sinnlose Behelligung durch osmanische Beamte sein mußte. So blieb der Bauer auf dem Lande unbehelligt und behaglich konnte der Bürger der Städte seinen Geschäften oder seinem Handwerke nachgehen. Niemand störte die Priesterschaft in der Ausübung ihrer kirchlichen Pflichten. Nur die Errichtung neuer und die Ausbesserung baufälliger Bethäuser sowie die Verwendung von Kirchenglocken blieb den Christen verwehrt. Zum Gottesdienst riefen in Rumelien während der frühen Türkenherrschaft ausschließlich die dumpfen Klöppeltöne des metallenen Lautbrettes (griech. *simantron,* daraus türk. *šamandyra,* rum. *geamandură* oder *toaca).* Diese

letzte Verordnung erscheint freilich in milderem Lichte, wenn man sich
erinnert, daß die englische Kirche den Katholiken bis ins 19. Jahrhundert
und daß Spanien sowie Chile bis heute den Protestanten den Glocken-
gebrauch untersagt.

Dieser Zustand berührte nur das physische Fortbestehen des einzelnen,
das er der Gnade oder Gleichgültigkeit des Siegers verdankte. Im übrigen
führten Griechen wie Bulgaren, Serben wie Bosnier und Albaner ein
geschichtsloses Dasein, zu dem diese stolzen Stämme mit einer ruhmreichen und langen Geschichte nunmehr verurteilt wurden. Ihre glänzende
Vergangenheit und die Taten ihrer Altvordern lebten nur noch in ihrer
zähen Erinnerung und in Heldenliedern fort, die sich unter ihnen zu erhalten vermochten. Die Blüte ihrer Jugend ward ihnen durch die ,Knaben-
lese' entrissen und in den Dienst des Großherrn gepreßt. Ihrer Heimat
und dem häuslichen Herd entwöhnt, wuchsen diese Christenknaben im
Dienste des Seraj und der Pforte heran und gingen gänzlich im fremden
Volkstum auf. Jegliche Aussicht einer Wiederkehr ins Vaterhaus, das
sie längst vergessen mußten, blieb ihnen versagt. Die von Murâd II. eingeführte oder doch wieder aufgenommene Knabenlese *(dewschirme)* fand
zuzeiten Mehmeds II. alle fünf Jahre statt und die Aushebung erstreckte
sich in der Hauptsache auf die europäischen Landesteile des Reiches
(Bulgarien, Mazedonien, Griechenland, Serbien, Albanien, Bosnien und
Herzegowina) mit Ausnahme der Inseln und gewisser Städte (Stambul,
Nauplia). Sobald ein sultanischer Befehl erging, den Knabenzins einzu-
fordern, begab sich der hiefür ausersehene Janitscharenoffizier, gefolgt von
einer Anzahl ,Treibern' *(sürüdschü)*, in das ihm zugewiesene Gebiet und
ließ sich in den einzelnen Ortschaften durch den Ältesten *(protójeros)* auf
Grund der Geburtslisten die Knaben zwischen 10—15 Jahren vorführen.
Die diensttauglichen, deren Zahl zwischen 2000—12000 angegeben wird,
wurden nach Stambul geschleppt und dort verteilt. Besonders schöne und
starke, die vorzugsweise geweckt oder sonst begabt waren, wurden der
Verwendung im großherrlichen Palaste vorbehalten, wo sie in eigenen
Schulen erzogen, für Arbeiten in den kaiserlichen Gärten ausgebildet wurden. Der Rest ward an die Paschen, andere Würdenträger, Grundbesitzer
oder Handwerker abgetreten. Nach Ablauf einiger Jahre, wenn sie sich
der türkischen Rasse in Sprache, Glauben und Sitten angepaßt hatten,
zog man sie wieder ein, steckte sie in Kasernen, um sie im Gebrauch der
Waffen zu üben. Dann erfolgte ihr Eintritt in die Janitscharentruppe. Die
Seraj-Zöglinge aber traten im Fall ihrer Eignung in die sultanische Hofhaltung als Pagen über, wo sie dann für den persönlichen Dienst des Großherrn oder für gehobene Hofämter geschult wurden. Die aus dem Pa-

last Ausgeschiedenen wurden im Staatswesen gebraucht und aus ihnen sind ungezählte Wesire und Würdenträger des Osmanenreichs hervorgegangen. Sieht man von der altosmanischen Wesirfamilie der Tschandarly-sâdeler ab, so gab es von Mehmed II. an bis weit herein ins 16. Jahrhundert keinen höheren Staatsbeamten oder Feldherrn, der nicht der Einrichtung des Menschenzehnts seinen Aufstieg geschuldet hätte. Sie alle dienten zur beständigen Auffüllung des Osmanentums mit jungen unverbrauchten Kräften. Auf diese Weise glückte es Mehmed II. und auch seinen unmittelbaren Nachfolgern, auf die Dauer die riesigen Menschenverluste auszugleichen und zu überstehen, die ihm und ihnen die unaufhörlichen Heereszüge verursacht hatten. Vorzüglich war es die Janitscharentruppe, deren Bestände immer wieder aus dem Ertrag der Knabenlese aufgefrischt wurden. Sie traf wohl das härteste Los, denn unerbittlich war die Manneszucht, in der sie in klosterähnlichen Kasernen fast mönchsartig gehalten wurden, zur Ehelosigkeit verurteilt waren und nur die Aussicht hatten, daß Begabung und Verdienst bei entsprechendem Ehrgeiz sie von Stufe zu Stufe hob. Diese ungestümen Kernscharen der osmanischen Heere, die sich blindwütig für die Sache des Islam verwendeten, zeigten dabei eine entschiedene Abneigung, geborene Türken in ihren Reihen zu dulden.

Der kraftvolle Zusammenschluß aller Gewalt war das Hauptziel der politischen Verfassung des Osmanenreiches in der Erobererzeit. Im Grunde beruhte er auf dem einfachen Vorgang der Verwaltung und Unterordnung, dem Mehmed II. im Laufe seiner Herrschaft durch verschiedene bürgerliche und staatliche Einrichtungen, die in manchen Einzelheiten aus der byzantinischen Erbschaft übernommen worden sein dürften, durch Bestimmungen über die Abstufungen der Reichswürden sowie der Beamtenschaft und besonders der Einnahmen festere Grundlagen als bisher zu verschaffen verstand. Mit Recht hat man darauf hingewiesen, daß das gesamte Formelwesen zunächst den Erinnerungen an die alte Nomadenzeit der Ahnenwelt nachgebildet war. So etwa, wenn der Großherr auf dem ,Diwan', auf dessen Sitzen die Großen des Reiches Platz nahmen, längere Zeit im Stile seiner Vorfahren die Führung innehatte, bis er am Ausgange seiner Regierung diese Aufgabe seinem ersten Wesir überließ. Entsprechend den vier, das Zelt des ,Emîrs' haltenden Säulen nannte der osmanische Brauch die vier ,Reichssäulen' als Hauptträger des Staatsgebäudes. In einem um 1477 auf großherrliches Geheiß vom Staatssekretär für den Namenszug (*nischândschy*), Lejsa-sâde Mehmed ibn Mustafâ, zusammengetragenen Reichsgrundgesetz (*qânûn-nâme*) wird die Rangordnung der Großwürdenträger (*a^c jân-i dewlet*) und der Stützen des Reiches (*erkân-i dewlet*) ausdrücklich festgelegt. Außerdem werden die verschiedenen Reichsgeschäfte und Gebräuche und schließlich die Einkünfte jedes Amtes sowie die Strafen genau geregelt. Der eigentliche Leiter der Regierungsgeschäfte, in weltlicher Beziehung unumschränkter Bevollmächtigter und Stellvertreter des Großherrn, also der Wesir, dem alle Zweige der Staatsverwaltung unterstehen, ist der Großwesir. Er ist der Inhaber des Reichssiegels und berechtigt, fünf Roßschweife zu führen, ohne Zweifel ein Überbleibsel aus der Nomadenzeit des türkischen Reitervolks. Er erhielt ebenso wie die übrigen drei Wesire ein Gehalt von 2 600 000 Aqtsche. Die ‚zweite Säule des Reichs‘ stellen die Heeresrichter *(qâdiᶜasker)* dar, denen die Entscheidung aller Rechtshändel oblag und zu deren Befugnissen gehörte, die Stadt- und Landrichter sowie die Priester anzustellen. Ursprünglich gab es nur einen einzigen Heeresrichter, bis Mehmed II. sich gegen Ende seiner Regierung entschloß, je einen für Rumelien und Anatolien zu ernennen. Ihre Jahresbezüge betrugen 600 000 Aqtsche. Die ‚dritte Reichssäule‘ bilden die Buchführer der Rechnungskammer *(defterdâr)*, also Schatzmeister, die als höchste Finanz- und Steuerbeamte des Staates eine bevorzugte Stellung genossen. Anfänglich bestanden zwei solcher Schatzmeister, und zwar je einer für Rumelien und Anatolien. In der Folge erhöhte Mehmed II. ihre Zahl aber auf vier. Jeder von ihnen bezog jährlich 600 000 Aqtsche, daneben aber zahlreiche Geschenke und Zuwendungen jeglicher Art. Die Beamten des Staatssekretariats *(nischândschy)* endlich, die ‚vierte Reichssäule‘, fertigten die großherrlichen Befehle aus und setzten über alle Erlasse das Handzeichen *(tughra; nischân)* des Sultans. Ihr Jahreseinkommen belief sich auf 400 000 Aqtsche. Diese vier ‚Reichsstützen‘ nehmen im Kronrat *(diwân)* die ersten Plätze ein. Rechts vom Großwesir sitzen die übrigen Wesire, links die Heeresrichter, unter ihnen, im rechten Winkel, die Schatzmeister und diesen gegenüber, unter den Wesiren im linken Winkel, die Staatssekretäre für den kaiserlichen Namenszug. Unzweifelhaft an byzantinische Vorbilder anknüpfend, wurde sowohl am Hof als auch in der Beamtenschaft eine Zeremonialordnung entwickelt, die ebenfalls von Mehmed II. in allen Punkten bestimmt ward. An den Farben der Bekleidung, auch des Futters, am Schnitt der Ärmel, am Pelzwerk, vor allem aber an der Form des Turbans (aus *dülbend*), an der Barttracht ließen sich Amt und Stand der einzelnen Beamten unschwer ersehen. Besonderes Gewicht ward immer dem Kopfbund beigemessen, den man im Morgenland als wesentliches Trachtenstück des Muslims bewertete. Mehmed der Eroberer selbst trug einen spiralförmig über eine der Gelehrtenmütze *(müdschewwese)* ähnliche Mütze *(tâdsch)* gelegten runden weißen, golddurchwirkten Kopfbund, wie ihn die Bildnisse allesamt zeigen. Die Kleidung war sommers und winters andersartig. In der kalten Jahreszeit war sie mit reichem Pelzwerk verbrämt. An den Kleiderfarben war von weitem ein Würdenträger erkennbar. Der Muftî z. B. war weiß gekleidet, die Wesire grün, die Kammerherren scharlachrot, die ᶜUlemâ violett, die Mollas hellblau. Die dunkelgrüne Farbe war dem Oberstallmeister *(imrachôr)* vorbehalten. Auch die Farbe der Stiefel war unterschiedlich. So trugen z. B. die Pfortenbeamten gelbe Stiefel, die Beamten des Hofhalts hellrote.

Während der Turban ausschließlich Muhammedanern ausbedungen war und blieb, war den nichtmuslimischen Untertanen eine Haube zuerkannt, die bei Franken und Griechen rot, schwarz oder gelb war. Auch die Fußbekleidung wich in der Farbe wohl schon unter Mehmed II. von denen der Islambekenner ab. Griechen, Armenier und Juden trugen schwarze, violette und blaue Pantoffel und Stiefel.

Über den großherrlichen Hofstaat sei hier nur gesagt, daß er sich in den äußeren und den inneren schied. Der äußere Hofstaat begriff alle die Person des Sultans umgebenden Ämter und Bedienstungen, der innere dagegen das Frauengemach, das ‚Haus der Glückseligkeit' *(dâr-i seᶜâdet)* in sich, dessen Gebiet am dritten Tore des Serajs begann. Das Oberhaupt des äußeren Hofstaates war der Oberste der Weißen Verschnittenen *(qapu aghasy)*, der Agha der Mädchen und Frauen aber der Oberste der Schwarzen Verschnittenen *(qyslar aghasy)*. Der erste war der eigentliche Obersthofmeister, der in der Regel aus der Klasse der weißen Verschnittenen genommen wurde, deren Haupt er war. Daneben unterstanden ihm die Pagen sowie der ganze äußere Hofstaat, außerdem zahlreiche fromme Stiftungen, aus deren Verwaltung er nicht geringen Vorteil zu ziehen vermochte. Der Pforten-Agha vermittelte den Verkehr der Außenwelt mit dem Sultan, zu dem ohne sein Einverständnis kein Besucher Zugang erhielt. Sein ständiger Aufenthaltsort war denn auch das Seraj, wo er seine Wohnung hatte. Die gesamte Hofhaltung bestand aus etwa 340 Personen, die alle christlicher Herkunft und auf Feldzügen oder Beutefahrten geraubt worden waren. Das Alter der am Hof verwendeten Jünglinge überstieg niemals 18 Jahre. Für deren Unterricht sorgten zwei alterfahrene Lehrer, die ihnen das Schreiben und Lesen beibrachten und sie in Gebräuchen und Sitten unterwiesen. Das Hofgesinde gliederte sich in eine beträchtliche Zahl von Beamten, denen die verschiedenen Sparten des Hofdienstes anvertraut waren, die Kellermeister, die Drogenbereiter, die Gärtner, die Bäcker, die Wäscher, die Köche usw., deren Bezüge genau geregelt waren. Der innere Hofstaat unterstand, wie gesagt, dem Agha des ‚Hauses der Glückseligkeit', der zugleich alle schwarzen Verschnittenen befehligte und über sämtliche Weiber im Seraj-Innern gebot. Zugleich war er der Ver-

walter der Moscheen. Tagsüber konnte er 3—4 Stunden den Palast verlassen, aber die Nächte mußte er dort verbringen, wobei ihm weitere
zwanzig Hämlinge helfend zur Seite standen. Die Zahl der Mädchen und
Frauen belief sich unter Mehmed dem Eroberer auf etwa 300. Sie waren
ausnahmslos christlicher Herkunft, also keine freigeborenen Türkinnen,
und bezogen je 4 Aqtsche täglich. Der ‚Qyslar Aghasy‘ entfernte sich fast
niemals aus der Umgebung des Großherrn, dessen besonderes Vertrauen
er zu genießen pflegte. Die Verwendung von Eunuchen am byzantinischen
Hof ist bekannte Tatsache und man hat ihre Beschäftigung im Sultanspalast immer und immer wieder auf dieses Vorbild zurückgeführt. Es ist
trotz gegenteiliger Ansichten (z. B. A. v. Kremer) indessen zu vermuten,
daß schon die Byzantiner eine morgenländische Einrichtung übernahmen.
Die Hämlinge waren übrigens Einfuhrware aus christlichen Ländern, da
der Islam die Entmannung jeglicher Lebewesen streng verpönt. Im alten
Osmanenreich stammten viele Haremswächter aus Aethiopien, Syrien,
Georgien usw. Der Handel mit Verschnittenen, wie überhaupt der Sklaven-
markt, lag unter Mehmed dem Eroberer zumeist in jüdischen Händen. Er
blühte aber schon lange vorher seit der Omajjadenzeit in allen Ländern des
islamischen Chalifats, als Verdun ein Hauptumschlagplatz dafür war.

Das ‚Qânûn-nâme‘ Mehmeds des Eroberers (Seite 469) regelte im bereits
erwähnten Sinne nicht nur die Thronfolge, sondern auch die durch den
Eroberer abgeänderte großherrliche Tischzucht sowie die Speiseordnung
des Diwans. Während seine Vorfahren ehemals mit den Wesiren zu tafeln
pflegten, wünschte er mit niemand zu speisen, es seien denn Personen
‚kaiserlichen Geblütes‘. Bei der Tafel des Diwans durfte am gleichen Tisch
mit dem Großwesir nur der erste Kammerpräsident *(basch defterdâr)* sitzen.
An der Tafel der übrigen Wesire nahmen die anderen Schatzmeister *(defterdâr)* und der Staatssekretär für den Namenszug *(nischândschy)* Platz. Die
beiden Heeresrichter mußten an einer dritten Tafel allein essen. Sogar was
mit dem Abhub der einzelnen Tafeln im Diwan zu erfolgen habe, wurde
durch eine Verfügung ausdrücklich bestimmt.

Der Großherr gab an vier aufeinanderfolgenden Tagen, vom Samstag
bis Dienstag, öffentliche Audienz. Die Ordnung lenkte der ‚Diwan-Beg‘
als Hofmarschall *(tschausch baschy)*. An den anderen Tagen verliefen die
Audienzen in der Weise, daß zuerst allein der Heeresrichter eintrat und mit
dem Sultan die Angelegenheiten seines Amtsbereichs besprach. Wie erwähnt, wurde das Amt des Heeresrichters erst im letzten Regierungsjahre
Mehmeds II. geteilt. Nach dem Weggang dieses Würdenträgers erschienen
die vier Wesire und die beiden Schatzmeister *(defterdâr)*, die als erste ihre
Obliegenheiten erledigten, um nach dem großherrlichen Bescheid den

Wesiren Platz zu machen. Mit diesen verblieb der Großherr sodann, um die Staatsgeheimnisse zu beratschlagen.

Über die weitverzweigte Gliederung des gesamten Hofgesindes, die Gian-Maria Angiolello auf anschauliche Weise schildert, kann hier nicht weiter die Rede gehen. Einzelne dieser Bediensteten mögen indessen hervorgehoben werden, da ihrer weit öfter als der übrigen gedacht wird. Eine besondere Rolle spielen die sog. *müteferriqa's* oder Hoffuriere, die sich aus Personen verschiedenster Herkunft und Berufszweige zusammensetzten und etwa 200 ausmachten. Söhne unterjochter Herrschergeschlechter wurden ihnen manchmal zugewiesen und nicht wenige von ihnen genossen die Gesellschaft des Sultans. Der Sohn des letzten Fürsten der Herzegowina, der als ‚Königssohn' *(qral-oghlu)* Ishâq-Beg Muslim ward und wegen seiner Späße und Ergötzlichkeiten zur Kurzweil an der Tafel des Eroberers beitragen mußte und sich dessen besonderer Gunst erfreuen durfte, wurde bereits erwähnt. Zu den *müteferriqa's* zählten auch Ärzte, 'Philosophen', Sterndeuter, Wahrsager, Zukunftskünder mannigfacher Art, Künstler, Ingenieure, Maler, Juweliere, Goldschmiede, kurzum sehr viele Personen, die am Hofe beschäftigt waren. Sie empfingen eine monatliche Vergütung in Höhe von täglich 20—400 Aqtsche, je nach Rang und Bedeutung. Manche wurden gar mit Ländereien, 1—2 Weilern beschenkt. Wenn der Großherr ins Feld zog, so ritten sie ihm alle in einiger Entfernung voraus.

Auch die Türsteher *(qapudschy)* erfuhren sonderliche Beachtung. Sie waren in zwei Rotten gespalten, die je 200 Personen umfaßten. An Diwantagen wurden die beiden Meister *(qapudschy baschy's)* abgeordnet. Sie nahmen am Tor des Ratssaales Aufstellung. Jeder hatte einen Stock in der Hand. Sie meldeten dem Großherrn die Ankunft eines Würdenträgers und holten von ihm die Erlaubnis zur Zulassung ein. Diese Türsteher hielten Tag und Nacht Wache an den Pforten des Palastes. Nicht minder wichtig waren die Tschausche, die eine eigene Rotte bildeten. Ihr Oberster stand an Audienztagen mit einem Stock in der Hand vor den Wesiren und war verpflichtet, jede aufgerufene Person herbeizuholen und vorzuführen. Sein Tagesgehalt betrug 60 Aqtsche. Ihm unterstanden zehn Korporale, jeder mit 25 Aqtsche Einkommen. Der Rest, etwa 30 Personen, mußte sich mit 15—20 Aqtsche täglich begnügen. Wenn der Sultan in den Krieg ging, mußten die Tschausche jedesmal, wenn er zu Pferde stieg, mit lauter Stimme einige Worte zu seinem Lobe rufen. Dieser Segensruf *(alqysch)*, *Allâh ᶜömerler were efendimise* (Gott schenke [langes] Leben unserem Herrn!), der übrigens auch den Wesiren zukam, wird mit dem byzantinischen *polychronizein*, 'langes Leben wünschen', in Zusammenhang gebracht, was jedoch keineswegs gesichert erscheint. Neben diesen Hoftschauschen gab es noch zivile und militärische Tschausche, die mit den gleichnamigen Hofbeamten nichts gemein haben. Ihnen war die Ausführung wichtiger großherrlicher Sendungen vorbehalten. Eine ihrer wesentlichen Aufgaben bestand neben der Saatenhut in der Vermittlung von Botschaften an fremde Staatsoberhäupter. Wie in früheren Zeiten des Verkehrs mit abendländischen Mächten pflegten noch unter Mehmed dem Eroberer an christliche Regierungen keine Gesandten oder Botschafter, sondern nur Tschausche, hin und wieder auch Kammerherrn *(qapudschy baschy's)*, abgefertigt zu werden. Eine gewisse Bedeutung kam auch den Truchsessen *(tschâschnegîr's)* zu, deren Rotte 20 Mann darstellten. Sie warteten an Audienztagen an der großherrlichen Tafel auf, sobald er öffentlich speiste. Ihnen oblag auch die Bedienung der Wesire, Heeresrichter und Schatzmeister, wenn sie zu Hofe aßen.

Da die Einrichtung des Heereswesens eng mit der Gliederung des osmanischen Reiches zusammenhing, wird zweckmäßig darüber einiges gesagt werden. Nach muslimischer Rechtsauffassung zerfällt die Welt in *Dâr al-harb*, 'Kriegsgebiet', und *Dâr al-islâm*, 'Islâm-Gebiet', nämlich das bereits unter muslimischer Herrschaft stehende Land. ,Kriegsgebiet' hingegen schloß sämtliche nichtmuslimische Länder in sich, deren Unterwerfung der Koran befahl, also den Kriegsschauplatz der Muslime. Theoretisch befand sich also der muhammedanische Staat in dauerndem Kriegszustand mit der nichtmuslimischen Welt, die in ,Islâm-Gebiet' zu verwandeln sein Hauptziel und die Aufgabe des Heiligen Krieges *(dschihâd)* war. Diese Anschauungsweise verpflichtete den Staat, soweit dessen muslimische Bewohner in Frage standen, zur kriegsmäßigen Gliederung und zum Ausbau des Heereswesens. Das militärische Bedürfnis bestimmte daher im Osmanenreich die Gestaltung der Gauverhältnisse, die im übrigen in vielfacher Hinsicht an die römischen *provinciae* während der alten Republik erinnern. Die Stellung der osmanischen Landpfleger ist daher mit Recht mit der von Satrapen beim Verfall des Perserreichs oder von römischen Prokonsuln verglichen worden.

An der Spitze der beiden Reichsteile, Anatolien und Rumelien, amtierte je ein Statthalter *(bejlerbeji)* mit zwei Roßschweifen. Diesen unterstanden, mit einem Roßschweif geziert, die ,Bannerherren' *(sandschaqbeji)*, von denen jeder ein *sandschaq* (,Banner', 'Fahne') befehligte. Ein *sandschaq* zerfiel wiederum in *qylydsch*, 'Säbel'. Zuzeiten des Eroberers gliederte sich das Reich in 48 Sandschaqe, 20 in Asien und 28 in Europa (,*Grecia*'), und zwar in Asien: Trapezunt, Amasia, Sinope, Qastamuni, Isniq, Qaiserîje, Nigde, Qaraman, Qonja, Adalia, Teke, Angora (heute Ankara), Kutahja, Mentesche, Aidyn, Saruchan, Mitylini, Bigha, Ismid und Brussa (Bursa);

in Europa: Stambul, Viza (Wise), Malghara, Silistria, Kaffa, Vidin, Nikopolis, Semendria (Smederevo), Bosnien, Herzegowina, Skutari (Albanien),
Valona, Qaraferia, Arta, Santa Maura (Levkás), Angelokastron, Morea,
Athen, Ochri, Tirhala, Negroponte (Egribos), Saloniki, Gümüldschina, Üsküb (Skoplje), Sofia, Philippopel (Filibe), Adrianopel, Gallipoli (Gelibolu).
Die Gesamtzahl der Sandschaqe dürfte sich während der Regierung Bajesids II. erheblich verändert haben. Ein guter Kenner osmanischer Verhältnisse um diese Zeit, Felix Petancius (Petančić) aus Ragusa, übrigens
langjähriger Berater des Königs Matthias Corvinus und seines Nachfolgers
Wladislaw II. (1490—1516) am Ofener Hofe, spricht in seinem gehaltvollen,
vom Augsburger Domherrn und Humanisten Konrad Adelmann v. Adel-
mannsfelden veröffentlichten Werkchen über die türkische Militärmacht
und in seiner bisher ungedruckten *Genealogia Imperatorum Turcorum* von
dazumal 25 rumelischen Sandschaqen mit 4500 Lehen (*timâr*) und 22 500
Mann ,loricati' (Gepanzerten, türk. *dschebeli*) sowie von 36 anatolischen
Sandschaqen mit 5500 Lehen und 37 500 ,Gepanzerten', sohin von insgesamt 10 000 Lehen mit zusammen 60 000 Sipâhî, also nicht, wie F. Petančić errechnet, nur 50 000. Alle Ziffern erwecken freilich einen etwas abge-
rundeten Eindruck.

Die ,Bannerherrn' führten die Militärmacht ihres Bezirks, geboten der
Polizei, wachten über die öffentliche Sicherheit und sorgten für regelmäßigen und pünktlichen Eingang der Steuern. Die Zahl der Sandschaqe
nahm nach Mehmeds II. Tode ständig zu, so daß das Osmanenreich bei
seiner größten Ausdehnung unter seinem Urenkel Sulejmân dem Prächtigen nicht weniger als 250 umfaßte; die Zahl der Statthalterschaften
belief sich damals auf 25. Durch diese strenge Gliederung war das Reich
nach innen und außen hin militärisch ausgezeichnet verwahrt und stets
zu neuen Eroberungen schlagfertig gehalten. Mit ihr war aber auch das
seit Osman, dem Begründer des Herrschergeschlechts, immer besser aus-
gebildete Lehenswesen der Osmanen eng verbunden. Mehmed der Eroberer hat, wie schon erwähnt wurde (S. 389), die Verleihungen von Lehen
an neue Vorschriften geknüpft. Jedes Sandschaq ward in eine bestimmte
Anzahl von Groß- und Kleinlehen (*si'âmet* und *timâr)* eingeteilt, von
denen diese einen Jahresertrag bis zu 20 000 Aqtsche abwarfen. Zu Lehensherrn wurden die Sipâhî's, die zu Pferd kämpfenden geborenen Türken,
deren Scharen die Hauptstärke der osmanischen Streitmacht ausmachten,
durch großherrliche Erlasse ernannt. Sie wurden mit den neugewonnenen
Ländereien derart belehnt, daß sie zu ihrem Unterhalt die den grund-
hörigen Bauern, die auf ihrem Lehnsgebiet wohnten und meist sich daraus
auch nicht entfernen durften, auferlegten Abgaben und Steuern ganz oder

teilweise für sich einziehen und darüber hinaus das Recht einer gutsherr-
lichen Gerichtsbarkeit ausüben durften. Wer vor der osmanischen Eroberung Land besessen hatte, verlor die Grundeigentumsrechte an den
Staat, ward aber im Besitze des Landes belassen, das er fortab zum Besten
der neuen osmanischen Lehensherrn, denen er einen Teil ($^1/_4$, $^1/_3$, $^1/_5$) des
Bodenertrags ablieferte, bebauen mußte. Außer an die Sipâhîs durfte ge-
setzmäßig nur an wenige, nicht zu Kriegsdiensten gezwungene hohe Beamte
Land verliehen werden. Es bestand aus besonderen Staats- und Kam-
mergütern *(châss)* der Pforte, die von gewisser Größe an zumeist mit
einem bestimmten Amt, also nicht wie die sonstigen Lehen mit der Person
des Belehnten, verbunden waren. Die Hauptauflage eines Sipâhî war, am
Orte seines Lehens Wohnsitz zu nehmen und jederzeit bereit zu sein, sich
auf großherrliche Weisung hin unter der Fahne seines ,Bannerherrn' *(sandschaqbeji)* kampfgerüstet einzufinden. Je nach Umfang seines Lehens-
unterhaltes mußte jeder Sipâhî eine festgesetzte Anzahl gepanzerter Reiter
(dschebeli) aufbringen, die ihn ins Feld begleiteten. Vernachlässigung
dieser Pflichten zog vorläufigen oder dauernden Verlust eines Lehens nach
sich. Bei einem Einkommen von 3000 Aqtsche hatte jeder Lehensträger
der Pforte schon einen Reiter, von je 5000 Aqtsche mehr immer einen
weiteren Reiter einsatzfähig zu halten. Man rechnete, daß aus einem Großlehen etwa 15, aus einem Kleinlehen wenigstens 2 Reiter gestellt werden
konnten. Um eine Streitmacht zu sammeln, bedurfte es nur eines Befehls
an die Landpfleger, die ihn an die Bannerherrn und diese wiederum an die
Lehensinhaber weiterleiteten. Die Güter waren nicht wie im Abendland
erblich, so daß sich kein dem Großherrn gefährlicher Erbadel aus dieser
Lehenseinrichtung zu entwickeln vermochte. Die Söhne selbst der größeren
Lehensträger erhielten grundsätzlich stets nur ein Kleinlehen von höchstens 5000 Aqtsche Ertrag und mußten sich erst durch kriegerische Verdienste wieder zu ansehnlicheren Besitzungen emporarbeiten.

Diese wehrhafte Aristokratie des Osmanenreiches ergänzte sich im
Kriegsfall aus den berittenen unregelmäßigen Truppen, die von den minder-
begüterten Massen des Volkes geliefert wurden. Zu ihnen kamen die sogenannten ,Renner und Brenner', die Aqyndschys, die unter dem im Geschlecht erblichen Oberbefehl der Michal-oghlu's standen. Sie lebten von
der Beute der Landschaften, die sie überrannten, und ihr Schrecken verbreitete sich, wie wir sahen, bis ins Herz von Österreich hinein. Eine irre-
guläre Miliz stellte auch die Asaben dar. Sie bildeten einen Teil der
in Kriegszeiten von Steuern befreiten Untertanen *(müsellem)*, 'Befreite'.
Die Landmiliz der Asaben, die als Fußvolk, als Schanzgräber oder als
Ruderer auf den Schiffen Dienst taten, war lange Zeit eine gefährliche

Nebenbuhlerin der Janitscharen, mit denen sie fast immer in Feindschaft lagen. Neben der belehnten Reiterei stellten die Janitscharen, die ‚Neue Truppe' *(Jeni tscheri)*, die Hauptmacht des Heerbannes dar, die sich aus der sogenannten Knabenlese *(dewschirme)*, wie oben ausgeführt ward, ergänzte. Die Ursprünge des Janitscharenkorps sind nicht hinreichend geklärt. Besonders ihre Verbindung mit dem schî'itischen Orden der Bektaschi-Derwische, die in die Zeit ihrer Gründung zurückreichen dürfte, bedarf noch der Aufhellung. Ihre Kopftracht ähnelte von Anfang an der bektaschitischen, ihre Gliederung war durchaus bündisch. Die Janitscharentruppe, *odschaq*, 'Herd' geheißen, stand unter dem Oberbefehl eines fast allmächtigen Janitscharen-Aghas, der in der Hauptstadt einen eigenen Palast und eine besondere Kanzlei besaß. Als Polizeivogt oblag ihm überdies die Aufrechterhaltung der Ordnung in Stambul. Über die Zahl der Janitscharen sind widersprechende Angaben im Umlauf. Es ist jedoch sicher, daß sie unter Murâd II. 3000 Mann nicht überstieg und daß sie sich unter Mehmed II. auf 5000 und späterhin (etwa 1472) auf 10000 Mann erhöhte. Gegen Ausgang der Herrschaft des Eroberers belief sie sich nur auf 8000. Jos. v. Hammer-Purgstall hat einmal mit Recht darauf verwiesen, daß bei den Janitscharen an die Stelle der Vaterlandsliebe, der Anhänglichkeit an Heimat und Familie, die fromme Raserei des religiösen und politischen Gehorsams, die Lust an Raub und Beute, der Durst nach Gold und schönen Knaben traten. Sie zeitigten als Ersatz für den Patriotismus Ergebnisse, 'denen es nicht an Größe des Umfangs, sondern nur am Adel der Beweggründe fehlte, um den größten Taten römischer Feldherrn und Heere würdig zur Seite zu stehen'. Ohne Eltern und Verwandte, ihrem Geburtsort und heimischen Rücksichten entfremdet, kannten diese Christenkinder kein anderes Ziel als das des Kriegsdienstes und keine andre Pflicht als die unbedingten Gehorsams gegenüber ihren Vorgesetzten. Ihr geeinter Wille machte nicht nur den Feind im Felde, sondern auch den eigenen Sultan erzittern, und die Geschichte der Janitscharentruppe liefert mehr als Dutzende von Beispielen, wo das Schicksal eines Großherrn, ja der ganzen Dynastie von ihrer Laune und von der Größe des — Geschenkes abhing, das ihnen der jeweils Bedrohte in vielen Beuteln Silbers hinzuwerfen sich genötigt sah. Bedenkt man die verhältnismäßig kleine Zahl ihrer Angehörigen, so wird der Einfluß, den das Korps zumal bei Thronbesteigungen und in schwierigen Lagen der politischen Verhältnisse zu nehmen vermochte, besonders verwunderlich. Als einzige reguläre Truppe am Hofsitz, der wenigstens im Ernstfall sogleich nichts entgegengestellt werden konnte, genossen die Janitscharen die Vorteile ihrer Machtfülle oft in vollen Zügen. Der Sold der Janitscharen war unter Mehmed II. nicht mehr als 3—5

Aqtsche täglich. Daneben erhielten sie freilich, und zwar gesetzlich festgelegt, jährlich 5 Ellen blaues Tuch, 32 Aqtsche Kragengeld sowie 50 Ellen
Leinwand für den Kopfbund. Außerdem bekamen sie im Jahr einen Woll-
kaftan, ein verpaßtes Hemd und 30 Aqtsche Bogengeld. Weitere Zuwendungen wurden von Zeit zu Zeit durch den Großherrn angeordnet. Im
Krieg verfügten je zehn Janitscharen über ein Packpferd, ein Zelt, einen
Vorgesetzten und eine Kasse. Berühmt war ihre Lagerordnung. Nach
der sittlichen Seite übertrafen sie gewiß alle ihre Gegner. Flüche und
Zänkereien waren streng unter ihnen verpönt, größte Sauberkeit ihnen zur
Pflicht gemacht. Ihr Glaube, der ihnen die üblichen Waschungen gebot,
hielt sie stets nüchtern, da der Weingenuß untersagt war. Spiel und vor
allem fahrende Dirnen blieben ihnen unbekannt. Die Verpflegung war ausgezeichnet geregelt, denn auf die Zufuhr von Nahrungsmitteln und Schießbedarf legten die Sultane stets besonderen Wert. Das männerbundartige
Gepräge der Janitscharentruppe äußert sich am sinnfälligsten in der seltsamen Gliederung und Aufmachung, die in vielen Fällen an bektaschi-
tische Gepflogenheiten erinnert. Gleich ihnen trugen sie als Kopfbedeckung
eine weiße Filzmütze, die jedoch mit einem Holzlöffel geziert war. Die Bezeichnungen der Anführer wurden den verschiedensten Küchenämtern ent-
lehnt, z. B. Haupt der Köche (*aschtschy baschy*), Haupt der Suppenbereiter
(*tschorbadschy baschy*). Der wichtigste Gegenstand der ganzen Truppe
war der Kochkessel (*qasan*), um den sie sich, wie zur Mahlzeit, auch zu
Beratungen versammelte. Umstürzen des Kessels war das Zeichen zum
Aufstand.

Mehmed der Eroberer hat wohl als erster Osmanenherrscher der Artillerie sein besonderes Augenmerk geschenkt. Wiederholt war davon die
Rede, daß er ausländische Stückgießer in seine Dienste nahm, deren unheilvolle Wirksamkeit sich erstmals bei der Belagerung Konstantinopels
zeigen sollte, aber auch in allen späteren Kämpfen in Erscheinung trat.
Meistens dürften deutsche oder siebenbürgische Meister im Sold des Eroberers gestanden haben. Nur von wenigen sind die Namen überliefert und
es ist kein Zweifel, daß sich der Sultan beim Ausbau des Geschützwesens
dauernd fremder Hilfe bediente. Ausländischen Einfluß wird man auch
bei der Schaffung und Vervollkommnung der Kriegsflotte vermuten dürfen.
In wenigen Jahren hat Mehmed II. sein Geschwader in erstaunlichem Umfang erweitert und bis zu den Küsten Italiens hin auf dem Meer zu einer
entscheidenden Macht ausgestaltet, die bald den westlichen Flotten überlegen wurde. Ihre Schlagkraft hat selbst das seegewaltige Venedig in
Schrecken versetzen können.

Nach diesen flüchtigen Mitteilungen über Hof und Heer ist ein kurzer

Überblick über Handel und Wandel auch am Platz. Ihm müssen einige Angaben über Staatseinnahmen und -ausgaben unter Mehmed dem Eroberer vorausgehen. Da bisher jegliche Untersuchungen über die Staatsfinanzen im damaligen Osmanenreich mangeln, weil sich die entsprechenden Unterlagen nicht oder nur bruchstückweise erhalten haben, lassen sich genaue Feststellungen über die Staatseinkünfte schon deswegen nicht machen, weil sie in den drei Jahrzehnten der Herrschaft Mehmeds II. durch den ständigen Landzuwachs dauernd gewechselt haben dürften. Da geborene Türken sowie Renegaten keinerlei Abgaben entrichteten und der Staat von ihnen lediglich ein Zehntel ihrer Habe für den Fall verlangte, daß der Krieg in ihr Gebiet getragen wurde, so flossen die Haupterträge des Staates aus der Kopfsteuer (charâdsch) der christlichen Raja, ferner aus den Gefällen aus den Verpachtungen der Krongüter sowie der Bergwerke, den Hafenzöllen, Staatsmonopolen usw. Jedes Familienoberhaupt mußte einen Dukaten abführen, also etwa 40 Aqtsche. Alles zusammen ergab einen Gesamtbetrag von rund 900 000 Dukaten. Ein nach einer türkischen Vorlage im Jahr 1470 angelegtes venedisches Verzeichnis errechnete in Europa 29 000 kopfsteuerpflichtige Behausungen von Christen und Juden, denen nach etwa einem halben Jahrhundert im ganzen Reiche schon 3 000 000 Zinspflichtige gegenüberstanden. Hatte eine Ortschaft am Meeresufer, an Gebirgspässen und Wäldern für die Grenzwacht Bedeutung, so blieben die Bewohner (wojnuq genannt), meist Bulgaren, von allen Abgaben befreit. Ihre Leistungen erschöpften sich in der Sicherung der Paßübergänge, der Betreuung von Forstungen, der Instandhaltung von Straßen und in ähnlichen gemeinnützigen Tätigkeiten. Im Kriegsfalle mußten sie den Sipâhîs als Handlanger oder als Fuhr- und Stallknechte Dienst tun, wofür sie einen regelmäßigen Unterhalt bezogen. Der für Lasttiere jeglicher Gattung, wie Pferde, Ochsen, Maultiere usw., fällige Zehent erbrachte jährlich nicht weniger als 300 000 Dukaten. Der Getreidezehent zeitigte ebenfalls beträchtliche Staatseinnahmen. Auch Reispflanzungen waren besteuert und selbst Bienenstöcke mußten zu Abgaben herangezogen werden. Eine der wesentlichsten Staatseinnahmequellen bildete die Verpachtung staatseigener Betriebe und Einrichtungen, von Zöllen und Hafengeldern, Waagegebühren, Monopolen usw. Leider fehlen über den Umfang dieser Pachterträge jegliche Ermittlungen und das, was bisher darüber bekannt wurde, besteht ausschließlich in gelegentlichen Bemerkungen zeitgenössischer Berichterstatter. So versichert Chalkokandyles, daß die Donaufurten alljährlich für viele Tausend Dukaten vergeben wurden und daß der Pächter, meist ein Grieche, trotz des hohen Pachtschillings einen stattlichen Gewinn erzielen konnte. Die rumelischen

Salzwerke am Ufer des Meeres, Anchialo und vor allem Enos, trugen
90 000 Dukaten ein. Die Pächter der Pfännereien zu Enos waren zumeist
Juden. Die Hafenzölle von Stambul und Gallipoli wurden um 1470 mit
42 000 Dukaten Ertrag veranschlagt. Die Einnahmen aus den Landungs-
brücken von Gallipoli und Galata wurden Anfang Januar 1476 an mehrere
Griechen verpachtet, darunter Andreas Chalkokandyles, Manuel Paläologos sowie ein anderer Paläolog. Jani Paläologos und Thomas Kantakuzen
sicherten sich im Herbst 1468 Bergwerkspachten. Zwei weitere Mitglieder
der Familie der Kantakuzenen, nämlich Jani und Jorgi, übernahmen zusammen mit einem Nikola ‚Dandschovil‘ (?) im Sommer 1474 die Kopfsteuer sowie die Gefangenensteuer *(ispendsche, pendschik)* der Bergwerke
von Kratovo in Serbien und Siderokapsa (Thessalien), wurden aber im
September/Oktober 1476 gehängt. Die Zölle von Adrianopel, Philippopel, Sofia, Aidos und Saloniki brachten der Staatskasse weitere 90 000
Dukaten. Von anatolischen Pachten werden die von Qastamuni (10 000
Dukaten), Brussa und die Gebirgspässe der Landschaft Chôdawend-
kjâr (16 000) und andere mit 29 000 Dukaten Erträgen erwähnt. Selbst
die Verpachtung des Leuchtturms von Stambul lieferte eine nicht geringe Summe, die Chalkokandyles zusammen mit den aus den Furten
gezogenen Pachtgeldern mit 200 000 Gulden bemißt. Die berühmten
Alaunwerke von Anatolien warfen jährlich 50 000 Dukaten ab, die Erz-
werke von Qastamuni mit denen von Sinope weitere 50 000. Der Gesamtbetrag der aus Bergwerken fließenden Staatseinnahmen wird auf 200 000 Dukaten beziffert, so daß auf die rumelischen Bergwerke, vor allem Novo Brdo
und Srebrenica (Serbien), ein Anteil von 100 000 Dukaten entfallen müßte.

Ein offenbar verläßlicher Berichterstatter des Jahres 1475, nämlich Iacopo de Promontorio de Campis, schätzt die Staatseinkünfte aus den Bergwerken allerdings nur auf 120 000. Die Verpachtung erging auch damals
für drei Jahre und die Pächter strichen angeblich 360 000 Dukaten jährlich
ein. Den Zehent des geförderten Silbers bewertet der gleiche Gewährsmann mit 120 000 Dukaten im Jahr. Mehmed II. erließ ein strenges Verbot,
Silber auszuführen, dem später ein entsprechendes für Blei folgte. Schon
sein Urgroßvater Bajesid I. hatte wohl als erster Großherr nicht nur das
alte Geld einziehen und das neue verschlechtern, sondern auch die Silberausfuhr unter Strafe stellen lassen. Hierbei war gewiß weniger eine religiöse
Vorschrift wie der Grundsatz des Scheriatrechtes, Feinden des Islam keine
Waffen und kriegswichtige Waren zu liefern, als vielmehr der Wunsch maßgeblich, diese unentbehrlichen Bodenschätze für eigene Zwecke auszubeu-
ten. So hatten sich die Osmanen bereits unter Murâd II. am Bergbau in
Treptsche beteiligt, als dieser Ort noch serbisch war, und trotz des heftigen

Einspruchs Betroffener die Silberausfuhr von dort nach Ragusa unterbinden und das Edelmetall eigenen Münzstätten zuleiten können.

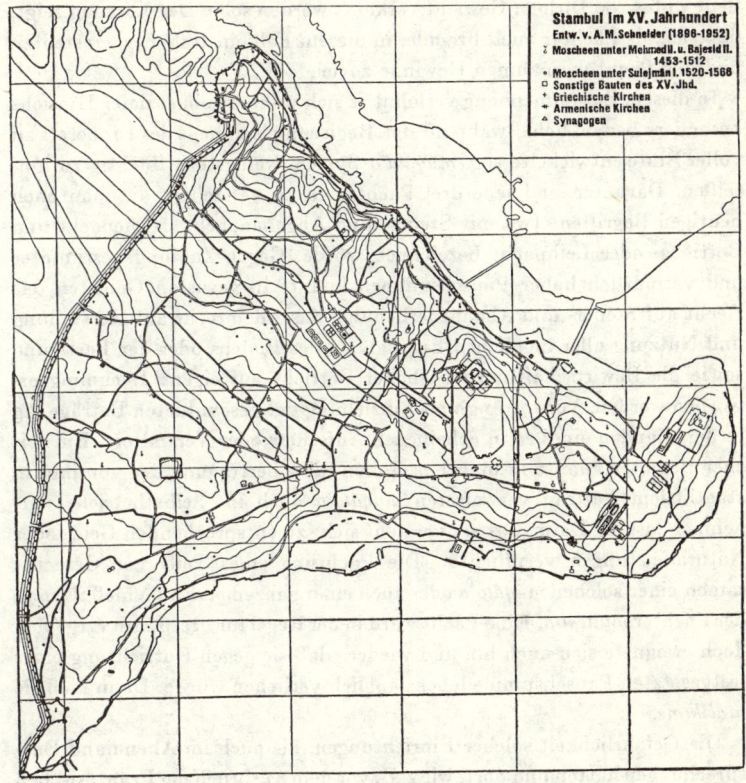

Stambul im XV. Jahrhundert
Entw. v. A. M. Schneider (1896-1952)
☾ Moscheen unter Mehmed II. u. Bajesid II.
1453-1512
✶ Moscheen unter Sulejman I. 1520-1566
□ Sonstige Bauten des XV. Jhd.
✝ Griechische Kirchen
✛ Armenische Kirchen
△ Synagogen

Wesentliche Erträgnisse müssen die Waaggebühren abgeworfen haben. So wird Ende 1478 verlangt, daß man an die Staatskasse 1 926 000 Aqtsche abführe, die ein gewisser Mußlih ed-Dîn aus den Waaggeldern von Stambul, Brussa, Amasia, Toqat und Qastamuni einkassiert hatte. Im folgenden Fruhjahr (14. März 1479) erging ein großherrlicher Befehl, daß man dem Prinzen Bajesid sein Jahreseinkommen aus Waaggefällen nicht mehr auszahlen, sondern ihm dafür Kleinlehen *(timâr)* verleihen solle. Auch das Seifen-Monopol dürfte einträglich gewesen sein. Seifenherstellung und -verkauf wurden am 14. Juli 1479 einem Italiener namens Antonio Uberto (Oberto) überlassen, ihm aber zur Auflage gemacht, daß kein Stück Seife unter 200 Dirhem Gewicht verkauft werden solle. Der Vorgang zeigt, daß sich als Pächter auch Fremde, in diesem Fall ein Italiener, einstellten und aus Pachtübernahmen Gewinne zogen.

In diesem Zusammenhang verlohnt es sich wohl, das in sozialer Hinsicht besonders bedenkliche, während der Regierung Mehmeds des Eroberers zu voller Blüte entwickelte sog. *muqâta'a*-System wenigstens flüchtig zu umreißen. Darunter sind jene drei Pachtarten zu verstehen, die man nach heutigen Begriffen etwa mit Steuer- und Abgabenpacht, Regiepacht und Betriebs- oder Leihpacht bezeichnen würde. Gegen Zahlung bestimmter und vermutlich hoher Pauschsummen konnte in gewissen Gebieten das Recht auf Steuer- und Abgabenerhebung, das Alleinrecht auf Herstellung und Nutzung aller möglichen Erzeugnisse des Bodens oder der Fertigung sowie die Bewirtschaftung staatlicher Betriebe auf eigene Rechnung erworben werden. Verwaltung und Einziehung der geschuldeten Beträge lag in den Händen eines *emin* geheißenen Aufsehers oder Verwalters. Ein solcher Beamter konnte in manchen Fällen die Übertragung der von ihm in staatlichem Auftrag verwalteten *muqâta'a* auch im Selbstbetriebe vornehmen lassen. Dafür war er, versteht sich, zu entsprechenden Geld- oder Naturalleistungen verpflichtet. Die Pachtung eines Teils von Gerechtsamen einer solchen *muqâta'a* oder auch einer ganzen *muqâta'a* hieß *iltisâm*, der Pächter *mültesim*. Eine Pacht ward in der Regel für drei Jahre vergeben, doch ereignete sich auch hin und wieder, daß sie gegen Entrichtung einer festgesetzten Pauschsumme lebenslänglich verliehen wurde. Dann hieß sie *mâlikâne*.

Die Gefährlichkeit solcher Einrichtungen, die auch im Abendland Entsprechungen hatten und dort, wie z. B. vor dem Ausbruch der Französischen Revolution, zu schwerer Gärung in den Massen und schließlich zum Umsturz Anlaß gaben, liegt auf der Hand. Mehmed der Eroberer benötigte zur Führung seiner ununterbrochenen Kriege riesige Zahlungsmittel, die natürlich nur zum Teil durch Tribute, Kopfsteuern, Münzverschlechterung usw. hereingebracht werden konnten. Die von der Pforte ausersehenen Pächter waren, um die riesigen Leistungen aufzubringen, daneben aber den jeweils erwarteten erklecklichen Gewinnanteil zu erzielen, möglichst hohe Abgaben und Steuern einzutreiben veranlaßt. Zur Erwirtschaftung des not-

wendigen Solls an Erzeugnissen im Fall einer Regie- oder Leihpacht
schröpften sie nach Kräften die ihnen auf Gedeih und Verderb Ausgelieferten und beuteten deren Beflissenheit und Bereitschaft bis zum Unvermögen
aus. Blühend im westlichen Sinne wurden auf diese Weise die osmanischen
Provinzen eigentlich niemals, selbst nicht in Zeiten höchster politischer
Machtentfaltung. Das herrschende Verfahren war und blieb fast überall
das der Ausschöpfung sämtlicher Hilfsquellen. Es ward ein unwirtschaftlicher Raubbau getrieben, der das wenige, was die Steuerbeamten übriggelassen, aufzehrte und jede Möglichkeit des Wiederauflebens von Kraft
und Fruchtbarkeit zunichte machte.

Die Dürftigkeit bisher erschlossener Quellen gestattet leider nicht, die
zumeist lediglich als Tatsachen gemeldeten, gewiß aber auf wirtschaftlichen Untergründen beruhenden Empörungen und Aufstände schon im
frühosmanischen Reiche mit Mißbräuchen im Lehens- und vielleicht auch
bereits im Pachtwesen in Beziehung zu setzen. Vorkommnisse aber, wie sie
sich etwa gleich beim Ableben des Eroberers in der Hauptstadt abspielten
und in der Plünderung sogar fremder Warenlager und Kaufhallen einen
bedrohlichen Höhepunkt erreichten, hatten letzten Endes ihre Haupturssachen gewiß in solchem Zündstoff. War es doch der letzte Großwesir Mehmeds II., Qaramânî Mehmed-Pascha, der mit seiner Steuerpolitik gegenüber Lehenspächtern und zumal der Geistlichkeit, die sich dadurch in ihren
Einkünften und in den Erträgnissen aus frommen Stiftungen *(ewqâf)* geschmälert sahen und sich infolgedessen auf Kosten des Volkes Ersatzeinnahmen sicherten, die Menge zur Raserei brachte. Nicht von ungefähr ist
allem Anschein nach damals auch Maestro Iacopo aus Gaeta, der spätere
Ja'qûb-Pascha, der entfesselten Volkswut zum Opfer gefallen. Die offensichtliche langjährige und unentwegte Begünstigung seiner Glaubensgenossen bei Vergebung einträglicher Pachten veranlaßten unabhängige
Kritiker wie den Derwisch 'Âschyqpascha-sâde zu bissigen, ja feindseligen
Bemerkungen über sein Treiben und über die Judenschaft in der Türkei.
Ebenso sind sich alle, sogar die höfischen Chronisten einig in der Verurteilung des hingerichteten Großwesirs Rûm Mehmed-Pascha, weil er seinen
griechischen Landsleuten wohl ebenfalls über Gebühr solche Erwerbsquellen auftat. Dies ist um so bemerkenswerter, als sonst aus den Darstellungen der amtlichen Geschichtsschreiber nichts über dergleichen Vorgänge
zu erfahren ist. Sie verzeichnen lediglich Handlungen großherrlicher Macht-
und Gewaltherrschaft sowie Nichtswürdigkeiten der Großen wie der Kleinen mit dem nämlichen Gleichmut, mit dem sie etwa Hochzeiten, Feuersbrünste, Erdbeben oder Pestfälle vermerken: alles ohne Lob, vornehmlich
aber ohne Tadel und besonders ohne persönliche Ansicht. Denn auch am

Osmanenhof hatte, wie schon zu Byzanz und überhaupt an allen Fürsten-
sitzen des Morgenlandes, außer den Regierenden niemand in irgendeiner
Frage das Recht auf eigene Meinung. Ganz anders freilich verhalten sich
die allerdings verschwindend wenigen, meist namenlosen Schilderer der
Begebenheiten oder aber der eben angeführte Derwisch 'Ãschyqpascha-
sâde, dessen Chronik vor allem zum Vortrag in Ordenskreisen und beim
schlichten Volke bestimmt gewesen sein muß. So darf die manchmal erstaunliche Offenheit nicht wundernehmen, mit der gerade dieser Berichterstatter zu gewissen Vorfällen Stellung nimmt, die auf eine Schädigung des
kleinen Mannes hinausliefen und daher seinen Unmut erregten.

Außer der Kopfsteuer flossen erhebliche Beträge aus den Tributen der
Walachei, der Moldau, des Freistaates Ragusa und der Insel Chios in den
Staatsschatz. Eine venedische Übersicht über die osmanischen Staatsein-
nahmen zählt unter der Spalte Kopfsteuer *(charâdsch)* der Vasallenländer
nachstehende Beträge auf: Bosnien und Herzegowina 18 000 Dukaten,
Walachei 17 000, Moldau 6000, Trapezunt 3000, Kaffa 3000, Amasra und
Sinope 14 000. Die Jahrgelder für die venedischen Besitzungen auf Morea
und in Albanien rechnen dabei nicht mit.

Chalkokandyles errechnet als ungefähren Gesamtertrag aller Staatseinkünfte 4 000 000 Dukaten, was unmöglich erscheinen muß. Die venedische
Rechnung ergibt lediglich 1 196 000 venedische Dukaten, also lange nicht
einmal die Hälfte. Damit stimmt die Schätzung des Kardinals Bessarion
überein, der behauptet, daß der Sultan jährlich höchstens 2 000 000 Dukaten vereinnahme.

Persönlich erhielt der Großherr ein Fünftel von jeder Art Kriegsbeute.
Dieser Anteil gehörte nach muslimischer Ansicht ursprünglich Gott (vgl.
Koran, VIII, 42), ward aber später dem Imâm, also dem auch weltlichen
Oberhaupte der Volksgemeinschaft, mit der Maßgabe eingeräumt, ihn für
Staatsaufwendungen ,in Allahs Namen' nach eigenem Gutdünken zu ge-
brauchen. Zu jedem Feldzug, den Mehmed II. unternahm, mußten die
Großwürdenträger angeblich 200 000 Dukaten beisteuern.

Die Staatsausgaben bewegten sich in bescheidenen Grenzen. Sie sollen
810 000 Dukaten im Jahr nicht überschritten haben. Davon beanspruchte
das Heer allein 300 000 Dukaten. 28 000 Dukaten verlangten die jährliche
Tuchverteilung an die Janitscharen sowie die Unkosten für Bogen und
Pfeile, was alles zu Lasten des Großherrn ging. Nicht inbegriffen sind in
diesem Betrag die Ausgaben für den Sold dieser Kerntruppe, der, wie in
Byzanz, gewöhnlich im voraus auf ein Vierteljahr ausgefolgt wurde.

Weitere Belastungen des Sultans schufen die Bedürfnisse des Palastes
und des Hofstaates, der aus 1500, mit den Sklaven aus 5000 Menschen

bestand. 48 000 Dukaten verschlangen die Pförtner, die Barbiere, die Ärzte, die Schattenspieler *(qaragös)*, 17 000 die 200 im Seraj erzogenen Edelknaben und deren vier Erzieher. Beträchtliche Summen fielen auf die Bekleidung des Hofstaates (29 000 Dukaten), auf Seiden- und Goldbrokatstoffe (50 000), auf kostspielige, aus dem Ausland (Florenz) eingeführte Stoffe (60 000), auf die bei Empfängen und Staatsfeierlichkeiten des großen und kleinen Bajrâm-Festes ausgeteilten Ehrenkleider und Prunkkaftane (25 000). Alles zusammenströmende Geld ward also ausschließlich entweder für die großherrliche Hofhaltung oder für Kriegsbedürfnisse benutzt.

Über das Münzwesen im Osmanenreich Mehmeds II. ist bereits einiges gesagt worden. Der Sultan ließ alter Übung gemäß alle zehn Jahre Silberlinge (Aqtsche) herstellen, deren Feingehalt sich jedesmal verschlechterte. Solche Prägungen fanden erstmals im Hidschrajahr 855 (1451) statt, also bei seiner zweiten und endgültigen Thronbesteigung, dann abermals 865 (1460/61) und 875 (1470). Späterhin wich der Eroberer von dieser Folge ab, denn schon 880 (1475/76) wurden wiederum Aqtsche geschlagen, zweifellos wegen der gesteigerten Geldbedürfnisse während des Feldzuges gegen Usun Hasan. Zum letztenmal tragen Silberlinge des Jahres 886 (beg. 2. März 1481), in dem er starb, seinen Namenszug. Einmal ward ein silbernes 10-Aqtsche-Stück 875 (1470/71), und zwar ausschließlich zu Stambul angefertigt, und das erste und einzige Goldstück, das der Großherr auf seinen Namen münzen ließ, kam gleichfalls zu Stambul im Jahre 883 (1479), vermutlich im Anschluß an den Friedensschluß mit Venedig, zustande. Münzstätten waren außer Stambul die Orte Adrianopel (Edirne), Brussa (Bursa), Skoplje (Üsküb), Tire, Amasia, Ajasoluq, Serres sowie Novo Brdo ("Nuwâr": 855, 865, 875, 886). Kupfermünzen wurden in großen Mengen außerhalb der üblichen Reihenfolge auf den Markt gebracht. So kamen zu Stambul solche *manghyr* in den Jahren 867 (1462/63), 875 (1470/71), 878 (1473/74) und 886 (1481) heraus, in Adrianopel in den Jahren 861 (1457), 875 (1470/71), in Amasia 859 (1455), in Brussa 861 (1456/57), 865 (1460/61), 867 (1462/63), 868 (1463/64). Im alten Tire (Anatolien) entstanden Silber- und Kupfermünzen einmal zur gleichen Zeit, nämlich 886 (1481), sonst lediglich Kupferstücke (865). In Angora und in Bolu wurden Kupfermünzen ohne Prägejahr hergestellt; es scheint sich hier um Ersatz- oder Notstücke gehandelt zu haben. In Ajasoluq, das sonst nur Aqtsche (855, 865, 875) münzte, fertigte man 865 (1460/61) auch ein Kupferstück. In Serres und Novo Brdo, wo sich die berühmten Silbergruben befanden, wurden keinerlei Kupferprägungen vorgenommen. Das Silbergewicht wurde bei jeder neuen Prägung gemindert und dadurch der Kaufwert des Aqtsche ständig gesenkt. Eine solche Münzverschlechterung, wobei das Gewicht eines Aqtsche von

6 auf 5 *qirât* verringert wurde, führte, wie schon bemerkt wurde, gleich
zu Beginn der ersten Regierung Mehmeds II. in Adrianopel zu einem
Janitscharenaufstand, wobei diese eine Solderhöhung verlangten und auch
durchsetzten. Münzverrufungen *(revocationes, renovationes)*, wie sie im
Westen bereits unter den Karolingern gang und gäbe waren, hat Mehmed
der Eroberer mehrmals angeordnet. Die erzwungene Umwechslung sollte
auch hier zur Steigerung des Münzgewinnes beitragen. Für ihn dürften
weniger volkswirtschaftliche Überlegungen als Zwangslagen des Staates
sowie Kriegsnöte den Ausschlag gegeben haben. Aus dem Jahr 1478 (1. April)
hat sich eine Urkunde erhalten, die den Vorgang einer solchen Münzver-
rufung genau erkennen läßt. Das alte Geld *(eski aqtsche)* ward abgeschafft.
Ein mit großen Vollmachten ausgestatteter Beamter wurde daraufhin ausgesandt, um das bisherige Silbergeld und im Privatbesitz befindliche Silber
rücksichtslos einzuziehen. Er war sogar befugt, das Gepäck von Reisenden,
die Kassen, ja sogar die Zimmer der Unterkunftshäuser zu durchsuchen
und mußte vorgefundenes Geld an die staatliche Münze abführen. Aus
einem Dirhem Silber (etwa 3,15 Gramm) wurden zwei neue Aqtsche geprägt. Jeder Goldschmied und Silbersticker durfte höchstens 200 Dirhem
Silber (also etwa 630 Gramm) behalten. Die Tätigkeit der sogenannten
gümüsch sarrâflary, der Silberwechsler, bei Ausgabe neuer Silberstücke war
besonders gefürchtet. Sie bereisten das Land, zogen die alten Münzen ein,
indem sie für zwölf alte Aqtsche deren zehn neue ausfolgten. Jeder war aber
von sich aus verpflichtet, die alten Silberlinge bei der Münze abzuliefern;
strenge Strafen standen auf Nichtbefolgung dieser Vorschrift. Erst Bajesid II. hat diese im ganzen Land verhaßte Einrichtung aufgehoben und
den Silberfuß nicht mehr antasten lassen. Das Amt der ‚Silberwechsler‘
wurde von Staats wegen verpachtet und soll, Theodor Spandugino zufolge,
an 800 000 Dukaten eingebracht haben.

Es versteht sich von selbst, daß angesichts solcher Maßnahmen das Verhältnis des Aqtsche zum abendländischen Dukaten dauernd Schwankungen unterworfen war. Im Südosten Europas waren der venedische Dukaten,
eine Goldmünze von hohem Feingehalt, ebenso wie der Florenzer *Fiorino
d'oro*, Goldgulden (‚Florin‘, der vom Wahrzeichen der Stadt, einer Lilie
[flos], auf seiner Rückseite den Namen erhielt), die beide im Werte gleich-
standen (etwa 9,6 Goldmark) und der ihnen gleichgeschätzte ungarische
Goldgulden die Handelsmünze im spätmittelalterlichen Verkehr. Das Verhältnis des osmanischen Silberlings *(aqtsche)* zu diesem Dukaten zeigt
deutlich dessen schlechte Bewertung. Ursprünglich gingen wohl zehn
Aqtsche oder Aspern auf einen venedischen Dukaten. Zuzeiten Mehmeds
des Eroberers waren es kaum weniger als 40 und zuletzt 50, im 16. Jhdt.

54 und schließlich gar 80. Ein Aqtsche entsprach ¼ Dirhem (vom griech. *drachme*), der Einheit der Silbermünze im arabischen Münzwesen; da drei Dirhem einem Dinar (vom lat. *denarius*), der arabischen Münzeinheit im Goldgepräge (rd. 4,25 Gramm Feingold), gleichkamen, so machten zwölf Aqtsche einen Dinar aus. Anfänglich wog ein Aqtsche etwa ein Gramm Silber, Ende des 17. Jhdts., als er durch den Para verdrängt wurde, nur noch 0,13 Gramm. Es mag sein, daß eine so kleine Münze mit schwankendem Wert als einziges Teilstück zwischen der Gold- und der Kupfermünze schon zu Lebzeiten Mehmeds II. dem Verkehr nicht mehr genügte und durch Silberstücke westlicher Länder ergänzt wurde. Das osmanische Kupfergeld stand noch schlechter im Kurs als der Aqtsche. Acht *manghyr* kamen einstmals einem Aqtsche gleich, später gar 12, 16, 24, 32, 40 und 48, falls Th. Spandugino richtige Angaben macht. Es hat den Anschein, daß sich Mehmed der Eroberer im Jahre 1479 bei Ausprägung von Goldstücken die Goldgulden Italiens zum Muster nahm und den Wert seines *sultânî*, d. i. ‚sultanischen‘ (nl. Goldstücks), dem westlichen Münzfuß anzugleichen gedachte. Im Handelsverkehr mit dem Westen war nach wie vor der italienische Goldgulden (*efrenk* oder *firenk filori*, d. i. ‚fränkischer Gulden‘) die maßgebliche Handelsmünze und Mehmeds II. Goldstück blieb gewiß nur auf den Binnenlandverkehr beschränkt.

Über Handel und Wandel im Reiche Mehmeds des Eroberers schweigen bisher alle einheimischen und selbst die fremden Quellen. Daß der Sultan vornehmlich Handwerk und Gewerbe, aber auch dem Handelsverkehr mit dem Ausland, zumal in seiner Hauptstadt, besondere Teilnahme und Förderung entgegenbrachte, beweist allein schon seine Sorge für die Erstellung von hölzernen Kaufhallen, des sogenannten Besistân (eigentl. Leinwandmarkt), im Jahre 1461, die erst unter Sulejmân dem Prächtigen durch ebenfalls aus Holz errichtete ersetzt wurden. Sie sind längst verschwunden und schon 1651 durch neue steinerne Basar-Anlagen verschönert worden. Gar nichts verlautet bislang über fachgenossenschaftliche Vereinigungen, Zünfte der Handwerker, wie sie im Osmanenreich des 16. und vor allem des 17. Jahrhunderts aus Schilderungen erweisbar sind. Die Oberaufsicht über alle Kaufleute und Handwerker, über die Wirkstoffe und insbesondere über die Mundvorräte der Hauptstadt oblag dem *Istanbul Qâdîsi*, dem Stadtrichter von Stambul, dem eine Anzahl von Unterbeamten zur Seite stand, die Maße, Gewichte und Preise der Eßwaren, die Mehllager, die Schmalz- und Ölmagazine zu überprüfen und zu überwachen hatte. Der Stadtrichter, der Oberst einer Janitscharen-Kammer (*oda*) zu sein pflegte, hatte also die Leitung der Stadtbehörde nebst der Beaufsichtigung von Handel und Gewerke der Residenz auf seine Schultern zu laden. Er ließ

die Verkäufer von Lebensmitteln, die falsches Gewicht verwendeten oder
gefälschte Waren ausboten, kurzerhand festnehmen und oft mit dem Ohr
an das Tor nageln. Die Marktordnung war genau gesteuert, wie sich denn
überhaupt das Augenmerk des Großherrn auf alle Zweige der menschlichen Betätigung erstreckte und sie durch Gesetzesvorschriften regelte.

Daß gefährliche Pestilenzen mehr als einmal das ganze Reich und besonders auch Stambul heimsuchten und schreckliche Verwüstungen anrichteten, ward im Verlauf der Darstellung jeweils vermerkt. Der Großherr suchte sich dem Schwarzen Tod stets durch Flucht in die Höhen des
Balkangebirges zu entziehen. Es scheint somit, daß man sich der Seuche nicht zu erwehren vermochte und ergeben in Allahs Willen auf ihr
Abklingen wartete. Die Gesundheitspflege lag dazumal nicht nur im Osmanenstaat im argen. Die Ausfälle an Menschen, die meist sehr groß waren,
wenn die Pest die Lande überfiel, glich der Großherr durch Besiedlung
mit aus dem Westen seines Reiches verschleppten Bevölkerungen wieder
aus. Hin und wieder finden sich in abendländischen Meldungen Hinweise über Teuerungen oder Hungersnot, der zu begegnen sich Mehmed II.
aus Angst vor Volksaufläufen und Empörungen jedesmal raschestens angelegen sein ließ. Vor allem ward auf ausgiebige Verpflegung des Volkes
mit Brot beträchtlicher Wert gelegt. Mit der Arzneiwissenschaft war es
schwerlich zum besten bestellt. Sie lag kaum in den Händen von Einheimischen, sondern fast immer von Juden. Die Sorge für sein eigenes
Wohlbefinden vertraute der Großherr mit einer einzigen Ausnahme nur
nichttürkischen Ärzten an. Diese Ausnahme stellte der Türke Nedschm
ed-Dîn, genannt Altundschu-sâde, dar. Er dürfte ein geschickter Heil-
künstler gewesen sein, von dem übrigens die erstmalige Verwendung
sogenannter Bougies erzählt wird. Daneben wirkten als Leibärzte Schükrullâh aus Schîrwân (Persien), der sich indessen mehr als Hofchronist
hervortat, der mehrfach genannte Hamîd ed-Dîn al-Lârî (aus Lâristân in
Südwestpersien), der am Sterbelager des Sultans vergeblich seine Kunst
versuchte und selbst ein schlimmes Ende nahm, der Arzt ʿArabʿ aus Jerusalem, der, bevor ihn der Eroberer in seine Dienste zog, bei ʿÎsâ-Beg Ishâq-oghlu, dem mehrfach genannten osmanischen Grenzbeg zu Skoplje,
tätig gewesen war. Bedeutender als er mag Quṭb ed-Dîn Ahmed aus
Kirmân (Persien) gewesen sein, der einem angesehenen Wesirgeschlecht
entstammte und die Heilkunst vielleicht schon bei seinem von Usun Hasan
hingerichteten Vater, dem „hekim-i Kirmânî' (d. i. Arzt aus Kirmân), erlernt haben dürfte. Quṭb ed-Dîn war 1468 oder 1469 (873 h) nach Stambul
verschlagen worden, wo er erst 1497/98 verstarb und zu Ejjûb begraben
wurde. Schüler des Arztes Nedschm ed-Dîn war ein gewisser Achi-Tschelebi

Mehmed ibn Kemâl aus Täbrîs, der sich später als Oberarzt an dem von Mehmed II. in Stambul gestifteten Krankenhaus *(Dâr esch-schifâ)* segensreich betätigt haben soll. Von ihm hat sich handschriftlich sogar ein türkisches Werk über Harnsteine *(mesâne taschlary)* in zehn Abschnitten erhalten. Die weitaus bedeutendste und merkwürdigste Gestalt unter den Hofärzten des Eroberers ist indessen zweifellos Maestro Iacopo aus Gaeta, der spätere Ja'qûb-Pascha, wenngleich auch über seine ärztlichen Fähigkeiten nur anekdotenhafte Erzählungen vorliegen. Beruhen diese auf Wahrheit, so hätte er als erster die Heilung der sogenannten Addisonschen Krankheit mit Erfolg durchgeführt. Darunter wird bekanntlich die von Thomas Addison (1793—1860) erstmals 1855 beschriebene und nach ihm benannte, mit bronzeartiger Verfärbung verbundene Erkrankung der Nebennieren verstanden. Von ihm mag sich sein großherrlicher Pflegling eine besondere Vorliebe für die Medizin angeeignet haben, über die er nicht weniger als 14 berühmte Grundwerke in seiner Privatbücherei vereinigte.

Über das geistige und gesellschaftliche Leben sind an anderen Stellen wenigstens kurze Hinweise geliefert worden. Innerhalb der theokratisch-militärisch gegliederten Gesellschaft des Osmanenstaates gab es zu Mehmeds II. Zeiten ebenso wie späterhin keine Kasten, sondern nur Rangwürden. Die gesellschaftliche Stufe der Dienenden bildete eine Art Ergänzung zur Staatsverwaltung, teils eine Probestaffel zu den Ämtern des Staatsdienstes selbst. Höhere Anforderungen an das Wissen und an den Besitz gewisser Fachkenntnisse für einzelne Stellen oder Zweige der Behörden wurden nicht gestellt. Dem Diener stand der Übertritt in die öffentliche Laufbahn offen. Niemand beschränkte oder erschwerte sie. Da das Mißverhältnis zwischen dem Vermögensstand der Dienstgeber und ihrem Bedürfnis an Gesinde im Osmanenreich, wo jeder zur Wahrung seines Ansehens von einem Aufwärter begleitet oder betreut sein mußte, weit größer als anderwärts war, machten die Dienenden einen auffallend starken Bruchteil der Gesamtbevölkerung aus. Im Einzelfalle ward ihre Zahl vornehmlich durch die Rangordnung des Brotherrn bestimmt, denn hohe Stellung und Reichtum galten als gleichbedeutend, wo die Macht alleinige Quelle des Erwerbes und stattlichen Besitzes war. Rangunterschiede auf Grund von Besitz waren der alten islamischen Gesellschaft im Osmanenstaat durchaus noch unbekannt. Ein Landpfleger, dem Wohl und Wehe des ganzen ihm verliehenen Gebietes in die Hand gegeben wurde, Verwaltung, Besteuerung, Heerleitung und Gerichtsbarkeit, verteilte nach eignem Gutdünken Beamtenstellen in den verschiedenen Zweigen der Provinzobrigkeit, die nicht den Ämtern, sondern den Persönlichkeiten oblag. Die meisten Würdenträger hatten damals und später nichts ge-

gen die Bereicherung und gegen das Fortkommen ihrer Untergebenen
einzuwenden. Nicht selten traf es sich, wenn Glück und Sultansgnade
ihm hold waren, daß einer aus geringen, ja geringsten Anfängen zu den
höchsten Staatsstellen gelangte und seinen früheren Dienstherrn an Macht
und Einfluß überragte. Keine Kaste wie im Abendland, sondern die
menschliche Gemeinschaft machte den Hauptunterschied zwischen dem
Dienstverhältnis in der Türkei, wie überhaupt im muslimischen Morgenland,
und dem christlichen Abendland aus. Der patriarchalischen Anschauung
jener alten Osmanen war der Begriff Staat und Staatsdienst fremd. Der
Sultan schenkte das Amt und nahm es und der öffentliche Dienst ward als
Wirkungsfeld betrachtet, zu dessen Genuß die Berufenen durch Gunst
zugelassen und zeitweise durch Ungunst wieder entfernt wurden, um anderen Glücklicheren Platz zu machen. Das Amt war also eine auf ungewisse Frist verliehene Pfründe.

Da es im Osmanenreich keinerlei Geburts- oder Erbadel gab, legten die
osmanischen Türken gar keinen Wert auf Abstammung. Die Gesellschaft
sah es als selbstverständlich an, wenn ein den untersten Schichten des
Volkes Entsprossener als Feldherr die Streitmacht befehligte, als Großwesir das Reich lenkte oder aber durch Heirat mit dem Sultan in nahe
Verschwägerung trat. Ebensowenig befremdete, wenn Nachkommen
einst gewichtiger Würdenträger als Handwerker oder Diener ihren Lebensunterhalt bestritten. Obschon ein gewaltsames Ende seit dem Regierungsantritt Mehmeds II. bis zur Verkündung des Chatt-i scherîf von Gülchâne
(3. November 1839) beinahe ein Merkmal der Wesirwürde war, schreckte
kaum einer der Anwärter auf dieses höchste Reichsamt zurück. Mit Fata-
lismus, Ruhmsucht und Geltungsbedürfnis allein läßt sich diese Erscheinung schwerlich erklären und auch die alten Osmanen haben sich darüber
ihre Gedanken gemacht. Als einst ein neubestallter Großwesir einen Derwisch-Schejch befragte, welcher Mensch ihm wohl als der törichteste vor-
komme, erwiderte er schlankweg: ‚Du, o mächtiger Wesir! Hast du doch
alles darangesetzt, dein Amt zu erringen, obgleich du am blutigen Haupt
deines Vorgängers vorbeirittest, das an der nämlichen Stelle lag wie das
seines Vorgängers!‘ Wie im alten Osmanenreich alles durch ein steifes
Brauchgesetz geregelt wurde, so waren auch die Hinrichtungen je nach dem
Rang und der Persönlichkeit genau bestimmt. Der Kopf eines in Stambul
hingerichteten Wesirs mit drei Roßschweifen ward in einem Silberteller
auf einer Marmorsäule beim Mitteltore des Serajs, das Haupt eines geringeren Würdenträgers nur auf einem Holzteller schon beim ersten Tore zur
Schau gestellt. Die Köpfe der Unterbeamten endlich lagen ohne besondere
Zubereitung auf der Erde. Jene der draußen in den Provinzen vom To-

lesurteil ereilten Staatsdiener wurden eingesalzt nach der Hauptstadt geschickt, zum sichtbaren Beweis, daß dem großherrlichen Befehl entsprochen wurde.

Ganz andere Voraussetzungen beim Vorwärtskommen ergaben sich beim
Lehrstand, nämlich bei der Körperschaft der sogenannten 'Ulemá, also der
theologisch gebildeten Gelehrten, Richter und Lehrer, die Mehmed II.
erstmals in straffer Rangordnung gliederte und dabei ihren Wirkungskreis
als Richter, Theologen, Professoren und Kultusbeamte umschrieb. Die
Stufenleiter der ʿUlemá endete bei den höchsten Würden des Gesetzes,
nämlich denen der beiden Heeresrichter und später des Muftî, aus dessen
Amt sich in der Folge das des Schejch ul-Islâm entwickelte. Es handelt sich
also keineswegs ausschließlich um Priester, zumal im Islam die Rechtslehre
mit der Gottesgelehrsamkeit als feststehende, vorzüglich durch den Koran
geregelte Gesetzeswissenschaft zusammenfällt. Zur Heranbildung für die
theologische oder für die rein richterliche Laufbahn hat Mehmed der Eroberer gleich nach der Einnahme Konstantinopels durch Schaffung von
Medresen bei der Hagia Sophia und bei weiteren sieben, aus Kirchen in
Moscheen verwandelten Bethäusern die notwendigen Grundlagen geliefert und nach Errichtung seiner eigenen Moschee durch Anlage von
gleich acht theologischen Lehranstalten mit besseren Besoldungen der
dort tätigen Professoren (müderris) eine gründliche Umgestaltung der
ganzen Gliederung der ʿUlemá vornehmen lassen. Der Großwesir Mahmûd-
Pascha, der bei seiner Moschee selbst eine Medrese stiftete und mit reichen
Zuwendungen bedachte, ließ sich die Abstufung, aber auch die Versorgung
des gesamten Lehrstandes besonders angelegen sein. Freilich, der ab-
geschlossene Charakter des Korans, der jedem echten Muslim als Vollendung und Siegel jeglicher Offenbarung gilt, hat auch damals seine ver-
steinernde Wirkung nicht verloren und die Erstarrung der Gottesgelehrsamkeit und des durch sie gelenkten Lebens nicht zu lockern vermocht. Die
Weltanschauung, die in überkommenen strengen Formen auch zuzeiten
des Eroberers wie Jahrhunderte vorher in den Schulen gelehrt wurde,
verriet im ausgehenden 15. Jahrhundert längst jene Beschaulichkeit des
Alters, das nichts mehr zu erhoffen und zu erwarten hat als den Tod.

In dieser Verbindung muß in Kürze auch noch der Derwisch-Orden gedacht werden, deren Entstehung und Geschichte zu den am wenigsten er-
forschten und verwickeltsten Gegenständen der morgenländischen Studien
zählen. Sie verdankten vor allem im Osmanenreich des 15. Jahrhunderts,
als sie sich über dessen weite Gebiete auszubreiten begannen, ihr starkes,
von den Sultanen gefürchtetes Ansehen beim Volk ihrer wenig glaubens-
strengen Eigenart, die sie den noch weitgehend schîʿitisch angehauchten

Massen Anatoliens näherbrachte. Der von ihnen befolgte Grundsatz der persönlichen Armut machte auf die wenig mit Glücksgütern gesegneten Untertanen des Großherrn ebenso Eindruck wie ihre seelsorgerische Fähigkeit, die im rechtgläubigen Islam und seiner eigentlich recht volksfernen Geistlichkeit weder lehrmäßig noch in der Wirklichkeit einen Platz hatte. Wo die schriftgläubige, geistig oft verknöcherte Priesterschaft den Trostsuchenden nur beziehungslose Lehrsätze oder Rechtskniffe (*hijal*) anzubieten hatte, da sprangen die Derwische mit ihren mystischen und darum beim Volke gern geglaubten Gebräuchen und Vorkehrungen als Mittler einer jenseitigen Welt bereitwillig ein. Der Vernunftglaube des starren Islam war für die kleinen schlichten Leute einfach unbefriedigend. Es lag im ‚Vorhofcharakter‘ der Derwischbünde begründet, daß sich bei ihnen noch Überreste alter Glaubensvorstellungen erhalten hatten, die der Menge zusagten und sie ansprachen. Die dem orthodoxen Islam niemals geheure und stets nur widerstrebend geduldete, oftmals auch erbittert bekämpfte Heiligenverehrung, auf die es die Derwische mancher Orden besonders abgesehen hatten, bot in seelischer Hinsicht dem kleinen Mann weit mehr als das verwickelte und dem Laien kaum begreifliche Lehrgebäude des Scheriatrechtes. Schließlich darf auch die ausgedehnte praktische Wohltätigkeit nicht vergessen werden, die gerade von den Derwischen in ihren Klöstern geübt zu werden pflegte und beim Volk als werktätige Liebe natürlich höher bewertet ward als schulweiser theoretischer Wortschwall und Vernünfteleien. Vollends ermöglichten die im Grunde pantheistischen Züge der Derwisch-Ansichten ihren Verkündern eine großzügigere Einstellung selbst gegenüber dem Nicht-Muslim und erwarben ihnen gewisse Zuneigung auch bei den christlichen Rajas, wobei man sich hin und wieder auf gewissen Gebieten, wie etwa dem Heiligenkult, sogar zu glaubensmengender Gemeinschaft schickte. Es ist klar, daß Mehmed der Eroberer der Beeinflussung des Volkes durch die in seinem Reiche zumeist aus Mittelasien eingeströmten Bettelmönche und an deren Niederlassung auf anatolischem und rumelischem Boden mit Mißtrauen und Argwohn, vielleicht sogar mit Ängstlichkeit zusah und die Geltung der Derwische überall, wo er es vermochte, einzudämmen, ja mit Strenge zu unterdrücken bemüht war. Unter den Ordensbrüdern hatte er ganz gewiß seine gefährlichsten und grimmigsten Widersacher.

III. Kunst, Literatur und Wissenschaft unter Mehmed dem Eroberer

In den dreißig Jahren der Herrschaft Mehmeds des Eroberers ging dessen Tätigkeit wie überhaupt das Dasein der Osmanen fast ausschließlich in

Kämpfen auf. Unbestreitbar fällt diese Seite menschlicher Arbeit beim Osmanenvolk vielleicht noch stärker ins Gewicht als einst bei den doch wirklich kampfgewohnten Rhomäern. Das innere Leben fand nur Berücksichtigung, wenn eine der spärlichen, in späteren Jahren durch körperliche Leiden und Erschöpfung erzwungenen Kriegspausen dem Großherrn die Beschäftigung mit friedlichen Zielen nahe legte. Mißt man etwa seine Baugesinnung mit der seines Vaters oder seines Nachfolgers Bajesid II., ganz zu schweigen von seinem Urenkel Sulejmân dem Prächtigen, so wird sie im Grunde, was gottesdienstlichen Zwecken bestimmte Baulichkeiten betrifft, lediglich durch die Eroberer-Moschee gekennzeichnet. Murâd II. schmückte nicht nur seinen Hofsitz Adrianopel mit gleich drei Moscheen, darunter die majestätische mit den drei Umgängen (*Ütsch scherefeli dschâmi*^c), sondern errichtete auch im Westen der früheren Residenz Brussa, wo er sich beisetzen ließ, inmitten der Grabstätten seiner Ahnen ein Gotteshaus. Sein Sohn Bajesid II. schuf in Stambul, in enger Anlehnung an die Grundformen der Hagia Sophia, eine durch die feierliche Kraft ihrer schlichten Bauweise eindrucksvolle Moschee, erbaute aber auch in Adrianopel, wo er längst nicht mehr Hof hielt, in den Jahren 1484—1488 jene einzigartige, nach ihm benannte Moschee, die durch ihre großartigen Wohlfahrtsanstalten, eine Medrese, eine Armenküche, ein Kranken- und Irrenhaus, wohl zu den herrlichsten Einrichtungen der ganzen islamischen Welt gerechnet werden darf. Heute gewährt sie einen kläglichen Anblick, aber ehemals machte sie den Namen ihres Schöpfers als eines der größten Wohltäter auf dem osmanischen Thron in allen muslimischen Landen gefeiert.

Mehmed II. hingegen begnügte sich damit, an Stelle der baufälligen Justinianschen Apostelkirche jenes Werk von erstaunlicher Wirkung zu setzen. Man hat den Bau eine Tat genannt, kaum kleiner als der Entwurf der Sophienkirche, da er deren Grundformen nicht nur aufnimmt, sondern auf glänzende Weise die Gliederung erweitert, eine Tat, die mit den späteren Planungen der Italiener für St. Peter ohne Scheu vergleichbar ist. Das ist alles. Was während der Regierung Mehmeds II. sonst noch an Moscheen zustande kam, verdankt nicht ihm, sondern seinen Großwürdenträgern ihr Dasein. Aber auch deren Zahl ist beschränkt: die Ejjûb-Moschee (1458 ?), die Moschee und Türbe des Großwesirs Mahmûd-Pascha (1463), die Moschee und Türbe des Großwesirs Rûm Mehmed-Pascha drüben in Skutari und schließlich die Moschee des Châss Murâd-Pascha (1466). Die 1476, also nicht erst unter Bajesîd II. am Goldenen Horn aufgeführte kleine und unscheinbare Moschee des Schejchs Mustafâ Wefâ vom Derwisch-Orden der Sejnîje verdient nur der Vollständigkeit halber flüchtige Er-

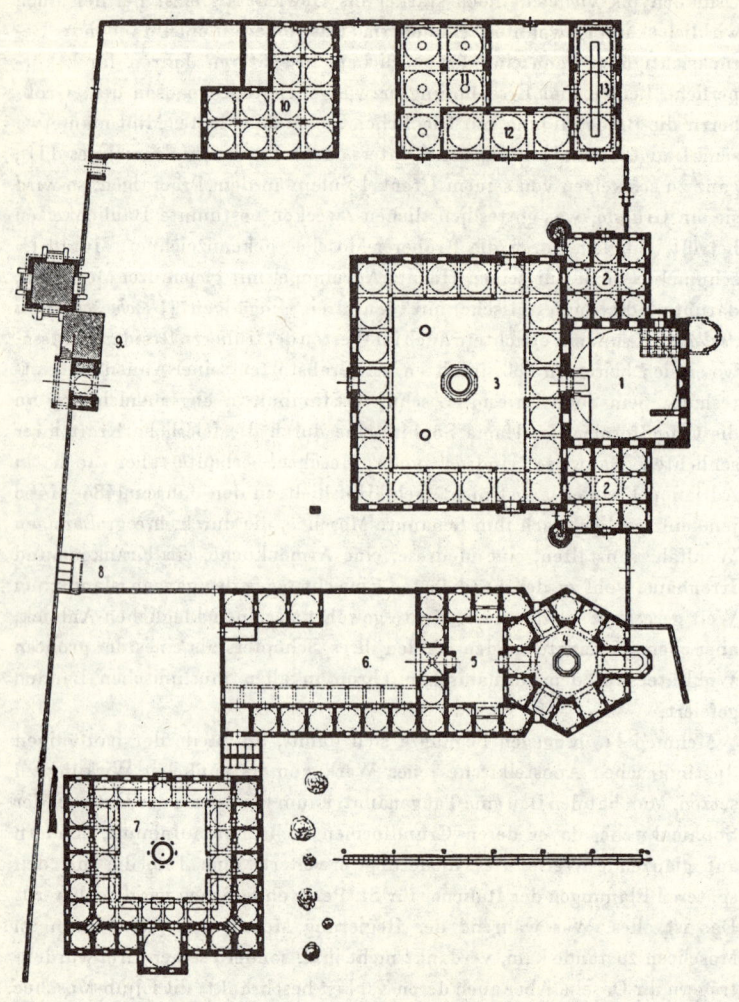

Moschee des Sultans Bajesid II. in Adrianopel (1484/88)
Nach Corn. Gurlitt (1907).

Gesamtanlage: (1) Moschee – (2) Medrese (Unterrichtsräume) – (3) Vorhof der
Moschee mit Schâdyrwân (Springbrunnen) – (4) Krankenhaus – (5) Hot –
(6) Irrenhaus *(Timâr-châne)* – (7) Medrese (theol. Lehranstalt) – (8) Abort –
(9) Torhaus und Wasserverteiler *(Taqsim)* – (10) Speicher – (11) und (12)
Armenküche *('Imâret)* und Bäckerei – (13) Speisesaal

währung. In Adrianopel hat während der Regierung des Eroberers nur dessen Gemahlin Sitt-Chatun eine ansehnliche Moschee gestiftet. Sie ist längst außer Gebrauch, befindet sich in einer jämmerlichen Verfassung und wird als Getreidespeicher verwendet. Brussa besitzt keinerlei bemerkenswerten Bau aus der Zeit des Eroberers. Selbst die Grabkapelle seiner eigenen Mutter ist von einer kaum überbietbaren Schlichtheit und Schmucklosigkeit. Nirgendwo sonst im ganzen Osmanenreich steht ein Kultbau, der auf Mehmed II. zurückginge, wenn man von den aus christlichen Kirchen in Moscheen verwandelten, unbedeutenden sogenannten Eroberungs-*(Fethije-)* Moscheen absehen will.

Man muß sich diese Tatsachen vor Augen halten, wenn man die Baugesinnung des großen Schlachtenlenkers und Weltenstürmers zu beurteilen unternimmt. Sein Sinnen und Trachten galt vorzugsweise der Kriegführung, der Eroberung. Den Ruhm als Bauherr suchte er wohl nur einmal, eben als er die nach ihm geheißene Moschee über die Ausmaße der Hagia Sophia hinaus durchführen ließ. So konnte auch sein Beispiel nicht die Großen seines Reiches zur Nacheiferung reizen, wie es im folgenden Jahrhundert unter Sulejmân dem Großen so oft und überall in seinen Ländern der Fall wurde. Mehmed II. erscheint nirgendwo als Schöpfer reichbegabter Moscheen oder Wohlfahrtseinrichtungen, frommer oder milder Stiftungs- und Prachtbauten, wohl kaum auch als freigebiger Freund und Schutz der armen und bedrängten Muslime, an denen in seinem Reiche kein Mangel war. Die geretteten und bisher veröffentlichten Stiftungsurkunden des Eroberers, in denen gewissen Moscheen Stambuls Dörfer und Fluren sowie Liegenschaften zur Nutznießung vermacht werden, gestatten schwerlich Folgerungen solcher Art.

Aber auch was Profanbauten anbelangt, hat sich aus der Eroberzeit kaum einer erhalten, der des Aufhebens wert wäre. Daß an vielen Orten, vor allem an den Heerstraßen, Unterkunftshäuser (Kârwânserajs) entstanden, versteht sich von selbst, denn für die Zusammenhaltung und Lenkbarkeit des Riesenstaates, für die schnelle Bewegung der Truppen und überhaupt für den Verkehr war das Straßenwesen von überragender Wichtigkeit, der sich natürlich der Großherr nicht verschloß. Seine belebende Teilnahme für die Förderung des Straßenbaus galt indessen fast nur den Hauptlinien und damit den Hauptorten des Verkehrs. Für ihn war die Völker- oder Heerstraße, die als einziger Verbindungsweg zwischen Morgen- und Abendland auf dem Festland die Binnenländer der Balkanhalbinsel der Quere nach vom Gestade des Bosporus bis an den Südrand des ungarischen Donaubeckens durchschneidet, weitaus die wichtigste Strecke. Alle anderen Straßen der inneren Halbinsel, die Küstenwege sowie die antike Via Eg-

natia von Byzanz über Thessaloniki nach Durazzo etwa ausgenommen,
sind nur Nebenäste dieser Hauptader, deren Richtung seit uralten Zeiten
die Natur bestimmte. Auf dieser Heerstraße zogen die sultanischen Truppen
jahraus, jahrein nach dem Westen, an ihrer Spitze, solange es seine Kräfte
nur irgend erlaubten, der Großherr in eigener Person. Kritoboulos, sein
Lobredner, schildert, daß alsbald nach der Einnahme von Konstantinopel
die Wiederherstellung der Heerstraße in der Nähe der neuen Hauptstadt
eine der ersten Sorgen des Eroberers war. Er ließ die zusammengestürzten
wichtigen Lagunenbrücken von Rhegion (Büjük Tschekmedsche) und Athy-
ras (Kütschük Tschekmedsche) erneuern, wobei zu vermerken wäre, daß erst
Sulejmân der Große und dessen Sohn Selîm II. jene noch heute bestehende
und verwendete Brücke über die Lagunenmündung aufführten, da die
alte römisch-byzantinische, von Mehmed II. instand gesetzte nicht mehr
zu retten war. Er ließ ferner die unwegsam gewordenen Stellen der Heerstraße mit neuen Platten und Steinen pflastern und für die Wanderer
Einkehrhäuser errichten. Diese Ausbesserungsarbeiten unter Mehmed II.
beschränkten sich jedoch in der Hauptsache auf die Strecke zwischen
Stambul und Adrianopel, die er selbst öfters zu benutzen pflegte. Dem Rest
der Straße wurde geringere Beachtung geschenkt. Instandhaltung des
Pflasters gehörte überall zu den Frondiensten der Christen. Je mehr man
sich von Adrianopel auf der Völkerstraße nach Westen bewegte, desto
geringer wurde die Obhut, in die man sie nahm. Aber auch später wurden
die teilweise herrlichen Prachtbauten von Moscheen, Bädern, Schulen,
Basaren, Wasserleitungen, Herbergen nur zwischen Stambul und Adrianopel angelegt. Hier verband diese kaiserliche Straße zwei Residenzen,
hier konnten sich die vorausgehenden Würdenträger des Reiches durch
solche Baulichkeiten im Gedächtnis bewahren, vor allem aber sich dem
vorbeiziehenden Sultan in Erinnerung bringen.

Murâd II. und sein Enkel Bajesid II. haben sich durch den Bau von
Brücken, die Jahrhunderte überdauerten und manchmal noch heutzutage
in Benützung sind, im Andenken des Volkes einen Ehrenplatz gesichert.
Während Mehmeds Regierung ist auf sein Geheiß nicht eine hergestellt
worden, an die sich sein Name knüpft. Einige seiner Wesire, wie z. B.
Ishâq-Pascha, der bei Dupnica 1469/70 die noch jetzt stehende Kadin Most
(‚Richterbrücke‘) genannte Brücke über den Struma-Fluß spannen ließ,
oder Sarudscha-Pascha, der sich in Adrianopel durch einen Brückenbau
verewigen wollte, machten sich damals durch solche Stiftungen einen
Namen.

Bezöge man nicht die beiden, vom Eroberer durchgeführten Palastbauten zu Adrianopel und später in Stambul in die Betrachtung ein, so

wäre auch von seinen weltlichen Baulichkeiten nichts Wesentliches zu
sagen. Diese Seraj-Anlagen in den beiden Hofsitzen zeichnen sich keineswegs durch prunkvolle Gebäude aus, die sich etwa mit gleichzeitigen, überaus zahlreichen Fürsten- oder Herrenhäusern im Abendland, vor allem in
Italien, messen könnten. In Adrianopel wie auch in Stambul bildete das
großherrliche Seraj unter Mehmed II. eine stattliche Anzahl von Bauten,
die ganz verschiedenen Zwecken dienten und vermutlich zum Teil gar nicht
aus Steinen, sondern aus Holz gefugt waren. Das 1714 durch Feuer vernichtete sogenannte Alte Seraj war in Holz aufgeführt worden, und daß
sich im sogenannten Neuen Seraj fast nichts mehr aus der Erobererzeit
erhalten hat, darf schwerlich allein der Baulust der späteren Sultane zugeschrieben, sondern wohl eher dem Umstand angerechnet werden, daß
die alten Baulichkeiten gezimmert waren und der Zeit oder dem Feuer
zum Opfer fielen. Die alten byzantinischen Paläste, wie etwa der Kaiserpalast (unweit der Hagia Sophia), der Blachernenpalast, der Palast des
Konstantin Porphyrogennetos, waren, als die Osmanen in Konstantinopel
eindrangen, während des Kampfes um die Stadt in Trümmer gelegt worden,
so daß keiner den Bedürfnissen des Siegers entsprach oder gar den Wieder-
aufbau lohnte. Die damalige Anspruchslosigkeit des jungen Sultans verlangte gewiß nicht nach solchen Prachtbauten, deren Verfall ihn eher
wehmütig und nachdenklich stimmte. Er wohnte bei seinem Einzug bei
den lateinischen Franziskanern in deren Kloster. Als der Eroberer dann
nördlich der Hagia Sophia auf der Stätte der alten Akropolis, und zwar
auf der Landecke zwischen Goldenem Horn und Bosporus, seinen Neuen
Palast plante, da ließ er zunächst eine dicke hohe und zinnengekrönte,
von Toren durchbrochene Mauer um den Seraj-Bezirk ziehen, um hernach
hinter diesem unverletzlichen Schutzwall seine persönliche Residenz und
den Sitz der Reichsregierung einzurichten. Hinter diesem spielte sich im
Stile morgenländischer Herrscher sein Leben ab, ohne daß die Außenwelt
davon Kenntnis nehmen konnte.

Nichts ist bezeichnender für diese Art der Baugesinnung als die befrem-
dende Tatsache, daß sich Mehmed aus dem Westen, soweit bisher bekannt
wurde, keinem einzigen Baumeister verschrieb. Er berief an seinen Hof nur
Maler und Bronzebildner von Rang, aber keinen der gleichzeitigen großen
Architekten. Wenn erklärt wurde, daß Filarete, also Antonio Aver(u)lino
aus Florenz (um 1400 — um 1469), sich im Sommer 1465 nach Stambul
aufmachte, 'nur zur Besichtigung', wie am 30. Juli dieses Jahres der auf-
dringliche Francesco Filelfo dem Georgios Amirutzes in einem griechischen
Sendschreiben meldete, so muß diese Behauptung größtem Bedenken begegnen. Der große Bildhauer und Architekt hatte zwar kurz vorher den

Bau des von seinem Gönner Francesco Sforza gegründeten Krankenhauses,
das sogenannte Ospedale Maggiore, aufgegeben und mag sich mit der Absicht
getragen haben, sein Glück in Stambul zu versuchen. Aber so gut wie nichts
spricht für die Annahme, daß der geniale Phantast diesen Plan verwirklichte, also nicht zu Rom, sondern am Goldenen Horn seine Tage beschloß.
Keinesfalls aber hat ihn Mehmed II. zu sich entboten und nirgendwo im
Osmanenreich finden sich Spuren seiner baumeisterlichen Tätigkeit. Jedem
Betrachter der dürftigen Überbleibsel der weitläufigen Palastanlage auf
der Tundscha-Insel zu Adrianopel wird sofort klar, daß die Bauweise westlichen, aller Wahrscheinlichkeit nach italienischen Einfluß verrät. Nichts
deutet aber in Stambul auf eine solche Vermutung und selbst die Anlage
der Eroberer-Moschee läßt klar die Tätigkeit byzantinischer Architekten erkennen. Von diesen ist keiner mit seinem alten Namen bekannt.
Als Baumeister der ‚Neuen Moschee‘ wird, wie oben dargelegt ward, ein
gewisser Christodoulos genannt, in osmanischen Quellen ein Freigelassener
namens Sinân, was mit völliger Sicherheit einen Renegaten vermuten
läßt. Man hat daher den Griechen dem Sinân gleichgesetzt im Glauben, daß
er zum Islam übertrat. Um das jämmerliche Schicksal dieses Baumeisters
wissen wir und in der Ursache seines Todes etwa ein Wandermotiv zu
suchen — auch von Architekten Trajans und Iustinians wird Ähnliches
erzählt —, machen die durch den noch vorhandenen, freilich kläglich erhaltenen Grabstein vollauf bestätigten Mitteilungen einheimischer Chroniken überaus schwierig. Außer diesem Sinân-Agha wird noch ein Baumeister
der Erobererzeit namentlich erwähnt: Ijâs-Agha, Sohn des ᶜAbdullâh, also
zweifellos gleichfalls ein Neubekehrter, dessen Wiege vielleicht in Afjûn
Qara-Hißâr (Anatolien) stand, weil er dort eine kleine Moschee errichtete
und Stiftungen machte. Die osmanische Künstlergeschichte des gesamten
15. Jahrhunderts liegt noch völlig im argen, so daß sich keinerlei bestimmte
Angaben machen lassen. Die Reihe der großen Architekten unter Mehmed II.
dürfte in keinem Falle beträchtlich gewesen sein, wie die geringe Zahl be-
deutsamer Baudenkmäler aus jenen Zeiten schließen läßt. Als Erbauer des
sogenannten Tschinili Köschk, der in seiner wohlerwogenen Anlage wie in
jeder Einzelheit persisch oder seldschûqisch ist und wirkt, wird ein Kemâl
ed-Dîn genannt, zweifellos ein Orientale aus Qaraman oder aus Iran.

Im Tschinili Köschk hat sich ein Baudenkmal erhalten, das wie vielleicht
kein anderes der Erobererzeit die Übereinstimmung in manchen Gebieten
des Kunstgewerbes zwischen türkischem und innerasiatischem Schaffen
auf erstaunliche Weise bekundet. Die Herkunft der keramischen Künste
aus dem Fernen Osten drückt sich bereits im Namen aus: *Tschinili*, also
chinesische Waren, wie die Osmanen die Töpfererzeugnisse nannten

(vgl. etwa engl. *china*, Porzellan). Die Quellen dieser Fertigkeiten lagen also keineswegs in den alten Griechenstädten oder in Byzanz selbst. Die dort erzeugten, gewöhnlich byzantinisch geheißenen Formen verschwanden nach der Zerstörung des byzantinischen Reiches mit einem Schlag aus der Hauptstadt und überhaupt aus ganz Vorderasien. Das griechische Handwerk wurde, so scheint es, völlig preisgegeben oder es zog sich in die stillen weltentrückten Mönchsklöster auf dem Berg Athos zurück. Der keramische Kunstbetrieb war im Abendland wohl schon mit den Völkerwanderungen erstorben. Aber die islamischen Völker hatten das im Morgenland uralte Emaillieren von Tongefäßen und Tonplatten, das schon die alten Euphratreiche sowie das Nilland im zweiten vorchristlichen Jahrtausend zu erstaunlicher Vollkommenheit gebracht hatten, weiterentwickelt und glücklich bewahrt. Vielleicht übernahm der Islam die Kunst aus Indien und führte von dort besonders als Wandverkleidung glasierte Tonplatten mit bunter Verzierung in die Länder seines Machtbereichs ein, zumal nach Persien und weiter nach Anatolien. Der Marmorplattenbelag der späteren Kaiserzeit war damit in jenen Gegenden abgelöst worden. In den persischen Mosaikfliesen mit Zinnglasur und unerreichter Farbenpracht, in den osmanischen Halbfayencen der Fliesen und Gefäße erlangte diese Kunst wohl ihren Höhepunkt. Prächtige Zeugnisse von solchen Fliesen bieten die Moscheen von Brussa, Adrianopel und Stambul: die unveränderten herrlichen Farben, das reiche Rankenwerk, Blumen und ‚Arabesken' auf vielfache Weise ausgeschmückt. Der Grund ist in der Regel weiß; davon hebt sich dann Türkis oder Kobaltblau, metallisch glänzendes Braun, auch Grün, sehr selten ein Zinnoberrot ab.

Die keramischen Künste erlebten unter Mehmed II. eine prunkvolle Auferstehung, obwohl sie bereits unter seinem Vater und Großvater, wie deren Moscheebauten verraten, in schimmernder Blüte gestanden hatten. Es hat aber den Anschein, daß die Technik der Fayencebekleidung, die den Hauptreiz der seldschûqischen Bauwerke und der frühosmanischen Moscheebauten vornehmlich in Brussa und auch in Adrianopel ausmacht, auf türkischem Boden immer mehr in Verfall geriet und mancherorts verlorenging, während sie im Bereiche des ausgestorbenen Seldschûqenreiches noch fortlebte und gedieh. Auch in Kutahja und vor allem in Isniq ist die rege keramische Tätigkeit kaum jemals unterbrochen worden. Wie es mit dieser längst erloschenen und unwiederbringlich vernichteten Kunst unter Mehmed II. bestellt war, zeigt am besten jene Maßnahme des Jahres 1466, als der Großherr seinen Großwesir Mahmûd-Pascha beauftragte, alle Handwerker und Künstler aus den Gebieten von Qonja und Larenda nach Stambul zu verpflanzen. Das zeitliche Zusammentreffen dieser Umsiedlung

mit dem Beginn des Baues des Tschinili Köschk kann gewiß kein Zufall
sein. Diesen qaramanischen Meistern mag überhaupt die Herstellung des
völlig aus dem Rahmen fallenden Bauwerks zu verdanken sein; Raumanlage
und Zierung mit Platten, teils mit farbig glasierten Ziegeln, dürften auf
sie zurückgehen.

Unverkennbar hingegen ist persischer Einfluß auf das Buchgewerbe, das
unter dem Eroberer jegliche Förderung fand. Persische Schönschreiber
und Miniaturmaler scheinen, wenn man die aus jener Zeit erhaltenen Glanz-
stücke persischen Buchschmuckes betrachtet, eine Art Schule aufgetan zu
haben. Es handelt sich hier nicht nur um Prachtexemplare des Korans,
sondern auch um die Fertigung von Handschriften weltlichen Inhalts. In
der Bindekunst ist ebenfalls persische Einwirkung deutlich festzustellen.
Die Techniken der Blind- und Goldpressung und des Lederfiligrans waren
nicht erst im 16. Jahrhundert, wo sie freilich durch Zuwanderung Herâter
Künstler auf eine vorher nicht erreichte Höhe gebracht wurden, im Osmanenreiche gepflegt und vervollkommnet worden. Daß dem Islam für selbständige
plastische und malerische Darstellung der Sinn mangelte, hat seinen Grund
in religiösen Bedenken. Während die Kirche und die Antike ihre beste
Kraft auf die Wiedergabe lebender Wesen, besonders des Menschen verwandte, war es mit der Bildnerei vorbei, wo die Lehre des Propheten Muhammed hingetragen wurde. Zwar nennt nur ein sogenanntes Hadîs, also
Überlieferungswort, nicht der Koran selbst dieses Verbot. Mit Ausnahme
von Götterbildern hat der Stifter des Islam selbst niemals die Darstellung
von Figuren untersagt und das Geheiß war in seiner ganzen Strenge überdies nur auf Moscheen und Kultgebäude beschränkt. Durch den Nachdruck
der Weisung, der auf der dreidimensionalen naturalistischen Nachbildung
lag, wurden die Figuren ihrer Tiefenausdehnung entkleidet. Die Maler
mußten sich mit flachen Figuren ohne Tiefenausdehnung und Schatten-
schlag begnügen. Das führte in der Wand- und Buchmalerei sowie in allen
angewandten Künsten zu bemerkenswerten Ergebnissen, zumal bei den
schî'itischen Persern, die sich niemals an jene Überlieferungsstelle gebunden
fühlten. Die Freude des Eroberers an bildlichen Darstellungen und vorzüglich an herrlich bebilderten Handschriften mag die Zahl der in diesem
Stil Geübten an seinem Hofsitz glücklich vermehrt haben. Dort, aber auch
in Brussa hat sich, wie man annehmen darf, eine Malerschule gebildet, die
unter Verzicht auf westliche Wirkungen, aber angeblich unter abendländischer Anleitung beachtliche Werke schuf, von denen sich leider nur
geringe Muster erhalten haben.

Die kunstgewerblichen Werkstätten, die unter den byzantinischen
Kaisern eingerichtet wurden, fanden mit diesen ihren Untergang. Die wunder-

vollen Wandverkleidungen in Ton verdrängten die byzantinischen Mosaiken aus Marmor und Glas. Die eigenartig naturalistische Verwendung einiger weniger Zierblumen, und zwar jener, die das Abendland den Türken schuldet (Tulpe, Nelke, Hyazinthe), lebte auch unter dem Eroberer vor allem als Schmuck des Moschee-Innern, wo sie Bildwerk und Malerei ersetzten, fort. Die bewegte lineare Ornamentik diente auch unter ihm als Ausweg für belebendes Bildwerk. Inschriftenstreifen aus dem Koran und auf das Bauwerk bezügliche Reime in kunstvoller kalligraphischer Verschlingung bezeugen, daß die Schönschreibkunst ihren alten Glanz bewahren konnte. Man wird gut daran tun, in diesen Kunstschriftbändern und -tafeln der Osmanen nicht etwa Nachläufer der byzantinischen Monogrammspielereien zu erblicken, sondern sie als bodenständige, kunstreich gepflegte Ausdrucksformen anzusehen. Nur ganz wenig wissen wir über die Teppich- und Stoffweberei in der zweiten Hälfte des 15. Jahrhunderts im Osmanenstaat, aber es liegt die Annahme nahe, daß sie besonders in Anatolien weiterhin Pflege und Förderung erfuhren. Kunstvolle Knüpfteppiche, vornehmlich als Wandverkleidung, wurden in Mengen nach Flandern und Italien ausgeführt, wo sie in Gemälden der damaligen Zeit oft genug begegnen. Qonja war zwar vermutlich eine der ersten Städte, in denen sich der Prunkteppich einbürgerte, aber die anfänglich nur von herumstreifenden Türkmenen geübte Knüpfkunst hat durch baldige Berührung mit einzelnen Kulturstädten ihre alte Ursprünglichkeit eingebüßt und einen Grad der Vollendung erreicht, der alle Erzeugnisse von Uschak, Gürdis, Isparta, Demirdschik, Ladik usw. schon im Zeitalter Mehmeds II. zu begehrtesten Schätzen im Abendlande machte. Was die Weberei belangt, so muß sie unter diesem Sultan zumal in Brussa, aus dessen Werkstätten besonders kostbare Seidenbrokate und Samte hervorgingen, auch zum Zwecke der Ausfuhr in den Westen begünstigt worden sein. Von dorther mag schon damals der Anstoß erfolgt sein, auf italienischem Boden eine ähnliche Industrie ins Leben zu rufen.

Daß der Eroberer sich nicht um das Bilderverbot kümmerte und auch an der Bildnerei keinerlei Anstoß nahm, beweist ausreichend seine Vorliebe für italienische Schöpfungen dieser Kunst, mit denen er das Innere seines Palastes ausschmückte. Von diesen Werken hat sich, wie schon erwähnt, nichts auf die Nachwelt erhalten, da schon Bajesid II. beim Regierungsantritt alle vernichten oder, wie etwa Gemälde, auf dem Basar feilbieten ließ. Daß die berühmte Schlangensäule mit ihren drei Köpfen auf dem Hippodrom (Atmejdân), das platäische Weihgeschenk der 31 griechischen Städte für den Apollotempel zu Delphi (480 v. Chr.), nicht dem blinden Glaubenseifer bei der Einnahme Konstantinopels zum Opfer fiel, ist der Fürsorge des jungen Eroberers zu danken. Aus dem Sockel der bronzenen Säule wuchs ein Maulbeerbaum, den er durch Abbrennen mit heißem Eisen entfernen ließ. Kein Zweifel natürlich, daß hier auch abergläubische Vorstellungen mitsprachen und das geheimnisvolle Denkmal vor der raschen Vernichtung, die erst Murâd III. gründlich besorgte, bewahrt blieb. Ebenso ließ der Sultan das Reiterstandbild Iustinians, das, auf einer hohen Säule stehend, den Platz des sogenannten Augustaions zierte, behutsam herabnehmen, zweifellos um es vor der Wut glaubenswütiger Zerstörer zu sichern. Er verschaffte sich davon sogar eine Zeichnung durch Ciriaco de' Pizzicolli und Giovanni Dario, die sich in einer versehentlich nach Budapest geratenen Handschrift erhalten hat. Diese beiden Vorkommnisse beweisen die Vorurteilslosigkeit Mehmeds II. bereits in seinen jüngeren Jahren. Zu deren Bekräftigung mag noch an die Tatsache erinnert werden, daß er gleich nach der Einnahme Konstantinopels die Weisung gab, bei der Übertünchung der Gemälde in der Hagia Sophia das Mosaikbild Marias in der Halbkugel der Chor-Apsis zu verschonen. Gegen Ausgang seines Lebens war er über solche Bedenken, wie sie das Bilderverbot nahelegt, völlig erhaben. Nicht ohne Grund hat sein frommer Sohn diesen Freisinn als Gottlosigkeit gebrandmarkt.

Während sich im Italien des Quattrocento die Fürsten für Zeit und Ewigkeit von den Helden der Feder abhängig fühlten und um das Lob der Unsterblichkeitsspender buhlten, das diese, versteht sich gegen klingenden Lohn, Pfründe oder Ehrungen, in epischen, elegischen und odischen Maßen, in Festreden, Prunkbriefen und schließlich in Grabschriften austeilten, fahndet man am Hofe Mehmeds des Eroberers vergeblich nach einem Dichter, ja selbst einem Geschichtsschreiber, der in seinem Auftrag durch den triumphierenden Lärm der Lobgesänge und Verherrlichungen die schlichte Stimme der Wahrheit übertönt hätte. Es war Nichttürken vorbehalten, ihr Glück mit Lobreden auf den Sultan zu erproben, ohne daß dieser sie hiezu ermuntert hätte. In Byzanz und vor allem in Italien blieb das Hochziel der Humanisten der in Ehren gehaltene und reichbelohnte Hofgelehrte und Hofdichter, in Stambul fehlte beim Osmanenherrscher jegliches Verständnis dafür, Schriftsteller und Dichter als Herolde des eigenen Nachruhmes an sich zu ketten. Als Tatenmensch, als ‚König des Glücks' *(re della Fortuna)*, verzichtete er darauf, sich auf solche Weise die Bewunderung der Nachwelt zu erkämpfen und im Talent des Reimes und des Stils die beste Gewähr zu erblicken, der Vergessenheit entrissen zu werden. Nichts wäre irriger, als daraus den Mangel an Verständnis für die Dichtkunst oder für die Geschichtsschreibung überhaupt abzuleiten. So wie sein Vater Murâd II. wöchentlich zweimal die Gelehrten in seiner

Gegenwart versammelte, um mit ihnen wissenschaftliche und religiöse Themen zu behandeln, wie er nach Art seiner Ahnen in allen größeren Städten des Reiches, vorab in Brussa und Adrianopel, Schulen stiftete, so setzte der Eroberer nach der Einnahme Konstantinopels diese hehre Überlieferung als Schirmer und Förderer der Wissenschaften und der schönen Literatur auf seine Art fort. Bedenkt man, daß die dreißig Jahre seiner Regierung fast völlig durch Kriege und durch schwierigste Aufgaben, wie sie die Machterweiterung im Gefolge hatte, ausgefüllt wurden, so wird man Mehmeds Sinn für die Welt der Musen um so höher bewerten müssen, als er aus dieser Gönnerschaft keinerlei Vorteil für seinen Tatenruhm zu ziehen suchte. Daß mancher Reimschmied, wie etwa jener nur unter seinem Dichternamen *(machlaß)* bekannte Kâschifî, der zum Kreise des ältesten osmanischen Lyrikers Ahmed-Pascha in Brussa gehörte und in einem persischen *Ghasâ-nâme-i Rûm* die Kriegstaten des Eroberers besang, sich mit dem Großherrn gut zu stellen trachtete, mag wohl zutreffen. Aber ihre Werke sind verschollen und nicht einmal die zahlreichen osmanischen Blütenlesen der späteren Zeit, die mit der Aufnahme selbst unbedeutendster Dichterlinge nicht zurückhielten, haben ihre Namen auf die Nachwelt überliefert. Keines Sultans Leben und Wirken konnten mehr zu einem Heldenepos verleiten als des Eroberers irdische Laufbahn, aber keiner fühlte Kraft oder Antrieb, sich an diesem lohnenden Gegenstand zu versuchen. Auch in der Geschichtsschreibung verhält es sich ähnlich. Zum Beweise des Gegenteils läßt sich nicht einmal das in verzwacktem, dem einfachen Menschen jener Tage unverständlichem Stil abgefaßte Werk des Tursun-Beg anführen, der, und zwar erst um die Jahrhundertwende, eine Geschichte Mehmeds II. niederschrieb, in die er auch die ersten sechs Regierungsjahre Bajesids II. einbezog. Obwohl er Mehmed II. als Feldzugsteilnehmer und Diwan-Schreiber zweifellos näherstand, hat er, wie sich schon aus der Abfassungszeit ersehen läßt, seine Lobpreisung des Eroberers erst lange nach dessen Tod zu Papier gebracht. Ganz ähnlich verhält es sich mit dem erst im April 1488 vollendeten türkischen, aus Prosa und Reimen vermischten ‚*Eroberungsbuch des Sultans Mehmed*‘, eines gewissen Qywâmî, das einst zur Bücherei des Sultans Bajesid II. gehörte und schließlich nach Deutschland verschlagen wurde, wo es erst in jüngster Zeit zum Vorschein kam.

Völlig verschieden von solchen nur selten beachteten Stilkünsteleien, die lediglich den oberen Gesellschaftsklassen Reiz und Unterhaltung bieten konnten, sind die anonymen ‚Geschichten des Hauses Osman‘, die gegen Ende der Herrschaft Mehmeds II. in zahlreichen Lesarten aufkamen und als Volksbücher weite Verbreitung gefunden haben dürften. In schmuck-

loser Sprache schildern diese Annalen in zeitlicher Ordnung die wichtigsten
Begebenheiten der Osmanengeschichte, wobei freilich geflissentlich alles verschwiegen wird, was der Ehre des ‚Hauses Osman‘ etwa abträglich sein
könnte. Der Ablauf der schlichten Darstellung wird nur hin und wieder
durch Reime unterbrochen, die dem ‚Alexander-Buch‘ *(Iskender-nâme)*
des Ahmedî (st. 1413) entnommen sind. Von einem Bedürfnis, die Ereignisse zu einer Einheit zusammenzufassen und in ihrer Abfolge eingehender
zu begründen, mit anderen Worten den Willenszusammenhang der einzelnen
Taten, das Pragma, zu suchen, davon kann bei diesen Volkschroniken nicht
die Rede sein. Sie waren offenbar zum Vortrag für schlichte Leute, vielleicht
auch für Soldaten bestimmt, und auch die frühosmanischen Jahrbücher
der Erobererzeit, deren Verfasser bekannt sind — man denke an Urûdsch
oder an den Derwisch Ahmed ᶜÂschyqî, genannt ᶜÂschyqpascha-sâde —,
unterschieden sich stilistisch fast in nichts von namenlos überlieferten
Chroniken. Der letzte Großwesir des Eroberers, Qaramânî Mehmed-Pascha,
der auf so gräßliche Weise wenige Tage nach seinem Herrn ums Leben kam,
verfaßte gleichfalls arabisch eine osmanische Reichsgeschichte, die deren
Kenntnis weder bereichert noch als sprachliches Kunstwerk ihrem Schreiber sonderliches Ansehen sichern kann. In keiner dieser geschichtlichen
Schilderungen wird die Regierung Mehmeds II. mit Vorrang oder Auszeichnung behandelt, es sei denn, daß die Verfasser als Augen- oder Ohrenzeugen
dieses oder jenes bedeutsame Vorkommnis breiter ausführen als Ereignisse
vergangener Zeiten.

Man kann ohne Übertreibung sagen, daß der Beruf des literarischen
Höflings während der Herrschaft Mehmeds II. durchaus nicht zu Ehren
gelangte. Um so verwunderlicher ist es, daß der gleiche Sultan großen
Dichtern oder Stilmeistern bis ins ferne Herât königliche Zuwendungen
machte. So ließ er dem gefeierten Stilkünstler und 1481 hingerichteten
Wesir des Sultans, Muhammed Schâh Behmen II. von Dekkan, Verfasser
der gepriesenen und vielbenutzten ’*Umschauplätze der Stilkunst*‘ Abu’l-
Fadl Mahmûd ibn Schejch Muhammed aus Gîlân, bekannter unter seinem
Beinamen *Chôdscha-i dschihân* (d. i. Weltenlehrer), jedes Jahr tausend
Goldstücke zukommen. Den gleichen Betrag überwies er alljährlich an
Dschâmî (1414—1492), Persiens letzten Klassiker und berühmtesten östlichen Dichter jener Tage. Ob sich der großherrliche Mäzen in der Hoffnung
wiegte, einen von beiden oder gar alle zwei an seinen Hof zu ziehen
und sie mit ihrer würdigen Aufgaben zu betrauen, läßt sich höchstens
vermuten. Für eine solche Annahme freilich spräche, daß er Molla Dschâmî
5 000 Dukaten zu seiner Pilgerfahrt von Chorâsân nach Mekka sandte,
indem er ihn gleichzeitig durch Chôdscha ᶜAtâ’ullâh al-Kirmânî an seinen

Hof einladen ließ. Die Botschaft erreichte den Dichter jedoch nicht mehr in Damaskus. Er hatte bereits durch die Staaten Usun Hasans, wo er ebenfalls mit größter Auszeichnung empfangen wurde, seine Rückreise nach Chorâsân vollendet. Dem Philosophen Dschelâl ed-Dîn ed-Dewwânî (1427—1501) wandte der Eroberer ebenso seine besondere Gunst zu, vielleicht auch mit dem Vorsatz, ihn nach Stambul zu holen und dem Einfluß Usun Hasans, dem er sein wichtigstes ethisches Werk gewidmet hatte, zu entfremden. Bei allen diesen Absichten leitete den Osmanenherrscher in jedem Falle seine uneingeschränkte Vorliebe und Begeisterung für persische Sprache und Literatur, überhaupt wohl für persisches Wesen, das seinem eigenen Naturell zweifellos weit mehr zusagte als die nüchterne arabische Sinnesart. Die Begünstigung von Persern, denen er vorzugsweise wichtige Staatsämter anvertraute und deren Umgang er an seinem Hofe bis ins Alter bevorzugte, erregte natürlich Neid und Mißfallen in Kreisen der Einheimischen, denen diese Posten verlorengingen und ein Teil der sultanischen Huld entschwand. In Spottgedichten wird nicht selten darauf Bezug genommen und dem Großherrn deutlich und unverblümt vorgeworfen, daß man Perser, Jude oder ‚Franke‘ sein müsse, um in seinen Augen etwas zu gelten und zu Vermögen und Ansehen zu kommen. Aber manchem dieser persischen Günstlinge ging es schlecht genug, um sein Schicksal beneidenswert erscheinen zu lassen. Besonders schlimm traf es einen wohl mäßigen Dichterling mit dem Beinamen La’âlî, der, obwohl aus Toqat in Ostanatolien gebürtig, das Persische meisterte, nachdem er mit Dschâmî und anderen Berühmtheiten Irans Umgang gepflogen. Er kam als Derwisch nach Stambul und fand Eingang beim Sultan, der ihn für einen echten Perser hielt, ihm eine verfallene griechische Kirche bei den Sieben Türmen (Jedi Qule) als Tekke (Kloster) anweisen ließ und ihm wohl auch einen Unterhalt aussetzte. Neider kamen hinter den falschen Perser, schwärzten ihn beim Großherrn an und veranlaßten diesen, La’âlî Kloster und Pfründe zu entziehen. In dürftigen Verhältnissen verbrachte er seinen Lebensabend in Jenidsche-i Vardar und verbittert reimte er ein Hohngedicht auf seine Widersacher mit Anspielung auf seinen eigenen Decknamen (La’âlî = Perlen!).

> Willst bei Hof du wohlgelitten sein,
> Mußt du Perser oder Kurde sein.
> Edelstein gilt nichts im Schacht,
> Perle nichts in Meeresnacht.
> Nur zu wahr das alte Gleichnis spricht:
> ‚An der Kerze Fuß wird’s nimmer licht.‘
> Suchst im Menschen du Verstand,

Sag', was tut dazu das Land?

Zwar vom Steine kam der Edelstein,

Niemand kümmert es, aus welchem Stein.

Sollen Perser ziehen nicht nach Rûm,

Allwo ihrer harret Glück und Ruhm?

Wer da kommt aus Persiens Revier

Hofft Sandschaq zu werden oder gar Wesir.

(nach J. v. Hammer)

Die Zahl der persisch reimenden Schöngeister unter Mehmed II. ist beträchtlicher als vorher und später. Wer nicht persisch reimte, der nahm sich persische Vorbilder zum Muster oder suchte sie ins Türkische zu übertragen. Eines der beliebtesten Themen war der sogenannte ‚Fünfer' *(Chamsa)*, eine Sammlung von fünf großen epischen Dichtungen des Nisâmî (st. um 1203), der mehrmals übersetzt oder nachgeahmt wurde. Auch das sogenannte ‚Königsbuch' *(Schâhnâme)* des Firdôsî, das die ganze Sagengeschichte Persiens bis zur arabischen Eroberung behandelt und das Fr. Rückert und A. F. Graf v. Schack aufs glücklichste verdeutschten, wurde mehr als einmal zum Beispiel für türkische Nachdichtungen oder Bearbeitungen ausersehen. So wird von einem gewissen Schehdî aus Qastamuni, einem sonst unbekannten wohlhabenden Zeitgenossen des Eroberers, dem er sich durch reiche, aus Persien mitgebrachte Geschenke an Waren und Kostbarkeiten zu nähern wußte, berichtet, daß er persisch und im Silbenmaße des *Schâhnâme* Firdôsî's das Wirken seines Gebieters zu besingen gedachte. Eine vollkommene Beherrschung der arabischen und persischen Sprache kam ihm empfehlend zustatten. Er machte sich zur Aufgabe, im Stile des Firdôsî die Taten seines großherrlichen Schirmherrn lobend zu preisen, aber als er etwa vierhundert Doppelverse zustande gebracht hatte, ließ er es bei diesem Versuche bewenden. Das frühosmanische Schrifttum hat gewiß ebensowenig wie der Nachruhm des Eroberers diesen Verlust zu beklagen. Neben den Meisterwerken der persischen Literatur entzündete vor allem der osttürkische Dichter Mîr ᶜAlî Schîr Newâ'î (st. 3. Jan. 1502 zu Herât), der Begründer der tschagataischen Literatursprache, mit seinen zahlreichen, meist aus dem Persischen übersetzten Schriften die Herzen seiner zahlreichen osmanischen Nachäffer und Bewunderer.

Wie sich die Dichter im Osmanenreich jener Tage nach persischen Mustern bildeten, so bedienten sich auch die Geschichtsschreiber oft der persischen Sprache und nur die Gelehrten, namentlich die Theologen, schrieben arabisch. Die östlichen Länder des Islam, die einstmals eine Reihe berühmter Pflanzstätten muslimischer Kultur und Wissenschaften aufzuweisen hatten, waren durch die gräßlichen Mongolenstürme am schwersten heimgesucht worden. Dort trat das Arabische immer mehr hinter dem Persischen zurück, das auf dem Gebiete der Dichtung und der Geschichtsschreibung fast allein die Führung besaß. Von den Gottesgelehrten abgesehen, wandten nur die Vertreter der mathematischen Naturwissenschaften das Arabische an. Hiervon wird noch im einzelnen zu reden sein.

Erstaunlich ist, daß Mehmed II., der unter dem Dichternamen ᶜAwnî (das ist: der Helfende, Behilfliche) eine Sammlung *(Dîwân)* von etwa 80 Gedichten hinterließ, dabei ausschließlich die türkische Sprache benutzte. Ein paar dazwischen eingestreute persische Gedichte sind weiter nichts als Umschreibungen von Ghaselen des berühmten Persers Hâfis. Die osmanischen Dichterbiographen rechnen ᶜAwnî zu den größten Reimkünstlern, doch zeigt eine selbst oberflächliche Prüfung seiner Ghaselen, daß er diese überschwengliche Schätzung nicht verdient. Eine von Jos. v. Hammer verdeutschte Probe aus dem ‚Dîwân' des sultanischen Reimers dürfte wohl diesen Eindruck bestärken und zugleich zeigen, wie der Großherr in der Wahl seiner Bilder und Gleichnisse, seiner Gedanken und Sprache keinerlei Eigenart verrät oder den Empfindungsgehalt durch eigene Züge bereichert. Tausendmal Gesagtes und besser Ausgedrücktes kehrt in diesen Versen wieder und keinem unbefangenen Beurteiler sollte es in den Sinn kommen, in ihnen Meisterstücke türkischer Sprachkunst zu erblicken, wenngleich zugegeben werden soll, daß die folgende Nachdichtung auch kein sprachliches Meisterwerk darstellt:

> Jetzt, da Rose in dem Garten
> Rosenfarbnes Hemd legt an
> Und zu schmücken sich mit Knöpfen
> Rosenknospen angetan,
> Wenn mit Knospen und mit Rosen
> Ein Gespräch der Mund fing an,
> Wären jenen Zuckerlippen
> Rosenworte untertan.
> Wenn einher du schwebst anmutig
> Durch des Gartens Rosenbahn,
> Schwanken des Jasmines Zweige,
> Die erstaunt sich schauen an.
> Wenn der Flieder sieht, daß Rosen
> Rosen streun auf deine Bahn,
> Strenget er sich ebenfalls
> Rosen auszustreuen an,

Bis die Rosenwang erscheinet
Awnî in dem Gülistân,
Sollen deiner Augen Tränen
Feuchten diesen Boden an.

Wenn zwei Gewährsmänner, Latîfî und Qynaly-sâde, mit gutem Grunde
behaupten, der Eroberer habe dreißig osmanischen Dichtern monatliche
Gnadengehälter in Höhe von je tausend Aqtsche zukommen lassen, so darf
darin ein Zeugnis für seine großherrliche Huld und Großzügigkeit, schwerlich aber für eine allzu gestrenge Bewertung dichterischer Fähigkeiten erblickt werden. Es gab unter seiner Regierung nicht dreißig Dichter auf einmal, die diese Bezeichnung verdienten und die durch ihre Schöpfungen
einen Anspruch auf Fortleben ihrer Beliebtheit begründeten. Während der
dreißigjährigen Herrschaft Mehmeds II. weist die osmanische Literatur-
geschichte nur einen Dichter auf, dem dieser Name wirklich zukommt, der
sich aber keineswegs der ständigen Gunst seines Herrschers erfreuen durfte,
nämlich den ältesten Lyriker der Osmanen, Ahmed-Pascha (st. 1496/97 zu
Brussa). Er entstammte einem angesehenen Hause, denn sein Vater Welî
ed-Dîn, der seinen Stammbaum über *Alîs Sohn Husejn auf den Propheten
zurückführte, stand in hohen Ehren bei Sultan Murâd II., unter dem er als
Heeresrichter die höchste Gesetzeswürde innehatte. Sein Sohn Ahmed wird
erstmals als Professor an einer von diesem Sultan gestifteten Lehranstalt
(*medrese*), dann aber als Richter von Adrianopel erwähnt. Seine vielfache
Begabung, seine Geselligkeit, vor allem aber sein schlagfertiger Witz verschafften ihm bald die besondere Gnade Mehmeds II., dessen vertrauten
Umgang er genießen durfte. Er rückte rasch zum Heeresrichter auf, ward
aber dann zum Privatlehrer des Sultans auserkoren und damit dessen
unberechenbaren Launen preisgegeben. Den Unbestand großherrlichen
Wohlwollens mußte er bald erfahren. Er brachte ihm zwar zunächst den
Wesirrang und damit den Paschatitel, aber kurz darauf kam es zu einem
Zerwürfnis, dessen Folgen bitter genug wurden. Anlaß zur sultanischen
Ungnade soll eine Begebenheit geliefert haben, in der ein Page des Seraj-
dienstes eine merkwürdige Rolle spielte. Der Großherr, dem Neigungen
zum männlichen Geschlecht keineswegs fremd waren, wie sich leicht belegen läßt, verübelte aus Eifersucht dem Günstling sein Benehmen und
ließ ihn im Palast einsperren, dann wieder in Freiheit setzen, aber gleichzeitig aus dem Hofdienst als Bezirksvorsteher nach Tire, später nach Angora
als Stiftungsverwalter und schließlich nach Brussa verweisen. Dort führte
der Junggeselle ein wenig ergötzliches Dasein, dem erst Bajesid II. durch
Ernennung Ahmed-Paschas zum Stadtvogt von Brussa eine bessere

materielle Grundlage verlieh. In diesem Amt ist er 1496/97 gestorben und neben der von ihm errichteten Medrese in eigener Türbe (Grabgewölbe) beigesetzt worden.

Obwohl kein anderer Dichter Ahmed-Pascha den Ruhm streitig machen kann, der erste und bedeutendste osmanische Lyriker zu sein, ist längst festgestellt worden, daß sich seine poetischen Leistungen an persische Vorbilder, vor allem Hâfis und Dschâmî anlehnen, später aber eine unverkennbare sklavische Abhängigkeit von Mîr ᶜAlî Schîr Newâ'î verraten. Sultan Bajesid II. soll von diesem osttürkischen Dichter 33 Ghaselen erhalten und daraufhin Ahmed-Pascha aufgefordert haben, Seitenstückehie zu zu verfassen. Ahmed-Pascha kam dem Auftrag nach, nicht ohne sich die Gelegenheit entgehen zu lassen, bei diesem Anlaß eine Verbesserung seines Amtes und damit seiner Einkünfte zu erbitten. Seine erstaunliche Sprachgewalt und Geschicklichkeit, aus dem Stegreif zu dichten, gaben Ahmed-Pascha die Möglichkeit, mit Leichtigkeit seine lyrischen Ergüsse zustande zu bringen. Dieser Fertigkeit verdankte er mancherlei glücklichen Vorteil. So wird berichtet, daß er eines Tages, als Mehmed II. im Kreise seiner Vertrauten das im Morgenland beliebte *Fa'l*-Stechen betrieb, auch Ahmed-Pascha zugegen war und sich an diesem ‚Omensuchen' beteiligte. Es besteht darin, daß man den Koran, bei den Persern aber vorzugsweise die Gedichtsammlung des Hâfis, mit geschlossenen Augen aufschlägt, sieben Seiten rückwärts zählt und dann die erste sich bietende Stelle als ‚Vorbedeutung' liest. Der Sultan stach im ‚Dîwân' des Hâfis den Reim auf:

> Möchten jene, die durch Blicke
> Wandeln Staub in Gold,
> Nur den Winkel ihres Auges
> Richten auf mich hold!

worauf Ahmed-Pascha behend aus dem Stegreif den zweiten Vers in einem für den Sultan sehr schmeichelhaften Sinne veränderte.

Der Großherr war über die bestechende Schlagfertigkeit und die flinke Abwandlung der Reime so begeistert, daß er dem Dichter den Mund mit Juwelen gefüllt haben soll. Der Einfallsreichtum sowie eine meisterliche Beherrschung seiner türkischen Muttersprache brachten Ahmed-Pascha in die Lage, trotz seiner überall erkennbaren Anlehnung an persische Muster und selbst an ältere osmanische Reimer, seinen lyrischen Gedichten den Hauch der Ursprünglichkeit zu geben und mit ihnen das Gemüt seiner Zeitgenossen zu beschwingen. Sein Name ist längst durch andere spätere Dichter in den Schatten gestellt worden und schon zu seinen Lebzeiten hat der jüngere Nedschâtî (st. 17. März 1509), der in Brussa zu Ahmeds

Freundeskreis zählte, ihn überstrahlt, bis im 16. Jahrhundert glänzende Poeten wie Bâqî oder Fusûlî auch diesen in Vergessenheit gerieten ließen. Nichts spricht deutlicher für das jetzt geschwundene Verständnis an diesen Dichtern des 15. Jahrhunderts und ihrer Gedankenwelt als die Tatsache, daß bis zum heutigen Tage keine noch so bescheidene Ausgabe des ,*Diwân*' des Ahmed-Pascha sowie des Nedschâtî von türkischen Wissenschaftlern veranstaltet worden ist.

Nedschâtîs Blüte fällt bereits in die Regierung Bajesids II., obwohl er noch mit dessen Vater bekannt war und auch von ihm als Dichter geschätzt wurde. Gegen Ende der Regierung des Eroberers hatte er diesem ein Lobgedicht dadurch zukommen lassen, daß er es in die Falten des Turbans eines großherrlichen Höflings steckte. Mehmed gewahrte das Papierstück beim Schachspiel, fand Gefallen an den gelungenen Versen und setzte deren Verfertiger ein tägliches Gehalt von 7 Aqtsche als Diwan-Sekretär aus. Erwähnung verdient vielleicht der Umstand, daß Nedschâtî nichttürkischer, vermutlich christlicher Herkunft ist, da er in seiner Jugend als Sklave verkauft wurde; dieser Umstand schließt muslimischen Ursprung völlig aus.

Wie also die Ghaselen und Qaßiden des Ahmed-Pascha und selbst des Nedschâtî seit langem ihren Reiz verloren haben und nicht einmal in Bruchstücken mehr lebendig blieben, so haben auch andere Schöngeister unter der Herrschaft Mehmeds II., die türkische Schriftsteller schon im 16. Jahrhundert als eine Art goldenen Zeitalters bezeichneten, kein besseres Schicksal gehabt. Sieht man etwa vom Großwesir Mahmûd-Pascha ab, der unter dem Federnamen ʿAdenî, der ,Edenhafte', persische und türkische Reime verfaßte, von denen nur noch in Blütenlesen osmanischer Dichtkunst einige Proben fortleben, so erschöpft sich die Zahl das Mittelmaß überragender Poeten jener Tage. Vom Großwesir Mahmûd-Pascha ist bekannt, daß er Literaten und noch mehr angehenden Gelehrten besondere Aufmerksamkeit und Zuneigung schenkte. Er liebte es, jeden Freitag Studenten der von ihm gestifteten Medrese, die neben der gleichfalls von ihm erbauten Moschee gelegen war, zu Tisch zu laden und dem Reisgericht goldene Erbsen beimischen zu lassen, die den Gästen ,nicht nach Verdienst, sondern nach Glück' zufielen. Wenn also der Eroberer gleich dreißig Dichtern Monatspfründen von je tausend Aqtsche zuwandte, so können die Anforderungen, die der Sultan an deren Vergebung knüpfte, unmöglich hochgespannt gewesen sein.

Meister der Prosa waren, wenn man die Verfasser von Staatsschreiben, die in besonderen Sammlungen, sogenannten *Inschâ*'s vereinigt zu werden pflegten, mit einbezieht, gewiß nicht weniger zahlreich. Mahmûd-Pascha

wird nachgerühmt, daß er ein Stilkünstler gewesen sei und daß sich alle
seine Fertigungen durch besondere Sprachglätte und Gedankentiefe aus-
zeichneten. Nachweisbare Proben sind davon bisher nicht zutage getreten
und Mahmûd-Pascha's Bedeutung als Beherrscher sprachlicher Kunst-
formen ist durch einen seiner Amtsnachfolger, Qaramânî Mehmed-Pascha,
verdunkelt worden. Mit dem raschen Wandel des Sprachgeschmacks und
des Prosastils haben aber auch dessen Prosastücke vor den kritischen Augen
der Nachwelt keinen Bestand gehabt und erst der 1514 als ‚Opfer der Heftigkeit' Selîms I. hingerichtete Oberstlandrichter Dscha𝑐fer-Tschelebi hat sich
mit seiner Zusammenstellung persischer und türkischer Staatsschreiben
einen dauernden Namen in der Geschichte osmanischen Schrifttums erringen können.

Unter den Dichtern im Zeitalter Mehmeds des Eroberers mag der
Merkwürdigkeit halber noch zweier Frauen gedacht werden, die gleichfalls
Reime schmiedeten, ohne indessen den Durchschnitt zu übersteigen. Sejneb-
Chatun, ostanatolischer Herkunft, der böse Zungen nachredeten, daß sie
nach einer mißratenen Ehe ein ungebundenes Leben führte und einen
Dichterling bis an ihr Ende mit ihrer Zuneigung verfolgte, schrieb einen
persisch-türkischen ‚Dîwân', den sie Mehmed II. zueignete. Einen weit
tugendhafteren Lebenswandel rühmte man ihrer engeren Landsmännin, der
‚Sappho der Osmanen', Mihrî-Chatun genannt, nach, die mit bekannten
Zeitgenossen ehrbarsten Umgang pflog, etwa mit dem Oberstlandrichter
𝑐Abd ar-Rahmân Mu'ajjed-sâde, der als verdächtiger Busenfreund des Prinzen Bajesid-Tschelebi in Amasia ums Haar den sultanischen Schergen zum
Opfer gefallen wäre, wenn er nicht mit Hilfe seines prinzlichen Gönners
bei Nacht und Nebel nach Syrien hätte entweichen können (1476). Ihm
sowie dem jungen Iskender-Tschelebi, einem Sohne Sinân-Paschas, war
sie in platonischer Liebe zugetan und ‚nicht das geringste Wölkchen ver-
dunkelte ihren Tugendruf'. ‚Trotz solcher Liebe im Ghasel', so rühmte ihr
der Dichterbiograph 𝑐Âschyq-Tschelebi aus Üsküb später nach, 'wurde
sie niemand zu Willen als dem ‚Weibe der Welt', keines Liebesgierigen
Hand berührte den Schatz ihrer Mädchenreize und kein Arm außer das
ambraduftende Halsband umschlang ihren reinen Hals, so daß sie als
Jungfrau lebte und starb'. Von ihren Reimen kamen nur dürftige Proben auf die Nachwelt, die mehr ihren makellosen Lebenswandel als ihre
schlichte und natürliche Dichtkunst zu schätzen Anlaß zu geben scheinen.

Was die beiden Frauen, von denen Sejneb-Chatun schon 1474/75 (879 h)
verstarb, während Mihrî-Chatun erst 1506/07 (912 h) ebenfalls in Amasia
ihr Leben endete, von männlichen Verseschmieden ihrer Zeit vorteilhaft
unterscheiden dürfte, mag die echte, ungekünstelte, aus dem Herzen kom-

mende und nicht an persische Bilder angelehnte Sprache ihrer Poesien
sein. Solange deren Sammlungen, 'Dîwâne', nicht in wissenschaftlichen Ausgaben, ja überhaupt nur im Druck vorliegen, läßt sich ein abschließendes
Urteil nicht bilden. Die fast völlige Teilnahmslosigkeit, mit der die heutige
Türkei den dichterischen Erzeugnissen der Erobererzeit begegnet, kann als
Beweis dafür erachtet werden, daß diese dem Geschmack, ja überhaupt
der Aufmerksamkeit der Jetztzeit bereits gänzlich entrückt sind.

Nicht viel Günstigeres läßt sich vom wissenschaftlichen Schrifttum
jener Tage berichten. Allerdings gibt es für diesen auffallenden Mangel an
grundlegenden Werken eine ausreichende Erklärung. Die Mongolenstürme
hatten im Osten alle Quellen der Kultur verschüttet und vornehmlich die
geistige Einheit des Islam zerstört. Die östlichen Gebiete dieser Religion,
die einst eine Reihe berühmter Pflanzstätten muslimischer Bildung aufzuweisen hatten, waren damals am schwersten heimgesucht worden.
Buchârâ, Samarqand und Herât bewahrten seither nur einen schwachen
Abglanz ihrer einstigen Bedeutung. Das Arabische trat in diesen Ländern
immer mehr hinter dem Persischen zurück, das nunmehr auf dem Gebiete
der Dichtkunst und der Geschichtsschreibung fast allein herrschte. Nur
die Theologen und die Vertreter der sogenannten exakten Wissenschaften bedienten sich weiterhin der Sprache des Korans. Von dorther
bezogen die Gelehrten des Osmanenreiches vor allem ihre geistige Nahrung
und ihre Anregungen, zumal nicht wenige Theologen aus dem iranischen
Osten nach Anatolien und selbst nach Rumelien einwanderten und dort raschen Zuspruch fanden. Niemals haben die osmanischen Fürsten die Pflege
geistiger Bestrebungen vernachlässigt und in allen größeren Städten ihrer
Herrschaft, besonders in Brussa, Adrianopel und später in Stambul, Schulen
gestiftet, die, zum Teil ausreichend, manchmal glänzend mit Mitteln bedacht, anerkannte Gelehrte anzogen und ihnen ausreichend Muße auch
zu schriftstellerischer Betätigung boten. Ihr waren allerdings enge Grenzen gesetzt. Das Hauptkennzeichen dieses Zeitraumes, in dem die muhammedanische Wissenschaft fast völlig zur Scholastik, zur Tüftelei und
Wortklauberei erstarrte, liegt nämlich in der Beschränkung gelehrter
Studien auf die praktischen Tagesbedürfnisse sowie in der Einbeziehung
der Wissenschaftler in ein dem Staat unterstelltes, hierarchisch streng gegliedertes Beamtentum. Da die Tore des sogenannten *idschtihâd*, der
freieren, auf persönliche Überzeugung gegründeten Forschung, schon seit
den Tagen des gefeierten arabischen Weltweisen Ghassâlî (1058—1111)
als verschlossen betrachtet wurden, beschied sich der weitaus größte Teil
der damaligen Wissenschaftsbeflissenen, hauptsächlich aber Theologen,
Philologen und Juristen, auf die Erwerbung der zur Berufsausbildung,

d. h. zum Unterricht, Richter- oder Mufti-Amt notwendigen Kenntnisse, die sie meist aus einer bestimmten Anzahl gangbarer Texte und Handbücher nebst deren Erläuterungen und Randbemerkungen schöpften. Gelegentlich kam es dann freilich vor, daß dieser oder jener Gelehrte sich nebenher auch noch auf einem andern, ihm besonders zusagenden Gebiete, z. B. der Geschichtsschreibung, der Stilkunst oder der Dichtung versuchte. Diese Art der schriftstellerischen Bemühungen fiel dann natürlich außerhalb des Rahmens der amtlich gepflegten Forschungsgebiete.

Lehre und Leben hatten gar bald den wissenschaftlichen Stoff und seine Behandlung im großen und ganzen fest abgegrenzt und die darüber bestehende Literatur hatte sich durch die ständig wachsende Anzahl von Kommentaren und Glossen erstaunlich bereichert, obwohl jedes Werk in handschriftlichem Zustand die Runde machen mußte und seine Anschaffung nicht geringe Kosten verursachte. Die Durcharbeitung und die Aneignung des also angehäuften Wissensstoffes erforderte einen erheblichen Aufwand an Zeit und erschwerte das Begehen eigener Wege und damit auch die Entstehung eigener Gedanken. Für schöpferische und selbständige Entwürfe fehlte meist die Möglichkeit und vor allem die Muße. Die Entwicklung ausgeprägter Persönlichkeiten und über den kümmerlichen Durchschnitt hinausragender Gelehrter behinderten die Umstände und insonderheit das ermüdende Gleichmaß der Tage. Nirgendwo kommt diese Tatsache wohl krasser zur Geltung als bei der Musterung der Wissenschaftler, die sich unter Mehmed dem Eroberer entfalteten, obwohl zu seiner Zeit der Widerstand und die Gegenwehr der sogenannten Sûfîs (Mystiker), die der programmäßig-praktischen Wissenschaft feindselig, jedenfalls aber mit Widerwillen gegenüberstanden, noch nicht so augenscheinlich hervortraten und die Verfolgung von Zielen, die auf die Überwindung und schließlich auf Ablehnung der Medrese-Wissenschaften hinausliefen, fürs erste noch beschränkt werden konnte. Der wichtigste Grund für diese merkwürdige Erscheinung dürfte in der Abneigung des Eroberers gegenüber diesen sûfischen Brüderschaften liegen, in denen er politische Widersacher und Gegner seiner freigeistigen Ansichten wittern mochte. Richtig ist allerdings, daß der Großherr diese Gedankengänge nur im vertrauten Kreise und unter Gesinnungsfreunden geäußert hat und daß er als Staatsoberhaupt sowohl in der praktischen Theologie als auch in der Rechtswissenschaft die Glaubenssatzungen des streng-sunnitischen Abû Hanîfa, also des Schöpfers der im Osmanenreich vorherrschenden Lehrmeinung, befolgen ließ und keinerlei Zuwiderhandlung im öffentlichen Leben duldete. Auf dogmatischem Gebiete belebte er, der überhaupt regste Anteilnahme an allen muslimischen Wissenschaften bekundete, den übrigens längst begrabenen Streit zwischen Theologie und

Philosophie, indem er zur abwägenden Kritik zwischen Ghassâlî's berühmter Abhandlung über den ‚Zusammensturz der Philosophie' und der Philosophie selbst eine Art Wettbewerb ausschrieb. Mustafâ, genannt Chôdscha-sâde (st. 1488), einer der wenigen selbständigen Köpfe im damaligen Osmanenstaat, trug mit einer Schrift den Preis davon, die den gleichen Titel wie die des Ghassâlî trägt.

Chôdscha-sâde (das heißt der Kaufmannssohn) ist einer jener Gelehrten, die sich als sogenannte Sultanslehrer um die Bildung des Großherrn bemühten, ihn unterrichteten oder über Vorgänge im Geistesleben auf dem laufenden hielten. Unter ihm wurde dessen Amt eine stehende Einrichtung unter den Würdenträgern des Gesetzes. Der Sultanslehrer folgte im Rang unmittelbar nach dem Obersten der ʿUlemâ, der Gesetzesgelehrten, nämlich dem Muftî. Eine der Hauptaufgaben des Lehrers bestand, wenigstens unter Mehmed dem Eroberer, in der geeigneten Auswahl des theologischen Schrifttums, im Vorlesen und im Erklären von einschlägigen Werken. Die meisten dieser Privatlehrer Mehmeds II. bekamen dessen unberechenbare Launen und Ungnade zu spüren und nur die allerwenigsten harrten geraume Zeit in dieser heiklen, ja gefährlichen Stellung aus. Wirkliche ausgeprägte Persönlichkeiten treffen wir ganz wenige unter ihnen. Der bedeutendste ist der schon erwähnte Molla Ahmed b. Ismâʿîl, genannt Kurânî, ein Kurde von Herkunft. Er hatte in Kairo Koranlesekunst und Rechtswissenschaft studiert und dort Vorlesungen in arabischer Sprache zu halten begonnen, die lebhaften Zuspruch fanden. Molla Mehmed b. Armaghân, genannt Jegân, lernte ihn bei der Rückkehr von der Pilgerfahrt kennen und bewog ihn, nach Anatolien auszuwandern. Murâd II. ward bald auf ihn aufmerksam und übertrug ihm mehrere Lehrämter in Brussa. Dann betraute er ihn mit dem Unterricht seines Sohnes, der damals in Maghnisa weilte und bereits mehrere seiner Lehrer zur Verzweiflung gebracht hatte. Der unerschrockene und tatkräftige Molla Kurânî übernahm den Auftrag und es scheint, daß Mehmed-Tschelebi ihm die Grundlage seines Wissens vor allem im arabischen Schrifttum zu verdanken hat. Als Mehmed zum zweitenmal die Herrschaft antrat, wollte er ihm Wesirrang verleihen. Molla Kurânî aber schlug das Anerbieten mit den klugen Worten aus, daß dem Sultan seine Hofbeamten nur deshalb dienten, um einst hohe Stellungen zu erlangen. Wähle er aber für das Wesirat einen Mann aus anderen Kreisen aus, so werde darunter die Regierung Schaden leiden. Der junge Sultan nahm an dieser Bemerkung Gefallen und übertrug ihm das Amt eines Heeresrichters. Molla Kurânî benutzte nun diese wichtige Stellung, um eigenmächtig für Unterrichts- und Richterposten Bewerber auszusuchen, die ihm genehm waren. Der Sultan wagte nicht, ihm entgegenzutreten, versetzte ihn aber

nach Rücksprache mit seinen Wesiren als Richter nach Brussa, da die
großväterlichen Stiftungen dort dringend durchgreifender Fürsorge bedürf-
ten. Trotz der räumlichen Trennung kam es zu einem Zwist mit dem Großherrn, als Kurânî dessen Boten, der ihm einen Scherîᶜa-feindlichen Befehl
nach Brussa überbracht haben soll, einfach verprügelte. Der Molla kehrte
dem Osmanenreich den Rücken und begab sich zurück nach Ägypten, wo er
von Sultan Qâ'it-Baj wohlwollend aufgenommen wurde. Mehmed II. bereute hinterher den Bruch mit Kurânî und lud ihn ein, nach Stambul zurückzukehren. Mit dem Hinweis, daß zwischen ihm und dem Großherrn das
Verhältnis eines Vaters zum Sohne herrsche, folgte er der Einladung und
trat den Rückweg an. Der Mamlûkensultan ließ ihn ungern scheiden, gab
ihm aber schließlich reiche Geschenke auch für den Osmanenherrscher mit
(1458). Kurânî verwaltete kurze Zeit nochmals die Richterstelle in Brussa
und übernahm dann das Amt eines Muftî in Stambul, wo er sich der besonderen Gunst seines einstigen Schülers erfreute. Er hielt Sklaven und
Sklavinnen in reicher Zahl, führte ein angenehmes sorgenloses Leben und
verfaßte etliche Schriften zur Korankunde. Daneben erteilte er Unterricht
über Koranwissenschaft und Überlieferungskunde, dem viele Studenten
beiwohnten. Ein Mann von hohem Wuchs mit langem gefärbtem Bart, bewies
Kurânî zeitlebens Männerstolz vor Königsthronen und redete stets die un-
geschminkte Wahrheit. Er sprach nicht nur die Wesire, sondern auch den
Sultan selbst mit ihrem einfachen Namen an. Begegnete er dem Großherrn
unterwegs, so grüßte er ihn, jedoch ohne ihm irgendwelche Ehrerbietung
zu erweisen. Stets streckte er ihm einfach die Hand hin, ohne die des Sultans
zu küssen, wie es die Sitte heischte. An Festtagen fand er sich nur dann
im Palast ein, wenn er ausdrücklich gerufen wurde. Auf keinen seiner Be-
rufsgenossen ist er jemals neidisch gewesen. Molla Kurânî starb erst unter
Bajesid II. im Jahre 1488 zu Stambul, wo er auch beerdigt wurde. Als
er auf dem Sterbebette lag, sagte er zum Wesir Dâwûd-Pascha: ‚Grüße mir
den Bajesid! Ich bitte ihn letztwillig, er möge persönlich an der Leichenfeier
für mich teilnehmen und aus dem Staatsschatz meine Schulden begleichen!'
Sultan Bajesid II. stellte sich tatsächlich zum Totengebet ein und ließ die
Beträge, die sich auf 180 000 Silberstücke beliefen, aus dem Staatssäckel
anweisen, ohne auch nur Kassenbelege zu verlangen. Am Tage der Beisetzung erfüllte Heulen und Wehklagen, das vor allem Frauen und Kinder
anstimmten, die ganze Stadt.

Daß die Trauer um den Verstorbenen weniger einem großen Gelehrten
als einer starken eindrucksvollen Persönlichkeit zukam, läßt sich schwerlich
bezweifeln. Deren kraftvollem Wirken und deren unbeugsamer Eigenart
galten Schmerz und Kummer des einfachen Volkes. Gegenüber diesem

bedeutenden Manne verblaßt das Ansehen der älteren Privatlehrer des
Eroberers in seiner Prinzenzeit. Von einigen, wie dem auch als Dichter aufgeführten Mustafâ b. Ibrâhîm b. et-Temdschîd, meist nur Ibn Temdschîd
geheißen, ist kaum mehr als der Name und seine Begabung in den drei
islamischen Hauptsprachen zu reimen, auf uns gekommen. Er hat schon
1451 seine Tage beschlossen, muß also zu den frühesten Unterweisern
Mehmeds II. gehören. Nicht viel mehr wird von Chôdscha Chejr ed-Dîn
vermeldet, der ebenfalls den Sultan unterrichtete und dessen Wohlwollen
durch seine geistreiche Unterhaltung und seine Vorzüge als Gesellschafter
erwarb. Wissenschaftlich war er belanglos und nur als eifriger Abschreiber
gesuchter Handschriften geschätzt. Als Gelehrter bedeutungsvoller war ein
anderer zeitweiliger Lehrer des Sultans, der wegen seines Stolzes vor Fürsten
bekannt gewordene Molla Mehmed, genannt Chatîb-sâde. Seine offene Art
mußte auf die Dauer den Unwillen seines Zöglings erregen. Einmal hatte
er ihn schon seiner Stellung entsetzt, als die Fürsprache des Molla Kurânî
sie ihm wieder verschaffte. Da er aber eines Tages die Frage Mehmeds II.,
ob er sich einem Streitgespräch mit dem gefeierten Molla Chôdscha-sâde
gewachsen fühle, mit dem Hinweis bejahte, daß er doch des Großherrn
Lehrer sei, traf ihn die endgültige Ungnade und er mußte sich aufs neue in
einer Medrese seinen Unterhalt verdienen. Auch mit dem weit leutseligeren
Bajesid II. hatte er mehrmals Zerwürfnisse, die seinem Hochmut und seiner
niemals knechtseligen Haltung entsprangen. Die von ihm hinterlassenen
Schriften verraten keinen selbständigen Geist, aber einen kritischen Kopf,
der zum Beispiel an ‚Glossen zum Superkommentar des Kommentars‘ des
bekannten arabischen Philosophen und Gottesgelehrten Sejjid esch-scherîf
Dschurdschânî seinen Witz übte. Alle diese höchstens als Persönlichkeiten
bemerkenswerten Sultanslehrer überragt an Bedeutung der Molla Mustafâ,
genannt Chôdscha-sâde, dessen bereits kurz Erwähnung geschah. Von ihm
sind zahllose Geschichten überliefert, in denen er als weltabgewandter,
Ehrungen und irdischem Glück abholder Sonderling erscheint, dessen reiche
Verstandesgaben durch diese Veranlagung nicht gebührend zur Geltung
kamen. Sein Vater war ein wohlhabender Kaufmann in Brussa, dem die
wissenschaftlichen Neigungen seines schäbig gekleideten Sohnes wenig
behagen wollten. Der klägliche Aufzug, zu dem ihn Sinnesart, vielleicht aber
auch das geschmälerte Taschengeld zwangen, lenkte schließlich die Augen
von Gönnern auf ihn. Er erwarb sich sein Brot und vor allem das Geld
zum Studium durch Abschriften von Büchern. Noch gegen Ende der
Regierung Murads II. erlangte er auf dessen Weisung ein Richteramt
und endlich die Leitung einer Medrese zu Brussa. Später wurde Mehmed II. auf den schlagfertigen und kenntnisreichen Molla aufmerksam

und ernannte ihn zu seinem Lehrer. Der Großwesir Mahmûd-Pascha wurde,
so heißt es, auf ihn neidisch und versuchte allerlei, um ihm das sultanische
Vertrauen zu entziehen. Er redete dem Großherrn eines Tages ein, Chôdscha-sâde trage nach dem Amt eines Heeresrichters Verlangen. Auf die
Frage, warum er sich seinem Dienst entziehen wolle, wußte Mahmûd-Pascha
angeblich nichts weiter zu sagen als daß es eben des Mollas Wunsch sei.
Diesem gegenüber bemerkte er, daß Mehmed II. ihn für diese Stellung ausersehen habe. Chôdscha-sâde war ganz und gar nicht damit einverstanden,
bequemte sich aber zuletzt doch zur Annahme des Postens. Er behielt ihn
indessen nur kurze Frist, denn schon bald darauf ging er als Professor an die
Sultânîje-Medrese in seiner Vaterstadt Brussa, wo er sich am wohlsten
fühlte. Aber auch von dort holte ihn der Befehl des Sultans, der seinen
Umgang vermißt haben dürfte, zurück nach Stambul, wo ihm schließlich
das Richteramt übertragen ward. Als jedoch Qaramânî Mehmed-Pascha das
Reichssiegel übernahm, wußte er seinem Herrscher weiszumachen, daß Chôdscha-sâde das Klima von Stambul nicht behage und erkläre, daß er am
liebsten nach Isniq übersiedele. Der Sultan glaubte den Worten seines
Großwesirs und verlieh dem Molla zugleich mit dem Richteramt eine Lehrstelle an der Medrese von Isniq. Der Tod Mehmeds II. und damit auch
Mehmed-Paschas erlöste ihn aus der Verbannung in dem abgeschiedenen
Erdenwinkel. Bajesid II. wies ihm erneut ein Lehramt und später die ge-
achtete Stelle eines Muftî von Brussa an. Dort in seiner Heimat beschloß
Molla Chôdscha-sâde 1488 seine Tage. Er beklagte sich immer wieder,
daß die Richterämter ihm keine Zeit zu wissenschaftlicher Arbeit ließen.
Trotzdem brachte er eine Reihe von Werken zustande, meist Erläuterungen
und Glossen zu älteren theologischen Schriften. Noch mehr scheint er in
Entwürfen hinterlassen zu haben, die aber in alle Himmelsrichtungen verstreut wurden. ‚Einen Teil packte der Westwind und einen andern blies
der Ostwind davon‘, sagt einer seiner Lebensbeschreiber.

Die fast ermüdende Aufzählung der Stellungen, die ein eigentümlicher
und selbständiger Kopf wie Mustafâ Chôdscha-sâde in seinem Erdendasein
zu durchlaufen hatte, weil ihn die Laune des Sultans oder die Ränke eines
Großwesirs zum Verlassen seines bisherigen Amtes in oft raschem Wechsel
nötigten, zeigt an diesem Beispiel die Tücken eines Gelehrtenschicksals zuzeiten des Eroberers. Chôdscha-sâde, der wie wenige seiner Zeitgenossen
und vielleicht mit der einzigen Ausnahme von Molla Chosrew berufen
gewesen wäre, eigene Wege zu gehen und als Schriftsteller schöpferisch zu
wirken, hat, eingeengt in die Nöte und Drangsale der Beamtenlaufbahn,
kein Werk vollendet, das seinen Namen im Andenken der Nachwelt
wach halten könnte. Seine Tätigkeit als Sultanslehrer verschaffte ihm

höchstens die Möglichkeit, im Meinungsaustausch und in Redekämpfen,
an denen Mehmed II. ein besonderes Vergnügen hatte, den Beifall des
Großherrn zu erringen und die Gefahren seiner Launen wenigstens vorübergehend zu bannen. Von keinem der Hoflehrer wird berichtet, daß er
ihrer auf die Dauer hat Herr werden können.

Ein fast besseres Los erlebten jene Männer, die außerhalb der höfischen
Luft ihre Tage lehrend und forschend verbringen durften. Aber auch unter
ihnen gibt es kaum wirklich überragende Gestalten. Wohl von jedem wird
erzählt, wie er sich im Verkehr mit dem Eroberer benahm und wie er sich
aus den Schlingen drohenden Übelwollens herauszuhalten verstand. Aber
kaum einem wollte das sonst recht glücken. Selbst Molla ᶜAbd ar-Rahmân,
genannt Tschelebi-sâde, der durch seine reichen Kenntnisse, besonders aber
durch seine scharfsinnige Unterhaltung des Eroberers Aufmerksamkeit erregt und Zuneigung erlangt hatte, mußte, nachdem er sich lange in sultanischer Gnade hatte sonnen können und dadurch den Neid und die Mißgunst
vieler Amtsgenossen erweckte, eines Tages aus der Gesellschaft Mehmeds II.
weichen. Er hatte sich eine ‚Ungehörigkeit' zuschulden kommen lassen
und bezahlte sie mit der Verbannung. Nur dem Umstand, daß sein Vater
Molla Mehmed sein Lehrer gewesen sei, so bedeutete ihm der grollende Herrscher, verdanke er, daß er mit ihm nicht ‚kurzen Prozeß' mache. Der Verweisung als Richter nach Kutahja freilich durfte ᶜAbd ar-Rahmân die Ver-
längerung seines verwirkten Lebens zuschreiben. Er starb erst zwanzig
Jahre nach seinem früheren Gönner in anatolischer Geborgenheit, die ihm
obendrein die Muße zu schriftstellerischer Betätigung ließ. Quertreibereien
zumal argwöhnischer Großwesire, allen voran Mahmûd-Pascha und späterhin
Qaramânî Mehmed-Pascha, spielten bei dem plötzlichen Entzug der großherrlichen Gunst wiederholt eine betrübliche Rolle. Zu den bereits erwähnten Beispielen mag das des Molla ᶜAbd al-Qâdir aus Isparta (Anatolien) treten, der zeitweise Privatlehrer Mehmeds II. war und in freund-
schaftlichste Beziehungen zu diesem trat. Mahmûd-Pascha befürchtete in
ihm einen Nebenbuhler und verstand ihn mit List aus dem vertrauten
Umgang mit dem Großherrn zu entfernen. Er kehrte in seine Heimat zurück
und beendete dort in Beschaulichkeit seine Tage. Er wußte, solange er in
sultanischem Wohlwollen stand, durch witzige und geistreiche Bemerkungen seinem Herrn zu gefallen. Als er eines Tages neben dem Eroberer durch
Qonja ritt und die ᶜUlemâ dieser Stadt dem Großherrn grüßend entgegen-
kamen, meinte dieser: ‚Sieh dir die kräftigen ᶜUlemâ an! Dich selbst hat
die Reise ziemlich mitgenommen!' Molla ᶜAbd al-Qâdir war schlagfertig
genug, einen Reim des persischen Dichters Saᶜdî anzuführen: ‚Ein arabisches Pferd ist, wenn auch abgemagert, besser als eine ganze Koppel von

Eseln'. Mehmed II. lachte über diese treffende Antwort seines Begleiters. Er ließ sich überhaupt oft herbei, unterwegs ihm bekannte Gelehrte und Persönlichkeiten des öffentlichen Lebens auf der Straße anzuhalten, sich nach ihrem Befinden zu erkundigen und ein Gespräch über Fragen der Wissenschaft in Gang zu bringen. Wenn ihm der Sinn darnach stand, nahm er auch Anzüglichkeiten in Kauf, wie manches Geschichtchen zu beweisen scheint.

Wer von den Mollas eine günstige Stimmung bei Mehmed II. zu nutzen verstand und durch einen Witz dessen Beifall gewann, kam manchmal leicht zu einem Amt, ohne daß seine Begabung ihn hiefür besonders geeignet erscheinen lassen mochte. Der mehr fromme als gelehrte Molla Husejn aus Täbris, genannt Umm Weled, der mit einer Sklavin des persischen Muftî Fachr ed-Dîn verehelicht war, hatte beim Sultan durch seine Geradheit und Charakterstärke Anklang gefunden und eine Lehrstelle an einer der acht Medresen bei der Eroberer-Moschee erreicht. Manchmal, wenn der Osmanenherrscher zur Türbe des Ebû Ejjûb ritt, kam er am Hause des persischen Mollas vorbei, begann ein Gespräch und nahm wohl auch einen Trunk aus seiner Hand. So leistete er sich eines Tages folgende Schnurre. Als der Sultan ihm die Hand zum Kusse reichte, drehte der Molla sie herum und fragte: ,Auf was will ich damit hinweisen?' ,Nun', erwiderte Molla Umm Weled, 'auf die (Medrese der) Aja Sofia!' *Aja* bedeutet nämlich im Türkischen die innere Handfläche. Der Großherr begriff sogleich die Anspielung und verlieh ihm eine Professur an der erwähnten Anstalt. Mit Vorliebe behielt er sich die Vergebung von Lehrstellen selbst an den Medresen in der Provinz vor. Ein Molla Mustafâ mit dem seltsamen Beinamen Qysyl Qatyr (,Roter Maulesel') war eines Tages von Brussa nach Adrianopel an die Neue Medrese verwiesen worden, als es dem Sultan beifiel, ihm ein soeben frei gewordenes Lehramt an einer der acht Medresen zu übertragen. Der anwesende Großwesir machte ihn darauf aufmerksam, daß er ihn doch eben erst nach Adrianopel versetzt habe. ,Das tut nichts', schnitt er den Einwand ab, 'er ist dieses Amtes würdig'. Eine andere Geschichte, die von solchen raschen Entschlüssen Mehmeds II. bei der Erteilung von Lehraufträgen deutliche Kunde gibt: ein gewisser Molla Hamîd ed-Dîn, genannt Efdal-sâde, wirkte als Professor an einer Brussaer Medrese, kam aber beim Regierungsantritt Mehmeds II. um seine Stellung. Er begab sich nach Stambul und wie er durch die Straßen ging, begegnete ihm der Großherr, der, wie es seine Art war, zwischen einer Anzahl von Sklaven zu Fuß einherzog. Der Molla erkannte ihn sogleich, stieg vom Pferd und blieb ehrerbietig stehen. Der Großherr entbot ihm seinen Gruß und fragte ihn, ob er wohl Efdal-sâde sei. Als er bejahte, ward er aufgefordert, sich tags

darauf im Diwan einzufinden. Kaum war der Sultan selbst dort erschienen,
erkundigte er sich nach dem Verbleib des Geladenen, ließ ihn herbeirufen
und übertrug ihm sogleich eine Professur an der Medrese seines Vaters
Murâd II. mit stattlichem Gehalt und ausreichender Verpflegung aus der
Stiftungsküche. Gerührt über solche Huld küßte der Molla seinem Wohltäter die Hand, der ihm bedeutete, daß er sich fleißig der Wissenschaft
widmen solle. Er werde ihn nicht aus den Augen verlieren. In der Tat ward
er in der Folge als Achter-Professor nach Stambul berufen, wo er gewissenhaft seinen Verpflichtungen nachkam. Während einer Pestseuche zog er
mit Weib und Kind hinaus aufs Land, kam aber jeden Tag in die Stadt
und versah sein Lehramt. Der Großherr war damals im Feld und als er
nach Stambul zurückkehrte, ging ihm auch Molla Efdal-sâde zum Willkomm
entgegen. Als der Eroberer seiner gewahr wurde, rief er ihn herbei und zeigte
sich genau darüber unterrichtet, was sich mit ihm während seiner Abwesenheit zugetragen hatte. Er lobte ihn nach Kräften und schenkte ihm
zwei Kriegsgefangene, während die übrigen ᶜUlemâ deren nur einen erhielten. Außerdem ernannte er ihn zum Richter von Stambul. Bajesid II.
ließ ihn zum Muftî aufrücken. Um 1502 ist er in der Hauptstadt gestorben,
aller Menschen Freund, da er niemals außer Fassung geriet und stets mit
Geduld und Nachsicht alles irdische Werk zu beurteilen neigte. Wissenschaftlich hat auch er nichts von Bedeutung geleistet, wenngleich sich
wenigstens seine verschiedenen Erklärungen zu Grundwerken des Islam zu
seinen Lebzeiten großer Beliebtheit erfreuen durften.

Ein weiteres Beispiel dafür, wie sich Mehmed II. bis an sein Ende in die
Angelegenheiten seiner ᶜUlemâ einmengte und in deren Schicksal eingriff,
liefert das Leben des Molla Muhjî ed-Dîn mit dem Beinamen Maghnisa-sâde,
der unter anderm ein Lieblingsschüler des gefeierten Molla Chosrew war,
als dieser noch an der Medrese der Aja Sofia lehrte. Das Studierzimmer
seines Jüngers Muhjî ed-Dîn befand sich im obersten Stockwerk der Medrese,
wo die ganze Nacht das Licht zu brennen pflegte. Eines Tages bemerkte
der Großherr aus dem benachbarten Seraj das Lampenlicht, ohne zu wissen,
wer den Raum, aus dem der Schein drang, bewohnte. Er befragte den
Molla Chosrew, wer denn sein bester Schüler sei. ‚Maghnisa-sâde‘, war die
sofortige Antwort. Wer nach ihm komme, forschte der Sultan weiter.
‚Maghnisa-sâde!‘ kam es wieder von den Lippen Molla Chosrews. ‚Sind denn
das zwei verschiedene Studenten?‘ erkundigte sich der Eroberer. ‚Nein‘,
meinte der Molla, ‘aber er allein ist gleich tausend.‘ ‚Wohnt er etwa in
jenem Zimmer, wo nachts die Studierlampe brennt?‘, forschte schließlich
der Großherr weiter und erhielt bejahenden Bescheid. Der angehende Gelehrte hatte nun die volle Anteilnahme Mehmeds II. erregt und eine glän-

zende Laufbahn war ihm so gut wie sicher. Er lehrte eine Zeitlang an einer
der acht Medresen, rückte zum Richter und schließlich gar zum Heeresrichter
auf. Aber auch er machte gar bald Bekanntschaft mit den Launen seines
Gönners. Eines Tages forschte er nämlich auf dem Rückweg aus Rumelien in
die Hauptstadt beim Molla nach einem arabischen Reim. Maghnisa-sâde war
um eine Antwort verlegen und erklärte, er wolle zu Hause darüber nachdenken. ‚Ja, bedürft Ihr denn eines einzigen Verses wegen so langen Grübelns?'
meinte unwillig der Eroberer. Als der Betroffene schwieg, ließ Mehmed II.
den Diwan-Schreiber Molla Sirâdsch ed-Dîn kommen, der vorher als ‚Achter'
gelehrt und wegen seines vorzüglichen Gedächtnisses und seiner statisti-
schen Begabung zum Sekretär des Kronrates bestellt worden war, aber
dann in der Blüte seiner Jahre verstarb. Nach dem Vers befragt, erwiderte
Sirâdsch ed-Dîn ohne Überlegung, er stamme von dem und dem Dichter,
aus dem und dem Gedicht und habe das und das Versmaß. Nicht genug damit,
führte er sogleich den vorhergehenden und nachfolgenden Reim an, worauf
der Sultan ihn dem bestürzten Maghnisa-sâde als Muster eines Gelehrten
hinstellte. Sogleich nach der Ankunft in Stambul ging der Pechvogel
seines Postens als Heeresrichter verlustig und wurde mit dem Bemerken an
eine der acht Medresen zurückverwiesen, daß er nötig habe, in seinen Studien
fortzufahren. Später kam er wieder zu Gnaden, erhielt die Wesirwürde, um
abermals seine Stellung einzubüßen. Erst Bajesid II., der mit Vorliebe
von seinem Vater verungnadete Würdenträger wieder in ihre Ämter einzusetzen liebte, ernannte ihn neuerdings zum Heeresrichter von Rumelien.
Als solcher ist er dann auch im Oktober 1483 unerwartet verstorben. Da
er sich zeitlebens mit der Erlangung wichtiger Staatsstellen befaßte und
dabei die Wissenschaft ganz aus den Augen verlor, hat Maghnisa-sâde der
Nachwelt keine Schrift von nur einigem Gewicht vererbt.

Wenn seine Zeit es ihm erlaubte, verbrachte der Eroberer seine Mußestunden am liebsten in der Gesellschaft von Dichtern und Gelehrten, die er
zu Redekämpfen ermunterte. Diese zogen sich manchmal tagelang hin, ohne
daß der Sultan müde ward, ihnen zu lauschen. Einer der bekanntesten
Vorfälle dieser Art trug sich zu, als der ebenso vielwissende wie streng-
gläubige Molla Mehmed, genannt Sejrek (das ist: ‚kluger Kopf'), sich in ein
Streitgespräch mit Molla Chôdscha-sâde einlassen mußte, weil er dem Großherrn gegenüber behauptet habe, er besitze weit mehr Kenntnisse als Sejjid
esch-scherîf Dschurdschânî. Sechs volle Tage währte der Wortstreit. Als
Schiedsrichter waltete Molla Chosrew. Schließlich befahl der Eroberer,
jeder der beiden Gesprächspartner möge in die Aufzeichnungen des anderen
Einblick nehmen, worauf Molla Sejrek erklärte, daß er keine Zweitschrift
besitze. Anders Chôdscha-sâde, der sogleich bereit war, seinem Widerpart

eine Abschrift seiner Darlegungen zu unterbreiten. Aber es kam wegen
seiner Halsstarrigkeit und vor allem wegen seines Glaubenseifers nicht
dazu. Molla Sejrek war über den Ausgang des Streitgesprächs höchst ungehalten und zog sich nach Brussa zurück, wo er einen reichen Kaufmann
als Gönner fand, der ihm sogleich das bisherige Tageseinkommen zusicherte.
Als Mehmed II. nach einiger Zeit sein schroffes Benehmen während jener
Disputation leid tat, bot er Molla Sejrek eine neue einträgliche Stellung an.
Aber der lehnte sie ab mit dem Bemerken, sein Sultan sei jetzt Chôdscha
(Kaufmann) Hasan. Sejrek ist in Brussa um 1502 verstorben, aber nur
in Stambul ist sein Name noch lebendig. Nicht etwa durch seine wissen-
schaftliche Bedeutung, sondern durch die von ihm gestiftete Moschee samt
Medrese, die er aus der byzantinischen Pantokrator-Kirche hatte er-
richten lassen. Sie trägt noch jetzt seinen sonst längst vergessenen Namen
(Molla Sejrek-Moschee).

Alle diese zum Teil sehr originellen und eigenwilligen Gestalten der
Eroberzeit werden gänzlich verdunkelt durch den berühmten Molla
Chosrew, der durch seine ausgebreitete Lehrtätigkeit und sein kaum jemals
getrübtes Ansehen bei Mehmed II. der unbestrittene Meister blieb und der
fast alle jene Männer zu seinen Füßen sitzen sah. Sein eigentlicher Name
war Mehmed und seine Heimat Karkin im östlichen Kleinasien. Sein Vater
Ferâmurs soll dem Türkmenenstamm der Warsaq angehört haben. Nur
wenig spricht für die Behauptung, er sei der Sohn eines ‚griechischen Emirs‘,
der später zum Islam übertrat. Vielmehr stammte das Geschlecht aus ‚Rûm‘,
also Ostanatolien, woraus ein Mißverständnis ‚Rhomäer‘, somit ‚Grieche‘ gemacht zu haben scheint. Eine Legende besagt gar, daß er französischen
Ursprungs gewesen sei. Schon Murâd II. wurde auf Molla Chosrew aufmerksam und gab ihm seinen Sohn Mehmed an die Seite. Während seiner
kurzen ersten Regierung übertrug er ihm das Amt des Heeresrichters, das
er aber bald wieder abgeben mußte, als Murâd aufs neue die Zügel der
Herrschaft übernahm. Damals kehrten alle bisherigen Würdenträger dem
nach Maghnisa verwiesenen Mehmed-Tschelebi den Rücken. Nur Molla
Chosrew hielt bei ihm aus, und zwar mit der Begründung, es gehöre zur
Pflicht eines anständigen Menschen, zur *muruwwa*, einem Freund im Glück
wie im Unglück die Treue zu wahren. Mehmed hat ihm diese Worte nie
vergessen und als er 1451 endgültig den Thron bestieg, ließ er ihm alle
Ehren angedeihen und ermöglichte ihm ein Leben in Pracht und Wohl-
stand. Als der erste Richter von Stambul, Chidr-Beg, das Zeitliche segnete,
erhielt Chosrew dessen Stelle, sogar mit Einbeziehung der Vororte samt
Galata und Skutari in seinen Amtsbereich, daneben eine Professur an der
Medrese der Aja Sofia. Der Eroberer kannte und schätzte das reiche Wissen

des Mollas und wünschte, daß es recht vielen Jüngeren zugute komme. Sein Unterricht hatte starken Zulauf. Seine Studenten fanden sich vormittags in seiner Wohnung ein, teilten seine Mahlzeit und begleiteten dann zu Fuß ihren Meister, der auf einem Maulesel zu reiten pflegte, zur Schule. Molla Chosrew wird als ein Mann von mittlerem Wuchs sowie mit langem wallendem Bart geschildert. Er liebte sich schäbig zu kleiden; wenn er sich aber Freitags zur Moschee Aja Sofia begab, um dort den Gottesdienst abzuhalten, so erhoben sich alle Anwesenden und senkten vor ihm ihre Blicke, bis er bei der Gebetsnische *(minbar)* angelangt war. Und während er dort sein Gebet verrichtete, schaute der Sultan aus seiner vergitterten Empore *(mahfil)* herunter auf Chosrew und sagte dann wohl zu seiner Umgebung: ‚Betrachtet ihn euch gut! Ist er doch der Abû Hanîfa unserer Zeit!'

Molla Chosrew war eine bescheidene und doch würdevolle Erscheinung, die überall hohe Achtung genoß. Obwohl ihm sein Einkommen eine zahlreiche Dienerschaft erlaubte, brachte er in seinem Arbeitsraum stets alles selber in Ordnung, kehrte das Zimmer aus und zündete die Kerzen und das Feuer an. Bei einem Prunkmahl, das der Eroberer eines Tages veranstaltete, kam es freilich zu einem Zwist mit bösen Folgen. Molla Kurânî, befragt, welchen Sitz er einzunehmen wünsche, erwiderte, daß er sich als zum Hause gehörig ansehe und daher mithelfen wolle, die Empfangspflichten zu üben, statt sich als Gast bedienen zu lassen. Dem Großherrn gefielen diese Worte und er bestimmte für ihn den Platz zu seiner Rechten, während er den Molla Chosrew an seine linke Seite zu setzen gedachte. Chosrew nahm diese Lösung nicht an, sondern schrieb an die Kanzlei des Sultans einen Brief. Darin lehnte er die Einladung mit der Begründung ab, daß sein Eifer um Glauben und Wissenschaft es ihm nahelegten, sie auszuschlagen, falls er hinter Molla Kurânî zurückstehen müsse. Er verließ unverzüglich die Hauptstadt und verfügte sich nach Brussa, wo er mit den reichen Mitteln, die ihm zu Gebote standen, eine eigene Lehranstalt errichtete und den Unterricht begann. Mehmed II. bereute wie so manches Mal seinen Schritt, berief ihn nach Stambul zurück, übertrug ihm die Muftîstelle und tat ihm auch sonst alle Ehre an. Kurz vor dem Sultan schied er aus dem Leben (1480) und hatte noch verfügt, seine Leiche in Brussa und nicht in Stambul beizusetzen. Molla Chosrew war wohl der einzige unter den einheimischen Gelehrten, der Werke in arabischer Sprache, und zwar von bleibender Bedeutung hinterließ. Er schrieb berühmte Erläuterungen zu Werken der großen Exegetiker Taftasânî sowie Baidhâwî. Am bekanntesten ist sein Buch zum islamischen Recht, zu dem er obendrein einen inhaltreichen Kommentar schrieb. Dieses für die Praxis bestimmte Werk über die Rechtsgrundsätze wurde wiederholt in Kairo gedruckt und erfreut sich

neben einem mehrmals im Druck veröffentlichten dogmatischen Werk noch
jetzt besonderer Beliebtheit und Achtung. Molla Chosrew war zu Lebzeiten
ein gefeierter Rechtsgelehrter und die meisten Theologen seiner Zeit waren seine Schüler. Als Lehrer läßt sich mit ihm höchstens noch Molla
Chidr-Beg vergleichen, wenn auch mit beträchtlicher Einschränkung. Er
verdient aber in diesem Zusammenhang Beachtung, weil er der Begründer
eines Gelehrtengeschlechts ist, das noch in den Zeiten des Eroberers viel
von sich reden machte und bei Hofe besondere Wertschätzung genoß.
Molla Chidr-Beg stammte gleichfalls aus Ostanatolien, nämlich aus Siwri-
Hißâr, und studierte beim berühmten Molla Jegân, dessen Tochter er schließlich heiratete. Mehmed II. ward auf ihn aufmerksam, als zwischen Chidr-
Beg und einem nordafrikanischen Geheimwissenschaftler ein Meinungsaustausch stattfand, bei dem der Anatolier als Sieger hervorging. Der Sultan,
der der Unterhaltung zugehört hatte, geriet in Begeisterung, daß ein noch
dazu junger Gelehrter seines Reiches einen Fremdling zum Schweigen gebracht habe und ernannte ihn sogleich zum Leiter des Medrese seines Groß-
vaters Mehmed I. in Brussa. Dort hörten viele nachmals angesehene Theologen bei ihm. Zu ihnen zählte z. B. Molla Mustafâ, genannt Kestelî (aus
Kestel bei Brussa oder in Anlehnung an den großen, etwa gleichzeitigen
Traditionsgelehrten, hochtrabender Qastallânî geheißen), der später mehrere
Medresen als Lehrer zierte, Heeresrichter von Rumelien ward und eine
Anzahl geschätzter arabischer Rechtswerke sowie Randglossen zu verschiedenen Grundwerken verfaßte. Sein Meister Chidr-Beg hatte in Brussa
zwei Hilfslehrer, nämlich den schon erwähnten Chôdscha-sâde sowie den
frühverstorbenen Molla Schems ed-Dîn, genannt Chajâlî, der gleichfalls
infolge seiner Gelehrsamkeit des Großherrn Anerkennung erfuhr. Chidr-
Beg war bald in Brussa, bald im benachbarten Inegöl, dann in Adrianopel
und schließlich in Jambol (Bulgarien) als Professor oder Richter tätig und
hatte stets bedeutenden Zulauf an Hörern. Sein gewaltiges Fachwissen
und sein fast untrügliches Gedächtnis verschafften dem kleinen Mann den
Beinamen ‚wandelnde Bücherei'. Nach der Eroberung Konstantinopels
bekleidete er als erster das Richteramt. Außer ein paar Gedichten in den drei
islamischen Sprachen hat Chidr-Beg kaum schriftstellerische Leistungen
aufzuweisen. Seine Hauptstärke war seine Lehrbegabung und sein Name
lebt mehr in seinen drei, durch besondere Fähigkeiten ausgezeichneten,
allesamt mit der Paschawürde geehrten Söhnen Ahmed-Pascha, Sinân-
Pascha und Jaᶜqûb-Pascha fort, ferner im Namen der Stambul gegenüberliegenden Ortschaft Qâdîköj, das ist Richterdorf, weil Chidr-Beg dort
große Liegenschaften besaß. Sein Sohn Sinân-Pascha stand wenigstens eine
Zeit hindurch in engstem Verkehr mit Mehmed II., bei dem er auch als

Privatlehrer Dienste tat. Bald ward ihm Wesirrang verliehen und der Sultan zog ihn immer mehr als Ratgeber und Vertrauten in seine Nähe. Sinân-Pascha war es, der ihm seinen einstigen Schüler, den berühmten Molla Lutfî aus Toqat, als Bücherwart des Serajs anempfahl. Von ihm wird noch zu reden sein. Eines Tages ereigneten sich Unstimmigkeiten zwischen dem Großherrn und Sinân-Pascha und hatten zur Folge, daß dieser ins Gefängnis geworfen wurde. Da trat etwas Unerwartetes ein. Die ᶜUlemâ der Hauptstadt erschienen im Kronrat und erklärten, daß sie alle ihre Bücher verbrennen und das Land verlassen wollten, wenn Sinân-Pascha nicht unverzüglich die Freiheit erlange. Die Drohung verfehlte ihre Wirkung auf den Sultan nicht. Er ließ ihn frei und übergab ihn den ᶜUlemâ. Um ihn los zu werden, sandte ihn der Eroberer als Richter und Professor ins entfernte Siwri-Hißâr, die Stadt seiner Ahnen. Noch am gleichen Tag ward ihm aufgetragen, aus Stambul wegzugehen. Als er unterwegs in Isniq eintraf, meldete sich ein von Mehmed II. ihm nachgesandter Arzt, der seinen Geisteszustand prüfen und ihn betreuen sollte. Die Heilmethode, die er dabei einschlug, war die im Morgenland bei Geistesgestörten oft angewandte: er verabfolgte dem vermeintlichen Kranken viel und allerlei Arznei und überdies täglich 50 Stockhiebe, um ihn von seiner angeblichen Geisteszerrüttung zu befreien. Molla Mustafâ, genannt Husâm (ed-Dîn)-sâde, der damals als Professor oder schon als Muftî in Brussa wirkte, vernahm von dem schändlichen Vorfall und schrieb an den Sultan einen Brief, worin er sofortige Einstellung der Mißhandlungen des Sinân-Pascha heischte, widrigenfalls er aus dem Lande gehen werde. Da endlich konnte der Gemarterte seinen Weg nach Siwri-Hißâr fortsetzen, verfiel aber in zeitweiligen Trübsinn, aus dem ihn erst die freundliche Behandlung durch Bajesid II. erlöst haben dürfte. Er ward als Professor nach Adrianopel versetzt, beendete dann in Stambul sein Dasein und fand zu Ejjûb seine letzte Ruhestätte.

Seinen beiden Brüdern, von denen Jaᶜqûb-Pascha als Richter von Brussa starb (1486), während Ahmed-Pascha, der sich als Freund der Armen und Elenden einen Namen machte, am Ende seines langen, mehr als 90jährigen Lebens die gleiche Stellung innehatte und ebenfalls zu Brussa seine Tage beschloß (1521), war ein besseres Los beschieden. Beider Söhne pflanzten das Geschlecht, das übrigens von Chôdscha Naßr ed-Dîn, dem türkischen Till Eulenspiegel, abstammte, noch geraume Zeit fort. Eine zweite Gelehrtenfamilie großen Ansehens war die der Fenârî-sâde, die mit ᶜAlî el-Fenârî, einem Enkel des schon unter Bajesid I. hochgeachteten Molla Schems ed-Dîn, zur Zeit des Eroberers erneut zur Berühmtheit gelangte. Mehmed II. hatte diesen, der seine Studien in Persien, Herât und Samarqand vollendet hatte, auf Betreiben des Molla Kurânî nach Brussa kommen lassen.

Dort versah er zunächst ein Lehramt, dann die Richterstelle, um endlich
zum Heeresrichter aufzurücken. Zehn Jahre hindurch verblieb er in dieser
wichtigen Stellung, die er benutzte, um vielen Gelehrten zu helfen und sich
bei der Besetzung der Lehrämter maßgeblich zu verwenden. Man hat
die Tage seiner damaligen Tätigkeit geradezu als geschichtlichen Abschnitt
zu bezeichnen sich gewöhnt, in dem die Wissenschaften den Höhepunkt
ihres Glanzes erreichten.

Später zog auch er sich die Ungnade seines Herrschers zu, ward aber mit
auskömmlichem Gehalt zur Ruhe gesetzt und auch für seine Kinder wurde
hinreichend Sorge getragen. Molla Fenârî scharte ebenfalls eine Menge
begeisterter Schüler um sich, die er außer am Dienstag und Freitag zu
unterrichten pflegte. In Brussa verlegte er seine Behausung an einen Ab-
hang des bithynischen Olymp, wo er sich auch durch Schnee nicht abhalten
ließ auszuharren und seine Studien zu betreiben. Gar seltsame Gewohnheiten werden von ihm erzählt. Er soll nicht im Bett geschlafen, sondern
sich an die Wand gelehnt haben, wenn Müdigkeit ihn überkam. Die Bücher,
die er gerade las, lagen vor ihm und wenn er erwachte, dann fiel sein erster
Blick wiederum auf sie. Obgleich er sich auf verschiedene Wissenschaften,
auch die Mathematik, trefflich verstand, brachte er keine eigene Schrift
zuwege, zumal er gegen Ausgang seines Lebens der Welt fast entsagte und
sich dem Sufismus zuwandte. Der ekstatische und weithin bekannte Schejch
Hâddschî Chalîfa (st. Ende Mai 1489 zu Brussa) hielt ihn in seinem Bann.
Auf seinen früheren Umgang mit dem Sultan blieb er zeitlebens besonders
stolz. Als ihn jemand befragte, was ihm in seinem Dasein das meiste Vergnügen bereitet habe, erzählte er, wie er eines Tages zur Winterszeit mit
dem Großherrn eine Reise ausführte. Unterwegs machte man Halt und
ein Teppich wurde vor ihm ausgebreitet, auf dem dieser Platz nahm, bis das
Zelt aufgeschlagen war. Bevor er sich auf den Teppich setzte, dann ließ
er, auf eine bestimmte Person gestützt, sich von dieser das Schuhwerk vom
Fuße ziehen. Damals war der für diesen Dienst vorgesehene Page gerade
nicht zur Stelle und so stützte sich der Eroberer auf Molla Fenârî. Dieses
in ihn gesetzte Vertrauen des Sultans, so versicherte er dem Frager, habe
ihn im Verkehr mit ihm am meisten erfreut. Auch Sultan Bajesid II. scheint
den erst 1495/96 verschiedenen Gelehrten noch in seine Nähe gezogen
zu haben. Er soll eines Tages mit ihm bei großer Hitze einen Berg unweit
Stambul bestiegen haben. Als die Sonne sich zum Untergang neigte und
sich dieses Naturschauspiel dem Molla zu langsam vollzog, soll Fenâri ausgerufen haben: ,Ja, auch die Sonne kommt nicht mehr vom Fleck!' Diese und
andere Schnurren werden vom Molla überliefert, aber keine Schrift wird mit
seinem Namen verknüpft. Ein ähnlich sonderbarer Kauz war sein Vetter Ha-

san-Tschelebi el-Fenârî, der schon als Professor an der Medrese Halabîja zu
Adrianopel in härenen Gewändern einherging und sich aus Demut weigerte,
ein Reittier zu benutzen, während sonst jeder ritt, der etwas auf sich hielt.
Auch er fühlte sich zum Sufismus hingezogen und verschenkte sein Geld
an arme Leute. Als sein Vetter Heeresrichter war, bat er ihn um Fürsprache beim Sultan. Er sollte die Erlaubnis zu einer Reise nach Kairo für
ihn erwirken, wo er einen maghrebinischen Gelehrten aufzusuchen gedachte,
der ein bestimmtes Werk am besten verstehe. Mehmed II. genehmigte den
Urlaub, erklärte aber Molla ᶜAlî, der Kerl sei verrückt. Dieses harte Urteil
soll der Umstand bedingt haben, daß Molla Hasan-Tschelebi ein Buch dem
Prinzen Bajesid statt ihm zugeeignet hatte. Als er aus dem Nilland und
von der Pilgerfahrt nach Hause kam, beeilte er sich, auch dem Großherrn
ein Buch zu widmen, worauf sich die alte Mißstimmung in Wohlgefallen
verwandelte. Hasan-Tschelebi schrieb eine Reihe von Erläuterungen und
Superkommentare teils zu Werken des Dschurdschânî, teils des Taftasânî,
die längst in Vergessenheit geraten sind. Er selbst starb einsam und der
Welt entrückt im Jahre 1486 zu Brussa. Als er noch unter Menschen
ging und an den Wissenschaften teilnahm, traf er eines Tages im Hause
des Großwesirs Mahmûd-Pascha den bekannten Schejch ᶜAlî el-Bistâmî,
genannt Mußannifek („Verfasserchen", st. 1470 zu Stambul), der seinen
Stammbaum mit Stolz auf den Chalifen ᶜOmar zurückführte und allerlei
Schriften verfaßte. An einer nahm nun Hasan-Tschelebi bei jener Zusammenkunft Anstoß und bemerkte, daß er darin eine ganze Anzahl von Stellen
zu widerlegen imstande sei. Als ihn Mahmûd-Pascha daraufhin fragte, ob
er denn den Schejch nicht persönlich kenne, verneinte er, worauf der Großwesir auf den anwesenden Mußannifek wies. Molla Hasan-Tschelebi geriet
in arge Verlegenheit, aus der ihn aber bald der Hausherr mit der Versicherung befreite, der Schejch sei taub und habe von der ganzen Unterhaltung
kein Wort verstehen können.

Mehmed der Eroberer hat wiederholt den Versuch gemacht, aus dem
iranischen Osten bedeutende Vertreter des Geisteslebens an seinen Hof
zu ziehen, wobei er reiche Belohnung und fürstlichen Unterhalt in Aussicht
stellte. Nur in einem bemerkenswerten Ausnahmefall ist es ihm gelungen.
Schon zu Lebzeiten seines Vaters waren nicht wenige Gottesgelehrte, vor
allem Sûfî-Schejche aus Persien und überhaupt aus Mittelasien, nach Adrianopel versprengt worden und hatten dort in oft hohen Stellungen ihr
Auskommen gefunden. Die meisten von ihnen, wie etwa der Muftî Fachr
ed-Dîn oder Molla ᶜAlâ ed-Dîn et-Tûsî (aus Tûs in Chorâsân), wirkten auch
unter Mehmed II. weiter, bis auch den zweiten ein Mißklang bewog, nach
Persien zurückzukehren, wo er schließlich 1482 in Samarqand, ganz dem

Sûfîtum verfallen, seine verworrene Laufbahn beschloß. Von dorther wurde
nun jener vielseitige und fruchtbare Wissenschaftler nach dem Osmanenreich verschlagen, der als vielleicht letzter Erbe einstiger transoxanischer
Gelehrsamkeit deren Ruf noch einmal zu hohen Ehren brachte: Molla
ᶜAlâ ed-Dîn ᶜAlî, genannt Quschdschy. Sein Beiname ‚Falkner' rührt daher,
daß sein Vater bei Ulugh-Beg, dem Sohne Schâhruch's und Enkels Timur-
lenk's, als Falkner beschäftigt war. Angeregt durch seinen Fürsten Ulugh-
Beg, der ein Meister in der Gestirnkunde und Geometrie war und später
eine Sternwarte zu Samarqand errichten ließ, die einst als Weltwunder
galt, hatte sich auch ᶜAlî Quschdschy frühzeitig den Naturwissenschaften
zugewendet. Molla Mahmûd ibn Mûsâ, genannt Qâdîsâde-i Rûmî, ein aus
Brussa nach Samarqand ausgewanderter berühmter Astronom, war sein
Lehrer. Den meisten Einfluß auf seine wissenschaftliche Richtung und
Ausbildung dürfte aber der Emîr Ulugh-Beg selbst genommen haben.
Eines Tages entwich ᶜAlî heimlich nach Persien, wo er mehrere Jahre mit
Studien verweilte, um schließlich nach Samarqand zurückzufinden. Er
hatte dem Fürsten eine unterwegs verfaßte Abhandlung über die Mond-
phasen mitgebracht, die dieser begeistert zur Kenntnis nahm. Als Ulugh-
Beg seine Sternwarte errichtete, leitete ᶜAlî den Bau, da die beiden vorher
damit betrauten Gelehrten das Zeitliche gesegnet hatten. Die gemeinsam
mit Ulugh-Beg gewonnenen astronomischen Beobachtungen wurden aufgezeichnet und vom Emîr in einem berühmten Sammelwerk *Sîdsch-i dsche-
did-i sultânî*, den Sterntafeln des Ulugh-Beg niedergelegt. Im Jahre 1449
fiel ᶜAlî's Gönner durch Mörderhand und er konnte sich nicht entschließen,
seinen Nachfolgern im Timuriden-Reich seine Dienste zu widmen. Auf der
Pilgerfahrt nach Mekka, die er als Vorwand für seine Entfernung aus Samarqand benutzte, lernte er in Täbrîs den Herrscher vom Weißen Hammel,
Usun Hasan, kennen, der ihn zuvorkommend aufnahm und an seinem Hof
zu behalten wünschte. Dort ward er als Gesandter zu Mehmed II. verwendet,
der solchen Gefallen an ihm und seiner Gelehrsamkeit fand, daß er ihn
nicht nur glänzend empfing, sondern ihm auch eine fürstlich bezahlte
Stellung in Stambul antrug. Molla ᶜAlî ging auf den Vorschlag ein und versprach, sich nach Bestellung seiner Botschaft in Täbrîs wieder einzustellen.
Er kam in der Tat zurück und der Großherr schickte ihm als Ehrengeleit
Hofleute entgegen und ließ ihm überdies reichliche Mittel für die Reise
auszahlen. ᶜAlî Quschdschy langte mit prächtigem Gefolge — 200 Menschen
sollen seine Begleitung ausgemacht haben — in der osmanischen Hauptstadt an. Als Geschenk verehrte er dem Sultan eine auf dem Wege verfaßte
Schrift *Muhammadija*, worin er sich über tüftelige Fragen der Mathematik
ausließ. Diese Abhandlung hat sich in der Urschrift zusammen mit einer

weiteren in der Bücherei der Aja Sofia (Standnummer 2733, 194 Seiten stark) erhalten und aus den Schlußworten geht hervor, daß sie Mitte Februar 1472 vollendet wurde. Diese Zeitangabe gestattet die Feststellung, daß ᶜAlî Quschdschy zu Beginn des Frühjahrs 1472 nach Stambul kam. Als Mehmed II. im folgenden Jahr gegen Usun Hasan zu Felde zog, nahm er ihn mit nach Ostanatolien. Hier schrieb er eine neue Studie nieder, diesmal über Sternkunde, und da deren Abschluß mit dem osmanischen Sieg über den Herrn vom Weißen Hammel zeitlich zusammenfiel, gab er ihr den Titel *Al-Fathija* (‚Eroberungsschrift‘). Auch sie ist im Original mit der *Muhammadija* zusammengebunden (Aja Sofia, Standort: 2733, Umfang 140 Seiten). Die Niederschrift ist laut Eintragung am Schluß in der ersten Augusthälfte 1473, somit gleich nach der Entscheidungsschlacht, abgeschlossen worden. Nach glücklicher Rückkehr in die Hauptstadt übernahm der Molla auf großherrliche Weisung eine Professur an der Medrese bei der Aja Sofia. Ein ansehnliches Gehalt ermöglichte ihm ein sorgenfreies Leben, das er mit seinen Kindern und seinem zahlreichen Gefolge verbrachte, freilich nur noch kurze Frist. Am 17. Dezember 1474 bereits ist ᶜAlî Quschdschy gestorben. Seine Familie hatte sich mit den Geschlechtern der Chôdscha-sâde und der Qâdî-sâde verschwägert und blühte in tüchtigen, als Wissenschaftler geschätzten Enkeln, wie etwa dem auch als Astronom hervorgetretenen Molla Mahmûd, genannt Mîrem-Tschelebi, noch lange Jahre fort.

ᶜAlî Quschdschy ist einer der ganz wenigen Gelehrten der Erobererzeit, der sich als selbständiger Kopf nicht nur im Gebiete der Sternkunde und der Mathematik durch vortreffliche Arbeiten bekannt machte, sondern der auch theologische, grammatische und juristische Schriften hinterließ, die von Kennern gewürdigt und noch lange nach seinem Tode benutzt wurden. Sein vorzeitiges Ableben hat seine Tätigkeit im Osmanenreich auf nicht einmal zwei Jahre beschränkt und seinen sultanischen Gönner um den Ruhm gebracht, einen der gefeiertsten Gelehrten des damaligen Islam zu umfassenderen Werken ermuntert zu haben. Mit ihm erlosch die letzte Leuchte der klassischen morgenländischen Astronomie.

Neben der wissenschaftlichen Sternkunde zeigte Mehmed der Eroberer für die Sterndeuterei eine besondere Neigung. Er bekannte sich offen zur Sternbefragung und ließ sich vor allen wichtigen Entschlüssen, vorzüglich vor Kriegszügen, aus der jeweiligen Stellung der Planeten unter sich und zu den Zeichen des Tierkreises durch seine Hofastrologen beraten. Zu jeglichen Unternehmungen bestimmten diese ihm Tag und Stunde, was nicht verwundern darf angesichts der bekannten Tatsache, daß selbst im aufgeklärteren Westen die Päpste noch im 16. Jahrh. unverhohlen

dem Planetenglauben anhingen. Pius II. macht eine der wenigen Ausnahmen. Vielerlei spricht dafür, daß Mehmed II. auch dem Aberglauben
anhing, Schlüsse aus Vorzeichen zu ziehen und Ahnungen zur Richt-
schnur seines Verhaltens in privaten und politischen Geschäften zu machen.
In allen diesen Wahnwissenschaften mögen Perser eine maßgebliche Rolle
gespielt und den Sultan beeinflußt haben. Der astrologische Bescheid, den
ein gewisser Chatâ'î aus Gîlân (Nordpersien) in einem am 24. Mai 1480
— einem entscheidenden Abschnitt im Leben Mehmeds des Eroberers —
gestellten Horoskop seinem Brotherrn erteilte, beweist zwingend, wie
jämmerlich es mit der Wahrsagekunst am Sultanshofe beschaffen war. Man
mag dem Sterndeuter aus Iran allerdings zugute halten, daß ihn die Furcht
vor dem Zorn des Großherrn veranlaßte, sich weniger vom Gang der
Planeten als von politischer Einsicht und Berechnung leiten zu lassen.
Denn auch ihm mag sein Leben mehr bedeutet haben als die Sprache
der befragten Gestirne.

Es wäre wohl aufschlußreich, wenn sich über Mehmeds II. Beziehungen
zur Musik irgendwelche nähere Angaben fänden. Bekannt ist lediglich,
daß sich ein gewisser Molla Schems ed-Dîn aus Ajdyn-Eli (Anatolien), der
in Persien und Arabien seine Studien betrieben haben soll, geraume Zeit
in der Nähe des Sultans aufhielt, weil diesem seine musikalischen Kenntnisse Eindruck machten. Eines Tages ließ er sich eine ‚Taktlosigkeit' zuschulden kommen und büßte dadurch den Umgang mit dem Großherrn
ein. Der etwas sonderbare Mann begab sich nach Brussa, schloß sich von
den Menschen ab und verließ erst dann sein Haus, als ihm die Vorräte ausgegangen waren. Dann zeigte er sich wieder den Leuten und die Musik-
liebhaber suchten seine Gesellschaft auf. Er ließ sich seinen Musikunterricht
bezahlen, sperrte sich aber von neuem von der Außenwelt ab und führte
bis zu seinem Lebensende das Dasein eines Sonderlings. Nur seine Tochter
Jetîma durfte seine Einsamkeit teilen. Kurz vor seinem Tode verfiel er in
Geisteskrankheit, die man damit sich erklärte, daß er die Gunst des Herrschers verloren hatte. Er litt sichtlich an Verfolgungswahnsinn, denn er
pflegte Geschenke an Eßwaren abzulehnen, weil er sie vergiftet wähnte.
Den Großen des Landes ließ er Lobgedichte zugehen, die sich aber, wenn
man gewisse Änderungen zu Beginn und am Ende vornahm, als Schmähungen herausstellten. Molla Schems ed-Dîn verfaßte mehrere Abhand-
lungen über Musikwissenschaften, die unter Liebhabern dieser Kunst in
Umlauf kamen und sich großer Wertschätzung erfreut haben sollen.

Es lohnt sich wohl, die Beziehungen Mehmeds II. zu den Schejchen,
überhaupt zu den Derwisch-Orden zu betrachten, wenngleich die darüber
vorliegenden Nachrichten ziemlich dürftig sind. Es sieht so aus, als ob der

Eroberer im Laufe seines Lebens solchen Persönlichkeiten gegenüber abweichende Haltung eingenommen hat. Daß er in seiner Jugend sogar persische Ketzer in seine Nähe zog und sogar in seinem Palast beherbergte, ist schon erwähnt worden. Die Vorgänge vor und bei der Eroberung von Konstantinopel werden mit Schejchen in Verbindung gebracht, denen der Sultan angeblich besondere Verehrung angedeihen ließ. Der Fall des Aq Schems ed-Dîn ist oben kurz geschildert worden. Man kann sich des Eindrucks nicht erwehren, daß spätere legendenhafte Zutaten die Rolle dieses geistigen Nachfahren des berühmten Sûfî-Schejchs as-Suhrawardî (st. 1234 zu Baghdâd) ausgeschmückt haben, um seinen Anteil an der Einnahme von Byzanz auf übertreibende Weise zu unterstreichen. Merkwürdig genug wird er als Bekämpfer des hochfahrenden Wesens Mehmeds II. hingestellt, demgegenüber er sich zurückweisend benommen haben soll, vorgeblich, um durch dieses Verhalten erzieherisch zu wirken und dem jungen Herrscher den Hochmut auszutreiben. Zuletzt habe er den Sultan doch vor den Mauern von Konstantinopel im Zelt aufgesucht und in der Dunkelheit so fest an sich gedrückt, daß ‚er zitterte und fast umgefallen wäre‘; er habe ihn jedoch nicht losgelassen, sondern solang in seinen Armen gehalten, bis der nervöse Zustand von ihm gewichen sei. Das Ergebnis dieser seltsamen Begegnung sei gewesen, daß sich des Sultans bisherige arge Mißstimmung gegen den weltentrückten ekstatischen Gottsucher in volle Zuneigung gewandelt habe. Im späteren Leben hat Mehmed II. kaum wieder einem Ordensschejch gegenüber solch leutseliges Benehmen zur Schau getragen. Er ging, je beliebter ein Ordensvorsteher (Schejch) war, jedem Zusammentreffen und jeglicher Unterhaltung aus dem Wege, erklärte diese Menschen wegen ihres schwärmerischen und rappelköpfigen Auftretens und ihrer betont ärmlichen Kleidung für verrückt und ließ sie aus seinem Staate verweisen. Im Gegensatz zu seinem Vater und seinem Sohn und Nachfolger hat der Eroberer niemals irgendeine Vorliebe für einen Orden bekundet und wohl in jedem staatsgefährliche Umtriebe gewittert, und zwar nicht immer zu Unrecht.

Die Lebensskizzen der Schejche der Erobererzeit liefern einige sehr anschauliche Beweise für diese Feststellung. Es handelt sich fast ausnahmslos um Angehörige des Derwisch-Ordens der Chalwetîje, die der Sultan mit besonderem Mißtrauen betrachtete, sei es, daß ihm deren enge Beziehungen zu seinem Sohn Bajesid II. in Amasia bekannt waren, sei es, daß er deren Volkstümlichkeit und Einmischung in politische Angelegenheiten argwöhnisch, vielleicht sogar ängstlich beurteilte. Diese Brüderschaft hatte während der Regierung Mehmeds II. noch keine straffe ordensmäßige Gliederung mit auf das ganze Reich verteilten Klöstern erlangt, sondern war in ihrer Wirksamkeit auf das östliche Anatolien und die östlichen Grenzländer beschränkt. Erst unter Bajesid II. und erst recht während des 16. Jahrhunderts haben sich die Chalwetî-Derwische ihren erstaunlichen Einfluß zu sichern verstanden. Aber gerade wegen ihrer damaligen Begrenzung auf Ostkleinasien und ihrer Verbindungen nach Osten, besonders Baku und Täbrîs, dem Hofsitz Usun Hasans, mögen sie dem Großherrn wenigstens zeitweise Unbehagen und schlimmen Verdacht erregt haben.

Da wird zum Beispiel von einem Chalwetî-Schejch namens ᶜAlâ ed-Dîn berichtet, der wegen seiner ‚Verzückung' in weitem Umkreis von Brussa, wo er hauste, bekannt war, weil seine ekstatischen Zustände sich auch auf solche Menschen übertrugen, die er berührte oder nur anschaute. Er begab sich eines Tages in die Hauptstadt, wo er wegen seiner Eigenschaften, die vermutlich auch Naturheilkräfte auslösten, von vielen Würdenträgern und höheren Kreisen der Gesellschaft aufgesucht und zu Rate gezogen wurde. Dem Eroberer fiel diese plötzliche Volkstümlichkeit des Schejchs auf die Nerven und er befahl ihm, sich außer Landes zu begeben. So wanderte er nach Qaramanien aus und starb schließlich im Städtchen Larenda, wo sein Grab noch lange zu sehen war. Sein jüngerer Bruder war Schejch ᶜÖmer aus Ajdyn-Eli mit dem Beinamen Rûschenî, dessen Lebenslauf mit dem eines engen Landsmannes, des bereits genannten Molla Schems ed-Dîn, vermengt zu werden scheint. Soviel ist indessen aus diesen offenbaren Verwechslungen auszuscheiden, daß auch er dem Osmanenreich den Rücken kehrte, sich nach Schîrwân und zu guter Letzt an Usun Hasans Hof verfügte, wo er freundlich aufgenommen worden sein soll. In Persien soll er 1487 seine Tage beschlossen haben. Auch Rûschenî war Chalwetî und aus diesem Grund allein dem Sultan verdächtig und unheimlich. Zum gleichen Orden gehörte der aus der Gegend von Aleppo nach Anatolien eingewanderte Chalwetî-Schejch ᶜAlâ ed-Dîn, genannt el-ᶜArabî (das ist ‚der Araber'), der sich in Brussa niederließ und dort mit seinem Namensvetter und Ordensbrüdern in Beziehung geriet. Er wurde dessen Jünger und sammelte um sich eine starke Anhängerschar, da auch er wegen seiner Weltentrücktheit und seelischen Kräfte beim Volk in hohem Ansehen stand und um Rat angegangen zu werden pflegte. Als Mehmed II. dies zu Ohren kam, verwies er auch ihn des Landes, und zwar, wie es den Anschein hat, gleichzeitig mit seinem Namens- und Ordensgenossen. Beide gingen zuerst nach Maghnisa, wo sich Prinz Mustafâ-Tschelebi damals als Statthalter aufhielt. Er faßte Zutrauen zu Schejch ᶜAlâ ed-Dîn und setzte bei seinem Vater durch, daß ihm eine Lehrstelle an einer Medrese in Maghnisa übertragen wurde.

Stand ein einzelner Derwisch im Rufe besonderer Kraft der Segnung *(baraka)*, dann mochte es wohl vorkommen, daß der so freigeistige Sultan ihrer teilhaftig zu werden trachtete. So begegnete er auf dem Feldzug gegen Usun Hasan zu Brussa einem gewissen Molla Derwisch Muhjî ed-Dîn Mehmed ibn Chidr-schâh, der dort an der Sultânîje-Medrese lehrte, und in einen dürftigen Wollmantel gehüllt, bescheidenstes Auftreten zur Schau trug. Als nun der Großherr an ihm vorbeiritt, entbot ihm der Molla seinen Gruß und zog dann seines Weges weiter. Mehmed II., der eine durchdringende Stimme besaß, rief hinter ihm her, ob er nicht Derwisch Mehmed sei. Der neben ihm reitende Großwesir Mahmûd-Pascha bejahte und erhielt darauf den Befehl, hinter dem Molla herzureiten und ihm nahezulegen, für den Sultan zu beten. Derwisch Mehmed stand nämlich beim Volk im Geruche der sogenannten Gebetserhörung, was auch dem Großherrn nicht verborgen geblieben war. Der Vorzug angeblicher Heiligkeit, die sich in allerlei Wunderlichkeiten kundgab, bewahrte den Sonderling nicht, eines Tags vom Dach eines Hauses zu fallen und ums Leben zu kommen. Zur Zeit, da Ibrâhîm, der Sohn des hingerichteten Großwesirs Chalîl-Pascha, der dann unter Bajesid II. gleichfalls das Reichssiegel innehatte, das Opfer des Zornes Mehmeds II. wurde, schloß er sich wohl aus Überzeugung Derwischen an und ging selbst in härenem Gewand durch die Straßen. Diesen seltsamen Aufzug nahm einer seiner Widersacher zum Anlaß, ihn beim Sultan zu verdächtigen und als geistesgestört hinzustellen. Als Ibrâhîm aus Brussa, wo er sich vorab dem wundertätigen Schejch Hâddschî Chalîfa zugesellt hatte, nach Stambul zurückgekehrt war, begegnete er eines Tages auf der Straße dem Eroberer, der damals nach seiner Gewohnheit zu Fuß zwischen vier Dienern einherging. Er stieg vom Pferde und blieb ehrerbietig zur Seite des Weges stehen. Der Großherr erblickte ihn und erkundigte sich, ob er Ibrâhîm, Sohn des Chalîl-Pascha sei. Der Angeredete bejahte die Frage und mußte sich Glück wünschen lassen, daß Allâh von ihm nunmehr seine Verrücktheit genommen habe. Andern Tages solle er vor dem Kronrat erscheinen, befahl ihm der Osmanenherrscher. Dort ließ er ihn befragen, welches Amt er sich wünsche und als er die Richterstelle zu Amasia benannte — dort war nämlich Prinz Bajesid als Statthalter tätig! — mußte er den Wunsch wiederholen. Die Wesire gaben sodann dem Sultan Bescheid, der nicht wenig erstaunt darüber war. ‚Jetzt habe ich die Gewißheit, daß er uns mit seiner Narretei nicht mehr in Ruhe lassen wird. Hätte er mich um eine der höchsten Staatsstellen gebeten, so hätte ich sie ihm verliehen!' Diese seltsame Geschichte verdient erwähnt zu werden, weil sie dartut, welch geringes Verständnis Mehmed der Eroberer wenigstens in späteren Jahren für das Derwischwesen und für derwischmäßiges Gebaren zu zeigen pflegte. Ibrâhîm ging in der Tat nach Amasia zu Bajesid und hatte späterhin diesen

Schritt auch nicht zu bereuen. Denn bald nach dem Regierungsantritt ernannte ihn Sultan Bajesid II. zu seinem Großwesir. Mehr als 600 Derwische ließen sich dazumal täglich aus Ibrâhîm-Paschas Küche verköstigen.

Auch hier ereignete sich wieder, daß ein Würdenträger des Reiches, der bei Mehmed II. nicht in voller Gunst stand, alle Aussicht hatte, von seinem Sohn besonders gut behandelt und ausgezeichnet zu werden. Umgekehrt wurden Günstlinge des Eroberers von dessen Sohn und Thronfolger zumeist mit scheelen Augen betrachtet und waren manchmal ihres Lebens nicht mehr sicher. Das scheußlichste Beispiel hierfür liefert Mehmeds Bücherwart, der geistreiche, aber ketzerische Molla Lutfallâh ibn Hasan aus Toqat, meist Molla Lutfî oder aber Deli Lutfî, 'närrischer Lutfî' geheißen. Er war ein Schüler des Chôdscha Sinân-Pascha sowie des ᶜAlî Quschdschy. Sinân-Pascha, dem er auch in die Verbannung nach Siwri-Hißâr gefolgt war, empfahl ihn wegen seiner großen Gelehrsamkeit und Bücherkenntnis dem Großherrn, der ihm die Obhut über seine, versteht sich, orientalischen Bücherschätze übertrug. Des Mollas spitze Zunge machte ihm manchen zum Widersacher und als Bajesid II. ans Ruder kam, wuchs die Zahl der Gegner Molla Lutfî's. Er wurde der Ketzerei bezichtigt und schließlich auf das ungerechte Urteil des Molla Muhjî ed-Dîn Mehmed, genannt Chatîb-sâde, hin zum Tode verurteilt und am 28. Dezember 1494 auf dem At Mejdan genannten Hippodrom-Platz zu Stambul geköpft. Molla Lutfî hatte dem eitlen alten Chatîb-sâde als Gelehrten nicht jene Achtung zuteil werden lassen, die dieser zu verdienen vermeinte. Aus Rache fällte er dann diese grauenhafte Entscheidung, die einen der witzigsten und ursprünglichsten Köpfe des osmanischen Geisteslebens das Dasein kostete. Es ist anzunehmen, daß Molla Lutfî weitreichenden Einfluß auf die literarische Geschmacksbildung des Großherrn hatte und nahm, solang er sich in dessen Gesellschaft befand. Vermutlich sind verschiedene Aufträge, die der Sultan damals einigen Gelehrten erteilte, wie etwa die Abfassung eines Sammelwerkes aus den sechs bekanntesten Wörterbüchern oder die Bearbeitung des gewaltigsten Werkes über arabische Sprachlehre, des ‚Buches‘ von Sîbawaihi, auf Anregungen oder Empfehlungen seines Bibliothekars zurückzuführen. So wie Mehmed der Eroberer, wohl durch Georgios Amirutzes darauf hingewiesen, die ‚Nomoi‘, das als Ganzes verschollene und nur in wenigen Bruchstücken gerettete Hauptwerk des Gemistos Plethon, das der Patriarch Gennadios hatte verbrennen lassen, ins Arabische übertragen ließ, so bediente er sich zeitlebens mit Vorliebe dieser Sprache für wissenschaftliche Untersuchungen.

IV. Mehmed der Eroberer und das Abendland

Welche Absichten der Staatenlenker Mehmed II. mit dem Abendlande hatte, steht außer Zweifel. Wie einst Alexander der Große gegen Osten zog und in einer langen Reihe großartiger Feldzüge binnen nur elf Jahren der gesamten Welt des Ostens bis zum Pendschâb und bis nach Ferghâna für Jahrhunderte eine völlig neue Gestalt gab, indem er mit wenigstens teilweisem Erfolg nach Verbindung und Ausgleich morgenländischen und griechisch-mazedonischen Wesens gestrebt hatte, so plante Mehmed II. den Westen als Ziel seiner Angriffe und Eroberungspläne auszuersehen. Dorthin, wenigstens bis nach Rom, wollte er seine Waffen tragen und den siegreichen Halbmond auf den Kirchen der Christenheit aufpflanzen lassen. Lange bevor osmanische Truppen auf italienischem Boden Fuß faßten, soll, wenn man László Vitéz (Ladislaus Vetesius), dem Abgesandten des Königs Matthias Corvinus an Papst Sixtus IV., Glauben schenken darf, das Feldgeschrei der großherrlichen Sturmscharen ‚Roma! Roma!‘ gewesen sein. Mit diesem Namen der berühmten Stadt wollten sie ihren Mut beflügeln, denn längst hatte man ihnen den Sitz des Papstes als das hehrste Ziel der Eroberung und als die Krönung des sultanischen Lebenswerkes vor Augen gestellt. Der ‚Rote Apfel‘ (qysyl elma) der türkischen Volkssage, der in zahllosen Legenden wiederkehrt und sehr verschieden gedeutet worden ist, galt den Zeitgenossen des Eroberers ganz gewiß als die Ewige Stadt, auf deren Besitzergreifung durch einen ‚Pâdischâh der Türken‘, der das Heidenland einnehme, den ‚Roten Apfel‘ erobere und ihn festhalte, in einer alten Prophezeiung angespielt wird.

In Italien blieben die auf die Bezwingung der Apenninenhalbinsel gerichteten Pläne des Herrn von Ostrom natürlich nicht verborgen. Bereits am letzten Januar 1454 verkündete der orientkundige, kurz vorher aus Stambul heimgekehrte Niccolò Sagundino König Alfons I. von Aragonien zu Neapel, daß sich der Eroberer von Konstantinopel, auf alte Weissagungen und Vordeutungen gestützt, zum Herrn Italiens und der Stadt Rom aufzuwerfen gedenke; so wie er die Tochter, nämlich Byzanz, in Besitz genommen habe, so werde er auch die Mutter, also Rom, an sich reißen können. Der Sultan wisse genau Bescheid über die Zwietracht unter den italienischen Staaten, weil seine Kundschafter ihm darüber berichteten. Der Übergang von Durazzo nach Brindisi sei leicht zu bewerkstelligen und Mehmed weise die Ratschläge seiner Staatsmänner, die ihm solches Vorhaben widerrieten, mit Schärfe zurück.

Aber nicht Italien allein mag den Wunschtraum des Erben von Ostrom ausgefüllt haben. Daß er Ungarn in seine Gewalt bringen wollte, verraten die mehrfachen Versuche zur Genüge. Niemand in Südosteuropa gab sich

über diese Pläne irgendeinem Zweifel hin. Als Stjepan Tomašević, der
letzte bosnische König und zugleich der letzte Despot in Semendria, 1463
durch seine Gesandten sein an Pius II. gerichtetes verzweifeltes Schreiben
in feierlichem Konklave verlesen lassen konnte, rief er dem Papst auf ein-
dringliche Weise die Drangsale ins Bewußtsein, die der Christenheit von
Mehmed drohten. Der Wortlaut dieses ahnungsvollen, fast seherischen
Sendbriefes wurde bereits mitgeteilt (S. 232f.), weshalb sich hier seine auch
nur auszugsweise Wiedergabe erübrigt.

Klar sah darin der König von Bosnien sein Geschick voraus und deutlich erkannte er die Riesengefahr, die auch die Nachbarländer hernach
zwangsläufig bedräuen würde.

Zehn Jahre später (1473) schlug Mehmed II., wenn wir Matthias Corvinus
trauen dürfen, dem Ungarnkönig erneut vor, mit ihm einen Waffenstillstand, ja Frieden zu schließen und überdies auf Bosnien zu verzichten,
wenn ihm freier Durchzug über Ungarn nach Deutschland gewährt werde.
Im gleichen Jahr zeigte sich Kaiser Friedrich III. gänzlich unfähig, die
verwüstende Flut der osmanischen Raubfahrer, die damals in Krain,
Kärnten und Steiermark einfielen und allerorten entsetzliches Unheil über
die wehrlosen Menschen brachten, einzudämmen. Alles spricht also für die
Wahrscheinlichkeit, daß es Mehmed II. damals gelungen wäre, auf diesem
Wege einen Vorstoß ins Herz Europas mit größerer Streitkraft zu erzwingen.
Daß er sich zeit seines Lebens mit derlei Absichten trug, wird schwerlich
jemals anzuzweifeln sein.

Als sicher darf gelten, daß sein Spähernetz, das er über weite Strecken
des Abendlandes ausspannte, auch Deutschland umschloß. Er hatte seine
Kundschafter an die Orte geschickt, an denen die Reichstage stattfanden,
die auch die Türkenhilfe berieten, er ließ in deutschen Landen, wie etwa
in den bayerischen Herzogtümern, getarnte einheimische Ausfrager und
Zuträger in Bewegung setzen. ‚Und der Turckisch kayser hat inn den
Landen all Stett lassen abmallen und ist unterweyst worden von ainem
vertriben Pfarrer und von zwein Prelaten, die der Turckh haymlich ausgeschickt hat in den Landen all Stett lassen abmallen‘, so vermeldet im
Herbst 1472 der kärntnerische Geistliche Jakob Unrest in seinem ‚Chroni-
con Austriacum‘. Sogar bis in Kreise der abendländischen Geistlichkeit
reichten also des Sultans Verbindungen.

Verglichen mit dieser wohl nur zeitenweise in Österreich und Süddeutschland eingerichteten Bespitzelung genoß Italien, versteht sich, weitaus
größere Beachtung durch den vermutlich über die gesamte Halbinsel ausgebreiteten, ständigen und geheimen Nachrichtendienst. Die großherrlichen
Helfershelfer waren fast ausschließlich Italiener, die sich, teils um schnöden

Gelderwerb, teils um einem verabscheuten oder nebenbuhlerischen Stadtherrn einen Streich zu spielen, in den Dienst der Pforte stellten. Mancher von
ihnen hat aus dieser Tätigkeit nicht einmal ein Hehl gemacht, sondern sich
offen zu dieser Hilfeleistung für die Türken bekannt. Man braucht, um das
vielleicht krasseste Beispiel anzuführen, nur an das erinnern, was bereits weiter oben über einen Todfeind Venedigs, Benedetto Dei aus Florenz, berichtet
worden ist. Mehr vielleicht als alle anderen kann er als Beweis dafür dienen,
bis zu welchem Grad des Hasses sich ein Mensch des Quattrocento ver-
steigen konnte, wenn es galt, einem Nachbarstaate Schaden anzutun.
Benedetto Dei trägt kein Bedenken, sich in Stellung bei einem venedischen
Kaufherrn in Pera zu begeben, von dem er wußte, daß er weitreichenden
Einfluß genoß, zögert aber ebensowenig, sich dem erklärten Feinde der
Christenheit zu verschreiben, von dem ihm bekannt sein mußte, daß er im
Grunde seiner Heimat Florenz ebensowenig wohl gesonnen war wie der
verabscheuten Lagunenstadt. Man kann freilich von allem, was er erzählt,
wohl einen erklecklichen Teil auf seinen Hang zur Übertreibung, seinen
Geltungstrieb und seine Eigenliebe zurückführen. Aber es verbleibt genug,
was diesen sonst so ruhmredigen Prahler in den Augen des Lesers seiner
manchmal verschrobenen Aufzeichnungen als beachtenswerten Zeugen
von Vorgängen im Osmanenreich erscheinen läßt. Von Benedetto Dei wissen
wir genau, daß er von Mehmed II. zu Kundschafterzwecken verwendet und
wohl auch entlohnt wurde. Was aber manch anderen seiner Landsleute
bewog, mit dem Eroberer persönliche Fühlung aufzunehmen, ist keineswegs ersichtlich. Daß sie allesamt von diesem seinen Zwecken dienstbar
gemacht wurden, muß selbst bei denen als gewiß gelten, die bisher im Rufe
standen, daß ihre einzige Aufgabe gewesen sei, dem Großherrn eine Ahnung
von der Würde des Altertums einzuflößen.

Man muß hier vor allem an Ciriaco de' Pizzicolli denken, mit dem bereits
Murâd II. persönliche Beziehungen pflegte, die ein solches Zutrauen in
die Tätigkeit und das Verdienst des Anconitaners verrieten, daß er mit
einem sultanischen Geleitbrief sicher und ohne Zoll durch alle Städte,
Flecken und Dörfer des Osmanenstaates ziehen durfte. Auch ihm blieb,
und zwar schon zu seinen Lebzeiten, der Ruf eines unzuverlässigen Fab-
lers und großtuerischen Aufschneiders, ja eines Fälschers und Betrügers
nicht erspart und man mag ihm daher wohl verzeihen, wenn er mit über-
homerischer Einfalt des Selbstlobes, das ja überhaupt jenes Jahrhundert
kennzeichnet, rühmende Zeugnisse angesehener Zeitgenossen in Reimen
und in Prosa zusammentrug. Bei vielen stand er in hohem Ansehen, Fürsten
nahmen ihn in Ehren auf, bedeutende Männer, unter ihnen Niccolò Niccoli,
Leonardo Bruni, Ambrogio Traversari und selbst Francesco Filelfo, der

niemand außer sich gelten zu lassen liebte, unterhielten mit ihm angeregten
Verkehr und Briefwechsel. Unermüdlich zog er aus, die Steintitel und Reste
der Alten Welt zu sammeln und zu deuten. Eine unbändige Lust beseelte
ihn, die Fernen der damals bekannten Erde zu sehen. Da es hierfür keinen
anderen Weg als den der Handelsfahrten gab, verschmähte er, den von
Jugend auf im Grunde nur die Denkmäler des Altertums reizten und begeisterten, die kaufmännische Ausbildung nicht. Sie wird ihm manchesmal
zustatten gekommen sein, als er die Mittel zu neuen Entdeckungen finden
mußte. Sich nicht führen und helfen zu lassen, alles selbst anzugreifen;
dieser Grundsatz bestimmte seine ganze Entwicklung, deren Schlüssel
man überhaupt in seinen äußeren Lebensschicksalen wird suchen müssen.
Er hatte keinen Lehrer in den klassischen Sprachen, in denen er so wacker
Bescheid wußte, und daß er nichts von einem Magister erlernt habe, war
seine häufige Redensart. Ohne regelrechte Ausbildung, aber vielseitig und
mit einer kühnen Lernbegier, ging er selbst seine verschlungenen Pfade.
So durchstöberte Ciriaco die Landschaften von Hellas, die Inseln der Ägäis,
Ägypten, Kleinasien und forschte nach den Stätten der klassischen Welt.
Mehr als einmal ließ er seine Freunde wissen, er habe sich vorgenommen,
auch den Rest der erschlossenen Gebiete bis zu den äußersten Vorgebirgen
und der Insel Thule kennenzulernen. Seit dem Herbst 1443 durchwanderte
er unablässig Achäa und Euböa, Delos und die Kykladen, Konstantinopel,
das damals noch byzantinisch war, die Küsten Kleinasiens, Thrakien,
Nordgriechenland, Thessalien, Mazedonien, die ägäische Inselwelt sowie
Kreta. Überall nahm er Fühlung mit den einheimischen Dynasten auf und
mischte sich zweifellos auch in diplomatische Händel und Geschäfte. Als
Kenner des Morgenlandes hielt er sich berufen, an der großen orientalischen Frage mitzuarbeiten, beim Paläologenkaiser, beim Papst und dessen
Legaten den gemeinsamen Türkenkrieg zu betreiben und seinen Vertrauten
politische Nachrichten zu liefern.

Bedauerlicherweise haben sich aus den 40er Jahren bis zu Ciriacos Ende,
das ihn um 1455 zu Cremona ereilt haben dürfte, nicht allzu viele gesicherte
Angaben über seine Wanderungen in Griechenland und im Nahen Osten
erhalten. Von seiner letzten großen, Ende Oktober 1443 angetretenen Fahrt
nach Spuren des Altertums scheint er gegen Ausgang des Jahres 1448
heimgekehrt zu sein. Aber schon im folgenden Sommer 1449 zog er abermals in die Fremde. Genua hatte ihm für diese Reise einen Geleitbrief ausgestellt, dessen Entwurf auf die Gegenwart geraten ist. Aber bis 1452 fehlt
noch jegliche Spur von seinen Streifzügen, doch spricht mancherlei für
die Annahme, daß er den Schutzbrief zum Besuch der genuesischen Niederlassungen in der Levante verwendete. Vermutlich hat er sich als Kaufmann

betätigt, vielleicht im Alaunhandel, und ist damals in engere Beziehungen zum Kronprinzen Mehmed-Tschelebi in Maghnisa getreten. Denn es ist so gut wie ausgemacht, daß er nach dessen zweiter Thronbesteigung (Febr.1451) im großherrlichen Gefolge war und sogar mit dem Sultan vor Konstantinopel lag und im Mai 1453 in die eroberte Stadt einzog. Daß Ciriaco in nächster Umgebung des Sultans verweilte, bekundet ausdrücklich der so gewissenhafte Giacomo de' Languschi. Der Großtürke ließ sich, wie bereits oben erwähnt, auch von ihm Geschichtswerke und Erzählungen aus der Antike berichten, die dazumal so hoch in seiner Gunst standen, daß selbst die Essenszeit zur Vorlesung benützt wurde. Diese Stellung des Ciriaco am Stambuler Hofe war auch in Italien bekannt, wie jener schon angezogene Brief des Francesco Filelfo an Mehmed II. erkennen läßt, worin er sich auf den ‚Sekretär‘ des Sultans, Ciriaco, beruft.

Die Rolle, die Ciriaco Pizzicolli herein bis ins Jahr 1454 als Berater und Unterweiser des Eroberers in Fragen antiker Geschichte und Erdkunde, vielleicht aber auch als Gewährsmann für gleichzeitige italienische Verhältnisse, gespielt hat oder spielen mußte, bedürfte in Einzelheiten gewiß noch der Aufhellung. Daß der Anconitaner aber zusammen mit einem weiteren Italiener Mehmed II. eine Vorstellung vom Altertum vermitteln mußte, ist erweisliche Tatsache. Was indes den unsteten abenteuernden Mann bestimmte, Stambul den Rücken zu kehren und den Rest seiner Erdentage in Cremona zu verbringen, darüber lassen uns alle Nachrichten im Stich. Über die letzten Schicksale seines vielbewegten Lebens liegt geheimnisvolles Dunkel gebreitet. Vielleicht hat er, erkrankt oder verängstigt über die Zukunftspläne des Eroberers, die Fremde nicht mehr ertragen und, etwa 64jährig, seine irdischen Pilgerfahrten in der Heimat beendet.

Wenn es zutrifft, daß der jüdische Arzt Maestro Iacopo aus Gaeta bereits unter Murâd II. seine Heilkunst in den Dienst der Großherrn stellte, dann müßte wohl er gemeinsam mit Ciriaco als frühester italienischer Ratgeber am Osmanenhof betrachtet werden, nur daß sich sein gewichtiger Einfluß auf wenigstens drei Jahrzehnte erstreckte und sich auf bedeutsame Entscheidungen des Sultans auswirkte. Er dürfte einer der beiden Ärzte gewesen sein, die sich, Niccolò Sagundino zufolge, der Huld Mehmeds II. erfreuten und von denen der eine des Griechischen, der andere des Lateinischen kundig gewesen sein soll. Jüdische Ärzte spielten am Sultanshof seit alters eine maßgebliche Rolle. Sie bewahrten die Weisheit und Erfahrung uralter Völker und jene für die Ausübung der Heilwissenschaften unbestreitbare erbliche Begabung. Was Iacopo aus seiner Heimat in die Fremde trieb, läßt sich nur vermuten. Nach Murâds II. Hinscheiden ward er von dessen Sohn als Oberstarzt übernommen und betreute den jungen

Fürsten bei der Belagerung von Konstantinopel. Er besaß schon damals das
volle Vertrauen seines Lohnherrn, der ihm im Frühjahr 1452 einen Schutzbrief ausgestellt haben soll, kraft dessen sowohl er als auch seine männlichen und weiblichen Nachkommen von allen Steuern und Abgaben befreit wurden. Von nun an verschwand Maestro Iacopo nicht mehr aus der
Nähe des Sultans, der ihm bald das Amt eines Kämmerers *(defterdâr)* verlieh. Worin seine Obliegenheiten bestanden, steht nicht fest, aber er muß
eine Art Finanzberater des Großherrn, ein Kämmerling *(camerlengo)* oder
Säckelmeister geworden sein und eine Machtstellung erreicht haben, die
ihm, dem fremden Juden, alsbald den Neid muslimischer Kreise zuzog.
Er begleitete nunmehr den Eroberer auf seinen Feldzügen. Einige glückliche Kuren mehrten die Zuversicht und die Gunst des Sultans, der im
Laufe der Jahre immer mehr auf die Hilfe eines geschickten Arztes angewiesen war, als Gichtanfälle und unmäßige Leibesfülle ihm zu schaffen
machten. In Stambul trat er bald in näheren Umgang mit seinen Landsleuten und besonders mit den Venedigern, die seinen Rat und seine Kenntnisse wohl zu würdigen wußten und nicht mit reichen Spenden geizten.
Nicht selten traf er sich mit dem Bailo, plauderte ihm Hofgerede aus und
erfuhr gewiß auch mancherlei, was der Vertreter der Inselrepublik ihm zu
sagen für gut oder nützlich hielt. Mit der Wahrheit nahm er es manchmal
nicht genau, so etwa, wenn er dem venedischen Botschafter zuflüsterte,
Mehmed sei heimlich bereits Christ geworden. Auch in Friedensgespräche
wußte er sich einzuschalten, als die Nöte des türkisch-venedischen Krieges
immer mehr an der Kraft des Freistaates des Hl. Markus zehrten.

Weiter oben schon wurde dargelegt, wie sich allmählich zwischen der
Signoria und dem Maestro Iacopo seltsame Fäden sponnen und wie man
sich seiner zu einem Meuchelmord am Todfeind Venedigs bedienen wollte.
Als der Anschlag auf Mehmed II. mit Hilfe seines italienischen Leibarztes
schon in allen Einzelheiten besprochen und sogar ein weiterer jüdischer
Hofarzt ins Vertrauen gezogen worden war, zerschlug sich der Plan aus
Gründen, die sich bisher nicht klären ließen. Daß der Großherr jemals
hinter die Abmachungen seines Günstlings mit Venedig kam, ist nicht
anzunehmen, denn selbst Iacopo wäre dann gewiß nicht mit dem Leben
davongekommen. Entweder trieb er also ein Doppelspiel und nahm es mit
der Ermordung seines Herrn niemals ernst oder aber er besann sich eines
klügeren und ließ von seinem Vorhaben ab. Er muß es überhaupt meister-
lich verstanden haben, sich schlau im Hintergrund zu halten und stets den
Launen des Sultans rechtzeitig auszuweichen. Die Sonnenhöhe seines
Lebens hatte auch er überschritten, als sich Mehmeds II. Dasein dem Ende
zuneigte. Vorher hatte er noch die Wesirwürde erlangt, eine hohe Aus-

zeichnung, die jedoch im Volke heftigen Unwillen erregt haben muß. Manche Quellen besagen gar, er habe sich zum Islam bekehrt. Dagegen spricht indessen vielerlei, nicht zum wenigsten, daß manche seiner Kinder und Kindeskinder dem Glauben ihrer Väter treu geblieben seien und noch im 16. Jahrhundert gewisse Steuervorrechte genossen haben sollen. Dann freilich müßten die Enkel des ‚alten Arztes Ja'qûb' — Ja'qûb ist die arabische Form des Namens Iacopo, Jakob —, nämlich Ahmed, Mahmûd, Ishâq, Bâjesîd, Sohn des ᶜAlî, Sohn des Arztes Ja'qûb, die 1489 in einer Urkunde erscheinen, dem Teil einer Nachkommenschaft angehören, die sich vom Judentum löste. Die osmanischen Chronisten sind Ja'qûb-Pascha keineswegs wohlgesinnt. Einer von ihnen erwähnt seinen Namen mit heftigen Vorwürfen gegen die einseitige Bevorzugung von Juden durch ihn, dem andererseits die jüdischen Mitbürger Stambuls heftig grollten, weil er eines Freitags eine Moschee besucht habe. Der einst so mächtige Leibarzt hat seinen Gönner und Pflegling Mehmed II. wohl nur um wenige Tage überlebt. Als gleich nach dem plötzlichen Tode des Sultans in Stambul ein Aufruhr ausbrach, der sich gegen die Fremden und vor allem gegen die Juden richtete, ging es auch Maestro Iacopo ans Leben. Er war aus dem Feldlager, wo er sich noch vergeblich um den sterbenskranken Sultan bemüht haben soll, offenbar in die Hauptstadt zurückgeeilt und dabei auf dem Platze geblieben. Ob er oder al-Lârî im Lager bei Gebse den längst siechen Eroberer aus dem Wege räumte, etwa im Einvernehmen mit dem Thronfolger Bajesid, kann mit Gewißheit nicht mehr ermittelt werden. Bajesids wirkliche oder geheuchelte Wut jedenfalls richtete sich später gegen al-Lârî, den persischen Leibarzt seines Vaters. Der neue Sultan konnte damals nicht ahnen, daß auch sein leiblicher Sohn Selîm ihn dereinst auf seinem Zug nach Dimoteka durch einen jüdischen Arzt würde umbringen lassen (26. Mai 1512).

Die Mühe müßte sich verlohnen, den verworrenen Lebenspfaden des Maestro Iacopo aus Gaeta nachzuspüren, soweit deren Strecken durch glückliche Urkundenfunde erhellt werden konnten. Es darf als sicher gelten, daß der Einfluß dieses Mannes auf den Sultan, der ihm mehr als drei Jahrzehnte sein Wohlwollen nicht entzogen haben dürfte, ganz beträchtlich war, weit größer jedenfalls als der, den andere Fremdlinge auf ihn auszuüben vermochten. Er mag sich freilich in erster Linie auf die Finanzpolitik ausgewirkt haben. Auch hat es den Anschein, daß er vielen Juden, die sich in Stambul zusammengefunden hatten, die Wege zu gewinnreichen Stellungen und Geschäften eröffnete. Darüber hinaus hat sich der Leibarzt aber auch in die diplomatischen Angelegenheiten der Pforte sichtbar eingemengt, wobei die höchst zweideutige Rolle, die er dabei spielte, ihn allerdings in trübem Lichte zeigt.

Gegenstand gelehrter Untersuchung müßte bilden, den Fährten jener
Abendländer nachzugehen, die mit Mehmed dem Eroberer in irgendeinem
Lebensbezug standen. Sieht man von Italienern und Griechen ab, so hat
schwerlich ein anderes Land zu diesem Kreis von Personen beigesteuert.
Die zum Islam übergetretenen Serben, Bulgaren und vor allem Albaner
scheiden hier aus. Von einer solchen Feststellung müßten alle jene Humanisten und Fachleute erfaßt werden, die meist vorübergehend in den Dienst
der Pforte traten und dem Großherrn als Berater zur Hand gingen. Bisher
sind nur wenige Namen bekannt, aber ihre Kenntnis reicht aus, um sich
über Richtung und Umfang der westlichen Beeinflussung des neugierigen
Eroberers ein Bild zu machen.

Übereinstimmend wird von allen Gewährsmännern versichert, daß sich
der junge Sultan mit den Heldengestalten des klassischen Altertums zu
beschäftigen suchte. Alexander der Große, dessen Leben und Taten ihm
schon von Jugend auf aus den islamischen Sagen geläufig gewesen sein
dürften, hatte es ihm als leuchtendes Vorbild, dem er nachzueifern trachtete, besonders angetan. Alexander, Iskender, der ‚Zwiegehörnte‘, ist bei
den Orientalen nicht nur der Welteroberer und Städtegründer, sondern
auch der Held, der bis ans Ende der Welten gelangte. Aber nicht Eroberungs-
sucht, sondern Wißbegierde ist dabei die Triebfeder seiner Handlungen.
Deshalb begleiten ihn überallhin die Weltweisen, erregen die Wunder der
Natur und Rätselfragen seine besondere Neugier. Die älteste dichterische
Bearbeitung der Alexander-Sage in persischer Sprache rührt von Firdôsî
her und eine andere gab der Dichter Nisâmî. Aus dem Persischen
ist der Stoff ins Osttürkische und auch ins Osmanisch-Türkische übernommen worden. Das ‚Alexander-Buch‘ *(Iskendernâme)* des Ahmedî,
der am Hofe des Emîrs Sulejmân zu Adrianopel lebte und 1413 verstarb,
stellt das erste westtürkische Unternehmen dar, die das ganze Morgenland
aufrüttelnden Großtaten Alexanders des Großen in epischer Form zu behandeln. Daß Mehmed II. um diese Dichtungen bereits in früher Jugend
wußte, ist kaum zu bestreiten. Aber mit noch größerer Sicherheit läßt sich
dartun, daß ihm auch die klassischen Darstellungen der Heldenstücke
Alexanders vertraut waren. Befindet sich doch die beste von den erhaltenen, nämlich des Flavius Arrianus griechisch verfaßte Geschichte der
Feldzüge Alexanders, unter den Büchern des Eroberers im Stambuler Seraj.

Es wird eine ebenso reizvolle wie dankbare Aufgabe der Forschung sein,
einmal die mit Gewißheit als Besitz Mehmeds II. ermittelten griechischen
und lateinischen Handschriften auf etwaige Randbemerkungen und Eintragungen seiner italienischen Lehrer zu untersuchen. Um die angeblich
vom Eroberer geschaffene sogenannte Seraj-Bücherei hat sich ein dichtes

Legendengerank gebildet, haben sich romantische Vorstellungen ange-
sammelt, die wesentlich dazu beitrugen, aus Mehmed II. eine Art Renaissancefürsten und einen Mittler zwischen der Geisteskultur des Ostens und
des Westens zu machen. Phantasiereiche Beurteiler der Bücherschätze im
Neuen Seraj betrachteten diese als ‚Nachlaß und Abbild eines Säkular-
menschen' (Adolf Deißmann). Nichts davon entspricht der Wahrheit.
Der Glaube, die Mutmaßung, daß sich im Sultanspalast aus den Jahren des
Eroberers etwa die Reste der alten Paläologenbibliothek finden, die Mehmed II. in klarer Erkenntnis ihrer Bedeutung und ihres Wertes zusammentragen und retten ließ, ist nicht, wie man meinen möchte, bald nach der
Eroberung Konstantinopels entstanden, sondern erst Jahrhunderte hernach. Niemand, soweit überkommene Nachrichten davon Kunde geben,
hat im 15. und im 16. Jahrhundert dort solche Kostbarkeiten geahnt.
Als Zufallsreste der von den Osmanen 1526 bei der Erstürmung Ofens erbeuteten berühmten Büchersammlung des Königs Matthias Corvinus nach
Stambul verschleppt und dort offenbar der Serajbücherei einverleibt
wurden, regte sich viel später im Abendlande die Neugier und der Wunsch,
dieser Besitztümer, wenn auch nicht habhaft, so doch teilhaftig zu werden.
Daß man darunter die verlorenen Bücher des Livius vermutete, versteht
sich von selbst. Aber auch der Ur-Matthäus ward in Stambul gewähnt und
eifrig gesucht. Weder die verschollenen Dekaden des Livius noch die Urfassung des Matthäus-Evangeliums traten jemals zutage und bis heute
weiß man nicht mit Bestimmtheit, wann und wie die Corvina-Handschriften
ins Seraj gelangten, erst recht nicht, ob die bislang dort ausgegrabenen Teile
der Corvina die Gesamtheit der einst dorthin verschlagenen darstellen.
Das Merkwürdige aber ist, daß niemand im 16., aber auch nicht im
17. Jahrhundert selbst nur nach einem Teil der Bibliothek des Matthias
Corvinus in Stambul geforscht hat. Die Legende von den durch Mehmed II.
geretteten Überbleibseln der Paläologenbibliothek und auch der Corvina
hat sich erst im 18. Jahrhundert, besonders aber im 19. Jahrhundert entwickelt und die Gelehrtenwelt des Westens mit steigender Neugier erfüllt. Was dann schließlich nach dem ersten Weltkrieg, als der Sultanspalast
aus dem Besitz des Herrscherhauses in die Hände des türkischen Freistaates übergegangen war, in gemeinsamem Bemühen türkischer und aus-
ländischer Sachverständiger ans Licht gezogen wurde, rechtfertigt in
keinem Falle die übermäßigen Erwartungen, die man vorher an eine Durch-
musterung der Bücherschätze im Seraj geknüpft hatte.

In bedenklichem Überschwange der Gefühle ging man dann viel zu weit
in dem, was man mit gutem Grund als Überreste der Bibliothek des Eroberers ansprach. Soweit Handschriften in islamischen Sprachen in Frage

kommen, sind diese seit langem nicht mehr im Palaste verwahrt worden.
Viele von ihnen gerieten in die Sammlung der Aja Sofia-Bücherei, die
übrigens auch vom Eroberer gegründet worden war, später jedoch verfiel
und erst unter Mahmûd I. im Jahre 1743 neu angelegt werden mußte.
Manche Kostbarkeiten, wie etwa die vom persischen Dichter Dschâmî an
Mehmed II. gesandten Bücher, hat das Schicksal nach Ankara verschlagen.
In diesem Zusammenhang kann nur von den in abendländischen, vor allem
in klassischen Sprachen verfaßten Werken die Rede sein. Unter diesen
überwiegen bei weitem die griechischen, denn lateinische, wie etwa Senecas
Briefe *(Epistolae)* und eine Übersetzung der Kosmographie des Claudius
Ptolemaeus, sind wenigstens bisher nur ganz vereinzelt festgestellt worden.
Falls es mit der wiederholt versicherten Angabe seine Richtigkeit hat, daß
der Sultan antike Werke, die es ihm besonders angetan hatten — das wird
von Leonardo Bruni ausdrücklich für die drei *Commentaria de Bello Punico,*
eine Bearbeitung der ersten Bücher des Polybius, behauptet —, ins Türkische
übertragen ließ, so hat sich bis zum heutigen Tage keine dieser Übersetzungen ausfindig machen lassen. Aber auch das gesamte Grundwerk des
Polybius ward im Seraj bisher vergeblich gesucht. Lediglich fünf Bücher
haben sich davon erhalten.

Untersucht man die auf die Gegenwart gekommenen Bestände der
Eroberer-Bücherei mit der gebotenen Vorsicht auf ihre frühere Zugehörig-
keit zu den sultanischen Handschriftenschätzen, so heben sich deutlich gewisse Gruppen nach ihrem Inhalt ab. Geschichtliche, erdkundliche, kriegs-
wissenschaftliche und allenfalls noch religiöse Werke, zumeist Bibelüber-
tragungen, machen diese alte Bibliothek aus, soweit nicht islamisches Schrifttum in Betracht kommt, und lassen unschwer die Hauptneigungen ihres
Besitzers und Benützers erkennen.

Es gehört ein vollgerüttelt Maß von beseligter Verzückung und vielleicht
auch von Liebedienerei dazu, nach diesem Befund im Eroberer einen von
abendländischem humanistischem Geist erfüllten Renaissanceherrscher zu
erblicken. Es mag wohl sein, daß seine italienischen Lehrmeister nach Kräften beitrugen, in ihm die Gier nach Ruhm zu entfachen. Sie mögen
ihm mehr als einmal leuchtende Vorbilder der klassischen Welt, bei deren
Völkern diese Sehnsucht das vielleicht edelste und tiefste Handlungsmotiv,
den innersten Pulsschlag ihrer Geschichte ausmachte, vor Augen gestellt
haben. Aber von jener Art des Ehrgeizes, wie sie etwa Petrarca aus dem
Grab erweckte und als eine neue Triebfeder der modernen Welt zugeführt
hat, ist bei Mehmed II., wenn man näher zusieht, wirklich kein Hauch zu
verspüren. Ihm kam es darauf an zu erfahren, mit welchen Mitteln und
auf welcherlei Wegen Gestalten wie Alexander der Große oder Xerxes,

Cäsar oder Ptolemaeus zu ihren weltbewegenden Erfolgen geleitet wurden. Daß der gewaltige Strom des Geschehens seit jeher nicht Kriege oder politische Leistungen, Siege und Niederlagen mit einem einzigen Wellenschlag versinken läßt, wohl aber Taten und Gebilde des Geistes auf seiner breiten Flut in der Zeiten und des Raumes Ferne zu tragen pflegt — die Erkenntnis davon hatten ihm seine westlichen Mentoren nicht eingegeben. Denn daß erst Friedensarbeit, schwieriger noch als Waffensiege, diesen in gesicherten Zuständen ihre Rechtfertigung und ihre Zukunft geben müßte, war Alexander dem Großen als zweiter und wichtiger Teil der Aufgaben, die er sich gesetzt hatte, längst klar geworden.

Im Verkehr mit den italienischen Mentoren war indessen Mehmeds ganzes Sinnen und Trachten darauf gerichtet, sich eine möglichst genaue Kenntnis der Länder im Westen, vor allem von der Apenninenhalbinsel zu verschaffen, ihre Kriegskunst auf ihre Verwendbarkeit zu erproben und insbesondere über den Widerstreit ihrer politischen Ziele, über die Tiefe ihres gegenseitigen tödlichen Hasses gründlichen Aufschluß zu erlangen. Wenn ein Wahlspruch und zugleich ein Leitgedanke der seinige war, so ist es das ‚Divide et impera‘, ‘Entzwei und gebiete‘, Worte, die man vielleicht zu Unrecht Ludwig XI. von Frankreich zuschreibt, die jedoch ganz gewiß im Sinne jener Zeiten waren. Niccolò Machiavelli hat sie später zum Bild eines Fürsten verwertet, dem das Recht zu jeglicher Grausamkeit und Treulosigkeit zusteht, wenn er nur die politische Zerrissenheit mit Kraft, virtù, überwindet. In welchem Ausmaß die Forderungen des Florenzer Staatslehrers an einen Machthaber und Gewaltherrscher auf die Persönlichkeit Mehmeds des Eroberers zutreffen, lehrt wohl jedes Blatt seiner Lebensgeschichte. Das brennende Verlangen nach etwas Großem und Denkwürdigem, der unersättliche Ehrgeiz und Durst nach Geltung, unabhängig von Gegenstand und Erfolg, hat alle seine Handlungen bestimmt, alle seine Triebe und Leidenschaften beschwingt. Hauptbuhler um des Großherrn Gunst waren zu Lebzeiten Mehmeds II. Venedig und Florenz; Mailand und auch Neapel traten weniger in Erscheinung, wenngleich gegen Ausgang des Lebens des Eroberers Ferrante von Aragonien mit ihm in Fühlung kam, wie weiter unten besprochen werden soll. Genua, dessen Levantehandel damals bereits im Verlöschen war, erfreute sich anfänglich zwar der sultanischen Großmut, war jedoch in der Folge seinem ständigen Groll und seiner Feindschaft ausgesetzt, bis die Wegnahme von Amasra (Samastri) und später von Kaffa (dem heutigen Feodosia) auf der Krim auch die letzten Hoffnungen auf ein gütliches Einvernehmen zuschanden machten. Von den kleineren Herrschaften Italiens haben manche, wie etwa Rimini und Ancona, danach gestrebt, sich des Sultans Freundschaft und Wohlwollen

zu sichern, ohne freilich jemals das mit solchen Anbiederungen bezweckte
politische Ziel zu erreichen. Jeder dieser Staaten suchte dem andern den
Rang abzulaufen ihn am Hof zu Stambul anzuschwärzen und zu verdächtigen.

Daß sich bei solchen Bemühungen Hofdichter, Gelehrte sowie Maler
und Bildhauer in den Dienst der Sache stellen mußten, hat den Erforschern
von Kunst und Wissenschaften des Quattrocento mehr Kopfzerbrechen
bereitet und deren Einbildungskraft beflügelt, als sich bei näherem und
nüchternem Zusehen vielleicht rechtfertigen ließe. Dabei sind ganz gewiß
nicht alle diese stets vorübergehenden Besuche italienischer Humanisten
oder Künstler urkundlich erfaßbar. Fürsprache oder Ratschlag von Mitgliedern italienischer Siedlungen in Galata, Pera oder an der anatolischen Westküste, die mit Mehmed II. in persönlicher oder geschäftlicher
Beziehung standen, mögen fast in jedem Falle die Veranlassung hiezu
geboten haben.

Venedigs Verbindungen zu Mehmed II., politische sowohl als solche
nichtamtlicher Art, haben, wie es scheint, das erste Jahrzehnt der Herrschaft des Großherrn nicht überdauert, um schließlich nach erfolgter Beendigung eines 16jährigen Zerwürfnisses in den beiden letzten Lebensjahren des Osmanenherrschers wieder aufzuleben. Solange zwischen der
Pforte und der Signoria Kriegszustand herrschte, rissen sie alle ab. An
ihre Stelle traten unterirdische Verknüpfungen, die teils über Ragusa
(Dubrovnik), teils über die Stiefmutter des Sultans, die serbische Despoten-
tochter und Witwe Murâds II., die in klösterlicher Abgeschiedenheit in
ihrem jetzt in Trümmern liegenden Palaste zu Eziova (Ježevo, heute
Daphne im Regierungsbezirk Nigrita, südöstlich Serres) lebte, hin und her
liefen, vor allem aber jene Mordanschläge auf Mehmed II., zu deren Ausführung sich verwegene Gestalten vom Kartäusermönch und albanischen
Barbier bis zum jüdischen Leibarzt des Sultans bereit erklärten.

Ungleich mehr als über den venedischen Einfluß auf den Eroberer wissen
wir um die Rolle, die die Signoria von Florenz in geschickten diplomatischen
Ränken oder aber einzelne Florentiner am Sultanshofe zu spielen vermochten. ‚Vom Jahr 1460 bis zum Jahre 1472 unterhielt oder hält Florenz
immer Umgang und Einverständnis mit dem Großtürken und mit (dem
Großwesir) Mahmûd-Pascha, und stets sind Florentiner mit ihnen zusammen
im Heerlager und schließlich gibt man jährlich nicht umsonst 5000 Dukaten
aus‘, so heißt es wörtlich in der *Cronaca fiorentina* des oft genannten Benedetto Dei, also jenes als Kaufmann getarnten Sendboten der Medici und
Kundschafters der Signoria von Florenz, der im Jahre 1463 nach der
Levante aufbrach, um als Schatzmeister oder Sachwalter beim — vene-

dischen Großkaufmann und Alaunhändler Girolamo Michiel, keineswegs
also bei einem Florenzer Handelshaus, seine heikle Späheraufgabe zu übernehmen. Er erwies sich als ein überaus pfiffig schauspielender Heuchler
und wenige haben Venedig und dessen Levantepolitik so gehaßt und benach-
teiligt wie Benedetto Dei aus Florenz. Glänzend muß es ihm gelungen sein,
sich in das Vertrauen des Großherrn einzuschmeicheln und bei ihm den
venedischen Nebenbuhlern nach Kräften zu schaden. Man wird allerdings
gut daran tun, einen Teil der Bemerkungen auf seine Eitelkeit und Groß-
sprecherei zurückzuführen, die eine Verwertung seiner Angaben, besonders
aber seiner bis heute kaum ausgenützten Chronik der von ihm erlebten
oder erkundeten Ereignisse in der Türkei in den Jahren 1453—1479, zu
einem oftmals gewagten Unternehmen gestaltet. Trotzdem ist an seiner
Vorzugsstellung beim Eroberer schwerlich zu zweifeln, wenngleich er
auch darüber große Worte nicht scheut. ‚Wenn die Sache wahr ist‘, so
droht er eines Tages, ‘dann werde ich mich an den ᶜOsmân-oghlu (das ist
Mehmed II.) wenden, um Rache zu üben‘. Die Venediger hatten nämlich
einige seiner an Lorenzo dei Medici nach Florenz gerichteten Schreiben
unterwegs abgefangen und an die Signoria gesandt.

Die Republik des Hl. Markus hatte wirklich allen Grund, das Treiben
dieses gefährlichen Widersachers, soweit die Verhältnisse es irgendwie
zuließen, zu überwachen und seines Briefwechsels mit Florenz habhaft zu
werden. Über die erste Unterhaltung, die er bei seinem Eintreffen in Stambul
angeblich mit dem Eroberer führte, hat er ausgiebige Kunde gegeben;
sie wurde bereits oben (S. 191 f.) zur Sprache gebracht. Auch über die Begünstigung, die die Florenzer Kolonie in Pera beim Sultan genoß und
im Kampfe gegen den venedischen Nebenbuhler weidlich auszunützen
wußte, ward in anderem Zusammenhang schon gesprochen.

Vor dem Ausbruch des langjährigen Krieges zwischen Venedig und dem
Osmanenreich standen gewiß auch einzelne Venediger beim Großherrn in
Ansehen. So wird von Niccolò Sagundino berichtet, daß er sich diesem auf
dem Marsche nach Trapezunt anschloß und Augenzeuge des Sturzes der
Komnenen wurde (August 1461). Bald darauf wußte man in der Lagunenstadt, daß Mehmed II. mit Florentinern, Genuesen und Ragusäern geheimen
Rat pflegte und daß er mit ihnen vertraulich gewisse Maßnahmen besprach, die sich wohl gegen Venedig richteten (Herbst 1465). Während
der Kampfjahre scheint nur ein bedeutenderer Venediger beim Großherrn
beschäftigt geblieben zu sein, nämlich jener Gian-Maria Angiolello aus
Vicenza, der beim Fall von Negroponte im Sommer 1470 in türkische Gefangenschaft geraten war und über den Tod Mehmeds II. hinaus in sultanischem Hofdienst verharrte. Drei Jahre hindurch war er Gesellschafter

des Lieblingsprinzen Mustafâ-Tschelebi, um nach dessen jähem Ende in die
Umgebung des Vaters gezogen zu werden. Seine bis heute unbefriedigend
veröffentlichten Aufzeichnungen gewähren einen vortrefflichen lebendigen Einblick in die Verhältnisse der Eroberjahre, insbesondere in
Wesen und Sinnesart des Osmanenherrschers selbst. Sie stellen wohl die
weitaus wichtigste und ergiebigste bisher erschlossene abendländische
Quelle über Zustände und Begebenheiten des letzten Jahrzehnts im Leben
Mehmeds II. dar. Gian-Maria Angiolello kehrte, ohne seinen Glauben ver-
leugnen zu müssen, um 1490 in seine Vaterstadt zurück und blieb dort noch
bis etwa 1525 als Präsident des Notar-Kollegiums *(Collegio dei Notai)* am
Leben. Überragende Gestalten befanden sich, soweit die bisherige Kenntnis
von ihnen reicht, unter den italienischen Humanisten der letzten Lebensjahre des Sultans wohl überhaupt nicht mehr. Hin und wieder ist der vorübergehende Besuch eines solchen Gelehrten in Stambul nachzuweisen wie
der des Angelo Vadio aus Cesena, der Ende 1461 an seinen Stadtgenossen
Roberto Valturio nach Hause berichtet. Wüßte man nicht, daß auch dieser
als Verfasser des Werkes *‚De re militari'* im Leben des Eroberers eine gewisse Bedeutung hat, so wäre dem plötzlichen Auftauchen des A. Vadio
am Sultanshof just zur selben Stunde, da sich ein seltsames Vorkommnis ab-
spielt, kein sonderliches Gewicht beizumessen.

Und damit kommen wir zum schwierigsten und heikelsten Gegenstand
in der Erörterung der Beziehungen Mehmeds II. zum Abendland: der
Kunst. Die seit langem bekannte Tatsache, daß sich am Hofe des Eroberers
zeitweilig italienische Künstler, vorab Maler und Bronzebildner, aufhielten,
hat gleichfalls zu romantischen Vorstellungen über den Großherrn als
Maecenas und Förderer der italienischen Künste geführt. Sieht man genauer
zu und untersucht man Art und Umfang der Aufträge, die er an alle diese
Meister aus dem Westen vergab, so kommt man zwangsläufig zu anderen
Auffassungen. Das früheste Beispiel einer solchen Beziehung zur Künst-
lerwelt Italiens liefert wohl jenes merkwürdige Ereignis des Spätjahres
1461, in das man mit gutem Gewissen nunmehr auch Angelo Vadio wird
einbeziehen dürfen. Es kann nämlich kaum ein Zufall sein, daß genau
zur gleichen Zeit, als dieser Humanist in Stambul verweilte, der Stadt-
herr von Rimini, Sigismondo di Pandolfo Malatesta, mit Mehmed dem
Eroberer in zwielichtige Verbindung trat. Malatesta erwartete den Ruhm
mehr von seinen Dichtern als von seinen Taten und da er die Ehre, die er
seinen Hofgelehrten und Dichtern erwies, zugleich als seine eigene ansah,
drängten sich nach Rimini Humanisten, Künstler und Poeten, die er freigebig mit Wohltaten und Auszeichnungen zu überhäufen pflegte. Roberto
Valturio war sein erster literarischer Günstling, der ihm Talente aus Rimini

und von auswärts empfahl. Diesem Kreis auch Angelo Vadio aus dem nahegelegenen Cesena zuzurechnen, bestehen keinerlei Bedenken.

Wie sich nun Mehmed II. angeblich an Sigismondo Malatesta wandte, um zu seiner Porträtierung einen geeigneten Maler an seinen Hof zu ziehen, wie ihm dieser dann seinen Vertrauten Matteo de'Pasti anpries, wie Roberto Valturio die Gelegenheit nutzte, im lateinischen Schreiben an den Großherrn diesem eine Prachthandschrift seines Werkes über die Kriegskunst als Geschenk seines Gönners anzutragen, wie sich Matteo de'Pasti mit dieser fürstlichen Gabe nach Stambul begeben wollte, unterwegs aber von venedischen Schiffen gekapert und in Venedig vor den Rat der Zehn gestellt wurde, um schließlich Anfang Dezember 1461 nach Rimini entlassen zu werden — all das ist bereits weiter oben mit allen Einzelheiten geschildert worden. Malatesta stand damals bei der Signoria und beim Papst im schmählichen Verdacht, er habe Mehmed II. ermuntern wollen nach Italien zu kommen, in Rimini als sein Gast an Land zu gehen und ihn selbst als schlachtenmutigen Feldherrn in seine Dienste zu nehmen. Das Gerücht von diesem Anerbieten war schon im November des Vorjahres nach der Lagunenstadt gedrungen. Tatsache ist, daß sich der Gewaltherrscher von Rimini schon im Herbst 1461 rühmte, er werde den ,Türken' ins Land locken, falls Ferrante, König von Neapel, Skender-Begs Hilfe in Anspruch nehme. Das war schwerlich nur Prahlerei wie später die Wichtigtuerei des Galeazzo-Maria Sforza in Mailand, die er im Gespräch mit einem venedischen Mittelsmann zum Ausdruck brachte (1467). Keinerlei Zweifel aber besteht doch wohl über die Art der Hintergedanken Mehmeds II., als er mit Sigismondo Malatesta Verbindung einzugehen suchte. Denn ob dessen Hofmaler nur eine von ihm entworfene Karte des ,colfo', also der Adria, in seinem Gepäck mit sich führte oder aber gar eine von ihm gefertigte Karte von ganz Italien, auf der Berge und Ebenen sowie alle Gewässer eingezeichnet waren, sicher ist, daß der schlaue Sultan sich auf diesem Wege über die Verhältnisse der Apenninenhalbinsel zu unterrichten wünschte. Bald nach der Einnahme Konstantinopels wußte der Florentiner Iacopo Tedaldo bereits von einem Kriegsplan des Eroberers zu berichten, zu dessen Verwirklichung er eine vom heutigen Forte Marghera (,Malghera') auf die Inselstadt zu schlagende Brücke brauchte, falls er sich dieser bemächtigen wollte. Die Bedeutung des ,Schlüssels zum Adriatischen Meere', wie die Feste Marghera mit Recht genannt wurde, sowie einer Lagunenbrücke, die Venedig mit dem Festlande verbindet, hat der kläräugige Schlachtenlenker im Osten sehr rasch erkannt. Daß er diese Ortskenntnis nur durch den Umgang mit italienischen Beratern hat gewinnen können, läßt sich wohl kaum ernsthaft bestreiten.

Die Zahl italienischer Maler, die das Schicksal nach Stambul verschlug, ist sicherlich beträchtlicher als bisher in Erfahrung gebracht werden konnte. Man hat sogar Benedetto da Majano (1442 bis etwa 1498) mit Mehmed II. in Beziehung gesetzt, ganz zu schweigen von Künstlern minderer Bedeutung wie jenen ‚Maestro Paolo' (aus Ragusa) oder einen italienischen Künstler-Renegaten mit dem für Neubekehrte üblichen Namen Sinân. Nicht viel ist über die Beschäftigung von Costanzo da Ferrara am Stambuler Hofe bekannt geworden. Daß sein Aufenthalt in den Lebensabend des Großherrn fällt, ist gewiß. Allem Anschein nach steht er mit jener Gesandtschaft des Königs Ferrante I. von Neapel in Verbindung, die in Erwiderung einer osmanischen Botschaft im Frühjahr 1478 in Stambul eintraf und zweifellos den Friedensschluß Venedigs mit der Pforte beschleunigte. In deren Gefolge mag sich Costanzo befunden haben, der am aragonischen Hofe künstlerisch arbeitete und das besondere Vertrauen Ferrante's genoß. Damals muß jene Bildmünze des Sultans entstanden sein, die als einzige Erinnerung an die vermutlich mehrjährige Tätigkeit auf die Gegenwart gekommen ist. Sie kann als die weitaus getreueste und gelungenste aller Schaumünzen Mehmeds II. angesehen werden und wird wohl als Muster mindestens für die Mehmed-Medaille des Bertoldo di Giovanni gedient haben. Mit Auszeichnungen aller Art überhäuft, kehrte Costanzo ums Jahr 1480 aus Stambul nach Neapel zurück.

Der erste und bisher leider einzige italienische Maler, dessen Wirken in der osmanischen Hauptstadt in geschichtlicher Beleuchtung zu unserer Kenntnis gelangte, ist Gentile Bellini. Über die Einzelheiten hinaus, die bereits oben (S. 416 ff.) dargelegt wurden, mag in diesem Zusammenhang lediglich Erwähnung finden, daß auch er, Angiolello zufolge, den Befehl erhielt, einen Plan, Aufriß von Venedig *(Venezia in disegno)*, zu fertigen, daneben freilich die anstößigen Wandmalereien in dem kurz vorher vollendeten Neuen Seraj. In diesem Auftrag dürfte die Hauptbeschäftigung des venedischen Meisters während seines etwa 16monatigen Aufenthaltes am Osmanenhof bestanden haben. Von allen seinen dortigen Schöpfungen hat, von einigen Skizzen abgesehen, lediglich das in den letzten Novembertagen 1480, also frühestens sechs Wochen vor der Heimreise des Künstlers nach Venedig, beendete Bildnis des Eroberers die Zeiten überdauert. Wenn man Gian-Maria Angiolello Glauben schenken darf, so hat der Sultan, sobald er irgendeine Persönlichkeit, die im Rufe besonderer Schönheit stand, in einem von Bellini geschaffenen Konterfei zu sehen gewünscht und nach dessen Fertigstellung das Abbild mit dem Urbild auf die Ähnlichkeit geprüft. Alle diese Gemälde sind nach Mehmeds Tode durch seinen Sohn Bajesid II. auf dem Stambuler Basar verschleudert worden. Als

Käufer kamen, versteht sich, nur Nichtmuslime in Frage. Wohin die Mehrzahl der Bilder geriet, ist bis heute nicht geklärt. In Venedig ist nur das
vielleicht später übermalte Porträt des Großherrn zum Vorschein gekommen und nach dem Tode der Besitzerin, Lady Mary Evelyn Layard, in
britisches Staatseigentum übergegangen.

Nach erfolgtem Friedensschluß mit der Signoria mögen sich die Beziehungen des Eroberers mit Venedigs, überhaupt mit Italiens Künstlern und
Humanisten wieder erweitert haben. Denn lange bevor der ‚Erzhumanist‘
Konrad Celtis ums Jahr 1501 für die Widmungsvorrede humanistischer
Drucke Weisung und Richtung gab, hat der berühmte Florentiner Francesco Berlinghieri eine Prachthandschrift seiner ‚Geographia‘, die erst
vor nicht langer Zeit in der Seraj-Bibliothek wieder auftauchte, mit
gleichen Zueignungen an den Sultanshof gelangen lassen. Bei näherem
Zusehen ergibt sich freilich, daß beide nicht mehr an diesen, sondern
an seinen Nachfolger Bajesid II. gerichtet sind, weil dessen Vater inzwischen gestorben war. Welche Absichten Francesco Berlinghieri mit
dieser für den Eroberer bestimmten Gabe verfolgte — humanistischer
Geltungswille? sultanische Gegengabe oder Förderung? Auftrag des Lorenzo dei Medici? —, bleibt ein Rätsel. Weit klarer liegt der Fall beim Sohne
Francesco Filelfo's, Giovanni-Maria. Dieser hatte während seines Aufenthaltes in Ancona den dort seßhaften Othman di Lillo Freducci (Ferducci)
kennengelernt und in dessen Auftrag und wohl auch auf dessen Kosten ein
lateinisches, aus vier Gesängen mit 4706 Versen bestehendes Preisgedicht,
‚Amyris‘ betitelt, auf Mehmed II. geschrieben. Das in Ancona beheimatete
Geschlecht der Freducci, von dem ein Zweig seit etwa 1430 auf der Insel
Tinos in der Ägäis und später auch in Gallipoli Fuß faßte, rühmte sich enger
Beziehungen zu Murâd II. Filelfos Freund und Gönner trug seinen Namen
nach dem des Gründers des Hauses Osman. Seine Schwester war an
Angelo Boldoni verheiratet, der beim Falle Konstantinopels in türkische
Hände fiel, aber von Mehmed II. sogleich in Freiheit gesetzt ward, als er
ihn an seine Verwandtschaft mit den Freducci erinnerte. Später amtete
er in Pera als gewiegter Konsul seiner Vaterstadt, ward aber in einen Anschlag gegen den Großtürken verwickelt und mußte das Weite suchen. Im
vierten Gesang der ‚Amyris‘ (von amir, Emir, Fürst) richtet sich nun der
wendige Dichter, ein echter Sohn seines Vaters, plötzlich an den Herzog
von Mailand, Galeazzo-Maria Sforza, und ermuntert ihn, zusammen mit
den Herrschern des christlichen Abendlandes gegen den gemeinsamen
türkischen Feind vorzugehen und ihn aus dem Felde zu schlagen. Aus
dieser Umstellung wird man den Schluß ziehen dürfen, daß sich Gian-Maria
Filelfo, aus welchen Gründen auch immer, entschied, das für den Sultan

bestimmte Werk dem Herzog von Mailand anzutragen, um das Haus der Sforza, das sein Vater mit Geschick und Ausdauer für seinen Unterhalt heranzuziehen wußte, auch seinerseits zu schröpfen. Daß ihm hierdurch die Gelegenheit entging, in der Verkündung sultanischen Ruhmes auch den seinigen zu suchen, mag ihn weniger verdrossen haben als die Minderung seiner finanziellen Vorteile: ein wahrhaft klägliches Schauspiel, das dieser betrieb- und erwerbsame Tatenbesinger mit seiner längst vergessenen, übrigens nur in einer Handschrift überlieferten *Amyris* bietet!

In völliger Unkenntnis schweben wir bisher über die Namen und Werke jener vorwiegend wohl italienischen Baumeister und Befestigungskünstler, die Mehmed II. für seine Bauten anstellte. Unbekannt sind auch die Brückenbauer geblieben, deren Anlagen oft genug auf italienischen Einfluß schließen lassen, wenngleich sie in der Regel griechischen oder gar bulgarischen Baumeistern zugeschrieben werden. Die Ähnlichkeit mit gleichzeitigen Schöpfungen auf italienischem Boden lassen indessen keinen Zweifel an der Beschäftigung von italienischen Architekten. Gar nichts wissen wir von den geschäftlichen Beziehungen des Sultanhofes zu italienischen Kaufherrn und Handelshäusern, wenn man etwa die Namen Florenzer Geschäftsleute und Bankherren in Pera beiseite läßt, deren Kenntnis der ruhmredigen Geschwätzigkeit Benedetto Dei's verdankt wird. Der gewinnbringende levantinische Alaunhandel blieb, bis die Entdeckung der reichen Alaunlager von Tolfa (unweit Civitavecchia) im Sommer 1462 neue ungeahnte Hilfsquellen erschloß, in den Händen venedischer Kaufherren, vor allem der Familie Michiel; sie zogen Nutzen aus Einfuhrzöllen, beherrschten den Seifenhandel, beuteten das Kupfermonopol aus und hatten sogar das Vorrecht der Münzstätten an allen osmanischen Prägeorten inne.

Abgesehen von den italienischen Stadtstaaten Genua, Venedig, Florenz und vielleicht auch Ancona haben die übrigen Länder Europas keinerlei, nicht einmal diplomatische Beziehungen zu Mehmed dem Eroberer unterhalten. Kein Deutscher, kein Franzose und kaum ein Spanier könnten hierfür namhaft gemacht werden. Die nordischen Staaten oder England schalten gänzlich aus. Aber auch als Renegat hat damals kein Sohn eines dieser Staaten Zuflucht im Dienste des Sultans gesucht. Wiederum sind es Italiener, die ihren Glauben verleugneten und im Osmanenreich zu Reichtum und Ehren gelangten. Bedeutende Namen fehlen aber auch hier, falls man etwa von Skender-Pascha, dessen Vater aus Genua und dessen griechische Mutter aus Trapezunt stammte, absehen will. Skender-Pascha war dreimal Sandschaq-beji in Bosnien, zwischendurch Landpfleger von Rumelien, bis er unter Bajesid II. das Zeitliche segnete. Seine Nachkommen verschwägerten sich mit dem Herrscherhaus und spielten lang eine Rolle als

Großgrundbesitzer auf rumelischem Boden. Bedenkt man die beträchtliche Zahl von Renegaten, die einige Menschenalter später ihre Heimat im Westen verließen und unter Preisgabe ihres Glaubens und Volkstums im Dienst der Pforte ihr Glück versuchten und oft genug fanden — Deutsche, Franzosen, Ungarn, Südslaven, Italiener nach wie vor —, so verlieren die wenigen Überläufer unter Mehmed II. jegliches Gewicht, sowohl an Zahl als an Bedeutung.

Daß die muslimischen Untertanen dieses Großherrn mit dem wachsenden Einfluß abendländischer Persönlichkeiten in vielen Gebieten des öffentlichen und künstlerischen Lebens nicht einverstanden waren und dem Staatsoberhaupt den Vorwurf machten, er bevorzuge neben Persern und Juden auch die ‚Franken‘, also Christen, darf alles nicht wundernehmen. Es gibt ein vielsagendes Gedicht eines unbekannten Verfassers, das noch zu Lebzeiten des Eroberers entstanden sein muß und darüber bewegliche Klage führt:

‚Willst du an des Großherrn Schwelle je in hohen Ehren stehn,
Mußt als Jude oder Perser oder Frank ins Land du gehn,
Mußt als Namen dir erwählen Hâbil, Kâbil, Hâmidî
Und wie Zorzi dich benehmen; laß ja keine Kenntnis sehn!‘

Siegelabdruck des Sultans Mehmed II.

ABBILDUNGSNACHWEIS

Türkeneinfälle in Krain und im Küstenland bis zum ersten Drittel des
16. Jahrhunderts nach Stanko J u g , *Turški napadi na Kranjsko in Pri-
morsko do prve tretjine 16. stoleka. Kronologija*, obseg in *vpadna pota* (=
Glasnik Muzejskega Društva za Slovenijo, XXIV. Jahrgang (Laibach 1943),
S. 59. – Diese ausgezeichnete Doktorschrift des Laibacher Staatsarchiv-
beamten Dr. Stanko J u g (geb. 6. V. 1910 in Triest, gest. am 26. II. 1945
im Konzentrationslager Dachau) gibt ein anschauliches Bild der Türken-

VERZEICHNIS DER NAMEN UND SACHEN

Vorbemerkung

Zur Frage der Umschrift, die in Büchern wie dem vorliegenden immer ein wunder Punkt bleiben muß, sei bemerkt, daß mit Rücksicht auf die vornehmlich aus gebildeten Laienschichten bestehende Leserschaft Vereinfachungen vorgenommen wurden. Fachleute werden sich ohnehin zurechtfinden. Die Vereinfachungen treffen vor allem die S-Laute. Alle stimmlosen S-Laute, einschließlich des ‚emphatischen' S der Araber, werden in der Regel mit ß, alle stimmhaften S-Laute, einschließlich der ‚emphatischen' der Araber, jeweils mit s wiedergegeben. Ausnahmen wurden nur bei solchen morgenländischen Namen gemacht, die auch im Deutschen unter anderer Schreibung geläufig wurden, wie etwa Hasan, das in dieser Form belassen ward, obwohl das s hier stimmlos ist. Ähnliches gilt für die K-Laute. Hier ist gutturales K mit Q, palatales K indessen mit K ausgedrückt worden, es sei denn, es handle sich um Namen, die im Deutschen unter abweichender Schreibung bekannt und geläufig sind. Gh ist in arabischen und persischen Wörtern ein dem deutschen ‚Zäpfchen-r' verwandter Laut. Im Türkischen ist es die stimmhafte Entsprechung zum gutturalen ch (‚Ach'-Laut) und fast unhörbar. Y (nur im Türkischen üblich) ist ein weit hinten gebildetes i, das dem französischen ‚e muet' ähnlich klingt. Im heutigen Türkischen wird es ı (punktloses i) geschrieben. Dsch ist stimmhaft, dem italienischen gi entsprechend, tsch ist stimmlos wie im Deutschen. Die übrigen Laute gleichen annähernd den deutschen, wobei zu ch zu sagen wäre, daß es im Arabischen stets gutteral ist (also ‚Ach'-Laut, niemals ‚Ich'-Laut) und im Türkischen zu gewöhnlichem h wird, ebenso daß das hier überhaupt nicht bezeichnete ‚emphatische' h der Araber durchwegs mit h, gemäß der türkischen Aussprache, wiedergegeben wurde. ᶜ ist im Arabischen ein scharf gepreßter, weit hinten gebildeter Kehllaut, im Türkischen und Persischen einfach als Stimmeinsatz bzw. -absatz gesprochen. ᵓ ist der gewöhnliche Stimmeinsatz bzw. -absatz. Vor arabischem Artikel (al) nach Vokalauslaut des Vorworts bezeichnet ᵓ nicht den Stimmabsatz, sondern die Verschmelzung.
Kleinere Folgewidrigkeiten oder Schwankungen ließen sich freilich nicht vermeiden und wollen in Kauf genommen werden. Hat schon die wissenschaftliche Orientalistik bis zum heutigen Tage noch kein alle Wünsche befriedigendes Umschriftverfahren, so gibt es um so weniger eines, das der Laienwelt voll begreiflich gemacht werden könnte.

I.

PERSONEN-, LÄNDER- UND ORTSNAMEN

II.

SACHEN

Franz Wördemann

Die Beute gehört Allah
Die Geschichte der Araber in Spanien
2. Aufl., 10. Tsd. 1986. 361 Seiten mit 41 Fotos von
Ulfert Kasten. Leinen

Die Berührung orientalischen und antiken Denkens mit dem
werdenden Europa der Neuzeit; das Blühen und Verwelken
einer einzigartigen Kultur; das vitale Gegen- und
Nebeneinander dreier Religionen – das ist die Geschichte des
arabischen Spanien, für einen großen Leserkreis in Form einer
lebendigen historischen Reportage auf der Basis ausgiebigen
Quellenstudiums und vieler Reisen erzählt von dem Journalisten
Franz Wördemann.

»Es ist ein ebenso erstaunliches wie hinreißendes Buch,
weil es die wichtigsten Details ebenso ausbreitet wie das Aufregende
und Spannende der Epoche vermittelt. Der Autor ist von seinem
Gegenstand fasziniert, stellt deshalb die richtigen Fragen an
entsprechendem Platz, ist außerdem der deutschen Sprache
mächtig … Diese sehr lesbare Zusammenfassung jener Epoche
macht den Wert des Buches aus.«   Süddeutsche Zeitung

»Man kann diese historische Reportage nicht ohne Bewunderung
für die Kraft und Weisheit des Islam aus der Hand legen.
Doch auch nicht ohne einen schmerzlichen Vergleich mit dem,
was in manchen Staaten der islamischen Welt in einer Zeit
der kulturellen Dekadenz und der politischen Verblendung
aus diesem Vermächtnis geworden ist.«   Welt des Buches

PIPER